Alfred Feßler

Naturnahe Pflanzungen

33 Farbfotos
44 Zeichnungen

CIP-Titelaufnahme der Deutschen Bibliothek

Feßler, Alfred:
Naturnahe Pflanzungen/Alfred Feßler.–
Stuttgart: Ulmer, 1988
(Ulmer Fachbuch)
  ISBN 3-8001-5056-5

Das Werk einschließlich aller seiner Teile ist urheberrechtlich geschützt.
Jede Verwertung außerhalb der engen Grenzen des Urheberrechtsgesetzes
ist ohne Zustimmung des Verlages unzulässig und strafbar.
Das gilt insbesondere für Vervielfältigungen, Übersetzungen,
Mikroverfilmungen und die Einspeicherung und Verarbeitung
in elektronischen Systemen.

© 1988 Eugen Ulmer GmbH & Co.
Wollgrasweg 41, 7000 Stuttgart 70 (Hohenheim)
Printed in Germany
Einbandgestaltung: Alfred Krugmann
Satz: Typobauer Filmsatz GmbH, Ostfildern 3
Druck: Gutmann Offsetdruck, Heilbronn
Bindung: E. Riethmüller, Stuttgart

Vorwort

Viele Gartenräume und Grünflächen sind für naturnahe Anlagen geschaffen. Man beschränkt sich bei der Pflanzenauswahl auf heimische oder heimisch gewordene Arten. Das gilt vor allem für den »Naturgarten«, den man oft unzulänglich und letztlich vergebens anstrebt. Daß mit den häuslichen Grün-Oasen ein Gegengewicht zur technisierten Umwelt bewirkt werden kann, liegt auf der Hand.

Ökonomie und Ökologie sind als Einheit zu sehen, die den Gesetzmäßigkeiten der natürlichen Ökosysteme entspricht. Bei der Intensität der Bewirtschaftung unseres Lebensraumes, der Dichte der Bevölkerung und Besiedlung muß uns jeder Weg recht sein, der die Flora und Fauna neu entdeckt und in Schutz nimmt. Die Einführung des Mineraldüngers, die chemische Sense und die Maschinen haben rücksichtslos in den Naturhaushalt eingegriffen und das komplizierte ökologische Gefüge aus den Angeln gehoben. Mit jeder Tier- und Pflanzenart, die sich für immer verabschiedet, wird das Gleichgewicht in der Natur brüchiger. Selbst von einem kleineren Garten aus haben wir die Möglichkeit, der Verarmung der Natur entgegenzuwirken. Für »ökologische Nischen« wie kleine Wiesen, Gehölz- und Staudengruppen oder Tümpel ist in jedem Garten Platz. Aber es geht auch um Landespflege. Der Bedarf an naturnahen Ausgleichsflächen wächst, und der Ruf nach weiteren Nutzungsbeschränkungen (z. B. Torfabbau) wird immer lauter. Es werden zunehmend Landschaftsschutzgebiete ausgewiesen. Sie sind die größte Chance für die Erhaltung der heimischen Flora und Fauna und zugleich die beste Versicherung für eine Umwelt, in der es sich für uns Menschen zu leben lohnt.

Dieses Buch soll im Sinne einer gärtnerisch-ökologischen Anleitung mithelfen, naturnahe Pflanzungen in den verschiedensten Bereichen unserer Lebensräume zu erhalten und neu zu gestalten. Viele Gärtner, Garten- und Naturfreunde interessieren sich mit sehr gezielten praktischen Ideen für den Aufbau ökologisch funktionierender Pflanzen- und Tiergemeinschaften, z. B. Feuchtgebiete, Waldsäume, Hecken, Wiesen und viele andere Biotope. Bevor man aber richtig planen und mit der Arbeit beginnen kann, muß man sich gründlich informieren, zuallererst über die typischen Verhältnisse des Standorts und der Pflanzengesellschaften. Ich hoffe, daß dieses Buch einen Beitrag dazu leisten kann.

Es versteht sich von selbst, daß ein Buch wie dieses nicht ohne Beachtung der einschlägigen Literatur geschrieben werden konnte. Vieles Wissen daraus ist in die grundlegende und praktische Erfahrung übergegangen, die ich in drei Jahrzehnten Gartenpraxis habe sammeln können. Meine laufenden Aufzeichnungen sowie einiges Archivmaterial des Botanischen Gartens Tübingen waren mir dabei sehr hilfreich. Es war meine Absicht, ein betont anleitendes Fachbuch mit praktischem Nutzen zu schreiben. Deshalb habe ich auf eine wissenschaftliche Verarbeitung und Darstellung der Literatur, das heißt auf Zitate und auf Nennung des sehr umfangreichen ökologischen Schrifttums von vornherein bewußt verzichtet.

Freising-Weihenstephan, Sommer 1988   Alfred Feßler

Inhaltsverzeichnis

Vorwort 5
Einführung 10
    Keine Florenverfälschung 11
    Kultivierte Landschaft 11
    Sekundäre Lebensräume 12
    Gen-Reservate 12

Pflanzenbeschaffung und -vermehrung 13
    Mutterpflanzenhaltung 13
    Saatgutgewinnung 14
    Nachreife der Samen 15
    Stratifikation 15
    Kaltkeimer (Kaltsaat) 16
Generative Anzuchtmethoden 17
Vermehrung vegetativ beernteter Pflanzen 18
    Kopfstecklinge 19
    Teilstecklinge 19
    Rosettenstecklinge 19
    Grundständige Stecklinge 19
    Blattstecklinge 19
    Wurzelschnittlinge 19
    Rhizomschnittlinge 20
    Oberirdische Ausläufer 20
    Rißlinge und Teilstücke 20
    Pikier- und Topfsubstrate 20
Vermehrungshinweise 21
Orchideen-Vermehrung 91
    Samengewinnung 91
    Aussaat 93
    Mykorrhiza 93
    Vegetative Orchideen-Vermehrung 94
    Kultursubstrate 95
    Orchideen-Ansiedlung 95
    Insektivoren-Vermehrung 98

Aufbau naturnaher Anlagen 100
Pflegekosten 100
Boden und Vegetation 101
Ausbringen der Pflanzen 103
    Pflanzmethoden 103
    Artenreiche Pflanzungen und Konkurrenzkraft 104

Bodenarten und Humusformen 106
Bodendurchmischung und Krümelgefüge 107
Regenwurm und Boden 108
Laub- und Nadelerden 109
Komposterde 111
Rindensubstrate 112
Schnittholzkompost 113
Organische Bodenverbesserungsmittel 115

Pflanzenernährung 117
Organische Dünger 117
Mineralische Dünger 118
Aschendünger 119
Nährstoffreiches Niederschlagswasser 120
Biologische Stickstoffbindung 121

Schwermetallbelastungen und SO_2-Immissionen 124
Schwermetallbelastung 124
SO_2-Immission 125

Lebensräume für einheimische Tiere 127
Blütenbesucher 130
Wildgärten 133

Pflanzengesellschaften 135
Wildblumenwiesen 135
Kunstwiesen 138
Fettwiesen 142
Magerrasen 148
Halbtrockenrasen 158
Trockenrasen 161
Nasse Wiesen 167
Riedwiesen 174
Feuchtgebiete 178
   Anlage künstlicher Feuchtgebiete 179
   Ausbringen von Sumpf- und Wasserpflanzen 179
   Begrünung naturhafter Seenbereiche 183
   Eingrünung und Folgenutzung von Baggerseen und Torfstichen 185
   Mähen und Krauten von Feuchtgebieten 188
   Botanisch-limnologische Kläranlage 188
Eutrophe Gewässer 189
Mesotrophe Gewässer 199
Oligotrophe Gewässer 205
Dystrophe Gewässer (Moorseen) 206
Teichrandbewohner 207
Flußufervegetation 214
Bachbegleiter 220
Riedgraben 227
Überschwemmungsgebiet 235
Sumpfwiesen 238

Quellmoore 243
Flachmoore 245
Hochmoore 251
Mobiler Sumpf- und Wassergarten 257
    Pflanzsubstrate und Gemische 257
    Hochmoorpflanzen in Trögen 260
    Tiere im Wassergarten 261
Gehölz- und Bodenflora 262
    Künstliche Waldbereiche 262
    Pfahl-, Herz- und Senkrechtwurzler 263
    Pilzsymbiosen 264
    Wurzelwachstum und Wurzeldruck 267
    Tiere im Laubstreu 268
    Streuabbau 268
    Mull- und Moderschicht 269
    Ansiedlung von Schattenstauden 269
    Lichtbedarf der Bodenflora und Lichtwuchsdurchforstung . 272
    Ernährung, Schädlingsbefall, Krankheiten 273
    Schalldämpfende Gehölze mit Windschutzwirkung 274
    Gehölze als Epiphytenträger 275
    Anzucht und Kultur von Misteln 276
Waldformationen 277
Laubwälder 281
Nadelwälder 290
Mischwälder 293
Waldränder 298
Schlagflächen 304
Haselgebüsch 310
Trockengebüsch 313
Verpflanzen von Biozönosen 320
Gebüschränder 321
Erlenbruch 327
Auenwald 333
Ansiedeln von Pflanzen unter Bäumen 341
Unter Buchen 341
Unter Eichen 348
Unter Eschen 353
Unter Ulmen 357
Unter Ahorn 359
Unter Roßkastanien 362
Unter Robinien 363
Unter Birken 365
Unter Weißtannen 367
Unter Fichten 369
Unter Kiefern 371
Unter Lärchen 375

Ökologisches Alpinum 377
    Erdgemische 377
    Steinaufbau und Bepflanzung 378

Alpenpflanzen-Düngung 379
Winterschutz 380
Pflanzengesellschaften saurer Böden (Zentralalpen-Bereich) 381
   Silikat-Felsspaltenbewohner 381
   Geröllhaldenbesiedler 382
   Krummseggenrasen 383
   Borstgrasmatte 384
   Säureliebende Schneebodenbewohner 385
   Säureliebende Quellflur 386
   Teich- und Teichrandbewohner 386
   Verlandungsgürtel 387
   Heidemoor 387
   Ericaceenheide und -gesträuch 388
Pflanzengesellschaften neutraler Böden (Schiefer-Sandstein-Bereich) 390
   Felsspaltenbewohner 390
   Buntschwingeltreppe 390
   Nacktriedrasen 391
   Fettmatte 391
   Läger (Alpenampferflur) 392
   Hochstaudenflur 393
   Alpenerlengebüsch 393
   Schwemmboden- und Bachschotterbewohner 393
Pflanzengesellschaften basischer Böden (Kalkalpen-Bereich) 394
   Kalk-Felsspaltenbewohner 394
   Bewohner von Kalkgrob- und Kalkfeinschutt, Geröllhaldenbesiedler . . . 395
   Polsterseggenrasen 397
   Blaugras-Horstseggenhalde 397
   Rostseggenhalde 398
   Kalkschneebodenbewohner 398
   Schneeheide-Alpenrosengebüsch 399
   Kalkquellflur 400

Ökologische Heide 401
Blütenkalender der bodensauren Heide 406

Kulturfolger 408
»Dorfpflanzen« mit nitrophilen Ansprüchen 409
Verwilderte Heilpflanzen 412
Lesesteinhaufen mit Ruderalflora 415
Flora und Fauna von Feldstein- und Weinbergmauern 416
Segetalflora 419

Bezugsquellen für Wildstauden 423
Bildquellen 424
Register 425

Einführung

In der Kulturlandschaft wird die Vegetation vom Menschen beeinflußt und verändert. Viele Fluren wurden ausgeräumt und Eichen- und Buchenwälder von monotonen Fichten- und Tannenforsten verdrängt. Das wachsende Bedürfnis nach ökologischen Nischen steht im Zusammenhang mit dem zunehmenden Versuch, naturnahe Pflanzungen durchzuführen. Wer Lebensbereiche darzustellen versucht, braucht ein sensibles Gespür für die Zusammenhänge in der Natur. Mit Pflanzplänen, die zusammen mit den Ökologen entwickelt wurden, läßt sich jene Naturnähe erreichen, um die sich heute viele Gestalter bemühen.

In natürlich zusammengesetzte Ökosysteme sollte der Mensch nicht eingreifen. Jeder Lebensbereich erfordert ein spezifisches Planungskonzept, das entweder landschaftlich oder siedlungstypisch ausgerichtet ist. Dabei beginnt man sich am pflanzensoziologischen Garten zu orientieren, um die heimische Flora in einer Art Schutzsammlung einzubeziehen. Bei der Wiederherstellung von Biotopen sollte der standortgerechten Bepflanzung der Vorrang gegeben werden. Mit unseren heutigen Möglichkeiten haben wir die Chance, natürliche Ökosysteme aufzubauen. Die Wildpflanzenverwendung erfordert eine weit intensivere Planung, wobei auf die Standortfaktoren Licht, Bodenart und Wasser zu achten ist. Der Wiederansiedlung bedrohter Arten stehen manche Kreise reserviert, wenn nicht gar ablehnend gegenüber. Zum einen wird das Argument einer Florenverfälschung, zum anderen werden die geringen Anwachsergebnisse beim Umpflanzen gewisser Orchideen ins Feld geführt. Welche Arten früher einmal vorhanden waren, ist aus alten Aufzeichnungen oder aus der Literatur ersichtlich. Voraussetzung für die Wiederansiedlung von ausgerotteten oder seltenen Pflanzenarten ist ein Vermehrungsmaterial, das den ursprünglichen Typen entspricht und somit einem benachbarten Standort entstammt. Die Vegetation soll später, bis auf vorsichtige Eingriffe, sich selbst überlassen bleiben. Naturnahe Pflanzungen lassen sich nur durchführen, wenn nach strengen ökologischen Gesetzen vorgegangen wird. Auf der einen Seite stehen Anlagen, die Landschaftstypen wie Feucht- und Trockengebiete, Wald oder offene Flächen umfassen. Auf der anderen Seite befindet sich der reine Nutzgarten.

Das Wort Ökologie ist abgeleitet von dem griechischen oikos, was mit der Bedeutung »Lebensraum« oder »Haus« in Zusammenhang gebracht werden kann. Unter dieser Lebensgemeinschaft (Biozönose) ist die Gesamtheit der Organismen in einem See, in einem Moor oder in einem Buchenwald zu Ökosystemen verknüpft. Ein ökologisch einheitlicher Bestand bildet ein ziemlich stabiles Gefüge. Dieses sich selbst regulierende und erhaltende System zeigt in sich eine reiche Differenzierung. Die ökologische Zuordnung der Pflanzen richtet sich nach den unterschiedlichen Bodenstrukturen und -arten, kleinklimatischen Bedingungen und Feuchtigkeitsverhältnissen. Jede naturnahe Pflanzung, die realisiert wird, verändert den Garten zu einer stabilen Lebensgemeinschaft aus Pflanzen und Tieren.

Keine Florenverfälschung
Im Laufe der Evolution haben sich unterschiedliche Standortrassen herausgebildet. Eine genetisch bedingte Variabilität der Arten kann also nicht ganz ausgeschlossen werden. Wenn autochthone Vorkommen vernichtet werden, muß auf die Reservebestände botanischer Gärten, von Staudengärtnereien, Baumschulen oder benachbarter Standorte zurückgegriffen werden. Andererseits werden beim Verschwinden bodenständiger Gehölzvorkommen die besten Typen gepflanzt. Bei den Bäumen und Sträuchern wird die Toleranzgrenze weiter bemessen als bei krautigen Pflanzen. Die Auswahl von Stauden und Gehölzen muß strengen Maßstäben unterworfen werden. Ökologisch unsinnig wäre deshalb die Einbeziehung amerikanischer oder asiatischer Herkünfte. Wenn konsequent mit einheimischen Pflanzen gearbeitet wird, läßt sich jede Florenverfälschung ausschließen. Eine endozoische Samenverbreitung durch Vögel ist in jedem Garten zu beobachten. Vor allem unter Vogelsitzplätzen siedeln sich die Keimlinge von Rosen, vom Weißdorn *(Crataegus)*, dem Hartriegel *(Cornus)*, von Zwergmispeln *(Cotoneaster)* und den Berberitzen an. Durch Schleuder- und Spritzbewegungen, Außenkräfte wie Wind oder strömendes Wasser sowie durch die Samenverbreitung der Ameisen besteht die Gefahr einer Florendurchmischung. Der Begriff einheimische Pflanzen hat nicht nur eine räumliche, sondern auch eine zeitliche Dimension. Die Zuwanderung florenfremder Arten setzte bereits in prähistorischer Zeit ein. Die Quecke *(Agropyron repens)*, die Vogelmiere *(Stellaria media)*, der Spitzwegerich *(Plantago lanceolata)* oder die Große und Kleine Klette *(Arctium lappa* u. *A. minus)* kamen bereits in der jüngeren Steinzeit zu uns. Sie gehören ebenso zu unserer Flora wie das Schöllkraut *(Chelidonium majus)* oder die Schwarznessel *(Ballota nigra)*, die mit den Römern nach Norden wanderten. In naturnahen Pflanzungen werden dagegen keine Pflanzen angesiedelt, die züchterisch beeinflußt sind. Die Verwendung von Gartenformen wäre hinsichtlich des optischen Eindrucks problematisch. In Gesellschaft mit Insekten, Spinnentieren, Mollusken, Amphibien, Vögeln und Säugetieren lassen sich aus der Sicht des Natur- und Biotopschutzes landschaftstypische Pflanzengesellschaften aufbauen. Bei Bedarf kann dann auf dieses natürliche Potential zurückgegriffen werden, und bedrohte Arten können in Ersatzbiotopen angesiedelt werden.

Kultivierte Landschaft
Sinn der »Kultivierten Landschaft« ist es keinesfalls, sich nur auf den Garten zu beschränken. Die bestandssichernden Maßnahmen beziehen sich im wesentlichen auf den Straßen-, Autobahn-, Brücken- und Wasserbau. Sie umfassen im weitesten Sinn Maßnahmen, die sich aus dem Zwang zur Rekultivierung von Trocken- und Feuchtgebieten ergeben. Wo mäandernde Bäche begradigt und dabei die letzten *Myricaria germanica* gerodet werden, läßt sich der angerichtete Schaden wieder beheben. Landschaftsbauliche Arbeiten sind keineswegs Verschönerungsvorhaben, sondern ein integrierender Bestandteil der Landschaft.

Auf dem Weg über die naturnahen Pflanzungen bringen wir die unterschiedlichsten Lebensgemeinschaften in die Stadt. Aus Ödländereien werden Paradiese aus zweiter Hand. Charakteristische Pflanzengemeinschaften der Umgebung und erloschene Ökosysteme lassen sich wieder naturnah aufbauen. Bei natürlichen Vergesellschaftungen finden die Pflanzen ihre größte Leistungsfähigkeit. Im niederschlagsreichen Küstenklima mit einer hohen Luftfeuchtigkeit können viele Arten in der vollen Sonne gedeihen, während sie weiter südlich nur in den Wäldern optimale Verhältnisse vorfinden. Kein Lebensraum ist in sich abgeschlossen und jede biologische Grenzziehung mehr oder weniger willkürlich.

Der Abschied vom nostalgischen Garten ist nicht leicht, er setzt ein Umdenken voraus, das zumindest am Anfang eine gewisse Unsicherheit bedingt. Für eine solche Erneuerung gilt es, Gartenräume bereitzustellen, die den ökologischen Bedingungen entsprechen. Man wird dazu verleitet, Vorbilder, die nur zufällig und vorübergehend in der Erinnerung auftauchen, im Garten nachzugestalten. Solchen Vorbildern sind die schönsten ökologischen Gruppen zu verdanken.

Sekundäre Lebensräume
Unbewirtschaftete Flächen, die der Sozialbrache verfallen, bieten sich als sekundäre Lebensräume an. In der Landschaft besteht die einmalige Gelegenheit, abgebaute Torfflächen, aufgelassene Müllkippen, Kies- und Sandgruben als Reservebiotope sicherzustellen. Mit Gehölzen und einer Pionierkrautgesellschaft lassen sich Lebensräume für Pflanzen und Tiere bilden. Wesentliches Merkmal eines Ökosystems ist die Fähigkeit zur Selbstregulation. Die Anlage eines Magerrasens, die Bepflanzung eines Riedgrabens oder der Aufbau eines Ökologischen Alpinums, einer Steppenheide mit Steppenheidewald, eines Heidegartens, einer Sumpf- oder Moorgesellschaft ist ohne gute Pflanzenkenntnisse nicht möglich. Auf den sogenannten Grenzertragsböden, von denen sich die Landwirtschaft gerne trennt und sie dem Naturschutz zur weiteren Pflege überläßt, läßt sich die ursprüngliche Flora wieder ansiedeln. Welche Arten früher einmal vorhanden waren, ist aus alten Aufzeichnungen bzw. aus der Literatur ersichtlich.

Gen-Reservate
Die erhaltenswerte Vielfalt von Flora und Fauna läßt sich in stabilen Ökotopen ansiedeln. Sachliche Gründe empfehlen es, die Vegetation in den Vordergrund zu stellen. Die Feststellung, ob eine Pflanzenart selten ist oder kurz vor der Ausrottung steht, ist unter Umständen ziemlich schwierig zu treffen. In den Ersatzbiotopen wird überwiegend mit Wildpopulationen gearbeitet. Im Laufe der Evolution haben sich unterschiedliche Standortrassen herausgebildet. Eine genetisch bedingte Variabilität der Arten ist also nicht ganz auszuschließen.

Jede einzelne der schützenswerten Pflanzen ist eine mögliche Nutzpflanze. Selbst unscheinbare Organismen wie Algen, Pilze oder Flechten sind von einem hohen potentiellen Nutzen. Das macht den Roten Fingerhut, die Arnika oder Kerbelrübe so schützenswert. Eine der wichtigsten Voraussetzungen für die Gestaltung ökologischer Anlagen ist die Erhaltung bedrohter Arten. Letztlich sprechen ethische Gründe dafür, die noch vorhandene Vielfalt der Pflanzenwelt für kommende Generationen zu bewahren. Bei der Schaffung geeigneter Biotope können wir auf ein natürliches Potential zurückgreifen. Derartige Lebensräume dienen als Gen-Reservoirs. In kleinräumigen Ökotopen verringert sich der Austausch von Genmaterial. Populationen mit gleichartigem Erbmaterial können dabei besonders gefährdet sein. Es wäre deshalb falsch, die Natur nur in totalen Schutzgebieten zu bewahren. Die Ursachen für den Rückgang einer Art sind nicht immer klar ersichtlich. Dafür können klimatische Veränderungen, Verseuchung von Luft und Wasser oder ein Absinken des Grundwasserspiegels verantwortlich sein. Andererseits gibt es Fälle, in denen durch Ausgraben bestimmte Fundorte erloschen sind. Wie in biblischen Zeiten müssen wir für das Überleben der Flora und Fauna Tausende von Archen bauen. Neben den Menschen besitzen auch die Tiere und Pflanzen ein Eigenrecht auf Existenz.

Pflanzenbeschaffung und -vermehrung

Mit der ökologischen Verantwortung wächst das Interesse an der Umwelt, und das Engagement zugunsten der Pflanzen nimmt zu. Es ist besser, die Pflanzen aus einer Staudengärtnerei oder Baumschule zu beziehen, als sie dem Naturstandort zu entnehmen. Einige der benötigten Arten sind im Handel nicht zu erhalten und aus der freien Natur dürfen sie nur mit Sondergenehmigungen entnommen werden. In enger Zusammenarbeit mit den höheren Naturschutzbehörden, den zuständigen Kreisbeauftragten für Naturschutz, privaten Grundstückseigentümern, Forstämtern und Gemeindeverwaltungen, Straßen- und Wasserwirtschaftsämtern können gefährdete Pflanzenbestände vor den Baumaschinen bewahrt werden. Bei Straßenbauten, wasserbaulichen Maßnahmen, Flurbereinigungen, Baulanderschließungen, Aufforstungen von Ödland und Magerwiesen werden die gefährdeten Arten ausgegraben und standortgerecht in Ersatzbiotopen angesiedelt. Eine Entnahme von geschützten Pflanzen ist generell verboten, ebenso jegliches Ausgraben in Schutzgebieten.

Zur Aufstockung besonders gefährdeter Populationen kommen die Pflanzen vorkultiviert in den Handel. Die Voraussetzungen dazu sind Spezialkenntnisse und ein Spezialwissen über die Anzuchtsmethoden durch Samen, Steckholz, Stecklinge oder Wurzelschnittlinge. Für viele Wildpflanzen sind die Verfahren der generativen und vegetativen Nachzucht, die Grundlagen der Substrat- und Topfwahl bereits so weit erarbeitet, daß sie in die Praxis umgesetzt werden können. Aus der Sicht der Vermehrungsbetriebe ist es ohne weiteres möglich, die geforderte Artenzahl in Kultur zu nehmen. Ein übergeordneter Gesichtspunkt ist dabei die Artenechtheit.

Langfristig führen diese Arbeiten zu einer Sicherung unseres Wildpflanzenbestandes. Arzneipflanzensammler und Souvenirjäger sind dann nicht mehr versucht, Pflanzen auszugraben. Erfahrungsgemäß viele dieser Wildpflanzen zugrunde. Für wenig Geld werden viele dieser Stauden und Gehölze in den Gärtnereien und Baumschulen angeboten. Die Nachfrage nach Alpenpflanzen ist in manchen Fremdenverkehrsorten so groß, daß blühende Enzian- und Edelweißtöpfe eine interessante Einnahme für die örtlichen Blumengeschäfte sind. Der Bestand an gefährdeten Pflanzen wird dadurch geschützt und die Naturschutzbestimmungen nicht verletzt.

Mutterpflanzenhaltung
Der Vermehrung von Stauden und Gehölzen geht stets eine sorgfältige Auslese voraus. Nicht selten werden in der Natur ausgesuchte Mutterpflanzen beerntet. Um genetisch einwandfreies, frisches und hochkeimfähiges Saatgut zu bekommen, sollte man auf die Samenträger achten. Eine genetisch bedingte Variabilität der Arten ist nicht mehr gegeben, wenn beim Klonen das gesamte Erbgut einer Pflanze auf die Nachkommenschaft übertragen wird. Von einer ausgelesenen Pflanze, die sich durch eine besondere Blühwilligkeit auszeichnet, können beliebig viele Nachkommen mit absolut identischen Eigenschaften produziert werden. Bei einer Massenanzucht besteht immer die Gefahr, daß genetisch ungeeignetes Material verbreitet wird. Wenn uns die Natur kaum noch Vermehrungsmaterial liefert, greift man bei stark gefähr-

deten Pflanzen auf die Bestände botanischer Gärten zurück. Bei der Mutterpflanzenhaltung ist darauf zu achten, daß es sich um autochthone Vorkommen handelt. Dabei sind zur Gewinnung von Samen und vegetativen Pflanzenteilen genetisch einwandfreie Mutterpflanzen erforderlich, die von einem benachbarten Standort stammen. Man ist dann nicht mehr versucht, der Natur Pflanzen zur Stecklingsvermehrung, Teilung, Brutzwiebelgewinnung, Tochterrosetten- oder Ausläufervermehrung zu entnehmen.

Die Bereitstellung von Sumpf- und Wasserpflanzen bereitet keine Schwierigkeiten. Ihre natürliche Vermehrungsrate ist sehr hoch. Wir haben dadurch die Möglichkeit, bei natürlichen Biotopen helfend einzugreifen und künstliche Moorgesellschaften, bestehend aus Kalkflachmooren mit Moortümpeln und Schlenken, Sumpf- oder Wasserbecken zu bepflanzen.

Diese Arbeiten sind nur sinnvoll, wenn systematisch vermehrt wird, damit sie auf potentiellen Standorten wieder angesiedelt werden können. Die Staudengärtnereien und Baumschulen werden dadurch zu einer Art Zwischenstation, der die Aufgabe zufällt, zuverlässiges Vermehrungsmaterial zu beschaffen und Erhaltungskulturen zu betreiben.

Saatgutgewinnung

Die Nachzucht aus Samen wird aus Kostengründen allen anderen Vermehrungsarten vorgezogen. Eine Samenpflanze ist wüchsiger und die allgemeine Widerstandskraft gegen Krankheiten und Schädlinge ist besser. Die anfallenden Kosten der Samenbeschaffung sind so gering, daß sie – gemessen an den Aufwendungen für Erde und Töpfe – kaum ins Gewicht fallen.

Um genetisch einwandfreies, frisches und hochkeimfähiges Saatgut zu bekommen, sollte man auf die Samenlieferanten achten. Die Keimfähigkeit von Wildherkünften ist ohnehin nicht so hoch wie von Pflanzen, die gegen Unterernährung, Krankheiten und Schädlinge geschützt aus dem Gartenbereich kommen. Während wir bei Kulturpflanzen von einer Keimfähigkeit von nahezu 90% ausgehen, liegt sie bei Wildherkünften zwischen 30 und 60%. Die botanischen Gärten decken ihren Saatgutbedarf über den Tauschverkehr und aus eigener Ernte. Normalerweise wird innerhalb des Gartens eine positive und beim Sammeln von Wildsaaten eine negative Massenauslese betrieben. Herkünfte aus Staudengärtnereien sind mit Vorsicht zu behandeln. Der Vermehrung geht stets eine sorgfältige Auslese der Mutterpflanzen voraus. Dabei werden nicht selten hybride Pflanzen beerntet. Die Saatguternte aus Wildbeständen ist mit sehr viel Handarbeit verbunden. Die Samen müssen gereinigt, das Fruchtfleisch über Sieben unter fließendem Wasser ausgewaschen oder Koniferenzapfen so lange über einer Heizung bis 45 °C gelagert werden, bis sich die Zapfenschuppen spreizen und die Samen entlassen. Vor der Saatguternte ist bei kapselfrüchtigen Arten darauf zu achten, daß die Samen nicht durch den Wind ausgeschüttet oder von Ameisen verschleppt werden. Das Problem der Bastardierung ist bei nah verwandten Arten immer gegeben. Die Mutterpflanzen von *Leontopodium alpinum* müssen mindestens 10 bis 15 Meter entfernt von anderen Edelweißarten stehen. Sie spalten sonst bei Aussaaten sehr stark auf. Auch bei den Nelkenarten, der Spinnweben-Hauswurz *(Sempervivum arachnoideum)*, und der Echten Hauswurz *(S. tectorum)* ist die Saat nur von gut isoliert stehenden Pflanzen zu ernten. Die Fortpflanzungsschwäche ist in einigen Fällen auf erwiesene Sterilität zurückzuführen; mitunter liegt ein regelrechtes Vermehrungsproblem aufgrund einer aufwendigen Mutterpflanzenhaltung zugrunde. Saatgut von *Stratiotes aloides* kann nur gewonnen werden, wenn weibliche und männliche Pflanzen vorhanden sind.

Nachreife der Samen
Die Samen- und Keimreife fallen zeitlich nicht zusammen. Zwischen Ernte und Auflaufen der Saat können wenige Tage, einige Wochen oder mehrere Jahre vergehen. Durch ihre Hartschaligkeit sind viele Samen für Wasser und Gase undurchlässig. Solange die Samenschalen nicht durch Zellulosebakterien beschädigt werden, kommen sie nicht zum Quellen. Die Keimung hängt vom Embryowachstum ab. Unter Wasserverlust wird innerhalb der Samenschale der Keim ausgebildet. Nach dem Abbau von Hemmstoffen im reifen Fruchtfleisch von Beeren und Samenschalen wird die Samenruhe aufgehoben. Zu diesen Blastokolinen rechnet man die Kumarine, Salicylsäure, Parascorbinsäure, Kaffeesäure und die Senföle. Sie werden nach und nach im Boden ausgewaschen oder ihre Wirkung wird durch die Ausbildung von Wuchsstoffen aufgehoben. Erst wenn die Reservestoffe mobilisiert sind, zeigen die Samen ihre volle Keimfähigkeit. Die ökologische Bedeutung der Nachreife wird besonders bei der Überdauerung ungünstiger Vegetationsperioden deutlich. Durch Frosteinbrüche oder in längeren Trockenzeiten wären sie sonst ungünstigen Wachstumsbedingungen ausgesetzt. Die Keimfähigkeit einer Ernte schwankt trotz gleicher Lagerungsbedingungen. Die Überlieger keimen nur zu einem geringen Prozentsatz im ersten Frühjahr, während die Hauptmasse der Samen in den folgenden Jahren »nachläuft«. Bei unseren Kulturpflanzen sind diese Nachreifeerscheinungen durch Auslese verlorengegangen.

Biologisch interessant ist das Knopf- oder Franzosenkraut *(Galinsoga parviflora)*. Um die Populationen auf ökologisch schwierigen Standorten zu erhalten, ist ein Nachlaufen der Saat über sechs bis sieben Jahre zu beobachten. An einer *Galinsoga* können sich mehrere tausend Blütenstände entwickeln, von denen jeder vierzig Samen hervorbringt. Eine Pflanze kann also bis zu 150 000 Früchte bilden, die jahrelang im Boden liegen, ohne von ihrer Keimkraft einzubüßen.

Die besonders hartschaligen Hülsenfrüchte, Malven und Lippenblütler haben als Reservestoffe Fette und Öle eingelagert. Die Samenschalen können in tieferen Erdschichten von den zelluloseabbauenden Bakterien nicht zersetzt werden. Wenn sie bei Baumaßnahmen mit dem Boden an die Oberfläche gebracht werden, beginnen sie oft nach 50, 100, 200 oder gar 1000 Jahren aus ihrem Dauerschlaf zu erwachen. Die aufgezwungene Ruhezeit wird durch Zellulosebakterien so weit überwunden, daß die Schalen für Wasser und Gase durchlässig werden, aufquellen und die Keimung einsetzt.

Stratifikation
Durch die Stratifikation des Saatgutes wird der Nachreifeprozeß der Embryos beschleunigt. Die unbehandelten Samen liegen sehr lange über, zeigen ein schlechtes Keimergebnis oder bringen anormale Zwergpflanzen hervor. Unabhängig von der Jahreszeit werden die Samen schichtweise (lat. stratum = Schicht) in ein feuchtes Substrat eingelegt und mehrere Monate der Wärme oder Kälte ausgesetzt. Alle Samen, die mit einem Fruchtfleisch umgeben sind, befreit man von ihrer fleischigen Hülle. Notfalls sind durch Quetschen und Angären des Fruchtfleisches die Samen über Siebe unter fließendem Wasser auszuwaschen. Bei einem dünnen Samenmantel kann man unter Umständen auf ein Reinigen verzichten. Zur Verkürzung der Ruhezeit werden Sand und Samen schichtweise eingelegt oder beide miteinander vermischt. In der Regel verwendet man dazu Quarzsand (0 bis 2 mm).

Als Substrate sind auch Torfmull, Sägemehl, Bimssand oder Vermiculite denkbar. Während der langen Vorkeimdauer läßt sich das Saatgut in Tontöpfen, Einmachgläsern mit Schraubdeckeln oder Plastikbeuteln vor Schäden bewahren. Eine Unterbrechung der Samenruhe und ein Nachreifen der Keimanlage ist nur möglich, wenn das Substrat feucht gehalten wird, wobei die Temperatur eine große Rolle spielt. Während der Stratifikation werden der Embryo zur Entwicklung gebracht und keimungsphysiologische Wirkstoffe gebildet. Die meisten Arten benötigen zur Lösung aus der Keimruhe für mehrere Wochen oder Monate eine *Kalt-Naß-Vorbehandlung* bei niederen Temperaturen zwischen +2 und +12 °C. Wenige Arten kommen nur bei einer *Warm-Naß-Vorbehandlung* von +20 und +25 °C in Keimstimmung. Später wird – wie bei der Kaltstratifikation – die Temperatur auf +2 bis +12 °C abgesenkt. Mit dem Erscheinen der ersten Wurzelspitzen wird sofort aus den Stratifizierungsbehältern heraus gesät. Wenn witterungsbedingt oder aus Platzgründen noch keine Saat möglich ist, stoppt man den Keimvorgang in einem Kühlraum oder -schrank bei Temperaturen von −2 bis −4 °C. Zum Schutz vor Mäusefraß kann der Samen mit Mennige behandelt werden. Zur Aussaat sind dann Sand und Samen mit Hilfe eines Siebes zu trennen.

Feinkörnige Samen lassen sich zusammen mit ihren Substraten aussäen, wobei für kleine Mengen in der Regel Töpfe und Schalen genügen.

Bei trocken gelagertem Saatgut ist zur schnellen Überwindung der Keimhemmung ein **Vorkeimen** sinnvoll. Die Samen werden mit feuchtem und temperiertem Sand vermischt und bei beginnender Keimung ausgesät. Sie lassen sich auch flach ausbreiten und ständig feucht halten oder in einem Leinenbeutel für 24 Stunden ins Wasser hängen. Der Keimvorgang wird in einem temperierten Raum beschleunigt. Schnellkeimende Arten werden bis zum Frühjahr trocken und kühl gelagert. Vorgequollenes Saatgut läßt sich – vermischt mit feuchtem Sand – bei Temperaturen um 0 °C aufbewahren, wobei der Keimvorgang im Kühlschrank langsam weiterläuft.

Kaltkeimer (Kaltsaat)
Die Kaltkeimer werden irrtümlich als »Frostkeimer« bezeichnet. Extrem tiefe Temperaturen üben keine stimulierende Wirkung aus. Sie bleiben völlig wirkungslos. Bei einem plötzlichen Gefrieren des Wassers in den angequollenen Samen zerreißen die Zellwände und der Samen ist tot.

Kaltsaaten werden bevorzugt bei alpinen Pflanzen durchgeführt. Samenschalen, die durch langes Lagern weitgehend undurchlässig für Wasser und Gase geworden sind, benötigen eine Kühlebehandlung. In den meisten Fällen genügt es, wenn das hartschalige Saatgut in einen nichtsterilen Boden ausgesät wird. Nach dem Angießen der Töpfe müssen die Aussaaten in den ersten zwei bis vier Wochen warm bei 18 bis 22 °C gehalten werden. Zelluloseabbauende Bakterien beginnen die Samenschalen dann so weit zu zersetzen, daß die Quellung einsetzt. Nach der Wärmebehandlung kommen die angequollenen Samen für sechs bis acht Wochen in einen Kühlraum oder -schrank, der auf einen Temperaturbereich zwischen 0 ° und 5 °C eingestellt ist. Nur bei einigen Ranunkel- und Enziangewächsen kann die Temperatur unter den Gefrierpunkt absinken. Die angequollenen Samen dürfen jedoch nicht Frostgraden unter −5 °C ausgesetzt werden. Nach Abschluß des Kühlprozesses setzt die Keimung bei 10 bis 20 °C sehr schnell ein.

Wenn die Aussaattöpfe im Kühlraum oder -schrank nicht unterzubringen sind, wird der Samen mit Sand vermischt, gut angefeuchtet und in einen Plastikbeutel oder ein Einmachglas mit Schraubverschluß gefüllt. Nach der zwei- bis vierwöchigen Wärmebehandlung von 18 bis 22 °C werden sie sechs bis acht Wochen in einem Kühlschrank bei 0 bis 5 °C untergebracht. Sand und Samen können dann in Töpfen ausgesät und bei 10 bis 20 °C gehalten werden.

Wenn starker Schneefall einsetzt, lassen sich die Kaltkeimer auch im Freien aufstellen. Die Temperaturen unter der Schneedecke halten sich meist um 0 °C. Das Saatgut bleibt feucht und nach der Schneeschmelze haben die Zellulosebakterien die Samenschalen so weit zersetzt, daß die Keimung einsetzt.

Generative Anzuchtmethoden

Aus der generativen Nachzucht gehen die meisten Pflanzen hervor. Eine Samenpflanze ist wüchsiger und die allgemeine Widerstandskraft gegen Krankheiten und Schädlinge ist besser.

Bei Stauden mit einer kurzen Vorkultur wird man als Saattermin das Frühjahr wählen. Sie benötigen bei Temperaturen von 12 bis 18 °C etwa zwei bis drei Wochen zum Keimen.

Stauden, die eine längere Vorkultur haben, kommen bereits im Februar/März bei 15 bis 18 °C zur Aussaat. Nach drei bis vier Wochen beginnen sie dann zu keimen.

Die zweijährigen Arten bilden bei einer zu frühen Aussaat schon im Sommer »Langtriebe«, die kalte Winter sehr schlecht überstehen. Um kräftige Pflanzen zu erhalten, wird erst nach Mitte Mai ausgesät.

Als Substrat eignet sich jedes humose Erdgemisch oder ein handelsübliches Fertigsubstrat. Die Aussaaten lassen sich auf relativ kleiner Anzuchtfläche durchführen. Außerdem spart man eine aufwendige Mutterpflanzenhaltung und ist in der Lage, eine größere Menge von Jungpflanzen heranzuziehen. Für die Aussaat verwendet man etwa 40 × 60 cm große Schalen oder Kisten, Ton-, Kunststoff- oder Torfpreßtöpfe in verschiedenen Formen und Größen. Aussaatgefäße für empfindliche Sämereien erhalten unten eine Drainageschicht, gefolgt von einer Schicht gröberer Substratbestandteile. Mit der abgesiebten Erde werden die Gefäße gefüllt und geglättet. Bei der Aussaat wird die Samentüte an einer Seite so zusammengedrückt, daß eine Rinne entsteht. Durch ein Klopfen mit dem Zeigefinger oder Rütteln der leicht geneigten Tüte rutschen die Samenkörner heraus und gelangen gleichmäßig über die Erde. Feine Sämereien werden nach der Aussaat nicht übersiebt. Nach einem leichten Andrücken stellt man die Aussaatgefäße in einen Untersatz mit Wasser. Durch die Öffnungen im Boden saugt sich das Substrat von unten voll. Der Same läßt sich auch von oben mit einer Sprühflasche befeuchten. Feine Sämereien deckt man anschließend mit einer Glasscheibe ab. Nach erfolgter Keimung gewöhnt man die Sämlinge durch Unterlegen von Hölzchen an die Luft. Bei größeren Sämereien wird nach dem Einfüllen des Substrates die Erde angedrückt und nach dem Aussäen die Samen in zwei- bis dreifacher Samenstärke mit Erde oder Sand bedeckt. Damit die Samen nicht abgeschwemmt werden, sind die Aussaaten vorsichtig anzugießen und, um Verwechslungen auszuschließen, sorgfältig zu etikettieren.

Bei Sämlingen, die zu lang und zu dicht in den Aussaatgefäßen stehen, kommt es sehr rasch zu Pilzkrankheiten. Aufgrund ihres Platzbedarfes müssen die Sämlinge pikiert werden. Pikieren bedeutet vereinzeln. Mit einem Pikierholz wird ein Loch vorgebohrt und die Keimlinge so eingesetzt, daß die Wurzeln nicht umbiegen. Längere Wurzeln kürzt man etwas. Dadurch wird die Seitenwurzelbildung angeregt und die Wasser- und Nährstoffaufnahme gefördert. Mit Hilfe des Pikierholzes kommen die Sämlinge bis zu den Keimblättern in die Erde und werden, damit die Wurzeln Bodenschluß haben, leicht angedrückt. Wo erforderlich, können sie einzeln oder in Tuffs in den Endtopf kommen. Die verschiedenen Arten von Torftöpfen oder Torfquelltöpfe wie Jiffy 7 haben sich besonders gut bewährt.

Einige Pflanzen reagieren auf das arbeitsaufwendige Pikieren, Ein- und Umtopfen sehr empfindlich. Beim Herausnehmen aus den Vermehrungsbeeten treten unvermeidbare Wachstumsstockungen ein. Um Wurzelverletzungen zu vermeiden, geht man immer mehr dazu über, die Anzuchten ausschließlich in Töpfen durchzuführen. Eine Direktsaat in 5er- bis 7er-Töpfen hat sich sehr bewährt. An die Stelle der Ton- oder Kunststofftöpfe treten die sogenannten Jiffy-Pots aus Torf, und für Pflanzen mit Pfahlwurzelbildung tiefe Töpfe. Mit Topfballen lassen sich die Stauden und Gehölze an Ort und Stelle pflanzen. Ausgesprochene Tiefwurzler oder Arten, die ihre Wurzelballen sehr schlecht halten, können nach dem Auspflanzen ohne Störung weiterwachsen.

Vermehrung vegetativ beernteter Pflanzen

Häufig werden ausgesuchte Mutterpflanzen vegetativ beerntet. Eine genetisch bedingte Variabilität der Arten ist dann nicht mehr gegeben, wenn wir beim Klonen das gesamte Erbgut einer Pflanze auf die Nachkommenschaft übertragen. Von einer ausgelesenen Pflanze lassen sich beliebig viele Nachkommen mit absolut identischen Eigenschaften produzieren. Man sollte durch die Haltung von Mutterpflanzen immer für Vermehrungsmaterial sorgen und die Standpflanzen nicht vergreisen lassen. In Serienherstellung, vergleichbar der Massenanzucht in den Staudengärtnereien, besteht immer die Gefahr, daß genetisch ungeeignetes Material in die naturnahen Gärten kommt. Nur bei stark gefährdeten Pflanzen, von denen uns die Natur kaum noch Vermehrungsmaterial liefert, greift man auf die Bestände botanischer Gärten und von Staudengärtnereien zurück.

Das Schneiden von Stecklingen ist eine der vielen Möglichkeiten, mit Hilfe von abgetrennten Sproß- und Wurzelteilen gefährdete Arten zu erhalten. Um eine ausreichende Variabilität zu sichern, ist eine hochwertige Stecklingsklonmischung zu begrüßen.

Die vegetative Vermehrung beruht auf der Befähigung der Stauden oder Gehölze, einen neuen Pflanzenkörper zu bilden. Durch fortgesetzte Zellteilung sind sie in der Lage, aus Teilstücken vollkommen neue Pflanzen aufzubauen.

Beim Stecklingsschnitt ist auf den Reifegrad des Pflanzengewebes zu achten: Zu weiche Triebe oder Teilstücke sind fäulnisanfällig und bei einer Verholzung bilden sie nur schwer Wurzeln. Mit einem scharfen Messer wird durch einen glatten Schnitt darauf geachtet, daß das Gewebe nicht gequetscht wird. Es darf außerdem nie in der Sonne geschnitten werden, und bis zum Stecken sind die fertigen Stecklinge mit einem feuchten Tuch oder Papier abzudecken.

Um ein Faulen durch bakterielle oder pilzliche Erreger zu vermeiden, muß das Stecklingssubstrat keimfrei sein. Es lassen sich Torf und Quarzsand oder Perlit im Verhältnis 2:1 mischen od. handelsübliche Vermehrungssubstrate verwenden und in Multitopfplatten, Kisten oder Schalen füllen. Mit Hilfe eines Pikierholzes werden sie 0,5, 1,5 bis 3 Zentimeter tief gesteckt. Für eine schnelle und sichere Bewurzelung sind Wärme und eine »gespannte« Luft unter einer Sprühnebelanlage oder Folienabdeckung notwendig. Bei Sonnenschein muß schattiert, gegossen oder gelüftet werden.

Bei vielen Pflanzen ist ein Bewurzlungshormon (Wurzelfix) empfehlenswert. Die Wunde wird durch eine starke Zellvermehrung verschlossen. Aus diesem Gewebewulst (Kallus) entwickeln sich die Wurzeln.

Kopfstecklinge aus kräftigen und gesunden Triebspitzen werden in 3 bis 15 cm Länge geschnitten. Das entscheidende bei der Stecklingsvermehrung ist der richtige Reifegrad. Auf keinen Fall sollten Mutterpflanzen beerntet werden, die bereits Blütenknospen induziert haben. Am besten schneidet man die Kopfstecklinge dicht unter einem Blattknoten. An den verdickten Stellen der Stengel sind Nährstoffe gespeichert, die für eine schnelle Kallus- und Wurzelbildung verantwortlich sind. Um ein Faulen durch aufliegendes Laub zu verhindern, werden die untersten Blätter entfernt. Die Verdunstungsflächen sind bei Stecklingen mit überlangen Blättern durch Einkürzen zu verringern.

Teilstecklinge werden aus längeren Trieben gewonnen. Dicht unterhalb der Knoten schneidet man die Stengel in einzelne Stücke. In der Regel reichen ein bis drei Augen (Blätter) pro Teilsteckling.

Rosettenstecklinge werden durch Ausbrechen von Rosetten gewonnen. Wenn die Triebe etwa vier Zentimeter lang sind, lassen sie sich mit einer scharfen Rasierklinge abtrennen. Der Vermehrungszeitpunkt liegt bei immergrünen Stauden wie den Enzianen, Saxifragen oder Armerien im September–Oktober. Die Blätter der unteren Stengelteile werden entfernt und wie bei den Frühjahrsstecklingen mit Bewurzelungshormonen behandelt. Man kann sie einzeln, zu zweien oder zu dreien in Kisten, Multitopfplatten oder Torfanzuchttöpfen stecken. In einem kalten Kasten oder Kalthaus erfolgt die Wurzelbildung bei gespannter Luft und Temperaturen von 6 bis 12 °C nach wenigen Wochen.

Grundständige Stecklinge von Stauden, die hohle Stengel bilden, werden im zeitigen Frühjahr geschnitten. Wenn die Triebe etwa Daumenlänge erreicht haben, nimmt man sie mit einem Wurzelstockansatz von der Mutterpflanze ab. Stecklinge mit hohlen Stengeln bewurzeln sich nicht. Ausschlaggebend für den Anwachserfolg ist ein Holzansatz, der mit einem scharfen Messer vom Wurzelstock abgetrennt wird. Gesteckt wird mit Hilfe eines Pikierholzes, damit ein guter Bodenschluß durch Andrücken erreicht wird.

Blattstecklinge sind so zu schneiden, daß am ungestielten Blatt ein Teil der Sproßachse verbleibt. Nur so ist bei *Sedum telephium* vom Sproßkambium aus eine Wurzelbildung möglich.

Wurzelschnittlinge besitzen die Fähigkeit, sich zu regenerieren. Wenn die Pflanzen im Herbst zu ruhen beginnen, werden sie in der frostfreien Zeit ausgegraben und die Wurzelstöcke in ein Kalthaus geholt, in Torf oder Rindenkompost eingeschlagen und bis Januar–Februar aufbewahrt. Durch Wurzelschnittlinge läßt sich eine Massenvermehrung in den arbeitsarmen Wintermonaten durchführen. Nach Art des Austriebs kann man die Wurzeln in zwei Gruppen einteilen:

1. Stauden mit Pfahlwurzeln, die an den oberen Wurzelschnittstellen Kallus bilden und austreiben. Die ausgegrabenen Wurzelstöcke werden ausgewaschen und die längeren Wurzeln in Stücke von 5 bis 7 cm Länge geschnitten. Die Teilstücke werden in ein Torf-Sand-Gemisch oder in normale Topferde senkrecht gesteckt. Auf keinen Fall darf dabei oben und unten verwechselt werden. Die Oberseite der Schnittlinge wird waagrecht und die Unterseite schräg geschnitten. Grundsätzlich besitzt jedes Wurzelstück eine endogene Polarität. Unabhängig davon, ob der Wurzelschnittling mit dem oberen oder unteren Ende gesteckt wird, treibt er an der Stelle, die ursprünglich dem Sproß nahe war, entsprechend einen Sproß, am anderen Ende eine Wurzel.

2. Wurzelschnittlinge, die seitlich austreiben, können waagrecht ausgebracht werden. Oft sind die »Wurzel-Augen« gut erkennbar. In Kisten oder Schalen, die 4 bis 5 cm mit einem normalen Erdgemisch gefüllt sind, werden die 3 bis 5 cm langen

Wurzelschnittlinge gestreut und etwa 1 cm mit Erde abgedeckt. Alle Wurzelschnittlinge müssen gleichzeitig Wurzeln und Triebe bilden. Sie werden deshalb kühl bei etwa 10 °C aufgestellt. Je nach Staudenart und Standort erfolgt nach 4 bis 20 Wochen der Austrieb.

Rhizomschnittlinge gleichen weitgehend den Wurzelschnittlingen. Die flach kriechenden, unterirdischen Rhizome werden in kurze Stücke geschnitten und in Schalen oder Kisten mit einem Erdsubstrat eingelegt. Sie treiben dann aus ihren schlafenden Augen aus.

Oberirdische Ausläufer sind mit Jungpflanzen besetzt. Man schneidet die Ausläufer in halber Länge von Triebknospe zu Triebknospe durch und topft die »Kindel« ein. Die bewurzelten Triebknospen werden wie Jungpflanzen behandelt.

Rißlinge werden vom Rand her mit einem Ruck nach unten abgerissen. Bei der Vermehrung durch Rißlinge nimmt man die Mutterpflanzen auf und schüttelt die Erde aus. An der Basis der Rißlinge sollten sich immer einige Wurzeln befinden.

Teilstücke von Wurzelstöcken oder von unterirdischen Rhizomen lassen sich abtrennen. Dazu werden sie vorsichtig ausgegraben und von Hand in faustgroße Stücke geteilt, mit Hilfe von Grabegabeln auseinandergezogen oder mit dem Spaten in kleine Teilstücke zerstochen. Die beste Zeit für die Teilung ist das Frühjahr oder der Herbst.

Pikier- und Topfsubstrate
So verschieden die ökologischen Gruppen, die Wasser-, Erd- und Nährstoffansprüche unserer Wildflora auch sind, den Faktor Boden in seiner physikalischen und chemischen Beschaffenheit brauchen wir bei der Anzucht und Vermehrung nur bei den Moorbeetpflanzen zu berücksichtigen. Aus Kompost- oder Landerde, Sand, Lauberde oder Rindenkompost läßt sich für die meisten Wildpflanzen ein brauchbares Erdgemisch zusammenstellen. Grundsätzlich sollte man schädlings- und krankheitsfreie Erden verwenden. Das »Unkraut« kann zu einer Verdrängung der Pflanzen oder gar Verfälschung der Flora führen. Durch handelsübliche Fertigsubstrate lassen sich diese Verluste ausschließen. Bei einer guten Luft- und Wasserführung der Erdsubstrate sind die Pflanzen in bezug auf den Boden indifferent, das heißt, der Kalk-Säure-Wert kann sowohl leicht über pH 7 ansteigen als auch absinken. Unter solchen Voraussetzungen können die Pflanzen neutraler, saurer oder kalkhaltiger Böden im selben Standardgemisch stehen.

Eine gute Durchlüftung und Drainage in den Erdgemischen läßt sich nur mit strukturstabilen Substraten wie Quarzsand, Perlit, Vermikulit, Blähton oder Bimskies erreichen, die zu $\frac{1}{4}$ bis $\frac{1}{3}$ den Erdgemischen zugegeben werden. Quarzsand ist in grober Körnung von 0,5 bis 2,0 mm gut luftführend, kaum wasserhaltend und nährstoffarm. Perlit ist ein graublaues, wasserhaltiges vulkanisches Gestein von glasartiger Struktur, das durch Erhitzen porosiert und sich ausdehnt. Diese strukturstabilen, alkalisch reagierenden Perlite lassen sich in grober Körnung als Zusatz zu sauren Erden verwenden. Sie haben ein relativ gutes Festhaltevermögen für Wasser und Nährstoffe. In feinkörniger Form regt es die Wurzelbildung von Stecklingen an oder kann Sämlingssubstraten beigemischt werden. Vermikulit wird zu den Hydroglimmern gezählt. Es ist ein in vielen Tonen enthaltenes Mineral, das in einigen Lagerstätten Westaustraliens und Montanas (USA) abgebaut wird. Beim Brennen dehnt sich Vermikulit auf das 25- bis 50fache seines Volumens aus und bildet eine lockere Masse, die als feuchtigkeitshaltender Zuschlagstoff in Substraten verwendet werden kann. Blähton wird durch Blähen geeigneter Tone bei hohen Temperaturen hergestellt. Die Tonkügelchen haben einen großen Porenraum, die auch als Lecaton und Claylit bekannt sind. Sie zeigen eine befriedigende Wasserkapazität und eine sehr gute Luftführung. Bimskies ist ein vulkanisches Gestein aus lockeren Auswurfmassen. Dieser natürliche Rohstoff zeigt gutes Wasserspeichervermögen und Luftführung, ist leicht, porös und strukturstabil.

In der gärtnerischen Praxis lassen sich die folgenden Mischungsverhältnisse herstellen:
Pikiersubstrat:
1 Teil Rindenkompost, Lauberde oder Torf
1 Teil Komposterde
1 Teil Quarzsand oder Perlit
aufgedüngt mit 2 kg Manna-Spezial oder einem entsprechenden organisch-mineralischen Volldünger pro Kubikmeter.
Topfsubstrat:
1 Teil Rindenkompost, Lauberde oder Torf
2 Teile Kompost- oder Landerde (Ackerboden)
1 Teil Quarzsand, Blähton oder Bimskies
aufgedüngt mit 4 kg Manna-Spezial oder einem entsprechenden organisch-mineralischen Volldünger pro Kubikmeter.

Vermehrungshinweise

Name	Vermehrungsart
Abies alba Weißtanne Baum	Samenernte im September–Oktober. Lassen sich unter kalten und trockenen Bedingungen mehrere Jahre lagern. Die Sämlinge sind frostempfindlich. Nicht vor Mitte Mai aussäen. 10 bis 14 Tage vorkeimen und bei beginnendem Auflaufen aussäen.
Acer campestre Feldahorn, Maßholder Strauch oder kleiner Baum	Samenernte Ende August bis Anfang September. Anfang Oktober aussäen. Samen läßt sich unter kalten und trockenen Bedingungen mehrere Jahre lagern. Seine Lebensfähigkeit beträgt sonst nur 1 Jahr. Älteres Saatgut 4 bis 6 Monate stratifizieren (Kalt-Naß-Vorbehandlung). Aussaat Februar–März. Keimung nach 4 bis 5 Wochen.
Acer platanoides Spitzahorn Baum	Samenernte September bis November. Läßt sich unter kalten und trockenen Bedingungen mehrere Jahre lagern. Die Lebensfähigkeit des Samens beträgt sonst nur 1 Jahr. 4 bis 6 Monate stratifizieren (Kalt-Naß-Vorbehandlung). Aussaat Februar. Keimung nach 5 bis 6 Wochen. Frostschutz.
Acer pseudoplatanus Bergahorn Baum	Samenernte September bis November. Läßt sich unter kalten und trockenen Bedingungen mehrere Jahre lagern. Die

Achillea millefolium
Schafgarbe
Staude

Lebensfähigkeit des Samens beträgt sonst nur 1 Jahr. 4 bis 6 Monate stratifizieren (Kalt-Naß-Vorbehandlung). Aussaat März. Keimung nach 3 bis 4 Wochen.
März–April bei 18 °C aussäen. Lichtkeimer. Keimzeit 2 bis 3 Wochen. Sommer auspflanzen. Blühen schon im ersten Herbst. 1 g etwa 7000 Korn. Vegetativ durch Teilung von April bis Juni oder Rißlinge von August bis Oktober.

Achillea ptarmica
Bertramsgarbe
Staude

Schnellkeimend. Erde sehr feucht halten und Temperaturen bei 18 bis 20 °C. Nach erfolgter Keimung kühler stellen. Vegetativ durch Teilung.

Acinos alpinus
Alpensteinquendel
Staude

Aussaat. Vegetativ durch Teilung, Rißlinge und Stecklinge.

Aconitum napellus
Blauer Eisenhut
Staude

Kaltkeimer, benötigt tiefere Temperaturen von ca. −5 °C in der Kühlperiode. Keimdauer bei 12 °C 15 Tage. Vegetativ durch Teilung.

Aconitum paniculatum
Rispiger Eisenhut
Staude

Kaltkeimer, benötigt tiefere Temperaturen von ca. −5 °C in der Kühlperiode. Vegetativ durch Teilung.

Aconitum variegatum
Gescheckter Eisenhut
Staude

Kaltkeimer, benötigt tiefere Temperaturen in der Kühlperiode von ca. −5 °C. Von den Samen gelangt nur ein geringer Prozentsatz zum Keimen. Deshalb herrscht vegetative Vermehrung durch Teilung vor.

Aconitum vulparia
Gelber Eisenhut
Staude

Kaltkeimer, benötigt tiefere Temperaturen von ca. −5 °C in der Kühlperiode. Vegetativ durch Teilung.

Acorus calamus
Kalmus
Staude

Mutterpflanzen bei ca. 5 cm Wasserstand ausgepflanzt. Vegetativ durch Teilung der Wurzelstöcke (Rhizome) während der gesamten Vegetationsperiode.

Actaea spicata
Christophskraut
Staude

Kaltkeimer, Embryowachstum 2 Monate. Keimdauer bei 12 °C 25 Tage. Vegetativ durch Teilung von Februar bis April.

Adenophora liliifolia
Becherglocke
Staude

Sofort nach der Samenreife in Töpfe aussäen. Die sehr feinen Samen evtl. mit Talkum oder Sand mischen. Nicht mit Erde abdecken. Bewässerung von unten, damit die Samen nicht weggeschwemmt werden. Sonst wie Kaltkeimer behandeln und bei 10 °C aussäen.

Adonis aestivalis
Sommerblutströpfchen
Einjährig

Adonis annua
Herbstfeuerröschen
Einjährig

Adonis vernalis
Adonisröschen
Staude

Adoxa moschatellina
Moschuskraut
Staude

Läßt sich nur mit Topfballen auspflanzen. Vegetativ durch grundständige Stecklinge. Bald nach dem Austrieb mit einem kleinen Fuß von der Ansatzstelle abschneiden.
Freilandaussaat im April. Keimt nach 14 bis 25 Tagen. 1 g etwa 100 Korn.

Freilandaussaat im März–April

Sofort nach der Ernte aussäen. Entfernen der dunklen Samenschale beschleunigt die Keimung. Vielfach setzt die Keimung nach der Wintereinwirkung erst im Frühjahr ein. Kaltkeimer! Erst im dritten Jahr nach dem Auflaufen verpflanzen. Vegetativ durch Teilung.
Samen sehr empfindlich gegen Trockenheit. Nur 1 Jahr keimfähig. Durchlaufen im Winter eine Nachreife, ehe der anfänglich sehr kleine Embryo keimfähig ist. Aussaat im Frühjahr, Keimen epigäisch.

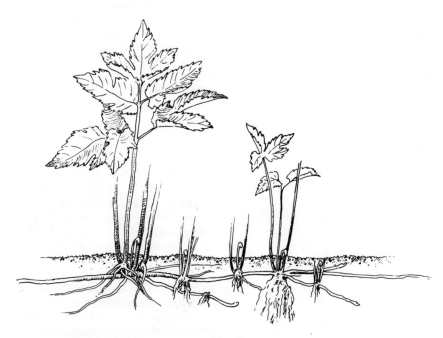

Abb. 1. Geißfuß, Giersch (*Aegopodium podagraria*).

Aegopodium podagraria
Geißfuß
Staude

Vegetativ durch Teilung der Wurzelstöcke (Rhizome)

Aesculus hippocastanum
Roßkastanie
Baum

Ernte Oktober–November. Wenn die Samen nach der Reife austrocknen, verlieren sie nach einem halben Jahr ihre Keimfähigkeit. Kühl und feucht aufbewahren. Aussaatzeit März–April und Oktober–November.

Aethionema saxatile
Steintäschel
Staude

Im Februar–März unter Glas aussäen und bis zum Auspflanzen im Topf kultivieren. Stecklinge kurz nach der Blüte bis August. Wachsen schlecht an.

Aethusa cynapum
Hundspetersilie
Einjährig

Aussaat Herbst bis Frühjahr. Keimt nach 3 bis 4 Wochen. Bei Aussaat im Herbst, Keimung im Frühjahr.

Ajuga genevensis
Genfer Günsel
Staude

Aussaat und Teilung

Ajuga pyramidalis
Pyramidengünsel
Staude

Aussaat und Teilung

Ajuga reptans
Güldengünsel
Staude

Aussaat und Teilung
Ausläufer von der Mutterpflanze abtrennen

Alchemilla alpina
Alpenfrauenmantel
Staude

Vegetativ durch Teilung von Juni bis Oktober. Auch Aussaat möglich, dann behandeln wie Kaltkeimer.

Alchemilla conjuncta
Verbundfrauenmantel
Staude

Aussaat im Januar oder Teilung von März bis Mai.

Alchemilla vulgaris
Frauenmantel
Staude

Aussaat und Teilung

Alchemilla xanthochlora
Gelbgrüner Frauenmantel
Staude

Aussaat im Januar

Alisma plantago-aquatica
Froschlöffel
Staude

Nach der Samenreife im August–September in nahrhafter Erde aussäen. Wasser muß bis 1 cm über der Schale stehen. 2 bis 4 Wochen bei 22 °C aufstellen, danach 4 bis 6 Wochen bei 0 °C halten. Wasser darf gefrieren. Anschließend Temperatur langsam ansteigen lassen. Vermehrt sich auch durch Selbstaussaat im Herbst. Im Sommer die Jungpflanzen aufnehmen, in 9 cm Töpfe topfen und bei 10–15 cm Wasserstand aufstellen. Vegetativ durch Teilung im Mai–Juni.

Alliaria petiolata Aussaat Mai bis Juli. Entwickeln bis
Lauchhederich zum Herbst kräftige Pflanzen.
Zweijährig
Allium angulosum Kaltkeimer oder Teilung im Herbst
Kantenlauch
Staude
Allium carinatum Kaltkeimer oder Teilung im Herbst
Gekielter Lauch
Staude
Allium montanum Kaltkeimer
Berglauch
Staude
Allium oleraceum Kaltkeimer
Gemüselauch
Staude
Allium pulchellum Kaltkeimer oder Teilung im Herbst
Zierlicher Lauch
Staude
Allium rotundum Kaltkeimer oder Teilung im Herbst
Runder Lauch
Staude
Allium schoenoprasum Aussaat im April, Auspflanzen nach
Schnittlauch 5 Wochen oder Teilung großer Horste.
Staude
Allium scorodoprasum Kaltkeimer
Wilder Lauch
Staude
Allium sphaerocephalon Kaltkeimer
Kugellauch
Staude
Allium suaveolens Kaltkeimer oder Teilung im Herbst
Wohlriechender Lauch
Staude
Allium ursinum Aussaat von Dezember bis März und
Bärlauch wie Kaltkeimer behandeln. Keimen oft
Staude erst nach 14 Monaten. Teilung großer
 Horste.
Allium victorialis Kaltkeimer
Allermannsharnisch
Staude
Allium vineale Kaltkeimer
Weinberglauch
Staude
Alnus glutinosa Ernte Oktober bis Dezember. Trocken
Schwarzerle lagern. Lebensfähigkeit des Samens 2
Baum bis 3 Jahre. Aussaatzeit März–April.
 Vor der Aussaat Samen 14 Tage im
 Wasser aufweichen. Keimdauer 2 bis
 3 Wochen.

Alnus incana
Grauerle
Strauchartig oder Baum

Wie *A. glutinosa*

Alnus viridis
Grünerle
Strauchartig

Wie *A. glutinosa*

Althaea hirsuta
Rauher Eibisch
Einjährig

Aussaat März–April. Same jederzeit keimbereit.

Althaea officinalis
Eibisch, Samtpappel
Staude

Aussaat im Januar–Februar. 21 Tage Keimzeit. Vegetativ durch Wurzelteilung.

Alyssum montanum
Bergsteinkraut
Staude

Aussaat Ende März bis Mai. Lichtkeimer. Schnell keimende Saat bei gleichmäßiger Feuchtigkeit und Temperaturen von 12 °C in 8 Tagen. Vegetativ durch nicht zu weiche Frühsommerstecklinge.

Amelanchier ovalis
Felsenbirne
Strauch

Ernte Juli–August. Lebensfähigkeit des Samens 1 bis 2 Jahre. 3 bis 4 Monate stratifizieren (Kalt-Naß-Vorbehandlung). Aussaatzeit März–April. Keimdauer bis 2 Jahre.

Anagallis arvensis
Ackergauchheil
Einjährig

Jederzeit keimbereit. Freilandaussaat im März–April.

Anchusa officinalis
Ochsenzunge
Zweijährig

Aussaat Mai bis Juli. Entwickeln bis zum Herbst kräftige Pflanzen.

Andromeda polifolia
Lavendelheide
Halbstrauch

Lichtkeimer. Ein Jahr keimfähig. 6 bis 8 Wochen Keimdauer

Androsace lactea
Milchweißer Mannsschild
Staude

Kaltkeimer

Androsace obtusifolia
Stumpfblättriger Mannsschild
Staude

Kaltkeimer

Anemone narcissiflora
Narzissenwindröschen
Staude

Aussaat im Februar. Keimt sehr ungleichmäßig auf eine lange Keimperiode verteilt. Als Kaltkeimer ausgezeichnetes Keimergebnis.

Anemone nemorosa.
Buschwindröschen
Staude

Bringt ein gutes Keimergebnis, wenn sie bald nach der Ernte ausgesät wird. Älteres Saatgut ist beschränkt keimfähig. Licht- und Kaltkeimer. Die Art kann auch vegetativ durch Teilung oder von Dezember bis März durch Rhizomschnittlinge vermehrt werden.

Anemone ranunculoides
Gelbes Windröschen
Staude

Wie *A. nemorosa*

Anemone sylvestris
Großes Windröschen
Staude

Winteraussaat oder gleich nach der Reife. Hell halten. Samen keimen unregelmäßig. 1 g enthält 1200 bis 1500 Samenkörner. Vegetativ durch Teilung nach der Blüte. Abtrennen der Ausläufer oder durch Wurzelschnittlinge im Winter.

Anethum graveolens
Dill
Einjährig

Ab April Freilandaussaat. Keimt bei 15 °C im Dunkeln und bei 20 bis 30 °C im Licht in 14 bis 21 Tagen.

Angelica archangelica
Engelwurz
Staude

Frisches Saatgut ist bei 12 °C jederzeit keimbereit. Nach der Ernte im Herbst aussäen. Bei entsprechender Feuchtigkeit erscheinen nach 7 Tagen die ersten Keimlinge. Älteres Saatgut wie Kaltkeimer behandeln. 1 g enthält 120 bis 480 Korn. Kann auch durch Wurzeltriebe vermehrt werden.

Angelica sylvestris
Waldengelwurz
Zwei- bis mehrjährig

Aussaat Mai bis Juli. Älteres Saatgut wie Kaltkeimer behandeln.

Antennaria dioica
Katzenpfötchen
Staude

Die feinen Samen für eine gleichmäßige Aussaat mit feinstem Sand mischen. Bewässerung von unten durch Anstau, damit die Samen nicht weggeschwemmt werden. Schnellkeimende Saat um 20 °C. Nach erfolgter Keimung kühler stellen. Vegetativ durch Teilung von März bis Juli oder Risslinge von September bis November.

Anthemis arvensis
Ackerhundskamille
Einjährig

Freilandaussaat im April–Mai. Keimoptimum bei 13 °C.

Anthemis cotula
Stinkende Hundskamille
Einjährig

Freilandaussaat im April–Mai.

Anthemis ruthenica
Russische Hundskamille
Einjährig

Freilandaussaat im April–Mai.

Anthemis tinctoria
Färberkamille
Staude

Schnell keimende Saat, die bei gleichmäßiger Feuchtigkeit und Temperaturen um 20 °C nach 5 bis 15 Tagen keimt. 1 g hat 2000 bis 3000 Korn. Frisches Saatgut verwenden. Sonst wie Kaltkeimer behandeln. Vegetativ durch Teilung

Anthericum liliago
Traubige Graslilie
Staude

Anthericum ramosum
Ästige Graslilie
Staude

Wie *A. liliago*

Anthriscus cerefolium
Gartenkerbel
Einjährig

Ab März Freilandaussaat. Wildsaaten.
Keimdauer 2 bis 3 Jahre.

Anthriscus sylvestris
Wiesenkerbel
Zweijährig bis ausdauernd

Aussaat von September bis März. Die Keimung erfolgt im Frühjahr. Same nur so stark mit Erde zudecken, wie der Same selbst dick ist.

Anthyllis vulneraria
Wundklee
Staude

Keimung erfolgt nicht sehr gleichmäßig, jedoch bei ausreichender Feuchtigkeit und 20 °C problemlos. Nach der Keimung kühler stellen. 400 Korn/g.

Antirrhinum majus
Großes Löwenmaul
Halbstrauch

Aussaat im März–April bei 12 bis 15 °C.

Apium graveolens
Sellerie
Ein- bis zweijährig

Aussaat Anfang März in einem geheizten Raum. Lichtkeimer. Wildsaaten keimen sehr langsam. Sie benötigen 25 bis 28 Tage. Durch Einweichen in warmes Wasser oder durch Befeuchten »ankeimen«.

Aquilegia vulgaris
Akelei
Staude

Im Februar–März bei 6 bis 18 °C aussäen. Lichtkeimer. Keimzeit 3 bis 5 Wochen. Älteres Saatgut wie Kaltkeimer behandeln. Sämlinge in Töpfe pikieren. 800 Korn/g. Vegetativ durch Teilung von Oktober bis März.

Arabis alpina
Alpengänsekresse
Staude

Aussaat im Juli–August. Rosettenstecklinge im Herbst und Vorfrühling.

Arctostaphylos uva-ursi
Bärentraube
Zwergstrauch

Nach der Ernte Samen auswaschen und sofort unter Glas aussäen. Licht- und Dunkelkeimer. Keimung erstreckt sich über 3 Jahre. Von August bis Oktober durch Stecklinge, im Haus aufstellen. Ein gutes Bewurzelungsergebnis läßt sich erreichen, wenn die kurzen dicken Wurzeln der Mutterpflanzen in einer Küchenmaschine zerkleinert, mit Wasser verrührt und die Stecklinge angegossen werden.

Arenaria serpyllifolia
Quendelsandkraut
Einjährig

Einzelsaat in Töpfen. Nach 3½ Monaten mit Ballen auspflanzen.

Aristolochia clematitis
Osterluzei
Staude

Samen trocken lagern. Aussaatzeit April.

Armeria maritima
Strandgrasnelke
Staude

Aussaat März–April bei 15 °C. Keimzeit 3 bis 4 Wochen. Im Sommer auspflanzen. Blühen bereits im Herbst. Vegetative Vermehrung im September–Oktober durch grundständige Stecklinge im Frühbeet.

Arnica montana
Arnika
Staude

Sofort nach der Samenreife aussäen. Lichtkeimer. Keimen nach 5 bis 14 Tagen, 1 g hat 700 bis 900 Korn. Altes Saatgut. Kaltkeimer. Vegetativ durch Teilung.

Artemisia vulgaris
Beifuß
Staude

Vermehrung durch Aussaat von März bis Mai. Nicht zu stark mit Erde bedecken. Bei entsprechender Feuchtigkeit und Wärme erscheinen die Keimlinge nach 10 bis 30 Tagen. 1 g enthält 10000 Korn. Läßt sich im Frühjahr auch aus Stecklingen vermehren.

Arum maculatum
Gefleckter Aronstab
Staude

Samen liegt 1 Jahr und mehr über. Um Austrocknen zu verhindern, Samen stratifizieren. Wenn Keimung beginnt, aussäen

Aruncus dioicus
Waldgeißbart
Staude

Frisches Saatgut verwenden. Von Oktober bis April die sehr feinen Samen aussäen. Nicht mit Erde abdecken, jedoch gut angießen, die Gefäße mit einer Glasscheibe abdecken und vor Sonneneinstrahlung schützen. Kaltkeimer. Keimdauer bei 12 °C 15 Tage. 1 g enthält 14000 Korn. Vegetativ durch Teilung.

Asarum europaeum
Haselwurz
Staude

Zum Abbau der keimhemmenden Stoffe und zur Aufhebung der Keimruhe mindestens 6 Wochen gute Bodenwärme, 22 °C und gleichmäßige Feuchtigkeit. Dann 6 bis 8 Wochen bei −4 bis +4 °C. Keimt bei +4 °C. Bis die Keimung abgeschlossen ist, nicht über +10 °C. Wenn Temperatur nicht ausreicht, benötigen sie einen warmen Sommer und einen kalten Winter. Zwei Jahre vergehen, bis die Pflanzen in der Natur angesiedelt werden können. Vor oder nach der Blüte teilen.

Asperula tinctoria
Färbermeister
Staude

Stecklinge von März bis Mai. Teilung.

Asplenium ruta-muraria
Mauerraute
Staude

Teilung und Sporenaussaat. Sporenreife das ganze Jahr.

Aster alpinus
Alpenaster
Staude

Aussaat Februar–März bei 15 °C. Keimung nach 2 bis 3 Wochen. Sämlinge in Töpfe pikieren und kühler stellen. Vegetativ durch Teilung.

Aster amellus
Bergaster
Staude

Vegetativ durch Stecklinge, die im April–Mai an den Austriebstellen abgelöst werden. Teilung älterer Pflanzen im Frühjahr. Saatgut 600 bis 700 Korn/g.

Aster laevis
Glatte Aster
Staude

Wie *A. alpinus*.

Aster lanceolatus
Lanzettblättrige Aster
 Staude

Wie *A. alpinus*.

Aster linosyris
Goldhaar
Staude

Wie *A. alpinus*.

Aster novae-angliae
Rauhblattaster
Staude

Vegetativ durch Teilung.

Aster novi-belgii
Glattblattaster
Staude

Vegetativ im Frühjahr durch Teilung.

Aster salignus
Weidenaster
Staude

Wie *A. alpinus*.

Aster tradescantii
Kleinblütige Aster
Staude

Wie *A. alpinus*.

Astragalus alpinus
Alpentragant
Staude

Keimt ungleichmäßig. Ältere Saat Kaltkeimer. Sämlinge müssen bald getopft werden. Vegetative Vermehrung durch Stecklinge, einsanden, mit Erde anhäufeln oder spaltpfropfen auf die Wurzeln von *A. glycyphyllos*.

Astragalus danicus
Dänischer Tragant
Staude

Aussaat im zeitigen Frühjahr. Die Samenschale sollte angeritzt werden. Sämlinge müssen bald getopft werden. Vegetativ durch Abtrennen der Ausläufer vermehren, die gleich getopft werden.

Astragalus excapus
Stengelloser Tragant
Staude

Wie *A. alpinus*.

Astragalus frigidus
Gletschertragant
Staude

Wie *A. alpinus*.

Astragalus glycyphyllos
Süßer Tragant
Staude

Astragalus onobrychis
Esparsettentragant
Staude

Astrantia major
Große Sterndolde
Staude

Atropa bella-donna
Tollkirsche
Staude

Baldellia ranunculoides
Igelschlauch
Staude

Ballota nigra
Schwarzer Andorn
Staude

Barbarea verna
Frühes Barbarakraut
Einjährig

Barbarea vulgaris
Echtes Barbarakraut
Einjährig

Bellis perennis
Gänseblümchen
Staude

Berberis vulgaris
Sauerdorn
Strauch

Berteroa incana
Graukresse
Ein- bis zweijährig

Betula pendula
Sandbirke
Baum

Betula pubescens
Moorbirke
Baum

Keimt ungleichmäßig. Ältere Saat Kaltkeimer. Sämlinge müssen bald getopft werden. Vegetative Vermehrung durch Stecklinge, einsanden und mit Erde anhäufeln.
Wie *A. alpinus*.

Kaltkeimer und vegetativ von April bis Juni durch Teilung des holzigen Wurzelstockes.
Am besten keimen Samen von frischen Beeren. Lichtkeimer. Älteres Saatgut Kaltkeimer. Vegetativ durch Wurzelschnittlinge.
In nahrhafter Erde aussäen und durch Anstau sehr feucht halten. Warm bei 22 °C aufstellen und nach der Keimung Temperaturen absenken.
Im Februar–März bei 15 bis 18 °C aussäen. Wenn sich Sämlinge gut entwickelt haben, in Töpfe pikieren. Vegetativ durch Teilung.
Aussaat. Dauert bei jährlicher Teilung aus. Auch Stecklingsvermehrung.

Wie *B. verna*.

Schnell keimende Saat bei gleichmäßiger Feuchtigkeit und Temperaturen um 20 °C. Keimzeit 7 bis 21 Tage. 1 g enthält 7000 Korn.
Ernte September bis Dezember. Läßt sich unter kalten und trockenen Bedingungen mehrere Jahre lagern. 4 bis 6 Monate stratifizieren (Kalt-Naß-Vorbehandlung). Aussaatzeit März–April.
Der Same ist bei entsprechender Feuchtigkeit und Wärme jederzeit keimbereit.

Samenernte Juni bis August. Trocken lagern. 2 bis 3 Jahre keimfähig. Aussaatzeit April–Mai. Keimdauer 2 bis 3 Wochen.
Wie *B. pendula*.

Borago officinalis
Borretsch
Einjährig

Brassica nigra
Schwarzer Senf
Einjährig

Buglossoides purpurocaerulea
Blauer Steinsame
Staude

Bunias orientalis
Orientalisches Zackenschötchen
Zweijährig

Bunium bulbocastanum
Erdkastanie
Staude

Buphthalmum salicifolium
Weidenblättriges Ochsenauge
Staude

Bupleurum rotundifolium
Ackerhasenohr
Einjährig

Butomus umbellatus
Schwanenblume
Staude

Calamintha nepeta ssp. *nepeta*
Kleinblütige Bergminze
Staude

Calla palustris
Schlangenwurz
Staude

Callianthemum anemonoides
Jägerblume
Staude

Callianthemum coriandrifolium
Jägerblume
Staude

Freilandaussaat im März. Keimkraft bleibt 2 bis 3 Jahre erhalten. Vegetativ durch Stecklinge, die im kalten Kasten überwintert werden.
Bei entsprechender Feuchtigkeit und Wärme ist der Same jederzeit keimbereit.
Vegetativ durch Kriechsprosse und halbweiche Stecklinge.

Aussaat Mai bis Juli, damit sich bis Herbst kräftige Pflanzen entwickeln.

Im Februar–März bei 15 bis 18 °C aussäen. Wenn Sämlinge sich gut entwickelt haben, in Töpfe pikieren. Vegetativ durch Teilung.
Bei gleichmäßiger Feuchtigkeit und Temperaturen um 20 °C schnell keimend. Lichtkeimer. Nach erfolgter Keimung kühler stellen. Vegetativ durch Teilung von April bis Juni.
Bei entsprechender Feuchtigkeit und Wärme jederzeit keimbereit.

In nahrhafter Schlammerde bei 22 °C aussäen. Das Wasser kann bis 1 cm über der Aussaaterde stehen. Vegetativ durch Teilung im Mai–Juni
Aussaat im Januar oder Stecklinge von März bis Mai.

Saat gleich nach der Ernte in Schalen mit nahrhaftem Humusboden. Mit Wasser bis 1 cm über der Aussaaterde füllen. 2 bis 4 Wochen bei 20 bis 22 °C aufstellen, dann 4 bis 6 Wochen kalt bei 0 °C halten. Anschließend die Temperatur langsam erhöhen. Läßt sich auch vegetativ durch Teilung vermehren. Rhizomstücke kommen in 9 cm Töpfe und werden bei 10–15 cm Wasserstand aufgestellt.
Sofort nach der Samenreife aussäen. Samen liegen oft lange in der Erde. Größere Pflanzen teilen.
Wie *C. anemonoides*.

Calluna vulgaris
Besenheide
Zwergstrauch

Caltha palustris
Sumpfdotterblume
Staude

Calystegia sepium
Zaunwinde
Staude

Camelina sativa
Leindotter
Einjährig

Campanula barbata
Bärtige Glockenblume
Zweijährig oder Staude

Campanula cochleariifolia
Zwerg-Glockenblume
Staude

Campanula glomerata
Knäuel-Glockenblume
Staude

Campanula latifolia
Breitblättrige Glockenblume
Staude

Campanula persicifolia
Pfirsichblättrige Glockenblume
Staude

Samenernte August–September. 2 bis 3 Jahre keimfähig. Sofort aussäen. Keimen am Licht rasch und gut nach 4 bis 5 Wochen.
Aussaat gleich nach der Ernte. Nach einem Embryowachstum von 10 Tagen voll keimfähig. In nahrhafter Erde aussäen. Das Wasser soll bis 1 cm über der Erde stehen. Bei ca. 22 °C aufstellen. Älteres Saatgut nur 2 bis 4 Wochen warm stehen lassen, danach 4 bis 6 Wochen bei 0 bis −5 °C halten. Teilung im März–April.
Vegetative Vermehrung durch Rhizome.

Freilandaussaat im April–Mai.

Keimen bei 12 °C leicht und schnell. 1 g enthält ca. 6000 Korn. Älteres Saatgut wie Kaltkeimer behandeln.
Keimung erfolgt nicht sehr schnell und nicht immer sehr gleichmäßig. Zur Aussaat Samen mit Sand verdünnen. Auf angefeuchtetes Substrat streuen, nicht übersieben.
Keimen bei Temperaturen um 12 °C. Um eine gleichmäßige Aussaat des sehr feinen Samens zu erreichen, wird er mit Talkum oder feinem Sand verdünnt. Der staubfeine Same wird dabei auf das bereits gut angefeuchtete Substrat gestreut, evtl. noch leicht angedrückt, jedoch nicht mit Erde übersiebt. Keimen langsam und ungleichmäßig, bis 45 Tage. 1 g enthält 8000 bis 9000 Korn.
Kaltkeimer. Zur Aussaat Samen mit Sand verdünnen. Auf angefeuchtetes Substrat streuen, nicht übersieben. 1 g enthält 2000 Korn.
Aussaat von Dezember bis März. Kaltkeimer. Samen kaum abdecken. 10000 Korn/g. Teilung von Oktober bis April oder Basalstecklinge im April–Mai.

Campanula rapunculoides
Acker-Glockenblume
Staude

Campanula rapunculus
Rapunzel-Glockenblume
Zweijährig

Campanula rotundifolia
Rundblättrige Glockenblume
Staude

Campanula thyrsoides
Straußblütige Glockenblume
Zweijährig

Campanula trachelium
Nessel-Glockenblume
Staude

Capsella bursa-pastoris
Hirtentäschel
Einjährig

Caragana arborescens
Erbsenstrauch
Strauch

Cardamine amara
Bitteres Schaumkraut
Staude

Cardamine pratensis
Wiesenschaumkraut
Staude

Keimung erfolgt nicht sehr schnell und auch nicht gleichmäßig. Aussaat Januar–Februar bei 5 bis 10 °C. Älteres Saatgut wie Kaltkeimer behandeln.
Schnell keimende Saat. Gleichmäßige Feuchtigkeit und Temperaturen um 20 °C. Nach erfolgter Keimung kühler stellen. Zur Aussaat Samen mit Sand verdünnen. Auf angefeuchtetes Substrat streuen, nicht übersieben.
Keimen bei Temperaturen um 12 °C. Um eine gleichmäßige Aussaat des sehr feinen Samens zu erreichen, wird er mit Talkum oder feinem Sand verdünnt. Der staubfeine Samen wird dabei auf das bereits gut angefeuchtete Substrat gestreut, evtl. noch leicht angedrückt, jedoch nicht mit Erde übersiebt. Keimen innerhalb 3 Wochen. 1 g enthält 15000 bis 16000 Korn. Teilung von März bis Mai.
Zur Aussaat Samen mit Sand verdünnen. Auf angefeuchtetes Substrat streuen, nicht übersieben. Keimung erfolgt nicht so schnell und auch nicht immer gleichmäßig.
Aussaat Januar bis März bei 5 bis 15 °C. Samen mit Sand verdünnen. Auf angefeuchtetes Substrat streuen, nicht übersieben. Keimung erfolgt nicht so schnell und auch nicht immer gleichmäßig. Kaltkeimer. Teilung von März bis Mai.
Bei entsprechender Feuchtigkeit und Wärme Keimung innerhalb 14 Tagen. Keimfähigkeit 2 Jahre. 1 g enthält 2000 bis 8000 Korn.
Samenernte Juli–August. Lagern der harten, undurchlässigen Samen vollkommen unproblematisch. 5 Jahre keimfähig. Trocken lagern und vor der Aussaat vorkeimen. Aussaatzeit Mai. 2 bis 3 Wochen Keimdauer.
Der Same ist jederzeit keimbereit.

Bringt gutes Keimergebnis, wenn bald nach der Ernte ausgesät wird. Vegetativ durch Teilung oder durch die jungen Brutpflanzen.

Cardamine trifolia
Kleeblättriges Schaumkraut
Staude

Von Juni bis September Blattstecklinge oder von Dezember bis April teilen.

Carex davalliana
Torfsegge
Staude

Vegetativ durch Teilung.

Carex pendula
Große Segge
Staude

Aussaat in flache Schalen, die ständig feucht gehalten werden. Pikieren in 7 cm Töpfe und in Becken bei etwa 5 cm Wasserstand aufstellen. Vegetativ durch Teilung.

Carex riparia
Ufersegge
Staude

Vegetativ durch Teilung.

Carex sylvatica
Waldsegge
Staude

Vegetativ durch Teilung.

Carex vulpina
Fuchssegge
Staude

Vegetativ durch Teilung.

Carlina acaulis
Silberdistel
Staude

Läßt sich als ausgesprochener Tiefwurzler nur mit Erdballen verpflanzen. In Töpfe aussäen. Wenn nach 3 bis 4 Wochen bei 12 °C Keimung noch nicht erfolgt ist, wie Kaltkeimer behandeln. 200 Korn/g. Wurzelschnittlinge von Dezember bis März.

Carlina vulgaris
Eberwurz
Zweijährig oder Staude

Aussaat von Januar bis April bei 10 bis 12 °C. Keimt je nach Herkunft schnell. Wenn die Keimung nach 3 bis 4 Wochen nicht erfolgt ist, Kühlebehandlung. Zu hohe Temperaturen verzögern Keimung bis zu einem Jahr. 1 g enthält 200 Korn.

Carpinus betulus
Weißbuche
Baum

Samenernte Oktober bis Dezember. Kalt und feucht aufbewahren. 4 bis 6 Wochen stratifizieren (Kalt-Naß-Vorbehandlung) und im Februar–März oder Oktober–November aussäen.

Carum carvi
Kümmel
Zweijährig

Aussaat von März bis Juli. Lichtkeimer, Samen nur sehr dünn abdecken. Keimt bei etwa 20 °C nach 14 bis 28 Tagen. Keimkraft 2 Jahre. 1 g enthält 400 Korn.

Centaurea cyanus
Kornblume
Einjährig

Aussaat Herbst bis Frühjahr. Keimt nach 14 Tagen. Bei Aussaat im Herbst an Ort und Stelle. Keimung im Frühjahr. 1 g enthält 200 bis 300 Korn.

36 Pflanzenbeschaffung und -vermehrung

Centaurea scabiosa
Skabiosenflockenblume
Staude

Centaurium erythraea
Tausendgüldenkraut
Zweijährig

Aussaat im Januar.

Lichtkeimer, Samen dürfen nicht mit Erde bedeckt werden. Keimen nach 14 Tagen. Samen werden in der Natur durch den Wind verbreitet. 1 g enthält 200000 bis 250000 Korn. Bilden im ersten Jahr dem Boden anliegende Rosetten und im zweiten Jahr Blüten.

Cerastium arvense
Ackerhornkraut
Staude

Teilung von Juni bis August

Ceratophyllum demersum
Rauhes Hornblatt
Staude

Vegetativ durch Teilung (Bruchstücke) und Winterknospen (Hibernakeln), aus denen sich im Frühjahr neue Pflanzen bilden.

Ceratophyllum submersum
Zartes Hornblatt
Staude

Wie *C. demersum*

Cerinthe glabra
Wachsblume
Staude

Problemlose Anzucht. Gleichmäßige Feuchtigkeit und Temperaturen um 28 °C. Die Samen nur sehr dünn abdecken. Keimung erfolgt nicht immer sehr gleichmäßig. Sät sich am Standort selbst aus. In Tuffs pikieren.

Chaerophyllum bulbosum
Kerbelrübe
Zwei- bis dreijährig

Aussaat Mai bis Juli. Samen keimen erst im Jahr nach der Fruchtbildung.

Chaerophyllum hirsutum
Bergkälberkropf
Staude

Aussaat im Januar.

Chaerophyllum temulum
Heckenkälberkropf
Ein- bis zweijährig

Nicht vor Mitte Mai aussäen. Können unpikiert an Ort und Stelle ausgepflanzt werden.

Chamaedaphne calyculata
Torfgränke
Strauch

Aussaat im Frühjahr in Schalen, die frostfrei überwintert werden. Vegetativ im Spätsommer durch Stecklinge oder Abrisse.

Chamomilla recutita
Echte Kamille
Einjährig

Freilandaussaat im April. Same keimt innerhalb 14 Tagen. 1 g enthält 15000 bis 25000 Korn.

Cheiranthus cheiri
Goldlack
Halbstrauch oder zweijährig

Aussaat März–April. Same nur so stark mit Erde bedecken, wie der Same selbst dick ist. Keimt nach 5 bis 15 Tagen. 1 g enthält 400 bis 600 Korn.

Chelidonium majus
Schöllkraut
Einjährig

Aussaat von März bis Mai. Keimergebnis nicht immer gleichmäßig.

Chenopodium album
Weißer Gänsefuß
Einjährig

Freilandaussaat im April. Keimung wird durch eine hohe Stickstoffkonzentration im Substrat gefördert. Deshalb zur Aussaat Boden mit leicht aufnehmbaren Nährstoffen versehen.

Chimaphila umbellata
Winterlieb
Staude

Kann im Frühjahr durch vorsichtiges Teilen vermehrt werden. Wenn Erde von der Mutterpflanze beigemengt wird, ist bei dieser pilzabhängigen Pyrolaceae eine Aussaat möglich.

Chrysanthemum corymbosum
Straußblütige Wucherblume
Staude

Aussaat im Januar.

Chrysanthemum leucanthemum
Margerite
Staude

Bei frühem Saattermin im März–April und 18 bis 22 °C keimen die Samen innerhalb 14 Tagen. Wenn sie im Sommer ausgepflanzt werden, blühen sie bereits im ersten Herbst. 1 g enthält 700 bis 800 Korn. Teilung.

Chrysanthemum vulgare
Rainfarn
Staude

Aussaat Januar bis März bei 5 bis 12 °C.

Chrysosplenium alternifolium
Wechselblättriges Milzkraut
Staude

Frisches Saatgut jederzeit keimbereit und vegetativ durch Teilung.

Chrysosplenium oppositifolium
Gegenblättriges Milzkraut
Staude

Wie *C. alternifolium*

Cichorium intybus
Zichorie, Wegwarte
Staude

Werden am günstigsten von Mai bis Juli ausgesät. Dunkelkeimer. Die Sämlinge erscheinen bei hoher Feuchtigkeit und Temperaturen von 12 °C nach 2 bis 3 Wochen. 1 g enthält 500 bis 1000 Korn.

Cicuta virosa
Wasserschierling
Staude

In einer nahrhaften Schlammerde aussäen. Das Wasser kann bis 1 cm über dem Samen stehen. 2 bis 4 Wochen bei 20 °C aufstellen, danach 4 bis 6 Wochen kalt stellen. Das Wasser darf gefrieren. Danach kann Temperatur langsam ansteigen.

Cirsium acaule
Stengellose Kratzdistel
Staude

Aussaat im März, Kaltkeimer.

Clematis recta
Aufrechte Waldrebe
Staude

Aussaat im Januar–Februar. Kaltkeimer. Liegt z. T. über ein Jahr über.

Clematis vitalba
Waldrebe
Kletterstrauch

Samenernte von Oktober bis Dezember, trocken lagern. Um voll keimfähig zu werden, dauert das Embryowachs-

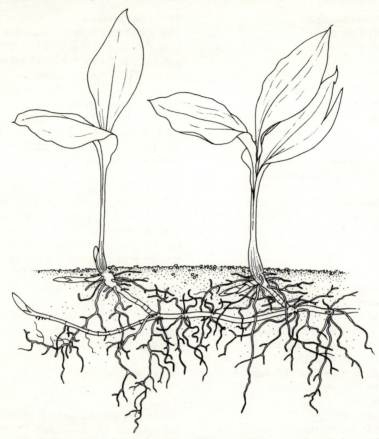

Abb. 2. Die »Keime« der Maiglöckchen (*Convallaria majalis*) lassen sich nach dem Aufnehmen leicht abtrennen.

Cochlearia officinalis
Echtes Löffelkraut
Ein- oder zweijährig, vielfach Staude

Colchicum autumnale
Herbstzeitlose
Staude

Colutea arborescens
Blasenstrauch
Strauch

Conium maculatum
Fleckenschierling
Ein- bis zweijährig

tum 17 Tage. 2 Jahre keimfähig. Aussaatzeit im März–April. Keimdauer 4 Wochen.
Aussaat im Januar.

Samen liegen bis zur Keimung ein Jahr über. Um Austrocknen zu verhindern, wird der Same stratifiziert. Mit beginnender Keimung sofort aussäen.
Samenernte Oktober–November, trocken lagern. 3 Jahre keimfähig. Vorkeimen und im Mai–Juni aussäen. Keimdauer 4 Wochen.
Lichtkeimer. Samen keimen sehr langsam. Nach 6 Monaten sind 50% aufgelaufen.

Vermehrungshinweise 39

Convallaria majalis
Maiglöckchen
Staude

Vegetativ durch Teilung im September.

Convolvulus arvensis
Ackerwinde
Staude

Samenkeimung erfolgt epigäisch, kann sich über 22 Jahre erstrecken. Vegetativ durch Rhizome.

Conyza canadensis
Kanadischer Katzenschweif
Ein- oder zweijährig

Nicht vor Mitte Mai aussäen. Können unpikiert an Ort und Stelle ausgepflanzt werden.

Coriandrum sativum
Koriander
Einjährig

Frühjahrsaussaat. Keimt unregelmäßig nach 7 bis 14 Tagen. 1 g enthält 50 bis 60 Korn.

Cornus mas
Kornelkirsche
Strauch oder kleiner Baum

Samenernte im September–Oktober. 1 bis 2 Jahre keimfähig. 4 bis 8 Monate stratifizieren (Warm-Naß-Vorbehandlung). Aussaat von März bis Mai. 2 bis 3 Jahre Keimdauer. Vegetativ durch Wurzelschnittlinge. Bleistift- bis fingerstarke Wurzeln werden im Herbst abgeschnitten und frostfrei in feuchten Torf eingeschlagen. Im Januar–Februar werden sie in fingerstarke Stücke geschnitten und aufrecht in eine mit sandig-humoser Erde gefüllte Schale gestellt, 1 bis 2 cm mit Erde bedeckt, gewässert, kühl und ans Licht gestellt.

Cornus sanguinea
Roter Hartriegel
Strauch

Wie *C. mas*, jedoch nur 1 bis 2 Jahre Keimdauer.

Coronilla varia
Bunte Kronwicke
Staude

3 Jahre keimfähig. Frisches Saatgut ist innerhalb 14 Tagen keimbereit. Sonst Kaltkeimer. In der Regel wird von März bis Juni ausgesät und nur so stark mit Erde bedeckt, wie der Same dick ist. 1 g enthält 300 Korn.

Cortusa matthioli
Heilglöckchen
Staude

Aussaat im Januar–Februar. Kaltkeimer.

Corydalis alba
Weißer Lerchensporn
Staude

Sofort nach der Ernte feucht, kühl und dunkel lagern. Herbstkeimer in einem mullreichen Boden.

Corydalis cava
Hohler Lerchensporn
Staude

Sofort nach der Ernte feucht, kühl und dunkel lagern. Das Embryowachstum dauert ein dreiviertel Jahr. Um voll keimfähig zu werden, vergehen 10 Monate. Ältere Saat Kühlebehandlung. 800 Korn/g.

Corydalis intermedia
Mittlerer Lerchensporn
Staude

Wie *C. cava*.

Corydalis lutea
Gelber Lerchensporn
Staude

Wie *C. cava*.

Corydalis solida
Fester Lerchensporn
Staude

Keimen nach 10 Monaten in einem kühlen, mullreichen Boden. Ältere Saat Kühlebehandlung.

Corylus avellana
Hasel
Strauch

Samenernte von August bis Oktober. Kalt und feucht aufbewahren. Keimfähigkeit 1½ Jahre. Vor der Aussaat im März–April oder Oktober–November 5 bis 7 Monate stratifizieren (Kalt-Naß-Vorbehandlung). Vegetativ durch Absenker.

Crataegus monogyna
Eingriffliger Weißdorn
Strauch

Ernte September bis November. 3 Jahre keimfähig. 4 bis 6 Monate stratifizieren (Warm-Naß-Vorbehandlung). Aussaatzeit März–April oder November.

Cotoneaster tomentosus
Filzige Zwergmispel
Strauch

Ernte August bis Oktober. 2 Jahre keimfähig. 4 bis 18 Monate stratifizieren (Warm-Naß-Vorbehandlung). Aussaatzeit März–April.

Cyclamen purpurascens
Alpenveilchen
Staude

Aussaat sofort nach der Reife. Same verliert durch Lagerung schnell an Keimkraft. So dicht abdecken wie der Durchmesser des Samenkorns. Tagestemperaturen um 18 °C. Nach erfolgter Keimung kühler stellen.

Cymbalaria muralis
Zymbelkraut
Einjährig oder Staude

Wurzelansätze an den Blattknoten lassen jedes Teilstück wachsen. Zur Begrünung von Trockenmauern und Steinen drückt man Lehmkügelchen mit einigen Samen in die Fugen. Dunkelkeimer.

Cynoglossum germanicum
Waldhundszunge
Zweijährig

Aussaat Mai bis Juli. Entwickeln sich bis zum Herbst zu kräftigen Pflanzen.

Cynoglossum officinale
Hundszunge
Zweijährig

Wie *C. germanicum*.

Cyperus longus
Langes Zypergras
Staude

Gleich nach der Reife in Schalen aussäen, die von unten feucht gehalten werden. Vegetativ durch Teilung.

Cytisus nigricans
Schwarzer Geißklee
Strauch

10 bis 20 Jahre keimfähig. Trocken lagern. Vor der Aussaat im Mai vorkeimen. Keimdauer 3 Monate.

Cytisus scoparius
Besenginster
Strauch

Keine vegetative Vermehrung. Trocken lagern oder sofort nach der Ernte aussäen. Samen keimen erst vom zweiten Jahr an, ausschließlich im Licht.

Daphne cneorum Rosmarinseidelbast Zwergstrauch	Samenernte im Juli–August. Die Keimung wird durch Stratifizieren gefördert. 10 bis 20 Monate kalt-naß vorbehandeln. Aussaatzeiten im März–April oder Juli–August.
Daphne mezereum Seidelbast Strauch	Samenernte im Juli–August. 1 Jahr keimfähig. Samen keimen rasch und vertragen keine lange Trockenruhe.
Datura stramonium Gemeiner Stechapfel Einjährig	Freilandaussaat im März–April. Samen keimen langsam und recht ungleichmäßig. Keimbereitschaft wird durch Behandlung der Samen mit heißem Wasser gefördert.
Daucus carota Wilde Möhre Ein- oder zweijährig	Der Same keimt bei entsprechender Feuchtigkeit und Wärme innerhalb von 10 bis 30 Tagen. 1 g enthält 700 bis 1000 Korn.
Delphinium consolida Ackerrittersporn Einjährig	Freilandaussaat im März–April oder September. Bei 10 °C 18 bis 25 Keimtage.
Dentaria bulbifera Zwiebeltragende Zahnwurz Staude	Keimt sehr ungleichmäßig. Auf gleichmäßige Feuchtigkeit achten und halbschattig halten. Saatgefäße bei niederen Temperaturen um 5 °C aufstellen. Vegetativ durch vorsichtige Teilung und mit Brutknöllchen.
Dentaria pentaphyllos Fingerzahnwurz Staude	Keimt sehr ungleichmäßig. Auf gleichmäßige Feuchtigkeit achten und halbschattig halten. Saatgefäße bei niederen Temperaturen um 5 °C aufstellen. Vegetativ durch vorsichtiges Teilen.
Dianthus arenarius Sandnelke Staude	Aussaat März–April. Bei 12 °C Keimdauer 10 Tage. Teilung im Januar oder Rißlinge im Februar.
Dianthus carthusianorum Kartäusernelke Staude	Bei gleichmäßiger Feuchtigkeit und Temperaturen um 20 °C keimen sie bei Aussaaten zwischen März und Juli in 3 bis 4 Wochen. Lichtkeimer. 1 g enthält 500 bis 800 Korn. Teilung von April bis Juni, Rosettenstecklinge von September bis November.
Dianthus deltoides Heidenelke Staude	Aussaat März–April. Bei 12 °C Keimdauer 10 Tage. Blühen im ersten Herbst. 1 g hat etwa 3500 Korn.
Dianthus gratianopolitanus Pfingstnelke Staude	Aussaat März–April. Bei 12 °C. Lichtkeimer. Keimdauer 10 Tage. Blühen im ersten Herbst. Teilung von April bis August oder Rosettenstecklinge von September bis November.

Dianthus seguieri
Buschnelke
Staude

Dianthus superbus
Prachtnelke
Staude

Dianthus sylvestris
Steinnelke
Staude

Dictamnus albus
Diptam
Staude

Digitalis grandiflora
Großblütiger Fingerhut
Staude oder zweijährig

Digitalis lanata
Wolliger Fingerhut
Zweijährig bis staudig

Digitalis lutea
Gelber Fingerhut
Staude

Digitalis purpurea
Roter Fingerhut
Zweijährig oder Staude

Dipsacus sylvestris
Karde
Zweijährig

Draba aizoides
Immergrünes Felsenblümchen
Staude

Bei gleichmäßiger Feuchtigkeit und Temperaturen um 20 °C schnell keimend. Samen nur ganz dünn abdecken. Nach erfolgter Keimung kühler stellen. Teilung von April bis Juni, Stecklinge von September bis November.
Wie *D. seguieri*.

Wie *D. seguieri*.

Sofort nach der Reife aussäen. Keimung der Samen wird durch Licht gefördert. Hartgewordene Samen müssen gut mit Erde bedeckt sein (Dunkelkeimer). Nach Aussaat im angequollenen Zustand 6 bis 8 Wochen zur Kühlbehandlung bei ± 0 bis 5 °C. Keimung bei 12 bis 20 °C. Beim Austrocknen der Balgkapsel werden die Samen 2 m aus der Frucht geschleudert. Fruchtstände vor der Reife mit locker gewebtem Stoff zubinden. 50 bis 80 Korn/g.
Aussaat von Mai bis Juli, damit sich bis Winter kräftige Pflanzen entwickeln.

Samen nur sehr dünn abdecken. Schnell keimende Saat. Gleichmäßige Feuchtigkeit und Temperaturen um 20 °C. Nach erfolgter Keimung kühler stellen.
Wie *D. lanata*

Aussaat von Mai bis Juli. Lichtkeimer. Saat nicht abdecken. Darauf achten, daß Boden feucht gehalten wird. Keimung innerhalb 14 Tagen. Die rosettenbildenden Halbstauden bilden bei zu früher Aussaat lange Triebe, die den Winter schlecht überstehen. 1 g enthält 10000 bis 18000 Korn.
Aussaat von Mai bis Juli. Bis zum Winter entwickeln sich dann kräftige Pflanzen. Keimung erfolgt nicht sehr schnell, jedoch gleichmäßig.
Bei gleichmäßiger Feuchtigkeit und Temperaturen um 20 °C schnell keimend. Nach erfolgter Keimung kühler

Draba tomentosa
Filziges Felsenblümchen
Staude

Dracocephalum ruyschiana
Drachenkopf
Staude

Dryas octopetala
Silberwurz
Zwergstrauch

Echium vulgare
Natterkopf
Zweijährig

Eleagnus angustifolia
Schmalblättrige Ölweide
Strauch

Eleocharis palustris
Sumpfbinse
Staude

Elodea canadensis
Wasserpest
Staude

Empetrum nigrum
Schwarze Krähenbeere
Zwergstrauch

Epilobium angustifolium
Weidenröschen
Staude

Epilobium dodonaei
Rosmarinweidenröschen
Staude

stellen. Auf 1 g kommen ca. 3500 Korn. Vegetativ von Juni bis August durch Teilung und von November bis Januar durch Rosettenstecklinge.
Bei gleichmäßiger Feuchtigkeit und Temperaturen um 20 °C schnell keimend. Nach erfolgter Keimung kühler stellen.
Keimung erfolgt nicht sehr gleichmäßig, jedoch problemlos bei gleichmäßiger Feuchtigkeit und Temperaturen um 20 °C. Vegetativ durch Teilung und Stecklinge.
Same 5 Monate keimfähig. Keimdauer 2 Wochen. Im Juli–August als Stecklingslieferanten verwenden. Die halbharten Triebe mit Sand in 5 cm-Töpfe oder Torfquelltöpfe (Jiffy 7) stecken. Flach stecken, andernfalls gehen sie ein. Im kalten Kasten nach 3 bis 4 Wochen bewurzelt. Wächst nur mit Topfballen ohne größere Verluste an.
Günstigste Aussaatzeit im Mai bis Juli. Samen keimen schnell, innerhalb von 14 Tagen. Samen verhältnismäßig groß, 2,5 bis 3 mm lang.
Samenernte im September–Oktober. Frisches Saatgut im zeitigen Frühjahr aussäen. Alte Saat stratifizieren.
Vegetativ durch Teilung. In 7 cm Töpfe setzen und in Becken mit 5–7 cm Wasserstand stellen.
Vegetativ durch kleine Bruchstücke. Jedes ins Wasser geworfene Stengelstück entwickelt sich zu einer neuen Pflanze.
Aussaat Mitte März, ganz fein abdekken, Glasscheibe auflegen, dunkel stellen und feucht halten. Nach erfolgter Keimung hell stellen und Scheibe abnehmen. Vegetativ im Frühjahr durch Teilung.
Lichtkeimer. Keimung erfolgt nicht sehr gleichmäßig. Bei ausreichender Feuchtigkeit und Temperaturen um 20 °C jedoch problemlos.
Aussaat im Januar–Februar.

Epilobium hirsutum
Zottiges Weidenröschen
Staude

Epilobium montanum
Bergweidenröschen
Staude

Eranthis hyemalis
Winterling
Staude

Erica herbacea
Schneeheide
Zwergstrauch

Erigeron annuus
Feinstrahl-Berufkraut
Ein- oder zweijährig

Eriophorum angustifolium
Schmalblättriges Wollgras
Staude

Eriophorum latifolium
Breitblättriges Wollgras
Staude

Eriophorum scheuchzeri
Scheuchzers Wollgras
Staude

Eriophorum vaginatum
Scheidenwollgras
Staude

Eryngium alpinum
Alpenmannstreu
Staude

Eryngium campestre
Feldmannstreu
Staude

Eryngium planum
Flachblättriger Mannstreu
Staude

Keimung erfolgt nicht sehr gleichmäßig. Bei ausreichender Feuchtigkeit und Temperaturen um 20 °C jedoch problemlos. Vegetativ durch Teilung.
Wie *E. angustifolium*.

Versamt sich reicher als die später blühende *E. cilicica*. Sofort nach der Ernte in Schalen oder an Ort und Stelle aussäen. Knollen lassen sich auch durch Teilung vermehren.
Aussaat Mitte März, ganz fein abdekken, Glasscheibe auflegen, dunkel stellen und feucht halten. Nach erfolgter Keimung hell stellen und Scheibe abnehmen. Vegetativ im Frühjahr durch Teilung.
Der Samen ist jederzeit keimbereit. Nur so stark mit Erde zudecken, wie der Same dick ist.
Aussaat in sehr feuchter, schlammiger Torferde. Vegetativ durch Teilung.

Wie *E. angustifolium*.

Wie *E. angustifolium*.

Wie *E. angustifolium*

Aussaat sofort nach der Ernte. Keimt bei 18 °C nach 20 bis 30 Tagen. Verliert durch Lagerung an Keimkraft. Wie Kaltkeimer behandeln. 1 g Samen ca. 220 Korn. Wurzelschnittlinge.
Aussaat sofort nach der Ernte. Bei 18 °C 20 bis 30 Keimtage. Verliert durch Lagerung an Keimkraft. Wie Kaltkeimer behandeln. Wurzelschnittlinge.
Keimt schnell. Wenn die Samen nach 3 bis 4 Wochen nicht auflaufen, müssen sie bei einer Temperatur von 0 bis 5 °C einer Kühlperiode von 2 bis 4 Wochen ausgesetzt werden. 1 g enthält 500 Korn. Wurzelschnittlinge.

Erysimum cheiranthoides
Ackerschöterich
Einjährig
Euonymus europaeus
Pfaffenhütchen
Strauch oder kleiner Baum

Eupatorium cannabinum
Wasserdost
Staude

Euphorbia amygdaloides
Mandelblättrige Wolfsmilch
Staude
Euphorbia cyparissias
Zypressenwolfsmilch
Staude
Euphorbia helioscopia
Sonnenwend-Wolfsmilch
Einjährig
Euphorbia lathyris
Kreuzblättrige Wolfsmilch
Zweijährig
Euphorbia palustris
Sumpfwolfsmilch
Staude

Euphorbia polychroma
Vielfarbige Wolfsmilch
Staude
Fagopyrum esculentum
Buchweizen
Einjährig

Fagus sylvatica
Rotbuche
Baum
Filipendula ulmaria
Mädesüß
Staude

Filipendula vulgaris
Knollige Spierstaude
Staude

Vermehrungshinweise 45

Freilandaussaat im April. Bei 15 °C 7 bis 14 Keimtage.

Ernte im September–Oktober. Samen keimen erst nach 5 Jahren und bedürfen einer 2- bis 4monatigen Stratifikation (Kalt-Naß-Vorbehandlung). Aussaatzeiten im März–April oder Oktober–November. Vegetativ durch Wurzelschnittlinge wie bei Rubus.
Der Samen ist jederzeit keimbereit. Das Saatgut läuft ohne vorherige Behandlung spätestens 4 Wochen nach der Saat auf. Vegetativ durch Teilung und Stecklinge im Mai–Juni.
Stecklinge von Juni bis August.

Der Same ist jederzeit keimbereit. Vegetativ durch Teilung oder Stecklinge von Juni bis August.
Aussaat März bis Juli. Samen nicht so stark mit Erde bedecken. Keimt spätestens 4 Wochen nach der Saat.

Aussaat März–April. Same ist jederzeit keimbereit.

Vegetativ durch Teilung oder Stecklinge von Juni bis August. Mit den Schnittstellen 15 Minuten in lauwarmes Wasser stellen.
Schnell keimende Saat, jedoch nicht immer sehr gleichmäßig, aber meist problemlos. Bei 15 °C 20 bis 30 Keimtage.
Freilandaussaat von März bis Mai. Nur so stark mit Erde bedecken, wie der Same dick ist. Keimt nach 7 Tagen. 1 g enthält 45 Korn.
Samenernte im Oktober. Kühl und feucht aufbewahren. Aussaatzeit April–Mai.
Der Same ist jederzeit keimbereit. Same läuft ohne vorherige Behandlung auf. Vegetativ durch Teilung von März bis Juni oder Wurzelschnittlinge von Dezember bis März.
Wie *F. ulmaria*.

46 Pflanzenbeschaffung und -vermehrung

Foeniculum vulgare
Fenchel
Zweijährig bis audauernd

Kälteempfindlich, nicht zu früh aussäen. Keimt z.T. schnell nach 6 Tagen, z.T. langsam nach 3 bis 4 Wochen. 1 g hat 120 bis 260 Korn.

Fragaria vesca
Walderdbeere
Staude

Same jederzeit keimbereit. 1 g enthält 2300 bis 2500 Korn. Vegetativ durch Ausläufer.

Fraxinus excelsior
Esche
Baum

Samenernte im Oktober–November. Voll keimfähig nach dem Embryowachstum nach 4 bis 6 Monaten. Sind unter kalten und trockenen Bedingungen 3 bis 7 Jahre keimfähig. Lichtkeimer. Die Keimung erfolgt erst im Frühling des 2. Jahres. Ein zwei- bis sechsmonatiges Stratifizieren (Warm-Naß-Vorbehandlung) wirkt beschleunigend. Aussaatzeiten März–April oder Oktober.

Fritillaria meleagris
Schachblume
Staude

Aussaat sofort nach der Ernte. Liebt keine hohen Keimtemperaturen. Sie liegen nach der Aussaat so lange im kalten Kasten, bis sie im Februar–März in Keimstimmung kommen. Für die Brutzwiebelvermehrung dürfen sie nicht zum Blühen kommen.

Fumaria officinalis
Erdrauch
Einjährig

Same ist jederzeit keimbereit. Embryowachstum 8 Tage.

Fumaria parviflora
Kleinblütiger Erdrauch
Einjährig

Wie *F. officinalis*.

Fumaria schleicheri
Schleichers Erdrauch
Einjährig

Wie *F. officinalis*.

Fumaria vaillantii
Blasser Erdrauch
Einjährig

Wie *F. officinalis*.

Galanthus nivalis
Schneeglöckchen
Staude

Gleich nach der Reife säen. Pflanzen im Einzelstand, die nur wenige Blüten tragen, versamen sich besser als »Klumpen« aus Gartenherkünften. Damit Ameisen Samen nicht verschleppen, beim Gelbwerden Kapseln in den Boden drücken. Teilen in der Phase des Abblühens, Zwiebeln nicht zu lange an der Luft liegen lassen.

Galega officinalis
Geißraute
Staude

Aussaat im Januar.

Galeopsis speciosa
Bunter Hohlzahn
Einjährig

Aussaat im März–April. Nur so stark mit Erde bedecken, wie der Same dick ist. Keimt spätestens 4 Wochen nach der Saat.

Galium mollugo
Labkraut
Staude

Stecklinge im Juni–Juli.

Galium odoratum
Waldmeister
Staude

Aussaat von März bis Juni. Same ist jederzeit keimbereit. Bei entsprechender Feuchtigkeit und Wärme keimt das Saatgut ohne vorherige Behandlung nach 5 bis 30 Tagen. Das Samenkorn ist recht groß. So stark mit Erde zudecken, wie der Same selbst dick ist. 1 g hat 120 bis 200 Korn. Vegetativ durch Teilung im Frühling oder Herbst.

Galium verum
Echtes Labkraut
Staude

Stecklinge im Juni–Juli.

Genista germanica
Deutscher Ginster
Halbstrauch

Samenernte im Oktober–November. 4 Jahre keimfähig. Frisches Saatgut sofort nach der Ernte aussäen. Keimen am Licht besser als im Dunkeln. Keimdauer bis 30 Tage. Trocken gelagertes Saatgut vorkeimen und im Mai aussäen. 1 g enthält 300 Korn. Niederliegende Arten auch durch Stecklinge.

Genista pilosa
Sandginster
Zwergstrauch

Wie *G. germanica*.

Genista sagittalis
Flügelginster
Halbstrauch

Wie *G. germanica*.

Genista tinctoria
Färberginster
Strauch

Wie *G. germanica*

Gentiana acaulis
Stengelloser Enzian
Staude

Sofort nach der Samenreife aussäen. Ältere Saat Kaltkeimer, Aussaat bei 16 °C. Dünn mit Erde übersieben. Vegetativ durch Teilung von April bis Juni und September, Rißlinge im Januar–Februar und September oder Stecklinge von Juni bis August und Oktober bis Dezember.

Gentiana asclepiadea
Schwalbwurz-Enzian
Staude

Sofort nach der Samenreife aussäen. Ältere Saat Kaltkeimer, Aussaat Dezember bis Februar. Vorsichtiges Teilen nach der Blüte oder Stecklinge im Oktober.

Gentiana clusii
Clusis' Enzian
Staude

Sofort nach der Samenreife aussäen. Ältere Saat Kaltkeimer. Dünn mit Erde übersieben. Rißlinge im Februar oder Stecklinge im Oktober.

Gentiana cruciata
Kreuzenzian
Staude

Kaltkeimer, Aussaat von Dezember bis Februar bei 12 °C.

Gentiana germanica
Deutscher Enzian
Zweijährig

Aussaat von September bis Februar. Jederzeit keimbereit. Keimt ohne vorherige Behandlung nach etwa 4 Wochen. Lichtkeimer. Sofort nach der Samenreife aussäen. Keimen nach ca. 20 Tagen. 1 g enthält 800 bis 1000 Korn. Ältere Saat Kaltkeimer. Aussaat von Dezember bis Februar bei 5 bis 15 °C. Benötigen in Kultur bis zur 1. Blüte 5 bis 7 Jahre, im Freien 10 bis 12 Jahre.

Gentiana lutea
Gelber Enzian
Staude

Gentiana pannonica
Ungarischer Enzian
Staude

Aussaat im Januar.

Gentiana pneumonanthe
Lungenenzian
Staude

Aussaat im Januar–Februar.

Gentiana punctata
Tüpfelenzian
Staude

Sofort nach der Samenreife aussäen. Ältere Saat Kaltkeimer. Kommen in Kultur nach etwa 5 bis 7 Jahren zum erstenmal in Blüte.

Gentiana purpurea
Purpurenzian
Staude

Wie *G. punctata*.

Gentiana verna
Frühlingsenzian
Staude

Sofort nach der Samenreife aussäen. Ältere Saat Kaltkeimer. Manche Samen liegen 1 Jahr über. Saatgefäße nicht zu früh wegwerfen. Sämlinge eintopfen und mit Ballen auspflanzen.

Geranium palustre
Sumpfstorchschnabel
Staude

Schnell keimende Saat bei gleichbleibend hoher Feuchtigkeit und Temperaturen um 20 °C. Nach erfolgter Keimung kühler stellen. Teilung im März oder von Mai bis August.

Geranium phaeum
Purpurstorchschnabel
Staude

Keimung nicht sehr schnell und gleichmäßig. Bei gleichmäßiger Feuchtigkeit und Temperaturen um 20 °C problemlos. Teilung von Mai bis August.

Geranium pratense
Wiesenstorchschnabel
Staude

Schnell keimende Saat. Gleichmäßige Feuchtigkeit und Temperaturen um 20 °C. Nach erfolgter Keimung kühler stellen. 1 g enthält etwa 100 Korn. Vegetativ durch Teilung im März oder von Mai bis August.

Geranium sanguineum
Blutstorchschnabel
Staude

Geranium sylvaticum
Waldstorchschnabel
Staude

Geum montanum
Bergnelkenwurz
Staude

Geum reptans
Gletschernelkenwurz
Staude

Geum rivale
Bachnelkenwurz
Staude

Geum urbanum
Nelkenwurz
Staude

Gladiolus palustris
Sumpfsiegwurz
Staude

Glaucium corniculatum
Roter Hornmohn
Ein- oder zweijährig

Glaucium flavum
Gelber Hornmohn
Einjährig, zuweilen auch mehrjährig

Glechoma hederacea
Gundermann
Staude

Globularia cordifolia
Herzblättrige Kugelblume
Staude

Globularia nudicaulis
Nacktstengelige Kugelblume
Staude

Globularia punctata
Kugelblume
Staude

Wie *G. pratense.*

Wie *G. pratense*

Aussaat von Dezember bis Februar bei 12 °C.

Kaltkeimer, Aussaat im Januar–Februar.

Frisches Saatgut keimt schnell. Wenn nach 3 bis 4 Wochen Samen nicht aufläuft, 2 bis 4 Wochen Kühlebehandlung. Keimt bei ausreichender Feuchtigkeit und bei 16 °C problemlos. Teilung im Februar–März.

Frisches Saatgut keimt schnell. Wenn nach 3 bis 4 Wochen Samen nicht auflaufen, 2 bis 4 Wochen Kühlebehandlung. Sind empfindlich gegen Austrocknung. Keimt bei ausreichender Feuchtigkeit und Wärme nach 7 bis 28 Tagen. 1 g enthält 300 bis 500 Korn.

In nahrhafter und sehr feuchter Humuserde bei etwa 20 °C aussäen. Vegetativ durch Brutknollen.

Keimung erfolgt nicht immer sehr schnell und gleichmäßig. Bei ausreichender Feuchtigkeit und Temperaturen um 20 °C meist problemlos. Läßt sich schwer verpflanzen.

Wie *G. corniculatum.*

Vegetativ durch Abtrennen der bewurzelten Ausläufer von März bis August, Teilung von Juni bis Oktober oder Stecklinge im Mai–Juni.

Nur frisches Saatgut verwenden, sonst Kaltkeimer. Vegetativ durch Teilung und Stecklinge.

Wie *G. cordifolia.*

Nur frisches Saatgut verwenden, sonst Kaltkeimer.

50 Pflanzenbeschaffung und -vermehrung

Glyceria maxima
Großes Süßgras
Staude

Glycyrrhiza glabra
Süßholz
Staude

Gnaphalium uliginosum
Sumpfruhrkraut
Einjährig

Gratiola officinalis
Gnadenkraut
Staude

Hacquetia epipactis
Schaftdolde
Staude

Hedera helix
Efeu
Kletterstrauch

Helianthemum alpestre
Alpensonnenröschen
Halbstrauch

Helianthemum apenninum
Apenninensonnenröschen
Staude

Helianthemum canum
Graufilziges Sonnenröschen
Halbstrauch

Helianthemum nummularium
Gewöhnliches Sonnenröschen
Halbstrauch

Helianthus annuus
Sonnenblume
Einjährig

Im Frühjahr–Sommer geteilt, in 9 cm Töpfe getopft und in Becken bei 10–15 cm Wasserstand aufgestellt.
Keimung erfolgt nicht immer schnell und gleichmäßig. Bei gleichmäßiger Feuchtigkeit und Temperaturen um 20 °C meist problemlos.
Gehört zu den Nässekeimern. Die Keimung wird durch Wärme gefördert. Das Minimum liegt bei 25 °C, das Optimum bei 35 °C. Während der Keimlingsentwicklung nicht mehr so feucht halten. Später wird die Pflanze durch Übernässung gehemmt.
Dunkelkeimer. Mehrere Jahre keimfähig. Läuft nicht immer sehr schnell und gleichmäßig auf. Maximale Keimbereitschaft bei gleichmäßiger Feuchtigkeit und Temperaturen um 20 °C. Vegetativ durch Teilung im April oder Stecklinge im Juli–August.
Aussaat direkt nach der Samenreife. Vegetativ durch Teilung von April bis November.
Dunkelkeimer. Ein Jahr keimfähig. Läuft nach 10 bis 15 Tagen auf. Vegetativ im August–September durch halbreife Kopftriebe.
Stecklinge von August bis Oktober.

Stecklinge von August bis Oktober.

Schnell keimende Saat. Bei gleichmäßiger Feuchtigkeit und Temperaturen um 20 °C problemlos. Vegetativ durch Stecklinge im Frühjahr oder Sommer.
Keimung wird vom Licht beeinflußt, während Dunkelheit eine Verzögerung bis zu 8 Jahren verursachen kann. Aussaat von Januar bis Mai. Bei 15 °C 14 bis 20 Keimtage. Weiterkultur in 6 bis 8 cm-Töpfchen bei 10 °C. Vegetativ durch Stecklinge im Frühjahr oder Sommer.
Topf- oder Freilandaussaat im April–Mai. Bei 15 °C 7 bis 14 Keimtage. 1 g enthält 10 bis 100 Korn.

Helianthus tuberosus
Topinambur
Staude

Vegetativ durch die kartoffelähnlichen Knollen,

Helichrysum arenarium
Sandstrohblume
Staude

Aussaat im Januar–Februar bei 8 °C.

Heliotropium europaeum
Sonnenwende
Einjährig

Freilandaussaat im März–April. Der Samen ist jederzeit keimbereit.

Helleborus foetidus
Stinkende Nieswurz
Staude bis Halbstrauch

Zur Aufhebung der Keimruhe benötigt der Samen 6 bis 7 Wochen, eine Bodentemperatur von 20 bis 25 °C und gleichmäßige Feuchtigkeit. Anschließend 6 bis 8 Wochen bei −4 °C bis +4 °C halten. Zur Keimung Temperatur auf 10 °C anheben. Liegen oft 1 Jahr über. Vegetativ durch Teilung im Sommer.

Helleborus niger
Christrose
Staude

Wie *H. foetidus*.

Helleborus viridis
Grüne Nieswurz
Staude

Wie *H. foetidus*.

Hemerocallis fulva
Gelbrote Taglilie
Staude

Samen so dicht abdecken wie Durchmesser des Samenkorns. Keimt auf eine lange Keimperiode verteilt sehr ungleichmäßig. Auf gleichmäßige Feuchtigkeit achten. Kühlebehandlung von Vorteil. Vegetativ durch Teilung vor oder nach der Blüte.

Hemerocallis lilioasphodelus
Gelbe Taglilie
Staude

Wie *H. fulva*.

Hepatica nobilis
Leberblümchen
Staude

Frisches Saatgut verwenden. Um voll keimfähig zu werden, vergehen 8 Wochen. Das Embryowachstum dauert 2 Monate. Älteres Saatgut wie Kaltkeimer behandeln. Teilung größerer Klumpen.

Heracleum sphondylium
Wiesenbärenklau
Staude

Aussaat im Januar

Hesperis matronalis
Nachtviole
Zweijährig bis ausdauernd

Aussaat oder Teilung nach der Blüte.

Hesperis sylvestris
Waldnachtviole
Staude

Wie *H. matronalis*.

Hieracium aurantiacum
Orangerotes Habichtskraut
Staude

Aussaat im Februar oder Teilung von Juni bis August.

Hieracium pilosella
Kleines Habichtskraut
Staude

Vermehrung durch Teilung von April bis August und Rißlinge.

Hieracium umbellatum
Doldiges Habichtskraut
Staude

Aussaat und Teilung von Juni bis August.

Hieracium villosum
Zottiges Habichtskraut
Staude

Aussaat im Januar–Februar.

Hippocrepis comosa
Hufeisenklee
Staude

Problemlose Aussaat. In Tuffs pikieren. Sät sich am Standort selbst aus. Vegetativ durch Rißlinge und Teilung im April–Mai.

Hippophae rhamnoides
Sanddorn
Strauch

Samenernte im September–Oktober. 2 bis 3 Jahre keimfähig. 3 Monate stratifizieren (Kalt-Naß-Vorbehandlung) und im April–Mai aussäen.

Hippuris vulgaris
Tannenwedel
Staude

Vegetativ durch Teilung und Ausläuferschnittlinge von Juni bis August.

Hottonia palustris
Wasserfeder
Staude

Aussaat im seichten Wasser oder auf feuchtem Torf. Lichtkeimer. Frisches Saatgut keimt sofort. Gut ausgereifter Samen läuft erst im Mai oder Juni des folgenden Jahres auf. Kurz dauernde tiefe Temperaturen wirken keimfördernd. Von diesen Nachzuchten lassen sich Stecklinge gewinnen. Man steckt sie in Torf in 5 cm-Töpfe oder Torfquelltöpfe (Jiffy-7).Teilung.

Hydrocharis morsus-ranae
Froschbiß
Staude

Äußerst schwierig, Samen zu ernten. Vermehrung durch Teilen im Mai–Juni. Ausläuferschnittlinge von Juni bis August, oder im Herbst Winterknospen (Hibernakeln) einsammeln und kühl lagern.

Hydrocotyle vulgaris
Wassernabel
Staude

Lichtkeimer. Aussaat in feuchter Schlammerde. Vegetativ durch die schnurförmig kriechenden Stengel.

Hyoscyamus niger
Schwarzes Bilsenkraut
Ein- oder zweijährig

Freilandaussaat im März–April. Keimung wird durch Dunkelheit und starkes Durchfrieren gefördert. Keimt nach 3 Wochen.

Hypericum perforatum
Johanniskraut
Staude

2 Jahre keimfähig. Aussaat März–April. Bei gleichmäßiger Feuchtigkeit und Temperaturen um 20 °C keimen die Samen in etwa 3 Wochen. Die fei-

Hypericum pulchrum
Heidejohanniskraut
Staude
Hypericum tetrapterum
Geflügeltes Johanniskraut
Staude
Hyssopus officinalis
Ysop
Halbstrauch

Iberis amara
Bittere Schleifenblume
Einjährig
Ilex aquifolium
Stechpalme
Strauch oder Baum

Impatiens noli-tangere
Kräutlein-rühr-mich-nicht-an
Einjährig
Impatiens parviflora
Kleinblütiges Springkraut
Einjährig
Inula britannica
Wiesenalant
Staude
Inula germanica
Deutscher Alant
Staude

Inula helenium
Echter Alant
Staude
Inula helvetica
Schweizer Alant
Staude
Inula hirta
Behaarter Alant
Staude
Inula salicina
Weidenalant
Staude

nen Samen nicht mit Erde abdecken. Um die Feuchtigkeit zu halten, das Gefäß mit einer Glasscheibe oder einer Folie abdecken. 1 g enthält 8000 bis 9000 Korn.
Lichtkeimer. Same ist ziemlich klein. Keimen sehr ungleichmäßig.

Samen keimen nur im Licht und nach langer Ruhezeit. Vegetativ durch Abnehmen von Ausläufern.
Same zwei Jahre keimfähig. Aussaat März–April, 7 bis 10 Tage Keimzeit. Vegetativ durch Teilung und Frühsommerstecklinge.
Freilandaussaat von März bis Mai. Bei 18 °C 14 Keimtage.

Samenernte Oktober–November. Keimung der Samen erfolgt nach 1 bis 2 Jahren. Nach 12- bis 24monatigem Stratifizieren (Kalt-Naß-Vorbehandlung) Aussaaten im März–April oder November.
Frisches Saatgut ist in einem feuchten Humusboden jederzeit keimbereit.

Wie *I. noli-tangere*.

Aussaat März–April. Keimung erfolgt nicht immer sehr schnell und gleichmäßig, jedoch problemlos.
Aussaat März–April. Keimung erfolgt nicht immer sehr schnell und gleichmäßig, jedoch problemlos. Vegetativ durch Teilung.
Wie *I. germanica*.

Wie *I. germanica*.

Aussaat von Dezember bis März, Lichtkeimer oder vegetativ durch Teilung im März–April.
Wie *I. germanica*.

Iris aphylla
Nacktstengelige Schwertlilie
Staude

Iris graminea
Pflaumeniris
Staude

Aussaat im Januar–Februar, Kaltsaat oder Teilung von Juli bis September.

Licht- und Kaltkeimer. Wenn die Kühlebehandlung nicht zum vollen Erfolg führt, die großen Samen 2 bis 3 Tage in Wasser vorquellen, auf feuchte Erde legen, mit einer Glasscheibe abdecken und Temperatur bei 22 °C halten. Vegetativ durch Teilung im Frühjahr oder Sommer.

Iris pseudacorus
Gelbe Schwertlilie
Staude

Wie *I. graminea*.

Iris sibirica
Sibirische Schwertlilie
Staude

Wie *I. graminea*.

Iris spuria
Bastardschwertlilie
Staude

Aussaat im Dezember, Kaltkeimer. Teilung von Juli bis September.

Iris variegata
Bunte Schwertlilie
Staude

Teilung von Juli bis September.

Isatis tinctoria
Färberwaid
Zweijährig bis ausdauernd

Freilandaussaat im April–Mai.

Isopyrum thalictroides
Wiesenrauten-Muschelblümchen
Staude

Frisches Saatgut ist jederzeit keimbereit. Vegetativ durch Teilung.

Jasione laevis
Sandglöckchen
Staude

Februar–März bei 20 °C und gleichmäßiger Feuchtigkeit aussäen. Sehr dünn abdecken. Schnellkeimend. Nach erfolgter Keimung kühler stellen. Kopfstecklinge oder stark bestockte Pflanzen teilen.

Juglans regia
Walnuß
Baum

Samenernte im September–Oktober. Wenn die Walnüsse nach der Reife austrocknen, verlieren sie ihre Keimfähigkeit. Kalt und feucht aufbewahren. 5 bis 6 Monate stratifizieren (Kalt-Naß-Vorbehandlung) und im April–Mai aussäen.

Juniperus communis
Wacholder
Strauch oder Baum

Samenernte von August bis November. 6 bis 18 Monate Kalt-Naß-Vorbehandlung und im März–April Aussaat.

Kernera saxatilis
Kugelschötchen
Staude

Problemlose Aussaat. In Tuffs pikieren. Sät sich am Standort selbst aus.

Laburnum alpinum Goldregen Strauch oder Baum	Samenernte von Oktober bis Dezember. Trocken lagern und vorkeimen. Aussaat im Mai.
Lactuca serriola Wilder Lattich, Stachelsalat, Kompaßpflanze Ein- bis zweijährig	Freilandaussaat im April oder im Herbst an Ort und Stelle. Keimung erfolgt im Frühjahr. Same nur so stark mit Erde bedecken, wie der Same dick ist. 1 g enthält etwa 1100 Korn.
Lamiastrum galeobdolon Goldnessel Staude	Vegetativ durch Ausläufer.
Lamium album Weiße Taubnessel Staude	Vegetativ durch Teilung und Stecklinge.
Lamium amplexicaule Stengelumfassende Taubnessel Ein- bis zweijährig	Aussaat von Mai bis Juli. Entwickeln sich bis Herbst zu kräftigen Pflanzen.
Lamium maculatum Gefleckte Taubnessel Staude	Wie *L. album*.
Lamium orvala Großblütige Taubnessel Staude	Aussaat
Lamium purpureum Rote Taubnessel Ein- bis zweijährig	Wie *L. amplexicaule*.
Lapsana communis Rainkohl Einjährig oder Staude	Aussaat von März bis September. Nur so stark mit Erde bedecken, wie der Same dick ist. Keimt spätestens 4 Wochen nach der Saat.
Larix decidua Lärche Baum	Samenernte von Oktober bis April. Lassen sich unter kalten und trockenen Bedingungen mehrere Jahre lagern. Die Sämlinge sind frostempfindlich. Nicht vor April aussäen. 10 bis 14 Tage vorkeimen und bei beginnender Keimung aussäen.
Laserpitium siler Berglaserkraut Staude	Kaltkeimer. Verlangt eine Vorkultur im Topf.
Lathyrus latifolius Staudenwicke Staude	Frisches Saatgut verwenden und so dick abdecken wie der Durchmesser des Samenkornes ist. Temperaturen um 20 °C und gleichmäßige Feuchtigkeit. Quellen nach mechanischer Beschädigung der hartschaligen Samenschalen durch Reiben zwischen trockenem, scharfem Sand schneller auf. Keimen in 5 bis 35 Tagen. 1 g enthält 18 bis 20 Korn.

Lathyrus montanus Bergplatterbse Staude	Aussaat im Frühjahr. Vegetativ durch Teilung.
Lathyrus niger Schwarzwerdende Platterbse Staude	Aussaat im Frühjahr.
Lathyrus palustris Sumpfplatterbse Staude	Aussaat im Frühjahr in feuchter Humuserde. Vegetativ durch Teilung.
Lathyrus sylvestris Waldplatterbse Staude	Wie *L. montanus*.
Lathyrus tuberosus Knollenplatterbse Staude	Wie *L. montanus*.
Lathyrus vernus Frühlingsplatterbse Staude	Frisches Saatgut verwenden. Wenn nach 3 bis 4 Wochen keine Keimung, 2 bis 4 Wochen Kühlperiode aussetzen. Auch mechanische Beschädigung der hartschaligen Samen durch Reiben zwischen trockenem, scharfem Sand.
Lavatera thuringiaca Thüringer Strauchpappel Staude	Aussaat von Februar bis Juni. Bei 18 °C 14 bis 20 Keimtage. Altes Saatgut wie Kaltkeimer behandeln.
Ledum palustre Sumpfporst Strauch	Lichtkeimer. Aussaat des feinen Samens in Schalen. Anzucht der Jungpflanzen im Kalthaus. Vegetativ durch Absenken.
Legousia speculum-veneris Venusspiegel Einjährig	Freilandaussaat im April. Nur so stark mit Erde bedecken wie der Same dick ist. Keimt spätestens 4 Wochen nach der Saat.
Lemna gibba Bucklige Wasserlinse Schwimmpflanze	Im Herbst bilden sie Wintersprosse. Sie sinken zu Boden und überdauern die kalte Jahreszeit auf dem Grund. Im Frühjahr erscheinen sie wieder an der Wasseroberfläche. Aus den Wintersprossen entwickeln sich neue Pflanzen, die sich frei schwimmend als »Entengrütze« durch Sprossung vermehren.
Lemna minor Kleine Wasserlinse Schwimmpflanze	Wie *L. gibba*.
Lemna trisulca Dreifurchige Wasserlinse Schwimmpflanze	Wie *L. gibba*.
Leontopodium alpinum Edelweiß Staude	Bei gleichmäßiger Feuchtigkeit und Temperaturen um 20 °C schnellkeimende Saat. Nur so stark mit Erde abdecken wie der Same selbst dick ist.

Leonurus cardiaca Echter Löwenschwanz Staude	Damit die Samen nicht weggeschwemmt werden, von unten bewässern oder mit feinem Zerstäuber gießen. Aussaat im Januar.
Leucojum aestivum Sommerknotenblume Staude	Gleich nach der Ernte aussäen. Ameisen verschleppen den Samen. Teilung alter Bulten im zeitigen Herbst.
Leucojum vernum Märzbecher Staude	Gleich nach der Ernte Samenkapseln 5 cm tief legen. Damit Ameisen Samen nicht verschleppen, lassen sich beim Gelbwerden die Kapseln in den Boden drücken. Keimen im Oktober. Trocken aufbewahrte Samen liegen bei Herbstaussaat ein Jahr über. Teilen alter Bulten in der Phase des Abblühens günstiger als eine Herbstpflanzung.
Levisticum officinale Maggikraut Staude	Keimfähigkeit von kurzer Dauer. Bei niedrigeren Aussaattemperaturen brauchen Samen 21 Tage zur Keimung. Vegetativ durch Teilung alter Pflanzen.
Ligustrum vulgare Rainweide Strauch	Samenernte von Oktober bis Dezember. 1 bis 2 Jahre keimfähig. Keimung wird durch 1- bis dreimonatige Kalt-Naß-Vorbehandlung gefördert. Aussaatzeiten im März–April oder Oktober. Dunkelkeimer.
Lilium bulbiferum Feuerlilie Staude	Vermehrung durch Brutzwiebeln, die sich in den Blattachseln bilden.
Lilium martagon Türkenbund Staude	Sofort nach der Samenernte aussäen. So dick abdecken wie der Durchmesser des Samenkorns ist. 3 bis 4 Monate warm bei 10 bis 15 °C und gleichmäßig feucht halten. Sie bilden in dieser Zeit aus den Samen kleine Brutzwiebeln. Danach 2 bis 3 Monate bei 4 bis 8 °C kühl stellen. Im April warm und sonnig halten. Nach dem Auskeimen der Wurzeln folgen die Sproßorgane.
Limonium vulgare Strandnelke Staude	Aussaat. Vorkultur im Topf. Nur mit Erdballen verpflanzbar. Teilen älterer Pflanzen möglich, aber wenig ergiebig.
Linaria alpina Alpenleinkraut Staude	Bei gleichmäßiger Feuchtigkeit und Temperatur um 20 °C schnell keimende Saat. Nach erfolgter Keimung kühl stellen. Bei früher Aussaat blühen sie im ersten Herbst. Vegetativ durch Teilung und Spätsommerstecklinge.

58 Pflanzenbeschaffung und -vermehrung

Linaria vulgaris Leinkraut Staude	Das Saatgut ist jederzeit keimbereit. 1 g enthält etwa 4000 Korn.
Linnaea borealis Moosglöckchen Zwergstrauch	Früchte können viele Jahre im Boden überdauern, ohen daß die Samen ihre Keimfähigkeit einbüßen. Früchte reifen meist nicht aus, deshalb vegetative Vermehrung durch Teilung oder Stecklinge.
Linum austriacum Österreichischer Lein Staude	Aussaat Februar–März in geheiztem Raum. Vegetative Nachzucht von Mai bis August durch Stecklinge von nicht blühenden Trieben. Standpflanzen nicht vergreisen lassen.
Linum perenne Staudenlein Staude	Wie *L. austriacum*.
Lithospermum arvense Ackersteinsame Einjährig	Freilandaussaat im März–April.
Lithospermum officinale Steinsame Staude	Aussaat und Vermehrung durch Stecklinge.
Lonicera alpigena Alpenheckenkirsche Strauch	Samenernte von Oktober bis Dezember. 2 Jahre keimfähig. 4 bis 5 Monate Kalt-Naß-Vorbehandlung und im März–April Aussaat. Keimdauer 4 Wochen. Vegetativ durch Stecklinge, Steckholz und Ableger.
Lonicera caerulea Blaue Heckenkirsche Strauch	Wie *L. alpigena*.
Lonicera nigra Schwarze Heckenkirsche Strauch	Wie *L. alpigena*.
Lonicera periclymenum Waldgeißblatt Kletterstrauch	Wie *L. alpigena*.
Lonicera xylosteum Rote Heckenkirsche Strauch	Wie *L. alpigena*.
Lotus corniculatus Hornklee Staude	Als Tiefwurzel nur mit Erdballen verpflanzbar. Aussaat im Januar–Februar bei 5 °C. Vegetativ durch Teilung und Rißlinge im April. 1 g enthält 970 Korn.
Lotus uliginosus Sumpfhornklee Staude	Aussaat in Töpfen. Jederzeit keimbereit. Vegetativ durch Teilung.

Lunaria annua
Silberling
Ein- bis zweijährig

Die Samen bleiben 4 Jahre keimfähig. Aussaat im März–April bei 18 °C. Keimung erfolgt nach 8 bis 14 Tagen. 1 g enthält 50 Korn.

Lunaria rediviva
Silberblatt
Staude

Der Same ist jederzeit keimbereit. Älteres Saatgut wie Kaltkeimer behandeln. Vegetativ durch Teilung im Frühjahr.

Lychnis coronaria
Vexiernelke
Zweijährig

Ende März bis April aussäen. Bei gleichmäßiger Feuchtigkeit und Temperaturen um 20 °C schnell keimende Saat. Nach erfolger Keimung kühler stellen.

Lychnis flos-cuculi
Kuckucksblume
Staude

Bei gleichmäßiger Feuchtigkeit und Temperaturen um 20 °C keimen die Samen innerhalb 21 Tagen. 1 g enthält 2500 bis 2800 Korn. Vegetativ durch Teilung.

Lychnis flos-jovis
Jupiterblume
Staude

Bei gleichmäßiger Feuchtigkeit und Temperaturen um 20 °C schnell keimende Saat. Später kühler stellen.

Lychnis viscaria
Pechnelke
Staude

L. flos-jovis.

Lycium barbarum
Bocksdorn
Strauch

Im Herbst Samen stratifizieren und im Frühjahr direkt ins freie Land aussäen. 4 Jahre keimfähig, 4 bis 5 Wochen Keimdauer. Vegetativ durch Steckholz und Wurzelbrut.

Lycopus europaeus
Uferwolfstrapp
Staude

Vegetativ durch Bodenausläufer.

Lysimachia nemorum
Haingelbweiderich
Staude

Schnell keimende Saat. Wenn die Keimung nach 3 bis 4 Wochen nicht erfolgt, 2 bis 4 Wochen Kühlebehandlung. Stecklinge im Juli–August.

Lysimachia nummularia
Pfennigkraut
Staude

Vegetativ durch Teilung oder Stecklinge. Jedes Stengelglied wurzelt schnell.

Lysimachia punctata
Tüpfelstern
Staude

Schnell keimende Saat. Wenn die Keimung nach 3 bis 4 Wochen nicht erfolgt, 2 bis 4 Wochen Kühlebehandlung. Vegetativ durch Teilung, Ausläufer oder Stecklinge von Mai bis August.

Lysimachia thyrsiflora
Straußgelbweiderich
Staude

Wie *L. punctata.*

Lysimachia vulgaris
Gelbweiderich
Staude

Wie *L. punctata.*

Lythrum salicaria
Blutweiderich
Staude

Samen laufen als Lichtkeimer sehr schnell auf. Wenn nach 3 bis 4 Wochen keine Keimung erfolgt, Kühlebehandlung. Der verholzte Wurzelstock läßt sich kaum teilen. Stecklingsvermehrung im Mai–Juni.

Maianthemum bifolium
Schattenblume
Staude

Aussaat nach der Reife, Kaltkeimer. Vegetativ durch Teilung und Stengelschnittlinge.

Malus sylvestris
Holzapfel
Baum oder Strauch

Samenernte im September–Oktober. Läßt sich unter kalten und trockenen Bedingungen mehrere Jahre lagern. 4 bis 5 Monate Kalt-Naß-Vorbehandlung und im März–April Aussaat. Vegetativ durch Wurzelschnittlinge wie Rubus oder Wurzelbrut.

Malva alcea
Rosenmalve
Staude

Aussaat von Januar bis April bei 5 °C.

Malva neglecta
Wegmalve
Einjährig bis ausdauernd

Das Saatgut ist ohne vorherige Behandlung jederzeit keimbereit.

Malva moschata
Moschusmalve
Staude

Samen so dick wie der Durchmesser des Samenkorns abdecken. Keimung erfolgt bei gleichmäßiger Feuchtigkeit und 20 °C. Später hell und kühl halten.

Malva sylvestris
Wilde Malve
Zweijährig bis ausdauernd

Samen so dick wie der Durchmesser des Samenkorns abdecken. Keimung erfolgt bei gleichmäßiger Feuchtigkeit und 20 °C nach 20 bis 30 Tagen. Später hell und kühl halten. 1 g enthält 120 bis 200 Korn.

Marrubium vulgare
Gewöhnlicher Andorn
Staude

Aussaat im Februar oder vegetativ durch Stecklinge und Teilung im Mai–Juni.

Matthiola incana
Levkoje
Einjährig bis halbstrauchig

Von November bis Juni bei 18 °C aussäen. 7 bis 14 Keimtage. Weiterkultur in 6 bis 8 cm Töpfen bei 10 °C.

Medicago lupulina
Hopfenklee
Einjährig bis staudig

Der Same ist ohne vorherige Behandlung jederzeit keimbereit.

Medicago sativa
Luzerne
Staude

Der Same ist ohne Vorbehandlung jederzeit keimbereit. Vegetativ durch Teilung.

Melittis melissophyllum
Immenblatt
Staude

Als Dunkelkeimer jederzeit keimbereit. Vegetativ durch Teilung und Stecklinge von Mai bis Juli.

Mentha aquatica
Wasserminze
Staude

Vegetativ durch Teilung.

Vermehrungshinweise 61

Mentha arvensis Ackerminze Staude	Vegetativ durch Teilung.
Mentha longifolia Roßminze Staude	Vegetativ durch Teilung.
Mentha pulegium Poleiminze Staude	Vegetativ durch Teilung.
Mentha spicata Ährenminze Staude	Vegetativ durch Teilung.
Mentha suaveolens Rundblättrige Minze Staude	Vegetativ durch Teilung.
Menyanthes trifoliata Bitterklee Staude	Die Samen gelangen nach einjähriger Ruhe zur Keimung. Sie können trocken oder feucht überwintern. Keimen am besten, wenn sie in einer Schale mit Humuserde in Wasser aufbewahrt und dem Frost ausgesetzt werden. Teilen im Mai–Juni oder durch Ausläuferschnittlinge im Juni–August.
Mercurialis perennis Ausdauerndes Bingelkraut Staude	Vegetativ durch Teilung von Mai bis Juli und Ausläuferschnittlinge.
Meum athamanticum Bärwurz Staude	Kaltkeimer und vegetativ durch Teilung.
Mimulus guttatus Gelbe Gauklerblume Staude	Die sehr feinen Samen für gleichmäßige Aussaat mit feinem Sand mischen. Nicht mit Erde übersieben, nur andrücken. Bewässerung von unten. Nach dem Auflaufen kühler stellen. Vegetativ durch Teilung.
Mimulus moschatus Moschus Gauklerblume Staude	Bei trockener Aufbewahrung vier Jahre keimfähig. Aussaat März–April. Samen keimt leicht innerhalb von 14 Tagen. Vegetativ durch Teilung.
Minuartia setacea Borstenmiere Staude	Aussaat, Teilung, Rißlinge und Stecklinge, von denen man bis zu fünf Stück in 6er- bis 9er-Töpfe sät oder steckt.
Moehringia muscosa Moosnabelmiere Staude	Aussaat im Januar.
Moneses uniflora Einblütiges Wintergrün Staude	Kann im Frühjahr durch vorsichtiges Teilen vermehrt werden. Wenn Erde von der Mutterpflanze beigemengt wird, ist bei dieser pilzabhängigen Pyrolaceae eine Aussaat möglich.

Muscari botryoides
Straußhyazinthe
Staude
Muscari comosum
Schopfige Traubenhyazinthe
Staude
Muscari racemosum
Traubenhyazinthe
Staude
Myosotis arvensis
Ackervergißmeinnicht
Zweijährig

Myosotis palustris
Sumpfvergißmeinnicht
Staude

Myosotis rehsteineri
Bodenseevergißmeinnicht
Staude
Myosotis sylvatica
Waldvergißmeinnicht
Staude

Myrica glae
Gagelstrauch
Strauch
Myricaria germanica
Rispelstrauch
Strauch
Myriophyllum alterniflorum
Wechselblütiges Tausendblatt
Staude
Myriophyllum spicatum
Ähriges Tausendblatt
Staude
Myriophyllum verticillatum
Quirlblütiges Tausendblatt
Staude

Myrrhis odorata
Süßdolde
Staude

Blühen aus Saat nach 3 bis 4 Jahren.
Durch Teilung alter Horste sofort blühfähig.
Wie *M. botryoides*.

Wie *M. botryoides*.

Aussaat September bis März an Ort und Stelle. Bei Herbstaussaat erfolgt Keimung im Frühjahr. Bei Frühjahrsaussaat nach 30 Tagen. 1 g enthält 1000 bis 2000 Korn.
Problemlos keimende Saat in feuchtem Substrat und bei +20 °C. Samen sehr dünn abdecken. Nach erfolgter Keimung kühler stellen. Vegetativ durch Stecklinge oder Teilung im April–Mai. Stecklinge von Juni bis August.

Aussaat bei gleichmäßiger Feuchtigkeit und Temperatur um 20 °C. Same dünn abdecken. Keimt innerhalb 20 Tagen. Nach erfolgter Keimung kühler stellen. 1 g enthält ca. 2000 Korn.
Samenernte Oktober–November, 4 bis 5 Monate Kalt-Naß-Vorbehandlung und April–Mai Aussaat.
Vegetativ durch Absenken, Teilen und Stecklinge.

Vegetative Vermehrung durch abgeschnittene Triebspitzen oder Teilung.

Wie *M. alterniflorum*.

Vegetative Vermehrung durch abgeschnittene Triebspitzen. Im Herbst werden Überwinterungsknospen (Hibernakeln) gebildet. Sie überwintern am Grund und entwickeln sich im Frühjahr zu neuen Pflanzen. Lassen sich im Herbst sammeln und frostfrei im Wasser aufbewahren.
Muß bald nach der Reife gesät werden. Ältere Saat wie Kaltkeimer behandeln.

Nasturtium officinale
Echte Brunnenkresse
Staude

Narthecium ossifragum
Beinbrech
Staude

Nepeta cataria
Katzenmelisse
Staude

Nicandra physalodes
Giftbeere
Einjährig

Nigella arvensis
Acker-Schwarzkümmel
Einjährig

Nigella damascena
Braut in Haaren
Einjährig

Nigella sativa
Schwarzkümmel
Einjährig

Nuphar lutea
Gelbe Teichrose
Staude

Nuphar pumila
Kleine Teichrose
Staude

Nymphaea alba
Weiße Seerose
Staude

Nymphaea alba var. *minor*
Zwergseerose
Staude

Die Samen bleiben bis zu 5 Jahren keimfähig. Wird leicht von Wasservögeln verbreitet. Sie reifen 2 Monate nach der Blüte. Kommen erst im Frühjahr zum Keimen. Nach der Aussaat sehr dünn abdecken und sehr feucht halten. Keimen nach 10 bis 14 Tagen. 1 g enthält 6000 bis 7000 Korn. Vegetativ durch Stecklinge, die sehr naß und halbschattig gehalten werden.
Aussaat sofort nach der Reife. Ältere Saat wie Kaltkeimer behandeln. Vegetativ durch Teilung nach dem Austrieb.
Frühjahrsaussaat, Stecklinge von März bis April und von August bis September, Teilung von April bis Juni.
Freilandaussaat im März–April.

Dunkelkeimer. Freilandaussaat im April. Keimungsrate steigt bei höheren Temperaturen an.
Aussaat im März–April. Bei 18 °C 14 bis 20 Keimtage. Die Samen sind typische Dunkelkeimer.
Dunkelkeimer. Freilandaussaat im April. Keimungsrate steigt bei höheren Temperaturen an. Keimung innerhalb 20 Tagen. 1 g enthält 400 bis 500 Korn.
Samen werden von lufthaltigen, schwammig-gallertigen Fruchtblättern schwimmend erhalten. Sie sinken später zu Boden. Müssen kühl und feucht gelagert werden. In einer nahrhaften Humuserde aussäen und Wasser bis 1 cm über der Aussaaterde stehen lassen. 2 bis 4 Wochen bei 22 °C aufstellen, danach 4 bis 6 Wochen bei 0 °C halten. Anschließend Temperatur langsam ansteigen lassen. Vegetativ durch Teilung im Mai–Juni.
wie *N. lutea.*

Wie *Nuphar lutea.*

wie *Nuphar lutea.*

Nymphaea candida
Kleine Seerose
Staude

wie *Nuphar lutea*.

Nymphoides peltata
Seekanne
Staude

Lichtkeimer. Können eine lange Trokkenzeit über 30 Monate überstehen, ohne die Keimfähigkeit zu verlieren. Aussaat unmittelbar nach der Reife in Töpfe. Keimung erfolgt nach einer Ruhezeit von mehreren Monaten sowohl unter Wasser als auch auf feuchter Erde in der Regel erst im nächsten Frühjahr. Vegetativ durch Teilung der Rhizome, die im Wasser fluten. Die Teilstücke werden direkt in den Schlammgrund gesteckt.

Oenanthe aquatica
Wasserfenchel
Ein- bis zweijährig

Aussaat Mai bis Juli, damit sie sich bis zum Herbst zu kräftigen Pflanzen entwickeln.

Oenothera biennis
Gewöhnliche Nachtkerze
Zweijährig

Bei Aussaat von Mai bis Juli entwikkeln sich die Sämlinge bis zum Winter zu kräftigen Pflanzen. Die Samen keimen innerhalb von 14 Tagen. 1 g enthält 4000 bis 3000 Korn.

Omphalodes verna
Gedenkemein
Staude

Aussaat in Töpfen. Nüßchen kaum 1 Jahr keimfähig. Vegetativ durch Ausläufer.

Ononis spinosa
Hauhechel
Staude

Aussaat an Ort und Stelle oder in tiefen Töpfen. Vier Jahre keimfähig, 1 bis 2 Wochen Keimdauer. 1 g enthält 180 Korn.

Origanum vulgare
Gewöhnlicher Dost
Staude

Aussaat Ende April an Ort und Stelle. Samen keimen innerhalb von 10 bis 30 Tagen. 1 g enthält 5000 bis 10000 Korn.

Ornithogalum nutans
Nickender Milchstern
Staude

Samenvermehrung. Vegetativ durch Brutzwiebeln.

Ornithogalum umbellatum
Stern von Bethlehem
Staude

Wie *O. nutans*.

Oxalis acetosella
Waldsauerklee
Staude

Sofort nach der Reife aussäen. Die Keimkraft geht in wenigen Tagen verloren. Der Wassergehalt wird nicht vermindert und somit kein Ruhezustand eingeleitet. Nach einer kurzen Frosteinwirkung eine bessere Keimung der hartschaligen Samen. Samenernte bereitet wegen der Schleuderfrüchte einige Schwierigkeiten. Vegetativ durch Teilung von April bis Juni.

Oxalis corniculata Hornsauerklee Ein- oder zweijährig bis mehrjährig	Sofort nach der Reife aussäen und vegetativ durch Teilung.
Oxalis dillenii Dillens Sauerklee Staude	Wie *O. corniculata*.
Oxytropis campestris Alpenfahnenwicke Staude	Problemlose Anzucht aus Samen. Aussaat wegen der starken Wurzelbildung direkt in tiefe Töpfe.
Oxytropis jacquinii Bergfahnenwicke Staude	Wie *O. campestris*.
Oxytropis pilosa Zottige Fahnenwicke Staude	Wie *O. campestris*.
Paeonia officinalis Pfingstrose Staude	Zur Überwindung der Keimruhe Kalt-Naß-Vorbehandlung. Nach dem ersten Winter keimt die Wurzel aus. Die Sproßorgane haben nach dem darauffolgenden Winter ihre Ruheperiode überwunden.
Papaver argemone Sandmohn Ein- oder zweijährig	Freilandaussaat im März.
Papaver dubium Saatmohn Einjährig	Freilandaussaat Ende März bis April.
Papaver rhoeas Klatschmohn Ein- oder zweijährig	Freilandaussaat im März. Samen keimen innerhalb 8 Tagen. Sind beim Auflaufen empfindlich gegen warme Temperaturen. 1 g enthält 9000 Korn.
Papaver somniferum Schlafmohn Einjährig	Freilandaussaat von Februar bis April. Bei 12 °C 14 bis 20 Keimtage.
Paris quadrifolia Einbeere Staude	Kann im Frühjahr durch vorsichtiges Teilen vermehrt werden. Dem Aussaatsubstrat wird Erde vom natürlichen Standort beigemischt.
Parnassia palustris Sumpfherzblatt Staude	Samen werden von September bis März auf feuchtem Torf ausgestreut, an einem hellen, nicht sonnigen Standort aufgestellt und mit Glasscheibe abgedeckt. Vegetativ durch Teilung.
Pastinaca sativa Pastinak Zweijährig	Aussaat Ende Februar bis Juli. Lichtkeimer. Samen keimen nach 4 bis 5 Wochen. 1 g enthält 200 bis 400 Korn.
Petasites hybridus Pestwurz Staude	Bei entsprechender Feuchtigkeit und Wärme keimt das Saatgut innerhalb vier Wochen. Vegetativ durch Teilung oder Ausläufer von März bis Juni.

Petrocallis pyrenaica
Steinschmückel
Staude

Aussaat Ende August–Anfang September. Aus den Seiten der Polster Triebe herausrupfen und zur Bewurzelung in Sand stecken.

Petroselinum crispum
Gartenpetersilie
Zweijährig bis ausdauernd

Freilandaussaat Ende März, Anfang April. Samen keimen nach 3 bis 4 Wochen. Keimfähigkeit des Samens 2 bis 3 Jahre.

Peucedanum cervaria
Hirschhaarstrang
Staude

Aussaat im Januar.

Peucedanum ostruthium
Meisterwurz
Staude

Sofort nach der Reife aussäen. Verlieren bald ihre Keimfähigkeit.

Phlomis tuberosa
Brandkraut
Staude

Aussaat im Januar–Februar.

Phragmites australis
Schilfrohr
Staude

Die Samen werden auf feuchte Humuserde ausgesät. Um ein gutes Keimergebnis zu erzielen, müssen sie besonders naß bei vollem Licht gehalten werden. Sie brauchen eine Temperatur von mindestens 10 °C. Vegetativ durch Teilung oder Rhizome. Bei großem Bedarf im Frühjahr Jungtriebe dicht unter der Erdoberfläche abstechen und in flachem Wasser in Schlammerde stecken.

Physalis alkekengi
Lampionblume
Staude

Keimt sehr ungleichmäßig und über eine längere Periode verteilt. Kühlebehandlung von Vorteil. Keimen nach etwa 50 Tagen. 800 Samen kommen auf 1 g. Sie behalten 3 Jahre ihre Keimfähigkeit. Vegetativ durch Stockteilung oder Ausläuferschnittlinge.

Phyteuma betonicifolia
Ziestblättrige Teufelskralle
Staude

Aussaat im Januar–Februar.

Phyteuma globulariifolium
Armblütige Rapunzel
Staude

Die sehr feinen Samen müssen wegen der Rübenwurzeln der Pflanzen in Töpfen ausgesät werden. Nicht mit Erde abdecken. Damit die Samen nicht weggeschwemmt werden, von unten bewässern oder mit feinem Zerstäuber angießen. Keimung problemlos, jedoch nicht sehr schnell und gleichmäßig. Nach Dezember- bis Märzaussaat Keimung schubweise von Oktober bis Februar über mehrere Jahre. Auch Teilung kurz nach dem Austrieb möglich.

Vermehrungshinweise 67

Phyteuma hemisphaericum Wie *P. globulariifolium*.
Halbkugelige Teufelskralle
Staude
Phyteuma nigrum Wie *P. globulariifolium*.
Schwarze Teufelskralle
Staude
Phyteuma orbiculare Wie *P. globulariifolium*.
Kugelrapunzel
Staude
Phyteuma ovatum Wie *P. globulariifolium*.
Haller's Teufelskralle
Staude
Phyteuma spicatum Wie *P. globulariifolium*.
Ährige Teufelskralle
Staude
Picea abies Samenernte von November bis Februar. Lassen sich unter kalten und trockenen Bedingungen mehrere Jahre lagern. Die Sämlinge sind frostempfindlich. Nicht vor März–April aussäen. 10 bis 14 Tage vorkeimen und bei beginnender Keimung aussäen.
Fichte
Baum

Pimpinella anisum Freilandaussaat im April, Saatgut über Nacht anquellen.
Anis
Einjährig
Pimpinella major Aussaat am besten im Herbst.
Große Bibernelle
Staude
Pimpinella saxifraga Aussaat im Herbst oder Januar. Samen keimen in 20 Tagen. 1 g enthält 2000 bis 2500 Korn.
Kleine Bibernelle
Staude
Pinus sylvestris Samenernte im September bis November. Lassen sich unter kalten und trockenen Bedingungen mehrere Jahre lagern. Die Sämlinge sind frostempfindlich. Nicht vor März–April aussäen. 10 bis 14 Tage vorkeimen und bei beginnender Keimung auslegen. Licht- und Rohbodenkeimer.
Gemeine Kiefer
Baum

Plantago lanceolata Frühjahrsaussaat, Samen keimen in 20 Tagen. 1 g enthält ca. 850 Korn.
Spitzwegerich
Staude
Plantago major Frühjahrsaussaat. Samen keimen nach etwa 20 Tagen.
Großer Wegerich
Staude
Plantago media Frühjahrsaussaat.
Mittlerer Wegerich
Staude
Polemonium caeruleum Aussaat im Januar–Februar. Keimung erfolgt nicht sofort und sehr gleichmä-
Jakobsleiter

Staude

Polygala chamaebuxus
Zwergbuchs, Kreuzblume
Halbstrauch

Polygonatum multiflorum
Vielblütige Weißwurz
Staude

Polygonatum odoratum
Salomonssiegel
Staude

Polygonatum verticillatum
Quirlblättrige Weißwurz
Staude

Polygonum amphibium
Wasserknöterich
Staude

Polygonum bistorta
Wiesenknöterich
Staude

Polygonum viviparum
Knöllchenknöterich
Staude

Populus alba
Silberpappel
Baum

Populus tremula
Zitterpappel
Baum

Potamogeton coloratus
Gefärbtes Laichkraut
Staude

Potamogeton crispus
Krauses Laichgut
Staude

ßig. Stark bestockte Pflanze im Mai–Juni teilen oder durch Stecklinge mit Rhizomansatz (April).
Sofort nach der Samenreife aussäen. Vegetativ durch August- und Septemberstecklinge unter Glas und durch Abtrennen von bewurzelten Trieben.
Samen liegen über. Deshalb Kühlebehandlung. Keimung im April–Mai des folgenden Jahres. Sämlinge wachsen langsam. Vegetativ durch Teilung im März–April oder Rhizomschnittlinge vom Oktober bis März.
Wie *P. multiflorum*.

Wie *P. multiflorum*.

Samen auf feuchten Torf aussäen oder Abtrennen von Ausläufern.

Aussaat und Teilung von Februar bis Juni.

Brutknospen oder Teilung im Juni.

Frisches Saatgut beginnt auf feuchtem Boden schon nach einem Tag zu keimen. Lebensfähigkeit des Samens bei Temperaturen von 2 bis 4 °C ein Jahr. Vegetativ durch Steckholz. Bei frostfreiem Wetter im Spätwinter Ruten mit 20 cm Länge und 10 bis 13 mm Durchmesser schneiden.

Behält Keimfähigkeit nur für wenige Tage. Samen reifen im Mai. Saatgut darf nicht trocken werden. Beginnt auf feuchter Erde sofort zu keimen.
Samen und Vermehrung wie *Nuphar lutea*. Vegetativ durch Teilung der Wurzelstöcke.
Samen und Vermehrung wie *Nuphar lutea*. Vegetativ durch Abtrennen von Trieben oder Teilung der Wurzelstöcke. An den Triebenden der flutenden Teile des Vegetationskörpers bilden sich im Herbst Winterknospen (Hibernakeln). Sie bestehen aus einem kurzen Stiel, der

Potamogeton densus
Dichtes Laichkraut
Staude

Potamogeton lucens
Glänzendes Laichkraut
Staude

Potamogeton natans
Schwimmendes Laichkraut
Staude

Potamogeton nodosus
Flutendes Laichkraut
Staude

Potamogeton pectinatus
Kammlaichkraut
Staude

Potamogeton perfoliatus
Durchwachsenes Laichkraut
Staude

Potamogeton polygonifolius
Knöterichlaichkraut
Staude

Potamogeton praelongus
Langblättriges Laichkraut
Staude

Potentilla alba
Weißes Fingerkraut
Staude

Potentilla argentea
Silberfingerkraut
Staude

Potentilla crantzii
Zottiges Bergfingerkraut
Staude

Potentilla erecta
Blutwurz
Staude

Potentilla palustris
Sumpfblutströpfchen, Blutauge
Staude

Potentilla recta
Hohes Fingerkraut
Staude

Potentilla rupestris
Steinfingerkraut
Staude

mit dickfleischigen Blättern bedeckt ist. Im Herbst Winterknospen einsammeln und in kühlem Wasser lagern.
Samen und Vermehrung wie *Nuphar lutea*. Vegetativ durch Teilung der Wurzelstöcke oder Abtrennen von Trieben.
Samen und Vermehrung wie *Nuphar lutea*. Vegetativ durch Teilung der Wurzelstöcke oder Triebe.
Samen und Vermehrung wie *Nuphar lutea*. Vegetativ durch Teilung der Wurzelstöcke.
Samen und Vermehrung wie *Nuphar lutea*. Vegetativ durch Teilung der Wurzelstöcke oder Abtrennen von Trieben.
Samen und Vermehrung wie *Nuphar lutea*. Vegetativ durch Teilung der Wurzelstöcke.
Samen und Vermehrung wie *Nuphar lutea*. Vegetativ durch Teilung der Wurzelstöcke.
Samen und Vermehrung wie *Nuphar lutea*. Vegetativ durch Teilung der Wurzelstöcke.
Samen und Vermehrung wie *Nuphar lutea*. Vegetativ durch Teilung der Wurzelstöcke.
Aussaat von Dezember bis März und im April–Mai. Lichtkeimer. Vegetativ durch Stecklinge im Mai/Juni, Teilung von April bis August oder Rißlinge im August–September.

Aussaat von Januar bis April bei 12 °C.

Aussaat im Januar.

Aussaat im Januar.

Wie *P. alba*.

Aussaat von Januar bis Mai bei 12 bis 20 °C.

Aussaat im Januar.

Potentilla verna
Frühlingsfingerkraut
Staude

Wie *P. alba*.

Primula auricula
Alpenaurikel
Staude

Bei einer Temperatur von 12 °C Keimdauer von 20 Tagen. Älteres Saatgut wegen seiner Hartschaligkeit wie Kaltkeimer behandeln. 1 g enthält 3500 Samen.

Primula clusiana
Clusi's Schlüsselblume
Staude

Kaltkeimer, Aussaat im Januar bei 10 bis 12 °C oder Teilung im März.

Primula elatior
Hohe Schlüsselblume
Staude

Vor der Saatguternte ist darauf zu achten, daß die Samen nicht durch den Wind ausgeschüttelt werden. Im Februar–März bei etwa 20 °C aussäen, Samen nur sehr dünn abdecken. Nach erfolgter Keimung kühler stellen. Älteres Saatgut wegen seiner Hartschaligkeit wie Kaltkeimer behandeln. 1 g enthält 1100 bis 1200 Korn. Ältere Pflanzen lassen sich teilen.

Primula farinosa
Mehlprimel
Staude

Den sehr feinen Samen für gleichmäßige Aussaat evtl. mit Talkum oder feinem Sand mischen. Nicht mit Erde abdecken. Bewässerung von unten oder mit feiner Brause. Keimt bei gleichmäßiger Feuchtigkeit und Temperaturen um 20 °C schnell. Nach erfolgter Keimung kühler stellen. Teilung im April.

Primula glutinosa
Klebrige Schlüsselblume
Staude

Kaltkeimer.

Primula hirsuta
Drüsige Schlüsselblume
Staude

Kaltkeimer. Aussaat im Dezember–Januar bei 10 bis 12 °C.

Primula integrifolia
Ganzblättrige Schlüsselblume
Staude

Kaltkeimer. Aussaat im Dezember–Januar bei 10 bis 12 °C.

Primula veris
Duftende Schlüsselblume
Staude

Vor der Saatguternte darauf achten, daß die Samen nicht durch den Wind ausgeschüttelt werden. Im Februar–März bei etwa 20 °C aussäen. Samen nur sehr dünn abdecken. Nach erfolgter Keimung kühler stellen. Älteres Saatgut wegen seiner Hartschaligkeit wie Kaltkeimer behandeln. Ältere Pflanzen lassen sich durch Teilung vermehren.

Primula vulgaris
Kissenprimel
Staude

Vor der Saatguternte auf die Fruchtstände achten. Wenn sie am Boden liegen, vertragen Ameisen die Samen. Im

Prunella grandiflora
Große Braunelle
Staude

Februar–März bei etwa 20 °C aussäen. Samen nur sehr dünn abdecken. Nach erfolgter Keimung kühler stellen. Älteres Saatgut wegen seiner Hartschaligkeit wie Kaltkeimer behandeln. 1 g enthält 900 Korn. Ältere Pflanzen lassen sich durch Teilung vermehren.
Junges Saatgut keimt schnell. Wenn der Same nach 3 bis 4 Wochen nicht aufläuft, muß er einer Kühlperiode von 2 bis 4 Wochen ausgesetzt werden. Vegetativ durch Rißlinge im September bis November oder Teilung nach der Blüte.

Prunella laciniata
Weiße Braunelle
Staude

Wie *P. grandiflora*.

Prunella vulgaris
Kleine Braunelle
Staude

Wie *P. grandiflora*.

Prunus avium
Vogelkirsche
Baum

Samen sind unter kalten und trockenen Bedingungen 1 bis 2 Jahre keimfähig. 3 bis 5 Monate Kalt-Naß-Vorbehandlung. Aussaat im März–April.

Prunus padus
Traubenkirsche
Großstrauch oder Baum

Wie *P. avium*.

Prunus spinosa
Schlehe
Strauch

Wie *P. avium*.

Pulicaria dysenterica
Großes Flohkraut
Staude

Vegetativ durch Teilung.

Pulmonaria angustifolia
Schmalblättriges Lungenkraut
Staude

Junges Saatgut ist bei entsprechender Feuchtigkeit und Wärme jederzeit keimbereit. Vegetativ durch Teilung von April bis Juni.

Pulmonaria officinalis
Lungenkraut
Staude

Wie *P. angustifolia*

Pulsatilla alpina
Alpenküchenschelle
Staude

Bald nach der Ernte aussäen. Die Samen keimen in 3 bis 6 Wochen. Sind keine Dunkelkeimer; nur so stark mit Erde abdecken, wie der Same dick ist. Älteres Saatgut keimt ungleichmäßig. Kühlbehandlung bis -5 °C.

Pulsatilla alpina ssp. *apiifolia*
Gelbe Alpenküchenschelle
Staude

Schwierige Unterart. Sonst wie *P. alpina*.

Pulsatilla patens
Fingerküchenschelle
Staude

Sehr langlebig. Sonst wie *P. alpina*.

Pulsatilla pratensis
Wiesenküchenschelle
Staude

Sehr langlebig. Sonst wie *P. alpina*.

Pulsatilla vernalis
Frühlingsküchenschelle
Staude

Same fast hundertprozentig keimfähig. Sonst wie *P. alpina*.

Pulsatilla vulgaris
Küchenschelle
Staude

Wie *P. alpina*.

Pyrola rotundifolia
Rundblättriges Wintergrün
Staude

Kann im Frühjahr durch vorsichtiges Teilen vermehrt werden. Wenn Erde von der Mutterpflanze beigemengt wird, ist bei dieser pilzabhängigen Pyrolaceae eine Aussaat möglich.

Pyrus communis
Birnbaum
Strauch oder Baum

Samenernte von September bis November. 3 bis 4 Monate Kalt-Naß-Vorbehandlung. Aussaat im März–April.

Quercus petraea
Traubeneiche
Baum

Samenernte im Oktober–November. Haben eine relativ kurze Keimfähigkeit von 1 Jahr. Feucht und kühl aufbewahren. Wenn sie austrocknen, verlieren sie ihre Keimfähigkeit. Aussaatzeiten im April–Mai und November.

Quercus robur
Stieleiche
Baum

Wie *Q. petraea*.

Ranunculus aconitifolius
Eisenhutblättriger Hahnenfuß
Staude

Teilung von März bis August.

Ranunculus acris
Scharfer Hahnenfuß
Staude

Teilung von März bis August.

Ranunculus alpestris
Alpenhahnenfuß
Staude

Teilung von März bis August.

Ranunculus aquatilis
Wasserhahnenfuß
Einjährig oder ausdauernd

Samen und Vermehrung wie *Nuphar lutea*.

Ranunculus bulbosus
Knolliger Hahnenfuß
Staude

Teilung von März bis August.

Ranunculus ficaria
Scharbockskraut
Staude

Aussaat bald nach der Reife. Wenn die Keimung nicht erfolgt, wie Kaltkeimer behandeln. Benötigen in der Kühlperiode $-5\,°C$. Vegetativ durch Brutknöllchen oder Teilung.

Ranunculus flammula
Brennender Hahnenfuß
Staude

Aussaat bald nach der Reife. Wenn die Keimung nicht erfolgt, wie Kaltkeimer behandeln. Benötigen in der Kühlperiode −5 °C. Vegetativ durch Teilung im Mai–Juni.

Ranunculus fluitans
Flutender Hahnenfuß
Einjährig oder ausdauernd

Samen und Vermehrung wie *Nuphar lutea*.

Ranunculus lanuginosus
Wolliger Hahnenfuß
Staude

Wie *R. flammula*.

Ranunculus lingua
Zungenhahnenfuß
Staude

Wie *R. flammula*. Aussaaterde sehr feucht halten. Läßt sich auch durch Kopfstecklinge vermehren od. ganze Triebe werden auf die Wasseroberfläche gelegt. An den Nodien entwickeln sich neue Pflanzen.

Ranunculus montanus
Berghahnenfuß
Staude

Aussaat von Dezember bis März. Kaltkeimer. Teilung von März bis August.

Ranunculus nemorosus
Waldhahnenfuß
Staude

Wie *R. flammula*.

Ranunculus peltatus
Schildwasserhahnenfuß
Einjährig oder ausdauernd

Samen und Vermehrung wie *Nuphar lutea*.

Ranunculus reptans
Uferhahnenfuß
Staude

Wie *R. flammula*. Aussaaterde sehr feucht halten.

Ranunculus trichophyllus
Schlaffer Hahnenfuß
Staude

Vermehrung durch Aussaat von Dezember bis März. Kaltkeimer.

Raphanus raphanistrum
Hederich
Einjährig

Freilandaussaat im April.

Reseda luteola
Färberreseda
Zweijährig

Aussaat Mai bis Juli. Entwickeln sich bis zum Winter zu kräftigen Pflanzen.

Rhamnus catharticus
Kreuzdorn
Strauch

Samenernte von August bis Oktober, 5 bis 7 Monate Kalt-Naß-Vorbehandlung, und im März–April oder November Aussaat. Keimung nach 4 bis 6 Wochen.

Rhamnus frangula
Faulbaum
Baumartiger Strauch

Wie *R. catharticus*. Same keimt früher als *R. catharticus*.

Rhododendron ferrugineum
Rostblättrige Alpenrose
Strauch

Bei trockener Lagerung 1 Jahr keimfähig. Aussaat im März–April. 4 bis 6 Wochen Keimdauer.

74 Pflanzenbeschaffung und -vermehrung

Rhododendron hirsutum Bewimperte Alpenrose Strauch	Wie *R. ferrugineum*.
Ribes nigrum Schwarze Johannisbeere Strauch	Früchte nach der Reife zerdrücken und Samen auswaschen. Stratifizieren. Frühjahrsaussaat. Keimdauer 3 bis 4 Wochen. 2 bis 3 Jahre keimfähig.
Ribes petraeum Felsenjohannisbeere Strauch	Wie *R. nigrum*.
Ribes rubrum Gartenjohannisbeere Strauch	Wie *R. nigrum*.
Ribes spicatum Wilde rote Johannisbeere Strauch	Wie *R. nigrum*.
Ribes uva-crispa Stachelbeere Strauch	Wie *R. nigrum*.
Robinia pseudoacacia Robinie, Scheinakazie Baum	Samenernte im November–Dezember. 30 Jahre keimfähig. Trockene Lagerung der harten, wasserundurchlässigen Samen vollkommen unproblematisch. Vor der Aussaat im Mai vorkeimen. Keimdauer 4 Wochen.

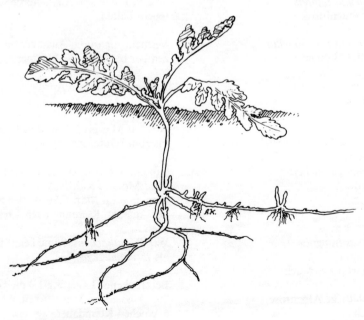

Abb. 3. Wildkresse (*Rorippa sylvestris*).

Rorippa amphibia Wasserkresse Staude	Nach der Aussaat ständig feucht halten. Vegetativ durch Teilung.
Rorippa × *anceps* hybridogen zwischen R.*amphibia* × *R. sylvestris* Staude	Wie *R. amphibia*
Rosa canina Hundsrose Strauch	Samenernte September bis November. 1 bis 5 Jahre keimfähig. 4 bis 18 Monate Kalt-Naß-Vorbehandlung. Aussaatzeit März–April.
Rosa glauca (R. rubrifolia) Hechtrose Strauch	Wie *R. canina*.
Rosa pimpinellifolia Bibernellrose, Dünenrose Strauch	Wie *R. canina*.
Rosa rubiginosa Weinrose Strauch	Wie *R. canina*.
Rubus bifrons Zweifarbige Brombeere Strauch	Samenernte von August bis Dezember. 4 bis 6 Monate Kalt-Naß-Vorbehandlung und im März–April Aussaat. Vegetativ durch bleistift- bis fingerstarke Wurzeln, die im Herbst abgeschnitten und frostfrei in feuchten Torf eingeschlagen werden. Im Januar–Februar in fingerlange Stücke schneiden und aufrecht in eine mit sandig-humoser Erde gefüllte Schale stellen und 1 bis 2 cm mit Erde bedecken. Wässern, kühl stellen und mit beginnendem Durchtrieb ans Licht bringen.
Rubus caesius Kratzbeere Strauch	Wie *R. bifrons*.
Rubus candicans Weißschimmernde Brombeere Strauch	Wie *R. bifrons*.
Rubus chamaemorus Moltebeere Staude	Vegetative Vermehrung durch unterirdische Ausläufer. Samenvermehrung ohne Bedeutung.
Rubus discolor Süßfruchtige Brombeere Strauch	Wie *R. bifrons*.
Rubus gratus Waldbrombeere Strauch	Wie *R. bifrons*.

Rubus hebecaulis Wie *R. bifrons*.
Brombeere
Strauch
Rubus hirtus Wie *R. bifrons*.
Drüsenborstige Brombeere
Strauch
Rubus idaeus Wie *R. bifrons*.
Himbeere
Strauch
Rubus koehleri Wie *R. bifrons*.
Köhlers Brombeere
Strauch
Rubus macrophyllus Wie *R. bifrons*.
Großblättrige Brombeere
Strauch
Rubus nessensis Wie *R. bifrons*.
Aufrechte Brombeere
Strauch
Rubus pallidus Wie *R. bifrons*.
Bleiche Brombeere
Strauch
Rubus radula Wie *R. bifrons*.
Raspelbrombeere
Strauch
Rubus rhamnifolius Wie *R. bifrons*.
Kreuzdornblättrige Brombeere
Strauch
Rubus rudis Wie *R. bifrons*.
Rauhe Brombeere
Strauch
Rubus saxatilis Wie *R. bifrons*.
Felsenhimbeere
Strauch
Rubus schleicheri Wie *R. bifrons*.
Schleichers Brombeere
Drüsige Brombeere Wie *R. bifrons*.
Strauch
Rubus sprengelii Wie *R. bifrons*.
Waldbrombeere
Strauch
Rubus tereticaulis Wie *R. bifrons*.
Rundstengelige Brombeere
Strauch
Rubus vestitus Wie *R. bifrons*.
Samtbrombeere
Strauch
Rubus villicaulis Wie *R. bifrons*.
Rauhstengelige Brombeere
Strauch

Rudbeckia hirta
Rauhhaariger Sonnenhut
Zweijährig
Rudbeckia laciniata
Schlitzblättriger Sonnenhut
Staude

Rumex acetosa
Wiesensauerampfer
Staude
Ruta graveolens
Gartenraute
Staude bis Halbstrauch

Sagittaria sagittifolia
Pfeilkraut
Staude

Salix alba
Silberweide
Baum

Salix aurita
Ohrweide
Strauch
Salix caprea
Salweide
Strauch oder mittelgroßer Baum
Salix cinerea
Grauweide
Strauch
Salix daphnoides
Reifweide
Strauch oder Baum

Aussat von Februar bis April. Bei 16 °C 14 bis 20 Keimtage. Weiterkultur in 8 bis 10 cm-Töpfen bei 8 bis 10 °C.
Aussaat von Januar bis Juni. Bei 15 bis 18 °C 14 bis 20 Keimtage. Weiterkultur in 7 bis 9 cm-Töpfen bei 10 bis 12 °C. Vegetativ durch Teilung und Rißlinge mit Wurzelansatz.
Aussaat im Januar–Februar.

Same ist 1 bis 2 Jahre keimfähig. Aussaat im März, Keimung erfolgt langsam und wird durch Dunkelheit und Kühlebehandlung begünstigt. Vegetativ durch Teilung und Stecklinge.
Gleich nach der Reife in Schalen aussäen, die von unten feucht gehalten werden. Vegetativ durch Teilung der Wurzelstöcke. Am Ende von Ausläufern bilden sich im Boden Winterknospen in Form von Knollen. Sie werden im Herbst od. Frühjahr aufgenommen und je eine Knolle in einen 9 cm Topf gedrückt und 10 cm in Wasser gestellt.
Der Wassergehalt des Samens wird nicht vermindert. Behält seine Keimfähigkeit nur für wenige Tage. Samen reifen im Mai. Dürfen vor der Saat nicht trocken werden. Auf sehr feuchtem Boden Keimung nach 1 bis 2 Tagen. Vegetativ durch Steckholz. Im Winter frühzeitig schneiden und im Frühjahr gesteckt. Bewurzelung in feuchterem Boden gut.
Wie *S. alba*.

Wie *Salix alba*. Aus Steckholz lassen sich nur Typen mit grünem, nicht filzigem Holz vermehren.
Wie *S. alba*.

Wie *S. alba*.

Salix elaeagnos Lavendelweide Strauch oder Baum	Wie *S. alba*.
Salix fragilis Bruchweide Baum	Wie *S. alba*.
Salix nigricans Schwarzweide Strauch	Wie *S. alba*.
Salix pentandra Lorbeerweide Strauch- oder baumartig	Wie *S. alba*.
Salix purpurea Purpurweide Strauch	Wie *S. alba*.
Salix repens Moorweide Strauch	Wie *S. alba*.
Salix viminalis Korbweide Strauch- oder baumartig	Wie *S. alba*.
Salvia pratensis Wiesensalbei Staude	Aussaat Februar bis Mai. Samen keimen ungleichmäßig, jedoch meist problemlos. Wurzelschnittlinge von Juni bis August.
Sambucus ebulus Zwergholunder Staude	Kaltkeimer. Vegetativ durch Teilung der Rhizome.
Sambucus nigra Schwarzer Holunder Strauch	Samenernte September–Oktober. 1 Jahr keimfähig. 5 bis 6 Monate Warm-Naß-Vorbehandlung. Aussaatzeit März–April.
Sambucus racemosa Traubenholunder Strauch	Wie *S. nigra*.
Sanicula europaea Sanikel Staude	Vermehrung durch Teilung und Aussaat. Muß genügend aus- und nachreifen. Dunkelkeimer.
Saponaria ocymoides Rotes Seifenkraut Staude	Schnell keimende Saat. Nicht zu naß und Temperaturen um +20 °C. Samen nur ganz dünn abdecken.
Saponaria officinalis Seifenkraut Staude	Aussaat März–April. Kaltkeimer. 1 g enthält 500 Korn. Wenn sich nach der Blüte sterile Triebe bilden, vegetativ durch Teilung oder Stecklinge von Mai bis Oktober.
Saxifraga aizoides Bach-Steinbrech Staude	Kaltkeimer.

Saxifraga hirculus
Moor-Steinbrech
Staude
Saxifraga mutata
Kies-Steinbrech
Einjährig
Saxifraga paniculata (S. aizoon)
Traubensteinbrech
Staude

Saxifraga rotundifolia
Rundblättriger Steinbrech
Staude
Saxifraga stellaris
Sternblütiger Steinbrech
Staude
Scandix pecten-veneris
Venuskamm
Einjährig
Schoenoplectus lacustris
Seebinse
Staude
Scilla bifolia
Blaustern
Staude
Scirpus cespitosus
Rasenhaargras
Staude
Scopolia carniolica
Krainer Tollkraut
Staude

Scorzonera hispanica
Schwarzwurzel
Staude
Scorzonera humilis
Niedrige Schwarzwurzel
Staude

Scrophularia nodosa
Knotige Braunwurz
Staude
Scutellaria galericulata
Sumpfhelmkraut
Staude

Kaltkeimer. Vegetativ durch Teilung (April bis August) oder durch Stecklinge (August bis Oktober).
Problemlose Anzucht. Keimung erfolgt nicht sehr schnell und nicht sehr gleichmäßig.
Licht- und Kaltkeimer. 1700 Korn/g. Vegetativ durch Teilung von April bis Juni und Rosettenstecklinge von Juli bis Oktober.
Wie *S. mutata*.

Kaltkeimer. Vegetativ durch Teilung und Brutknospen.

Freilandaussaat im März–April.

Vegetativ durch Teilung im Frühling.

Bei entsprechender Feuchtigkeit und Wärme Samen ohne vorherige Behandlung jederzeit keimbereit.
Vegetativ durch Teilung im Frühling.

Bei entsprechender Feuchtigkeit und Wärme keimt das Saatgut ohne vorherige Behandlung. Vegetativ durch Teilung der fleischigen Rhizome.
Freilandaussaat im April.

Aussaat Juni bis August. Same ist bei ausreichender Feuchtigkeit und Wärme jederzeit keimbereit. Nur so stark mit Erde abdecken wie der Same selbst dick ist. 1 g enthält 100 Korn.
Aussaat im Januar.

In sehr feuchter Erde und bei entsprechender Feuchtigkeit ist der Same jederzeit keimbereit. Vegetativ durch Teilung (April bis Mai) oder Stecklinge (August bis September).

80 Pflanzenbeschaffung und -vermehrung

Scutellaria hastifolia
Spießblättriges Helmkraut
Staude

Wie *S. galericulata*.

Scutellaria minor
Kleines Helmkraut
Staude

Wie *S. galericulata*.

Sedum acre
Scharfer Mauerpfeffer
Staude

Lichtkeimer. Aussaat von Januar bis Mai. Bei 15 °C 14 bis 20 Keimtage. Vegetativ durch Teilung.

Sedum album
Weißer Mauerpfeffer
Staude

Den sehr feinen Samen mit Sand mischen und aussäen. Bewässern von unten. Keimung erfolgt nicht immer gleichmäßig, aber problemlos. Vegetativ durch Teilung.

Sedum dasyphyllum
Dickblattmauerpfeffer
Staude

Breitet sich durch abgefallene Blättchen und Triebe aus.

Sedum reflexum
Tripmadam
Staude

Die feinen Samen sind 4 bis 6 Jahre keimfähig. In Schalen aussäen, nicht mit Erde übersieben, leicht andrücken und feucht halten. Vegetativ durch Teilung. Niederliegende Stengel wurzeln leicht. In die Erde gesteckt, bilden sie bald Wurzeln.

Sedum sexangulare
Milder Mauerpfeffer
Staude

Wie *S. acre*.

Sedum spurium
Kaukasusfetthenne
Staude

Den sehr feinen Samen nicht mit Erde übersieben, nur andrücken. Bewässerung mit feiner Brause. Same schnell keimend. Vegetativ durch Teilung.

Sedum telephium
Rote Fetthenne
Staude

Vegetativ von Februar bis März durch Blatt- oder grundständige Stecklinge. Kühl halten, bald ins Freiland bringen.

Sedum telephium ssp. *maximum*
Staude

Wie *S. telephium*.

Sedum villosum
Behaarter Mauerpfeffer
Einjährig, zweijährig oder Staude

Durch Aussaat leicht zu vermehren.

Sempervivum arachnoideum
Spinnwebige Hauswurz
Staude

Wie S. tectorum

Sempervivum tectorum
Echte Hauswurz
Staude

Den sehr feinen Samen nicht mit Erde übersieben, nur andrücken. Vorsichtig angießen. Keimung erfolgt nicht immer sehr gleichmäßig, jedoch problemlos. Vegetativ durch Teilung. Aussaat im Januar.

Senecio abrotanifolius
Eberrautengreiskraut
Staude

Sibbaldia procumbens Alpengelbling Staude	Kaltkeimer. Alte Pflanzen lassen sich teilen.
Silene acaulis Stengelloses Leimkraut Staude	Aussaat im Januar, Stecklinge im August–September.
Silene alba Weiße Lichtnelke Staude, selten einjährig	Aussaat Mai bis Juli. Entwickeln sich bis zum Winter zu kräftigen Pflanzen.
Silene nutans Nickendes Leimkraut Staude	Vermehrung leicht durch Aussaat. Vegetativ durch Teilung.
Silene vulgaris Leimkraut Staude	Wie *S. nutans*.
Sinapis arvensis Ackersenf Einjährig	Freilandaussaat im April. Samen keimen bei 21 °C und im Dunkeln in 10 bis 14 Tagen. 1 g enthält 400 bis 500 Korn.
Sisymbrium altissimum Riesenrauke Ein- bis zweijährig	Nicht sehr schnell und gleichmäßig keimende Saat. Jedoch problemlos.
Sisymbrium austriacum Österreichische Rauke Zweijährig bis staudig	Wie *S. altissimum*.
Sisymbrium officinale Wegrauke Einjährig	Wie *S. altissimum*.
Sisymbrium orientale Orientalische Rauke Ein- bis zweijährig	Wie *S. altissimum*.
Sisymbrium strictissimum Steife Rauke Staude	Wie *S. altissimum*. Vegetativ durch Teilung.
Sium erectum Aufrechter Merk Staude	Vegetativ durch Teilung.
Sium latifolium Großer Merk Staude	Wie *S. erectum*.
Sium sisarum Zuckerwurzel Staude	Wie *S. erectum*.
Solanum dulcamara Bittersüß Halbstrauch	Lichtkeimer. Die Samen keimen langsam. Vegetativ durch Adventivknospen aus der verholzten Grundachse.
Solanum nigrum Schwarzer Nachtschatten Einjährig	Freilandaussaat im April.

Soldanella alpina
Alpentroddelblume
Staude

Kaltkeimer. Same liegt bis zu einem Jahr über.

Soldanella minima
Winzige Troddelblume
Staude

Kaltkeimer. Same liegt bis zu einem Jahr über. Etwas schwierige Art.

Soldanella montana
Bergtroddelblume
Staude

Kaltkeimer. Same liegt bis zu einem Jahr über. Wächst sehr leicht in einem Moorbeet.

Soldanella pusilla
Zwergtroddelblume
Staude

Kaltkeimer. Same liegt bis zu einem Jahr über. Kaum in Kultur zu kaufen.

Solidago canadensis
Kanadische Goldrute

Ende März bis April aussäen. Lichtkeimer. Schnell keimende Saat. Vegetativ durch Teilung von März bis Mai oder Stecklinge im April–Mai.

Solidago gigantea
Riesengoldrute
Staude

Wie *S. canadensis*.

Solidago graminifolia
Grasblättrige Goldrute
Staude

Wie *S. canadensis*.

Solidago virgaurea
Goldrute
Staude

Wie *S. canadensis*.

Sorbus aria
Mehlbeere
Großstrauch oder Baum

Früchte nach Reife abnehmen, in Wasser einweichen und nach 4 bis 6 Wochen Samen auswaschen. Am besten gleich nach der Reinigung aussäen. Die jungen Sämlinge wachsen besonders langsam.

Sorbus aucuparia
Eberesche
Baum

Samenernte im September–Oktober. Läßt sich unter kalten und trockenen Bedingungen mehrere Jahre lagern. 4 bis 6 Monate Kalt-Naß-Vorbehandlung und im April Aussaat.

Sorbus aucuparia var. *edulis*
Mährische Eberesche
Baum

Wie *S. aucuparia*

Sorbus domestica
Speierling
Baum

Same in Gefriertruhe in luftdichten Plastiktüten bei -20 °C bis 15. Februar lagern. Anschließend mit feuchtem Sand in einem offenen Glas im Kühlschrank bei $+4$ °C bis 15. Mai aufbewahren. Wenn die Keimung einsetzt, in einer Mischung aus ⅓ lehmiger Gartenerde, ⅓ Torf und ⅓ Sand aussäen. Speierlingssämlinge zeigen Unverträglichkeit gegen die eigene Art, dagegen nicht zwischen anderen Pflanzen.

Sorbus torminalis Elsbeere Baum	Früchte nach der Reife abnehmen, in Wasser einweichen und nach 4 bis 6 Wochen Samen auswaschen. Am besten gleich nach der Reinigung aussäen. Keimt oft schlecht.
Sparganium emersum Einfacher Igelkolben Staude	Gleich nach der Reife in Schalen aussäen, die von unten feucht gehalten werden. Vegetativ durch Teilung.
Sparganium erectum Aufrechter Igelkolben Staude	Wie *S. emersum*.
Sparganium minimum Zwergigelkolben Staude	Wie *S. emersum*.
Spiraea salicifolia Weidenspierstrauch Strauch	Im Frühjahr unter Glas aussäen. Lichtkeimer, nicht mit Erde abdecken. Keimung erfolgt nach wenigen Tagen. Vegetativ durch Stecklinge im Frühsommer.
Spirodela polyrrhiza Vielwurzelige Teichlinse Schwimmpflanze	Vegetativ durch Sprossung.
Stachys alpina Alpenziest Staude	Der Same ist jederzeit keimbereit. Dunkelkeimer. Vegetativ durch Teilung im April–Mai.
Stachys officinalis Betonie Staude	Wie *S. alpina*.
Stachys palustris Sumpfziest Staude	In nahrhafter Humuserde aussäen und sehr feucht halten. Der Same ist dann jederzeit keimbereit. Vegetativ durch Teilung.
Stachys recta Aufrechter Ziest Staude bis Halbstrauch	Wie *S. alpina*.
Stachys sylvatica Waldziest Staude	Der Same ist jederzeit keimbereit. Dunkelkeimer. Vegetativ durch Teilung.
Staphylea pinnata Pimpernuß Strauch	Samenernte im Oktober–November, 18 Monate Kalt-Naß-Vorbehandlung und im April–Mai Aussaat.
Stratiotes aloides Wasseraloe, Krebsschere Staude	Saatgut kann nur gewonnen werden, wenn weibliche und männliche Pflanzen vorhanden sind. Vermehrt sich durch Ausläufer und Winterknospen. Im Herbst werden die Hibernakeln eingesammelt und kühl gelagert.
Succisa pratensis Gewöhnlicher Teufelsabbiß Staude	Aussaat im Dezember–Januar.

Swertia perennis
Tarant
Staude

Kaltkeimer und vegetativ durch Teilung.

Symphytum officinale
Beinwell
Staude

Vegetativ durch Stecklinge und Teilung. Wurzelschnittlinge im Februar–März.

Syringa vulgaris
Flieder
Strauch oder kleiner Baum

Samenernte von November bis Februar. 2 Jahre keimfähig. 2 bis 3 Monate Kalt-Naß-Vorbehandlung und im März–April Aussaat.

Taraxacum officinale
Wiesen-Löwenzahn
Staude

Keimt je nach Alter und Herkunft nach 7 bis 21 Tagen. Anzucht problemlos.

Taxus baccata
Eibe
Baum

Samenernte August bis Oktober. 12 bis 18 Monate Kalt-Naß-Vorbehandlung. Aussaatzeiten März–April und September bis November.

Tetragonolobus maritimus
Spargelklee
Staude

Feuchte Frühjahrsaussaat und vegetativ durch Teilung.

Teucrium chamaedrys
Edelgamander
Halbstrauch

Junges Saatgut schnell keimend. Sonst wie Kaltkeimer behandeln. Ende März bis April aussäen. Vegetativ durch Bodenausläufer oder Stecklinge von Mai bis Juli.

Teucrium scordium
Knoblauchgamander
Staude

Schnell keimende Saat. Sehr feucht und bei Temperaturen um 20 °C halten. Vegetativ durch Bodenausläufer und Stecklinge.

Teucrium scorodonia
Salbei-Gamander
Staude

Wie *T. chamaedrys*.

Thalictrum aquilegifolium
Amstelraute
Staude

Embryowachstum 2 Monate. Nach 8 Wochen voll keimfähig. Wenn nach 3 bis 4 Wochen die Keimung nicht erfolgt, wie Kaltkeimer behandeln. Ende März bis April aussäen. Vegetativ durch Teilung von April bis Juni.

Thalictrum flavum
Gelbe Wiesenraute
Staude

Wie *T. aquilegifolium*.

Thalictrum lucidum
Glänzende Wiesenraute
Staude

Wie *T. aquilegifolium*.

Thalictrum minus
Kleine Wiesenraute
Staude

Wie *T. aquilegifolium*.

Thlaspi rotundifolium
Rundblättriges Hellerkraut
Staude

Aussaat von Januar bis Juni.

Thymus serpyllum
Quendel
Halbstrauch

Tilia cordata
Winterlinde
Baum

Tilia platyphyllos
Sommerlinde
Baum

Tofieldia calyculata
Simsenlilie
Staude

Trapa natans
Wassernuß
Einjährig

Trientalis europaea
Siebenstern
Staude

Trifolium medium
Mittlerer Klee
Staude

Trifolium pratense
Wiesenklee
Staude

Trifolium repens
Weißklee
Staude

Junges Saatgut schnell keimend. Sonst wie Kaltkeimer behandeln. Ende März bis April aussäen. Vegetativ durch Ausläufer, Teilung (April bis Juli) oder Rißlinge (September bis November).
Samenernte Oktober–November. Lagern der harten, wasserundurchlässigen Samen vollkommen unproblematisch. 5 bis 6 Monate Warm-Naß-Vorbehandlung. Aussaat im März–April.
Wie *T. cordata*.

Aussaat. Die Keimung erfolgt nicht sehr schnell und auch nicht immer sehr gleichmäßig, jedoch meist problemlos. Vegetativ durch Teilung.
Die Samen sinken nach der Reife sofort zu Boden. Während der Winterruhe verankern sich die stärkereichen Samen mit hakigen Fortsätzen am Gewässergrund. Die vierdornigen Früchte müssen im Herbst gesammelt werden. Man bewahrt sie bis zur Aussaat im Frühjahr in einem Gefäß mit Wasser auf. Sie müssen bis Dezember eine Ruhe- und Nachreifeperiode bei 2 bis 10 °C durchmachen. Bei Temperaturen unter -8 bis -10 °C verlieren sie ihre Keimfähigkeit. Sie keimen schnell im Schlamm bei Temperaturen über 12 °C. Ihr Entwicklungsoptimum liegt bei pH 5 bis 7. Keimfähigkeit 2 bis 3 Jahre.
In sehr saures Substrat aussäen. Lichtkeimer. Durch Kühlperioden kann die Wirkung des Lichtes ersetzt werden. Vegetativ durch Ausläufer.
Der Same ist jederzeit keimbereit. Aussaat von April bis August. Bei entsprechender Feuchtigkeit und Wärme keimt das Saatgut innerhalb 4 Wochen. Vegetativ durch Teilung von April bis August.
Wie *T. medium*.

Wie *T. medium*.

Trollius europaeus
Trollblume
Staude

Telekia speciosa
Telekie
Staude

Tulipa sylvestris
Wilde Tulpe
Staude

Tussilago farfara
Huflattich
Staude

Typha angustifolia
Schmallblättriger Rohrkolben
Staude

Typha latifolia
Breitblättriger Rohrkolben
Staude

Typha laxmannii
Laxmanns Rohrkolben
Staude

Typha minima
Zwergrohrkolben
Staude

Typha shuttleworthii
Shuttleworths Rohrkolben
Staude

Ulex europaeus
Stechginster
Strauch

Ulmus glabra
Bergulme
Baum

Ulmus laevis
Flatterulme
Baum

Ulmus minor
Feldulme
Baum

Urtica dioica
Große Brennessel
Staude

Bald nach der Ernte aussäen. Kühlebehandlung für ältere Saat. Ranunkelgewächse benötigen tiefere Temperaturen bis −5 °C. Vegetativ durch Teilung.
Bei gleichmäßiger Feuchtigkeit und Temperaturen um 20 °C schnell keimende Saat. Vegetativ durch Teilung.
Bei entsprechender Feuchtigkeit und Wärme ist der Same jederzeit keimbereit. Vegetativ durch Teilung.
Aussaat im März–April. Der Same ist jederzeit keimbereit. 1 g enthält 4000 Korn. Teilung von März bis August.
Typha-Samen reift Ende Februar. Benötigt zum Keimen volles Licht, viel Feuchtigkeit und viel Sauerstoff. Same läuft sehr rasch bei 27 bis 36 °C auf. Bildet in feuchtem Schlamm einen dichten Rasen. Vegetativ durch Teilung.
Wie *T. angustifolia*.

Wie *T. angustifolia*.

Wie *T. angustifolia*.

Wie *T. angustifolia*.

Samenernte August bis Oktober. Bei trockener Lagerung 2 bis 3 Jahre keimfähig. Nach Vorkeimen Aussaat im Mai. 1 bis 2 Wochen Keimdauer.
Samenernte im Mai–Juni. Behalten ihre Keimfähigkeit nur wenige Tage. Das Saatgut darf nicht austrocknen. 1 Jahr keimfähig. Sofort aussäen. 1 Woche Keimdauer.
Wie *U. glabra*.

Wie *U. glabra*.

Freilandaussaat im März–April. Keimung wird durch eine hohe Stickstoffkonzentration im Substrat gefördert.

Vermehrungshinweise 87

	Deshalb zur Aussaat Boden mit leicht aufnehmbaren Nährstoffen behandeln. Samen keimen unregelmäßig über 4 Wochen. 1 g enthält 6500 bis 7500 Korn.
Urtica urens Kleine Brennessel Einjährig	Freilandaussaat im April.
Vaccinium myrtillus Heidelbeere Zwergstrauch	Saat gleich nach der Ernte aus den Beeren vorsichtig ausquetschen. Durch Waschen kann man Fruchtfleisch und Fruchtschalen entfernen. Den Samen mit feinem Sand vermischen und in saurer Erde aussäen. Keimen erst nach mehreren Wochen. Vegetativ durch Teilung.
Vaccinium oxycoccos Moosbeere Halbstrauch	Saat gleich nach der Ernte aus den Beeren vorsichtig ausquetschen. Durch Waschen kann man Fruchtfleisch und Fruchtschalen entfernen. Auf saure Erde aussäen. Lichtkeimer. Keimung beginnt erst nach 15 Monaten. Vegetativ durch Teilung.
Vaccinium uliginosum Rauschbeere Zwergstrauch	Wie *V. myrtillus*.
Vaccinium vitis-idaea Preiselbeere Halbstrauch	Saat gleich nach der Ernte aus den Beeren vorsichtig ausquetschen. Durch Waschen kann man Fruchtfleisch und Fruchtschalen entfernen. Auf saure Erde aussäen. Lichtkeimer, keimt langsam. Vegetativ durch Teilung.
Valeriana dioica Sumpfbaldrian Staude	In nahrhafter Humuserde aussäen. Lichtkeimer. Sehr feucht halten. Vegetativ durch Ausläufer.
Valeriana officinalis Gemeiner Baldrian Staude	Direkt nach der Reife im August oder von März bis April aussäen. Lichtkeimer. Keimung erfolgt in 2 Wochen. Vegetativ durch Teilung.
Veratrum album Weißer Germer Staude	Kaltkeimer. Vegetativ durch Teilung.
Verbascum blattaria Schabenkönigskerze Zweijährig	Aussaat von Mai bis Juli. Lichtkeimer. Werden im Frühjahr oder Frühsommer ausgepflanzt. Samen bis 80 Jahre keimfähig.
Verbascum chaixii Österreichische Königskerze Staude	Bei gleichmäßiger Feuchtigkeit und Temperaturen um 20 °C schnell keimende Saat. Die Samen nur sehr dünn oder gar nicht abdecken.

Verbascum densiflorum
Großblumige Königskerze
Zweijährig

Aussaat Mitte Mai. Die Samen keimen bei ausreichender Feuchtigkeit in 2 bis 3 Wochen. Die rosettenbildenden Halbstauden überstehen bei zu früher Aussaat den Winter schlecht. 1 g enthält 7000 bis 10000 Korn.

Verbascum lanatum
Wollige Königskerze
Staude

Wie *V. chaixii*.

Verbascum lychnitis
Mehlige Königskerze
Zweijährig

Aussaat von Mai bis Juli. Lichtkeimer. Werden im Frühjahr oder Frühsommer ausgepflanzt.

Verbascum nigrum
Dunkle Königskerze
Staude

Schnell keimendes Saatgut. Aussaat von August bis Februar bei gleichmäßiger Feuchtigkeit und Temperaturen um +20 °C. Das feine Saatgut nicht abdecken. 1 g enthält 7000 Korn.

Verbascum phlomoides
Windblumenkönigskerze
Zweijährig

Wie *V. lychnitis*.

Verbascum pulverulentum
Flockige Königskerze
Zweijährig

Wie *V. lychnitis*.

Verbascum speciosum
Prächtige Königskerze
Zweijährig

Wie *V. lychnitis*.

Verbascum thapsus
Kleinblütige Königskerze
Zweijährig

Aussaat Mitte Mai. Die Samen keimen bei ausreichender Feuchtigkeit und Wärme innerhalb von 4 Wochen. Lichtkeimer. Same nur so stark mit Erde abdecken, wie der Same selbst dick ist. Die rosettenbildenden Halbstauden überstehen bei zu früher Aussaat den Winter schlecht. 1 g enthält etwa 7000 Korn.

Verbena officinalis
Eisenkraut
Einjährig

Freilandaussaat im April–Mai.

Veronica anagallis-aquatica
Uferehrenpreis
Einjährig

Von Ende März bis April auf sehr feuchte Humuserde aussäen. Lichtkeimer.

Veronica aphylla
Blattloser Ehrenpreis
Staude

Aussaat im Januar–Februar. Kaltkeimer. Teilung im Juli.

Veronica austriaca
Österreichischer Ehrenpreis
Staude

Der Same ist nach einer Woche keimbereit. Keimfähigkeit 2 bis 3 Jahre. Vegetativ durch Teilung (April bis Juni), Stecklinge (April bis Mai) oder Rißlinge (September bis Oktober).

Veronica austriaca ssp. *teucrium*
Großer Ehrenpreis
Staude

Wie *V. austriaca*.

Veronica beccabunga
Bachbunge
Staude

In eine sehr feuchte Erde aussäen. Das Wasser kann bis zu einem Zentimeter über dem Samen stehen. Vegetativ durch Teilung oder durch Stecklinge während der ganzen Vegetationsperiode.

Veronica catenata
Wasserehrenpreis
Einjährig

In eine sehr feuchte Erde aussäen. Das Wasser kann bis zu einem Zentimeter über dem Samen stehen.

Veronica chamaedrys
Gamander-Ehrenpreis
Staude

Bei gleichmäßiger Feuchtigkeit und Temperaturen um 20 °C schnell keimende Saat. Vegetativ durch Teilung (April bis Juni), Stecklinge (April bis Mai) oder Rißlinge (September bis Oktober).

Veronica filiformis
Fadenehrenpreis
Staude

Wie *V. chamaedrys*.

Veronica fruticans
Felsenehrenpreis
Staude

Aussaat im Januar–Februar. Kaltkeimer. Teilung im Juli.

Veronica longifolia
Langblättriger Ehrenpreis
Staude

Wie *V. chamaedrys*.

Veronica montana
Bergehrenpreis
Staude

Wie *V. chamaedrys*.

Veronica officinalis
Waldehrenpreis
Staude

Aussaat von Dezember bis Mai. Lichtkeimer. Vegetativ durch Teilung von April bis Juni oder Rißlinge.

Veronica prostrata
Liegender Ehrenpreis
Staude

Vegetativ durch Teilung und Stecklinge.

Veronica scutellata
Sumpfehrenpreis
Staude

Wie *V. beccabunga*.

Veronica serpyllifolia
Quendelehrenpreis
Staude

Wie *V. chamaedrys*.

Veronica spicata
Ähriger Ehrenpreis
Staude

Wie *V. chamaedrys*.

Veronica teucrium
Großer Ehrenpreis
Staude

Aussaat von Dezember bis Mai. Lichtkeimer. Vegetativ durch Teilung von April bis Juni oder Rißlinge.

Veronica urticifolia
Nesselblättriger Ehrenpreis
Staude

Aussaat im Januar–Februar.

Viburnum lantana
Wolliger Schneeball
Strauch

Samenernte von September bis Dezember. 1 Jahr keimfähig. 4 bis 6 Monate Warm-Naß-Vorbehandlung. Aussaatzeit im April–Mai. Im ersten Sommer bilden sich nur die Wurzeln. Der Keim rührt sich erst nach einer Kälteeinwirkung von 2 Monate.

Viburnum opulus
Gemeiner Schnellball
Strauch

Wie *V. lantana*.

Vicia cracca
Vogelwicke
Staude

Das hartschalige Saatgut ist schwer keimfähig. Nach einer mechanischen Beschädigung der Samenschale quellen sie schneller auf. Die hartschaligen Samen lassen sich zwischen trockenem, scharfem Sand reiben.

Vicia dumetorum
Heckenwicke
Staude

Wie *V. cracca*.

Vicia pisiformis
Erbsenwicke
Staude

Wie *V. cracca*.

Vicia sepium
Zaunwicke
Staude

Wie *V. cracca*.

Vicia sylvatica
Waldwicke
Staude

Wie *V. cracca*.

Vinca minor
Immergrün
Halbstrauch

Keimfähigkeit mangelhaft. 2 Wochen Keimdauer. 1 bis 2 Jahre Keimfähigkeit. Vegetativ durch Teilung und durch Abtrennen bewurzelter Triebe.

Vincetoxicum hirundinaria
Schwalbenwurz
Staude

Der Same gelangt häufig nicht zur Reife. Die Keimung wird durch Licht begünstigt. Als Kaltkeimer kann der Lichteinfluß auch durch Kühlebehandlung erreicht werden.

Viola canina
Hundsveilchen
Staude

Aussaat bald nach der Reife, Teilung vor und nach der Blüte, Rißlinge im Herbst und Stecklinge, von denen man bis zu fünf Stück in 6er- bis 9er-Töpfe sät oder steckt.

Viola elatior
Hohes Veilchen
Staude

Wie *V. canina*.

Viola hirta Wiesenveilchen Staude	Wie *V. canina*.
Viola mirabilis Wunderveilchen Staude	Wie *V. canina*.
Viola odorata Duftveilchen Staude	Wenn bald nach der Ernte ausgesät wird, gute Keimergebnisse. Sonst im Oktober–November aussäen. Bei tiefen Temperaturen kommen sie in Keimstimmung. Im Sommer nächsten Jahres werden die Sämlinge ausgepflanzt. Die Samen keimen außerordentlich langsam. Deshalb werden die Pflanzen hauptsächlich durch Teilung vermehrt. 1 g enthält 1000 bis 1200 Korn.
Viola palustris Sumpfveilchen Staude	Nach der Aussaat sehr feucht halten.
Viola reichenbachiana Waldveilchen Staude	Wie *V. canina*.
Viola tricolor Stiefmütterchen Einjährig oder Staude	Aussaat im Juli–August. Nicht abdecken. Auflaufen wird unter einer dunklen Folie oder Zeitung beschleunigt. Nach der Keimung Abdeckung entfernen. Von Ende August bis Mitte September pikieren und im Frühjahr auspflanzen. Keimdauer 3 bis 4 Wochen. 1 g enthält 800 bis 1000 Korn. Samen werden durch aufplatzende Kapseln ausgeschleudert und meist durch Ameisen weiter verbreitet. Vorher pflücken und in Papiertüten nachreifen lassen.

Orchideen-Vermehrung

Samengewinnung
Die Anzucht vieler Freilandorchideen erfolgt aus Samen. Eine Fruchtkapsel kann mehrere Tausend bis einige Millionen Samen enthalten. Die zusammenhängende Pollenmasse (Pollinium) einer Staubbeutelhälfte (Theka), die von blütenbesuchenden Insekten auf die Narbe einer benachbarten Art übertragen wird, trägt zur Sicherung des Samenansatzes bei. Die Pollination ist in der Natur zuweilen sehr gering. Als Ursache kommt ein mangelnder Insektenbesuch infolge schlechter Witterung oder Rückgang der Population durch Pestizidanwendung in Frage. Um die Bestäubung zu erleichtern, ist es hilfreich, die Pollenverbreitung bei trockenem Wetter von Hand auszuführen. Bei einer zu hohen Luftfeuchtigkeit beginnt der Blütenstaub in den Pollinien zu verkleben. Man nimmt die Pollenmasse mit einem spitzen Holzstäbchen auf und drückt sie auf die Narbe einer benachbarten Pflanze. Um die

Pollinien freizulegen, muß beim Frauenschuh *(Cypripedium calceolus)* zuvor die Lippe entfernt werden. Bei autogamen Orchideen wie *Cephalanthera damasonium* und *Liparis loeselii*, die durch ihren eigenen Blütenstaub befruchtet werden, ist mit einem ausreichenden Samenansatz zu rechnen. Vom Tag der Bestäubung bis zum Beginn der Verfärbung oder Aufreißen der Fruchtwände vergehen lt. Völh in Wochen:

Anacamptis pyramidalis	6–8
Cypripedium calceolus	16–20
Dactylorhiza maculata	6–10
Dactylorhiza majalis	7–8
Himantoglossum hircinum	5–8
Ophrys holosericea	8–10
Ophrys sphecodes	8–10
Orchis militaris	8–10
Orchis morio	5–8

Der Same enthält kein Nährgewebe (Endosperm), sondern nur den Keim (Embryo), der von einer trockenen Haut, der Testa, umgeben ist. Die endospermlosen Embryonen sind 0,2 bis 1,0 mm lang und haben ein Gewicht von 0,3 bis 1,4 µg. Die Samen der gemäßigten Zonen werden von einer doppelten Hülle, der Carapace, umgeben. In der Natur stellt diese zusätzliche Haut einen Schutz gegen eine vorzeitige Keimung dar. Mit dem Ende der Reifezeit werden die Samen aus den Kapseln geerntet und ausgesät. Wenn die Carapace von den Mikroorganismen des Bodens zerstört ist, kann der Samen von Mykorrhizapilzen durchwuchert werden.

Es liegt nahe, den entsprechenden Pilz für die jeweilige Orchideenart zu suchen. Dabei passen mehrere Pilze zu einer Orchidee oder die gleiche Pilzart gedeiht auf verschiedenen Orchideen. Im allgemeinen sind es *Rhizoctonia*-Arten, wie *R. repens, R. versicolor, R. lanuginosa, R. mucoroides, R. gracilis, R. goodyera repentis, R. violacea* u.a. Außerdem wurden bestimmte Ceratobasidium, Fomes, *Hymenochaeta crocieras, Gastrodia elata, Armillariella mella* u.a. gefunden. *Orchis mascula* wächst auf *Corticium masculae*. Die genaue Bestimmung ist schwierig, weil die wenigsten Arten Sporen oder Fruchtkörper ausbilden.

Nach der Pilzinfektion wird das Wachstum der Keimlinge stark gefördert. Zunächst entsenden sie einzellige Wurzelhaare (Rhizoiden) ins Substrat. Danach erfolgt die Differenzierung in Sproß und Wurzel. Wenn eine Infektion mit einem geeigneten Mykorrhiza-Pilz stattgefunden hat, kommt es darauf an, das richtige Gleichgewicht zwischen Pflanze und Pilz herzustellen. Bei einer Übervermehrung des Pilzes bringt er den Keimling um: ist er zu schwach, wird er vom Keimling vernichtet. Bei *Cypripedium calceolus* und *Listra ovata* kann der Pilz vollständig fehlen.

Aussaat
Wenn dem Aussaatsubstrat Erde vom natürlichen Standort beigemischt wird, ist bei vielen pilzabhängigen Orchideen eine Aussaat möglich. Beobachtungen haben gezeigt, daß sich zumindest die Sumpfstendelwurz *(Epipactis palustris)*, das Gefleckte Knabenkraut *(Dactylorhiza maculata)* und das Breitblättrige Knabenkraut *(Dactylorhiza majalis)* auf mehr oder weniger feuchten Moorbeeten selbst ansamt. Gelegentlich siedeln sich auch das Helmknabenkraut *(Orchis militaris)* und das kleine Knabenkraut *(Orchis morio)* an. Der Orchideensamen ist nur kurz keimfähig. Deshalb kommt er sofort nach der Ernte zur Aussaat. Damit die Samen etwas einge-

schwemmt werden, wartet man Regenwetter ab. Die Keimrate beträgt bei unkontrollierten Bedingungen in der Natur 0,01 bis 0,1 %.

In einer pilzangereicherten, verrotteten Laubnadelwalderde wird der Frauenschuh *(Cypripedium calceolus)* ausgesät. Unter dem 2 cm dicken Vermehrungssubstrat mit einem pH-Wert von 5 bis 6 befindet sich ein kalkhaltiger, wasserdurchlässiger Sand. Die Aussaat wird unmittelbar nach der Samenernte vorgenommen. Bereits nach 1½ Jahren erreichen die Keimlinge eine Länge von 2 bis 3 cm. Die Sämlinge verbleiben so lange in den Aussaatgefäßen, bis sie zwei gut ausgebildete Blätter zeigen.

Für die meisten Orchideen ist ein Unterboden aus Kalkschotter erforderlich. Die Humusschicht aus ungedämpftem Boden – angereichert mit Erde von einem Orchideenstandort – darf höchstens eine Stärke von 5 cm haben. Damit der Samen die erforderliche Tiefe erreichen kann, sollte die Humusauflage eine lockere, gut durchlüftete Struktur besitzen. Nach der Aussaat wird sofort angegossen. Dadurch werden die Samen in den Boden eingewaschen und beginnen an der Grenze zwischen Humusschicht und Mineralboden zu keimen.

In den Aussaatsubstraten findet der Symbiosepilz im zerkleinertem Buchenlaub eine sehr gute Nahrungsgrundlage. In jede Mischung, die sich aus ⅓ Osmundawurzeln, ⅓ Polypodium und ⅓ Vermiculit oder ¾ Hochmoortorf und ¼ Vermiculit zusammensetzt, sollte etwas Buchenlaub beigemischt werden. Bei Aussaaten in Gefäßen werden die Töpfe oder Schalen dunkel und warm bei 20 bis 25 °C aufgestellt. Nach dem Anquellen des Samens kann schwaches Licht gegeben werden. Wenn die Keimlinge eine Größe von 3 bis 4 mm erreicht haben und sich gegenseitig bedrängen, werden sie in kleine Tontöpfe oder -schalen, die mit einem der beiden Kultursubstrate gefüllt sind, übertragen. Nach dem Einwurzeln kann während der Vegetationsperiode mit einem phosphor- und kalibetonten Mehrnährstoffdünger zwei- bis viermal pro Jahr flüssig 0,05 %ig gedüngt werden.

Die Holunder-Fingerwurz *(Dactylorhiza sambucina)* zeigt in einer Walderdemischung gute Keimergebnisse. Nach der Samenernte im Juni/Juli wird sofort ausgesät. Die Aussaatgefäße kommen halbschattig ins Freie. Nach 1½ bis 2 Jahren erreichen die Sämlinge eine Länge von 1,5 bis 3 cm und nach 5 bis 7 Jahren beginnen sie von April bis Juni zu blühen.

Wenn die Standorte individuell ausgewählt werden, führt in manchen Fällen auch die Aussaat der Fliegenragwurz *(Ophrys insectifera)*, der Hummelragwurz *(O. fuciflora)*, der Spinnenragwurz *(O. sphecodes)* und der Bienenragwurz *(O. apifera)* zum Erfolg.

Mykorrhiza

Die Mykotrophie spielt für die Orchideen eine besondere Rolle. Für Pflanzen, die unter starkem Konkurrenzdruck stehen, ist eine Wurzelsymbiose unentbehrlich. Bereits bei der Keimung sind die Orchideen auf Mykorrhizapilze angewiesen, die sie mit Kohlehydraten und Mineralstoffen versorgen. Dabei wandeln die Pilze Stärke in Trehalose und Mannitol um. Die Trehalose wird anschließend von der Orchidee in Sucrose umgewandelt. Der Orchideenkeimling lockt den Pilz nach der primären Quellung mit Hilfe von enzymatisch gewonnener Stärke an. Beim Ausbleiben des Pilzes wird die Stärke wieder in Öl zurückverwandelt und der Keimling geht ein. Es kommt also darauf an, daß der richtige Pilz im richtigen Augenblick zur Stelle ist. Dies dürfte der größte Engpaß bei der Orchideenkeimung sein.

Die Infektion erfolgt über einen Suspensor, der unten am Embryo anhängt. Damit der Embryo aber nicht vollständig vom Pilz durchwachsen und vernichtet wird, bildet er einen Abwehrstoff, von dem es ca. 16 verschiedene Verbindungen

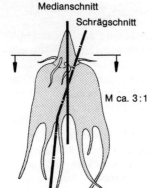

Abb. 4. Schnittführung bei der Teilung einer *Dactylorhiza*-Knolle (nach Reinecke).

gibt. Er wirkt jedoch nicht gegen alle Pilze. Je nach dem Entwicklungsstand kann ein Organismus den anderen umbringen oder sie können eine Symbiose eingehen. Dem Pilz stehen nur einige Zellschichten unter der Epidermis zur Verfügung. Nach seiner Ansiedlung beginnt die Orchidee mit der Verdauung des Pilzes und der Versorgung des Wirtes mit Nährstoffen. Extreme Umwelteinflüsse werden mit Hilfe der Mykorrhiza besser ertragen. Die Wurzelsymbiose ermöglicht es den Orchideen bei einer rückläufigen Entwicklung der Standortbedingungen noch einige Jahre mit ihren Rhizomen und Knollen auszudauern. Dabei bleiben die Rhizomorchideen ständig mit dem Pilz verbunden oder sie befreien sich vom Pilz und ernähren sich ohne Hilfe von Mykorrhizen. Die Knollenorchideen werden ohne Hilfe von Mykorrhizen jährlich neu infiziert. Der Pilz geht nicht von der alten auf die neue Knolle über. Jede Neuinfektion erfolgt über die Wurzeln, wobei die Knolle meist pilzfrei bleibt.

Vegetative Orchideen-Vermehrung
Durch die vegetative Vermehrung werden die Schwierigkeiten der Aussaat umgangen. Ein Nachteil ist allerdings die geringe Populationsvariabilität, was die gesamte Erbmasse negativ beeinflussen kann.

Zu den Rhizomorchideen gehören:
Cephalanthera, Corallorhiza, Cypripedium, Epipactis, Epipogium, Goodyera, Hammarbya, Liparis, Listera, Neottia.

Bei den Rhizomorchideen werden durch mechanische Störeinflüsse die Nebenknospen zum Austrieb angeregt. Bei beginnendem Austrieb im März–April trennt man von einem gut entwickelten Frauenschuh zwei bis drei bewurzelte Triebe ab. In einem Gemisch aus Laubnadelerde, kleingehäckseltem Holz und kalkhaltigem Sand beginnen sie nach zwei bis drei Jahren zu blühen.

Zu den Knollenorchideen zählen die Gattungen:
Aceras, Anacamptis, Chamorchis, Coeloglossum, Dactylorhiza, Herminium, Himantoglossum, Nigritella, Ophrys, Orchis, Platanthera, Pseudorchis, Spiranthes, Traunsteinera.

Die Knollenteilung ist eine Möglichkeit, gefährdete *Ophrys* zu erhalten. Durch das Regenerationsvermögen wird nicht nur eine Tochterknolle, sondern auch zwei oder drei gebildet. Geteilt werden die Ophrys während der Blüte. Nach dem Ausgraben der Pflanzen und Entfernen der Blütenstände schneidet man die diesjährige Knolle weg, topft die *Ophrys* ein und zögert durch mäßiges Feuchthalten die Ruhezeit hinaus. Dadurch werden die Pflanzen zur Entwicklung weiterer Knollen angeregt, wobei *Ophrys sphecodes* in feuchten Jahren zwei Knollen bildet. Die Vermehrungsverhältnisse vom Kleinen Knabenkraut *(Orchis morio)*, Wanzenknabenkraut *(O. coriophora)*, Brandknabenkraut *(O. ustulata)*, Affenknabenkraut *(O. simia)*, Helm-Knabenkraut *(O. militaris)*, Purpur-Knabenkraut *(O. purpurea)*, Stattliches Knabenkraut *(O. mascula)*, Blasses Knabenkraut *(O. pallens)* und Sumpf-Knabenkraut *(O. palustris)* sowie von der Weißen Waldhyazinthe *(Platanthera bifolia)* sind die gleichen wie bei Ophrys.

Vegetativ wird auch *Dactylorhiza sambucina* durch das Abtrennen von kleinen Brutknollen vermehrt. Bei blühfähigen Pflanzen entwickelt sich nach dem Beschädigen des Vegetationspunktes an den Knollen junge Brut. Im Frühjahr läßt sie sich zusammen mit *Dactylorhiza incarnata, D. majalis, D. traunsteineri und D. maculata durch Teilung vermehren.*

Kultursubstrate
Für die Orchideenkultur ist eine leicht zu beschaffende Substratmischung erforderlich. Die Erde muß große Porenräume besitzen, strukturstabil sein und ein gutes Wasser- und Nährstoffhaltevermögen aufweisen sowie frei von Schädlingen sein.

Für die kalkverträglichen Arten läßt sich die folgende Mischung verwenden:
40 % Rasen- oder Komposterde
40 % Lauberde oder Torfmull
20 % Kalksplitt mit grobem Sand
Orchideen bodensaurer Standorte erhalten eine Mischung aus
40 % Lauberde oder Torf
40 % kalkfreie Komposterde
20 % Quarzsand

Wichtig sind die Kalksplitt- und Sandzusätze. Sie lockern das Substrat und stabilisieren die Bodenstruktur. Oben auf die Töpfe kommt eine Schicht groben organischen Materials. Es hält das Substrat feucht und schützt die Orchideen vor Frost.

Die Freilandorchideen haben nur einen geringen Nährstoffbedarf. Auf hohe Salzkonzentrationen reagieren sie äußerst empfindlich.

Orchideen-Ansiedlung
Der Wunsch, Orchideen im ökologischen Garten zu pflegen, darf nicht zu einer Gefährdung der Wildstandorte führen. Das vegetative Pflanzenmaterial stammt in der Regel aus gärtnerischer Vermehrung. Nach dem Bundesnaturschutzgesetz vom 20. 2. 1976 ist es verboten, Pflanzen der besonders geschützten Arten oder einzelne Teile von ihnen abzuschneiden, abzupflücken, aus- oder abzureißen, auszugraben, zu entfernen oder sonst zu beschädigen. Wenn Orchideen aus Vermehrungskulturen käuflich erworben werden, sollte man sich für jede Pflanze eine Bescheinigung ausstellen lassen. Mitunter handelt es sich auch um Orchideen, die durch Ausgraben von ihrem Standort verschwunden sind und auf illegalem Weg in den Handel kamen. Viele Orchideen haben eine sehr geringe ökologische Toleranz. Die sicherste Methode der Wiederansiedlung ist auf Standorten gegeben, die nach pflanzensoziologischen Gesichtspunkten ausgewählt wurden. Ein Ausbringen erscheint nur möglich, wenn die Pflanzstellen über Jahre keine Düngung erhalten haben.

Orchideenböden dürfen auch nicht verdichtet und eutrophiert sein. Die Nährstoffgehalte an Stickstoff sollten 1 bis 3 mg/100 g nicht übersteigen. Dagegen können die Spurennährstoffe extrem hoch liegen, wobei durch Zink die Frostresistenz erhöht wird. Wenn eine genügend hohe Schneeauflage vorhanden ist, schaden kalte Winter nicht. Klimatisch zeichnen sich die Wuchsorte durch erhöhte Luftfeuchtigkeit und eine relative Windstille sowie eine starke Taubildung aus. Bis auf die Waldorchideen haben alle Arten ein hohes Lichtbedürfnis. Knapp die Hälfte unserer heimischen Orchideen sind Wiesenpflanzen. Als Begleitgräser finden vorwiegend Arten mit einem geringen Stickstoffbedarf Verwendung. Dazu gehören auf trockenen Standorten *Agrostis stricta, Bromus erectus, Festuca ovina, Melica ciliata, Poa bulbosa* und an feuchten Stellen *Brachypodium pinnatum, Molinia caerulea* und *Scirpus sylvaticus*. Unentbehrlich sind Vertreter der Familie der Leguminosae, die ihre Begleitflora mit Stickstoff versorgen.

Die meisten Orchideen besitzen im Gegensatz zu den vielfach stark reduzierten oberirdischen Pflanzenteilen ein ausgedehntes Wurzelwerk. Es erreicht bei *Cypripedium calceolus* bis 35 cm Länge. Andererseits sind beschädigte Wurzeln kaum regenerationsfähig. Sie werden nicht ersetzt. Bei den Knollenorchideen bilden die neuen Bulben erst nach dem Vergehen der alten Knollen Wurzeln. Bei den Rhizomorchideen setzt das Wachstum erst nach der Blüte ein, wobei die alten Wurzeln erhalten bleiben.

Den Ansiedlungsversuchen im Garten stehen manche Kreise reserviert, wenn nicht gar ablehnend gegenüber. Die Abneigung gegen ein Umpflanzen von gefährdeten Erdorchideen ist verständlich. Das Argument einer Florenverfälschung wird häufig ins Feld geführt. Welche Arten früher einmal auf erloschenen Standorten vorhanden waren, ist aus alten Aufzeichnungen oder aus der Literatur ersichtlich. Solange keine gesicherten Erkenntnisse über die Möglichkeiten von Ersatzbiotopen vorliegen, muß der Schutz natürlicher Lebensräume Vorrang haben.

Die Beschaffung des Pflanzenmaterials ist sehr schwierig. Nicht immer können bei Straßenbaumaßnahmen, bei Aufforstungen von Ödland oder Parkplatzerweiterungen – mit Zustimmung der zuständigen Behörden – gefährdete Pflanzen entnommen werden. Um den Lebensraum der Orchideen zu sichern, sollten wir uns an den ökologischen Bezügen orientieren und die modernen Erkenntnisse der Wiederansiedlung auf den Gartenbereich übertragen. Während der gesamten Vegetationszeit ist ein Verpflanzen der Orchideen möglich. Selbst in der Knospe und während der Blütezeit können sie mit einem genügend großen Wurzelpaket von $25 \times 25 \times 25$ cm mit dem Spaten in viereckigen Erdballen ausgestochen werden. Die schwer kultivierbaren Orchideen werden einschließlich Symbionten und der Begleitflora an ihren neuen Standort gebracht. Man darf die Erdballen nur nicht werfen. Sie müssen nach dem Transport gleich wieder eingepflanzt oder an geeigneter Stelle in den Einschlag gebracht werden. Meist genügt ein einfacher Frühbeetkasten aus Brettern im lichten Schatten und mit Bewässerungsmöglichkeiten. Die Ballen sind mit einem Zwischenraum von 3 bis 5 cm nebeneinanderzulegen und die Hohlräume mit lockerer Erde auszufüllen. Beim Auspflanzen sind die Orchideen in genügend große Löcher zu setzen, wobei die etwa zweifingerbreiten Zwischenräume sorgfältig mit locker eingefüllter Feinerde auszufüllen sind. Die gesamten Pflanzstellen werden dann mit Gras, eventuell mit Laub, zur Beschattung und als Schutz gegen Austrocknung abgedeckt. Das Einpflanzen nimmt etwa viermal soviel Zeit in Anspruch wie das Ausgraben der Orchideen und ist sehr anstrengend.

Unter bestimmten Voraussetzungen sind zwar viele Orchideen verpflanzbar. Beim Ausgraben und späteren Wiedereinpflanzen werden vielfach grobe Fehler begangen. Ihre Pilzabhängigkeit und die spezifischen Standortansprüche setzen gewissen Arten Grenzen. Erfahrungsgemäß überleben bis zu 80 % diese Umpflanzaktionen nicht. Viele Orchideen haben eine so geringe ökologische Toleranz, daß sie mit ihren spezifischen Ansprüchen auf unsere Ökologischen Gärten nicht abgestimmt werden können.

Wenn die Orchideen im Frühjahr mit dem Durchtrieb beginnen, ist die beste Zeit zum Ein- und Umpflanzen gekommen. Die Wurzeln sind dann voll ausgebildet und haben mit dem Wachstum abgeschlossen. Die Frage, ob mit oder ohne Erdballen gepflanzt wird, läßt sich nicht eindeutig beantworten. Sicher ist, daß in Töpfen gezogene Pflanzen am besten weiterwachsen. Auch ohne Ballen versetzte Pflanzen zeigen eine gute Entwicklung. Nach dem Einziehen der Blätter werden die neugebildeten Knollen – die um diese Zeit noch ohne Wurzeln sind – aus dem Ballen gelöst und sehr flach gepflanzt. *Himantoglossum* kann noch aus 30 cm Tiefe austreiben. Die Knollen werden 3 bis 5 cm mit Erde bedeckt und vor einer Austrocknung durch eine Streuauflage geschützt. Mit Hilfe von Zugwurzeln oder durch die nächstjährige Knolle erfolgt ihre Tiefeneinstellung. Die Rhizomorchideen werden mit 1 bis 2 cm Erde und einer Schicht aus Laub- oder Nadelstreu abgedeckt.

Bei der Orchideenansiedlung im Garten stehen der Frauenschuh *(Cypripedium calceolus)*, das Gefleckte Knabenkraut *(Dactylorhiza maculata)*, das Breitblättrige Knabenkraut *(Dactylorhiza majalis)* und die Sumpfstendelwurz *(Epipactis palustris)* an erster Stelle. Sie haben sich zumeist als anspruchslose, leicht blühende Pflanzen erwiesen.

Der Frauenschuh *(Cypripedium calceolus)* liebt den Wanderschatten mit Morgen- oder Nachmittagsoonne. Das 20 × 30 cm große Pflanzloch füllt man mit verrotteter Laubnadelwalderde, der kleine Kalksteinbrocken, zerkleinerte Zweige und Rindenstücke zur Durchlüftung beigegeben werden. Die Rhizome blühfähiger Cypripedien legt man auf das vorbereitete Substrat und überdeckt sie mit dem leicht sauren Laubnadelwaldgemisch.

Große Erfolgsaussichten bestehen auch beim Gefleckten Knabenkraut *(Dactylorhiza maculata)*, das bevorzugt auf Kalkboden des feuchten Magerrasens oder saurer Flach- und Quellmoore wächst. An einem sonnigen Gartenplatz gedeiht es wie der Frauenschuh in einem stark verrotteten, mit etwas Lehmerde vermischten Rohhumussubstrat. Kulturversuche zeigten, daß das Breitblättrige Knabenkraut *(Dactylorhiza majalis)* auf mehr oder weniger feuchten Standorten in einem sauren, humosen Boden so gut wächst, daß es außerhalb seines »Biotops« als sogenannte Flachwasserpflanze und Verlander in feuchten Wiesen, Quellsümpfen und an Gräben als Sämling erscheint. Eine Bastardierung mit verwandten Arten ist nicht auszuschließen.

Die Sumpfstendelwurz *(Epipactis palustris)* eignet sich für sicker- und wechselnasse Flachmoore und Moorwiesen, Binsensümpfe und Pfeifengraswiesen. In einem stickstoffarmen, schwach sauren bis kalkhaltigen Sumpfhumus läßt sich Epipactis palustris im Ökologischen Garten leicht ansiedeln.

Wenn die Standorte individuell ausgesucht sind, lassen sich auch das Helmknabenkraut *(Orchis militaris)*, die Mückenhandwurz *(Gymnadenia conopsea)*, das Fleischrote Knabenkraut *(Dactylorhiza incarnata)*, die Fliegenragwurz *(Ophrys insectifera)*, die Weiße Waldhyazinthe *(Platanthera bifolia)* und das Große Zweiblatt *(Listera ovata)* umsetzen.

Schwieriger zu verpflanzen sind die Stendelwurz *(Epipactis helleborine)*, das Kleine Knabenkraut *(Orchis morio)* und das Stattliche Knabenkraut *(Orchis mascula)* sowie die Hundswurz *(Anacamptis pyramidalis)*. Sie benötigen eine längere Zeit, bis sie sich erholt haben, und somit ist mit Ausfällen zu rechnen.

Ein Verpflanzen der Waldvöglein-*(Cephalanthera)*-Arten, der Nestwurz *(Neottia nidus-avis)* und der Herbstschraubenstendel *(Spiranthes spiralis)* ist aussichtslos.

Ob ein Ansiedlungsversuch geglückt oder mißlungen ist, läßt sich mit Sicherheit erst nach einiger Zeit sagen. Mitunter scheinen die Pflanzen verschwunden zu sein, bis sie nach Jahren wieder auftauchen und mit Unterbrechungen blühen.

In der Kalkmagerwiese haben wir eine der vollkommensten Realisationen der Naturgarten-Ideen. Die Pflanzstellen werden wie für einen Magerrasen (Mäder) vorbereitet. In diese Mäder können bei frostfreiem Wetter bereits ab März–April folgende Orchideen gepflanzt werden: Mückenhandwurz *(Gymnadenia conopsea)*, Großes Zweiblatt *(Listera ovata)*, Hummel- *(Ophrys fuciflora)* und Fliegenragwurz *(Ophrys insectifera)*, Kugelorchis *(Traunsteinera globosa)*, Stattliches Knabenkraut *(Orchis mascula)*, Geflecktes Knabenkraut *(Dactylorhiza maculata)*, Helmknabenkraut *(Orchis militaris)*, Kleines Knabenkraut *(Orchis morio)*, Brandknabenkraut *(Orchis ustulata)* und Weiße Waldhyazinthe *(Platanthera bifolia)*.

Die Vielfalt dieser Arten läßt sich auf jeder Kalkmagerwiese ansiedeln, wobei sie in einer Pflanzengesellschaft, wie sie die Mäder aufweist, besonders publikumswirksam sind. Einmal im Jahr, nach der Blüte, werden sie zusammen mit der Begleitflora abgemäht und der Basengehalt des Bodens durch gelegentliche Kalkungen erhalten. Weitere Düngergaben sind grundsätzlich zu unterlassen. Lediglich bei den starkwachsenden Arten läßt sich während der Wachstumsperiode einmal wöchentlich eine stark verdünnte Guano- oder Blutmehllösung, aufgelöster Rinderdung oder Brennesseljauche über die Pflanzstellen ausbringen. In einer artenreichen Gesellschaft wird die starkwachsende Begleitflora die konkurrenzschwachen Orchideen bald verdrängen. Der ganze Aufwand lohnt sich nur, wenn die »problematischen« Arten in Tontöpfen stehen, die zwischen der »unduldsamen« Begleitflora eingesenkt werden. Dabei dürfen wir nicht vergessen, daß die Orchideen bei einer Ansiedlung im Garten der Gefährdung durch Schnecken ausgesetzt sind. Gegen diesen größten Feind unserer Freilandorchideen sollten keine Molluskizide eingesetzt werden. Im Interesse unserer Vögel, Igel und Haustiere treiben wir nicht den Teufel mit dem Beelzebub aus. Um die Verlustrate durch Schnecken so nieder wie möglich zu halten, sollten wir den Igeln und Kröten optimale Lebensräume bieten. Mit Vorliebe werden von den Wühlmäusen die Orchideenknollen verzehrt. Die Horste lassen sich durch ein Auskleiden der Pflanzlöcher mit Kükendraht schützen.

Insektivoren-Vermehrung

Die Vermehrungsrate der einheimischen *Drosera* und *Pinguicula* ist zu gering, um den Bestand zu halten. Auch der Nachschub an Wildarten ist gefährdet, wenn wir uns nicht der Nachzucht annehmen. Bei der generativen Vermehrung der *Drosera*-Arten werden die staubfeinen Samen ohne Abdeckung auf Torfmull ausgesät. Unsere drei heimischen Sonnentauvertreter sind ausgesprochene Lichtkeimer, die nach einer Frosteinwirkung im Frühjahr am besten aufgehen. Aus der unterschiedlichen Bestandsdichte an den Wildstandorten ist es verständlich, daß der Rundblättrige Sonnentau *(Drosera rotundifolia)* bei Aussaaten sehr gute, der Mittlere Sonnentau *(D. intermedia)* dagegen geringe Keimergebnisse zeigt. Den meisten *Drosera* verhilft eine vegetative Vermehrung zum Massenvorkommen. Sie scheint auch die einzige Möglichkeit zu sein, die unfruchtbare *D.* × *obovata*, einen Bastard zwischen *D. rotundifolia* und dem Langblättrigen Sonnentau *(D. anglica)* heranzuziehen. Man beerntet die Mutterpflanzen maximal dreimal im Jahr. Durch Auslegen oder Stecken von abgeschnittenen älteren Blättern auf lebendes, fein zerhacktes Sphagnum oder feuchten Torf zeichnen sie sich in einem hellen und kühlen Anzuchtskasten durch die Bildung von Adventivsprossen aus, aus denen die Jungpflanzen hervorgehen. Die Feinheit des Saatgutes vom Alpenfettkraut *(Pinguicula alpina)* und des Gemeinen Fettkrautes *(P. vulgaris)* erfordert ein sehr vorsichtiges Arbeiten. Die Töpfe werden mit Torf gefüllt, angegossen und dann gleichmäßig mit den 0,5 bis 1,0 mm langen goldbraun gefärbten Samen besät und anschließend leicht überbraust. Wegen der Feinheit wird das Saatgut nicht überdeckt. In den Achseln der oberen Laubblätter bilden unsere winterharten Fettkräuter 3 mm große gestielte Brutzwiebeln. Sie überwintern zwischen den Blattresten der Mutterpflanzen. Zur vegetativen Vermehrung werden sie eingesammelt und wie Samen ausgesät.

Bei den Wasserschlauch-Arten *(Utricularia)* und der Wasserfalle *(Aldrovanda vesiculosa)* ist eine Samenbeschaffung für die generative Jungpflanzenanzucht sehr schwierig. Sie lassen sich im Sommer mühelos durch ein Teilen bzw. Herausbrechen kleiner Stücke vegetativ vermehren. Mit Beginn der kalten Jahreszeit gehen ebenso viele Winterknospen (Hibernakeln) hervor wie Triebspitzen ausgebildet sind. Sie lösen sich von der Mutterpflanze ab und sinken zu Boden, während die zartgliedrigen Pflanzenkörper vergehen. Die Knospen lassen sich in einem Gefäß mit Wasser kühl überwintern. Bei ansteigenden Temperaturen schiebt sich im Frühjahr ein Quirl nach dem anderen hervor. Infolge der locker ausgebildeten, luftreichen Gewebe steigen die jungen Pflanzen wieder an die Oberfläche empor.

Aufbau naturnaher Anlagen

Bei der Planung naturnaher Anlagen lassen sich eine oder mehrere Nutzungsmöglichkeiten entwickeln. Als Vorgabe wird zunächst der vorhandene Pflanzenbestand beurteilt, aus dem hervorgeht, welche Vegetation in die ökologischen Konzepte eingeht. Die Gartenanlage ermöglicht unterschiedliche Lebensbereiche. Steil abfallende Flächen können eine Mittel- oder Hochgebirgsflora aufnehmen, und über Quellfassungen und Laufbrunnen wird Wasser den Feuchtgebieten zugeleitet. An den tiefsten Stellen entsteht ein dicht mit heimischen Uferpflanzen bestandenes Gewässer. Fett- und Magerwiesen führen zu den Hecken- und Waldsaumpflanzen, den Laub- und Nadelgehölzen, zur Heide, der Segetal- und Ruderalflora, den Neophyten und Weinbergmauern.

Für die Ansiedlung einer charakteristischen Flora und Fauna genügen schon kleine Gehölzbestände, Rasenflächen und Feuchtgebiete. Die vorhandenen strauch- und baumartigen Vegetationsformen sollten bestehen bleiben. Nur auf ökologisch gleichartigen Flächen wird die Kraut- und Strauchflora ergänzt und ausgebaut. Viele Vorgänge in der Natur lassen sich weder erklären noch beschreiben. Sie sind nur aus rein empirischen Erfahrungen zu verwirklichen. Darunter fallen Bodenstruktur, pH-Wert, Mikroklima, Vegetationsdecke und schützenswerte Biozönosen. Dabei ist es mitunter unumgänglich, bei einem undurchlässigen Untergrund oder fehlendem Mutterboden, in ehemaligen Lehm-, Sand- oder Kiesgruben Substrate aufzubringen.

Naturnahe Gärten, die von Häusern und Straßen umgeben sind, bilden eine differenzierte Lebensgemeinschaft. Das Isolationsphänomen spielt für Pflanzen und Tiere eine große Rolle. Durch das optimale Nahrungsangebot bilden sich Insekten- und Vogeldichten, die der freien Landschaft kaum nachstehen. Deshalb wird man in einem Naturgarten niemals Insektizide, Akarizide, Nematizide, Molluskizide, Fungizide oder Herbizide anwenden. Aus Standortgründen können Pflanzenarten, die auf spezielle Lebensräume angewiesen sind, im Garten nicht immer angesiedelt werden. Bei der Anlage von Orchideenwiesen oder dem Versuch, Schmarotzer im Garten anzusiedeln, bei der Darstellung eines Krummseggenrasens oder der Anlage eines Schneetälchens handelt es sich um Lebensgemeinschaften, die wir sehr schwer nachvollziehen können.

Wenn es um die Wiederherstellung von Lebensbereichen geht, ist vieles möglich. Die Pflanzenverwender haben gelernt, Wildblumenwiesen und -rasen anzulegen, Feuchtgebiete zu rekultivieren und eine standortgerechte Bodenflora unter Gehölzen einzubringen.

Pflegekosten

Es ist ein Irrtum zu glauben, daß der Arbeitsaufwand in naturnahen Gärten auf Null reduziert werden kann. Zu den Erstinvestitionen kommen Folgekosten. Die künftigen Pflegemethoden sind von ausschlaggebender Bedeutung. Von ihnen hängt es ab, ob sich die Pflanzungen entsprechend der Artenauswahl optimal entwickeln. Probleme, die die Bewirtschaftung naturnaher Grünanlagen mit sich bringen, beginnen bei der Suche nach qualifiziertem Pflegepersonal. Die Ansprüche sind in bezug auf die Pflanzenkenntnisse und die Arbeitsdisziplin verhältnismäßig hoch. Naturnahe Pflanzungen bedürfen während der Einwachszeit einer intensiven Pflege. Danach wird nur noch ordnend eingegriffen, und unerwünschte Eindringlinge entfernt.

Der Arbeitskräftebesatz ist je nach Pflegeaufwand gestaffelt:

Ökologische Anlagen	Eine Arbeitskraft/qm
Unterglasflächen	200
Bepflanzte Flächen auf stark terrassiertem Gelände	500
Flächen mit bes. anspruchsvoller Bepflanzung	700
Hochgebirgsflora (Alpinum)	2000
Seen- und Teichflächen (Feuchtbiotope)	4000
Waldflächen in bergigem Gelände	4000
Wiesenartige Flächen in bergigem Gelände	4000
Mittelgebirgsflora (Schwäbische Alb)	6000
Waldflächen in ebenem Gelände	8000
Wiesenartige Flächen in ebenem Gelände	8000
Gehölzflächen	10000
Naturlandschaft mit Gehölzbestand bei extensiver Nutzung	15000
Wiesenartige Flächen bei extensiver Nutzung	25000

Boden und Vegetation

So verschieden wie die Biotope sind auch die Wasser-, Erd- und Nährstoffansprüche unserer Pflanzen. Aus den Lebensbereichen können gewisse Rückschlüsse auf die Bodenart und den Kalkgehalt geschlossen werden. Die Wildkräuter und Gehölze sind zuverlässige Zeigerpflanzen für die jeweiligen Standorte. Andererseits kommt die Buche *(Fagus sylvatica)* unter den verschiedenartigsten Bodenverhältnissen vor. Innerhalb der Buchenwälder siedeln sich je nach den Klima- und Standortbedingungen die gegensätzlichsten Pflanzengesellschaften an.

Aus Kostengründen kann bei »Naturnahen Pflanzungen« nicht für jede Pflanzengesellschaft der entsprechende Standort geschaffen werden. Wenn der Naturgarten auf einem karbonatarmen Sandboden liegt, ist an eine bodensaure Heide zu denken, und bei kalkhaltigem Untergrund läßt sich eine »Schwäbische Alb« aufbauen. Dabei ist es fraglich, ob die natürlichen Bodenverhältnisse, wie wir sie von unseren Hochgebirgen kennen, den Alpenpflanzen in unseren Gärten optimale Wachstumsbedingungen bieten. Bei der Anlage eines Ökologischen Gartens ist es nicht immer möglich, den Faktor Boden nachzuahmen. Dagegen kann aus Kompost, Rasenerde, Acker- oder Gartenboden, Sand, Torf, Lauberde und Rindenkompost für jedes dieser Biotope ein brauchbares Erdgemisch zusammengestellt werden. Praktische Erfahrungen räumen vielfach mit den herkömmlichen Vorstellungen über die Erdansprüche vieler Pflanzen auf.

Zwischen den »Kalk- und Urgesteinspflanzen« stehen die Besiedler neutraler Böden. Aus guten Gründen hat sich unter dem Eindruck ihres Vorkommens auf basischen Standorten die Meinung von den kalkbedürftigen Pflanzen durchgesetzt. Der Anspruch auf stark durchlüftete Substrate ist ein Merkmal aller Pflanzen alkalischer Böden. Bei einer guten Luft- und Wasserführung der Erdsubstrate sind die Pflanzen in bezug auf den Boden indifferent, das heißt, der Kalk-Säurewert des Bodens kann sowohl leicht über pH 7 ansteigen als auch absinken. Daraus folgt, daß beim Gebrauch von gut durchlüfteten Substraten fast alle Pflanzen wachsen. Unter solchen Voraussetzungen können in unseren »Naturnahen Pflanzungen« viele Pflanzengesellschaften aus neutralen, sauren oder basischen Lebensbereichen im selben Boden stehen. Die Haselwurz *(Asarum europaeum)* wächst in der Natur im sauren Bereich um pH 4,0–4,5. In Gartenkultur kommt sie vergesellschaftet mit dem Buschwindröschen *(Anemone nemorosa)*, dem Waldmeister *(Galium odoratum)*, dem Bingelkraut *(Mercurialis perennis)* oder dem Maiglöckchen *(Convallaria majalis)* an Standorten mit einem pH-Wert von 6,0 bis 6,5 vor. Das Leberblümchen *(Hepatica nobilis)* steht im Kalkbuchenwald in basenreichem Lehmboden mit pH 7,0 bis 8,0; in Mischkultur mit dem Schattenblümchen *(Maianthemum bifolium)* oder der Einbeere *(Paris quadrifolia)* wird durch die Substratwahl der pH-Wert in den stark sauren Bereich verschoben. Viele Urgesteinspflanzen aus der Säuerlingsflur wie der Säuerling *(Oxyria digyna)*, der Prachtsteinbrech *(Saxifraga cotyledon)* oder die Zottige Gemswurz *(Doronicum clusii)* verhalten sich in bezug auf den Boden neutral. Solange die Konkurrenz benachbarter Pflanzen ausgeschaltet ist, spielt für sie ein gewisser Kalkgehalt im Boden keine große Rolle. Die Bergnelkenwurz *(Geum montanum)*, die im bodensauren Krummseggenrasen des Zentralalpenbereichs vorkommt, keimt im Ökologischen Alpinum noch auf kalkreichen Substraten. Umgekehrt zeigt das Alpenleinkraut *(Linaria alpina)* von den Steinschuttfluren der Kalkalpen in den Pflanzengesellschaften saurer Böden relativ gute Keimergebnisse. Jedenfalls ist es besser, die Pflanzen alkalischer Böden in einem leicht sauren als in einem überkalkten Boden zu halten.

Wenn die zur Verfügung stehende Land- oder Gartenerde einen so hohen Kalkgehalt aufweist, daß es trotz Beimischen von sehr saurem Torf, Lauberde oder Rindenkompost nicht gelingt, auf ein geeignetes pH-Optimum zu kommen, ist es durch die Zufuhr von Schwefelblume möglich, das schädliche Calciumcarbonat ($CaCO_3$) in eine neutrale Verbindung überzuführen. Der Schwefel oxidiert in der Erde und verbindet sich mit Kalk zu Gips ($CaSO_4 \cdot 2H_2O$). Für einen sandigen Lehmboden sind zur Absenkung auf pH 5,0 folgende Schwefelmengen erforderlich:

Schwefelblume kg/m²	Absenkung von pH	auf pH
0,8	6,0	5,0
1,1	6,5	5,0
1,4	7,0	5,0
1,8	7,5	5,0
1,9	8,0	5,0

Auf Sandböden können die angegebenen Schwefelmengen um ein Drittel verringert, bei schwerem Lehm müssen sie um ein Drittel erhöht werden.

Nach dem Ausstreuen wird die Schwefelblume mit der Bodenkrume in einer Tiefe von 15 bis 20 cm vermischt. Vier Wochen später läßt sich der angesäuerte Boden weiter bearbeiten. Das heißt, es kann dann der Torf, Rinden- oder Holzkompost und der Sand eingearbeitet werden.

Ausbringen der Pflanzen

In den Ökologischen Gärten ist auf die spezifischen Standortansprüche der Pflanzen zu achten. Eine entscheidende Rolle spielt die Wasserversorgung. In Trockenperioden besteht nicht immer die Möglichkeit zu gießen. Man wird sich deshalb bei der Nachzucht von Pflanzen einer Mineralerde wie Ackerboden oder einer sandigen Lehmerde bedienen, in denen das Wasser den Pflanzen besser zugänglich ist als in reinem Humusboden. Der Topfballen muß nicht nur aus einer geeigneten, sondern genügend nährstoffhaltigen Erde bestehen. Jede Ansiedlung in Biotopen bedarf einiger Vorarbeiten, wie der Anzucht in Töpfen, damit sie mit Wurzelballen gesetzt werden können.

Die gewonnenen Erkenntnisse haben zu einer neuen Wertung der landschaftsgestalterischen Maßnahmen geführt. Qualifizierte Fachkräfte sind rar und teuer; ihre Ausbildung bereitet einige Schwierigkeiten. Je geringer die Gehölz- und Staudenkenntnisse sind, um so eher entsteht ein Mißverhältnis zwischen Anspruch und Wirklichkeit. Der Beruf des Botanischen Gärtners beinhaltet ingenieurbiologische Tätigkeitsmerkmale. Dieser Berufszweig hat im Hinblick auf das Ausbringen von gefährdeten Pflanzen aktuelle und zukunftsweisende Aufgaben. Angesichts der wenigen qualifizierten Arbeitskräfte sollten wir prüfen, ob es nicht sinnvoller ist, die Mittel so einzusetzen, daß eine Nachzucht und Ausbringung gefährdeter Arten nur in begrenztem Umfang erforderlich wird. Hat man sich nun aber einmal für diese Maßnahme entschlossen, kommt es letzten Endes darauf an, mit den vorhandenen Möglichkeiten einen möglichst großen Effekt zu erzielen. In der Regel läßt die geforderte Qualität und Leistung ohne die erforderlichen Geräte zu wünschen übrig. Das Angebot der Technik ist so groß, daß wir viele damit zusammenhängende Arbeiten erleichtern können.

Pflanzmethoden

An Trockenstandorten müssen wir davon ausgehen, daß der Boden oft sehr steinig und hart ist. Die Möglichkeit, mit dem Grab- oder Handspaten Stauden und Gehölze in größeren Anlagen unterzubringen, ist sehr begrenzt. Es wäre deshalb sinnvoll, durch den Einsatz von motorgetriebenen Erdbohrern höhere Leistungen zu erzielen. Die Topfballen müssen von der Form her so groß sein, daß sie reibungslos in die vorgebohrten Löcher passen. Ein schwieriger Gesichtspunkt sind in tonreichen Böden die verdichteten Wände, welche eine Durchwurzelung erschweren. Durch den Einsatz von Maschinen und Geräten läßt sich teure Handarbeit ersetzen und die Qualität der Pflanzarbeit verbessern. Dabei sind die Transportmöglichkeiten auf kurzen oder langen Strecken und in einem z.T. sehr extremen Gelände zu berücksichtigen.

In der Vergangenheit gab es enorme Rationalisierungseffekte auf technischem Gebiet. In Zusammenarbeit mit dem Produktionsgartenbau lassen sich neue Methoden und Verfahren erarbeiten, um bei einer relativ großen Zahl von Stauden und Gehölzen die Gestehungskosten zu senken. Durch die Verwendung von Torf- oder Gittertöpfen entfallen drei Teilarbeitsgänge, und zwar das Austopfen, das Einsammeln und der Rücktransport der Töpfe. Die Torf- und Gittertöpfe haben als Einwegtöpfe ein geringeres Gewicht, die Pflanzen wurzeln durch die Topfwand bzw.

gelangen zwischen den Gittern in die umgebende Erde und können ohne Störung weiterwachsen. Wenn die Wurzeln ringförmig in einem Container, Ton- oder Kunststofftopf gewachsen sind, haben sie Schwierigkeiten, aus dem Trall heraus in der Erde anzuwurzeln. Setzt man den Preis, die Arbeitslohnersparnis und das bessere Anwachsergebnis miteinander in Beziehung, so zeigt sich, daß der Torf- und Gittertopf Kostenvorteile bringen.

Für die Feuchtgebiete erfordern die Pflanzen keine Vorkultur in Töpfen. Sie können ohne Wurzelballen in den sumpfigen Bodengrund gedrückt werden. Bei den Wasserpflanzen mit Schwimmblättern werden die Rhizome mit einem Stein beschwert und vom Ufer aus ins Wasser geworfen. *Nymphaea und Nuphar* halten sich so, an einem Stein befestigt, am Teichgrund und wurzeln in der Schlammschicht.

Die beste Zeit zum Bepflanzen der Feuchtgebiete liegt im Frühjahr. Stauden für Trockengebiete werden im Frühherbst untergebracht. Die Pflanzen können dann noch einwurzeln und erhalten die Winterniederschläge.

Artenreiche Pflanzungen und Konkurrenzkraft
In »Naturnahen Pflanzungen« werden Entwicklungsprozesse ausgelöst, die langfristig zu einem Zusammenspiel der Arten führen. Durch die gegenseitige Beeinflussung von Pflanzen entwickelt sich der Garten zu einem variierenden Vegetationssystem. Die Eigenschaften, welche die Stauden und Gehölze befähigt, sich erfolgreich in Pflanzengesellschaften durchzusetzen, sind in genetischer Hinsicht festgelegt. Im Garten sind die Beziehungen zwischen den krautigen Pflanzen, den Bäumen und Sträuchern anders zu bewerten als in der Landschaft. Den Stauden und Gehölzen wird ein fester Platz zugewiesen. Sie befinden sich als Ganzes in fortwährender Bewegung. Die geplanten Biozönosen unterliegen natürlichen Gesetzmäßigkeiten, denen wir entgegenwirken oder sie unterstützend steuern. Je sanfter der Übergang von einem Ökosystem zum anderen verläuft, um so vielfältiger sind die Lebensbereiche. In einer artenreichen Pflanzengesellschaft erfolgt eine gleichmäßige Ausnutzung des Bodens. Hinzu kommt, daß in Mischbeständen die überdurchschnittlich guten Ernährungsbedingungen für einzelne Pflanzenparasiten zurückgehen. Ihre Vermehrungsrate nimmt ab und es läßt sich eine weniger starke Ausbreitung als in den Monokulturen feststellen.

Die gegenseitige Beeinflussung von Pflanzen kann eine individuell verschieden starke Bindung von Wildkräutern an Gehölze sein. An dem feinen Wurzelwerk der Scheinakazien *(Robinia pseudoacacia)* lebt in Wurzelknöllchen ein Bakterium, das zur Bindung des elementaren Stickstoffs der Atmosphäre befähigt ist. Das von den Bakterien assimilierte Eiweiß fließt nicht nur den Robinien zu, sondern ruft auch einen nitrophilen ruderalartigen Unterwuchs hervor. Der Stickstoff wird in einer Form abgesondert, der vom Holunder *(Sambucus nigra)*, der Brennessel *(Urtica dioica)*, der Quecke *(Agropyron repens)*, dem Labkraut *(Galium aparine)*, der Knoblauchsrauke *(Alliaria officinalis)*, dem Duftveilchen *(Viola odorata)*, dem Gundermann *(Glechoma hederacea)*, dem Efeublättrigen Ehrenpreis *(Veronica hederaefolia)*, der Stachelbeere *(Ribes uva-crispa)*, der Fiederzwenke *(Brachypodium pinnatum)* und der Weißen Taubnessel *(Lamium album)* verarbeitet wird. Andererseits sind mit bestimmten Gift- und Heilpflanzen relativ wenige andere Pflanzenarten vergesellschaftet. Diese Beobachtungen werden verständlich, wenn man beispielsweise mit den wäßrigen Extrakten von Wermutblättern die Aussaaten von Gewürzkräutern angießt. Die Keimung des Fenchels ist deutlich gehemmt. Im Traufbereich des Wermuts *(Artemisia absinthium)* gelangen beim Regen ständig derartige Essenzen in den Boden und Wurzelausscheidungen werden frei, die eine schädigende Wirkung auf ihre Nachbarn ausüben. Ähnlichen Erscheinungen der gegenseitigen Beeinflussung begegnen wir in einigen negativen und zahlreichen positiven Beispielen. Die Allelopathie trägt in »Naturnahen Pflanzungen« zur Entwicklungsförderung der Begleitflora und Unterdrückung unerwünschter Eindringlinge bei.

Bodenarten und Humusformen

Bei der Humifizierung pflanzlicher Rückstände erfolgt ein biologischer Umwandlungsprozeß. Die Abbauvorgänge werden häufig im Darm von Bodentieren eingeleitet. Durch die Tätigkeit der Mikroorganismen wird das Lignin aus dem pflanzlichen Zellverband befreit. Die dunkel- bis schwarzbraune stickstoffhaltige hochmolekulare organische Huminsäure bildet mit Calciumionen schwerlösliche Kalkhumate, von denen der Boden seine dunkle Färbung erhält. Der Humus wirkt durch seine haltbare Bodenkrümelung, seinen Einfluß auf die Entwicklung der Mikroorganismen und als Nährstoffspeicher indirekt auf das Pflanzenwachstum ein. Durch die innige Vermengung von Huminsäure mit Ton entsteht ein Ton-Humuskomplex, der als Mull die hochwertigste Humusform des Bodens ist. Mull bildet sich nur auf Acker- und Grünlandflächen bei völliger Streuzersetzung unter günstigen mikrobiologischen Bedingungen. Wo bei ausreichender Basensättigung Regenwürmer und eine reiche Mikroflora zusammenwirken, zeigt der verschieden alte Regenwurmkot in Form von Krümeln eine gute Durchlüftung und eine hohe biologische Aktivität an. Bei einer gehemmten Streuzersetzung im Laubwald und auf Grünland entsteht Moder. Es handelt sich hier um eine typische Humusform der Sandböden, die sich ohne Mitwirkung der Regenwürmer bildet. Moder bleibt als Rotteprodukt auf der Bodenoberfläche liegen. Er ist zwar von Tieren durchlebt, setzt sich aber als Auflagehumus deutlich gegen den darunter liegenden Boden ab. Er enthält nur wenige mineralische Bestandteile und reagiert in der Regel stark sauer.

Rohhumus ist ein kaum zersetzter Auflagenhumus der Nadelwaldvegetation, von Tundra- und Heideböden. Unter den besonderen ökologischen Bedingungen wie Kälte, Niederschlagsreichtum und Kalkarmut können in ihm nur wenige Tiere leben. Die Bakterienentwicklung ist gehemmt, es bildet sich ein schwer zersetzbares Streumaterial mit einem reichen Pilzwachstum, das nur eine Besiedlung durch »Pflanzen-Spezialisten« erlaubt.

Unter dem Einfluß von Wasser und durch Luftabschluß hinterläßt das Schilfröhricht und das Seggenried Niedermoortorf. Oberhalb des Grundwasserspiegels bildet sich aus Torfmoosen *(Sphagnum)* und Wollgräsern *(Eriophorum)* das Hochmoor. Das Übergangsmoor nimmt eine Zwischenstellung zwischen dem Hochmoor und dem Niedermoor ein. Torf ist ein kohlenstoffreiches Substrat, das noch freie Zellulose und über 75% Wasser enthält. Es weist folgende Nährstoffgehalte in % und pH-Werte auf:

	N	P_2O_5	K_2O	CaO	pH
Hochmoortorf	1,2	0,1	0,05	0,3	3
Übergangsmoor	1,0–2,5	0,1–0,2	0,05–0,1	0,3–1,0	3–4
Niedermoor	2,5	0,2	0,1	1,0–4,0	4

In naturnahen Pflanzungen besteht keine Notwendigkeit, Torf als Bodenverbesserungsmittel einzusetzen. Seine Verwendung ist bei der Anlage von Feuchtgebieten nur dort zu vertreten, wo wir zur Arterhaltung von Flora und Fauna beitragen.

Bodendurchmischung und Krümelgefüge

Durch die Aktivität von Bodentieren werden organische Stoffe eingearbeitet. Sie zerkleinern die Streu und durchmischen sie mit dem Boden. Die wühlende Tätigkeit (Bioturbation) der Regenwurmgattungen *Lumbricus, Octolasium* und *Allolobophora* ist sehr beachtlich. Sie werden bei der Zerkleinerung der organischen Stoffe von kleinen Borstenwürmern, Tausendfüßern, Asseln, Springschwänzen, Larven von Insekten, Milben, Spinnen und Ameisen unterstützt. In den Mullböden wird die Streu in den Oberboden 20 bis 30 cm tief eingearbeitet. Dabei betätigen sich die Ameisen als Mundgraber, die Regenwürmer als Bohrgraber, der Maulwurf und die Maulwurfsgrille als Schaufelgraber sowie die Kaninchen als Scharrgraber. Dadurch gelangt der kalkhaltige Unterboden in die oberen kalkarmen Schichten.

Durch die biogene Vermischung von Mineralerden und Humus wird bei einem ausreichenden Ton- und Kalkgehalt die organische Masse von den Tonmineralien sorbiert und zu stabilen Tonhumuskomplexen vereinigt. Eine gute Bodengare ist gegeben, wenn die Poren innerhalb der Bodenkrümel mit Wasser und zwischen den Krümeln mit Luft gefüllt sind. Durch die Humusstoffe werden die Mikroorganismen begünstigt. Die Schleimstoffe der Bakterien enthalten Polyuronide, die als Kolloide die mineralischen Bodenteilchen verkleben. Ein gutes Krümelgefüge ist Ausdruck der Schattengare, die einen lockeren Zustand des Bodens schafft.

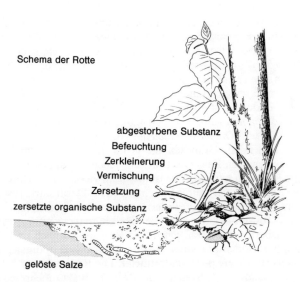

Abb. 5. Als nützliche Abfallzersetzer spielen die Regenwürmer in naturnahen Pflanzungen eine wichtige Rolle.

Regenwurm und Boden

Die Regenwürmer spielen in naturnahen Pflanzungen eine bedeutungsvolle Rolle. Sie sind ständig dabei, den Boden umzuschichten, durch ihre Tiefenlockerung die Bakterientätigkeit zu aktivieren und als nützlicher Abfallzersetzer die Humifizierung der organischen Bestandteile zu beschleunigen. Wenn man ihnen durch pflanzliche Abfälle und andere organische Rückstände die richtige Futtergrundlage schafft, vermehren sie sich von selber und bringen Humus in den Boden. Sie ergreifen bei Nacht abgestorbene Pflanzenteile von der Erdoberfläche und ziehen sie in den Boden. Etwa 10% des Fallaubes werden von den Keller-, Mauer- und Rollasseln für die Humusbildung vorbereitet. Nach der Darmpassage vermischen die Regenwürmer durch die gemeinsame Verdauung von Erde und organischen Resten die anorganischen und organischen Bodenteilchen sehr fein. Die Regenwürmer fressen als Geophagen auch Erde, um die darin befindlichen organischen Stoffe zu erhalten. Diese Vermischung und die Schleimausscheidungen tragen zur Bildung einer optimalen Krümelstruktur bei. 85 bis 95% der aufgenommenen organischen Substanz sind im Kot noch vorhanden. Nach der Passage durch den Regenwurmdarm sind die Ton-Humus-Komplexe reich an Mikroorganismen. Durch die Tätigkeit der Bodenbakterien enthalten sie drei- bis viermal mehr pflanzenverfügbare Nährstoffe als vergleichbare Erden. Die Kotproduktion auf einen Hektar Land kann bis zu 90 t/Jahr betragen. Durch die Schleimstoffe halten die Krümel so zusammen, daß der Boden locker und wasseraufnahmefähig bleibt. Regenwurmkot stellt somit eine optimale Pflanzenerde dar. Leerverdauter Regenwurmkot wird als Nahrung nicht mehr aufgenommen. Am aktivsten sind die Regenwürmer im Frühjahr und Herbst. Sie vertragen weder Hitze noch Trockenheit. Im Winter und Sommer ziehen sie sich tief in den Boden zurück und ruhen zusammengerollt in kleinen Höhlungen. Die Umsetzungsgeschwindigkeit des zu kompostierenden Materials wird durch einen gezielten Regenwurmbesatz erhöht. Es gibt Dünger- und Kompostbesiedler wie den kleinen roten Mistwurm *(Eisenia foetida)*. Er erreicht eine Länge bis zu 13 cm, hat eine Vorliebe für Wärme und ist bei Temperaturen von über 30 °C sehr vermehrungsfreudig. Am bekanntesten ist der 30 cm lange Gemeine Regenwurm *(Lumbricus terrestris)*. Er besiedelt vor allem Lehmböden. In einem sauren Humusboden mit pH 3,0 bis 5,5 trifft man vorwiegend den bis zu 15 cm langen, oberseits rotbraunen bis violetten *Lumbricus rubellus* an. Ein weiterer Humusbesiedler ist der kleine, bis 5 cm lange, oberseits kastanienbraune bis braunviolette *Lumbricus castaneus*. Hinsichtlich der Bodenart ist die rote, bis 8 cm lange *Allolobophora rosea* nicht sehr wählerisch. *Allolobophora caliginosa* bevorzugt Böden mit einem Reaktionsbereich von pH 5,5 bis 7,5 und *Octolasium lacteum* von pH 5,6 bis 7,7. In feuchten Böden und feuchtem, faulendem Laub lebt die grünliche, bis 7 cm lange *Allolobophora chlorotica*. Einen gewissen Zeigerwert für sehr feuchte, gewässernahe Böden hat die bis 5 cm lange *Eiseniella tetraedra*. Sie ist an ihrem vierkantigen Hinterende leicht zu erkennen. Die Regenwürmer saurer Böden haben im Darm stark ausgebildete Kalkdrüsen. Sie produzieren zur Neutralisierung der aufgenommenen Säuren und zum Stabilisieren der Ton-Humus-Komplexe zu Kalkhumat calciumhaltige Verdauungssäfte. Rohhumusböden mit einem sehr tiefen Reaktionsbereich sind nicht besiedelt. Dagegen enthalten Böden mit guter Basensättigung und optimaler Wasserversorgung mindestens 30 g Tiere pro Quadratmeter. Die Regenwürmer betätigen sich als Bohrgraber und schaffen ein System von Röhren. Bis zu mehreren Metern Tiefe kann man in guten Ackerböden an die 500 und in Gartenböden an die 1000 Kanäle pro Quadratmeter zählen. Durch die Schleimausscheidungen an den Wänden sind die Regenwurmröhren stabil mit Nährstoffen angereichert. Die vorgefertigten Gänge werden von den Wurzeln zur Erschließung des Unterbodens benutzt. Eine weit größere Bedeutung aber haben diese Grobporen für die Durchlüftung und einen schnellen Wasserabzug bei starkem Regen. Bei anhaltenden Niederschlägen werden die Regenwürmer infolge Sauerstoffmangel aus dem Boden herausgetrieben. Die toten Tiere in den Wasserpfützen sind nicht ertrunken, sondern den Lichttod gestorben. Auch wo mit Nährsalzen, Jauche und Pflanzenschutzmitteln gearbeitet wird, nimmt die Population ab. An natürlichen Feinden stellen die Raubschnecken und der Maulwurf, die Spitzmaus und die Tausendfüßer, vor allem aber die Vögel dem Regenwurm nach.

Laub- und Nadelerden

In den Wäldern haben sich im Laufe der Jahrzehnte echte Rohhumusböden mit teils mullartig-erdigem, teils schuppig-faserigem Charakter gebildet. Jede Laub- und Nadelentnahme ist ein schwerer Eingriff in ein hochkomplexes und empfindliches System der Natur. Sicher ist, daß damit für einen zweifelhaft ökonomischen Nutzen unermeßliche ökologische Schäden in Kauf genommen werden. Der allerorts zu beobachtende Reinigungsfanatismus ist die Hauptursache für eine Verarmung des öffentlichen Grüns. Statt dieses biologische Reservat den Müllhalden zuzuführen, wäre es sinnvoller, das anfallende Herbstlaub zwischen die Schattenflora zu streuen oder zu kompostieren. Aus dem Laubfall des Gartens ist ein Gemisch von vielerlei Blättern am günstigsten für die Rotte. Die Platanen- und Pappel-Alleen liefern für die Lauberdenherstellung ein minderwertiges Ausgangsmaterial. Das Fallaub und die abfallenden Fruchtschalen von der Roßkastanie *(Aesculus hippocastanum)* wirken auf die Bodenflora toxisch. Die Blattmassen lagern zu dicht und der Gerbsäuregehalt ist so hoch, daß die Rotte sieben bis acht Jahre in Anspruch nimmt. Eine Reifebeschleunigung ist nur bei Rechlaub zu beobachten, das von Mineralstoffen durchsetzt ist. Die Kompostierung wird dann so beschleunigt, daß als Endprodukt nach zwei bis drei Jahren eine leichte und krümelige Erde mit einem pH-Wert zwischen 6 und 7 entstanden ist. In manchen Fällen wird das Laub mit kohlensaurem Kalk eingepudert, in der Hoffnung, die bakterienhemmende Gerbsäure, die Harze und karbolartigen Stoffe zu neutralisieren.

Bei dichter Vegetation gelangen große Laub- und Nadelmengen auf die Bodenoberfläche. Welche Nährstoffmengen dabei freiwerden, hängt einerseits davon ab, von welcher Pflanzenart sie stammen. Andererseits spielt der Nährstoffgehalt des Bodens eine große Rolle. Dabei muß man bedenken, daß aus dem calciumcarbonatreichen Unterboden über die Baumwurzeln große Kalkmengen in die Blätter gelangen. Durch den Basenreichtum ist die Laubstreu leicht zersetzbar. Er beträgt in den Buchenwäldern zwischen 0,8 bis 1,9 % CaO in den Blättern. Wo das Calciumcarbonat in den silikatreichen Böden des Schwarz- und Frankenwaldes, des Oberpfälzer und Bayerischen Waldes Mangelware ist, zeigt die Laub- und Nadelerde einen tiefen pH-Wert.

Die Geschwindigkeit des biologischen Abbaus durch Bakterien und Pilze richtet sich nach dem Verhältnis von Kohlenstoff (C) und Stickstoff (N). Wenn ein Gemisch aus Blättern und Nadeln, Holz, Samen und Früchten 50mal soviel Kohlenstoff wie Stickstoff enthält, findet eine langsame Rotte statt. Bei den Birken, Eichen, Kiefern und Lärchen liegt ein ungünstiges C/N-Verhältnis von 50 bis 100:1 vor. Bei dem leichter zersetzbaren Laub von Erlen, Eschen, Weißbuchen und Ulmen entspricht es mit 30 bis 15:1 der Stalldungrotte. Das günstigste C/N-Verhältnis liegt bei 30 Teilen Kohlenstoff und 1 Teil Stickstoff. Zur Beschleunigung des biologischen Abbaus läßt sich ein Stickstoffdüngemittel gleichmäßig zwischen die Nadeln und das feuchte Herbstlaub verteilen. Beim Aufsetzen kommen auf einen Kubikmeter Nadeln oder Laub 1,5 kg Hornspäne (14% N), 1 kg Schwefelsaures Ammoniak (21% N) oder 0,5 kg Harnstoff (46% N). Die Stickstoffmengen sind in der Laubstreu mitunter so reichlich vorhanden, daß es keiner so hohen Zusatzdüngung bedarf. Die Robinien und Erlen ziehen kaum Stickstoff aus den Blättern zurück. Ihr Fallaub hat deshalb ein niederes C/N-Verhältnis, was eine leichte Zersetzbarkeit bedingt.

Das Robinienlaub *(Robinia pseudoacacia)* hat ein C/N-Verhältnis in der frischen Streu von 14:1. Die durchschnittliche Dauer des natürlichen Abbaus beträgt ein Jahr. Aus der Blattstreu bildet sich Mull mit einem pH-Wert von 6,5.

Die alkalifeindliche Schwarzerle *(Alnus glutinosa)* weist ein C/N-Verhältnis von 15:1 auf. Nach einem Jahr bildet sich aus der Blattstreu Mull mit einem pH-Wert von 4,5.

Die Laubstreu der Esche *(Fraxinus excelsior)* humifiziert leichter als die von Rotbuchen *(Fagus sylvatica)* und Linden *(Tilia)*. Das C/N-Verhältnis beträgt 21:1. Nach einem Jahr hat sich Mull mit einem pH-Wert von 6,4 gebildet.

Von der Traubenkirsche *(Prunus padus)* hat sich aus der Laubstreu mit einem C/N-Verhältnis von 22:1 nach 1½ Jahren Mull gebildet.

Die Hain- oder Weißbuche *(Carpinus betulus)* ist ein vertrautes Wind- und Vogelschutzgehölz. Mit einem C/N-Verhältnis von 23:1 neigt ihr Fallaub nach 1½ Jahren zur Mullbildung.

Die lederigen Blätter der Eßkastanie *(Castanea sativa)* weisen ein C/N-Verhältnis von 23:1 auf. Nach 1½ Jahren haben sie sich in Mull mit einem pH-Wert von 4,5 verwandelt.

Auf einem tiefgründigen, grundwassernahen Humusboden gelangen von den Ulmenkronen *(Ulmus)* genügend Laubmengen auf den Boden. Das C/N-Verhältnis in der frischen Streu beträgt 28:1. Bei einer durchschnittlichen Dauer des natürlichen Abbaus entsteht nach einem Jahr Mull mit einem pH-Wert von 6,5.

Das gelbe Lindenlaub *(Tilia)* weist im Herbst ein C/N-Verhältnis von 37:1 auf. Nach zwei Jahren hat es sich in Mull mit einem pH-Wert von 5,5 umgewandelt.

Die Eichen *(Quercus)* behalten ihr Laubwerk länger als die meisten anderen Gehölze. Der hohe Tanningehalt des glänzend grünen, hellroten, purpurvioletten oder havannabraunen Laubes hindert die mineralisierenden Pilze, die Eichenstreu rasch abzubauen. Bei einem C/N-Verhältnis von 47:1 benötigen sie fast drei Jahre zur Mullbildung mit einem pH-Wert von 4,5.

Die Nadelstreu der Tannen *(Abies)* steht der Lauberde der Rotbuche sehr nahe. Ihre Nadeln vererden besser als die der Fichte *(Picea abies)*. Bei einem C/N-Verhältnis von 48:1 hat sich aus der Nadelstreu der Fichten nach etwas mehr als drei Jahren Moder mit pH 4,0 gebildet.

Auf saurem und kalkfreiem Heideboden liefert das Birkenlaub bei einem C/N-Verhältnis von 50:1 nach drei Jahren Mull mit pH 5,5.

Die Rotbuche *(Fagus sylvatica)* liefert zur Erdgewinnung das wertvollste Laub. Nach drei Jahren hat sich bei einem C/N-Verhältnis von 51:1 Mull mit pH 4 bis 5 gebildet.

Der Bergahorn *(Acer pseudoplatanus)* ist als markanter Großbaum unserer Parkanlagen ein begehrter Mull-Lieferant. Das C/N-Verhältnis beträgt 52:1. Nach zwei Jahren bildet sich aus der Streu Lauberde mit pH 4,5.

Auf grundwassernahen Böden liefert das Laub der Zitterpappel *(Populus tremula)* Mull mit pH 5 bis 6. Bei einem C/N-Verhältnis von 63:1 dauert die Vererdung fast drei Jahre.

Die Nadelstreu der Kiefern *(Pinus sylvestris)* enthält mehr Lignin und Harze als die Blätter der Laubbäume. Bei einem C/N-Verhältnis von 66:1 entsteht nach vier Jahren aus der schwer zersetzbaren Streu Moder mit pH 4,5.

Noch schwerer zersetzbar ist die Nadelstreu der Lärche *(Larix decidua)* mit einem C/N-Verhältnis von 113:1. Sie liefert nach fünf Jahren Moder mit 4,0 bis 4,5.

Beim Aufsetzen der Nadelstreu und des Fallaubes sollten die Haufen zwei Meter breit, einen Meter hoch und gut durchlüftet sein. Sie müssen schattig lagern, immer feucht gehalten und wenigstens einmal im Jahr umgesetzt werden. Das Endprodukt ist meist eine leichte, krümelige Erde, die sich bei kompostiertem Laub aus

19–32% organischer Substanz
0,5–0,8% Stickstoff
0,3–0,45% Phosphor
0,16–0,22% Kali
0,3–1,1% Kohlensaurem Kalk
zusammensetzt.

Komposterde

Ein Kompostlagerplatz darf in Naturnahen Gärten nicht fehlen. Im Schatten von Mauern und Gehölzen bildet sich aus organischen Abfällen eine humusreiche Erde. Alles was im Garten und in der Küche anfällt, liefert uns ohne Kosten und mit wenig Arbeit eine wertvolle, nährstoffreiche Erde. Gesunde und kranke Ernterückstände, abgestorbene Sommerblumen und Stauden, Fallaub und »Unkraut«, Rasenschnitt, Küchenabfälle, Knüllpapier und Staubsaugertüten können einem Kompostierungsprozeß unterzogen werden. Wenn reichlich Gras, Stroh oder Gemüsereste anfallen, sollte man sie stets mit anderen Ernterückständen, Kartoffelschalen, dem Heckenschnitt oder Kaffeesatz durchmischen. Wer eine gute Rotte erreichen will, muß die organischen Abfälle in Mieten von nur 1,20 m Höhe und 1,50 m Breite aufsetzen. Eine gute Belüftung des Substrates führt in jedem Fall zu einer aeroben Rotte. Wenn die Mikroben genügend Sauerstoff zum Atmen und ausreichend Wasser zur Nährstoffaufnahme haben, erwärmt sich der Kompost in wenigen Tagen auf 60 bis 65 °C. Nach dem Abfallen der Temperatur auf 30 °C werden die Mieten das erstemal umgesetzt, wobei darauf zu achten ist, daß alles außen liegende Material nach innen kommt. Schon bald erwärmt sich der Komposthaufen auf 30 °C, und der kleine rote Mistwurm beginnt zuzuwandern. Als Abfallzersetzer beginnt er sich an der Humufizierung der organischen Bestandteile zu beteiligen. Man kann diesen *Eisenia foetida* auch mit der regenwurmreichen Erde vom vorjährigen Kompost einmischen oder vom Züchter entsprechende »Brut« bestellen. Die Reifedauer eines Kompostes liegt bei drei Jahren, wobei durch jährliches Umsetzen auf eine aerobe Rotte geachtet werden muß. Wenn zu wenig Luft in die Mieten gelangt, ist mit Fäulnis zu rechnen.

Gute Komposterde ist ein unentbehrlicher Bestandteil »Naturnaher Pflanzungen«. Ihr Duft nach Walderde weist auf ihre gesunde und wachstumsfördernde Eigenschaft hin. Die organischen Abfälle haben die Körper von Regenwürmern und Asseln, kleinen Borstenwürmern, Tausendfüßern, Springschwänzen, Milben, Spinnen und Ameisen durchwandert. Die Komposterde hat die Eigenschaften von Nähr-

und Dauerhumus. Außerdem sterben bei 60 bis 65 °C viele Schädlinge und Krankheitskeime ab. Unter günstigen Bedingungen werden die angequollenen Samen von den Mikroorganismen zerstetzt. Zum Abtöten schädlicher Organismen können auch 1,5 bis 2,0 kg Kalkstickstoff pro Kubikmeter eingemischt werden. Darunter leiden allerdings auch viele Nützlinge. Je nach Verwendungszweck lassen sich während des Aufschichtens des Haufens oder späteren Umsetzens unterschiedliche Mengen an Kalk oder Stickstoff einstreuen. Die Zugabe von Kalk beschleunigt den Kompostierungsprozeß. Ebenso verkürzt Stickstoffdünger die Reifedauer eines Kompostes aus holzigen Teilen und strohigen Ernterückständen.

Rindensubstrate

Mit der Kompostierung von Rinde läßt sich gleichzeitig ein Abfallproblem lösen. In den holzverarbeitenden Betrieben und in den Wäldern fällt beim Entrinden der Stämme kubikmeterweise Borke an. Erschwerend für die Substratherstellung ist das unterschiedliche Ausgangsmaterial. Bei der Entrindung sollte der Holzanteil möglichst unter 10% liegen. Wertmindernd kann auch die Gehölzart sein. Hartholzrinden mit einem hohen Kalkgehalt kompostieren in der Regel besser als saure Weichholzrinden.

Das leblose Rindengewebe, die Borke, enthält beachtliche Nährstoffmengen. Wenn man von Stickstoff, Kupfer und Molybdän absieht, weisen die Rindensubstrate hohe Kalium-, Phosphor- und Mangangehalte auf. Der unausgewogenen Spurennährstoffsubstanz ist besondere Aufmerksamkeit zu schenken. Die hohen Mangangehalte im Rindensubstrat legen Eisen im Boden fest. Durch Eisenchelatzugaben in Form von Fetrilon, Flory 7, Folicin oder Sequestren 138 Fe (5 bis 10 g Eisen in Chelatform pro m^3) läßt sich der Manganüberschuß ausgleichen.

Unbehandelte Rinde weist einen zu geringen Stickstoffgehalt auf. Das viel zu weite Kohlenstoff-Stickstoff-Verhältnis liegt oftmals bei 100:1. Bei einer Zusammensetzung von 25 bis 30 Teilen Kohlenstoff zu einem Teil Stickstoff entfalten die zelluloseabbauenden Mikroorganismen ihre größte Aktivität. Dementsprechend muß bei der Kompostierung genügend organischer oder mineralischer Stickstoff zugesetzt werden. Durch die hohe mikrobakterielle Aktivität läßt sich die anfangs starke Stickstoffestlegung nur durch

1 kg Harnstoff oder

3 kg Hornspäne

pro Kubikmeter Rinde überwinden. Der Stickstoff kann auch in Form von 3 kg/m^3 Kalksalpeter zugegeben werden. Dadurch läßt sich unschwer ein sehr hoher pH-Wert erreichen.

Im Zuge der Nährstoffgaben wird die unzerkleinerte Rinde in größeren Haufen gelagert. Man setzt sie locker auf Mieten von 1,50 m Höhe auf, und der entstandene Wasserverlust wird durch gleichmäßiges Einspeisen ergänzt. Der Feuchtigkeitsgehalt von Rindensubstraten muß etwa 50 Vol.% betragen.

Die beachtlichen Nährstoffmengen, insbesondere an Stickstoff, führen sehr leicht zur Selbsterhitzung. Die auftretenden Temperaturen sind ein Maß für den Verlauf der Rotte. Der Kompost zeigt mit 45 bis 50 °C die maximale Lebensleistung der Mikroorganismen an. In diesem Temperaturbereich werden Harze und Wachse rasch abgebaut, in der Rinde enthaltene pflanzenschädliche Stoffe neutralisiert und Rindenschädlinge abgetötet. Nach dem Absinken der Mietentemperatur auf 30 bis 35 °C wird nach sechs bis acht Wochen der Rindenkompost so umgesetzt, daß die außenliegenden Teile nach innen kommen. Sie enthalten immer noch phytotoxische Substanzen, die in der ersten Phase der biologischen Umsetzung noch nicht abgebaut wurden. Man kann davon ausgehen, daß die in der Rinde enthaltenen wachstumshemmenden Stoffe nach einem Jahr abgebaut sind und die ursprünglich enthaltenen Harze, Phenole und Lignine für die Kulturen keine Probleme bringen.

Ein wesentlicher Unterschied zwischen den Weich- und Hartholzrindenkomposten ist der pH-Wert. Aus den relativ weichen Fichten und Kiefern entstehen saure Rindenkomposte mit pH-Werten von 4,0. Dagegen bringen Harthölzer wie die Buchen, Eichen oder Ulmen Rindenkomposte im Neutralbereich. Sie zeigen allein durch ihre dunklere Farbe der Walderde vergleichbare Eigenschaften. Rindenkomposte von Weichhölzern entsprechen physikalisch grobem Torf. Sie bilden einen guten Nährboden für alle bodenlebenden Organismen und tragen als gutes Bodenverbesserungsmittel zur Humusanreicherung sandiger und schwerer Erden bei. Man kann davon ausgehen, daß sie Dauerhumus schaffen und, vergleichbar dem Torf, in sandigen Böden als Wasserspeicher dienen. Davon können jährlich 300 Liter pro 100 Quadratmeter als Mulchschicht über die Bodenoberfläche verteilt oder dem Boden beigemischt werden. Durch die hohe mikrobakterielle Aktivität des Substrates leiden Rindenkomposte häufig unter Stickstoffmangel. Im Vergleich zu Torfkultursubstraten verlangen sie eine stärkere Nährstoffversorgung. Die grobkörnigen Rindenkomposte zeigen eine schlechte Kapillarität. Als Pflanzsubstrate verlangen sie ein häufigeres Wässern, was bedingt, daß erhebliche Stickstoffverluste durch Auswaschung auftreten können. Rindenkomposte eignen sich deshalb als Substratkomponente zu stärker zersetzten Torfen. Als Zuschlagsstoff in Verbindung mit ⅓ Torf und ⅓ Lavaschlacke (0 bis 16 mm) läßt er sich mit 33 Vol.% als sehr gutes Pflanzsubstrat für *Rhododendron* und andere Moorbeetpflanzen verwenden. Rindensubstrate eignen sich auch zur Kultur von Farnen, wobei die Pflanzen eine gute Wurzelentwicklung zeigen. Unkompostierte Rinde ist nur im Topfpflanzenbau bei einigen Orchideen empfehlenswert. Als Mulchmaterial zeigt unkompostierte Rinde eine herbizide Wirkung. Man wird sie allenfalls unter Gehölzen verwenden, während ihre Gerbstoffe krautigen Pflanzen schaden. Bei der Anlage von Waldgesellschaften lassen sich durch Auftragen von 5 bis 10 cm Rindenmulch oder unkompostierter Rinde Pflegekosten sparen. Die Mulchschicht unterdrückt unterwünschte Kräuter und schafft für die später einzubringende Bodenflora ein ideales Pflanzbett.

Schnittholzkompost

Die Gehölzabfälle wurden bisher verbrannt oder den Müllhalden zugeführt. In »Naturnahen Pflanzungen« fallen erhebliche Mengen an Zweigen, Ästen und dünnen Stämmen an. Eine Rückführung der organischen Masse in den natürlichen Stoffkreislauf ist die sinnvollste und umweltfreundlichste Maßnahme. Zweige und Äste in beliebiger Stärke werden als Schnittholz kompostiert. Der Markt bietet Zerkleinerungsmaschinen als Häcksler, Schnitzler, Muser, Komposter und Shredder an. Das Angebot beginnt bei den Zerkleinerungsmaschinen für die Beseitigung häckselbarer Gartenabfälle. Die kleinen Maschinen für Hausgartenzwecke besitzen geschärfte Messer, die je nach System mit oder ohne Gegenschneide arbeiten. Diese Muser können ohne Schwierigkeiten bedient werden. Sie zerkleinern holzigen Abfall bis zu einem Astdurchmesser von 3 cm. Astwerk und Stämme bis 22 cm Durchmesser werden nur von robusten Buschholzhackern mit Zugmaschinenantrieb bewältigt.

Das Häckselgut bietet für Mikroorganismen große Angriffsflächen. Das Verhältnis von Kohlenstoff zu Stickstoff hat einen entscheidenden Einfluß auf die Abbaugeschwindigkeit der organischen Substanz. Mit zunehmender Einengung des C/N-Verhältnisses auf 25:1 erhalten wir die günstigste Humusform. Ein hoher Stickstoffzusatz beschleunigt die Rotte und setzt an leicht verfügbaren Nährstoffen 400 bis 500 mg Kali pro Liter Kompost frei. Die Phosphatgehalte entsprechen mit 100 bis 200 mg P_2O_5 pro Liter Kompost nicht den erforderlichen Mengen. Die Qualität der organischen Substanz steigt mit den Stickstoffgaben. Mit ähnlichen Wuchsleistungen wie in Humuserden ist bei einem Zusatz von

5 kg Harnstoff oder
20 kg Hornspänen pro Kubikmeter

zu rechnen. Der lösliche Stickstoff bleibt bei diesen relativ hohen Mengen zur Hälfte pflanzenverfügbar. Dagegen ist der Phosphorgehalt so gering, daß mit etwa

10 kg Knochenmehl oder
10 kg Superphosphat pro Kubikmeter

Schnittholz aufgedüngt werden muß.

Einer der Baustoffe von holzartigen Gewächsen ist Lignin. Wo viel Lignin abgebaut werden muß, finden Pilze ihren Nährboden. In allen ligninreichen Substraten treten sehr leicht Magnesiummangelerscheinungen auf. Die Pflanzen werden dabei blaßgrün, das Laub zeigt mosaikartig chlorotische Flecken. Der Magnesiumbedarf im Schnittholzkompost wird durch 2 kg Magnesiumsulfat (Bittersalz)/m³ gedeckt. Die angegebenen Nährstoffmengen in Form von

5 kg Harnstoff oder
20 kg Hornspänen
10 kg Knochenmehl oder
10 kg Superphosphat
2 kg Magnesiumsulfat (Bittersalz)

werden gleichmäßig unter ein Kubikmeter gehäckseltes Schnittgut eingemischt und das zerkleinerte Holz in Mieten mit einer Grundfläche von 1,50 m × 1,50 m zu Haufen in einer Höhe von 1,00 m aufgesetzt. Eine sehr starke Aktivität der Mikroorganismen setzt nach einer durchdringenden Befeuchtung der Mieten ein. Mit Beginn der Rotte steigt die Temperatur auf 55 bis 60 °C an. Wenn die Wärmeentwicklung nachläßt, wird durch einmaliges Umsetzen das angerottete Material aus der Mantelpartie in das Innere der Miete gebracht. Durch die Belüftung erhöht sich wieder die Aktivität der Mikroben und es entsteht nach 6 bis 12 Monaten ein brauchbarer Schnittholzkompost mit einem pH-Wert um den Neutralpunkt.

Als Torfersatz läßt sich grobfaseriger Schnittholzkompost für Stauden- und Gehölzpflanzungen verwenden. Gehäckseltes Schnittgut kann auch im Verhältnis 1:1 mit krautigem Kompostierungsmaterial zu Mieten aufgesetzt werden. Nach der Mineralisation der krautigen Abfälle tragen die nur teilweise verrotteten Holzteile in den Stauden- und Gehölzbeeten zur Durchlüftung des Bodens bei. Zerkleinertes Reisig oder Äste direkt in den Boden einzuarbeiten, würde zu starken Stickstoff- und Magnesiummangelerscheinungen führen. Mit dem Rindenanteil der Zweige machen sich auch die herbiziden Eigenschaften der Phenole und Gerbsäuren bemerkbar. Das gehäckselte Schnittholzsubstrat wird auf dem Weg über das Recycling unter Bäumen und Sträuchern eingebracht. Die Mulchdecke unterdrückt jeden Krautwuchs, reichert den Boden mit Nährstoffen an und schafft für die später einzubringende Bodenflora eine natürliche Humusdecke von mehreren Zentimetern Stärke.

Organische Bodenverbesserungsmittel

Sterile Substrate können in relativ kurzer Zeit in aktive Erden überführt werden. Bei Rekultivierungsmaßnahmen ist eine verstärkte Verwendung organischer Bodenverbesserungsmittel zu empfehlen. Der Humusspiegel läßt sich durch die Zufuhr von Komposterden verbessern.

Wegen ihrer Langzeitwirkung sind die Rindensubstrate und Schnittholzkomposte besonders geeignet. Die mechanische Bodenlockerung läßt sich mit der Einarbeitung von Humus verbinden. Er wird in einer Tiefe von 10 bis 15 cm mischend eingearbeitet. In einem relativ günstigen Verhältnis bringt der Stalldünger Nährhumus und alle Mineralstoffe in den Boden. Als eine ausreichende Düngung werden 6 bis 12 kg/m² angesehen.

Durch Erbsen- oder Getreidestroh, Kartoffelkraut oder Laub läßt sich der Humusgehalt des Bodens erhöhen. Die mikrobiologische Aktivität und damit die Zersetzungsgeschwindigkeit wird durch mehr oder weniger hohe Stickstoffgaben beschleunigt. Ligninreiche Garten- und Ackerabfälle entnehmen den Stickstoff direkt dem Bodenvorrat. Um Nährstoffmangelerscheinungen und anderweitigen Störungen vorzubeugen, empfehlen sich Stickstoffausgleichsgaben in Form von 1 kg schwefelsaurem Ammoniak (21% N) oder 0,5 kg Harnstoff (46% N) auf 1 m³. Mit 1,5 kg Hornspänen (14% N)/m³ kann der erforderliche Bedarf auch in organischer Bindung ausgebracht werden. Der eingemischte Dünger wird zunächst an die organische Substanz gebunden. Durch die Mineralisation von Stroh oder Laub wird der Stickstoff wieder frei und geht in den natürlichen Nährstoffvorrat des Bodens ein.

Als Gründüngungspflanzen werden häufig Gelbsenf und Sommerraps ausgesät. Mit dem Ziel der Bodenverbesserung wird die organische Grünmasse von den Pflanzen produziert und nach ihrem Absterben biochemisch abgebaut. Relativ früh und spät im September–Oktober kann mit Raps und Senf eine Vor- und Nachkultur eingeschoben werden. Als Saatmenge zur Gründüngung rechnet man beim Gelbsenf mit zwei bis drei Gramm und beim Sommerraps mit zwei Gramm pro Quadratmeter. Nach einer gewissen Vegetationszeit wird die Pflanzenmasse als Gründüngung in den Boden eingebracht.

Müllkomposte sind wenig brauchbar und Klärschlämme nur geeignet, wenn die Schwermetallgehalte die zulässigen Grenzwerte nicht überschreiten. Als Aufwandmengen werden 10 bis 30 kg/m², bei Rekultivierungsmaßnahmen bis zu 100 kg/m² empfohlen.

Die gängigsten umweltrelevanten Schwermetalle sind Blei, Kupfer, Zink, Cadmium, Quecksilber, Nickel und Chrom. Über Abwässer aus metallverarbeitenden Betrieben und über den Hausmüll (Metalle, Kunststoffe) gelangen die Schwermetalle in die Umwelt. Thallium, ein besonders giftiges Schwermetall (es findet auch als Rattengift Verwendung), wird mit der Abluft von Zementwerken freigesetzt. Wie Cadmium ist es leicht flüchtig und wird bei niedrigen Verbrennungstemperaturen gasförmig. Ein Problem ist die Flüchtigkeit dieser Stoffe bei der Müllverbrennung; sie müssen darum mit Filtern abgefangen werden. Gerade das Cadmium, das bei der Verseuchung der Gärten die größte Rolle spielt, hat noch eine weitere gefährliche Eigenschaft: es ist nicht nur flüchtig, sondern auch besonders »mobil«. Schon bei geringen Säuregraden löst es sich aus dem Boden oder aus anderen festen Verbindungen (etwa aus Kunststoff) heraus und schwimmt im Wasser. Blei – etwa aus Autoabgasen – ist weniger mobil als Cadmium. Bei starker Anreicherung im Waldboden kann es jedoch durch sauren Regen herausgelöst werden und reichert sich somit in giftigen Konzentrationen an.

Pflanzen nehmen Schwermetalle über die Wurzeln auf. In Wurzelgemüse ist darum der Cadmium-Gehalt höher als in oberirdischen Pflanzenteilen: Rüben, Rettiche und Kartoffeln bekommen mehr ab als etwa Lauch. Gewarnt wird vor dem hohen Cadmiumgehalt von Pilzen; diese speichern das Gift in Form von Schwefelverbindungen.

Bei wiederholter Aufnahme cadmium-haltiger Nahrung stehen Nierenschäden an erster Stelle. Zu Knochendeformationen, wie sie in Japan beobachtet wurden (»Itai-Itai«) kommt es nur bei der Zufuhr sehr hoher Dosen. Cadmium ist außerdem krebsverdächtig. Quecksilber und Blei schädigen neben der Leber das Nervensystem. Diese medizinischen Befunde und toxikologischen Untersuchungen haben zur Festsetzung von Schwermetall-Grenzwerten für Böden, Lebensmittel, Klär-Schlamm und Müllkomposte geführt. Für Böden gibt es die sogenannten »Klokewerte«, die beschreiben, welche Schwermetallgehalte in Böden tolerierbar sind. Diese Werte orientieren sich in ihrer Höhe am Befund normaler Kulturböden. Für Cadmium liegt der »Klokewert« bei 3 Milligramm pro Kilogramm lufttrockenem Boden. Die Schwermetallgrenzwerte für Klärschlamm liegen etwa um den Faktor 10 höher. Der Grenzwert für Cadmium beträgt 20 Milligramm pro Kilogramm Klärschlamm. Die Vertreiber von Klärschlamm und Müllkompost sind verpflichtet, vor der Düngung Bodenproben auf Schwermetalle zu testen. Wenn der Boden ohnehin stark belastet ist, darf er nicht mit Müll-Dünger bearbeitet werden. Ausgereifte Verfahren, mit denen man Schwermetalle wieder aus dem Boden entfernen kann, gibt es noch nicht.

Pflanzenernährung

Durch die Nährstoffgaben wird dem Boden zurückgegeben, was die Pflanzen entzogen haben. Im Naturnahen Garten sind wir auf die Aktivität der Mikroorganismen besonders angewiesen. Befinden sich die Faktoren Wärme, Feuchtigkeit und Sauerstoffzufuhr in Einklang mit dem organischen Material, werden im Boden Nährstoffe mineralisiert und ein günstiger Nährboden für die Gehölze, Stauden und Einjährigen geschaffen. Unerläßlich für das Wachstum der Pflanzen sind die vier Kernnährstoffe Stickstoff, Phosphor, Kali und Kalk sowie die Hauptnährstoffe Magnesium, Eisen und Schwefel. In den pflanzlichen Organismen kommen mindestens 50 chemische Elemente in so geringen Mengen vor, daß sie in Analysen kaum nachzuweisen sind. Diese Spurenelemente werden von den Pflanzen als Mikronährstoffe nur in Milli-, Mikro- oder gar Nanogramm (milliardstel Gramm) aufgenommen und verwertet. Ihr Mangel kann ebenso schädlich wie ein toxisches Übermaß tödlich sein. Unerläßlich für das Wachstum der Pflanzen sind Natrium, Chlor, Bor, Mangan, Kupfer, Zink, Molybdän, Vanadium, Kobalt, Jod, Titan und Nickel. Zu den neu entdeckten lebenswichtigen Spurenelementen gehören etliche Gifte, wie Arsen oder Strontium.

In den Tonböden beginnen bei einem Absinken des Säurewertes auf pH 4,5 Aluminium-Ionen freizuwerden. Die löslichen Aluminium-Salze beginnen in ihrer aggressiven Wirkung nützliche Bodenbakterien abzutöten, hilfreiche Regenwürmer zu vertreiben und in den Pflanzen als tödliches Zellgift zu wirken. Dagegen ist Silicium, das nach Sauerstoff zweithäufigste Element der Erdkruste, pflanzenunschädlich.

Die Mikronährstoffdünger werden zur Behebung von Spurenelementmangelerscheinungen bevorzugt in Torf- und Laubsubstraten, Holz- und Rindenkomposten verwendet. Unter einen Kubikmeter mischt man 100 g Fetrilon-Combi, 150 g Radigen oder 20 kg Urgesteinsmehl »Eifelgold«.

In den ligninreichen Laub-, Rinden- und Holzsubstraten treten sehr leicht Magnesiummangelerscheinungen auf. Der Magnesiumbedarf wird durch 2 kg Magnesiumsulfat (Bittersalz)/m^3 gedeckt.

Organische Dünger

Statistisch gesehen steuern die Organdünger nur einen geringen Anteil an der Nährstoffversorgung unserer Kulturpflanzen bei. Daß die Humuszufuhr und organische Pflanzenernährung die Bodenfruchtbarkeit und -gesundheit beeinflußt, ist aus guten Gründen kaum zu bezweifeln. Bei der Verwendung organischer Düngemittel ist immer daran zu denken, daß sie zwar viel Stickstoff und ausreichend Phosphor, jedoch kaum Kali enthalten. Biologisch bewußte »Ökogärtner« räumen deshalb den kalihaltigen Holzabfällen einen bevorzugten Platz ein. Durch die Verwendung von Rinde im Recycling-Verfahren läßt sich ausreichend Kali dem Boden zuführen. Dabei sollten wir bei der organischen Düngung keine Gelegenheit versäumen, Asche und jede Art von Holzkompost als Einstreu und Bodenverbesserungsmittel zu verwenden. Kalimangelpflanzen haben eine schlecht ausgebildete Oberhaut (Cuticula), die Spaltöffnungen gehen kaum zu, die Pflanzen beginnen zu welken und die Blattränder sterben ab. Mitunter beginnen die Pflanzen von unten her zu vergilben, die Schutzgewebe werden mangelhaft ausgebildet, und die Krankheitsresistenz läßt nach. Die Folgen von Kalimangel sind eine verzögerte Fruchtreife und Schrumpfkörner. Eine Kalimangelpflanze nimmt mehr Stickstoff auf, was zu einem verstärkten Wachstum, einer verzögerten Triebreife und damit geringen Frostresistenz führt. Kali fördert nicht nur die Widerstandsfähigkeit der Pflanzen und die Assimilation, die Lichtausnutzung wird gesteigert und die Zucker-, Stärke-, Zellulose-, Blattgrün-, Vitamin C- und Karotinbildung wird erhöht. Zusätzlich zu einer intensiven Kaliversorgung ist eine Stickstoff- und Phosphatdüngung auf organischer Grundlage erwünscht. Der verhältnismäßig geringe Nährstoffbedarf von Wildstauden läßt sich mit 50 g Hornspänen, 40 g Knochenmehl und einem Liter Asche pro Quadratmeter decken. Bei Rekultivierungsmaßnahmen sind in unbelebten Böden und beim Fehlen von genügend Humuserden die doppelten bis dreifachen Gaben erforderlich. Die organischen Düngemittel wirken als langsam fließende Nährstoffquelle. Sie müssen erst im Boden mineralisiert werden, ehe die Nährstoffe als Ionen von den Pflanzenwurzeln aufgenommen werden können.

Mineralische Dünger

Im Naturnahen Garten wird den mineralischen Düngern ein bescheidener Platz zugewiesen. In der Zeit vor Liebig behauptete A. Thaer (1809) in seinen »Grundsätzen der rationellen Landwirtschaft«, daß allein der Humus und das Wasser die Nahrung der Pflanze seien – bis zur »Lehre vom Dünger« von Sprengel (1839). Seit der Agrikulturchemie von Justus Liebig (1840) gilt die Mineraldüngung als eine Errungenschaft des modernen Garten- und Landbaus. Mit feinen Unterscheidungen umgehen viele »biologische Gärtner« die »Kunstdüngung« und verwenden Rohphosphate und Kalimagnesia, Algenmehl (Kalk- und Spurenelemente) sowie Urgesteinsmehl (Kieselsäure und Spurenelemente).

Der Kalkverlust bzw. -gewinn hat einen starken Einfluß auf den pH-Wert des Bodens. Es kommen bei weichem, CO_2-haltigem Wasser auch Auswaschverluste, Immissionsbelastungen und ein pflanzlicher Kalkentzug hinzu. Eine Erhaltungskalkung läßt eine Versauerung und Nährstoffverarmung zum Stillstand kommen. Prophylaktisch trägt eine jährliche Gabe von 500 bis 600 kg CaO/ha auf karbonatreichen Böden zu einer ausgeglichenen Kalkbilanz bei. Die Kalkverluste sind bei einer relativ festen Bindung des Ca in versauerten Böden entsprechend kleiner und somit schwer auswaschbar. Bei der Verwendung von hartem Gießwasser mit hoher Karbonathärte steigt der pH-Wert an. 1°dH entspricht etwa 10 mg CaO pro Liter Wasser. Eine Gesamtwasserhärte von 12°dH wirkt weitgehend pH-neutral. Durch die wühlende Tätigkeit (Bioturbation) der Regenwürmer kommt es zu einer »Homogenisierung« des Bodens. Der kalkhaltige Untergrund gelangt bei der Bodendurchmischung in die oberen kalkarmen Schichten. Versauerte Böden neigen zur Verschlämmung. Stark humose Substrate werden mit kohlensaurem Kalk versorgt. Bei tonhaltigen Böden stellt man den pH-Wert mit Branntkalk ein, und für Sandböden ist spurenelementhaltiger Hüttenkalk geeignet.

Mit den Huminsäuren werden Calciumsalze gebildet. Sie tragen zur Stabilisierung der Bodenteile bei. Dabei entsteht eine feine Krümelstruktur. Der Kalk neutralisiert die Bodensäure. Je höher der Humusgehalt des Substrates ist, desto geringer ist die erforderliche Kalkmenge. Je höher der Humusgehalt, desto niedriger ist auch das pH-Optimum der Pflanzen. Die Verfügbarkeit von Spurenelementen wie Mangan, Eisen, Kupfer, Zink, Bor und Magnesium nimmt mit sinkendem pH-Wert zu, während ein hoher pH-Wert zu einer Freisetzung von Molybdän führt. Bei einer Überkalkung reagieren Moorbeetpflanzen mit einer typischen Eisenmangelchlorose, und die Mikroorganismen fördern die Zersetzung der organischen Substanz.

Aschendünger

Asche, die natürlichste und sicherste Nährstoffquelle, verkommt weithin ungenutzt. Das Durchforstungs- und Abfallholz, die Rückstände von Torf, Braun- und Steinkohle lassen sich wieder in den Kreislauf der Natur bringen. Bei der Verbrennung bleiben die mineralischen Bestandteile zurück. Die Asche weist einen besonders hohen Gehalt an Kalk, Kali, Magnesium, Phosphat und Spurenelementen auf. Sie setzt sich aus den gleichen Mineralsubstanzen wie ein normaler Ackerboden zusammen. Allgemein herrscht die Meinung vor, daß Asche in jeder Form als unerwünscht und schädlich für Menschen und Tiere zu betrachten ist. Soweit Blei und andere Schwermetalle wie Cadmium, Arsen oder Fluor durch eine zu häufige Verwendung von Asche sich im Boden angehäuft haben, gilt ihre Verwendung als sehr bedenklich. Die Asche stellt aber andererseits ein vielseitiges Reservoir von Spurenelementen dar. Als unmittelbare Mineralstoffergänzung dient sie durch ihre alkalische bis stark alkalische Wirkung zur Verbesserung von sauren Böden. Dem Boden können über die Asche chemische Bestandteile zugeführt werden, die möglicherweise fehlen. Deshalb werden vorzugsweise solche Standorte ausgewählt, auf denen das Wachstum nicht befriedigte und die Ursache der Störung allem Anschein nach in der mangelhaften Versorgung des Bodens mit Mineralstoffen lag. Bei der Ausbreitung der

Laubholzasche	**Nadelholzasche**	**Torfasche**
18–40% Kalk	25–45% Kalk	15–25% Kalk
10–16% Magnesia	ca. 8% Magnesia	ca. 0,5% Magnesia
6–35% Kali	6–16% Kali	0,5–2% Kali
2–11% Phosphat	2–7% Phosphat	1,5–5% Phosphat
1–2% Sulfat	ca. 2% Sulfat	4–16% Sulfat
Braunkohlenasche	**Braunkohlen-Flugasche**	
15–20% Kalk	20–55% Kalk	
ca. 2% Magnesia	2–15% Magnesia	
0,7–10% Kali	2–3% Kali	
0,6–1% Phosphat	0,3-1,5% Phosphat	
bis 10% Sulfat	6–13% Sulfat	
Steinkohlenasche	**Steinkohlen-Flugasche**	
3–9% Kalk	3–8% Kalk	
ca. 1,5% Magnesia	0,8–2,5% Magnesia	
0,1–0,8% Kali	2–3,5% Kali	
0,5–0,8% Phosphat	0,1–1,3% Phosphat	
bis 6% Sulfat	0,5–5% Sulfat	
	35–45% Kieselsäure	
	8–13% Eisen	
	24–26% Aluminium	
	0,5–2% Natrium	

Asche auf das Land wird mit einer Höchstmenge von 1 m³ auf 10 Ar (1000 m²) gerechnet.

Der früher eher lästige Abfall wird zu einem wertvollen Nährstofflieferant. Bei der Verbrennung gehen zwar die geringen Stickstoffreste verloren, dagegen verbleibt ein mineralischer Rückstand. Nach ihrer Herkunft unterscheidet man zwischen Laubholz-, Nadelholz-, Torf-, Braun- und Steinkohlenasche. Der Nährstoffgehalt ist je nach Pflanzen- und Kohlenart, Herkunft und Standort verschieden.

Damit die Löslichkeit der Nährstoffe verbessert wird, bringt man die Braunkohlenasche und ihre Flugasche, feine Steinkohlenasche und ihre Flugasche in dünnen Schichten auf den Komposthaufen oder in den Dungsilo.

Bei organischer Düngung läßt sich für die Kaliversorgung der Böden auf die Asche zurückgreifen. Dabei ist der Kalkgehalt der Böden zu berücksichtigen. Die Spurenelemente Bor, Mangan, Kupfer und Zink sind in den alkalischen Böden den Pflanzen weniger zugänglich als im neutralen bis schwach sauren Bereich.

Braunkohlenasche ist besonders borhaltig. Bormangel tritt vielfach bei Überkalkung oder bei zu großer Trockenheit durch Absterben der Herzblätter mit sekundärem Pilzbefall als sogenannte Herz- und Trockenfäule der Rüben und des Selleries auf. Auch die Glasigkeit der Roten Rüben, die Herzkrankheit der Kohlarten, die Spitzenwelke von Nachtschattengewächsen und die Korkbildung an Apfel- und Birnstämmen sowie die ungenügende Samen- und Fruchtbildung sind Bormangelerscheinungen.

Borbedürftig sind der Mohn, die Sonnenblumen, der Sellerie, die Möhren, die Nachtschattengewächse, der Spinat, der Senf sowie alle Rüben- und Kohlarten.

Borempfindlich sind alle Schmetterlingsblütler, die Erdbeeren und Pastinaken. Große Aschenmengen dürfen auch nicht unter die Sträucher gestreut werden. Das Bor kann in den Holz- und Braunkohlenaschen so reichlich sein, daß bereits bei geringen Überdosierungen die Pflanzen Wassermangel zeigen. Die älteren Blätter beginnen dann vom Rande her abzusterben oder die Pflanzen weisen Wurzelverbrennungen auf. Der hohe Magnesiumgehalt der Laubholzasche ist zur Fermentbildung im Blattgrün unentbehrlich. Mangelerscheinungen äußern sich durch chlorotische Verfärbungen.

In den verholzten Zellen der Laub- und Nadelgehölze befindet sich Kieselsäure (Silicium). Ihr Gehalt läßt sich an der schneeweißen Asche ablesen. Im Boden erleichtert das Silicium die Aufnahmefähigkeit der schwer löslichen Phosphate. »Verkieselte« Pflanzen sind außerdem resistenter gegen Mehltau- und Rostpilze. Asche ist in jedem Fall zur Schädlingsbekämpfung geeignet. Im Frühjahr wird der Boden gegen den Kohlherniebefall mit Asche bestreut. Die teerigen Bestandteile des Rußes haben einen abschreckenden Einfluß auf die Erdflöhe. Der sogenannte Glanzruß ist allerdings pflanzenschädlich. Der Holzruß mit 1,4% Stickstoff und der Kohleruß mit 3,5% Stickstoff sind feinverteilter Kohlenstoff, der nicht wie die Asche zu den mineralischen, sondern zu den organischen Nährstoffen gehört. Sie lassen sich als Stickstoffdünger verwenden. Dabei wird der Boden etwas gelockert, und durch die schwarze Farbe wird die Sonnenwärme gespeichert.

Nährstoffreiches Niederschlagswasser

Durch die Luftverunreinigungen aus Verbrennungen fossiler organischer Stoffe und über die Alkali- und Erdalkaliionen von Staubniederschlägen werden große Nährstoffmengen vom fallenden Schnee aus der Luft mitgerissen oder vom Wind aufge-

weht. Hinzu kommt Luftstickstoff, der bei Gewittern (Blitz) in Verbindung mit Regen und Schnee auf die Erde gelangt. Durch elektrische Entladung oxidiert Luftstickstoff in Form von NH_3 (Ammoniak) bzw. NH_4 (Ammonium) zu NO_3 (Nitrat). Bei 600 mm Niederschlag werden etwa 10 kg Ammoniak und 13 kg Salpeter pro Hektar und Jahr in den Boden eingebracht. Im Winter kann durch die Schneedecke kein Ammoniak aus dem Boden entweichen, und die 0,001 % Stickstoff im Schnee gelangen bei der Schneeschmelze in den Boden. Der relativ hohe Phosphatgehalt von 0,5 kg/ha des Niederschlagswassers stammt vorwiegend vom Blütenstaub der Pflanzen. Über das Regenwasser kommen auch die organischen Substanzen aus lebenden Blättern der Bodenflora zugute. Durch die Diffundierungs- und Auswaschungsvorgänge werden in mg pro Liter Regenwasser an gelösten Stoffen gemessen:
Fichten *(Picea abies)* N 0,8; P 0,11; K 11,3; Ca 10,4; Na 18,4
Kiefern *(Pinus sylvestris)* N 0,4; P 0,08; K 10,1; Ca 8,4; Na 15,3
Jahresbilanz der Nährstoffe in Niederschlägen:

N 4–30 kg/ha   Na 1–10 kg/ha
P 0,2–2 kg/ha   Mg 2–6 kg/ha
K 2–6 kg/ha   S 12–37 kg/ha
Ca 5–40 kg/ha   Cl 6–20 kg/ha

Biologische Stickstoffbindung

Der Mangel an verwertbaren Nährstoffverbindungen zwingt viele Pflanzen, sparsam mit den Düngerreserven umzugehen. Auf stickstoffarmen Böden versuchen die Leguminosen durch eine biologische N-Bindung diesen Mangel auszugleichen. Fast alle Hülsenfrüchtler bilden an ihren Wurzeln gallenähnliche Anschwellungen. In diesen »Wurzelknöllchen« lebt das symbiotische Bakterium *Rhizobium leguminosarum* (früher *Bacterium radicicola*). Diese Bakterienart ist in verschiedene physiologische Stämme aufgeteilt. So vermag zum Beispiel die Erbsen-Rasse keine Linse zu infizieren, und ein »Bohnen-Bakterium« befällt keine Lupinen-Wurzel. Für ein optimales Wachstum der Leguminosen ist nicht nur eine gute Versorgung mit Phosphor, Kali, Kalk, Magnesium und anderen Mineralstoffen erforderlich. Funktionstüchtige Knöllchen für die Stickstoffbindung werden nur bei Anwesenheit der Spurenelemente Molybdän und Bor gebildet.

Die Samen der Leguminosen enthalten keine Bakterien. In alten Kulturböden finden sich von allen Hülsenfrüchtlern die entsprechenden Stämme.

Als Gründüngungspflanzen empfehlen sich:

	Saatmenge kg/ha
1. Für leichte und mittlere Böden:	
Einjährige Lupinen	150–250
Lupinus pubescens (bodenvag, Kalkboden)	
L. mutabilis und *L. micranthus* (etwas kalkempfindlich)	
L. luteus und *L. angustifolius* (sehr kalkempfindlich)	
Sarradella *(Ornithopus sativus)*	50
Inkarnatklee *(Trifolium incarnatum)*	30
Zottelwicke, Sandwicke *(Vicia villosa)*	110–140
2. Für mittelschwere bis schwere Böden:	10
Schwedenklee *(Trifolium hybridum)*	
Sommersaatwicken, Ackerwicke (*Vicia sativa* ssp. *sativa*)	120–150

Puffbohne, Saubohne, Dicke Bohne *(Vicia faba)* 160–200
Staudenlupine *(Lupinus polyphyllus)* 30–40

Bis zum Ansatz der Blüten sammeln die Leguminosen Stickstoff und bringen enorm viel Pflanzenmasse hervor. Die tiefreichenden Wurzeln versorgen die Mikroorganismen und Bodentiere mit Humusnahrung. Nach ihrem Abbau wird der Boden durch die luft- und wasserführenden Porenkanäle durchlüftet und entwässert. Das Zusammenleben zweier verschiedener Organismen bezeichnet man als Symbiose. Aus dieser lebensnotwendigen Gemeinschaft haben beide Partner ihren Vorteil. Dieses Sich-gegenseitig-Ausnutzen läßt sich auch unter dem Begriff Alleloparasetismus zusammenfassen.

Die frei im Erdboden lebenden stäbchenförmigen Bakterien werden durch die Wurzelausscheidungen der Leguminosen angelockt. Zunächst erfolgt eine Infektion. *Rhizobium leguminosarum* dringt dabei in die Wurzelhaare ein. Unter Auflösung von mechanischen und physiologischen Grenzschichten gelangen die Bakterien in das Rindengewebe. *Rhizobium leguminosarum* beginnt der Wirtspflanze lebensnotwendige Assimilate (Kohlehydrate) zu entziehen. Bis hierher lassen sich von seiten der Bakterien parasitäre Züge erkennen. Um zu verhindern, daß der gesamte Organismus befallen wird, beginnen sich die Wirtszellen zu vermehren, und unter Neubildung eines Meristems bilden sich Wurzelknöllchen. Nach der Ansiedlung der Rhizobien in den Knöllchen entsteht ein unserem Blutfarbstoff ähnliches Leg-Hämoglobin. In enger Symbiose von Bakterien und Schmetterlingsblütler wird mit Unterstützung dieses Farbstoffes der elementare Luftstickstoff mit Hilfe von Wasserstoff in eine organisch gebundene Form überführt.

Nach dieser Symbiose folgt eine Phase des einseitigen Parasitismus der Leguminosen. Innerhalb der Knöllchenzellen werden die Bakterien aufgelöst und verdaut, ohne sie aber völlig zu vernichten. Dadurch kommen die Wirtspflanzen in den Besitz der Stickstoffassimilate. Während der Blütezeit gehen die ganzen Knöllchen zugrunde, und die nicht verdauten Bakterien kehren wieder in den Erdboden zurück.

Der Gewinn an gebundenem Stickstoff ist recht beträchtlich. In einem Leguminosenfeld entspricht er mit 20 bis 30 kg Stickstoff pro Hektar den Handelsdüngergaben eines Jahres. Bei den Lupinen ist in einer Vegetationsperiode mit 150 bis 200 kg/ha ein fünf- bis zehnfacher Stickstoffgewinn zu erwarten.

Bei den frei im Boden lebenden aeroben *Azetobacter-Arten* ist eine Bindung von Luftstickstoff nur möglich, wenn, wie bei dem symbiotischen *Rhizobium leguminosarum*, ausreichend Mineralstoffe im Boden enthalten sind. In offenen Böden können wir durch diese freilebenden Mikroorganismen mit einer jährlichen Stickstoffbindung von 5 bis 10 kg/ha rechnen.

Die Erlen *(Alnus)* gehen mit der Actinomyceten-Gattung *Frankia* eine Symbiose ein. In den *Alnus*-Wurzelknöllchen lebt *Frankia* als Symbiont und assimiliert freien Stickstoff. Früher beruhte die systematische Einteilung dieser Symbionten auf morphologischen Kriterien. Ihre Fähigkeit, in verschiedenen Entwicklungsstadien verzweigte Hyphen auszubilden, gab ihnen den Namen »Strahlenpilze«. Nach dem heutigen Stand der Forschung wird die Familie der Actinomyceten den Bakterien zugeordnet. Eine eindeutige Artendifferenzierung der Gattung Frankia ist jedoch bis heute noch nicht gelungen.

Bei den knöllchenbildenden Nichtleguminosen steht die Erle nicht allein. Etwa 19 Gattungen sind in der Lage, mit Hilfe ihrer charakteristischen Actinomycetensymbiose atmosphärischen Stickstoff zu nutzen. Dabei handelt es sich um kleinere Bäume oder Sträucher wie den Sanddorn *(Hippophae rhamnoides)*, die Ölweiden *(Elaeagnus)*, die Bärentrauben *(Arctostaphylos)*, den Gagelstrauch *(Myrica gale)* oder die Silberwurz *(Dryas octopetala)*. Auf Nitratmangelböden werden sie als Ammen wirksam und machen die Gehölze von mineralisierten Stickstoffquellen unabhängig. In den daumen- bis faustgroßen Wurzelknöllchen vermag die Gattung *Alnus* jährlich 60 bis 200 kg Luftstickstoff pro Hektar für die Gehölz- und Bodenflora nutzbar zu machen. Den Düngeeffekt führt man auf den Umstand zurück, daß die Wurzeln der Begleitflora in die Knöllchenzone eindringen und den freigesetzten Stickstoff aufnehmen. Die mit den Erlen, dem Sanddorn, den Ölweiden, den Bärentrauben, dem Gagelstrauch oder der Silberwurz vergesellschafteten Gehölze und die Krautschicht erfahren eine Wachstumsförderung. Der pH-Wert des Bodens sinkt durch den Einfluß der Erlen rasch ab und kann extrem niedere Werte annehmen. Obwohl noch auf Böden mit pH 2,8 die Schwarzerle *(Alnus glutinosa)* scheinbar unbeeinträchtigt gedeihen kann, stellt doch der Säuregrad des Bodens einen wichtigen Faktor in der Beeinflussung der Knöllchenbildung dar. Böden mit einem pH-Wert von 4,5 bis 6,5 sind am besten für die Stickstoff-Fixierung geeignet. In der Forstwirtschaft wird *Alnus* immer häufiger als Amme eingesetzt. Die erzielten Wachstumsgewinne an Trockenmassenzunahme können bei der Krautschicht durch die Anwesenheit der Erle zwischen 30 und 90% betragen.

Schwermetallbelastungen und SO$_2$-Immissionen

Das Klima einer Stadt wird vom Umfang der Grünflächen beeinflußt. Welchen ökonomischen Wert die Sauerstoffproduktion und die Filterwirkung von Bäumen ausmacht, läßt sich erst bei wachsendem Schadstoffanstieg ermessen. Das innerstädtische Straßenbegleitgrün wird zusätzlich durch Autoabgase und Streusalz belastet. Durch fossile Brennstoffe, Industrie- und Kraftfahrzeugabgase, Schwefelsäure und Smog, Kalk-, Basalt- und Metallstaub treten Immissionsschäden auf. Als Verursacher halten sich dabei der Haus- und Industriebrand die Waage.

Schwermetallbelastung

Die Verseuchung der Böden durch Schwermetalle nimmt ständig zu. Dabei handelt es sich vorwiegend um den 3 km-Gürtel um die Ballungsgebiete und die 50 m-Streifen beiderseits der Verkehrswege. Die Schadstoffe Schwefeldioxyd, Fluorwasserstoff, Chlorwasserstoff, Nitrose Gase, Ozon und Photo-Oxidantien, Smog, Blei, Cadmium und Quecksilber breiten sich über die Pflanzen aus. In der Gegenwart von Cadmium – das als Schwermetall-Ion bei industriellen Prozessen, durch den Autoverkehr und durch Klärschlamm freigesetzt wird – können erhebliche Blattnekrosen auftreten. Bei geringen Cadmium-Gehalten werden die Blattschäden, die ansonsten keine sichtbaren Spuren hinterlassen, durch eine hohe Ozon-Konzentration in Gebieten mit starker Abgasentwicklung verstärkt. Cadmium lagert sich auch mit Stäuben auf den oberirdischen Teilen ab. Dabei zeigte sich, daß es bei einer starken Kontamination durch den Regen schwer abwaschbar ist. In der Regel speichern die Blätter Schwermetalle. Aufgrund ihrer Toxizität sind vor allem Cadmium, Quecksilber, Chrom, Blei und Nickel von besonderer Bedeutung. Gehalte von 15 ppm Cadmium (15 mm^3 in 1 Liter oder 15 mg in 1 kg) sind vor allem als Enzymgift schädlich. Es reichert sich in Leber und Nieren an. Die Schwermetalle werden im Gegensatz zu den Salzen im Boden festgelegt und von den Pflanzen aus ihren Bindungen aufgenommen. Hohe Cadmiumwerte wirken stark phytotoxisch. Typische Schadsymptome sind Kümmerwuchs und Gelbsucht. Maßgeblich für die Anreicherung in den Pflanzen ist der jeweilige pH-Wert des Bodens. Durch den schwefelhaltigen Ballast des sauren Regens und die sehr saure Nadel- und Lauberde wird die Aufnahme des umwelttoxischen Schwermetalls begünstigt, wobei als Folge einer gebremsten Eisenaufnahme und -weiterleitung in den Pflanzen eisenmangelähnliche Chlorosen auftreten. Wo in industriereichen Gebieten durch die Anreicherung von hochgiftigen Schwermetallen Pflanzenschädigungen zu befürchten sind, läßt sich durch eine Kalkung der Versauerung des Bodens entgegenwirken. Es genügt, jährlich 500 g Kohlensauren Kalk (Kalkmergel) über eine Fläche von 100 m^2 (1 Ar) zu verteilen.

SO_2-Immission

Die Bodenqualität wirkt sich in immissionsgefährdeten Gebieten wenig günstig auf die Biosphäre aus. Der giftige Auswurf der Schornsteine verbindet sich in der Atmosphäre mit der Luftfeuchtigkeit, und die sauren Wolken regnen ihre Giftfracht über den Pflanzen ab. Außerdem gehen die gas- und staubförmigen Schwefelverbindungen als sogenannter trockener Regen nieder. Die typischen Symptome dieser Schäden sind in den innerstädtischen Gärten fast überall zu beobachten. Die schwefligen Säuren lösen in höheren Konzentrationen die schützende Wachsschicht der Blätter auf, das Laub bekommt braune Blattränder oder vertrocknet. Durch Staub, Ruß und Flugasche wird die Blattoberfläche verschmutzt und die Spaltöffnungen werden verstopft. Verunreinigte Pflanzen zeigen durch die »Beschattung« eine herabgesetzte Photosynthese. Die jährliche SO_2-Immissionsbelastung der Böden liegt bei 50 bis 200 kg/ha. Der Säurewert des Niederschlagswassers liegt im Sommerhalbjahr bei pH 4,5. Während der Heizperiode werden pH-Werte um 3,5 gemessen. Von einem Fichtenbestand werden 30 bis 50 kg Schwefel pro Hektar und Jahr aus der Luft ausgekämmt. In der Humusauflage macht sich dieser Niederschlag in einer stärkeren Versauerung des Bodens von pH 2,7 bemerkbar, was dem Wert von Obstessig entspricht. Einzelne Gehölze erweisen sich als recht widerstandsfähig gegen gas-, rauch- und staubförmige Luftverschmutzungen. So erwünscht die Filterwirkung der Koniferen ist, in Immissionsgebieten sollte man Abstand von einer Anpflanzung nehmen. Auf den immergrünen Nadelgehölzen reichern sich die Schadstoffe an. Die Tannen und Fichten zeigen eine fuchsrote Krone, der Nadelfall setzt ein und die Bäume beginnen sich zu lichten. In der Nähe emittierender Industrie wirken Laubbäume mildernd auf die Belastung durch Staub und chemische Luftverunreinigungen. Laubabwerfende Gehölze überwinden in der Regel Immissionsschäden ziemlich gut. Sie erneuern ihre Laubmasse über den Zeitraum eines Jahres.

Eine sehr große SO_2Empfindlichkeit weisen auf:
Waldkiefer *(Pinus sylvestris)*
Europäische Lärche *(Larix decidua*
Als SO_2-empfindlich sind einzustufen:
Purpurweide *(Salix purpurea)*
Bruchweide *(Salix fragilis)*
Lorbeerweide *(Salix pentandra)*
Korbweide *(Salix viminalis)*
Silberweide *(Salix alba)*
Eine mittlere Rauchhärte weisen auf:
Bergjohannisbeere *(Ribes alpinum)*

Goldjohannisbeere *(Ribes aureum)*
Zweigriffliger Weißdorn *(Crataegus laevigata)*
Erbsenstrauch *(Caragana arborescens)*
Falsche Akazie *(Robinia pseudoacacia)*
Echter Kreuzdorn *(Rhamnus catharticus)*
Bocksdorn *(Lycium barbarum)*

Rotblättrige Rose *(Rosa glauca)*

Fichte *(Picea abies)*
Weißtanne *(Abies alba)*

Berberitze *(Berberis vulgaris)*
Himbeere *(Rubus idaeus)*
Winterlinde *(Tilia cordata)*
Bergkiefer *(Pinus mugo)*
Schwarzkiefer *(Pinus nigra)*

Eingriffliger Weißdorn *(Crataegus monogyna)*
Zweigriffliger Weißdorn *(Crataegus laevigata)*

Hängebirke *(Betula pendula)*
Schwarzerle *(Alnus glutinosa)*
Grauerle *(Alnus incana)*

Gewöhnliche Esche *(Fraxinus excelsior)*
Feldulme *(Ulmus minor)*

Hundsrose *(Rosa canina)*
Weinrose *(Rosa rubiginosa)*
Silberlinde *(Tilia tomentosa)*
Besenginster *(Sarothamnus scoparius)*
Wolliger Schneeball *(Viburnum lantana)*
Weißer Hartriegel *(Cornus alba)*
Kornelkirsche *(Cornus mas)*
Roter Hartriegel *(Cornus sanguinea)*
Salweide *(Salix caprea)*

Ziemlich rauchhart sind:

Traubenholunder *(Sambucus racemosa)*
Traubenkirsche *(Prunus padus)*
Späte Traubenkirsche *(Prunus serotina)*
Schlehe *(Prunus spinosa)*

Stechpalme *(Ilex aquifolium)*
Seidelbast *(Daphne mezereum)*
Feldahorn *(Acer campestre)*

Sehr rauchhart sind:

Sadebaum *(Juniperus sabina)*
Waldgeißblatt *(Lonicera periclymenum)*
Pimpernuß *(Staphylea pinnata)*

Sanddorn *(Hippophae rhamnoides)*
Brombeere *(Rubus fruticosus)*
Schwarzer Holunder *(Sambucus nigra)*
Vogelbeere *(Sorbus aucuparia)*
Hasel *(Corylus avellana)*

Rotbuche *(Fagus sylvatica)*
Roßkastanie *(Aesculus hippocastanum)*
Vogelkirsche *(Prunus avium)*
Mahonie *(Mahonia aquifolium)*

Efeu *(Hedera helix)*

Eibe *(Taxus baccata)*
Mehlbeerbaum *(Sorbus aria)*
Gewöhnliches Pfaffenhütchen *(Euonymus europaeus)*
Schneeheide *(Erica herbacea)*
Eschenahorn *(Acer negundo)*

Rainweide *(Ligstrum vulgare)*
Bastardplatane (*Platanus* × *hybrida*)

Algen, Moose und Flechten gelten als potentielle Indikatoren für Schadstoffe. Bei starker Luftverschmutzung durch SO_2 und andere gasförmige Verunreinigungen sterben die Algen und Flechten auf der Borke ab. Dadurch verlieren die Rindenläuse, Raupen, Bock- und Blattkäfer ihre Nahrungsgrundlage. Die schwermetallbelasteten Niederschläge bekommen auch den Moosen nicht gut. Für den Grad der Widerstandsfähigkeit der Gehölze spielt der Säuregrad des Bodens eine entscheidende Rolle. Bakterien und Pilze zersetzen in den angegriffenen Wurzeln die Leitungsbahnen. Schließlich führen die verschiedenen Schaderreger zum Zusammenbruch der Bäume. Verstärkt durch SO_2 werden unter der Einwirkung von Nadel- und Lauberde bei einem Absinken des Säurewertes auf pH 4 bis 5 Nährstoffionen freigesetzt und durch den Regen ausgewaschen. Bei einem starken Absinken des pH-Wertes lassen sich durch Kalkgaben Magnesium und andere Spurenelemente im Boden binden. Wenn nicht zusätzlich mit Mikronährstoffen gedüngt wird, kann es zu einer Mangelversorgung kommen.

Lebensräume für einheimische Tiere

Die heimischen Gehölze und Stauden bilden selbst in kleinsten Ansammlungen Lebensräume für Vögel, Reptilien, Amphibien und Insekten. Bei der Bereitstellung eines optimalen Nahrungsangebotes, von Deckungsmöglichkeiten, Paarungs- und Aufzuchtplätzen weisen viele Tierarten eine hohe Individuendichte auf. Es ist naheliegend, die behandelten Pflanzengesellschaften nicht nur floristisch, sondern auch faunistisch zu beschreiben.

Der Tierbesatz hängt im wesentlichen von der Größe des Gartens ab. Bestimmte Arten haben qualitative Ansprüche an ihren Standort. Die Tannenmeise bevorzugt Nadelgehölze, während die Blaumeise in Laubbaumbeständen vorkommt. Einzelne Wald- oder Rasengesellschaften, Feuchtbiotope und Steinriegel sind charakteristisch für bestimmte Tierarten. Auch Ameisen lassen eine mehr oder weniger enge Bindung an bestimmte Biotope erkennen. Ihre Indikatoreigenschaften werden wie bei den meisten Tieren durch die Besonnung, die Bodenfeuchte oder das Nahrungsangebot bestimmt. Die Fauna ist einer Summe von Umwelteinflüssen ausgesetzt. In der zersiedelten Landschaft, auf abgeholzten Flächen, in trockengelegten Feuchtgebie-

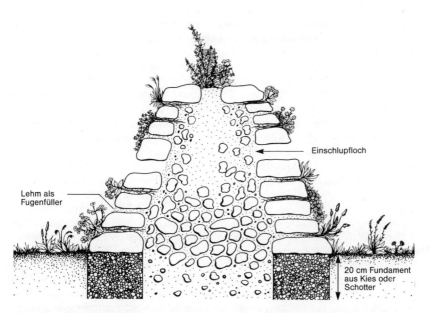

Abb. 6. Die freistehende Trockenmauer dient den verschiedensten Tieren als Lebensraum. Die Pflanzenbesiedlung kann man entweder der Natur überlassen, oder man setzt Steinbesiedler ein.

ten und auf modern bewirtschaftetem Acker- und Grünland haben seltene Pflanzen- und Tierarten wenig Platz. Eine biologische Schädlingsbekämpfung ist nur dann erfolgreich, wenn es zunächst mehr Schädlinge als Nützlinge gibt. Der vorhandene Nützlingsbestand kann sich dann vermehren und das biologische Gleichgewicht herstellen. Jede Ausschaltung oder Verdrängung von Vögeln hat ein verstärktes Auftreten pflanzenschädlicher Gliederfüßler zur Folge. Der Einsatz chemischer Mittel würde unausweichlich zur Eliminierung nützlicher Biotopbewohner führen. Insektizide bilden eine große Gefahr für Nutzinsekten, Fische, Froschlurche, Kriechtiere und Vögel. Es ist zu befürchten, daß bei einem verstärkten Gifteinsatz auch benachbarte Biotope zusammenbrechen. Die Bildung resistenter Stämme hätte unausweichliche Folgen für die ökologische Struktur eines Gartens.

Vielfach kommt es den Tieren auf bestimmte Futterpflanzen an. Wo Gehölze und Stauden aussterben, droht einer nicht minder großen Zahl von Tieren das gleiche Schicksal. Von unseren heimischen Kräutern leben Dutzende von Primärkonsumenten, und die Gehölze beherbergen Hunderte von Tierarten. Das Weiße Fettkraut *(Sedum album)* dient den selten gewordenen Apollofalter-Raupen als Futterpflanze, der Moosbeerenbläuling lebt auf der Moosbeere *(Vaccinium oxycoccos)* und der Thymianbläuling auf dem Thymian *(Thymus vulgaris)*. Auf dem Wegerich kommen die Raupen von 48 Falterarten, auf dem Löwenzahn 41 und auf den Brennesseln 25 Arten vor. Nur durch die Pflege solcher Pflanzen lassen sich 33% aller bedrohten westdeutschen Großschmetterlinge vor dem Aussterben bewahren. Selbst Einzelbäume beherbergen eine charakteristische Fauna von Insekten, Spinnentieren und Vögeln, die auch außerhalb der natürlichen Siedlungsgebiete in den naturnahen Gärten anzutreffen sind.

In den Blattlauskolonien beobachtet man häufig eine große Zahl von kleinen räuberischen Larven und Vollkerfen, die sich von Insektenlarven und Blattläusen ernähren. Die grün gegitterten, stark schillernden Flügel der Florfliegen sind im Sommer und Herbst oft massenhaft als Dämmerungstiere zu beobachten. Sie machen zusammen mit ihren Larven (»Blattlauslöwen«) Jagd auf kleine Insekten und Blattläuse. Ein Heer von Schwebfliegenlarven sowie die Larven und Imagines vieler Marienkäfer halten die Blattläuse in Schach. Die Larven vieler Schlupfwespen leben im Innern von Blattläusen, Spinnen, Zecken und Tausendfüßlern. Die befallenen Tiere bleiben noch geraume Zeit am Leben und sterben dann ab. Für die biologische Schädlingsbekämpfung ist es mit Hilfe von Endoparasiten möglich, schädliche Schmetterlingsraupen unter Kontrolle zu halten. Der bekannteste Vertreter ist der Weißlingstöter, der gerade geschlüpfte Jungraupen des Großen Kohlweißlings mit zahlreichen Eiern belegt. Aphidivor, d.h. von Blattläusen, ernähren sich auch die Larven einiger Brackwespen. Sie legen ferner ihre Eier in die Raupen des Pappelspinners oder von Erdflöhen ab. Auch der sehr lebhafte Ohrwurm macht Jagd auf die Blatt- und Schildläuse, Spinnmilben, Raupen und Fliegen, ernährt sich von den Larven der Erdflöhe und den Eiern von Insekten sowie von Kleintieraas. Zu den Beutetieren der Laufkäfer zählen die pflanzenfressenden Schmetterlingsraupen, Blattwespenlarven, Fliegenmaden, Springschwänze, Fransenflügler, Wanzenlarven und kleine Würmer. Die Beutetiere von Blindwanzen sind Spinnmilben, Blattläuse und kleine Raupen, die Blumenwanzen ernähren sich von Spinnmilben und Blattläusen, die Kurzflügler von Spinnmilben, Bodenmilben und z.T. Eiern und Larven von Gemüsefliegen, die Raupenfliegen vorwiegend von Schmetterlingsraupen und die Weichkäfer von Blattläusen und kleinen Raupen.

Durch eine Strukturierung des Gartens entstehen für viele Tiere scharfe biologische Grenzen. Diese Lebensbereiche beruhen auf den unterschiedlichsten Feucht-

und Trockengebieten, dem Gehölz- und Staudenbereich. Im Gesamtökosystem »Stadt« stellen sie mit den Pflanzen eine Einheit her. Auf diese Weise wird die Vielfalt der heimischen Tiere und Pflanzen im städtischen Bereich wieder größer. Selbst in von Menschen geschaffenen Lebensräumen ist der Artenreichtum erstaunlich hoch. Solche anthropogene Biotope von Amphibien- und Laichgewässern, Weinbergmauern und anbrüchigen Bäumen sind für Eidechsen, Vögel und Käfer Brut- und Lebensräume. Die Verstädterung von Amseln oder Wildbienen läßt erkennen, daß viele Tiergruppen hier vertreten sind. Der Bau eines Feuchtbiotops ist aktiver Naturschutz, denn die natürlichen Froschteiche werden immer mehr trockengelegt, zugeschüttet und durch Chemikalien verseucht. Die anthropogenen, durch menschlichen Einfluß bedingten Feuchtgebiete bieten den Sumpf- und Wasserpflanzen, Amphibien, Fischen, Käfern und Libellen ebenso günstige Lebensbedingungen wie die naturnahen Biotope. Isoliert liegende Kleingewässer sind ein bis zwei Jahre nach ihrer Neuanlage noch relativ arm an Libellen, Wasserläufern, Rückenschwimmern und Wasserkäfern. Die Insekten finden die ihnen zusagenden Kleinbiotope in offen liegenden Tümpeln besser als in Waldgewässern. Die herumfliegenden Insekten verlassen auf der Suche nach neuen Wohngewässern fliegend oder »zu Fuß« ihr Biotop und legen mehr oder weniger große Strecken zurück. Je mehr ein Tümpel von Gehölzen umgeben ist, desto schwerer ist er für die Insekten aus der Luft zu erkennen. Diese relative Artenarmut der Waldgewässer sollte man nicht durch eingefangene Tiere zwangsweise besiedeln. Es ist vielmehr abzuwarten, ob eine Besiedlung durch Zuwanderung erfolgt. Naturgemäß verlassen eingefangene Frösche, Unken, Kröten und Molche nach kurzer Zeit wieder das Ersatzbiotop und kommen bei dem Versuch, ihre angestammten Lebensräume zu erreichen, vielfach um. Die im Wasser ablaichenden Arten zeigen eine ausgeprägte Standorttreue. Sie sind zeitlebens an Feuchtgebiete gebunden, in denen sich die Lurche aus den Kaulquappen entwickelt haben. Alle Frösche, Unken, Kröten und Molche bedürfen jeglichen Schutzes, denn 11 von 19 Arten sind in ihrem Bestand gefährdet. Die nächtlichen Froschkonzerte gehören dabei zu den einprägsamsten Tierstimmen, wobei ein Grasfrosch ohne äußere Schallblasen kaum 50 m und ein Wasserfrosch mit äußeren Schallblasen etwa 500 m weit zu hören ist. Obwohl die Lurche selbst keine Pflanzenesser sind, können Flachwasserzonen bei naturnaher Pflanzung zu wertvollen Versteck- und Ruheplätzen werden. Sie dienen den Fischen, Vögeln und Amphibien bevorzugt zur Eiablage und bieten Futter und Beutetiere.

Baumhöhlen, vermoderndes Holz und Trockenmauern werden von Tieren mit extremen Umweltbedingungen angenommen. Deshalb wäre es von Vorteil, wenn alte Baumruinen mit Astlöchern nicht gefällt werden. Vielleicht fänden dann und wann noch eine Fledermaus Unterschlupf und die höhlenbrütenden Vögel einen Nistplatz. Dem scheuen Wendehals und dem Wiedehopf dienen sie als Schlafplatz, und die Spechte tragen dazu bei, die Zahl der Baumschädlinge zu begrenzen. Auch die Meisen, Finken, der Hausrotschwanz, die Kleiber und Grasmücken sind den nachbarlichen Umgang mit den Menschen gewöhnt. Um funktionsfähige Lebensräume zu schaffen, sind den Vögeln Nistmöglichkeiten anzubieten. Unter Mauer- und Dachvorsprüngen finden die Schwalben in den Nistschalen den erforderlichen Schutz. Dem Rotschwanz genügt eine Nische in der Wand. Die Industrie bietet für die Nischen- und Höhlenbrüter geeignete Niststeine oder Nisthöhlen für Meisen, Kleiber, Rotschwänze, Fliegenschnäpper und den Wendehals an. Nach dem Ausflug jeder Brut müssen die Nester vollständig entfernt werden. In den Meisen-, Staren-, Sperlings-, Rotschwanz-, Fliegenschnäppernestern und bei weiteren 40 Vogelarten trifft man häufig den Vogelfloh, der den Jungvögeln das Blut aussaugt.

Zur Fütterung der Jungen bieten das relativ reiche Kleintierleben und die ausgeworfenen Samen ein reiches Nahrungsangebot. Aber vergessen wir nicht, wenn das erreichbare Angebot der Regenwürmer nachläßt, stellen sich die Amseln auf auffallend rot gefärbte, saftige Beeren und reifende Kirschen um. Bei den Amseln, Drosseln, Staren, der Nachtigall, dem Rotkehlchen und dem Pirol verlassen die Samen unbeschädigt den Darm. Die Dohlen, Krähen und Elstern geben nur sehr hartschalige Samen wieder keimfähig ab. Die Hühnervögel und Enten, die Meisen, der Kreuzschnabel, die Finken, der Gimpel, der Zeisig, der Stieglitz und die Häher zerstören selbst hartschalige Früchte. Wo durch den Verzicht jeglicher Spritzmittel eine reiche Nahrungsquelle zur Verfügung steht und zusätzliche Nistplätze geschaffen werden, ist eine sehr dichte Besiedlung zu beobachten. Allerdings stellen in Wohngebieten Glasfassaden u. Leitungsdrähte tödliche Fallen dar. Des weiteren belasten hohe Luftschadstoffkonzentrationen u. der starke Einsatz von Pestiziden die Vogelwelt. Bei ungünstiger Witterung oder durch die Ornithose (Vogelseuche) wird der Bestand oft so stark in Mitleidenschaft gezogen, daß bei den kleinen und mittelgroßen Singvögeln die Lebenserwartungen nur ein bis zwei Jahre betragen. Igel überstehen den Winter nur guternährt und gesund an geschützter Stelle unter einem Laubhaufen, in einem Schuppen oder in einem mit geknüllten Tageszeitungen oder eingestreutem Laub gefüllten Igelhaus. In den Mauern und Hecken sollte man allerdings Durchlässe und im Schwimmbecken durch eingelegte Bretter Rettungsmöglichkeiten schaffen.

Die Stauden und Gehölze leiden gelegentlich unter den Fraßschäden von Kaninchen, Hasen und Rehen. In den Wintermonaten ist die Gefahr des Rindenfraßes immer gegeben. Zweige, Blätter, Blüten und Wurzeln sind nicht sicher. Einen absoluten Schutz bietet ein 1,30 m hoher Maschendrahtzaun mit einer Maschenweite von 40 mm, der unten durch ein 50 cm breites Kaninchengeflecht geschützt ist. Es sollte 25 cm in den Boden eingelassen werden, damit sich Kaninchen und Hasen nicht darunter hindurchgraben können. Die Bäume lassen sich auch durch Drahthosen, Kunststoffmanschetten oder Holzlatten gegen Wildverbiß schützen.

Blütenbesucher

Die bunt gefärbten Blütenblätter haben eine Signalfunktion. Das Farbenspiel der Blumenkronblätter vom Seidelbast *(Daphne mezereum)*, des Seifenkrautes *(Saponaria officinalis)* und des Flachses *(Linum usitatissimum)* werben um den Besuch von Insekten. Beim Ackersenf *(Sinapis arvensis)*, dem Schwarzen Holunder *(Sambucus nigra)* oder der Arnika *(Arnica montana)* dient ein ganzer Blütenstand der Anlockung. Als Blickfang fungieren bei etlichen Pflanzen die bunten Kelchblätter. Dem Eisenhut *(Aconitum napellus)*, der Christrose *(Helleborus niger)*, dem Buschwindröschen *(Anemone nemorosa)*, der Küchenschelle *(Pulsatilla vulgaris)*, der Trollblume *(Trollius europaeus)* und dem Winterling *(Eranthis hyemalis)* gelingt es, die Insekten auf sich aufmerksam zu machen.

Ein Wegweiser zu dem verborgenen Nektar und dem Pollen sind die Saftmale. Weiße und schwarze Striche oder fleckenartige Muster dienen als Hinweiszeichen für die Besucher des Alpenleinkrautes *(Linaria alpina)*, des Roten Fingerhutes *(Digitalis purpurea)* oder des Ehrenpreises *(Veronica teucrium)*. Die Duftstoffe der Blüten sind auf die Fliegen und Käfer, Bienen, Hummeln und Falter ausgerichtet. Die Reize, mit denen Bestäuber angelockt werden, reichen vom feinsten Odeur bis zum übelsten Gestank. Nicht jede Pflanzengattung ist mit einem so typischen Bukett wie die Nelken, Lilien, Maiglöckchen, der Flieder, Thymian oder das Veilchen ausgestattet. Es setzt sich meist aus einer Mischung verschiedener Komponenten zusammen.

Die Duftstoffe sind ätherische Öle und Harze, ungesättigte und aromatische Alkohole und Aldehyde, Fettsäuren, Phenole, Carbonsäuren und ihre Ester, die von den Osmophoren ausgehen. Als Duftträger dienen hauptsächlich die Blütenblätter, vereinzelt Nektarblätter und Staubblätter. Bei den Orchideen finden sich am Blütengrund besondere »Duftdrüsen«, die häufig mit dem Paarungsziel der Insektenbesucher im Zusammenhang stehen. Die Blüten der Fliegen-, Spinnen-, Hummel- und Bienen-Ragwurz haben sich im Laufe der Stammesgeschichte nicht nur in Form und Behaarung dem Aussehen der Insekten angepaßt, sie ahmen auch deren Sexual-Lockstoffe nach. Die Fliegenragwurz *(Ophrys insectifera)* riecht wie ein begattungsbereites Wespenweibchen nach Maiglöckchen und Zitrone. Das Männchen der Grabwespe wird von den Geschlechtslockstoffen der Blüten angelockt. Wenn es die Fliegenragwurz zu begatten versucht, überträgt es Pollen von einer Blüte auf die andere.

Die Insekten werden in erster Linie durch den Nahrungstrieb zum Blütenbesuch veranlaßt. Bei den hochentwickelten Pflanzen finden sie am Ende der Blütenleitbündel, in engen Hautdrüsen und in Drüsengeweben zuckerhaltigen Nektar, der Saccharose, Fructose und Glucose enthält. Insektenanlockende Honigblüten haben der Winterling *(Eranthis hyemalis)*, die Christrose *(Helleborus niger)*, der Eisenhut *(Aconitum napellus)* und die Schneeheide *(Erica herbacea)*. Zuweilen können die Duftstoffe auch von den Pollen ausgehen wie bei dem Leberblümchen *(Hepatica nobilis)*, den Mohnarten *(Papaver)* und der Hundsrose *(Rosa canina)*, oder die Blütenbesucher werden durch die bunten Staubblätter des Mittleren Wegerich *(Plantago media)* und der Amstelraute *(Thalictrum aquilegifolium)* angelockt. Der Geruch von Trimethylamin dient den Birnbäumen und dem Weißdorn als Anlockungsmittel. Zahlreiche Arten sondern ohnehin keinen Nektar ab. Sie bieten ihren Besuchern den nährstoffreichen Blütenstaub als Futter an, so der Klatschmohn *(Papaver rhoeas)*, der Boretsch *(Borago officinalis)* oder der Weißklee *(Trifolium repens)*. Die Pollen der gelben Staubgefäße der Weidenkätzchen *(Salix)* sind im Frühjahr für die Hummeln eine begehrte Eiweißnahrung. Die Blumenwanzen saugen die Pollenkörner aus. Sie sind reich an Eiweiß, Fett, Kohlehydraten und Vitaminen. Solche Pollenblumen, die besonders Käfern mit beißenden Mundwerkzeugen offenstehen, finden wir unter den Korbblütlern, Anemonen und Sonnenröschen, dem Mohn, der Clematis, den Wild-, Pfingst- und Zistrosen sowie dem Geißbart *(Aruncus dioicus)*. Die Mauer-, Mörtel- und Blattschneiderbienen ernten den Pollen als Bauchsammler, indem sie die Staubgefäße streifen. Die Klatschmohn-Mauerbiene kleidet dabei ihr Nest mit Mohnblütenblättern aus und die Blattschneiderbiene baut sich in morschem Holz einen Gang, den sie mit den grünen Blättern eines Rosen- oder Fliederstrauches auskleidet. Bei den Sandbienen sind die Saugzungen meist nicht sehr lang. Sie besuchen deshalb flache Doldenblütler oder sie wälzen sich beim Pollensuchen mit ihrem ganzen Körper in Rosenblüten. Einige Sandbienen befliegen nur die Blüten der Zaunrübe *(Bryonia alba)*, und die Trugbienen bepudern sich beim Pollensammeln in den Blüten von Korbblütern. Neben der Pracht der Farben, den verlockenden Düften, dem süßen Nektar und nahrhaften Pollen dienen den Königskerzen und vielen Orchideen nährstoffreiche Futtergewebe als Lockmittel.

Noch ist der Blütenduft kein feststehender Begriff. So flüchtig wie der Wohlgeruch ist die Fülle seiner Erscheinungsformen, die mit Hilfe der Gaschromatographie in Aromastoffe getrennt und genau bestimmt werden können. Der Mischduft der

Rosen setzt sich aus verschiedenen Geruchskomponenten zusammen. Die chemische Analyse ergab Duftstoffe wie Zitrone, Apfel, Quitte, Himbeere, Iris, Veilchen oder Klee. Das Scatol, das mit menschlichen Maßstäben gemessen geradezu ekelerregende Gerüche erzeugt, ist ein Dorado für Schmeißfliegen. Die Blüten des Aronstabes *(Arum maculatum)* riechen nach faulendem Harn, die der Sumpf-Calla *(Calla palustris)* nach Verwesung, und die Blüten der Haselwurz *(Asarum europaeum)* erinnern an gepfeffertes und gebratenes Fleisch. Die Duftintensität hängt an warmen Tagen von der Bodenfeuchtigkeit ab, die dazu beiträgt, daß die gebildeten Duftstoffe in größerem Umfang in die Blüten transportiert werden können. Die chemische Lockwirkung ist auch dann am stärksten, wenn die Blüten verborgen sind oder bei den Nachtblühern eine optische Orientierung aus weiter Entfernung nicht mehr möglich ist. Wenn die Blüten unscheinbar, ohne Duft und Honig sind, wird die Bestäubung in der Regel durch den Wind vorgenommen. Die kleinen Blüten unserer Gräser, der Kiefern *(Pinus)* oder der Hasel *(Corylus avellana)* erzeugen in großen Mengen Pollen, der vom Wind auf die Narbe anderer Pflanzen geweht wird.

Die Duftentwicklung ist häufig auf die Flugzeiten der Insekten abgestimmt. Blüten, die von den Nachtschmetterlingen besucht werden, zeichnen sich am Tag durch eine völlige Geruchlosigkeit aus. Die Blüten der Nachtkerzen öffnen sich gegen Abend unter starker Duftentwicklung. Von den nächtlich fliegenden Faltern werden die Düfte der Türkenbundlilie *(Lilium martagon)* oder des Stechapfels *(Datura metel)* über weite Entfernungen wahrgenommen. Die wichtigsten Organe des Geschmackssinns sitzen nicht am Kopf, sondern an den Beinen. Die süßen Ausscheidungen und den Aasgeruch nehmen die Falter an den Tarsen mit den Sensillen wahr. Die Facettenaugen der Falter können verschiedene Farben wahrnehmen, was beispielsweise für das Erkennen der Blüten der Kuckuckslichtnelke *(Lychnis flos-cuculi)* für die Tagschmetterlinge lebensnotwendig ist. Von den 2500 europäischen Großschmetterlingsarten sind nur 300 Tagfalter. Hinzu kommen in Deutschland 2000 Kleinschmetterlingsarten. In der Regel sind die bleichen Töne die Farben von nachtblühenden Pflanzen, welche bei Dämmerlicht optisch gut zur Wirkung kommen. Bei den weitgehend auf nächtlichen Besuch eingestellten Schwärmerblumen erfolgt die Sekretion des Nektarsaftes am Grunde einer langen Kronröhre. Ihn vermögen nur die Nachtfalter, von denen etwa 100 Arten die Ökologischen Gärten besuchen, mit ihren langen Rüsseln aus den tiefen Kelchen zu saugen. Dabei bleiben die Schwärmer wie Hubschrauber in der Luft vor den Blüten stehen. Dem heimischen Windenschwärmer bereitet es mit seinem 8 cm langen Rüssel keine Mühe, in die tiefe Blütenröhre der Zaunwinde *(Calystegia sepium)* einzudringen. Weitere Schwärmerblumen sind das Seifenkraut *(Saponaria officinalis)*, der Stechapfel *(Datura metel)* und die *Lonicera*-Arten. Ohne Bienen wäre unsere Landschaft trist und trüb. Am Beginn der Kreidezeit, vor 130 Millionen Jahren, entwickelten sich parallel mit den Blütenpflanzen die Schmetterlinge, die Hummeln und die Bienen. Alle Bienen versehen ihre Nachkommenschaft mit einem Gemisch aus Pollen und Nektar. Die Echten Bienen können mit ihren langen Zungen bei den Lippen- und Schmetterlingsblütlern bis zum Nektar vordringen, wobei der Pollensammelapparat an den Hinterbeinen die höchste Vollendung erreicht. Wenn die Stachellosen Bienen eine gute Futterquelle entdeckt haben, legen sie für ihre Kameraden vom Nest bis zur Futterstelle eine Duftspur. Der Nutzen, den uns die Honigbienen als Blütenbesucher bringen, läßt sich kaum ermessen. Ihr Farbsinn führt sie zu den bunten Blüten und ihr Geruchssinn setzt sie in die Lage, die einzelnen Blütenarten an ihrem Duft zu unterscheiden. Dabei finden sie sich zu den verschiedenen Tageszeiten an den Blüten ein, die gerade Nektar spenden. Karl von Frisch verdanken wir die

Erforschung der Verständigungstänze der Honigbienen, mit denen sie ihren Stockgefährten die Nahrungsquellen mitteilen.

Wildgärten

Die Wildgärten stellen einen besonderen Lebensraum für Pflanzen und Tiere dar. Viele Tiere sind auf bestimmte Nahrungspflanzen angewiesen. Kleine, intensiv gepflegte Nutz- und Ziergärten bieten ihnen keinen optimalen Lebensraum. Am besten fördert der Sandboden das Insektenleben. Die eingestrahlte Wärme wird nachts in den bodennahen Schichten abgegeben. Je trockener und wärmer der Biotop, desto höher wird die Artenzahl an Ameisen sein. Dagegen bevorzugen die Maulwurfsgrillen Lehmböden. Ihre unterirdische Lebensweise verlassen sie nur zur Paarungszeit im Mai und Juni. An der Erdoberfläche erinnert ihr Schnurren an den Ruf des Ziegenmelkers. Unter den Vögeln haben sie viele Feinde und in der Erde werden sie vom Maulwurf und den Spitzmäusen verfolgt. Die Maulwurfsgrillen leben vorwiegend von tierischer Kost wie Engerlingen, Drahtwürmern, Schmetterlingsraupen oder Erdraupen. Zu Pflanzenschädlingen werden sie nur, wenn sie beim Freiräumen der Gänge die Wurzeln abbeißen. Erheblichen Schaden in unseren Gärten können dagegen die Große Rote Wegschnecke, die Große Schwarze Wegschnecke, die Große Egelschnecke, die Schwarze Egelschnecke und die Ackerschnecken anrichten.

Die Wildpflanzen sind Lebensstätten zahlreicher Nützlinge. Sie dürfen nicht vor Mitte Oktober gemäht werden. Sonst werden die Raupen und Puppen gefärdeter Schmetterlingsarten vernichtet. Die wichtigsten Raupenfutterpflanzen sind:

Ackersenf *(Sinapis arvensis)*: Weißlinge, Resedafalter, Aurorafalter
Ampfer *(Rumex)*: Dukatenfalter, Feuerfalter, Frühlingswürfelfalter
Brennessel *(Urtica)*: Tagpfauenauge, Distelfalter, C-Falter, Kleiner Fuchs, Admiral, Landkärtchen, Goldeulen
Brombeere *(Rubus)*: Kaisermantel, Brombeerzipfelfalter, Perlmutterfalter
Dill *(Anethum graveolens)*: Schwalbenschwanz
Faulbaum *(Rhamnus)*: Zitronenfalter
Fenchel *(Foeniculum vulgare)*: Schwalbenschwanz
Purpur-Fettkraut *(Sedum telephium)*: Apollo
Flockenblumen *(Centaurea)*: Scheckenfalter
Lolch *(Lolium)*: Verschiedene Augen- und Dickkopffalter
Geißblatt *(Lonicera)*: Kleiner Eisvogel
Ginster *(Genista)*: Bläulinge, Brombeerzipfelfalter
Habichtskraut *(Hieracium)*: Scheckenfalter
Himbeere *(Rubus)*: Kaisermantel, Perlmutterfalter, Brombeerzipfelfalter
Hopfen *(Humulus)*: Tagpfauenauge
Klee *(Trifolium)*: Senfweißling, Bläulinge, Postillon
Knäuelgras *(Dactylis)*: Verschiedene Augen- und Dickkopffalter
Kohl *(Brassica)*: Weißlinge, Resedafalter, Aurorafalter
Kresse *(Lepidium)*: Weißlinge, Resedafalter, Aurorafalter
Kronwicke *(Coronilla)*: Heufalter, Bläulinge
Lauchkraut *(Alliaria)*: Weißlinge
Löwenzahn *(Taraxacum)*: Großer Bär, Weißfleckenwidderchen
Natterkopf *(Echium)*: Distelfalter
Pfeifengras *(Molinia)*: Verschiedene Augen- und Dickkopffalter
Resede *(Reseda)*: Resedafalter

Thymian *(Thymus)*: Bläulinge
Veilchen *(Viola)*: Kaisermantel, Perlmutterfalter
Wegerich *(Plantago)*: Schneckenfalter, Kleiner Maivogel, Feuerfalter
Wegrauke *(Sisymbrium)*: Weißlinge, Aurorafalter
Weide *(Salix)*: Schillerfalter, Trauermantel, Großer Fuchs, Abendpfauenauge, Schwarzes und Rotes Ordensband, Zickzackspinner
Weißdorn *(Crataegus)*: Segelfalter, Baumweißling
Wicke *(Vicia)*: Heufalter, Senfweißling
Wilde Gelbe Rübe *(Daucus carota)*: Schwalbenschwanz
Zaun-Winde *(Convulvulus sepium)*: Winden-Eule
Zitterpappel *(Populus tremula)*: Großer Eisvogel

Höhlen in anbrüchigen Bäumen und Kopfweiden sowie Löcher in den Felswänden, Steinbrüchen und altem Gemäuer sollten für Höhlenbrüter erhalten bleiben. Die Vögel gehören zu den geschätzten Gästen im Garten. Sie verzehren als Nützlinge schädliche Insekten. Die Wildgärten stellen Biotopinseln in der Stadtlandschaft dar. Sie werden bevorzugt von Amseln, Grünfinken und Ringeltauben, Haussperlingen, Kohl- und Blaumeisen aufgesucht. Von den Finkenvögeln beobachtet man auch Buch- und Bergfinken, Dompfaff, Kernbeißer und Zeisig. Zunehmend treten die Wacholderdrossel, die Goldammer, das Rotkehlchen, die Heckenbraunellen und der Zaunkönig auf.

Die Sekundärvegetation von Böschungen und Halden bietet vielen unscheinbaren Tieren einen Lebensraum. Je nach der Exposition ändert sich die Dauer der Sonneneinstrahlung und damit auch die Bodenerwärmung. Das durch die Böschung bedingte Kleinklima ist im Winterhalbjahr durch die Sonnenseite bedingt. Wenn der Schnee schnell abschmilzt, sind die Böschungen für viele Mäusejäger ein erhöhtes Brut- und Nahrungsgebiet. Wer sonnenbeschienene, nicht zu dicht bewachsene Böschungen weder mit Spaten noch Hacke bearbeitet, kann in einem Garten durchschnittlicher Größe über 50 Wildbienenarten anlocken. Löß- und sandige Lehmböden sind beliebte Nistplätze für Bodenbrüter. Sie füttern ihre Brut auch in künstlichen Nistanlagen aus Buchen- und Eichenholz, in die wir Gänge von 2 bis 10 mm Durchmesser und bis 10 cm Länge bohren. Statt den Nisthölzern kann man auch die hohlen Stengel von Königskerzen, Brombeeren, Holunder oder Rosen, Schilf- und Strohhalmen anbieten. Die Vegetation sollte man mit Bedacht auswählen. Viele blühende Wildkräuter und Gehölze sind wichtige Futterquellen für Bienen, Hummeln und Tagfalter. Darunter fallen auch Blüten, die auf eine Bestäubung durch Fliegen, Grabwespen, Faltenwespen und Wegwespen eingerichtet sind.

Durch die Bodenbearbeitung fallen viele überwinternde Schwebfliegenlarven dem Spaten oder der Hacke zum Opfer. Diese Nützlinge spießen im Sommer mit ihren Mundwerkzeugen Blattläuse auf und saugen deren flüssigen Körperinhalt aus. Die Schwebfliegenweibchen legen ihre Eier in Blattlauskolonien ab.

Pflanzengesellschaften

Wildblumenwiesen

In der Vegetationskunde wird unter Rasen eine Pflanzengesellschaft aus Gräsern verstanden. Die Wiese besteht dagegen aus Süßgräsern und Kräutern, gelegentlich auch aus Riedgräsern. Im naturnahen Garten werden die Begriffe Wiese und Rasen auf künstlich entstandene Gesellschaften übertragen. Dabei handelt es sich um standortspezifische Aussaaten und Anpflanzugen mit einem hohen Blumen- und geringen Gräseranteil.

Was in der Kultur- und Wildlandschaft an Stauden auftritt, wird vielfach auch im Garten verwendet. Der Pioniereffekt vieler Gräser ist ihren unterirdischen Ausläufern zu verdanken. Er zeigt sich bei der Besiedlung verkarsteter Böden, von Wasser- und Sumpfflächen. Was sich in dieser lebensfeindlichen Umwelt bewährt hat, erweist sich beim Befestigen des Dünensandes als sehr hilfreich. Es waren stets die Gräser, die verödete Landstriche wieder begrünten. Ohne Gras gibt es kein Leben, denn das Gras bestimmt die Besiedlung neuer Gebiete.

In öffentlichen Grünanlagen und auf Sportplätzen, überall begegnen uns Rasenflächen. Unter den verschiedenen Bezeichnungen werden Rasenmischungen angeboten, die für gepflegte Edel-, Zier- und Schmuckrasen, Sportfeld-, Wohn- und Schattenrasen in den Handel kommen. Das Gras ist nicht nur die Grundlage unserer Grünflächen, es absorbiert auch den Staub und erzeugt durch die Verdunstung im Asphaltklima unserer Städte Luftfeuchtigkeit und Kühlung.

Am Beginn der Kreidezeit entwickelten sich vor 130 Millionen Jahren gemeinsam mit den Schmetterlingen, Hummeln und Bienen die Blütenpflanzen, und die Erde verwandelte sich in eine bunte Wiese. Für viele Menschen sind die Blüten und Insekten das Urbild einer intakten Umwelt. Ästhetisch befriedigende Blumenwiesen setzen voraus, daß bei der Auswahl der Pflanzen bewußt schönblühende Stauden bevorzugt werden. Eine Blumenwiese läßt sich nicht für Freizeitaktivitäten benutzen.

Aus diesen Gründen werden sie als Spielrasen unseren Ansprüchen nicht gerecht. Euphorische Versuche, den Blütenteppich einer Steppenheide in einen Hausgarten zu verlegen, gelingen nur bei umfangreichen Erdvorbereitungen. Die Zusammensetzung und das Aussehen einer Blumenwiese ist von der Bodenart, den Feuchtigkeitsverhältnissen, der Düngung und der Schnitthäufigkeit abhängig. Wenn diese Eigenschaften nicht bekannt sind, werden bis zu 10 cm Tiefe Bodenproben entnommen und an eine Untersuchungsanstalt zur Beurteilung des pH-Wertes und der Nährstoffgehalte geschickt. Die Florenvielfalt nimmt mit dem Anstieg der Bodenreaktion bis zu einem Wert von pH 7,5 zu und verarmt mit dem Absinken des pH-Wertes unter 5,0.

Die Blumenwiesen sind als ökologische Rückzugsflächen für Pflanzen und Tiere nur sinnvoll, wenn sie eine Mindestgröße von 100 m^2 aufweisen. Von bestehenden

Rasenflächen, die den Charakter von Fettweiden haben, wird die Grasnarbe mit der obersten Bodenschicht abgetragen. Zur Bodenvorbereitung gehört ein etwa ein bis zwei Spaten tiefes Umgraben. Dabei werden ohne Herbizidanwendung die Flächen von Pflanzen, Wurzelresten und Rhizomen, Steinen und Holzstücken befreit. Um die Blumenwiese vor einer Nitratanreicherung zu bewahren, sind die Stickstoffdünger maßvoll zu verwenden. An Nährstoffen ist der Boden mit einem Phosphat- und Kaligehalt zwischen 5 mg und 20 mg in 100 g Boden optimal eingestellt. Bodenverbesserungsmittel in Form von Komposterde, Rindensubstraten, Schnittholzkompost oder grobem Sand werden gleichmäßig verteilt und bis zu 15 cm Tiefe eingearbeitet. Bei einer Nährstoffunterversorgung lassen sich auf 100 m^2 3 bis 5 kg eines organisch-mineralischen Volldüngers mit hohem Phosphat- und Kalianteil verwenden. Die jährlichen Düngergaben, im Frühjahr ausgebracht, sollten 50 g pro Quadratmeter nicht übersteigen. Wie bei der Vorratsdüngung ist auf die Auswahl von phosphor- und kalibetonten Mehrnährstoffdüngern zu achten. Nur bei einer Stickstoffunterversorgung ist eine ausdauernde Blumenwiese zu erwarten. Sämtliche Stauden erhalten durch den Schnitt gleiche Startbedingungen. Der Zeitpunkt der Mahd richtet sich nach dem Abblühtermin der Kräuter. Eine Feuchtwiese mit der Sumpfdotterblume *(Caltha palustris)* und dem Wiesenschaumkraut *(Cardamine pratensis)* läßt sich ab Ende Juni schneiden, während man beim Wiesenkerbel *(Anthriscus sylvestris)* bis Ende August warten muß. Die regenerierfähigen Arten sind dabei weit überlegen. Der Wundklee *(Anthyllis vulneraria)*, die Rundblättrige Glockenblume *(Campanula rotundifolia)*, der Wiesenstorchschnabel *(Geranium pratense)*, der Hornschotenklee *(Lotus corniculatus)*, der Wiesen- *(Trifolium pratense)* und der Weißklee *(Trifolium repens)* blühen nach dem ersten Schnitt im Juni–Juli ein zweites Mal. Am besten wird mit der Sense, wenn es gar nicht anders geht, mit dem Sichel- oder Balkenmäher gearbeitet. Auf nährstoffarmen Böden genügt ein Schnitt im September oder zweimal im Juni/Juli und September. Alles Schnittgut muß von den Blumenwiesen abgeräumt werden.

Aussaat von Wildblumenwiesen
Blumenreiche Wiesen aus heimischen Glockenblumen, Margeriten, Lichtnelken, Wiesensalbei, Wiesenstorchschnabel, Schafgarbe oder Schlüsselblumen sind von unterschiedlicher Qualität. Viele Kräuter lassen sich im Handel nicht beschaffen. Bei der Anlage hat sich das Aufbringen von »Heublumen« am besten bewährt. Die samenreichen Rückstände der Heuböden werden zusammengekehrt und auf der vorbereiteten Fläche aufgebracht. Eine sehr gute Heublumensaat liefern Blumenwiesen, die nach der Samenreife geschnitten werden. Kurze Halme lassen sich aussieben. Bei der Saat werden pro Quadratmeter 30 bis 40 Gramm »Heublumen« ausgebracht.

Die handelsüblichen Wildblumenmischungen entsprechen nicht immer unseren Erwartungen. In der Regel handelt es sich um Saatgut für wechselfeuchte bis trockene Standorte. Die Wiesenmischungen werden nach ihren Standortansprüchen differenziert in Pflanzen für neutrale bis alkalische Standorte. Ausgesprochen kalkhaltige Böden lieben der Kümmel, die Margerite, der Hopfenklee und die Luzerne. Mit weniger Kalk kommen der Wiesenkerbel, der Wiesenstorchschnabel, der Waldstorchschnabel, der Spitzwegerich, der Wiesenlöwenzahn, der Wiesen- und der Weißklee aus. Die Kornrade, der Mohn und die Kornblume gehören als Getreidebegleiter nicht in die Wildblumenwiese. An Kräutern wird auch Saatgut für trockene Standorte angeboten. Darunter sind auffallend viele Leguminosen vertreten. Das Saatgut vom Wundklee, des Hufeisenklees, des Hornklees oder des Hauhechels ist jederzeit verfügbar. Die rosetten- und ausläuferbildenden Arten entwickeln neun Monate nach der Saat trittsichere Wildblumenwiesen.

Einsaaten haben im Frühherbst mehr Aussicht auf Erfolg als im Frühjahr. Bei Frühjahrssaaten gehen zunächst nur Gänseblümchen auf. Die Veilchen und die Primeln, der Odermennig und der Waldstorchschnabel benötigen als Kaltkeimer den Winter. Bei der Aussaatstärke ergeben sich große Unterschiede. Die Zahl beträgt 40 bis 50 g/m^2 bei Wildblumenrasen mit einem Gräseranteil zwischen 75 und 85%, 10 bis 20 g/m^2 bei einem Gräseranteil von 5 bis 10% und bei Wildblumenmischungen, die nur aus Kräutern bestehen, 0,5 g/m^2. Im allgemeinen rechnet man mit 3 bis 5 g/m^2. Wenn Arten mit staubfeinem Saatgut verwendet werden, sind die Aussaatmengen extrem niedrig. Es reichen dann Saatmengen von 0,1 bis 0,01 g/m^2. Nur wenige Wildblumensaaten ertragen eine Erdabdeckung. Das Einarbeiten mit dem Rechen würde den Keimerfolg der Margeriten und Glockenblumen vermindern. Staubfeines Saatgut läßt sich nur vermischt mit trockener Erde breitwürfig ausbringen. Dabei kommen 10 g Samen auf 10 Liter Erde, oder anders ausgedrückt, Samen und Erde im Verhältnis 1 : 1000. Bis zum Aufgehen der Keimlinge müssen die Aussaaten ständig feucht gehalten werden. Empfindliche Arten vertrocknen bei Frühjahrssaaten sehr leicht.

Es kann innerhalb kurzer Zeiträume zu einer Auflockerung der Blumenwiesen kommen. Solange die Wurzeln der Kräuter den Boden durchziehen, zeigen Einsaaten recht selten befriedigende Erfolge. Die Samen kommen nicht zur Keimung, solange eine dichte Pflanzengesellschaft den Boden bedeckt. Auch ein Auflockern der Erde hilft wenig. Die mehrjährigen Arten werden dadurch zur Ausbreitung angeregt und die Sämlinge zwischen den Kräutern erdrückt. Mit der Größe der Lücken wächst die Chance für die Jungware. Durch Pflanzung mit Topfballen entfallen die Aussaatrisiken.

Nach der Samenreife erfolgt die erste Mahd. Sollte eine zweite notwendig sein, muß sie nicht zu spät vor dem Wintereinbruch erfolgen. Die Wildblumenwiesen sehen nach jeder Mahd für etliche Wochen braun und blumenlos aus.

Anpflanzen von Wildblumenwiesen
Einsaaten von Wildblumenwiesen bringen vielfach keine befriedigenden Erfolge. Es empfiehlt sich deshalb, eine Ansiedlung mit Topfballen durchzuführen. Ein Vorteil ist das geringe Ausfallrisiko, die Artendurchsetzung und eine natürliche Versamung. Dabei sind ein- und zweijährige Arten nicht immer integrierbar. Eine Ansiedlung mittels Jungpflanzen kann bei allen Arten erfolgen.

Die Samen für die Wildblumenwiesen erhalten wir in separaten Portionspackungen. Horstweise vorkultiviert werden sie in die Lebensbereiche eingebracht. Mit den Anzuchten der staudigen Pflanzen wird im Frühjahr begonnen. Die Kräuter werden in Torf-, Ton- oder Kunststofftöpfen gehalten. Sie können auch unmittelbar mit Wurzelballen ausgestochen und wieder eingepflanzt werden. Nach dem Auslegen der Samen in eine lockere und humose Erde wird das Saatgut nur leicht abgedeckt und bis zur Keimung gleichmäßig feucht gehalten. Auch die vegetativen Anzuchtmethoden durch Teilung von Wurzelstöcken aus Rhizomen, durch Stecklinge, Knollen und Zwiebeln bedürfen einer Vorkultur, damit sie mit Wurzelballen gesetzt werden können.

Auf unbewachsenen Flächen treten gefährliche Wassererosionen auf, die zu Spülrinnen und flächenhafter Abtragung führen. Bodeneinbau, Pflanzenverwendung und Pflanzenpflege tragen zur Stabilisierung des Bodens bei. Als Zeitpunkt des Auspflanzens ist der Frühherbst geeignet. Die Pflanzen können dann noch einwurzeln und erhalten die Winterniederschläge. In der Wildblumenwiese läßt sich mit 7 bis 10 Pflanzen pro Quadratmeter ein rascher Vegetationsdeckenschluß erreichen. Die Selbstvermehrung durch Aussamung ist von Erfolg gekrönt, wenn sie der Verdrängungskraft der Nachbarpflanzen nicht unterliegt. Selbst kräftige Pflanzen nehmen beim Auspflanzen in Wiesenflächen sehr viel stärker ab als auf unbewachsenen Flächen.

Kunstwiesen

Wer sich mit wenigen Quadratmetern begnügt, kann kleine und kleinste Flächen mit Stauden, ein- und zweijährigen Pflanzen begrünen. Die Blumenwiesen sind dankbar für die Lichtfülle offener Rasenflächen. Unter Bäumen können die Kunstwiesen Schattenpflanzen aufnehmen. In diesen relativ kleinflächigen Ökozellen bilden sich ganze Biozönosen. Wer die Artenauswahl kennt, weiß, daß eine Pflanzengesellschaft sehr unterschiedlich zusammengesetzt ist. Je nach Feuchtigkeit, Bodenart und Kalkgehalt richten sich die Pflanzen. Die erwünschten Arten mit einer hohen Verdrängungseigenschaft können streckenweise den Graswuchs unterdrücken. Andererseits fürchtet man unduldsame Pflanzen wegen ihrer Wucherfähigkeit. In wenigen Jahren kann es in der Kunstwiese zu einer starken Änderung der Pflanzendecke kommen. Regelmäßig treten derartige Verschiebungen bei Populationen mit reicher Samenbildung und üppiger vegetativer Fortpflanzung auf.

Aus Kostengründen bestehen nur begrenzte Möglichkeiten, den Bodenaufbau zu verändern. Je höher der Humusgehalt eines Lehm- oder Sandbodens ist, um so besser bleibt das Gefüge einer Blumenwiese erhalten. Er bildet einen idealen Standort für Knollen- und Zwiebelgewächse. In schütteren Rasenflächen lassen sich die Schneeglöckchen, Märzbecher, Krokusse und die Herbstzeitlosen ansiedeln. Mit der Mahd ist zu warten, bis die Blätter nach der Blüte vergilben. Wer eine Blumenzwiebelwiese anlegt, muß wissen, daß sie zumindest zwischen April und Juli schlecht zu betreten ist und als Spiel- und Sportwiese nicht strapaziert werden kann.

Eine neue Variante ist der 10 bis 15 cm hohe Blumenrasen. Bald nach dem Abschmelzen des Schnees blühen die Gänseblümchen, Wiesenveilchen und Kissenprimeln. Mit ihren Blattrosetten schmiegen sie sich dem Boden an. Der nicht zu tiefe Schnitt behindert sie kaum. Auch Rosettenpflanzen wie der Wegerich oder der rasenbildende Milde Mauerpfeffer *(Sedum sexangulare)* entrinnen den Messern des Rasenmähers.

An schattigen Stellen ist der Efeu ein vorzüglicher Ersatz für Rasenpflanzen. Kennzeichnend für die vegetative Fortpflanzung des dichten Efeurasens sind die sproßbürtigen Wurzeln, die an den Knoten hervorbrechen. Das bodenbedeckende Laub bleibt den ganzen Winter über grün.

Bellis perennis, Asteraceae (Korbblütler)
Gänseblümchen, Maßliebchen, Tausendschön
Staude, 5 bis 15 cm hoch

Randblüten weiblich, zungenförmig, weiß, an der Spitze oft rötlich, Scheibenblüten gelb, III–XI, Insektenbestäubung.

In kurzrasigen Fettweiden und Wiesen blühen schon vor dem ersten Schnitt die Gänseblümchen. Wenn ihnen von anderen Pflanzen das Licht nicht genommen wird, sind die Grünflächen in etwas wärmeren Lagen auch noch im Winter blütenbetupft. Das Gänseblümchen bildet grundständige Blattrosetten, über die jede Mahd hinweggeht. Auf nährstoffreichen, mehr oder weniger humosen Lehm- oder Sandböden beginnt sich das Gänseblümchen durch Samen sehr rasch zu verbreiten.

Erigeron annuus, Asteraceae (Korbblütler)

Feinstrahlberufkraut	Blütenköpfchen in locker zusammengesetzter Doldentraube, Randblüten
Ein- oder zweijährig,	
20 bis 100 cm hoch	weiblich, zungenförmig, weiß, bläulich oder violett, Scheibenblüten zwittrig, gelb. VI–X, Insektenbestäubung

Seit dem 18. Jahrhundert beginnt sich das Feinstrahlberufkraut von den Gärten aus zu verbreiten und im Kunstrasen anzusiedeln. Wo regelmäßig gemäht wird, können sich ein- und zweijährige Pflanzen nur halten, wenn sie vor jedem Schnitt zum Fruchten kommen und leicht versamen. Als licht- und etwas wärmeliebende Pionierpflanze bevorzugt *E. annuus* feuchte und nährstoffreiche sandige Lehmböden.

Geranium phaeum, Geraniaceae (Storchschnabelgewächse)

Purpurstorchschnabel	Blütenstand wickelig angeordnet,
Halbrosettenstaude	braunviolett, V–VIII, Echte Bienen.
30 bis 60 cm hoch	

Der anspruchsvolle Purpurstorchschnabel entwickelt sich auf nährstoffreichen, feuchten und kalkarmen Ton- und Lehmböden zu einer dekorativen Halbrosettenstaude. In der Kunstwiese kommt es durch Stalldunggaben zu einer Anhäufung von Stickstoff, der zu einer starken Ausbreitung von G. phaeum beiträgt.

Glecoma (Glechoma) hederacea, Lamiaceae (Lippenblütler)

Gundermann	Blüten in den Achseln gewöhnlicher
Staude mit kriechendem, an den	Laubblätter, blauviolett, selten rotlila
unteren Knoten wurzelndem, auch im	oder weiß. IV–VI, Echte Bienen, vereinzelt auch Schmetterlinge, Schwebfliegen und Wollschweber. Erdhummeln
Winter belaubtem Hauptstengel.	
Angenehm würzig riechendes Kraut.	
10 bis 15 cm hoch	und Honigbienen stehlen Nektar durch Anbeißen der Kronröhren.

Unter Bäumen und Sträuchern, in Hecken und an Mauern gehört der Gundermann zu den schattenverträglichsten Bodenbedeckern. Im diffusen Licht zeigen seine Blätter einen eigentümlich metallischen Glanz. Auf nährstoffreichen, nicht zu trockenen Böden schließt der Gundermann mit seinen Kriechtrieben nach kurzer Zeit die Vegetationsdecke. Die Selbstvermehrung durch Aussamen stimmt weitgehend mit den myrmecochoren Arten überein, die von Ameisen verbreitet werden. Unter Bäumen, am Waldrand und an Heckenrändern sind sie lange wachstumsfähig. An schattigen Standorten überwintern die Blätter der Kriechsprosse im grünen Zustand.

Lamium amplexicaule, Lamiaceae (Lippenblütler)

Stengelumfassende Taubnessel	Blüten in dichten, vielblütigen Scheinquirlen. Fleischrosa bis lebhaft karminrot. IV–VIII, Insektenbestäubung
Rundblättrige Taubnessel	
Ein- bis zweijährig	
10 bis 30 cm hoch	

Die Kultur der Stengelumfassenden Taubnessel gelingt am besten in offenen Pflanzengesellschaften. Auf undurchlässigem Boden wird die geschlossene Pflanzendecke in nassen Sommern unterbrochen. Faulende Stellen treten besonders an nährstoffreichen Standorten auf. Undurchlässige Böden lassen sich leicht mit Sand regulieren. Stickstoffdüngergaben verändern die Dichte und lassen keinen Konkurrenten aufkommen. Nicht selten beginnt *L. amplexicaule* zu verwildern, wobei sie dank ihrer Ameisenverbreitung an Ruderalstellen auftaucht.

Muscari botryoides, Liliaceae (Liliengewächse)

Straußhyazinthe, Bisamhyazinthe
Staude mit mittelgroßen Zwiebeln
10 bis 20 cm hoch

Blütentraube, Blüte kugelig-eiförmig, geruchlos, himmelblau mit weißem, zurückgebogenem Saum. IV–V, Insektenbestäubung

In basenreichen, tiefgründigen Lehm- und Tonböden werden die mittelgroßen Zwiebeln im Herbst eingebracht. Bald nach dem Abschmelzen des Schnees erscheinen ihre grundständigen Laubblätter. *M. botryoides* beginnt nach der Samenreife einzuziehen. Durch einen späten Schnitt kann das Leben der Straußhyanzinthen verlängert und die Samenbildung unterstützt werden. Die Ausbreitung durch Brutzwiebeln und Samen spricht für den dichten Bestand der *Muscari*-Wiesen.

Ornithogalum umbellatum, Liliaceae (Liliengewächse)

Stern von Bethlehem, Doldenmilchstern
Staude mit kugeliger bis fast eiförmiger Zwiebel. Meist ohne Brutzwiebeln, 10 bis 25 cm hoch

Blütenstand doldentraubig, Blüten aufrecht, weiß, mit grünen Rückenstreifen. V–VI, Insekten- und Selbstbestäubung.

Der Stern von Bethlehem wurde früher in den Bauerngärten als Zierpflanze gezogen. Von hier kamen die Samen auf die Äcker, in den Parkrasen und auf fette Wiesen. In nährstoffreichen und beschatteten Kunstwiesen läßt sich *O. umbellatum* im Grasgarten, an Wegrändern und im Gebüsch ausbringen. Wo regelmäßig gemäht wird, ist der Stern von Bethlehem stellenweise gesellig zu verwenden.

Oxalis dillenii (O. stricta), Oxalidaceae (Sauerkleegewächse)

Dillens Sauerklee, Steifer Sauerklee
Staude, ausläufertreibend,
10 bis 20 cm hoch

Blüten einzeln oder in 2- bis 6blütigen doldenähnlichen Wickeln, hellgelb, frühzeitig welkend, Blüten von 8 bis 16 Uhr geöffnet, bleiben bei schlechtem Wetter geschlossen. VI–X, Selbstbestäubung.

Im lückenreichen Parkrasen breitet sich Dillens Sauerklee auf nährstoffreichen Böden aus. Mit seinen Ausläufern durchzieht er die humusreichen sandigen Standorte. Als Neophyt wurde er bereits um 1658 aus Nordamerika eingeschleppt. Seit 1961 ist *O. dillenii* auf offenem Kulturland verwildert und im Kunstrasen eingebürgert. In offenen Wiesenformationen mit einer geringen Zahl an Gräsern beginnt er sich schnell auszubreiten.

Sedum sexangulare, Crassulaceae (Dickblattgewächse)

(S. mite, S. boloniense)
Milder Mauerpfeffer
Staude, rasenbildend, fleischig,
Blätter walzenförmig,
6zeilig angeordnet,
ohne scharfen Geschmack
8 bis 12 cm hoch

Blüten in verzweigten Wickeln, zitronengelb. VII–VIII. Bienen, Käfer, Erdhummeln und Fliegen.

Der Milde Mauerpfeffer wird häufig mit dem Scharfen Mauerpfeffer *(S. acre)* verwechselt. *S. sexangulare* bildet als flaches Kissensedum dichte Matten von 8 bis 12 cm Höhe. Es scheint – zumindest im Verhältnis zu seinen Nachbarn – unduldsam zu sein. Seine enorme Lebenskraft erlaubt es ihm, unter den schwierigsten Bedingungen auf kies- und geröllreichen Flächen, an vollbesonnten Hängen und Terrassen mit sandreichem Boden, in humosen und sehr schweren Erden zu wachsen. Kleinteilige Rasenflächen und steile Böschungen, an denen wegen Sonnenbrand eine Raseneinsaat ausfällt oder Sense und Sichelmäher nicht mehr eingesetzt werden können, lassen sich mit diesem pflegeleichten Bodenbedecker begrünen. Sein starkes Wurzelwerk und das sukkulente Grün hält bei wolkenbruchartigen Regenfällen die Erde zurück. *S. sexangulare* fühlt sich in einem kalkhaltigen Sandboden ebenso wohl wie in einer sauren Humuserde. Eine nährstoffreiche und kräftige Erde erlaubt ihm, sich auszubreiten. Dabei sollte man den Milden Mauerpfeffer gesellig pflanzen. Wenn im Frühjahr zwischen Daumen, Zeige- und Mittelfinger kleine Büschel mit oder ohne Wurzeln aufgenommen und im Abstand von 10 bis 15 cm in die Erde gedrückt werden, bereitet es keine Mühe, eine vollständige Bodenbedeckung zu erreichen. Bis zum Herbst ist die Fläche so dicht begrünt, daß keine Konkurrenten durchkommen. Im Juli–August stehen die goldgelben Blütenwickel des Milden Mauerpfeffers so dicht gedrängt, daß alles Grün unter einem geschlossenen Blütenteppich verschwindet. Das Leuchten zieht unzählige Insekten an. Die Blüten hinterlassen wenig attraktive Samenstände. Durch die Herbstniederschläge reinigen sich die Pflanzen, dabei sät sich *S. sexangulare* aus und schließt jede Lücke.

Silene vulgaris, Caryophyllaceae (Nelkengewächse)

Leimkraut, Taubenkropf	Blütenkelch aufgeblasen, Kronblätter
Staude mit fleischig verdickter Wurzel	weißlich, selten etwas rosa. Nelkenduft
10 bis 50 cm hoch	während der Nach. V–IX, Schmetterlinge und Hautflügler. Wird gern vom Wild gegessen und regt Milchsekretion der Kühe an.

Die Verwendung des Leimkrautes auf Geröll- und Schotterflächen, auf Sand- und Lehmböden bereitet keine Schwierigkeiten. Hinzu kommt auf schwermetallbelasteten Flächen eine gewisse Unempfindlichkeit für Cadmium, Blei oder Quecksilber. Es scheint sich hier um Ökotypen zu handeln, die sich bei geringer Konkurrenz auf dem schwermetallhaltigen Gestein rasenartig ausbreiten.

Nach der Blüte bilden sich deutlich »aufgeblasene« Kelche. An der Mündung zusammengedrückt und daraufgeschlagen, entsteht ein knallendes Geräusch. Noch ehe die Samen ausgereift sind, wird gemäht. Nach jedem Schnitt wird ein neuer Trieb regeneriert und die basalen Innovationsknospen wachsen aus. In Trockenperioden zeigen die *Silene*-Pflanzen als tiefwurzelnde Rohpioniere die Fähigkeit, lange Dürrezeiten unbeschadet zu überstehen.

Veronica filiformis, Scrophulariaceae (Braunwurzgewächse)

Fadenehrenpreis	Floreszenz 15- bis 40blütig, locker traubig.
Staude mit Kriechsprossen, unduldsam	Die drei hinteren Kronzipfel bläulich violett, der vordere weiß. IV–VI,
5 bis 20 cm hoch	Insektenbestäubung.

Der Fadenehrenpreis ist im beschatteten Steingarten und für Grabbepflanzungen sehr geschätzt. Seit etwa 1930 hat sich *V. filiformis* als Friedhofflüchtling im humusreichen Zierrasen und in Fettwiesen eingebürgert. Durch Sproßstücke entstehen in jeder nährstoffreichen, humosen, etwas beschatteten Kunstwiese dichte *V. filiformis*-Rasen. Ohne besondere Pflanzvorbereitungen überzieht der Fadenehrenpreis bald größere Flächen. Der dichte Teppich unterdrückt streckenweise den Graswuchs. Dabei bilden sich geschlossene Pflanzendecken, die im Frühsommer blütenbetupft und im Winter immergrün sind. Mit jedem Schnitt nimmt der Anteil niederwüchsiger Pflanzen zu. Ihre Wucherfähigkeit ist eine Folge der vegetativen Fortpflanzung. Demgegenüber ist der Samenansatz so gering, daß selbst die Ameisen kaum zur Ausbreitung von *V. filiformis* beitragen.

Viola hirta, Violaceae (Veilchengewächse)

Wiesenveilchen, Rauhaariges Veilchen Rosettenstaude, 5 bis 25 cm hoch	Blüte hell blauviolett und am Grunde weiß, geruchlos. III–V, Selbstbestäubung (kleistogam).

Ihr geselliges Vorkommen in den verschiedensten Wiesentypen wird durch das Mähen nicht gestört. Auf trockenen und nassen, mageren und nährstoffreichen Rasenflächen spielen sie in den Pflanzengemeinschaften eine hervorragende Rolle. Die Schleuder- und Ameisenverbreitung ihrer Samen sorgt für einen dichten Bestand in den Wiesen.

Fettwiesen

Wo Tiere Stengel und Blüten abweiden, Sense und Mähbalken den Gräsern zu Leibe rücken, Stalldung und Jauche in den organischen Kreislauf der Natur eingreifen, entstehen die Fettwiesen. Auf nitratreichen Matten können sich nur Pflanzen entwickeln, die zwei- bis dreimal im Jahr gemäht werden. Um Georgi (23. April) sind die Wiesen ergrünt, und noch ehe die Pflanzen Zeit haben, ihre Samen zu bilden, beginnt noch vor Johanni (24. Juni) die Heuernte.

Bei der Beurteilung einer Blumenwiese sehen wir die bäuerliche Wiese als Vorbild. Einen Frühlingsaspekt mit Primeln, Schneeglöckchen oder Krokussen dürfen wir bei den hochwüchsigen Gräsern nicht erwarten. Die Zeit der Blütenpracht erstreckt sich auf die Monate Mai und Juni. Vom Standpunkt der Gartenwürdigkeit fallen Gewächse mit mangelnder Remontierfähigkeit aus. In einer Blumenwiese dürfen die Gräser nicht dominieren, sondern nur begleiten. Für eine Nachblüte vom Wald- und Wiesenstorchschnabel, des Wiesenkerbels oder der Margerite ist eine hohe Schnitthöhe unumgänglich. Pflanzenarten mit Ausläufern wie *Veronica serpyllifolia* oder der Weißklee sind ziemlich unempfindlich gegen einen Tiefschnitt. Die Wiesenpflanzen verbindet das Schicksal der Sense. Nach jeder Mahd bilden die Gräser Ersatzsprosse. Mit der Schnitthäufigkeit werden die hochwüchsigen Kräuter zurückgedrängt. Es ist deshalb verständlich, daß die Fettwiese wenig Farbe zeigt, und Arten, die sich aus Samen vermehren, kaum noch vorkommen. Die floristische Zusammensetzung einer intensiv genutzten Wiese besteht nur noch aus Arten mit einem stark vegetativen Fortpflanzungsvermögen. Bei mehr als vier Schnitten im Jahr wird der Platz der hochwüchsigen Kräuter, von Veronica- und Veilchen-Arten, dem Löwenzahn oder dem Wegerich eingenommen. Die Rosettenpflanzen und Stauden mit Ausläufern sind dadurch im Vorteil. Der Anteil niederwüchsiger Arten nimmt zu und der Rasen wächst zu einer Blumenwiese heran. Durch die Mahd entstehen wandlungsfähige Pflanzengemeinschaften, die ihrem doppelten Fortpflanzungssystem durch Samenbildung und Sprossung ihr Überleben verdanken.

Durch die Schnitthäufigkeit kommt es zu einem starken Nährstoffentzug. Pflanzen, die zur natürlichen Artkombination von Fettwiesen gehören, verschwinden bei einer Nährstoffverarmung verhältnismäßig schnell.

Ohne Stalldunggaben ist eine völlige Umkehrung der Konkurrenzkraft festzustellen. Aus einer Fettwiese läßt sich ohne Nachlieferung von Nährstoffen und durch regelmäßige Mahd ein Magerrasen gewinnen. Die Düngung blütenreicher Fettwiesen muß artspezifisch erfolgen. Dabei üben wiederholte Nitratgaben einen so großen Einfluß aus, daß stickstoffunverträgliche Arten verschwinden und eutrophe Pflanzengesellschaften die Oberhand gewinnen. Durch die erhöhten Stickstoffgaben entnehmen die nitrophilen Gräser dem Boden so große Mengen an Phosphor und Kali, daß vielen Kräutern, einschließlich der Kleearten, nicht mehr genügend Nährstoffe zur Verfügung stehen. Durch eine gezielte Düngung mit Phosphor und Kali wird den Wiesen ihr farbenfroher Blütenflor zurückgegeben. Fettwiesen ändern ihren Bedeckungsanteil beim Ausstreuen von Samen relativ wenig. Allerdings kann die Artendurchmischung nach der Anpflanzung schönblühender Kräuter recht bunt sein. Es sollte nicht verkannt werden, daß der Einfluß des Stickstoffs eine der Ursachen für die Überlegenheit des nitrophilen Lolch *(Lolium perenne)* und des Wiesenknäuelgrases *(Dactylis glomerata)* ist. Die eutrophen Fettwiesen zeichnen sich durch eine hohe Produktivität aus, was zur Beschattung und Verdrängung der lichtliebenden Bodenflora führt. Solche »Umtriebsweiden« bestehen nur noch aus wenigen Grasarten, die als Blumenwiesen ziemlich uninteressant sind. Wer auf Gräserpollen allergisch reagiert, sollte vor Beginn des Pollenflugs den Rasen mähen. Die Hauptblüte des Wiesenrispengrases *(Poa pratensis)* und des Wiesenknäuelgrases *(Dactylis glomerata)* sind im Mai und im Juni, des Wiesenfuchsschwanzes *(Alopecurus pratensis)* und des Wiesenschwingels *(Festuca pratensis)* von Mai–Juli, des Lolch *(Lolium perenne)*, des Wiesenlischgrases *(Phleum pratense)*, des Glatthafers *(Arrhenatherum elatius)*, des Wolligen Honiggrases *(Holcus lanatus)*, des Weißen Straußgrases *(Agrostis stolonifera)* und des Wiesenkammgrases *(Cynosurus cristatus)* im Juni und Juli. Ein zweimaliger Schnitt mit Entfernung des Mähgutes ist sehr arbeitsaufwendig. Das Gras muß innerhalb von drei Tagen abgeräumt werden. Nach Abschluß der Vegetation wird durch eine letzte Mahd das Einwandern von Feldmäusen gebremst und Flächenbränden vorgebeugt. Nach jedem Schnitt ist nicht auszuschließen, daß die Flächen zeitweise braun und unansehnlich wirken.

Nährstoff- und Feuchtigkeitsveränderungen können eine vollständige Verschiebung der Ausbreitungsmöglichkeiten bewirken. Durch Tritt oder Rhizomausbreitung entstehen immer wieder Verhältnisse, die einen Umbruch, Bodenverbesserung, Neueinsaat oder -pflanzung empfehlen. Saatfertige Wildblumenmischungen mit 3 bis 4 g/m² tragen zur Biotoperhaltung bei. Auf der betreffenden Fläche läßt sich auf 50 bis 100 m² ein Liter Heublumensaatgut ausstreuen. Die charakteristischen Wiesenkräuter entwickeln im zweiten Jahr nach der Aussaat ihre ersten Blüten.

Alkalische Böden
Carum carvi, Apiaceae (Doldengewächse)
Kümmel
Zweijährig, mit möhrenartig riechender Wurzel
30 bis 80 cm hoch

Blüten in Dolden, weiß oder rötlich bis rot. V–VII, Käfer, Zweiflügler, Hautflügler, Schmetterlinge, Netzflügler und Schnabelkerfen.

Für die Kultur eignen sich am besten tiefgründige, nährstoffreiche Lehmböden. Der Kümmel erscheint besonders nach dem ersten Schnitt in den Fettwiesen. Die zweijährige Pflanze sät sich immer wieder aus. Der Same hat als Lichtkeimer eine Keimdauer von 14 bis 28 Tagen. In nährstoffreichen Böden kann sie mit der Taglichtnelke *(Melandrium rubrum)*, dem Stiefmütterchen *(Viola tricolor)* oder dem Wiesen-Löwenzahn *(Taraxacum officinale)* vergesellschaftet werden.

Die Früchte des Wiesenkümmels weisen einen höheren Gehalt an ätherischem Öl auf als von kultivierten Pflanzen.

Die Kümmelfrüchte werden in der Heilkunde gegen Blähungen und Krämpfe, im Magen- und Darmbereich angewendet. Ein Teelöffel angestoßene Früchte werden mit einer Tasse Wasser überbrüht. Kümmel ist wegen seiner Aroma- und Würzstoffe ein beliebtes Gewürz. Es wird zur Herstellung verschiedener Arten von Lebensmitteln verwendet.

Chrysanthemum leucanthemum, Asteraceae (Korbblütler)
Margerite Blütenköpfe einzeln am Ende des Sten-
Staude gels, Zungenblüten weiß, Röhrenblüten
20 bis 100 cm hoch gelb. V–X, Fliegen, Käfer, Falter und
 Selbstbestäubung.
Liebt keine kühl-nassen und zu nährstoffreichen Standorte. Von den Margeriten halten sich nur jene Formen, die vor der Heuernte ihre Samen zur Reife bringen. Samenverbreitung erfolgt durch den Wind.

Medicago lupulina, Fabaceae (Schmetterlingsblütler)
Hopfenklee, Gelbklee Blütenstände 10- bis 50blütig, hell- bis
Einjährige Pflanzen bis Staude dunkelgelb. IV–X, Echte Bienen und
10 bis 60 cm lange Stengel Fliegen.
Pionierpflanze, bis 50 cm tief wurzelnd. Wird bevorzugt in trockenen Fettwiesen verwendet. Ihre Vitalität wird durch einen Schnitt nach der Fruchtbildung erhöht. Vermag sich durch Selbstaussaat zu erhalten.

Medicago sativa, Fabaceae (Schmetterlingsblütler)
Luzerne Blüten in blattachselständigen Trauben,
Staude mit kurzen Bodenausläufern hell- bis dunkelgelb, violett oder grün-
30 bis 90 cm hoch lich bis bräunlich. Nektarreich. VI–IX,
 Hautflügler, Tagfalter und Eulen.
Häufig als Futterpflanzen angebaut oder an Ruderalstandorten wie Wegen und Böschungen. Eine betonte Phosphat- und Kalidüngung verhindert eine Bestandsänderung in Richtung Bärenklau, Wiesenkerbel und Knäuelgras. Durch die Tätigkeit der Knöllchenbakterien wird der Boden stickstoffreicher.

Neutrale Böden
Anthriscus sylvestris, Apiaceae (Doldengewächse)
Wiesenkerbel Blütendolden mattweiß. IV–VIII,
Zweijährig bis ausdauernd, mit grünen Bienen, Fliegen, Käfer.
Blattrosetten überwinternd.
30 bis 150 cm hoch,
unangenehm süßlich duftendes Kraut
Der Wiesenkerbel blüht vor dem ersten Schnitt. Bis zur Heuernte gleicht die Kerbelwiese einem blühenden »Wald.« Hohe Jauche- oder Stalldunggaben führen zu einem massenhaften Auftreten von *A. sylvestris.* Sein vielästiger Wuchs läßt kaum eine andere Pflanze aufkommen. Aus diesem Grund können in einer Kerbelwiese nur wenige Wiesenpflanzen angesiedelt werden. Eine zusätzliche Phosphor- und Kaligabe führt zu einer Bestandsänderung in Richtung Wiesenschafgarbe *(Achillea millefolium),* Wiesenbocksbart *(Tragopogon pratensis),* Wiesenpippau *(Crepis biennis),* Wiesenflockenblume *(Centaurea jacea)* und Skabiosenflockenblume *(Centaurea scabiosa),* Margerite *Chrysanthemum leucanthemum),* Taglichtnelke *(Melandrium rubrum),* Kümmel *(Carum carvi),* Gamanderehrenpreis *(Veronica chamaedrys),* Spitzwegerich *(Plantago lanceolata),* Wiesenknöterich *(Polygonum bistorta),* Herbstzeitlose *(Colchicum autumnale),* Weißklee *(Trifolium repens)* und Wiesenklee *(Trifolium pratense).* Der Wurzelstock des Wiesenkerbels besitzt ein starkes Ausschlagvermögen. Nach jedem Rückschnitt erfolgt eine Bestockung durch Seitentriebe. Aus dem dicken Wurzelstock wachsen zahlreiche Seitenknospen zu jungen, platzraubenden Pflanzen mit kräftigen Pfahlwurzeln aus. Der Wiesenkerbel verlangt deshalb einen tiefgründigen, locker-humosen Ton- oder Lehmboden.

Geranium pratense, Geraniaceae (Storchschnabelgewächse)
Wiesenstorchschnabel
Halbrosettenstaude
30 bis 80 cm hoch

Blütenstand ein Diachsium, lebhaft blauviolett und dunkler geadert. VI–VIII, Bienen, Hummeln, Fliegen und Rüsselkäfer.

Ist eine ausgesprochene Wiesenpflanze, die sowohl auf kalkreicher wie kalkarmer Unterlage vorkommt. In feuchten bis mäßig trockenen Fettwiesen dominiert sie in einem Bestand von Wiesenschafgarben *(Achillea millefolium),* Wiesenkerbel *(Anthriscus sylvestris),* Wiesenschaumkraut *(Cardamine pratensis),* Wiesenpippau *(Crepis biennis),* Wiesenbärenklau *(Heracleum sphondylium),* Taglichtnelken *(Melandrium rubrum),* Hopfenklee *(Medicago lupulina),* Wiesenbocksbart *(Tragopogon pratensis)* und Wiesenklee *(Trifolium pratense).* Mit der Schnitthäufigkeit werden die blühenden Pflanzen zurückgedrängt und die floristische Zusammensetzung einer intensiv genutzten Wiese besteht nur noch aus Arten mit einem starken vegetativen Fortpflanzungsvermögen. Bei der Reife werden die Samen des Wiesenstorchschnabels herausgeschleudert. Als Halbrosettenstaude ist *G. pratense* nach der Mahd noch einmal blühend.

Geranium sylvaticum, Geraniaceae (Storchschnabelgewächse)
Waldstorchschnabel
Halbrosettenstaude
20 bis 60 cm hoch

Blütenstand ein Diachsium, lebhaft rotviolett. IV–VII, Echte Bienen, Schmetterlinge, Fliegen und Käfer.

In feuchten Fettwiesen, die ebenso kalkreich wie kalkarm sein können, ist der Waldstorchschnabel dominierend. Mit dem Wiesenknäuelgras *(Dactylis glomerata),* dem Wiesenknöterich *(Polygonum bistorta),* dem Wiesenbärenklau *(Heracleum sphondylium)* und der schwarzen Teufelskralle *(Phyteuma nigrum)* kann er gesellig zur Anpflanzung kommen. Als Halbrosettenstaude besitzt der Waldstorchschnabel ein so starkes Ausschlagvermögen, daß er sich nach jedem Rückschnitt wieder erholt und nachblüht.

Plantago lanceolata, Plantaginaceae (Wegerichgewächse)
Spitzwegerich
Staude mit grundständig angeordneten Blättern
10 bis 40 cm hoch

Ähre kurz walzlich, bräunlich. V–IX, Windbestäubung.

In Fettwiesen, mageren Weiden und Parkrasen läßt sich *P. lanceolata* gesellig ansiedeln. Der Spitzwegerich ist eines der wenigen Wildkräuter, die als Erreger von Heuschnupfen in Frage kommen. Während ihrer Hauptblüte von Mai–September sind sie maßgeblich an den Pollinose-Erkrankungen beteiligt. Pollenallergiker sollten sich deshalb keine Spitzwegerich-Wiese anlegen oder die Fenster tagsüber geschlossen halten.

Die Spitzwegerichblätter finden bei Husten und Halsentzündungen Anwendung. Ein bis zwei Teelöffel werden mit einer Tasse kochendem Wasser übergossen; 15 Minuten ziehen lassen. Äußerlich angewendet, wird zerquetschter Wegerich zur Wundbehandlung bei Insektenstichen und Geschwüren aufgelegt.

Taraxacum officinale, Asteraceae (Korbblütler)
Wiesenlöwenzahn, Kuhblume
Rosettenstaude mit schrotsägeförmigen Blättern und weißem Milchsaft
5 bis 40 cm hoch

Blütenschäfte stielrund, hohl, mit je einem gelben Blütenkorb. Nur Zungenblüten. IV–IX, Insektenbestäubung, Ameisen- und Windverbreitung.

Wo in den Kreislauf der Natur mit hohen Stickstoffgaben eingegriffen wird, verändert sich das farbliche Gleichgewicht. In der nitratgesättigten Grasnarbe nisten sich viele Doldengewächse ein, und die jaucheüberdüngten Wiesen werden vom Gelb des Löwenzahns überzogen. Als Rosettenstaude blüht er selbst bei wiederholter Mahd in den »Tiefständen« der Wiese.

Die Löwenzahnwurzeln mit Kraut finden zur Magenanregung bei Galle- und Leberleiden Anwendung. Ein bis zwei Teelöffel werden mit ¼ Liter kaltem Wasser übergossen, erhitzt und eine Minute gekocht. Nach weiteren 10 Minuten abseihen.

Die jungen Blätter lassen sich noch vor der Blüte kleingeschnitten für Rohkostsalate, Suppen und Kräutersoßen, auf Butterbrot und zu Quarkspeisen verwenden oder die Blätter werden im Spinat mitgekocht. Die noch harten Blütenknospen lassen sich auch in Würzessig eingelegt wie Kapern verwenden.

Trifolium pratense, Fabaceae (Schmetterlingsblütler)

Wiesenklee, Rotklee	Kugelige bis eiförmige Blütenköpfe,
Staude, ohne Ausläufer	hellkarmin- bis fleischrot. Nektarreich.
20 bis 50 cm hoch	V–IX, etwa 60 Echte Bienen aus 15
	Gattungen, 20 Schmetterlingsarten,
	Fliegen und Käfer.

In nährstoff- und basenreichen Ton- und Lehmböden findet der Wiesenklee relativ günstige Standorte. Die Entwicklung von Staudenbegleitern hängt in erster Linie von einer guten Stickstoffversorgung ab. Das Verhalten des Wiesenklees entspricht einer Ammenpflanze, die nitrophile Arten mit Stickstoff versorgt. *T. pratense* ist ohne Ausläufer, dafür sorgen die Ameisen für eine rasche Ausbreitung der Samen.

Trifolium repens, Fabaceae (Schmetterlingsblütler)

Weißklee	40- bis 80blütige Köpfe, kugelig, mit
Staude mit niederliegendem Haupt-	schwachem Honigduft, weiß, öfter et-
stengel, an den Knoten wurzelnd	was grünlich oder rosa. V–X, Echte
5 bis 30 cm lang	Bienen, Hummeln, Kohlweißling, Eulen
	und Schwebefliegen.

Gedeiht in Fettwiesen und auf Parkrasen. Besiedelt mit Vorliebe neutrale bis mäßig saure Lehm- und Tonböden. Auf schweren Wiesen beginnt der Weißklee zu dominieren. Durch die vegetative Ausbreitung seiner Kriechtriebe kann der Weißklee mehrere Quadratmeter bedecken. Die niederliegenden Stengel ertragen jeden Schnitt. Noch während der Blüte geben sie an den Boden von ihren Stickstoffreserven ab und bereiten ihn für den Kümmel, den Spitzwegerich und den Wiesenlöwenzahn vor.

Werden junge Pflanzen wie Spinat zubereitet, erinnert das Kleegemüse an feine Schnittbohnen.

Veronica serpyllifolia, Scrophulariaceae (Braunwurzgewächs)

Quendelehrenpreis	Floreszenz 10- bis 20blütig, weißlich,
Staude mit Ausläufern, oft oberirdisch	selten blauviolett oder rötlich. IV–X,
5 bis 20 cm hoch	Fliegen und Selbstbestäubung.

Auf stickstoffbeeinflußten, jedoch kalkarmen Fettwiesen schafft sich *Veronica serpyllifolia* neue Lebensräume. Ihre Ausbreitung wird durch Ausläufer sowie einen reichen Samenansatz begünstigt. Der rhizombildende Quendelehrenpreis ist befähigt, den oberirdischen Verletzungen durch Rasenmäher zu widerstehen.

Viola tricolor, Violaceae (Veilchengewächs)

Stiefmütterchen	Blüten hellgelb, weißlich, rosa oder vio-
Einjährig bis ausdauernd	lett. V–VIII, Echte Bienen, Hautflügler
Stengel 10 bis 25 cm lang	und Zweiflügler.

In den Mager- und Fettwiesen, auf Sandfeldern, an grasigen Hängen und Wegrainen gibt es von den Stiefmütterchen alle Übergänge. Die Samen werden ausgeschleudert und von Ameisen weiter verbreitet. Jede Wiese, die erst nach der Fruchtreife gemäht wird, überrascht durch eine reichhaltige Stiefmütterchengesellschaft.

Das Stiefmütterchenkraut läßt sich gegen Hautunreinheiten in Blutreinigungstees, gegen Rheuma und Gicht verwenden. Es wirkt auch bei Katarrh. Zubereitung: Zwei Teelöffel Stiefmütterchenkraut mit ¼ Liter heißem Wasser übergießen und ca. 10 Minuten ziehen lassen und abseihen.

Tiere
Die Fettwiesen werden als ökologische Rückzugsflächen von den unterschiedlichsten Blütenbesuchern, Feldheuschrecken, Raupen, Vögeln, Maulwürfen, Wühlmäusen und kleinen Raubtieren besiedelt. Im Sinne ihrer ökologischen Funktion stellt sich die Fauna sehr schnell ein. Die anthophilen Tiere suchen zu ihrer Ernährung gerne Blüten auf. Dabei ist die Schmetterling-, Käfer- oder Bienenbesiedlung einem ständigen Wechsel unterworfen. Von den Feldheuschrecken bevölkern bei uns die Grashüpfer zur Sommerzeit die Wiesen, und die Schaumzikaden umgeben ihre Larven mit Flüssigkeitsschaum. Diesen »Kuckucksspeichel« findet man in der Fettwiese an vielen Pflanzen. Die nektarreichen Luzernenblüten werden von Hautflüglern, Tagfaltern und Eulen besucht. Die Honigbienen, kleinere Wildbienen und Fliegen werden beispielsweise vom Hopfenklee angelockt. Mit einem Bienen-, Haut- und Zweiflüglerbesuch können die Stiefmütterchenblüten rechnen. Die nektarreichen Blüten des Wiesenklees erhalten einen reichen Insektenbesuch, und für den Waldbläuling ist er eine beliebte Raupenfutterpflanze. Wichtige Nahrungspflanzen für die Raupen des Senfweißlings, der Bläulinge und des Postillons sind der Klee, die Luzerne, die Platterbsen und Wicken. Auf dem Löwenzahn stellen sich die Raupen des Großen Bären und des Weißfleckenwidderchens ein.

Charakteristisch für das Ökosystem Fettwiese ist der Spitzwegerich. Auf unbewirtschafteten Grasflächen finden die Raupen des Wiesen-Fleckenfalters, des Südlichen Fleckenfalters und des Wegerich-Dickkopffalters ausreichend Nahrungspflanzen. In den feuchten Fettwiesen werden die lebhaft blau- und rotvioletten Blütenstände des Wiesen- und Waldstorchschnabels von zahlreichen Bienenarten, Schmetterlingen, Fliegen und Käfern beflogen. Auf dem Wiesenknäuelgras, dem Lolch, dem Wiesenrispengras und dem Wiesenschwingel finden sich die Raupen verschiedener Augen- und Dickkopffalter.

Die Kümmmelblüten gelten als gutes Bienenfutter. Für die Vögel sind jedoch schon geringe Mengen der gewürzhaft riechenden Kümmelfrüchte sehr giftig. Auf den Wiesen ernährt sich die Misteldrossel von Kerbtieren, Larven und Schnecken. Die jungen Haubenlerchen werden mit Raupen, Heuschrecken und Regenwürmern gefüttert. Der Zugang zu den Bodentieren ist den Vögeln vor der Mahd verschlossen. Nach dem Mähen wird die Fettwiese für sie plötzlich attraktiv. Als Nützer von Bodentieren treten vor allem die Amseln auf, und die Singdrosseln nehmen die zwischen den Grasbüscheln freigelegten kleinen Gehäuseschnecken auf. Auf die großen Wiesenschnakenlarven haben es vor allem die großen Rinderbremsenlarven, die Amseln und Stare abgesehen. Die Zunahme der Mahd fördert die Einförmigkeit der Vegetation und führt zu einer Verminderung der Wirbellosenfauna. Unter den Insekten tritt eine Artenverarmung ein und bei den Vögeln wird den Samenessern die Nahrung entzogen. Nur in großräumigen Fettwiesen finden die Wiesenpiper, die Großtrappe, der Feldschwirl, die Sumpfohreule und der Brachvogel Brut- und Nahrungsgrundlagen.

In der Fettwiese wirft der Maulwurf seine Haufen auf. Sie schaffen für die Samen kahle, leicht zu besiedelnde Stellen. Unter der Erdoberfläche macht er Jagd auf

Engerlinge, Maulwurfsgrillen, Erdraupen, Insektenlarven, Schnecken und Mäuse. Er vertilgt aber auch nützliche Regenwürmer, Lurche, Kriechtiere und Spitzmäuse, Asseln und bodenbrütende Vögel. In das Gangsystem des Maulwurfs wandern sehr gern die Wühlmäuse ein. In der Größe und Lebensweise sind sie den Maulwürfen sehr ähnlich. Die ausgeworfenen Erdhaufen sind im Gegensatz zu denen des Maulwurfs flach und breit. Dafür liegen ihre Gänge so hoch, daß man sie an der leicht aufgewölbten Erde gut erkennen kann. In Erdbauten von Wühlmäusen und Maulwürfen finden auch der Hermelin und seine verkleinerte Ausgabe, das Mauswiesel, auch als Kleines Wiesel oder Hermännchen bezeichnet, Unterschlupf. Sie jagen jede Art von Mäusen und Ratten, Maulwürfen, Hamstern, Zieseln und Lemmingen, Vögeln und deren Eier, sowie in Wassernähe Lurche und Fische. Ein verlassener Bau wird gelegentlich auch von Iltissen besiedelt. Deren Hauptbeutetiere sind Mäuse, Ratten und Wühlmäuse.

Als ausgesprochener Kulturfolger liebt der Feldhase die abwechslungsreiche Kost der Blumenwiese. Er ernährt sich von Gräsern, den Kleegewächsen, Kreuzblütlern, dem Löwenzahn und allen Nelkenarten. In besonders stark mit Feldhasen bevölkerten Fettwiesen ziehen sich die Tiere bei einem starken Wald- und Wiesenstorchschnabelgeruch auf die Nachbargrundstücke zurück.

Magerrasen

Auf dem einmähdigen Magerrasen, der um Jacobi (25. Juli) geschnitten wird, läßt sich eine unverfälschte Flora erhalten. Das Kennzeichen dieser »Mäder« ist ein lockerrasiger Bestand aus Schafschwingel *(Festuca ovina* ssp. *duriuscula)*, Aufrechter Trespe *(Bromus erectus)*, Fiederzwenke *(Brachypodium pinnatum)*, Wolligem Honiggras *(Holcus lanatus)*, Zartem Schillergras *(Koeleria cristata)*, Zittergras *(Briza media)* und Rauhem Wiesenhafer *(Avena pratensis)*.Der Pflanzenwuchs bedeckt den Boden niemals vollständig; er bildet keinen geschlossenen Rasen und das nackte Erdreich oder der Fels schaut heraus. Auf den trockenen und ungedüngten Magerrasen kommen die kurzstengeligen Blüten der Küchenschelle *(Pulsatilla vulgaris)*, des Horn- *(Lotus corniculatus)* und Wundklees *(Anthyllis vulneraria)*, der Braunelle *(Prunella grandiflora)*, der Duftenden Schlüsselblume *(Primula veris)*, des Güldengünsels *(Ajuga reptans)* und des Pyramidengünsels *(Ajuga pyramidalis)*, der Heide- *(Dianthus deltoides)* und der Buschnelke *(Dianthus seguieri)*, der Kleinen Braunelle *(Prunella vulgaris)* und des Hundsveilchens *(Viola canina)* zur Wirkung. Zu den schönsten Frühjahrsblühern der »Mäder« gehören von den einheimischen Orchideen das Gefleckte Knabenkraut *(Dactylorhiza maculata)*, das Helmknabenkraut *(Orchis militaris)* und das Kleine Knabenkraut *(Orchis morio)*, die Mückenhändelwurz *(Gymnadenia conopsea)*, die Zweiblättrige Kuckucksblume *(Platanthera bifolia)* sowie die Hummel- *(Ophrys fuciflora)* und die Fliegenragwurz *(Ophrys insectifera)*. Vereinzelt treten am Rande der Magerwiese auch die Akelei *(Aquilegia vulgaris)*, die Doldige Wucherblume *(Chrysanthemum corymbosum)* und der Gelbe Enzian *(Gentiana lutea)* hervor. Die Kugelige Teufelskralle *(Phyteuma orbiculare)* erscheint zwischen der Kugelblume *(Globularia vulgaris)*, dem Sonnenröschen *(Helianthemum nummularium)*, dem Feldthymian *(Thymus serpyllum)*, dem Purgierlein *(Linum catharticum)*, dem Gamander- *(Veronica chamaedrys)* und dem Großen Ehrenpreis *(Veronica teucrium)*. Neben der Flockenblume *(Centaurea jacea)* und der Skabiosen-Flockenblume *(Centaurea scabiosa)* sind viele uns bekannte Gartenstauden, wie die Bergaster *(Aster amellus)*, das Ochsenauge *(Buph-

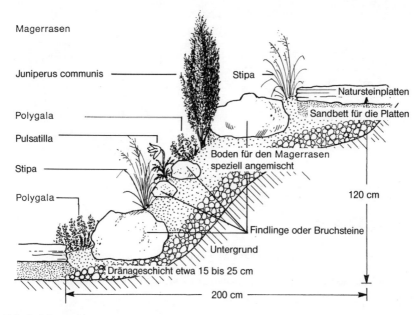

Abb. 7. Magerrasen.

thalmum salicifolium), die Dürrwurz *(Inula conyza),* der Weidenblättrige Alant *(Inula salicina)* oder die kleine Träubelhyazinthe *(Muscari botryoides)* zu sehen.

Die Magerrasen sind als Kulturbiotope dem veränderten Einfluß des Menschen ständig unterworfen. Zwei-, drei- und mehrschürige Fettwiesen, die nicht mehr gedüngt werden, beginnen sehr schnell abzumagern. Nach einer regelmäßigen Mahd und Beweidung werden die entzogenen Nährstoffe nicht mehr ersetzt. Langsam stellt sich der Magerrasen ein. Dadurch wird eine aufwendige Nitratdüngung überflüssig. Tiefwurzelnder Wund-, Hufeisen- und Hornklee, Hauhechel und Färberginster schließen den Boden auf und reichern ihn mit dem fehlenden Stickstoff an. Die Magerwiese verbraucht den Großteil der Assimilate unter der Erdoberfläche zum Aufbau von Wurzeln und Rhizomen. Es ist deshalb weniger als in der Fettwiese mit einer hohen Grünproduktion zu rechnen. Das bedeutet eine Reduzierung des Pflegeaufwandes und damit eine kostensparende Unterhaltung der Wiesenflächen.

Der Gartenboden ist meist zu nährstoffreich. Es hat also keinen Sinn, eine Grünfläche umzugraben oder zu pflügen und eine Magerwiese einzusäen. Diese Bodentypen sind zwar einer Fettwiese oder einer spontanen Besiedlung durch die Ruderalflora angepaßt. Nährstoffreicher Mutterboden kann aber erst nach einer tiefen Vermischung mit nährstoffarmem Sand eine Blumenwiese tragen. Kargem Boden verdanken wir jede Form von Trocken- und Magerrasen. Seine Existenz ist schlechthin von einem steinigen, sandigen oder flachgründigen Untergrund abhängig. Mit durchlässigem Aushubmaterial, das zudem nährstoffarm ist, können stark besonnte Flächen als Standorte für Magerwiesen erstellt werden. Fehlt ein geeigneter Ober- und Unterboden, werden standortverbessernde Eingriffe vorgenommen. Die Fläche wird zunächst mit einer 15 cm starken Drainageschicht aus grobem Schotter aufgefüllt. Darüber kommt als Substrat eine 20 cm hohe Bodenmischung aus $\frac{2}{5}$ lehmiger

Abb. 8. Querschnitt durch einen Magerrasen. Über schwerem, undurchlässigem Boden kommt eine 15 cm starke Dränageschicht aus grobem Schotter. Darüber wird als Substrat eine 20 cm hohe Bodenmischung aus 2/5 lehmiger Landerde, 1/5 Rindenkompost und 2/5 grobem Sand aufgebracht.

Landerde (Ackerboden), ⅕ Rindenkompost, Lauberde oder Holzkompost und ⅖ grobem Sand. Die bestandsbildenden Gräser, die ein-, zwei- oder mehrjährigen Möhren, die zweijährige Färberwaid und der Deutsche Enzian werden an Ort und Stelle ausgesät. Wesentlich einfacher ist es, die geeignete Aussaatmischung zusammenzustellen. Welche Arten dafür geeignet sind, richtet sich nach den örtlichen Standortbedingungen. Die extensiv bewirtschaftete Magerwiese kann dabei reich an niederen, bunt blühenden Pflanzen sein. Es kommt dann innerhalb kurzer Zeit zu einem geschlossenen Bestand. Die Pflanzen ertragen Trockenheit und überstehen längere Regenperioden. Mit Hilfe eines tief reichenden Wurzelwerkes überdauern sie jeden akuten Wassermangel.

Der Zwang der Sense ist auf den Magerwiesen wesentlich gemildert. Wenn im Hochsommer das Blühen nachläßt, die Geophyten ihre Nährstoffe in die unterirdischen Speicherorgane verlagern und die Ruhezeit einsetzt, wird gemäht. Von Zeit zu Zeit muß den Pflanzen die Gelegenheit zum Aussamen gelassen werden, damit sich die ein-, zwei- und mehrjährigen Arten selbst erhalten. Unter den harten und trockenen Bodenverhältnissen eines Magerrasens wird die Ausläuferentwicklung erschwert. Dafür wird die Fortpflanzung durch Samen und Früchte sichergestellt.

Alkalische Böden
Anthyllis vulneraria, Fabaceae (Schmetterlingsblütler)
Wundklee, Tannenklee   Blütenköpfe, weißlichgelb bis lebhaft-
Halbrosettenstaude   gelb oder orange bis rot. IV–V, Hum-
4 bis 5 cm hoch   meln, Echte Bienen und Schmetterlinge.
Ist für die künstliche Berasung von trockenen Magerwiesen geeignet. Dank der Selbstaussaat und Verbreitung durch den Wind vermag *Anthyllis vulneraria* geröll- und schotterreiche Flächen rasch zu besiedeln. Die Keimfähigkeit der Samen bleibt mehrere Jahre erhalten. Bei Einzelsaat werden pro Quadratmeter 1,5 bis 2 g benötigt.

Buphthalmum salicifolium, Asteraceae (Korbblütler)
Weidenblättriges Ochsenauge
Staude
30 bis 70 cm hoch

Goldgelb, Randblüten weiblich, Scheibenblüten zwittrig. Köpfchen am Ende des Stengels. VI–IX, Insektenbestäubung.

Hält sich gut im sonnigen Kalkmagerrasen und läßt sich im Saum von Gebüschen und unter Eichen und Kiefern ansiedeln.

Dracocephalum ruyschiana, Lamiaceae (Lippenblütler)
Drachenkopf
Staude mit knorrigem,
ästigem Wurzelstock
10 bis 30 cm hoch

2- bis 8blütige Scheinquirle, blauviolett, selten rosa oder weiß. VII–VIII, Hummeln.

Wächst sowohl auf kalkreichen wie auf kalkarmen Böden. Gelangen erst zur Blüte, nachdem sich ein kräftiger Wurzelstock gebildet hat.

Eryngium campestre, Apiaceae (Doldengewächse)
Feldmannstreu
Staude
bis 1 m hoch

Blüten in endständigen Trugdolden, weißlich-grünlich. VII–IX, Zweiflügler, Hautflügler, Schmetterlinge.

Diese xeromorph gebaute Art wird in erster Linie an trockenen Standorten angepflanzt. Als Kulturflüchtling siedelt sich *Eryngium campestre* häufig auf Sandböden an. Die jungen Sprosse lassen sich im Frühling in Salaten verwenden.

Euphorbia cyparissias, Euphorbiaceae (Wolfsmilchgewächse)
Zypressenwolfsmilch
Staude mit Ausläufern und Milchsaft.
Giftig!
15 bis 50 cm hoch

Hüllblätter des Blütenstandes gelb, zuletzt rot. Blütenstand: Cyathium.
IV–VIII, Insektenbestäubung.

Kommt vorzugsweise auf kalkhaltigen Magerrasen vor. Ist ökologisch durch seine xerophytische Natur außerordentlich anpassungsfähig. Wächst auch auf kalkfreien Lehm- und Humusböden. Die vegetative Vemehrung erfolgt durch die knospenreichen Erdstöcke. Ausläufertreibend bildet *Euphorbia cyparissias* als Wurzelkriechpionier herdenartige Gruppen. Durch die Mahd wird die Ausbreitung durch weitverzweigte,unterirdische Ausläufer gefördert.

Gentiana germanica, Gentianaceae (Enziangewächse)
Deutscher Enzian
Zweijährig
5 bis 40 cm hoch

Blütenstand ästig, Krone trichterförmig-röhrig, ziemlich groß, violett. V–X, Honigbienen und Hummeln.

Wird gesellig auf den Kalkmagerrasen ausgebracht. Vielfach kommen Farbabweichungen mit weißen Blüten oder mit Kronzipfeln, die der Länge nach zur Hälfte dunkelviolett und zur Hälfte gelblichweiß sind, vor. Wenn erst nach der Blüte gemäht wird, samt sich *Gentiana germanica* im Magerrasen, soweit er nicht zu feucht oder gedüngt wurde, immer wieder aus.

Gentiana lutea, Gentianaceae (Enziangewächse)
Gelber Enzian
Staude mit 2- bis 10köpfiger
Pfahlwurzel und breit-elliptischen,
gegenständigen Blättern.
45 bis 140 cm hoch

3-bis 10blütige Trugdolden, goldgelb.
VI–VIII, Fliegen, Hummeln, Falter und Käfer.

Gehört zu den auffallendsten Erscheinungen des Magerrasens. Zwischen niederen Begleitpflanzen drängt sich Gentiana lutea dem Blick durch die stockwerkartig angeordneten Blüten auf. Man sollte sie immer gesellig pflanzen. Im Magerrasen muß man 5 bis 6 Jahre warten, bis sich aus den bläulich schimmernden Blattschopfbüscheln Blüten entfalten. Der Gelbe Enzian läßt sich gut mit *Silene nutans, Euphorbia cyparissias, Hippocrepis comosa* und *Anthyllis vulneraria* und anderen Arten ähnlicher Ansprüche vergesellschaften.

Die rübenartigen Wurzeln des Gelben Enzians sind ein Volksheilmittel für Magen und Galle. Sie werden ferner zur Herstellung von Likören und Apéritifs verwendet. Von August–Oktober gräbt man die bis über einen Meter langen Enzianwurzeln aus dem Boden. Als Magentonikum gegen Appetitlosigkeit, Magenschwäche, Blähungen oder Magen-Darmkrämpfe wird das bittere Getränk eine halbe Stunde vor dem Essen eingenommen. Einen Teelöffel zerkleinerte Enzianwurzel übergießt man mit ¼ Liter Wasser, läßt sie 5 Minuten kochen oder nimmt sie in alkoholischen Extrakten auf. Für die Herstellung des Enzianlikörs werden die frisch gegrabenen Wurzeln in Würfel von 6 bis 8 mm geschnitten. Alkoholgehalt von Enzianschnaps mindestens 38 Vol.-%.

Hippocrepis comosa, Fabaceae (Schmetterlingsblütler)
Hufeisenklee
Staude, Stengel niederliegend
bis aufsteigend
bis 3 cm lang

5- bis 12blütige Dolden, lebhaft gelb.
V–X, Mauerbienen, Honigbienen und Hummeln.

Gehört zusammen mit *Lotus corniculatus* und *Anthyllis vulneraria* zu den bestandsbildenden Kalkmagerrasenpflanzen. *Hippocrepis comosa* ist meist heller als *Lotus corniculatus* und dunkler als *Coronilla vaginalis*. Als Pionierpflanze bis 70 cm tief wurzelnd.

Isatis tinctoria, Brassicaceae (Kreuzblütler)
Färberwaid
Zweijährig bis ausdauernd
50 bis 100 cm hoch

Halbkugeliger Blütenstand, gelb.
V–VII, Bienen.

Läßt sich im lückenreichen Kalkmagerrasen als Pionierpflanze ansiedeln. Häufig in Steinbrüchen, an Wegen und im Bahngelände zusammen mit *Echium vulgare* verwildert und eingebürgert.

Juniperus communis, Cupressaceae (Zypressengewächse)
Wacholder
Strauch, Blätter nadelig-stechend
4 bis 5 m hoch

Meist zweihäusig. IV–V, Pollen für die Bienen wertvoll. Frucht im zweiten oder dritten Jahr reifend.

Kommt ziemlich häufig auf kalkhaltigem Magerrasen vor. Wächst auch auf kalkarmen, leicht sauren Standorten. Der Wacholder läßt sich als bodenvage, lichtbedürftige Pflanze auf trockenen Kalkböden und feuchten Sauerhumusböden anpflanzen.

Die reifen Beeren werden wegen ihres Gehalts an ätherischem Öl gesammelt. In größeren Mengen genossen, führen die Beeren zu Magendarmentzündungen und Nierenreizungen. Die getrockneten Wacholderbeeren sind harntreibend und appetitanregend. Dazu nimmt man auf eine Tasse Wasser ½ Teelöffel der zerstoßenen Früchte oder kaut täglich 3 bis 6 Beeren. Getrocknet lassen sich die reifen Beeren als Gewürz verwenden. Der Wacholderbranntwein, der Steinhäger, Genever und Gin beziehen ihre Würze aus den Wacholderbeeren.

Lotus corniculatus, Fabaceae (Schmetterlingsblütler)
Hornklee
Staude ohne Bodenausläufer, Stengel
aufsteigend oder niederliegend
5 bis 30 cm hoch
Bis 1 m tief wurzelnd

Doldenförmige Blütenköpfe, lebhaft gelb, außen oft rot gezeichnet. V–IX, Hautflügler, Echte Bienen, Käfer, Fliegen und Schmetterlinge.

In einem kalkreichen Magerrasen, der bis zu 85% aus Kies oder anderem Grobmaterial besteht, bildet *Lotus corniculatus* eine Dauerwiese. Dank einem Wurzeltiefgang bis zu einem Meter ist er in wasserdurchlässigen Kalkböden besonders widerstandsfähig. Nach einer Frühjahrsaussaat im März–April gelangt der Hornklee noch im selben Jahr zur Blüte und beherrscht über 20 Jahre den Sommeraspekt. Die Saatmenge pro Quadratmeter beträgt 1 bis 2 g. Nach mehrmaligem Schnitt beginnt sich der Hornklee außerordentlich stark zu bestocken. Wenn die hartschaligen Samen zur Reife gelangen, werden sie durch die einrollenden Fruchtklappen fortgeschleudert.

Muscari comosum, Liliaceae (Liliengewächse)
Schopfige Traubenhyazinthe
Staude mit ziemlich großer Zwiebel
20 bis 50 cm hoch

Obere Blüten unfruchtbar, ziemlich klein, hellamethystblau, untere Blüten olivbraun mit grünlichem Rand und weiter Öffnung. V–VI, Insektenbestäubung.

Im lückenreichen Kalkmagerrasen, aber auch an Böschungen und an Wegrainen gehört *Muscari comosum* zu den Kulturbegleitern. Als südeuropäische Art verdankt sie ihre heutige Verbreitung dem Menschen.

Ononis spinosa, Fabaceae (Schmetterlingsblütler)
Hauhechel
Staude, unterwärts verholzt. Seitentriebe meist in Dornen endend
20 bis 60 cm hoch

Blüten fleisch- bis purpurrot oder violett, ohne Nektar, stark duftend. V–IX, Bienen (Bauch- und Schienensammler), Hummeln.

Im Kalkmagerrasen trägt der Hauhechel zum Sommeraspekt bei. In Gruppen versammeln und den unterwärts verholzten Hauhechel sehr spät mähen. Trägt als Ammenpflanze zur Stickstoffanreicherung und Bodenverbesserung bei.

Bei Wassersucht, Blasen- und Nierenkatarrh zwei gehäufte Teelöffel geschnittene Wurzeln mit ¼ Liter kochendem Wasser übergießen und ½ Stunde an einem warmen Ort stehen lassen.

Primula veris (P. officinalis), Primulaceae (Primelgewächse)
Duftende Schlüsselblume
Staude mit grundständiger Blattrosette
10 bis 20 cm hoch

Dolde, 5 bis 12blütig, nickend, dottergelb, am Schlund mit fünf orangefarbenen Flecken, wohlriechend. IV–V, Insektenbestäubung.

Breitet sich durch Selbstaussaat an warmen Sonnenhängen und trockenen Rainen aus. Kann auch mit Topfballen angesiedelt werden.

Wirkt gegen Husten und Bronchitis und ist harntreibend. Man erhitzt einen Teelöffel der Wurzel oder zwei bis drei Teelöffel der Blüten mit einer Tasse Wasser und läßt den Aufguß fünf Minuten ziehen.

Prunella grandiflora, Lamiaceae (Lippenblütler)
(Brunella grandiflora)
Große Braunelle
Staude mit kurzer, dicker bis sehr verlängerter Grundachse
10 bis 30 cm hoch

Eiförmig-kopfige Scheinähren, lebhaft dunkelviolett, zuweilen auch rotviolett, selten rosa oder weiß. VI–VIII, Hummeln, seltener Falter und Schwebfliegen, Kronröhren werden von Erdhummeln angebissen.

Die Große Braunelle läßt sich vielseitig im trockenen, mäßig trockenen und zeitweise im wasserzügigen Kalkmagerrasen verwenden. Sie wächst besonders gern in Gesellschaft von *Lotus corniculatus* an sonnigen Wald- und Wegerändern. Bis 50 cm tief wurzelnd.

Prunella laciniata, Lamiaceae (Lippenblütler)
(Brunella laciniata)
Weiße Braunelle, Schlitzblättrige
Braunelle
Staude mit kurzer, reich verzweigter
Grundachse
5 bis 20 cm hoch

Nicht gestielte Scheinähren, gelblichweiß. VI–VIII, Insektenbestäubung.

Im sonnigen Kalkmagerrasen ist die Verwendung von *Prunella laciniata* nur auf sonnige Südhänge begrenzt.

Pulsatilla vulgaris, Ranunculaceae (Hahnenfußgewächse)
Küchenschelle, Kuhschelle
Staude
Aufgeblüht 5 bis 15 cm, bei der
Fruchtreife Stengel bis 40 cm hoch.
Giftig!

Blüten einzeln, dunkelviolett. Bei gutem Wetter aufrecht, bei trübem und kaltem Wetter nickend. Blütenhülle anfangs glockig, später in der Sonne ausgebreitet. III–IV, Hummeln und Bienen, gelegentlich Falter und als Nektardiebe Ameisen und Thrips-Arten.

Der Sand- oder Lößboden des Magerrasens muß nicht immer kalkhaltig sein. Die Pulsatillen gehören zu den lichtliebenden Pflanzen, die in ihrer unmittelbaren Nachbarschaft keine polsterbildenden Pflanzen ertragen. Sie dürfen nur im Frühjahr mit großen Wurzelballen ein- und umgesetzt werden. Die Blütenknospen sind bereits im Spätsommer fertig ausgebildet. Gegen die Winterfröste schützen sie sich durch ein dickes Haarkleid. Sie wachsen bis zum Aufblühen im März–April zu dichten Knospen heran.

Polygala chamaebuxus, Polygalaceae (Kreuzblumengewächse)
Kreuzblume, Zwergbuchs
Halbstrauch mit kräftigen Ausläufern
Bis 30 cm hoch

Blüten gelblichweiß und blaßgelb.
III–VI, Hummeln, selten Bienen.

Wärme- und kalkliebende Pflanze der Pontischen Steppenheidegesellschaft. Zusammen mit *Prunella laciniata, Primula veris, Euphorbia cyparissias* und *Eryngium campestre* läßt sie sich als Trockenheitszeiger im offenen Kalkmagerrasen verwenden.

Silene nutans, Caryophyllaceae (Nelkengewächse)
Nickendes Leimkraut
Halbrosetten-Staude
20 bis 60 cm hoch

Blüten schmutzigweiß, nur nachts geöffnet, Hyazinthenduft. V–VII, Nachtfalter.

Breitet im Kalkmagerrasen ihre mehr oder weniger verlängerten, rosettig beblätterten Laubtriebe aus. Die aufrechten, 20 bis 60 cm hohen Blütentriebe sind in ihrem oberen Teil drüsig-klebrig. Blüten entfalten sich am Abend und fallen nach einigen Nächten ab.

Verbascum pulverulentum, Scrophulariaceae (Braunwurzgewächse)
Flockige Königskerze
Zweijährige Halbrosettenpflanze
50 bis 100 cm hoch

Floreszenz, hellgelb. VII–VIII, Insektenbestäubung.

Im sonnigen Kalkmagerrasen wird die Flockige Königskerze in Gruppen zusammengefaßt. Ihr generatives Auftreten läßt sich durch mehr oder weniger nährstoffreiche steinig- oder sandig-lehmige Böden fördern.

Veronica austriaca, Scrophulariaceae (Braunwurzgewächse)
Österreichischer Ehrenpreis
Staude mit Ausläufern
10 bis 25 cm hoch

Floreszenz vielblütig, dunkel azurblau, Schlund und Kronröhre weiß. V–VII, Insektenbestäubung.

Im sonnigen Kalkmagerrasen breiten sich sowohl blühende wie auch nur mit vegetativen Teilen besetzte Pflanzen mit Hilfe von Ausläufern aus. Die Hauptachse der blühenden Triebe steigt 10 bis 50 cm hoch.

Neutrale Böden
Ajuga reptans, Lamiaceae (Lippenblütler)

Güldengünsel, Kriechender Günsel	Scheinquirle aus 2-, meist 3- bis 6blütigen Trugdolden. Lebhaft violettblau, seltener schmutzig rosa oder weiß. V–VIII, Langrüsslige Bienen und Hummeln, Schmetterlinge, Mücken. Kurzrüsslige Hummeln brechen häufig ein.
Rosettenstaude mit bis 30 cm langen Ausläufern. Laubblätter oft rotviolett angelaufen	
10 bis 30 cm hoch	

Als Mullbodenpflanze tritt sie meist mit oberirdischen Ausläufern auf. Sowohl auf kalkreicher wie kalkarmer, nicht zu trockener Unterlage ist sie auf Magerwiesen verbreitet. Schon um 1600 wurde man auf ihre rosa oder weißen Blüten aufmerksam. Heute sind entsprechende rosa und weiße Sorten in Kultur verbreitet.

Daucus carota, Apiaceae (Doldengewächse)

Möhre, Karotte, Gelbe Rübe, Mohrrübe	Dolden, zur Blütezeit flach oder gewölbt, zur Fruchtzeit nestartig oberseits vertieft, weiß. V–VII, Zweiflügler, Käfer.
Ein-, zwei- oder mehrjährig mit Möhengeruch	
30 bis 60 cm hoch	

Die Wildform der Möhre läßt sich im trockenen und feuchten Magerrasen, besonders aber im durchlässigen Boden mit sandigem oder kiesigem Untergrund ansiedeln. Nach einmaligem Blühen und Fruchten beginnen die Pflanzen abzusterben. Auf Rasentypen mit dünner Grasnarbe tritt sie nach dem Aussamen oft massenhaft auf.

Genista tinctoria, Fabaceae (Schmetterlingsblütler)

Färberginster	Endständige Trauben, goldgelb.
Halbstrauch	VI–VIII, Echte Bienen, Käfer und Tagfalter.
30 bis 60 cm hoch	

Läßt sich sowohl im sauren als auch im kalkreichen Magerrasen und auf neutralen Böden ansiedeln. Erträgt große Trockenheit, bis 100 cm tief wurzelnd. Als Halbstrauch ist *Genista tinctoria* gegen eine Mahd wenig empfindlich.

Pulmonaria angustifolia, Boraginaceae (Rauhblattgewächse)

Schmalblättriges Lungenkraut	Blüten in Wickeln, anfangs karminrot, später azurblau. IV–V, Hummeln.
Staude	
15 bis 30 cm hoch	

Kann in kalkreiche, neutrale und kalkarme Magerböden gepflanzt werden. In Trokkenzeiten bevorzugt *Pulmonaria angustifolia* feuchte Standorte, in feuchten Gegenden dagegen warme Lagen.

Stachys officinalis, Lamiaceae (Lippenblütler)

Betonie, Heilziest	10blütige Scheinähren, Krone mit weißer Röhre und hellkarminroter Lippe.
Halbrosettenstaude mit Rhizom	
20 bis 70 cm hoch	VII–VIII, Kurzrüsslige Bienen, Hummeln, Schmetterlinge und Zweiflügler.

Breitet sich im Magerrasen als Rhizomgeophyt wie das Lungenkraut aus. Die Pflanze überwintert mit Erdsprossen und wächst im Frühjahr zu einem Blütensproß aus. Läßt sich auch in Moorwiesen und Heidegesellschaften, als Licht- und Halbschattenpflanze verwenden.

Saure Böden
Ajuga pyramidalis, Lamiaceae (Lippenblütler)
Pyramidengünsel, Berggünsel
Staude mit Rosettenblättern und
Blüten tragenden Stengelblättern
10 bis 20 cm hoch

Scheinquirle aus 2- meist 4blütigen
Trugdolden, 8 bis 12 dichte Scheinähren bildend. Hell violettblau. VI–VIII,
Langrüsslige Hummeln.

Auf kalkarmer Unterlage kommt *Ajuga pyramidalis* im Magerrasen, aber auch im Nadelhumus von Fichten und Lärchen vor. Als Licht- und Halbschattenpflanze liebt sie silikatreiche und modrig-torfige Böden.

Dianthus deltoides, Caryophyllaceae (Nelkengewächse)
Heidenelke, Steinnelke
Staude mit kriechenden Trieben
10 bis 30 cm hoch

Blütenrispen rot bis purpurn. VI–IX,
Falter.

Die Heidenelke sollte immer gesellig im Silikat-Magerrasen auf halbtrockenem bis mäßig feuchtem Boden zur Anpflanzung kommen. Lebt gern an lockeren Stellen der Grasfluren. Die jungen Triebe breiten sich aus und bilden dichte »Matten.« In der Regel kommen sie nach zweijährigem vegetativem Wachstum zur Blüte. Das ältere Sproßsystem wird allmählich in eine humusreiche Bodenschicht eingebettet. Es entwickeln sich dann sproßbürtige Wurzeln. Im Magerrasen läßt sich *Dianthus deltoides* gesellig mit dem Hundsveilchen *(Viola canina)* ansiedeln. Als Silikatpflanze eignet sich die Heidenelke auch für die bodensaure Heide und die Heidewälder, für Böschungen und Moorränder.

Dianthus seguieri, Caryophyllaceae (Nelkengewächse)
Buschnelke
Staude mit aufsteigenden oder kriechenden Sprossen
20 bis 50 cm hoch

Wenigblütige Rispen, hell- bis dunkelrot. VI–VIII, Falter.

Im Silikatmagerrasen, in Heidegärten und an Gebüschrändern verlangt *Dianthus seguieri* nicht zu trockene Böden. Als Licht- und Halbschattenpflanze entwickelt sie sich sehr gut in der Gesellschaft des Roten Straußgrases *(Agrostis tenuis)* und der Geschlängelten Schmiele *(Deschampsia flexuosa)*. *Dianthus seguieri* bildet oberirdische Triebe, die sich umlegen und sich sproßbürtig bewurzeln. Durch eine Humusauflage werden sie in den Boden eingebettet. Aus den Laubsprossen entsteht durch weitere Verzweigung ein ausgedehntes System unterirdischer Triebe. Die Buschnelke bildet bei freiem Stand, ausgehend von ihrem Sproßsystem, große Polster.

Prunella vulgaris, Lamiaceae (Lippenblütler)
(Brunella vulgaris)
Kleine Braunelle
Staude, nicht selten 1- oder 2jährig.
Grundachse treibt mehrere Stengel
und wurzelnde Ausläufer
10 bis 20 cm hoch

4- bis 6blütige Scheinähren, meist blauviolett, selten gelblichweiß. VI–IX,
Hummeln, einige Bienenarten, Tagfalter und Schwebfliegen.

Auf kalkarmen Böden gedeiht *Prunella vulgaris* in nicht zu nassen und nicht zu trockenen Wiesen. In lückigen Grasnarben erscheinen sie massenhaft mit ihren niederliegenden Laubblattrosetten. Sehr günstig ist für sie der Magerrasen. Als Kriechpionier beginnt Prunella vulgaris nach der Mahd ein zweites- und drittesmal zu blühen. Die niederliegenden Seitenzweige werden durch häufige Mahd von der

Mutterpflanze abgelöst. Meist beginnen sie sich zu bewurzeln und überwintern mit einer Laubrosette.

Viola canina, Violaceae (Veilchengewächse)
Hundsveilchen   Blüten hell bis dunkel blauviolett.
Staude   IV–VI, Insektenbestäubung.
5 bis 15 cm hoch

Als ausgesprochene Zeigerpflanze läßt sich das Hundsveilchen im Silikatmagerrasen ansiedeln. Es lebt auch gern als Moder- und Rohhumuswurzler, es wächst in der Heide, in Mooren, in lichten Wäldern, auf Sand und auf humosen Lehmböden.

Tiere

Eine fast unübersehbare Schar von Hummeln und Bienen, Schmetterlingen, Käfern und Spinnen werden von den bunten Blüten angezogen. Als Biotop bildet der Magerrasen oft die letzte Zuflucht für die bedrohte Tierwelt. Bienen, Wespen, Hummeln, Schmetterlinge und tausend andere Insekten erweisen als Bestäuber den Pflanzen einen lebenswichtigen Dienst. Das Leben eines intakten Magerrasens demonstriert die faszinierende Coevolution von Blütenpflanzen und Insektenwelt.

Der hellgraue Heufalter und der dunkelbraune Große Ochsenaugenfalter trifft man mitsamt ihrer Raupen häufig im Magerrasen an. An den Trockengräsern sind auch die Raupen vom Kleinen Waldportier und des Zittergras-Heufalters zu finden. Das Hundsveilchen dient den Raupen des Heide-Perlmutterfalters als Nahrungspflanze. Auf den Schwingel-Arten und anderen Gräsern des Magerrasens kommen die Raupen des Sand-Dickkopffalters, des Wiesen-Dickkopffalters, des Großen Dickkopffalters und des Komma-Dickkopffalters vor.

Die langgestreckten Larven der Märzfliege und der Gartenhaarmücke ernähren sich von Graswurzeln. In den Wiesen leben auch wurzelessende Engerlinge. Die spindelförmigen, weißlichen Wildmöhren werden von den Käferlarven verhältnismäßig wenig geschädigt. Bei einem starken Engerlingsbefall kann es deshalb zu einem Vorherrschen der wilden Möhren kommen. Die Raupen des Schwalbenschwanzes finden wir auf den Blättern der Wilden Möhre und anderer Doldengewächse. Als Raupenfutterpflanze dient sie auch dem Totenkopf, der Flohkraut-Eule und dem Hausmütterchen.

Auf dem Hornklee leben die Schmetterlingsraupen des Heide-Bläulings, des Wiesen-Bläulings und des Klee-Dickkopffalters. Einige Bläulinge, wie der Zwerg-Bläuling und der Klee-Bläuling, legen ihre Eier in die Fruchtknoten des Wundklees. Als Futterpflanze wird die Zypressenwolfsmilch von den farbenprächtigen Raupen des Wolfsmilch-Schwärmers aufgesucht.

Charakteristisch für das Ökosystem Magerrasen sind im Spätsommer und Herbst die Weberknechte. Sie umgreifen mit ihren spinnendünnen Fußgliedern Halme und Stengel. Die bevorzugte Nahrung der langbeinigen Weberknechte sind Nackt- und Gehäuseschnecken, Milben und kleinere Kerfen. Als Nahrungsbiotop ist der Magerrasen wichtig für den Steinschmätzer. Der Bodenvogel ernährt sich von Käfern, Zweiflüglern, Schmetterlingen und Raupen. Wenn der Färberginster nicht der Mahd zum Opfer fällt oder nicht vom Wild verbissen wird, können sich auf der Pflanze die Raupen des Heide-Zipfelfalters (Brombeer-Zipfelfalters) und des Heide-Bläulings ansiedeln.

Halbtrockenrasen

Die ästhetischen Ansprüche an eine Blumenwiese werden auch durch den Halbtrockenrasen erfüllt. Sein Bewuchs ist so schwach, daß es sich nicht lohnt, vor dem Hochsommer zu mähen. Zu den bekannten Vorbildern gehören die Halbtrockenrasen der Schwäbischen Alb. Sie entwickeln sich nur in sonniger Lage auf kalkhaltigem Boden. Das Gegenstück sind kalkarme, aber mineralkräftige, schwach bis mäßig saure Böden. Ihrer Struktur nach werden lockere, nicht verdichtete Böden bevorzugt. Entsprechend dem Untergrund und den Nährstoffmengen kann es alle Übergänge von der Fettwiese bis zum Trockenrasen geben. Bei lehmigen oder wasserundurchlässigen Böden wird mit grobkörnigem Flußsand für eine gute Wasserführung und Abmagerung gesorgt. Auf 100 m^2 rechnet man mit 5 bis 10 m^3 Drainagematerial, das 20 bis 30 cm tief mit dem Mutterboden vermischt wird.

Die Artenzusammensetzung ist entsprechend den lokalen Gegebenheiten zwerg- oder massenwüchsig. Zu den auffälligsten Vertretern des Halbtrockenrasens gehören die Karthäusernelke *(Dianthus carthusianorum)*, die Knollige Spierstaude *(Filipendula vulgaris)*, der Weidenalant *(Inula salicina)*, die Pflaumeniris *(Iris graminea)*, der Große Ehrenpreis *(Veronica austriaca)*, die weiße Lichtnelke *(Melandrium album)*, die Pechnelke *(Lychnis viscaria)* und die Schafgarbe *(Achillea millefolium)*. Die relativ kleinen Flächen werden sehr stark von der Umgebung beeinflußt. Im Halbtrockenrasen können sich deshalb auch Pflanzen der Trockenrasen und Fettwiesen ansiedeln. Wo Leguminosen wie der Kriechende Klee *(Trifolium repens)*, die Futteresparsette *(Onobrychis viciifolia)* oder der Dornige Hauhechel *(Ononis spinosa)* eingewandert sind, wird der Boden mit Stickstoff versorgt. Daraus erklärt sich die verhältnismäßig schnelle Entwicklung der Begleitflora. Durch das Mähen werden die lichtliebenden Rasenorchideen begünstigt. Das Stattliche Knabenkraut *(Orchis mascula)* und Pflanzen des Kalkmagerrasens wie das Helmknabenkraut *(Orchis militaris)*, das Kleine Knabenkraut *(Orchis morio)* oder die Ragwurz-Arten *(Ophrys insectifera, O. fuciflora, O. sphecodes* und *O. apifera)* werden durch die Düngerzufuhr der Ammenpflanzen gefördert. Die hoch- oder polsterwüchsige Begleitflora kann dadurch so konkurrieren, daß die autotrophen Orchideen unterdrückt werden.

Im Halbtrockenrasen warnen wir vor einer Überbewertung von Gräsern. Eine Bereicherung des Artenspektrums kann auf Kosten von Arten gehen, die mit Rhizomen ausgestattet sind. Die Aufrechte Trespe *(Bromus erectus)* beginnt im Halbtrockenrasen so zu dominieren, daß sie in wenigen Jahren zur Herrschaft gelangt. Auch die unterirdischen Ausläufer der Fiederzwenke *(Brachypodium pinnatum)* werden im Wettbewerb so begünstigt, daß sie die Wildkräuter verdrängen. Eine starke Ausbreitung regenerationsfähiger Rhizompflanzen kann für die Begleitflora tödlich sein. Die humusmehrende Wirkung der Mähwiesen ist bekannt. In der Regel wird der Halbtrockenrasen recht spät, Ende Juli, gemäht. Der Pflanzenbestand kann sich dann nach Dürreperioden recht leicht aus Samen regenerieren.

Alkalische Böden

Allium rotundum, Liliaceae (Liliengewächse)
Runder Lauch
Staude mit Zwiebel
30 bis 60 cm hoch
Blütenstand kugelig, ohne Brutzwiebeln, purpurrot, hell rosarot oder weißlich. VI–VIII, Insektenbestäubung.

Zwiebeln lassen sich an warmen Standorten ausbringen. Kommt häufig verwildert unter Getreide und Reben, an Weinbergsmauern und Wegeböschungen vor.

Bunium bulbocastanum, Apiaceae (Doldengewächse)
Erdkastanie, Erdnuß, Erdeichel, Knollenkümmel
Staude mit teilweise knollig-kugeligen Knollen
40 bis 60 cm hoch

Blütendolden weiß. VI–VII, Insektenbestäubung.

Ist als Kulturrelikt auf trockenen Weiden und in Weinbergen anzutreffen. Ziemlich selten im Halbtrockenrasen. Gesellig eingebracht, sind sie mit ihren weißen Blüten nicht zu übersehen. Gelangen bei einem Grasschnitt Ende Juli leicht in Blüte. Nach der Fruchtreife bildet *B. bulbocastanum* am Grunde des Stengels eine neue Achselknospe.

Die Erdkastanie dauert, auch nach einem frühen Rasenschnitt, mit ihrer Knolle im Boden aus. Im Halbtrockenrasen lassen sich die etwa 10 cm tief im Boden sitzenden Knollen nach der Mahd im Juli aus dem Boden nehmen. Die haselnuß- bis walnußgroßen, schwarzbraunen »Erdkastanien« schmecken im rohen Zustand süßlich. Sie lassen sich wie Kartoffeln in Asche braten, wie Kastanien rösten, wie Wurzelgemüse kochen oder mit Essig und Öl als Salat zubereiten. Vor dem Welken der Blätter kann das Laub wie Petersilie und nach der Fruchtreife die Samen wie Kümmel verwendet werden.

Dianthus carthusianorum, Caryophyllaceae (Nelkengewächse)
Kartäusernelke
Staude
15 bis 40 cm hoch

Blüte rosa bis purpurrot, oft dunkler geadert. VI–VIII, Tagfalter.

Die Karthäusernelke belebt den Halbtrockenrasen mit ihren sehr variablen Blüten. Sie bildet viele Lokalrassen. Ohne zusätzliches Wässern oder Düngen greift *D. carthusianorum* nach allen Seiten und bildet lockerrasige Polster mit 10 bis 30 cm langen Stengeln. Sie versamen sich auf jedem Halbtrockenrasen und tragen so zur Ausbreitung bei.

Filipendula vulgaris, Rosaceae (Rosengewächse)
Knollige Spierstaude
Knolliges Mädesüß
Staude mit knolligen angeschwollenen Wurzeln
30 bis 80 cm hoch

Blüten in Doldentraube, weiß, außen oft rötlich. V–VII, Insektenbestäubung.

Die Knollige Spierstaude läßt sich vielseitig verwenden. Wächst noch als Halbschattenpflanze in Gebüschsäumen und an sonnenwarmen, wechseltrockenen Standorten. Läßt sich im Halbtrockenrasen mit der Silberdistel *(Carlina acaulis)*, der Stengellosen Kratzdistel *(Cirsium acaule)* und der Warzenwolfsmilch *(Euphorbia verrucosa)* vergesellschaften. Nach dem Schnitt bilden die Wurzelknollen Adventivsprossen. Im Herbst lassen sich die stärke- und gerbstoffreichen Knollen ernten. Die angeschwollenen Wurzeln werden wie die jungen Laubblätter als Gemüse und Salat zubereitet.

Inula salicina, Asteraceae (Korbblütler)
Weidenalant
Staude mit unterirdischen Ausläufern
25 bis 40 cm hoch

Blütenköpfchen in einer lockeren Doldentraube. Randblüten zungenförmig, weiblich. Scheibenblüten zwittrig. Blüten gelb. VI–VIII, Insektenbestäubung.

Treibt als Wurzelkriecher nach jedem Abmähen wieder aus. Läßt sich auch an wechselfeuchten Standorten, in staufeuchten Moorwiesen und im halbschattigen Gebüschsaum ansiedeln. Kommt auch an Wegrainen in Lehmböden vor.

Iris graminea, Iridaceae (Schwertliliengewächse)
Pflaumeniris, Grasschwertlilie
Staude mit grasartigen Blättern
15 bis 30 cm hoch

Blüten hellila mit dunkleren Adern, nach Pflaumen duftend. V–VI, Honigbienen.

Südeuropäische Art, die gelegentlich verwildert an grasigen Abhängen und buschigen Hügeln vorkommt. Im Halbtrockenrasen läßt sich *I. graminea* in Gruppen ansiedeln. Die Mahd erfolgt nach dem Absterben der Blätter.

Pastinaca sativa, Apiaceae (Doldengewächse)
Pastinak
Zweijährig mit Möhrengeruch
30 bis 100 cm hoch

Blüten in Dolden, goldgelb. VII–VIII, Zweiflügler, Hautflügler und Käfer.

Wird vereinzelt als Kulturflüchtling in trockenen bis mäßig feuchten Wiesen angetroffen. In einem tiefgründigen Boden tritt die wenig anspruchsvolle Pflanze bestandsbildend auf. Die Herbstsaaten keimen im Frühjahr. Die Frequenz des Pastinakenbestandes ist dabei sehr groß. *Pastinaca sativa* hat möhrenartige, fleischig-verdickte Wurzeln. Von der Wildform lassen sie sich nur beschränkt, in Salzwasser gut abgekocht, als Zutat zu Fleischsuppen verwenden. Die Kulturformen haben diese Schärfe verloren. Sie schmecken süß-gewürzhaft und erinnern an Petersilie. Aus diesen Pastinakwurzeln kann man, mit Kartoffeln und Möhren vermischt, ein nahrhaftes Gemüse bereiten. Die jungen Stengel und Blätter lassen sich als Zutaten in Kartoffelsuppen und Rindfleisch, zu Spinat und Salaten verwenden.
Die reifen Früchte werden als Teeaufguß zum Entwässern des Körpers empfohlen. Das ätherische Öl findet teils in der Lebensmittelindustrie, teils in der Parfümindustrie Verwendung.

Plantago media, Plantaginaceae (Wegerichgewächse)
Mittlerer Wegerich
Staude mit rosettig angeordneten Blättern
10 bis 40 cm hoch

Blütenähre schmal, walzig, sehr dicht, weißlich-glänzend. V–IX, Insekten und Selbstbestäubung.

Läßt sich im Tretrasen auf magerem, mehr oder weniger tiefgründigem Boden ansiedeln. Aus Samen verschiedener Herkünfte treten signifikante Unterschiede hinsichtlich der Länge von Blättern, Ährenstiel und Ähre auf.

Veronica austriaca ssp. Scrophulariaceae (Braunwurzgewächse)
teucrium (V. teucrium)
Großer Ehrenpreis
Staude mit Ausläufern
10 bis 25 cm hoch

Floreszenz vielblütig, himmelblau, auch azurblau, kornblumenblau, rosa oder weiß. V–VII, Insektenbestäubung.

Bildet als Ausläuferstaude nach der Samenkeimung Laubrosetten. Im zweiten Lebensjahr beginnen die Pflanzen zu blühen. Eine starke Ausbreitung der 15 bis 100 cm langen Triebe bringt für die Begleitflora keine tödlichen Folgen.

Neutrale Böden

Achillea millefolium, Asteraceae (Korbblütler)
Schafgarbe
Staude mit kriechendem Wurzelstock
30 bis 100 cm hoch

Blüten in Doldenrispe, weiß oder rosa, selten gelb. VI–IX, Fliegen und Selbstbestäubung.

Eine formenreiche Art. Ökotypen des Halbtrockenrasens bevorzugen einen tiefgründigen, sandigen-steinigen Boden. Bis 90 cm tief wurzelnde Pionierpflanze, die sich vielseitig verwenden läßt. Breitet sich als Wurzelkriecher aus und beginnt nach wenigen Jahren zu dominieren.

Das Schafgarbenkraut findet als Magenmittel, zur Appetitanregung, bei Darm- und Gallenbeschwerden Verwendung. Es ist ferner krampfstillend. Zwei gehäufte Teelöffel werden mit ¼ Liter kochendem Wasser übergossen und nach 15 Minuten abgeseiht.

Lychnis viscaria, Caryophyllaceae (Nelkengewächse)

Pechnelke, Klebrige Lichtnelke	Blütenstand mit 3 bis 4 Stockwerken.
Wintergrüne Halbrosettenstaude	Purpurn, selten weiß. Blütentriebe
Blütentriebe 30 bis 60 cm hoch	unter dem Knoten mit Leimring.
	V–VII, Tagfalterblume, Käfer und Hummeln.

Im Halbtrockenrasen breitet sich die Pechnelke ausläuferartig aus. Bei einmaliger Mahd ist L. viscaria als Wiesenpflanze wenig empfindlich. Sie erträgt keine stärkere Düngung und meidet extrem trockene Standorte.

Melandrium album, Caryophyllaceae (Nelkengewächse)

(Silene alba)	Blüten weiß, selten rötlich. Nachtblüher
Weiße Lichtnelke, Weiße Nachtnelke	mit starkem Duft. VI–IX, Nachtfalter
Staude selten einjährig	und -schwärmer.
40 bis 90 cm hoch	

Ziemlich tief wurzelnd. Hält auf mäßig trockenen Böden aus. Bildet nach der Mahd an der Basis Erneuerungsknospen.

Tiere

Die weltweit verbreiteten Springschwänze ernähren sich von organischen Substanzen. Beim Zerkleinern von Halmen und Blättern sorgen die winzigen Urinsekten für die Humusbildung. Das einheitliche Grün vieler Wiesen wird im Halbtrockenrasen von großblumigen Pflanzen abgelöst. Pollenfressende Käfer, die von Blüte zu Blüte ziehen, übernehmen dabei häufig die Bestäubung. Die flach liegenden, leicht zugänglichen Blüten werden von nektarsuchenden Wanzen, Netzflüglern, Faltern, Fliegen, Gold- und Grabwespen aufgesucht. Die Larven der Ölkäfer ernähren sich von den Eigelegen vieler Heuschrecken. Mit ihren langen Beinen bewegen sich die Wiesenschnaken über die schwankenden Halme fort. Als Raupenfutterpflanze wird der Wegerich vom Scheckenfalter, dem Kleinen Maivogel und dem Feuerfalter aufgesucht.

Trockenrasen

Jede Wiese, die nicht unter Beweidung durch Kühe leidet, weder gedüngt und selten gemäht wird, überrascht durch eine reichhaltige Pflanzengesellschaft. Der Trockenrasen erhält am Ende des Jahres einen Schnitt und keine Düngung. Er liefert eine vorzügliche Blumenwiese. Sofern die Fläche grundwasserfern und überschwemmungsfrei, der Standort gut belüftet und tiefgründig, neutral bis alkalisch ist, findet der Trockenrasen ideale Wachstumsbedingungen. Das zentrale Problem bei anstehendem Lehmboden ist die Frage der Entwässerung. Die Gartenböden lassen sich durch eine tiefe Schlacken-, Sand- oder Kieslage verändern und der intensiv durchwurzelbare Raum für die Pflanzen vergrößern. Die Vegetationsfläche gibt das überschüssige Niederschlagswasser durch die Drainageschicht ab. Auf sandigen, gut besonnten Böden erschöpfen sich die Wasservorräte so rasch, daß sich nur eine Trockenrasengesellschaft mit geringem Feuchtigkeitsbedürfnis halten kann. Die Pflanzen sind einer wechselnden Wasserversorgung angepaßt. Auf wasserdurchlässigen, kalkhaltigen Böden bilden sich halbnatürliche Ökosysteme, die sich in der Artenkombination verändern. Bei der Bepflanzung sollte darauf geachtet werden, daß die Erde nährstoffarm und frei von Rhizomen ist. An und für sich gedeihen viele Trockenrasenpflanzen unter allen Feuchtigkeitsstufen in normaler Gartenerde. Es ist nicht einmal zu befürchten, daß sie dabei ihren charakteristischen Habitus einbüßen. Nur ihre Konkurrenzkraft läßt nach, und die standortfremden Arten führen zu einer erheblichen Mehrbelastung durch Jäten. Man wird sich deshalb auf die raumfüllenden *Ajuga genevensis, Pimpinella saxifraga, Sedum acre, Veronica prostrata* oder *Veronica spicata* beschränken. Durch wiederholtes Überstreuen der Fläche mit Sand, läßt sich der Rasen schrittweise abmagern und eine geschlossene Trockenrasengesellschaft erreichen.

Die regenarme Zeit vermögen die xerophilen Pflanzen mit Hilfe eines tiefreichenden Wurzelwerkes zu überdauern. *Aster linosyris* weist dabei einen maximalen osmotischen Wert von 100 atm auf. Sie erschließt den Boden bis in große Tiefen und weicht der Dürre durch Verschließen der Spaltöffnungen aus. Jede Trockenrasenpflanze wird bei normaler Feuchtigkeit im Garten wachsen. Ihre eigene Existenzfähigkeit ist bei einer Unterversorgung mit Wasser im Verhältnis zu den Konkurrenten größer. Um Schäden auszuschließen, kann man die »Kulturwiesen« in Trockensommern etwas bewässern. Bei Wassermangel leiden die Gräser am stärksten und sterben im Gegensatz zu den tiefwurzelnden *Anthemis tinctoria, Dictamnus albus, Digitalis lanata* oder *Salvia pratensis* ab. Von Jahr zu Jahr verschiebt sich das Gleichgewicht der Arten. Die recht kurzlebigen Gräser, die durch Absterben zur Auflockerung neigen, werden deshalb nicht berücksichtigt. Flächen mit großen Ausfällen regenerieren sich aus Samen erstaunlich rasch. Im Trockenrasen mit vorherrschender Fiederzwenke *(Brachypodium pinnatum)* oder dem Schafschwingel *(Festuca ovina)* treten infolge einer erheblichen Keimhemmung nahezu keine Jungpflanzen auf. Je geringer die standortspezifische Artenvielfalt ist, umso instabiler ist der Trockenrasen. Daher liegt der Gedanke nahe, bestimmte Kombinationen von Pflanzenarten zu berücksichtigen. Eine wirkungsvolle Ergänzung finden die Trockenrasenflächen in den Schmetterlingsblütlern des Magerrasens. Bei ausreichendem Sonnenlicht und Bodentemperaturen um 20 °C ist im Trockenrasen eine gute Photosyntheseleistung und damit eine starke Stickstoffbindung in den Knöllchen zu erwarten. Die freiwerdenden organischen Verbindungen beeinflussen das Wachstum und die Entwicklung der Nachbarpflanzen. Im Verhältnis zu den trockenen Böden wirken sich gut bewässerte Standorte so günstig auf die Schmetterlingsblütler aus, daß die Stickstoffproduktion und der Blütenansatz größer sind. Bei extremer Trockenheit beginnen die Blätter vorzeitig abzusterben.

Alkalische Böden
Adonis vernalis, Ranunculaceae (Hahnenfußgewächse)

Adonisröschen
Staude, blühende und nicht blühende Sprosse treibend
10 bis 40 cm hoch, sehr giftig!
Geschützt

Blüten einzeln, hellgelb, Pollenblume, 4 bis 7 cm Durchmesser. IV–V, pollensammelnde Bienen und pollenfressende Fliegen und Käfer, Ameisen und Wanzen.

Das Adonisröschen trägt als gefällige Zwergstaude zur Belebung des naturnahen Gartens bei. Seine Pflegeansprüche sind sehr bescheiden. Als Tiefwurzler gedeiht es an sonnigen, bodenwarmen Plätzen. Die Ameisenverbreitung der Samen trägt zu einer guten Durchmischung mit der Begleitflora bei.

Adonis vernalis enthält Adonitoxin. Die heilwirksamen Glykoside werden aus dem Adoniskraut gewonnen. Wird gelegentlich in Herzmitteln verwendet.

Ajuga genevensis, Lamiaceae (Lippenblütler)
Genfer Günsel, Heidegünsel Scheinquirle aus meist 3- oder 4blütigen
Rosettenstaude Wickeln, zu 5 bis 12 Scheinähren verei-
10 bis 30 cm hoch nigt. Dunkelblau, auch schmutzig rosa
 und rein weiß. IV–VI, kleinere Bienenarten.

Der Genfer Günsel wächst sowohl in Kalkgebieten wie auf bodensauren Flächen. Als schnelldeckender Bodenbegrüner ist er in trockenen und sonnigen Lagen eine vortreffliche Trockenrasenpflanze. Ihre Verjüngung erfolgt nicht durch Ausläufer, sondern durch Adventivknospen der waagrecht wachsenden Seitenwurzeln. Die durch Ameisen verursachte Verschleppung ihrer Samen trägt zu einer schnellen Ausbreitung bei.

Anthemis tinctoria, Asteraceae (Korbblütler)
Färberkamille Blütenköpfchen einzeln, Randblüten
Staude weiblich, zungenförmig, goldgelb.
20 bis 50 cm hoch Scheibenblüten zwittrig, goldgelb.
 VII–IX, Bienen.

Die Färberkamille gehört zu den Pionierpflanzen, die auf sommerwarmen Steinböden wachsen. *A. tinctoria* bevorzugt offene Flächen, wo sie gesellig angesiedelt werden kann. Die Anlage von größeren Beständen oder Besiedlung ganzer Areale läßt sich auf Hänge und Böschungen ausdehnen.

Anthemis tinctoria hat sehr farbstoffreiche Blüten, die den Bäckern die gelbe Farbe zum Beizen der Laugenbrezeln und den Färbern zum Gelbfärben der Wolle und »Stärken« der Wäsche lieferten.

Aster linosyris, Asteraceae (Korbblütler)
Goldhaar, Goldaster Blütenköpfchen in einer dichten, end-
Staude ständigen Doldentraube, goldgelb.
15 bis 40 cm hoch VII–X, Insektenbestäubung.

Das Goldhaar läßt sich auf dem sommerwarmen Trockenrasen zur Anpflanzung bringen. Seinen tiefreichenden Wurzeln ist es zu danken, daß *A. linosyris* für extreme Lagen geeignet ist. Das Goldhaar besitzt einen leichten Samen, der einen Haarschopf trägt. Im Trockenrasen kann sich dabei *A. linosyris* über große Flächen ausbreiten. Die Pflanze erträgt weder stauende Nässe noch den Schatten benachbarter Bäume. Im Trockenrasen tritt sie am liebsten herdenbildend auf.

Dictamnus albus, Rutaceae (Rautengewächse)
Diptam Blüten in einfacher Traube, rosa mit
Staude dunkleren Adern, selten weiß oder
60 bis 120 cm hoch purpurrot. V–VI, die zitronen- oder
 zimtartig duftenden Blüten werden von
 Echten Bienen bestäubt.

Der Diptam läßt sich im Ökologischen Garten als Kriechwurzel-Pionier in Trockenwiesen und auf Laubwaldlichtungen pflanzen. Den tiefen Pfahlwurzeln des Diptams ist es zu danken, daß er sich auch für felsige Hänge eignet. In Anlehnung an die natürlichen Standortsbedingungen lassen sich in die Diptam-Gesellschaft die Bergkronenwicke *(Coronilla coronata)* und die Umscheidete Kronwicke *(Coronilla vaginalis)* als »Ammen« pflanzen.

In trockenheißen Sommern geben die unreifen Fruchtstände in solchen Mengen ätherische Öle ab, daß sie bei absoluter Windstille leicht zur Entzündung gebracht werden können. Bei Dunkelheit zischen die Flammen wie leuchtendes Blitzlichtpulver durch die Fruchtstände.

Dictamnus albus ist als Gartenflüchtling vielfach aus Arzneipflanzenkulturen hervorgegangen. Als »Radix Dictamni« wurde die weiße Wurzel (albus = weiß) offizinell gegen Epilepsie und Würmer verwendet. Hat heute, außer in der Homöopathie, kaum noch eine Bedeutung.

Digitalis lanata, Scrophulariaceae (Braunwurzgewächse)

Wolliger Fingerhut	Floreszenz sehr lang, über 100blütig,
Zweijährig bis staudig	gelbbraun auf weißem Untergrund, in-
Halbrosettenpflanze	wendig gelbbraun und violett geädert.
40 bis 100 cm hoch	VI–VII, Insektenbestäubung.
Giftpflanze, wegen des unangenehmen	
Geschmacks der frischen Pflanzenteile	
Vergiftungen unwahrscheinlich	

Der Wollige Fingerhut tritt zuweilen verwildert im sonnigen Trockenrasen auf. Die Pflanze ist als Wildstaude in die Gärten gelangt. Kommt von der pharmazeutischen Industrie als Herzglykosidlieferant feldmäßig zum Anbau. Bezeichnend sind deshalb die hybridogenen Nutzpflanzenformen, die durch ihre kräftige Erscheinung nicht ins Bild eines Trockenrasens passen. Ausgedehnte Bestände auf steinigen oder sandigen, lehmigen oder tonigen Stellen sind so von ihrer Blühkraft erfüllt, daß sich durch eine Gruppe konvergierender Pflanzen reizvolle Farbwirkungen schaffen lassen.

Digitalis lanata enthält herzwirksame Glykoside zur Herstellung von Arzneimitteln. Die Inhaltsstoffe der Blätter sind Hauptbestandteil der wichtigsten Herz- und Kreislaufmittel.

Linum austriacum, Linaceae (Leingewächse)

Österreichischer Lein	Wickelige Blütenstände, himmelblau
Staude	mit gelbem Grund. V–VII, Insektenbe-
10 bis 60 cm hoch	stäubung.

Dem Österreichischen Lein ist im Trockenrasen eine Rolle vorbehalten, die unübersehbar ist. Aus Gärten und Friedhöfen hat er sich auf sommerwarmen Stein- und Kiesböden als Kulturrelikt eingebürgert. Wie in der Natur wird *L. austriacum* mit *Adonis vernalis* und *Aster linosyris* vergesellschaftet. Flächen, die nicht mit einem zusammenhängenden Pflanzenteppich überzogen sind, werden mit dem Stengellosen Tragant *(Astragalus exscapus)* begrünt. Er besitzt die Fähigkeit, mit seinen Wurzeln bis in die feinsten Erdspalten einzudringen, Stickstoff an seine Begleitflora abzugeben und die kahlen Flächen mit einem Pflanzenteppich zu überziehen.

Pimpinella saxifrage, Apiaceae (Doldengewächse)

Kleine Bibernelle	Blütendolden, weiße oder gelblich-
Staude, zur Blütezeit mit grundständi-	weiße, gelegentlich auch rosa bis pur-
ger Blattrosette	purne Kronblätter. VII–X, Zweiflügler,
15 bis 60 cm hoch	Hautflügler, Käfer und Skorpions-
Wurzeln mit unangenehmem, schar-	fliegen.
fem, bockartigem Geruch	

Die Kleine Bibernelle ist ein willkommener Helfer, trockene und warme Abhänge zu begrünen. Auf ungedüngten Flächen vermag sie mit ihren grundständigen Blattrosetten Fuß zu fassen. Mit ihren Polstern überziehen die Pflanzen große Findlingsblöcke bis zu den »Schultern« mit einem Pflanzenteppich, aus denen nur da und dort graue Steinflächen herausragen. Als Tiefwurzler besitzt die Kleine Bibernelle die Fähigkeit, mit ihren Wurzeln bis 130 cm Tiefe in die Erde einzudringen. Magerkeitszeiger, Licht-Halbschattenpflanze.

Pimpinella saxifraga ist ein altes Gewürzkraut. Enthält ätherisches Öl und Bitterstoffe. Das Kraut dient zum Würzen von Suppen, Gemüsen, Salaten und Fischgerichten. Ist auch ein Bestandteil der Hamburger Aalsuppe.

Salvia pratensis, Lamiaceae (Lippenblütler)

Wiesensalbei	4- bis 8blütige Scheinquirle zu 6 bis
Halbrosettenstaude	12 übereinander stehend. Blüten 2 bis
Pflanze oberwärts drüsig-klebrig.	2,5 cm lang, dunkel-blauviolett, auch
Blüten werden aus einer grund-	weiß, schmutzigrot oder weißbunt.
ständigen Rosette erst im 2., 3. oder	VI–VIII, nur langrüsslige Blütenbesu-
4. Jahr gebildet	cher, besonders Hummeln, vermögen
30 bis 60 cm hoch	den Schlagbaummechanismus in Bewegung zu setzen.

Das massenhafte Auftreten des blauvioletten Wiesensalbeis gibt dem Trockenrasen seinen Sommeraspekt. Auf kargem Boden gelangen die Salbeipflanzen als Rohboden-Pionier zur höchsten Vollendung, während sie in nährstoffreichen und feuchten Böden anderen Pflanzen weichen. Mahd und Beweidung ertragen sie dank ihrer Rosettenblätter sehr gut. Ihren 100 cm tiefen Wurzeln ist es zu danken, daß sie auf armen und trockenen Böden einen großen Blütenreichtum hervorbringen.

Sedum acre, Crassulaceae (Dickblattgewächse)

Scharfer Mauerpfeffer	Blüten in trugdoldigen Wickeln, gold-
Staude, rasenbildend, 4- bis 6zeilig	gelb. VI–VIII, Fliegen, Hautflügler.
angeordnet, von scharfem Geschmack	
2 bis 15 cm hoch	

Die sogenannten Steingartenpflanzen geben häufig Anlaß zu Mißverständnissen. Es gibt verschiedene Flachlandpflanzen, die wir im Alpengarten ziehen. *Sedum*-Arten, wie der Scharfe Mauerpfeffer, finden sich in Trockenrasengesellschaften, auf Böschungen, an Mauern, in Sandfeldern oder auf Kiesdächern. Mit ihren rasenbildenden Zweigen breiten sie sich im Geröll aus und versammeln ihre dicht beblätterten fruchtbaren und unfruchtbaren Stengel »familienartig« um sich. Dank einer Ameisenverbreitung keimen die Samen an lückigen Stellen über den ganzen Trockenrasen verstreut.

Verbascum speciosum, Scrophulariaceae (Braunwurzgewächse)

Prächtige Königskerze	Floreszenz, hellgelb. Blumenkrone
Zweijährige Halbrosettenpflanze	duftet. VI–VII, Insekten- und Selbstbe-
100 bis 200 cm hoch	stäubung.

Als unentbehrlicher Bestandteil des Trockenrasens schaffen sie auf haus- und wegenahen Flächen ein abwechslungsreiches Pflanzenbild. *V. speciosum* findet sich autochthon nur im Ausstrahlungsbereich des pannonischen Florengebietes. Er bevorzugt deshalb einen warmen und sonnigen Standort. Am schönsten kommen die Königskerzen zwischen einer niederen Begleitflora zur Wirkung. Auffallend sind ihre Blattrosetten mit grauwolliger Behaarung. Im Trockenrasen braucht man sich nicht um die Nachzucht von *V. speciosum* zu kümmern. Die Prächtige Königskerze sät sich immer wieder aus und entwickelt bis zu zwei Meter hohe blühende Triebe.

Veronica prostrata, Scrophulariaceae (Braunwurzgewächse)

Liegender Ehrenpreis	Floreszenz vielblütig, blaß oder kräftig
Staude mit niederliegenden Trieben	himmelblau, selten rosa oder weiß,
10 bis 20 cm hoch	Schlund und Kronröhre weiß. IV–VI,
	Insektenbestäubung.

Ausläuferstaude, 10 bis 30 cm lang. Die zahlreichen blühenden Triebe sind aufsteigend, die nichtblühenden niederliegend. Im sommerwarmen Trockenrasen breitet sie sich ausläufertreibend aus. In warmen Lagen werden Blütenknospen gebildet, die sich bis tief in den Juni an langgestielten Floreszenzen öffnen.

Neutrale Böden
Allium sphaerocephalon, Liliaceae (Liliengewächse)
Kugellauch   Blüten in Scheindolde, kugelig, lebhaft
Staude mit eiförmiger Zwiebel   purpurrot. VI–VII, Insekten- und
30 bis 90 cm hoch   Selbstbestäubung.
Die natürliche Schönheit dieser Art wird durch die Form- und Farbkontraste der Nachbarpflanzen hervorgehoben. Bei der Verwendung des Kugellauches ist darauf zu achten, daß vor der Aufnahme der Zwiebeln durch Einbringen von Sand oder Schlacke die störende Nässe abfließen kann. Wie in der Natur wird der Kugellauch in kleinen Gruppen über den Trockenrasen verteilt. Dabei kommt es darauf an, daß *A. sphaerocephalon* die Gelegenheit hat, vor der Mahd seine Nährstoffe aus Blättern und Stengeln in die Zwiebel zurückzuziehen.
Anthericum liliago, Liliaceae (Liliengewächse)
Traubige Graslilie   Blüten in unverzweigter Traube, weiß.
Staude mit grasartigen Laubblättern V–VII, Bienen und Schwebfliegen.
30 bis 60 cm hoch
Trockenrasenpflanzen, die auf neutralen Böden zu Hause sind, können wir ohne Bedenken in basenreiche und mäßig saure Erden pflanzen. Es gibt verschiedene Möglichkeiten, die Traubige Graslilie zu verwenden. Durch die Benachbarung der konvergierenden *Allium sphaerocephalon, Pulsatilla patens* und *Veronica spicata* lassen sich reizvolle Trockenrasengesellschaften schaffen. *A. liliago* kann auch mit *Aster linosyris, Adonis vernalis, Dictamnus albus, Digitalis lanata, Salvia pratensis* und *Verbascum speciosum* vergesellschaftet werden. Sie sind nicht immer streng an einen bestimmten Boden gebunden, sondern suchen einen gut durchlüfteten Standort mit einem großen Wurzelraum.
Linum perenne, Linaceae (Leingewächse)
Staudenlein   Blüten in Wickel, hellblau oder rötlich.
Staude   VI–VII, Insektenbestäubung.
20 bis 60 cm hoch
Im Naturnahen Garten ist dem Staudenlein eine Rolle vorbehalten, die vom sonnigen Steppenrasen, lockeren Sand-, Stein- und Lehmboden bis zu den lichten Kiefern-Trockenwäldern reicht. Als Gartenflüchtling bringt er auf kargem Boden einen großen Blütenreichtum hervor.
Linum perenne ist als Kulturrelikt aus Gärten verwildert. Wurde einst als »Ewiger Lein« angebaut. Wegen der sehr groben Faser aus den Anpflanzungen verschwunden.
Pulsatilla patens, Ranunculaceae (Hahnenfußgewächse)
Fingerküchenschelle   Blüten einzeln, blauviolett, fast auf-
Staude   recht, anfangs glockig, später mit abste-
Bis 15 cm hoch   henden Blütenhüllblättern. III–IV,
                                    Hummeln und Bienen, gelegentlich Fal-
                                    ter und als Nektardiebe Ameisen und
                                    Thrips-Arten.
Der Trockenrasen bereitet sich schon im Herbst auf seinen Frühling vor. Die blauvioletten Glockenblüten der Fingerküchenschelle warten bereits in wolligen Knospen auf ihre Entfaltung. Am besten sagen ihr bodenwarme Plätze zu. Solitär und in

Gruppen ist sie in Gemeinschaft mit dem Staudenlein und der Traubigen Graslilie im sonnigen Trockenrasen kaum zu ersetzen.

Veronica spicata, Scrophulariaceae (Braunwurzgewächse)
(Pseudolysimachion spicatum)
Ähriger Blauweiderich
Staude mit 50 cm langem Rhizom
15 bis 45 cm hoch
Blühender Trieb 15 bis 50 cm hoch, blaulila oder azurblau, selten weiß.
VII–IX, Insektenbestäubung.

Zwischen den niederen Trockenrasenpflanzen ragen ihre schlanken, endständigen Ährentrauben heraus. Der Ährige Blauweiderich wächst auf jedem mittelmäßigen Boden. Er bevorzugt Kalk, gedeiht aber auch auf entkalkter Unterlage sowie in Stein-, Kies- und Sandböden die ziemlich neutral reagieren.

Tiere

Die Besiedlung der neugeschaffenen Trockenrasen richtet sich nach dem Biotoptyp und seinem Kleinklima. Die pflanzensoziologischen Grenzen bilden keine Barriere für die gänzlich von Blüten abhängigen Schmetterlinge, Bienen oder Hummeln. Im Trockenrasen kommen von den Tagfaltern vor allem die Bläulinge vor. In wenig gestörten Biotopen kann man im Frühling die Wolfsspinnenweibchen mit ihren weißen Gespinstpaketen in der Trockenwiese beobachten. Sie sonnen sich mit ihrem Kokon auf den Pflanzen. Nach dem Ausschlüpfen der Jungen lassen sich diese auf dem Hinterleib der Mutter spazierentragen.

Die Früchte vieler Trockenrasenpflanzen besitzen ein Elaiosom. Es enthält wie bei *Adonis vernalis* Fett, Zucker, Vitamin B und Vitamin C. Die Elaiosomen dienen den Ameisen als Nahrung. Der myrmecophile Kurzflügelkäfer *Astilbus canaliculatus* ernährt sich wiederum von Ameisen. Auffallend ist die große Zahl sonnenliebender Laufkäfer. Die Wegwespen und Grabwespen benutzen den Trockenrasen als Brutbiotop, und im Spätsommer ist mit einer großen Individuendichte der Feldheuschrecken zu rechnen. An Engerlingslarven ist im Trockenrasen der Juni-Käfer zu erwarten. Die Trockenrasen-Raubfliege wartet auf den Grashalmen und Blättern darauf, frei fliegende Insekten zu fangen. Ein sommerlicher Trockenrasen ist auch reich an den Larven der Stilettfliegen. Sie bewegen sich schlängelnd fort und leben von den Larven anderer Bodeninsekten. Auf einem sonnigen, warmen Trockenrasen sind auch Schmalwanzen anzutreffen. Als Pflanzensauger können sie durch ihren giftigen Speichel großen Schaden anrichten.

Nasse Wiesen

In Gewässernähe, in Senken und Mulden haben sich noch Fragmente der ursprünglichen Naßwiesen bewahrt. Die extensiv gepflegten Grundwasserböden sind besser zur Nutzungsänderung geeignet als eine eutrophierte Vegetation. Wichtig für den Lebensbereich Naßwiese ist eine überwiegend sonnige Lage. Das Grundwasser schwankt im jahreszeitlichen Wechsel. Auf dem jeweiligen Standort wird sich eine spezifisch angepaßte Blumenwiese entwickeln, die im Hinblick auf die Artenzahl mit möglichst geringen Pflegekosten ausgerichtet sein muß.

Wenn eine Wiese unter unseren Schritten zu schwingen beginnt, finden wir dort den Scharfen Hahnenfuß *(Ranunculus acris),* das Sumpfvergißmeinnicht *(Myosotis palustris),* das Gnadenkraut *(Gratiola officinalis)* und die Bachnelkenwurz *(Geum rivale).* An den Bachufern lassen sich Sumpfdotterblumen *(Caltha palustris)* und Trollblumen *(Trollius europaeus)* ansiedeln. Funktionell ist die Nasse Wiese eine

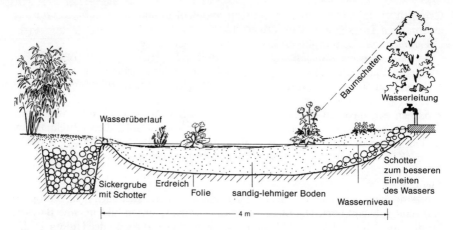

Abb. 9. Die Naßwiese (Querschnitt). Sie kann, wenn ein Tümpel mit eingeplant wird, ein in sich geschlossenes Biotop werden.

Einheit, auch wenn die Flora in mancher Hinsicht von den ufernahen Regionen unserer Seen und Bäche kaum abweicht. Wenn im Grundwasserschwankungsbereich der Gasaustausch unterbunden ist, kommt es zur toxischen Anreicherung von CO_2 in der Bodenluft. Im stagnierenden Grund- und Stauwasser atmen die Sumpfpflanzen über große Interzellularräume, das Aerenchym, das sich zur Durchlüftung in den Blättern, Stengeln und Wurzeln befindet. In ständig durchnäßten Wiesen verhält sich die Aufrechte Trespe *(Bromus erectus)*, ein bestandsbildendes Futtergras des Kalk-Magerrasens, wie eine Sumpfpflanze. Sie bildet zum Luftaustausch in seiner Wurzelrinde große Interzellularräume aus.

Durch unterschiedliche Bodenverhältnisse, die man in einer Nassen Wiese durchaus schaffen kann, erhalten wir eine besonders artenreiche Florendurchmischung. Zum besseren Verständnis sollten die Eigenschaften der Erden basenreich, neutral oder sauer sein, aus torfigem-, lehm- oder tonhaltigem Humusboden bestehen.

In den dicht geschlossenen Pflanzengesellschaften ist die Anzahl von Keimlingen verhältnismäßig gering. Standortsfremde Pflanzen besiedeln in den Nassen Wiesen mit Vorliebe vegetationsfreie Stellen. Häufig findet man auf Ameisenhaufen den Sandthymian *(Thymus serpyllum)* und den Kriechenden Klee *(Trifolium repens)*. Feuchte Böden haben als kalte Standorte einen verzögerten Vegetationsbeginn. An nassen Aufenthaltsorten blühen die Wiesenpflanzen verspätet auf. Wenn die Temperaturen auf etwa 10 °C ansteigen, beginnen sich die Blütenstengel der Hohen Schlüsselblume *(Primula elatior)* zu strecken. Noch ehe andere Pflanzen zu blühen beginnen, wird der Wiesenaspekt vom Butterblumengelb des Scharfen Hahnenfußes *(Ranunculus acris)* bestimmt. Das Wiesenschaumkraut *(Cardamine pratensis)* ist im Frühling von einer Feuchtwiese nicht wegzudenken. Die Flora der Nassen Wiese bereitet uns im Apri–Mai mit der Sommerknotenblume *(Leucojum aestivum)* eine weiteren ästhetischen Genuß. Noch vor dem ersten Schnitt haben die Kuckucksblume *(Lychnis flos-cuculi)*, der Beinwell *(Symphytum officinale)* und die Bachnelkenwurz *(Geum rivale)* im Mai–Juni den ersten Hochstand erreicht. Noch während der Hauptblütezeit und ehe die Mehrzahl der Wiesenpflanzen Samen ausbildet, wird gemäht. Die Pflanzen sind also auf vegetative Fortpflanzung angewiesen. Beim Mähen werden die meisten Blätter abgeschnitten, die regeneriert werden müssen.

Viele Pflanzen kommen durchaus noch einmal zum Blühen. Unter günstigen Voraussetzungen regenerieren sie so schnell, daß der zweite Hochstand mit der Herbstzeitlosenblüte *(Colchicum autumnale)* im August–September erreicht ist. Viel interessanter sind Nasse Wiesen, die erst im Herbst gemäht werden. Wenn die Pflanzen strohig geworden sind, paßt der Mahdrhythmus besser zum Entwicklungsgang der Bertramsgarbe *(Achillea ptarmica)*, des Sumpfvergißmeinnichts *(Myosotis palustris)*, der Gelben Taglilie *(Hemerocallis lilio-asphodelus)*, des Gnadenkrautes *(Gratiola officinalis)*, der Waldengelwurz *(Angelica sylvestris)*, des Großen Flohkrautes *(Pulicaria dysenterica)*, des Tüpfelstern *(Lysimachia punctata)* und zum Kantenlauch *(Allium angulosum)*.

Alkalische Böden

Allium angulosum, Liliaceae (Liliengewächse)
Kantenlauch
Staude, rasenbildend, mit fast zylindrischer Zwiebel
20 bis 50 cm hoch
Blüten in Scheindolde, halbkugelig, ohne Brutzwiebeln, rosarot. VII–IX, Insektenbestäubung.

Der Kantenlauch wird zerstreut, jedoch gesellig auf den nassen Wiesen angesiedelt. Er liebt die Sonne und eine hohe Feuchtigkeit. Die rosaroten Blüten sind so dicht zusammengedrängt, daß die Scheindolde ziemlich flach erscheint. *A. angulosum* verbreitet sich durch Samen über die Naßwiesen und gewinnt rasenbildend an Boden.

Allium scorodoprasum, Liliaceae (Liliengewächse)
Wilder Lauch, Schlangenlauch
Staude mit Zwiebel
60 bis 90 cm hoch
Blütenstand kugelig, eiförmige Brutzwiebelchen tragend. Blüten zwischen den Zwiebelchen hervorragend, dunkelpurpurn, VI–VII, Insektenbestäubung.

Der Wilde Lauch zeichnet sich in den Naßwiesen durch die schlanke Eleganz seiner 60 bis 90 cm hohen Blütenstände aus. Man pflanzt die Zwiebeln an die sonnigsten Stellen. Nach ihrer Blüte ziehen die Pflanzen ein. Damit sie nicht zu früh abgemäht werden, werden sie unter Hecken und Gebüschen, an Gräben und am Wiesenrand angesiedelt. Die eiförmigen Brutzwiebelchen fallen von den Blütenständen ab und tragen sehr leicht zur Bildung dichter Horste bei.

Geum rivale, Rosaceae (Rosengewächse)
Bachnelkenwurz, Blutströpfchen
Halbrosettenstaude
10 bis 70 cm hoch
Blüten nickend, Außenkelch rotbraun, Kronblätter blaßgelb und meist schmutzigrosa überlaufen. Nektarreich. IV–VI, Hummeln, Bienen und Schwebfliegen, Erdhummeln brechen von oben durch die Blütenbecher ein.

An Quellen, Gräben und Bachufern kommt die Schönheit des Wassers durch eine gute Randbepflanzung mit *Geum rivale* zur Wirkung. Sehr wirkungsvoll ist es in Verbindung mit der Sumpfdotterblume *(Caltha palustris)* und der Trollblume *(Trollius europaeus)*. *G. rivale* wächst auf den Feuchtwiesen gerne in größeren Gruppen. Unabhängig vom Säurewert des Bodens läßt sich die Bachnelkenwurz auch auf neutralem Boden mit der Herbstzeitlosen *(Colchicum autumnale)*, dem Sumpfvergißmeinnicht *(Myosotis palustris)* und der Hohen Schlüsselblume *(Primula elatior)* oder auf sauren Böden mit der Kuckucksblume *(Lychnis flos-cuculi)* vergesellschaften. Kommt auch in Berg-Auenwäldern und in Hochstaudenfluren vor. Bis 50 cm tief wurzelnd.

Lysimachia punctata, Primulaceae (Primelgewächse)

Tüpfelstern	1–4 Blüten in den Blattachseln, zitro-
Punktierter Gilbweiderich	nengelb. VI–VIII, Insektenbestäubung.
Staude mit unterirdischen Ausläufern	
50 bis 100 cm hoch	

Der Tüpfelstern darf auf den Feuchtwiesen nicht fehlen. Wenn es um die Anpflanzung großer Flächen geht, ist *L. punctata* für quellige Stellen und Gebüschränder wie geschaffen. Damit sie sich mit ihren unterirdischen Ausläufern nicht zu stark ausbreitet, muß man sie im Auge behalten. Wenn der Tüpfelstern in Konkurrenz zu benachbarten Pflanzen tritt, wird man ihn herausstechen, teilen und, wo möglich, in den Bereich von Gehölzen pflanzen.

Pulicaria dysenterica, Asteraceae (Korbblütler)

Großes Flohkraut	Blütenköpfchen in einer einfachen oder
Staude mit unterirdischen Ausläufern.	zusammengesetzten Doldentraube.
Laubblätter fast zitronenartig riechend	Weibliche Zungenblüten viel länger als
20 bis 50 cm hoch	zwittrige Scheibenblüten, goldgelb.
	VII–VIII, Insektenbestäubung.

Das große Flohkraut läßt sich überall auf wechselfeuchten Standorten verwenden. Als Wurzelkriech-Pionier überwuchert es in kurzer Zeit konkurrenzschwache Nachbarn. Vorzüglich geeignet zur Bepflanzung von lückenreichen Feuchtwiesen, von Fluß- und Teichufern, Gräben und Sumpfrasen.

Wurde früher als Schutzmittel gegen das Berufen oder Behexen verwendet. In einem Absud dieses Beruf-, Schreck- oder Bachkrautes badete man beschrieene Kinder.

Symphytum officinale, Boraginaceae (Raublattgewächse)

Beinwell	Reichblühende Doppelwickel, Krone
Halbrosettenstaude mit rübenförmiger	glockig, rotviolett oder gelblichweiß.
Pfahlwurzel	V–VII, langrüsselige Bienen und
30 bis 80 cm hoch	Schwebfliegen. Kurzrüsslige Hummeln
	und die Honigbienen rauben Nektar
	durch seitlichen Einbruch. Selbstbestäubung.

Der Beinwell ist sehr feuchtigkeitsbedürftig. In trockenen Lagen bis 180 cm tief wurzelnd. Als pontische Pflanze in historischer Zeit eingeführt. Gilt als Archäophyt mit deutlich halbruderalem Charakter, der an Wiesengräben und an Bachufern durch eutrophiertes Wasser begünstigt wird. Die Nüßchen des Beinwell besitzen ein fett- und eiweißreiches Elaiosom. Die Ameisen tragen zur Ausbreitung der Samen bei.

Wurde als Heil- und Gemüsepflanze schon in historischer Zeit gezogen. Die Beinwellwurzel und das Beinwellkraut sind entzündungshemmend, wundheilend und im Gewebe durchblutungsfördernd. Für warme Umschläge werden 100 g Beinwellwurzel in 1 Liter Wasser 10 Minuten lang gekocht oder äußerlich als Salbe verwendet. Teeaufguß aus 2 Teelöffeln getrockneten Wurzeln und Blättern mit einer Tasse kochendem Wasser übergießen und 15 Minuten ziehen lassen.

Die jungen Sprosse werden ähnlich wie Spargel zubereitet. Frische Blätter lassen sich als Suppenwürze verwenden oder wie Spinat anrichten.

Neutrale Böden
Angelica sylvestris, Apiaceae (Doldengewächse)

Waldengelwurz, Wilde Brustwurz	Blütendolden, vor dem Aufblühen
Zwei- bis mehrjährig mit möhren-	grünlich, dann weiß oder rötlich.
ähnlichem Geruch	VII–IX, Hautflügler, Zweiflügler und
Stengel 50 bis 200 cm hoch	Käfer.

Die Schönheit einer Naßwiese kommt erst durch die bis 200 cm hohe Waldengelwurz zur Wirkung. Sie eignet sich auch für Uferbepflanzungen und erträgt ziemlich viel Schatten. *A. sylvestris* stirbt meist nach einmaligem Blühen und Fruchten ab. Dabei kann sie in großen Mengen zu einem lästigen Konkurrenten werden. Stimmt in ihren Eigenschaften mit *Angelica archangelica* nahezu überein. Ihre Wirkung ist nur schwächer und weniger angenehm im Aroma.

Beim Einsammeln ist Vorsicht geboten. *A. sylvestris* ist leicht mit dem giftigen Wasserschierling *(Cicuta virosa)* zu verwechseln. Die jungen Stengel und Blätter der Waldengelwurz lassen sich, in Salzwasser abgekocht, als Gemüse verwenden.

Cardamine pratensis, Brassicaceae (Kreuzblütler)

Wiesenschaumkraut	Blütenstand traubig, 7- bis 20blütig, lila
Staude, gelegentlich mit Ausläufern	mit dunkleren Nerven, seltener weiß
20 bis 30 cm hoch	oder violett bis dunkelviolett. IV–VII,
	Insektenbestäubung.

Das Wiesenschaumkraut blüht vor dem ersten Schnitt. Ab und zu kommt *C. pratensis* im Herbst zum zweiten Mal in Blüte. Die Samen werden durch einen Turgormechanismus der Fruchtwand fortgeschleudert. Im ersten Jahr bilden sie nur eine grundständige Blattrosette, um im zweiten Jahr zu blühen.

Colchicum autumnale, Liliaceae (Liliengewächse)

Herbstzeitlose	Blüten grundständig, hellila-rosa, selten
Staude mit ziemlich großer Knolle und	weiß. VIII–XI, Hummeln, Honigbie-
grundständigen Blättern	nen, Stubenfliegen sowie kleine Nackt-
5 bis 20 cm hoch	schnecken.
Giftig!	

Die Blätter der Herbstzeitlosen werden schon im Spätherbst angelegt. Sie entwickeln sich im zeitigen Frühjahr zusammen mit den Fruchtkapseln. Vor dem ersten Schnitt beginnen sie abzusterben und die Kapselfrucht hat sich geöffnet. Erst im Herbst nach dem zweiten oder dritten Schnitt erscheinen die hellila-rosa Blüten. Auf Mähwiesen kann die Herbstzeitlose bis zur Hälfte des Bestandes ausmachen. Wenn die Erde noch etwas schwer, feucht und fruchtbar ist, werden die Horste von Jahr zu Jahr größer und schöner. Bei den Herbstzeitlosen ist auf kleine Nachbarpflanzen zu achten. Im Frühjahr entwickeln sie bis zu 40 cm hohe Blattrosetten, die nicht vor dem Vergilben im Frühsommer abgemäht werden dürfen.

Enthält in all seinen Teilen das sehr giftige Alkaloid Colchicin. Beim Trocknen der Blätter wird es nicht zerstört. Junge Tiere sind sehr empfindlich. Schafe und Ziegen können zwar größere Mengen von Herbstzeitlosenlaub ertragen. Dafür enthält ihre Milch so viel Gift, daß Cholchicinvergiftungen zu befürchten sind.

Die blasig aufgeschwollenen Fruchtkapseln liefern die offizinellen giftigen Samen Colchici. Sie enthalten 0,2 bis 0,4% Colchicin. Der stark giftige Samen wird zur Gewinnung der Alkaloide gesammelt.

Gratiola officinalis, Scrophulariaceae (Braunwurzgewächse)

Gnadenkraut	Floreszenz 10- bis 30blütig, Kronzipfel
Staude mit Rhizomen	weiß oder rötlich, Kronröhre gelblich.
10 bis 30 cm hoch	VI–VIII, Furchenbienen.

Das Gnadenkraut bildet als Wurzelkriecher rhizomartige Erneuerungstriebe, die horstartige Verbände bilden. In wechselfeuchten Naßwiesen läßt sich das Gnadenkraut auf zeitweilig überschwemmten Ufern und Grabenrändern ansiedeln. Die Samenverbreitung wird vom Wasser besorgt und die vegetative Ausbreitung durch unterirdisch kriechende Rhizome.

Wird pharmazeutisch wegen ihrer oft mit Schädigungen verbundenen Wirkung heute nicht mehr verwendet. Aus dem frischen, noch nicht blühenden Kraut werden von der Homöopathie Essenzen gegen Entzündungen der Verdauungs- und Harnorgane bereitet.

Hemerocallis lilio-asphodelus, Liliaceae (Liliengewächse)
(H. flava) 6- bis 9blütig, glockig-trichterförmig,
Gelbe Taglilie gelb, wohlriechend nach Orangenblü-
Staude ten. VI, Insektenbestäubung.
50 bis 100 cm hoch

Die Gelbe Taglilie ist als Gartenflüchtling gelegentlich in feuchten Wiesen verwildert. Damit die Pflanzen nicht vorzeitig abgemäht werden, pflanzt man sie längs der Wege. Sie gelangen bei einem frühen Sommerschnitt nicht zur Blüte. In der Nassen Wiese läßt sie sich mit der Waldengelwurz, dem Gnadenkraut und dem Sumpfvergißmeinnicht unterbringen.

Leucojum aestivum, Amaryllidaceae (Narzissengewächse)
Sommerknotenblume 3- bis 7blütig, nickend, weiß, unter der
Staude mit eiförmiger Zwiebel Spitze mit grünlich-gelbem Fleck.
35 bis 60 cm hoch IV–V, Insektenbestäubung.

Zusammen mit dem Wiesenschaumkraut schiebt die Sommerknotenblume ihre Blütenknospen aus der Erde hervor. Eine üppige Vermehrung und Horstbildung ist nur möglich, wenn die Naßwiese nicht zu früh gemäht wird. Die Zwiebeln dürfen nicht zu lange an der Luft liegen. Wenn man sie nicht sofort pflanzen kann, sind sie in feuchte Erde einzuschlagen. Bis spätestens Ende Oktober müssen sie in einer Tiefe von etwa 10 cm ausgelegt werden.

Myosotis palustris, Boraginaceae (Rauhblattgewächse)
(M. scorpioides) Blüten in traubenförmigen Wickeln, an-
Sumpfvergißmeinnicht fangs rosa, dann himmelblau. V–X,
Staude Echte Bienen, Tanzfliegen, Schmetter-
20 bis 30 cm hoch linge.

Für die Bepflanzung von See-, Fluß- und Bachufern ist das Sumpfvergißmeinnicht sehr zu empfehlen. Sein klares Blau schmückt jeden Sommer die Naßwiesen, kleine Moor- und Sumpflandschaften. An leicht beschatteten Plätzen ist das Sumpfvergißmeinnicht auch für mäßig trockene Fettwiesen geeignet. Im nährstoffreichen Sumpfhumusboden blühen sie oft noch einmal von August–Oktober. In der Natur kommt eine große Zahl von Standortmodifikationen vor. Sie breiten sich vegetativ durch ihre langgliedrigen Sprosse und generativ durch Samen aus. Mit der »Herbstdrift« von Bächen und Tümpeln werden sie dank ihrer Schwimmfähigkeit durch das Wasser verbreitet.

Primula elatior, Primulaceae (Primelgewächse)
Hohe Schlüsselblume Blüten in langgestielten Dolden. Schwe-
Staude, Blätter unterseits kurzhaarig felgelb, am Schlund mit einem dotter-
10 bis 20 cm hoch gelben Ring, meist geruchlos. III–V,
 Bienen, Hummeln.

Die Hohe Schlüsselblume beginnt zu blühen, ehe ihre Nachbarn zu wachsen beginnen. Noch vor dem ersten Schnitt reifen ihre Samen. Bei Trockenheit öffnen sich die

Kapseln und die Samen werden vom Wind ausgeschleudert. Schon im Herbst beginnt *P. elatior* die jungen Blattrosetten und Blütenknospen für das nächste Frühjahr anzulegen. Die runzligen Blättchen biegen sich in den ersten warmen Frühlingstagen in die Waagrechte und ertragen jede Mahd.

Wirkt wie *Primula veris* bei Husten schleimlösend. Die unterirdischen Organe werden gesammelt. Man bringt 1 Teelöffel der Wurzel mit 1 Tasse Wasser zum Sieden und läßt den Aufguß 5 Minuten ziehen.

Saure Böden
Achillea ptarmica, Asteraceae (Korbblütler)
Bertramsgarbe, Sumpfgarbe, Weißer Dorant
Staude mit kriechendem Wurzelstock
20 bis 60 cm hoch

Blütenköpfchen in einer lockeren Doldenrispe. Randblüten zungenförmig, weiß. Scheibenblüten weißlich. VII–IX, Fliegen, Bienen.

Die Bertramsgarbe fühlt sich in einer feuchten Erde recht wohl. Als Tiefwurzler sucht sie das kühle und sauerstoffreiche Wasser. In Gruppen und als Solitär gehört sie mit ihren lockeren Doldenrispen zu den schönsten Naßwiesenpflanzen. Ein Wasserlauf läßt sich dabei recht abwechslungsreich beleben. Die Bertramsgarbe kann in den sauren Feuchtwiesen mit einer ganzen Reihe von Begleitern vergesellschaftet werden. In die Nähe von *A. ptarmica* passen der Sumpfhornklee *(Lotus uliginosus)*, das Gänsefingerkraut *(Potentilla anserina)*, die Sumpfkratzdistel *(Cirsium palustre)*, das Moorlabkraut *(Galium uliginosum)*, das Moorveilchen *(Viola persicifolia)*, der Lungenenzian *(Gentiana pneumonanthe)*, der Sumpfbaldrian *(Valeriana dioica)*, die Gelbe Wiesenraute *(Thalictrum flavum)*, der Arzneibeinwell *(Symphytum officinale)*, der Gewöhnliche Gelbweiderich *(Lysimachia vulgaris)*, die Kleine Brunelle *(Prunella vulgaris)*, die Blutwurz *(Potentilla erecta)* und das Blaue Pfeifengras *(Molinia caerulea)*.

Alchemilla vulgaris, Rosaceae (Rosengewächse)
Frauenmantel
Staude, untere Blätter langgestielt.
Bei feuchter Luft am Blattrand Wassertröpfchen
20 bis 35 cm hoch

Blüten in end- oder seitenständigen Trugdolden, unscheinbar, grün. V–VII, Frucht: Nüßchen, Insektenbestäubung.

Jede Feuchtwiese ist für den Frauenmantel ein Dorado. *A. vulgaris* ist eine äußerst genügsame Staude, die mit jeder Erde, der Sonne und dem Halbschatten zurechtkommt. Das Wasser darf die Wurzeln jedoch nicht überfluten. Gemeinsam mit dem Frauenmantel lassen sich auf der Nassen Wiese die Bertramsgarbe und die Kukkucksblume verwenden.

Findet Anwendung gegen Stoffwechselstörungen. Einen Eßlöffel Kraut ohne Wurzeln mit 1 Tasse Wasser kalt ansetzen, 2 bis 3 Minuten kochen und 10 bis 15 Minuten ziehen lassen.

Lychnis flos-cuculi, Caryophyllaceae (Nelkengewächse)
Kuckucksblume, Kuckuckslichtnelke
Kurzlebige Halbrosettenstaude mit Ausläufertrieben
30 bis 60 cm hoch

Blüten rosarot, selten weiß. Unter den Knoten der Blütentriebe schwach klebrig. V–VI, Schmetterlinge, Zweiflügler und Hautflügler.

Die Kuckucksblume verbreitet sich herdenweise durch zarte Ausläuferrhizome. Ihre sproßbürtigen Wurzeln durchspinnen den Boden in der Rasennarbe nach allen Seiten. Dabei ist die Kuckucksblume auf Standorte angewiesen, die bis in die oberen Lagen durchfeuchtet sind. Mit ihren krautigen Sproßbasis- und Ausläufertrieben bildet sie dichte Horste. Wenn nicht zu früh gemäht wird, vermehrt sie sich in der Nassen Wiese reichlich durch Selbstaussaat.

Tiere
In der Nassen Wiese finden viele Tiere ihre Nahrungsgrundlage. *Lysimachia punctata*, *Symphytum officinale*, *Angelica sylvestris* oder *Hemerocallis lilio-asphodelus* sind so wüchsig, daß trotz Hasen- und Kaninchenfraß die Schäden kaum auffallen. In den feuchten Lebensräumen von Wiesen treffen wir gelegentlich auch auf die Brandmaus. Als Brut- und Nahrungshabitat ist die Nasse Wiese auch wichtig für den Wiesenpiper, das Braunkehlchen, die Schafstelzen, den Brachvogel, die Bekassine, die Wiesenweihe, die Kronweihe, den Kiebitz und den Kampfläufer.

Winzig kleine Nacktschnecken treten als Bestäuber von Herbstzeitlosenblüten auf. Dabei ernähren sie sich von den Perigonblättern. An den Sproßspitzen von *Gratiola officinalis* leben die Raupen des seltenen Falters *Stenoptilia pterodactyla* ssp. *paludosa*. Er gehört zu den Federmotten oder Geistchen. Auf dem Wiesenschaumkraut kommen die Raupen des Aurorafalters vor, und verschiedene Gräser dienen den Raupen des Schachbrettfalters und des Wald-Dickkopffalters als Nahrungspflanzen.

In der Nassen Wiese gibt es eine reiche Wanzen- und Zikadenfauna. Die häufigste Schaumzikade *Philaenus spumarius* saugt an den Stengeln des Wiesenschaumkrautes. Die Bezeichnung Schaumkraut ist auf die Schaumgebilde, den »Kuckucksspeichel«, zurückzuführen, die von den Larven der Schaumzikade aus dem eiweißartigen Kot als Schutz gegen Verdunstung und Feinde hergestellt wird. Um ihren Larven günstige Entwicklungsmöglichkeiten zu bieten, werden an den Blütenstengeln der Kuckucksblume der luftdurchsetzte »Kuckucksspeichel« von der Schaumzikade *Aphrophora spumaria* gebildet. Am Sumpfvergißmeinnicht lebt die Gitterwanze, und die Bachnelkenwurz wird von verschiedenen Wanzen und Zikaden befallen.

Riedwiesen

Zur Ermittlung der Nutzungsmöglichkeiten von brachliegenden »Feuchtwiesen« müssen die Bodenart, die Auflagenstärke, der Nährstoffgehalt und der pH-Wert des Bodens berücksichtigt werden. Bei guter Nährstoffversorgung lassen sich nitrophile Arten der Riedwiesen ansiedeln. Die Artenzusammensetzung wird je nach dem pH-Wert des Bodens beliebig verändert. Dabei spielen die Schnitthäufigkeit, der Schnitttermin und die Schnitthöhe eine große Rolle. Ein einmaliger Schnitt fördert dominant auftretende Pflanzenarten wie Gemeiner Baldrian, Mädesüß und die Gelbe Wiesenraute. Wenn die Riedwiesen in nassen Niederungen erst spät im Jahr geschnitten werden, erreichen die artenarmen Mädesüß-Bestände ein stabiles Sukzessionsstadium. Wie in den nassen Pfeifengraswiesen mit *Molinia caerulea* muß man mit dem Schnitt so lange warten, bis die Pflanzen strohig geworden sind. So farbenfroh sich die Molinia-Wiesen mit *Selinum carvifolia*, *Betonica officinalis*, *Serratula tinctoria*, *Succisa pratensis* und *Gentiana pneumonanthe* auf kalkreichen und kalkarmen Substraten im Spätsommer zeigen, so lange behalten sie im Frühjahr ihre strohige Farbe. Die gedüngten Riedwiesen erscheinen dagegen schon im Frühjahr saftig grün und im Sommer bilden ihre Blumen eine prächtige Farbensymphonie. In der Natur ist das Kolorit der Pflanzen durch die Blüten und durch die Herbstfärbung bedingt. In den Riedwiesen schadet die Sense keiner Pflanze. Sie werden erst gemäht, wenn im Herbst die Samenbildung abgeschlossen ist.

Alkalische Böden
Allium suaveolens, Liliaceae (Liliengewächse)
Wohlriechender Lauch
Staude mit Zwiebel
20 bis 50 cm hoch

Blüten in Scheindolde, kugelig oder halbkugelig, hellrosa bis fleischrot. VII–IX, Insektenbestäubung.

In der Riedwiese kann der Wohlriechende Lauch ebenso untergebracht werden wie auf wechselfeuchten Lehm- und Tonböden. Auf den Moorwiesen läßt er sich gesellig zwischen der Siegwurz *(Gladiolus palustris)* und dem Lungenenzian *(Gentiana pneumonanthe)* unterbringen. Wenn schon im September gepflanzt wird, ist die Gewähr für ein gutes Anwachsen gegeben. *A. suaveolens* zieht sich während der wachstumsfeindlichen Zeit in ihre Zwiebel zurück.

Convolvulus arvensis, Convolvulaceae (Windengewächse)
Ackerwinde
Staude, unterirdisch kriechend, Stengel niederliegend oder windend
20 bis 80 cm hoch

Blütenkrone breit-trichterförmig, einzeln in den Laubblattachseln, weiß mit rosafarbenen Streifen oder rosa, außen meist dunkler. Angenehm nach Vanille duftend. V–IX, Echte Fliegen, Schwebfliegen, Wollschweber und Echte Bienen.

Die Ackerwinde ist als Kriechwurzel-Pionier ein außerordentlich lästiger Kulturbegleiter. Die Bekämpfung stößt deshalb auf große Schwierigkeiten, weil sie in den Äckern, Gärten und Weinbergen bis über 2 m tief wurzelt. Abgetrennte Rhizomstücke bilden auf vegetativem Weg neue Pflanzen. In der geschlossenen Pflanzengesellschaft von Riedwiesen tritt die Ackerwinde nicht so gravierend hervor. Mit ihren niederliegenden oder windenden Stengeln macht sie sich durch das Zusammenschlingen benachbarter Pflanzen bemerkbar, schmückt sie mit Girlanden und schlüpft zwischen den Riedgewächsen hindurch.

Dianthus superbus, Caryophyllaceae (Nelkengewächse)
Prachtnelke
Staude mit aufsteigenden oder kriechenden Sprossen
30 bis 60 cm hoch

Blüten in Rispen, blaß-lila, an der Basis mit grünlichem Fleck. VI–IX, Tagschwärmer.

Die Prachtnelke ist als Kleinod wie geschaffen, um die Riedwiesen zu zieren. Ihre lockerrasigen Polster umkleiden große Stauden und kahle Bodenflächen mit einem wunderschönen Blumenteppich. Die Feinheit des Duftes wetteifert mit den zierlich gefransten Kronblättern.

Tetragonolobus maritimus, Fabaceae (Schmetterlingsblütler)
(Lotus siliquosus)
Spargelklee
Staude mit dünnen Bodenausläufern.
Stengel niederliegend bis aufsteigend
10 bis 20 cm lang

Blüten schwefelgelb, beim Verblühen ziegelrot überlaufen. V–VII, Echte Bienen und bes. Hummeln mit mindestens 12 mm langen Rüsseln. Kurzrüsselige gelangen durch Einbruch an den Nektar.

Der Spargelklee erträgt eine zeitweise Überschwemmung recht gut. Dagegen liebt er keinen häufigen Schnitt. Die Pflanzen tragen durch Ausläufer zur Horstbildung bei. Kommt auch im Kalkmagerrasen, auf wechselfeuchten Ton-, Mergel- oder Tuffböden vor. Salzertragend.

Valeriana officinalis, Valerianaceae (Baldriangewächse)

Gemeiner Baldrian
Staude, meist ohne Ausläufer.
Grundachse kurz, walzenförmig, im Alter oft gekammert. Wurzeln von eigentümlichem Geruch
70 bis 150 cm hoch

Blütenstand von kegelförmigem Umriß, hell-rotlila bis weiß, kräftig duftend. VII–VIII, Zweiflügler und Schmetterlinge.

Der Gemeine Baldrian ist eine anpassungsfähige Pflanze, welche die Gemeinschaft mit anderen Arten wünscht. Auf mäßig nährstoff- und basenreichen Böden gelangt sie zur Vollendung, während sie in sauren Böden verkümmert.

Der Hauptwurzelstock und kleinere Nebenwurzelstöcke werden als Radix Valerianae ganz und geschnitten für Bitterliköre und als Arzneimittel angewendet. Bei nervösen Reizzuständen, bei Schlaflosigkeit und bei nervösem Herzklopfen zwei Teelöffel zerkleinerte Baldrianwurzeln mit ¼ Liter kaltem Wasser übergießen und 10 bis 12 Stunden stehen lassen. Gelegentlich umrühren, danach abseihen und auf Trinktemperatur erwärmen. Findet auch in Tinkturen, Extrakten und Dragees Verwendung.

Neutrale Böden

Calystegia sepium, Convolvulaceae (Windengewächse)

(Convolvulus sepium)
Zaunwinde
Staude, am Grunde Ausläufer treibend.
Stengel kletternd oder kriechend.
Linkswinder
1 bis 3 m hoch

Blüten trichterförmig, weiß, selten rotgestreift oder rosa, geruchlos. VI–IX, Windenschwärmer, Hummeln, Schwebfliegen.

Die Zaunwinde ist ein Kriechwurzel-Pionier und Kulturbegleiter, der bis 70 cm tief wurzelt. An schattigen Stellen erfolgt in der Regel keine Blüten- und Samenbildung. Dort verbreitet sich die Zaunwinde unterirdisch durch Rhizome und durch nichtwindende Stengel, die beim Berühren des Bodens Wurzeln bilden. *C. sepium* scheut sich nicht als Schlingpflanze die benachbarten *Filipendula ulmaria* und *Thalictrum flavum* zu einem schwer zu durchdringenden Dickicht zu verflechten. Ihre großen, weißen Blüten öffnen sich nicht nur bei Sonnenschein, sondern auch in mondhellen Nächten. Sie sind ausgesprochen regenscheu. Bei trübem Wetter bleiben sie den ganzen Tag geschlossen.

Die Wurzeln und Blätter enthalten harzige Stoffe mit dem Glykosid Jalapin, Tannin und Convolvulin. Bei beginnender Blütezeit wird die Zaunwinde gesammelt und zu Tee verarbeitet. Wird als Aufguß von 8 bis 10 g je Tasse als bewährtes Hausmittel bei Fieber und zum Abführen getrunken.

Filipendula ulmaria, Rosaceae (Rosengewächse)

Mädesüß
Staude, rhizombildend
60 bis 150 cm hoch

Blütenstand eine zusammengesetzte Doldentraube, gelblichweiß, gewöhnlich zwittrig, es kommen auch rein männliche vor. Pollenblumen. VI–VIII, Bienen, Zweiflügler, Käfer.

Die Mädesüß ist eine ebenso interessante wie dekorative Erscheinung der Riedwiesen. Sie wird überall dort üppig gedeihen, wo die Wurzeln einen kalkarmen wie kalkreichen Boden mit ausreichender Feuchtigkeit und Nährstoffen vorfinden.

Nach der Schneeschmelze und bei starken Niederschlägen kann so starke Feuchtigkeit herrschen, daß sie förmlich im Wasser baden.

Thalictrum flavum, Ranunculaceae (Hahnenfußgewächse)
Gelbe Wiesenraute　　　　　　　　Blütenrispen, aufrecht, gelb, duftend.
Staude mit unterirdisch kriechenden　VI–VIII, Wind- und Insektenbestäu-
Rhizomen　　　　　　　　　　　　bung.
50 bis 120 cm hoch

Die Gelbe Wiesenraute findet in der Riedwiese große Beachtung. In einem wechselnassen, neutral-milden und nährstoffreichen Standort wird *Thalictrum flavum* das Eingewöhnen erleichtert.

Saure Böden

Lotus uliginosus, Fabaceae (Schmetterlingsblütler)
Sumpfhornklee　　　　　　　　　　Blütendolden 8- bis 12blütig, lebhaft
Staude mit langen, wurzelnden　　　gelb, vor dem Aufblühen oft rot.
Bodenausläufern　　　　　　　　　VI–VII, Bienenblume.
20 bis 90 cm hoch

Der Sumpfhornklee ist am schönsten in der Umgebung von Ufergebüsch. Wie in der Natur kann er im Schatten der Moorweide *(Salix repens)* stehen. In den Sumpfhumusböden übernimmt er als Stickstoffsammler Ammendienste und seine schlaffen Stengel finden im Geäst des Ufergebüsches eine Stütze. Man kann dem Sumpfhornklee auch das Sumpfgreiskraut *(Senecio paludosus)* benachbaren. Seine schlappen Stengel beginnen sich dann an dieser 80 bis 180 cm hohen Staude aufzurichten.

Salix repens, Salicaceae (Weidengewächse)
Moorweide　　　　　　　　　　　　Kätzchen. IV–V, Insektenbestäubung.
Niedriger Strauch mit niederliegenden,
oft unterirdisch kriechenden Zweigen
30 bis 100 cm hoch

Die Schönheit grundwassernaher Standorte kommt erst durch eine Gehölzpflanzung zur Wirkung. Meist ist es die Moorweide, der die Aufgabe zufällt, die Riedwiesen malerisch einzurahmen. Auf großen Flächen kann man der Eroberungslust der kriechenden Zweige freien Lauf lassen.

Tiere

Nach einer Renaturierung von Riedwiesen stellen sich in den ökologischen Nischen langrüsslige Blütenbesucher ein. Sie bestäuben die Zaunwinde *(Calystegia sepium)*, den Gemeinen Baldrain *(Valeriana officinalis)*, den Spargelklee *(Tetragonolobus maritimus)*, die Prachtnelke *(Dianthus superbus)* und die Ackerwinde *(Convolvulus arvensis)*. Als Feind der blütenbesuchenden Fliegen, Wollschweber und Bienen erscheint auf der Ackerwinde *(Convolvulus arvensis)* die Raubspinne *Thomisus onustus*. Viele entomophage Insekten und Arten aus allen Klassen der Wirbeltiere ernähren sich insektenessend. Auch die Rennthripse leben jagend in den Blüten von kleinen Gliederfüßern.

In den artenarmen Mädesüßbeständen treten zur Nutzung der Samen von *Filipendula ulmaria* Gimpel und Zeisig auf. Die nassen Riedwiesen werden nur einmal im Jahr gemäht. Sie erreichen ein so stabiles Sukzessionsstadium, daß sich der Sumpfrohrsänger, das Braunkehlchen, der Wiesenpiper, die Bekassine und der Wachtelkönig als Brutvögel einstellen. Auf den feuchten Mädesüßwiesen treten auch Baumpieper, Feldschwirl, Dorngrasmücke und Rohrammer auf. In diesem halbnatürlichen Ökosystem finden auch das Birkhuhn, die Schafstelze, der Brachvogel, die Wiesenweihe und die Kronweihe ihre Brut- und Nahrungsgrundlage. Wenn Kaninchen vorhanden sind, ist grundsätzlich damit zu rechnen, daß die Prachtnelke *(Dianthus superbus)* abgeweidet wird.

Feuchtgebiete

Die Lebensbereiche Wasser und Wasserrand werden von über 12% unserer einheimischen Samenpflanzen und Farngewächse besiedelt. Tümpel, Teiche und Weiher, die durch die Entnahme von Bodenmaterial entstanden sind, spielen für die Ansiedlung von Sumpf- und Wasserpflanzen eine große Rolle. Zusammen mit dem Bachbett und dem Bachlauf bilden sie als Feuchtbiotop eine Einheit. Die Nährstoffbelastung des Wassers bestimmt weitgehend die einzubringende Vegetation. Ein Netz aktiver Ökozellen muß durch die Erhaltung und Neuanlage von Sumpf- und Wasserzonen geknüpft werden. Zu den temporären Kleingewässern, die periodisch austrocknen, gehört der Tümpel. Der Teich ist ein künstliches Wasserbecken von der Größe eines Weihers mit regulierbarem Zu- und Abfluß. Kleine Gewässer, deren Untergrund ganz von Pflanzen überzogen ist, werden Weiher genannt. Im Gegensatz dazu sind die lichtlosen Tiefenregionen des Sees nicht bewachsen. Die Bereiche Sumpfstauden, Schwimmblatt- und untergetauchte Pflanzen weisen eine reiche Mikrofauna mit größeren Arthropoden, Würmern und Mollusken ebenso wie eine Megafauna mit Wirbeltieren auf. In besetzten Teichen sollte die Fischwirtschaft nicht so weit gehen, daß es durch Entfernen der Ufervegetation zu einer totalen Entlandung kommt. Idealgrößen von 10 bis 20 ha werden nur von natürlichen Wasserflächen erreicht. Sie bieten den empfindlichen Vogelarten die notwendige Fluchtdistanz. Ihre stille und einsame Schönheit läßt sich nur dann richtig darstellen, wenn man die entsprechende Umgebung schafft. Ein Netz von naturnahen Lebensräumen kommt den unterschiedlichsten ökologischen Gruppen entgegen. Je kleiner das Gewässer ist, desto extremer sind die Bedingungen durch Überwärmung, Einfrieren oder Austrocknen des Wassers. Bei genügend tiefen Gewässern erwärmt sich mit der fortschreitenden Jahreszeit die Oberflächenschicht der Wassermassen. Sie bleibt als leichteres, temperaturkonstantes Epilimnion über der, infolge ihrer Kühle

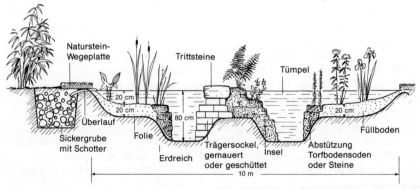

Abb. 10. Der Sumpfgarten im Querschnitt mit Flachwasserzonen, freien Wasserflächen und Inseln.

schwereren Tiefenschicht, dem Hypolimnion, stabil geschichtet. Die Temperatur fällt je Meter um etwa 1 °C ab. Im Herbst löst sich die Temperaturschichtung auf und im Laufe des Winters kommt es zu einer umgekehrten Lagerung.

Anlage künstlicher Feuchtgebiete
Wenn ein Grundstück von Sickerwasser durchzogen wird, lassen sich die Feuchtgebiete leichter anlegen. Aus wasserundurchlässigem Lehmboden kann man für die Sumpf- und Wasserpflanzen ohne künstliche Abdichtung eine wannenartige Vertiefung modellieren. Wenn kein Ton, Letten oder Lehm ansteht, werden vorgefertigte Becken verwendet oder man nimmt für den Tümpelbau Folien oder Beton. In den Baggerseen ergeben sich ähnliche Möglichkeiten der Biotopgestaltung. Durch eine differenzierte Uferausformung lassen sich ökologische Nischen bilden. Der Pflanzstreifen wird weitgehend vom Neigungswinkel der Uferböschung in der Wasserwechselzone und von der Höhe des Grundwassers bestimmt. Bei einer Böschungsneigung von 1 : 3 beträgt die Breite der Pflanzzone nur ein Meter, die sich je zur Hälfte unter und über die Wasserlinie erstreckt. Um den Wasservögeln einen möglichst großen Raum für die Nahrungssuche zu bieten und den Amphibien durch einen sanften Uferabfall einen Zu- und Abgang zu ermöglichen, erhalten die Ufer eine Neigung von 1 : 6. Ideale Brutbiotope lassen sich für die Flußregenpfeifer, Kiebitze, Seeschwalben, Wattenvögel und Möven durch vegetationslose Flachbereiche über der Hochwasserlinie schaffen. Meist genügen halbinselähnliche, geröllhaltige Flächen. Für die 10 cm starke Schüttung benötigt man Grobkies mit einer Körnung von 40/50 mm.

Die Wasserzufuhr aus Quellen, Brunnen oder aus einem vorbeifließenden Bach ist während sommerlicher Trockenperioden nicht immer gesichert. Es wird deshalb notwendig sein, die Anlage aus der Wasserleitung zu speisen. Bei einer starken Verdunstung oder Verlust durch Versickerung kann diese zusätzliche Wasserzufuhr sehr teuer sein.

Beim Abdichten des Untergrundes mit einer relativ empfindlichen Folie wird es in jedem Fall gut sein, das Material zum Schutz vor Verletzungen durch Pflanzenwurzeln und scharfkantige Steine mit einer Betonschutzschicht zu versehen. Im Wasser verschwindet die graue Zement-Farbe relativ schnell unter einem Algen- und Mulmbelag. Einer flächigen Verbuschung durch Weiden und Erlen läßt sich in den Uferbereichen durch das Auslegen einer 4 bis 5 mm starken Panzerfolie unter der Erdschüttung vorbeugen. In ökologischen Feuchtgebieten sollten die Randgebiete der Teiche und Tümpel in Kontakt mit dem Grundwasser bleiben. Die Uferbereiche dürfen deshalb nicht aus einer undurchlässigen Beton- oder Plastik-Schicht bestehen. Nach einer Fremdregulierung stellt jedes Ersatzbiotop ein unstabiles Gebilde dar, das in eine stabile, echte Lebensgemeinschaft übergeht. Flache Seen und Teiche, die zur Eutrophierung neigen, ermöglichen ein starkes Wachstum von Sumpf- und Wasserpflanzen. Die Ansiedlung von Wassergeflügel hängt entscheidend vom Rekultivierungsgrad ab. Durch den Verbiß der jungen Triebe durch Schwäne, Enten, Teichhühner und Bisamratten können vom Röhrichtgürtel meterlange Abschnitte vernichtet werden. Durch einen hohen Rohrglanzanteil *(Phalaris arundinacea)* im Uferröhricht ist das Nahrungsangebot so hoch, daß ein weitgehender Schutz des Schilfgürtels erreicht wird.

Ausbringen von Sumpf- und Wasserpflanzen
Wo Feuchtgebiete rekultiviert werden, bieten sich den Pflanzenverwendern ein reiches Betätigungsfeld. Die Tiefe des Wassers und die Beschaffenheit des Untergrun-

des entscheiden über die Verteilung der Organismen. Als erste Verbraucherschicht lebt die Gemeine Wasserassel in stehendem oder flach fließendem Gewässer von zerfallenden Pflanzenstoffen. Der Gemeine Schlammröhrenwurm, den Aquarianern als *Tubifex* bekannt, ernährt sich von den organischen Zersetzungsstoffen im Schlamm. Die Lösung enthält Mineralteilchen, die durch Bakterien verklebt sind. Aus dieser lockeren, feinporigen Ablagerung entstehen die Unterwasserböden. Bei reicher Anlieferung organischer Stoffe zeichnen sie sich durch ein schwammartiges Gefüge aus. Unterwasserböden am Grunde von Teichen, Weihern und Seen besitzen eine charakteristische Humusform, die als Mudden bezeichnet wird. Am Grund nährstoffreicher (eutropher) Seen lagern sich nicht zersetzte Reste der Pflanzen- und Tierwelt als Faulschlamm ab. Die Binnengewässer sind auch im Zusammenhang mit dem geologischen Untergrund zu sehen. Meist spielt der Kalkgehalt eine große Rolle. In Kalkgebieten ist mit einem CaO-Gehalt von > 36 mg/l zu rechnen. Über Granit und Gneis befindet sich dagegen weiches Wasser. Wie in den Hochmooren und auf kalkarmen Sanden besitzt es einen CaO-Gehalt von 0 bis 14 mg/l. Torfschlamm ist eine Humusform von dunkler Färbung, die sich unter Wasser in nährstoffarmen, dystrophen Gewässern bildet. In künstlichen Teichanlagen übernehmen die Erdgemische die Funktion des Bodengrundes. Im allgemeinen beschränkt man sich auf Sand, Komposterde oder lehmigen Ackerboden, Torf, Lauberde, Rinden- oder Holzkompost. Ein pH-Wert zwischen 5,5 und 6,5 wirkt auf viele Sumpf- und Wasserpflanzen wie ein Stimulans und hemmt die Algenbildung. Nach dem Einfüllen der Erde wird das Substrat mit einer dünnen Sandschicht abgedeckt. Dadurch kann man einer Auswaschung von Humusstoffen und Trübung des Wassers vorbeugen. Bei der Darstellung von Pflanzengesellschaften ist die Substratwahl entscheidend.

Zusammensetzung von Erdgemischen

	Alkalisch	Neutral	Sauer
Eutrophe Gewässer	⅔ Nährstoffreiche Komposterde oder Ackerboden ⅓ Rindenkompost oder Torf	½ Nährstoffreiche Komposterde oder Ackerboden ½ Rindenkompost oder Torf	⅓ Nährstoffreiche Komposterde oder Ackerboden ⅔ Rindenkompost oder Torf
Mesotrophe Gewässer	⅔ Komposterde oder Ackerboden ⅓ Sand	½ Komposterde oder Ackerboden ½ Sand	⅓ Komposterde oder Ackerboden ⅔ Sand
Oligotrophe Gewässer	½ Nährstoffarme Komposterde oder Ackerboden ½ Sand	-	¼ Nährstoffarme Komposterde oder Ackerboden ¾ Sand
Dystrophe Gewässer	-	-	Torf, Lauberde, Rinden- oder Holzkompost

In sandigkiesigen Böden wachsen Pflanzen der Flachwasserzonen, Teichrandbewohner, der Flußufer und Bachbegleiter besser als in schlammigen Böden. Dank einer günstigen Sauerstoffversorgung wachsen am Teichrand die Schwanenblume *(Butomus umbellatus)*, die Sumpfbinse *(Eleocharis palustris)* und das Schilfrohr *(Phragmites australis)* besonders gut an. Ohne jede Bodenverbesserung können auch im

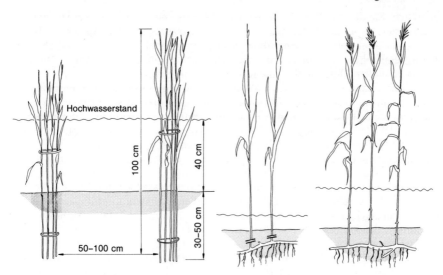

Abb. 11. Halmpflanzung vom Schilfrohr *(Phragmites australis)* im Mai – Juni.

Wasserbereich der Flußufer der Wasserdost *(Eupatorium cannabinum)* oder das Lange Zypergras *(Cyperus longus)* direkt in den Kies gepflanzt werden oder man sticht Rasenziegel – am besten von Lehmböden – in den Maßen von ca. 20 x 20 cm aus. In die Mitte kommt ein Loch, das dem Durchmesser des Wurzelballens entspricht. Damit die Pflanzen nicht aufschwimmen, werden sie gut angedrückt. Anschließend versenkt man sie im Uferbereich von Kiesgruben, die noch keinen Unterwasserboden aufweisen. So gepflanzt, ist mit keinen Ausfällen zu rechnen. Damit die Lehm- oder Folienabdichtungen der Teiche beim Pflanzen nicht beschädigt werden, können Sumpfpflanzen ebenfalls mit Rasenziegel ausgebracht werden. Bei einem starken Tierbesatz ist mit Ausfallquoten bis 25% zu rechnen. Die beste Zeit zum Bepflanzen der Feuchtgebiete liegt im Frühjahr. Unterschieden wird zwischen geworbenen und vorkultivierten Pflanzen. Geworbene Pflanzen sind frisch gerodet, ohne Wurzelballen. Unproblematischer sind die vorkultivierten Pflanzen. Sie werden mit Topfballen von April–September ausgebracht.

Ballenpflanzungen vom Schilfrohr *(Phragmites australis)*, vom Rohrkolben *(Typha)*, vom Wasserdost *(Eupatorium cannabinum)*, dem Langen Zypergras *(Cyperus longus)*, vom Kalmus *(Acorus calamus)*, dem Igelkolben *(Sparganium)*, der Gelben Schwertlilie *(Iris pseudacorus)* und der Sibirischen Schwertlilie *(Iris sibirica)*, des Blutweiderichs *(Lythrum salicaria)*, von den Seggen *(Carex)* und weiteren Rhizompflanzen werden vor oder während des Austriebs von November–Mai mit ca. 20 x 20 x 30 cm großen Ballen ausgestochen und einreihig mit 20 cm, mehrreihig mit 30 bis 50 cm Abstand in die Wasserwechselzone gepflanzt.

Beim Schilfrohr *(Phragmites australis)* läßt sich auch im Mai–Juni eine Halmpflanzung durchführen. Etwa 1 m hohe Halme mit 2 bis 3 entfalteten Blättern werden unter der Bodenfläche abgestochen und in Bündeln zu 3 bis 5 Stück im Abstand von 50 bis 100 cm in 30 bis 50 cm tiefe Pflanzlöcher gesetzt. Um den Jungpflanzen ein ungestörtes Anwachsen zu ermöglichen, wird im Bereich von Ufern mit starken Wasserstandsschwankungen erst nach dem Frühjahrshochwasser gepflanzt. Sie dürfen allenfalls in Bereichen angesiedelt werden, die bei Hochwasser nicht tiefer als 40 cm unter Wasser stehen. Mit zunehmender Wasserstandshöhe zeigen die Sumpfpflanzen eine annähernd proportional zunehmende Wuchshöhe. Beim Schilfrohr *(Phragmites australis)* und dem Rohrkolben *(Typha)* muß bei unsachgemäßem Umgang mit einem Pflanzschock gerechnet werden.

Die luftreichen Wurzelstöcke der See- und Teichrosen würden ohne Beschwerung aufschwimmen. Das Aerenchym kommt bei den Sumpf- und Wasserpflanzen in den Blättern, Stengeln und Wurzeln vor. Die großen Interzellularräume in den Geweben dienen der Durchlüftung und Luftspeicherung. Bei den Wasserpflanzen mit Schwimmblättern werden die Rhizome mit einem Stein beschwert und von einem Kahn, Floß oder vom Ufer aus ins Wasser geworfen. *Nymphaea* und *Nuphar* halten sich so, an einem Stein befestigt, am Teichgrund und wurzeln in der Schlammschicht. Die Lebensgemeinschaften der Feuchtbereiche haben sich schon nach zwei Vegetationsperioden geschlossen. Dank der sehr starken Regenerationsfähigkeit von Gehölzen der Weichholzaue lassen sich die Gewässer mit der Purpurweide *(Salix purpurea)*, der Silberweide *(S. alba)*, der Korbweide *(S. viminalis)*, der Lavendelweide *(S. elaeagnos)*, der Schwarzweide *(S. nigricans)*, der Bruchweide *(S. fragilis)*, der Mährischen Eberesche *(Sorbus aucuparia* var. *edulis)*, dem Sanddorn *(Hippophae rhamnoides)*, der Grünerle *(Alnus viridis)*, dem Gemeinen Schneeball *(Viburnum opulus)* und der Moorbirke *(Betula pubescens)* einbinden. Pro Quadratmeter wird ein Gehölz gepflanzt. Zur Ufersicherung können von den strauchartigen Weiden mindestens 40 cm lange und mindestens 15 mm starke Steckhölzer im zeitigen Frühjahr mit ⅘ ihrer Länge im spitzen Winkel zur Böschung

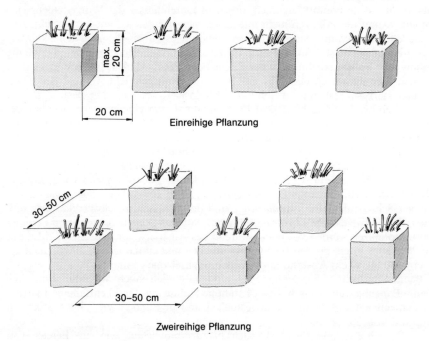

Abb. 12. Ballenpflanzungen.

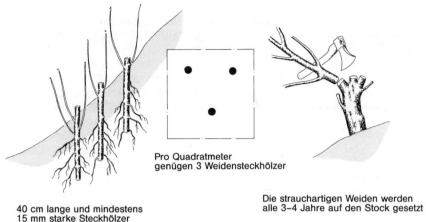

40 cm lange und mindestens
15 mm starke Steckhölzer
werden mit ⁴/₅ ihrer Länge
in die Böschungen gesteckt

Pro Quadratmeter
genügen 3 Weidensteckhölzer

Die strauchartigen Weiden werden
alle 3–4 Jahre auf den Stock gesetzt

Abb. 13. Ufersicherung mit Weiden.

eingesetzt werden. Es genügen je Quadratmeter etwa drei Steckhölzer, die auf 2 bis 3 Augen zurückgeschnitten werden.

Begrünung naturhafter Seenbereiche
In die Prioritätenskala zum Schutz bedrohter Pflanzen und Tiere gehört die Schaffung geeigneter Biotope. Zur Beseitigung der Folgen, welche die Eingriffe der Menschen in der Landschaft hinterlassen haben, ist eine Vielzahl von Maßnahmen erforderlich. Die Rekultivierung von Feuchtgebieten ist kein voller Ersatz für ein in 50 oder 100 Jahren entstandenes Ökosystem. Um eine möglichst artenreiche Pflanzenwelt anzusiedeln, lassen sich Riedflächen und aufgelassene Kies-, Sand- oder Lehmgruben renaturieren. Die gestaltete Landschaft hilft uns, einen Überblick über die Fülle realer Pflanzenkombinationen zu gewinnen. In kleinen Weihern von einem Ar Wasserfläche und in offener Lage lassen sich im seichten Wasser der Kalmus *(Acorus calamus)*, der Tannenwedel *(Hippuris vulgaris)* und die Gelbe Schwertlilie *(Iris pseudacorus)* ansiedeln. An Schwimmblattpflanzen eignen sich die Weiße Seerose *(Nymphaea alba)* und freischwimmend im Wasser die Krebsschere oder Wasseraloe *(Stratiotes aloides)*. Der Stratiotes-Bestand wird etwa alle zwei Jahre verringert, und um ein rasches Zuwachsen kleiner Wasserflächen zu verhindern, der Uferbewuchs von Zeit zu Zeit eingedämmt. Selbst der kleine Weiher ist deutlich zoniert. Die Uferzone mit Kalmus, Tannenwedel und Gelber Schwertlilie liegt innerhalb der Wasserstandsschwankungszone. Dem Schwimmblattbereich aus Seerosen und schwimmender Krebsschere schließt sich die Unterwasserpflanzenzone – meist natürliche Pflanzenvorkommen, welche sich selbst durch Tierverbreitung eingestellt haben – mit Wasserpest *(Elodea canadensis)* oder Laichkräutern *(Potamogeton)* und den unterseeischen Wiesen mit ihren Armleuchtergewächsen an.

Auf Flächen von zwei Ar mit flachem Wasserstand, die durch hohe Bäume beschattet sind, werden zur Begrünung naturhafter Seenbereiche die Schwanenblume *(Butomus umbellatus)*, das Pfeilkraut *(Sagittaria sagittifolia)*, der Breitblättrige Rohrkolben *(Typha latifolia)* und der Froschbiß *(Hydrocharis morsus-ranae)* verwendet. Der »Samenregen« von den *Typha*-Beständen kann durch den Wind so groß sein, daß sich an feuchten Stellen der Rohrkolben übermäßig stark ansiedelt.

Flache Weiher von ca. vier Ar mit niedrigem und wechselhaftem Wasserstand, zeigen eine sehr üppige Flora mit rasch fortschreitender Verlandung. In wenig offenen Wasserflächen werden sich von selbst durch Tierverbreitung Wasserlinsen *(Lemna)* einstellen. Wo das Wasser nicht tiefer als 30 cm ist, wird man das Pfeilkraut *(Sagittaria sagittifolia)* und bei einer maximalen Tiefe von 50 cm den Tannenwedel *(Hippuris vulgaris)* zur Anpflanzung bringen. Die Sumpfdotterblume *(Caltha palustris)* mit ihren schönen großen gelben Blüten und das Sumpfvergißmeinnicht *(Myosotis palustris)* verlangen einen sumpfigen Boden mit einem Wasserstand von 0 bis 10 cm. Vorzüglich geeignet zur Bepflanzung des Wasserrandes ist die Gelbe Schwertlilie *(Iris pseudacorus)*. Die Schönheit der offenen Wasserflächen kommt durch die Seekanne *(Nymphoides peltata)* und die Krebsschere *(Stratiotes aloides)* zur Wirkung. Sie eignen sich nur für größere Wasserflächen. In kleineren Teichen überwuchern sie in kurzer Zeit alle anderen Pflanzen. Der üppige *Stratiotes*-Bestand muß deshalb von Zeit zu Zeit verringert und die eingebrachte *Nymphoides* eingedämmt werden.

In offenen Wasserflächen mit sechs Ar und ständigem Zufluß durch einen kleinen Bach läßt sich an versumpften Uferstellen die Schlangen- oder Drachenwurz *(Calla palustris)*, die Sumpfdotterblume *(Caltha palustris)*, der Blutweiderich *(Lythrum salicaria)* und das Sumpfvergißmeinnicht *(Myosotis palustris)* ansiedeln. In senkrechter Linienführung beherrschen der Tannenwedel *(Hippuris vulgaris)* und die Gelbe Schwertlilie *(Iris pseudacorus)* die Flachwasserzone. Die Seekanne *(Nymphoides peltata)* wurzelt in unterschiedlicher Wassertiefe, wobei das Maximum bei 0,5 m liegt. Seewärts läßt sich eine Schwimmpflanzenzone mit der Weißen Seerose *(Nymphaea alba)* anschließen. In kleinen Wasserflächen sollte man den Seerosen keine zu großen Nährstoffvorrat geben. Die Pflanzen entwickeln sich sonst ungehindert nach allen Seiten und bedecken den ganzen Wasserspiegel. Die Blätter werden in der Mitte so zusammengedrückt, daß sie sich zu unordentlichen Horsten auftürmen.

Bei zehn Ar großen Teichflächen in freier Lage und von Wiesen umgeben, lassen sich die Steilufer mit einem dichten Seggengürtel umgeben. Im Grenzgebiet zwischen Wasser und Land werden an den sumpfigen Ufern herrliche Pflanzengesellschaften angesiedelt. Froschlöffel *(Alisma plantago-aquatica)*, Pfeilkraut *(Sagittaria sagittifolia)* und Tannenwedel *(Hippuris vulgaris)* mischen sich zwischen die Hängesegge *(Carex pendula)*, die Waldbinse *(Scirpus sylvaticus)*, das Schilfrohr *(Phragmites australis)* und den Breitblättrigen Rohrkolben *(Typha latifolia)*. Ehe das Reich der Seerosen beginnt, tauchen in unmittelbarer Wassernähe die Gelbe Schwertlilie *(Iris pseudacorus)* und der Blutweiderich *(Lythrum salicaria)* auf, Sumpfvergißmeinnicht *(Myosotis palustris)* und Sumpfdotterblume *(Caltha palustris)*, Mädesüß *(Filipendula ulmaria)* und der Aufrechte Igelkolben *(Sparganium erectum)* begrünen die Ufer. Bei der Bepflanzung von Teichrändern kann man mit der Seebinse *(Schoenoplectus lacustris)* ein natürlich entstandenes Gewässer vortäuschen. Das Rohrglanzgras *(Phalaris arundinacea)* hält mit seinen Wurzeln am trockenen Uferrand und in 30 cm tiefem Wasser aus. Zusammen mit dem Favoriten unserer Teichflora, der Seerose *(Nymphaea alba)*, schiebt es seine Blätter weit auf die Wasserflächen hinaus. Unsere Weiße Seerose wächst aus 90 cm Wassertiefe empor und in Verlandungszonen genügt ihr ein flacher bis mittlerer Wasserstand von 30 cm.

Offene Wasserflächen in freier Lage mit 30 bis 50 Ar, die ständig von einem Bach gespeist werden, kommen erst durch eine gute Randbepflanzung zur Wirkung. Zunächst sind es Weiden und Erlen, denen die Aufgabe zukommt, die Ufer malerisch einzurahmen. Die eigentliche Uferbepflanzung fällt den Sumpfstauden zu. Sehr wirkungsvoll sind die Rohrkolben *(Typha)* mit ihren rostbraunen Fruchtständen und schmalen Blättern. Das Schilfrohr *(Phragmites australis)* eignet sich besonders für größere Feuchtgebiete. In kleinen Teichen und flachen Becken überwuchert es in kurzer Zeit alle anderen Pflanzen. Zwischen den Röhrichthalmen leben als Schwimmpflanzen die Vielwurzelige Teichlinse *(Spirodela polyrrhiza)*, die Dreifurchige Wasserlinse *(Lemna triscula)*, die Kleine Wasserlinse *(Lemna minor)* und die Bucklige Wasserlinse *(Lemna gibba)*. In den Lücken überfluteter Großseggenriede kommen in Gewässern mit relativ hohem Humusgehalt im Halbschatten *Ricciocarpus natans* und *Riccia fluitans* vor.

Das vegetative Wachstum des Schilfrohrs beginnt im Frühjahr so zögernd, daß die Sumpfdotterblume *(Caltha palustris)* zwischen den emporsprießenden *Phragmites*-Halmen blüht. Das Schilfrohr ist die kampfkräftigste Art unter den Sumpfpflanzen, die eutrophe Gewässer schnell einwächst. Ihre weißen, röhrenförmigen Ausläufer rücken im Bodenschlamm bis in eine Tiefe von 3 m vor. Als Pioniertrupp tritt seewärts die Teichbinse *(Schoenoplectus lacustris)* auf. Ihre schwarzen Rhizome wachsen bis in fünf Meter tiefes Wasser.

Das Schilfrohr und die Bodenbrüter benötigen viel Licht. Den *Phragmites*-Pflanzen und den Vögeln sollte deshalb etwas Luft gemacht werden. Damit große Weidengruppen nicht vergreisen, setzt man sie alle 3 bis 4 Jahre auf den Stock. Durch einen schwachen Hieb werden die Weiden zurückgenommen. In der Regel wird mit der Motorsäge durchforstet. Durch die glatten Hiebflächen mit der Axt schlagen die Weiden besser aus. Das Schilfrohr, das den Weidenwald locker durchzieht, wird durch den Lichteinfall gefördert. Die Rohrammer befestigt gelegentlich ihre Nester über dem Wasser im Rohr- und Schilfgürtel. Der außergewöhnlich ortstreue Grasfrosch läßt sich nur ansiedeln, wenn der Laich im Feuchtbiotop zur Entwicklung kommt. Die jungen Frösche wandern zwar ab, erscheinen aber nach der Geschlechtsreife im dritten Frühjahr wieder zur Laichabgabe im Teich. In den Stillwasserzonen mit Unterwasserpflanzen, Schilf- und Rohrbeständen finden die Karpfenfische bei reichem Planktongehalt die besten Lebensbedingungen. Unser einheimischer Hecht steht gern still am Rande des Schilfs oder in dichten Unterwasserpflanzenbeständen und lauert auf Beutefische. Große Hechte erbeuten auch Ratten, Mäuse und Frösche.

Eingrünung und Folgenutzung von Baggerseen und Torfstichen
Der Baggersee ist ein vom Grundwasser durchströmtes Abbaugebiet, das durch Abgrabungen von Kies und Sand, Lehm oder Ton sowie aus aufgelassenen Steinbrüchen entstanden ist. In Betracht kommen auch die teilabgetorften Moore, die als Feuchtbiotope bepflanzt werden können. Wenn wir die Baggerseen sich selbst überlassen, kommt es zu einer behinderten Sukzession, die erst nach Jahren ihr Endstadium erreicht. Durch die vielfältigen Gestaltungsmöglichkeiten erhält der künstliche Landschaftssee einen besonderen Rang. Bei der Eingrünung der angrenzenden Flächen, die etwa 0,5 bis 1,0 m über dem Grundwasserstand liegen, werden Gehölzarten aus dem natürlichen Umfeld unserer Feuchtgebiete gepflanzt. Bei einem Pflanzabstand von 0,8 x 0,8 m wird Jungware von Weiden, der Mährischen Eberesche *(Sorbus aucuparia* var. *edulis)*, dem Gemeinen Schneeball *(Viburnum opulus)*, der Grün- *(Alnus viridis)* und der Schwarzerle *(A. glutinosa)*, des Sanddorns *(Hippophae rhamnoides)*, der Moorbirke *(Betula pubescens)* und des Rispelstrauches *(My-*

ricaria germanica) verwendet. Wenn sich am Seeboden genügend Mulm angesammelt hat, können Wasserpflanzen mit schwimmenden Blättern angesiedelt werden. In den wassergefüllten Kiesgruben lassen sich in den Seichtwasserpartien Seerosen *(Nymphaea)* und bei einer Tiefe von 50 bis 500 cm die Gelbe Teichrose *(Nuphar lutea)* ausbringen. Sie bildet dabei unter Wasser ihre »Salatblätter«. Durch den anhaltenden Grundwasserzufluß sind die Baggerseen einer kontinuierlichen Nährstoffanreicherung ausgesetzt. Die geringe Wassertiefe führt dabei leicht zu einer Eutrophierung. In unverschmutzten Kiesgruben siedelt sich am Grund ein dichter Rasen von Armleuchtergewächsen (*Chara-* und *Nitella*-Arten) an. Zur Schaffung eines landschaftsgerecht eingebundenen Baggersees haben für die Rekultivierungsmaßnahmen eine besondere Bedeutung:

Acorus calamus, Kalmus	feuchter bis nasser Boden, in der Röhrichtzone bis 20 cm Wassertiefe
Carex riparia, Ufersegge	feuchter bis nasser Boden, zeitweise überflutet, wuchernd. Moorboden
Eleocharis palustris, Sumpfbinse	im Boden wurzelnd, 0 bis 20 cm Wassertiefe, wuchernd
Eriophorum angustifolium, Schmalblättriges Wollgras	feuchter bis nasser Boden, zeitweise überflutet, saurer Moorboden
Iris pseudacorus, Gelbe Schwertlilie	feuchter bis nasser Boden, in der Röhrichtzone bis 20 cm Wassertiefe
Lysimachia thyrsiflora, Straußgelbweiderich	feuchter bis nasser Boden, zeitweise überflutet, wuchernd
Mentha aquatica, Wasserminze	feuchter bis nasser Boden, in der Röhrichtzone bis 20 cm Wassertiefe
Myosotis palustris, Sumpfvergißmeinnicht	feuchter bis nasser Boden, zeitweise überflutet
Phalaris arundinacea, Rohrglanzgras	feuchter bis nasser Boden, in der Röhrichtzone bis 20 cm Wassertiefe, wuchernd
Phragmites australis, Schilfrohr	dauernasser Boden, vorwiegend 0 bis 20 cm Wassertiefe, wuchernd
Potamogeton natans, Schwimmendes Laichkraut	im Boden wurzelnd. Blätter auf der Wasseroberfläche schwimmend. Wassertiefe 20 cm und tiefer
Ranunculus flammula, Brennender Hahnenfuß	dauernasser Boden, vorwiegend 0 bis 20 cm Wassertiefe
Ranunculus lingua, Zungenhahnenfuß	dauernasser Boden, vorwiegend 0 bis 30 cm Wassertiefe, wuchernd
Sagittaria sagittifolia, Pfeilkraut	im Boden wurzelnd, 0 bis 20 cm Wassertiefe, wuchernd
Schoenoplectus lacustris, Seebinse	im Boden wurzelnd, 0 bis 50 cm Wassertiefe
Sparganium erectum, Aufrechter Igelkolben	dauernasser Boden, vorwiegend 0 bis 30 cm Wassertiefe, wuchernd
Stratiotes aloides, Wasseraloe	freischwimmend, Blattmasse überwiegend unter der Wasseroberfläche
Typha angustifolia, Schmalblättriger Rohrkolben	dauernasser Boden, 10 bis 20 cm Wassertiefe, wuchernd

Typha latifolia, dauernasser Boden, 10 bis 20 cm
Breitblättriger Rohrkolben Wassertiefe, wuchernd
Veronica beccabunga, feuchter bis nasser Boden, zeitweise
Bachbunge überflutet.

Die Vegetation ist bei einem Massenansturm Badelustiger besonders gefährdet. Durch halbsteile Uferböschungen, die mit Brombeeren *(Rubus fruticosus)* oder dem Sanddorn *(Hippophae rhamnoides)* bepflanzt werden, läßt sich eine Zerstörung der Uferregionen verhindern. Bedrohten Tierarten, wie dem Eisvogel oder dem Laubfrosch, können dadurch neue Lebensräume angeboten werden. Die warmen Grundwassertümpel von Kiesgruben, die vom Schilf und Rohrkolben bestanden sind, werden zur Laichzeit von April–Juni vom Laubfrosch besucht. Tagsüber halten sie, sich an den Schilfhalmen und auf dem Ufergebüsch auf. Abends setzen sich die Männchen ins seichte Wasser und beginnen zu rufen. Nachts steigen sie zum Beutefang an Land und jagen Fliegen, Käfer, Ameisen, Tausenfüßer und Spinnen. Die Regeneration der abgebauten Moore ist in entwässerten Torfstichen möglich. Eine Wiederansiedlung der hochmoortypischen Rauschbeere *(Vaccinium uliginosum)*, der Moosbeere *(Vaccinium oxycoccos)*, des Sumpfporst *(Ledum palustre)*, der Schwarzen Krähenbeere *(Empetrum nigrum)*, der Torfgränke *(Chamaedaphne calyculata)* und der Lavendelheide *(Andromeda polifolia)* erfolgt an wechselfeuchten Standorten. Schließlich beginnen in den alten Torfstichen Birken, Kiefern und Eichen hochzukommen. Eine Wiedervernässung von großflächig abgetorften Flächen ist einfacher und kostengünstiger. Der Typus des Gewässers zeigt alle Übergänge. Durch die Kultivierung der Moorseen werden für eine ganze Wasserpflanzengesellschaft neue Siedlungsräume geschaffen. Auf einer Fläche von weniger als 100 m² läßt sich eine Sumpf- und Moorgesellschaft, bestehend aus einem Flachmoor mit Moortümpel und Schlenken, einem Hangmoor, Quellsumpf und Erlenbruch aufbauen. In die Moor- und Sumpfflächen kommen der Lungenenzian *(Gentiana pneumonanthe)* und der Schwalbenwurzenzian *(Gentiana asclepiadea)*, der Tarant *(Swertia perennis)*, die Sibirische Schwertlilie *(Iris sibirica)*, die Wiesenraute *(Thalictrum flavum)*, die Wollgräser *(Eriophorum latifolium, E. scheuchzeri, E. vaginatum)*, die Sumpfwolfsmilch *(Euphorbia palustris)* und die Schachblume *(Fritillaria meleagris)*.

Am Tümpelrand siedeln wir die Sumpfdotterblume *(Caltha palustris)* und die Sumpfstendelwurz *(Epipactis palustris)*, den Bitterklee *(Menyanthes trifoliata)*, den Sumpffarn *(Thelypteris palustris)* und die Schlangenwurz *(Calla palustris)* an.

In einen Moortümpel gehören der Zungenhahnenfuß *(Ranunculus lingua)*, die Igelkolben *(Sparganium emersum und S. erectum)* und die Rohrkolben *(Typha gracilis und T. minima)*.

Bei fließendem und sauerstoffreichem Bodenwasser läßt sich mit wenigen *Alnus glutinosa* oder *A. incana* ein Erlenbruch gestalten und mit folgenden Moorgesellschaft bepflanzen: Königsfarn *(Osmunda regalis)*, Straußfarn *(Matteuccia struthiopteris)*, Moorfarn *(Dryopteris cristata)*, Perlfarn *(Onoclea sensibils)*, Wiesen-Schlüsselblume *(Primula elatior)*, Riesen-Segge *(Carex pendula)*, Sturmhut *(Aconitum variegatum)*, Hainsimse *(Luzula sylvatica)* und Schachtelhalm *(Equisetum hyemale)*.

Im Quellsumpf wachsen das Sumpfherzblatt *(Parnassia palustris)*, das Gemeine Fettkraut *(Pinguicula vulgaris)*, die Liliensimse *(Tofieldia calyculata)* und die Torfsegge *(Carex davalliana)*. Die wassergefüllten Torfstiche sind nährstoffreich genug, um eine so interessante Schwimmblattpflanze wie die Kleine Seerose *(Nymphaea candida)* aufzunehmen. Stark saure Moorgewässer werden auch vom Kleinen Wasserschlauch *(Utricularia minor)* und dem Gemeinen Wasserschlauch *(U. vulgaris)* belebt.

Mähen und Krauten von Feuchtgebieten
Der Lebensbereich Wasser unterliegt einem natürlichen Entwicklungsprozeß, der sehr schnell zur Verlandung tümpelartiger Gewässer führt. Das Mähen und Krauten sind jährlich wiederkehrende Arbeitsvorgänge. Die Biomasse an toten Halmen und Kräutern wird im Winter verringert. Nach der Mahd bestockt sich das Schilfrohr *(Phragmites australis)* und bringt widerstandsfähige, dichte Bestände hervor. Ehe die Lurche einwandern, werden im September die Gewässer ausrasiert. Aus ökologischen Gründen ist ein totales Ausräumen zu vermeiden. Das Entfernen des Schnittgutes ist aus Gründen der Sauerstoffzehrung unerläßlich. Bei der Unterwasserablagerung organischer Substanzen setzt bei Sauerstoffmangel Faulschlammbildung ein. Jede Eutrophierung der Gewässer führt zu einer vermehrten Algenproduktion. Die watteartigen Massen behindern den Pflanzenwuchs. Algen in einem Teich zeigen, daß es sich keinesfalls um ein biologisch totes Gewässer handelt. Um die biologische Selbstreinigung zu erhalten, ist auf eine totale Beseitigung der Algen zu verzichten. Die Sumpf- und Wasserpflanzen sind dabei in der Lage, im Wasser vorhandene Stickstoff- und Phosphorverbindungen aufzunehmen und in Biomasse umzubilden. Die Zunahme des Pflanzenwachstums ist Ausdruck ihrer Produktivität.

Wenn die Streu nicht gemäht wird, siedeln sich in den Verlandungszonen Erlen- und Weidensämlinge an. Durch Windflug wird der Samen des Schilfrohrs, des Rohrkolbens und von Weiden angeweht. Schon bei der geringsten Bodenauflage beginnt im feuchten Medium der Same zu keimen. Die Sämlinge lassen sich durch einfaches Herausziehen entfernen.

Botanisch-limnologische Kläranlage
Stark mit Ballast- und Schadstoffen belastete Abwässer, die einem Feuchtbiotop zufließen, lassen sich mit der Seebinse *(Schoenoplectus lacustris)* und dem Schilfrohr *(Phragmites australis)* reinigen. Zur Vorklärung wird das Abwasser in das Schilfrohrbecken geleitet. Am Fuß der *Phragmites*halme bilden sich in den abgelagerten Feststoffen ständig neue Wurzeln. Am Ende des Schilfrohrbestandes gelangen die vorgereinigten Abwässer durch ein sehr lockeres Pflanzsubstrat in den Wurzelraum des Seebinsenbeckens. Nach 6 bis 8 Stunden fließen sie gereinigt in die Bach- und Teichanlagen. Für botanisch-limnologische Kläranlagen ist zur biologischen Reinigung der Abwässer pro Person eine Pflanzfläche von 2 bis 4 m² erforderlich. Bei stark verschmutzten und Industrieabwässern wird als Schutz gegen die Verunreinigung des Grundwassers die Fläche nach unten abgedichtet.

Für die biologische Kläranlage ist im Anschluß an das Schilfrohr als abschließende Reinigungsstufe die Seebinse besonders geeignet. Die Wurzelausscheidungen von *Schoenoplectus lacustris* haben nach zwei Stunden zwischen 60 und 80 % patogene Keime wie Echerichia coli und Enterokokken eliminiert. Sie töten Salmonellen, Wurmeier und Viren ab. Sie sind außerdem in der Lage, Schwebstoffe auszufällen. Die Seebinse ist auch in der Lage, aus ungeklärten Abwässern Schwermetalle wie Cu, Cr, Co, Ni, V und Mn aufzunehmen. Sie entzieht dem Wasser auch phytotoxische Stoffe wie die hochgiftigen organischen CH- und CN-Verbindungen. Die Seebinsen spalten dabei die Phenole und ihre Derivate, Cyanide und Rhodanide auf und benützen sie als C-, H- und N-Quellen. Diese Phenol-Elimination erfolgt auch bei anderen Pflanzen mit basalem Wachstum. Die binsenförmigen Halme der *Juncus*-Arten, die *Typha*, *Iris* und *Alisma* verringern zumindest den Phenolgehalt im

Wasser. Bei einem sehr hohen Karbolsäuregehalt zeigte es sich, daß *Schoenoplectus lacustris* durch Einwelken ihre Halme abstoßen. Die Seebinse stellt sich sehr schnell auf die erhöhte Konzentration ein. Nach ein bis zwei Wochen beginnt sie bereits, neue Halme zu bilden.

Bei einem hohen Wasserstand ist die Elimination von Schadstoffen doppelt so hoch wie an feuchten Standorten. In stark phosphathaltigen Gewässern kleben die Exkrete wie weiße Ausscheidungen an den Halmen. Damit die gebundenen Nährstoffe wie Phosphor, Stickstoff, Kali, Calcium oder Natrium sowie die Schwermetalle nach dem Absterben der oberirdischen Pflanzenteile nicht wieder ins Wasser gelangen, sollten die Halme von *Schoenoplectus* in jedem Fall geschnitten und entsorgt werden. Durch ihr niederes spezifisches Gewicht schwimmen sie auf und würden zu einer sekundären Verschmutzung der Gewässer beitragen.

Die Seebinse wächst an der Halmbasis. Durch ihr funktionsfähiges Luftgewebe scheidet sie wie andere Sumpf- und Wasserpflanzen an den Wurzelspitzen Sauerstoff aus und durchlüftet den sumpfigen Boden. Selbst im Winter liefert sie Sauerstoff, und die Reinigungsleistung liegt über 90%. Dadurch wird ganzjährig eine Abwasserbeschaffenheit erreicht, die den Normalanforderungen unserer Feuchtgebiete entspricht. Eine Elimination schädlicher Mikroorganismen ist auch bei anderen Sumpfpflanzen festzustellen. Äußerst wirksame Substanzen werden auch vom Froschlöffel *(Alisma plantago-aquatica)* und der Wasserminze *(Mentha aquatica)* ausgeschieden. Sie sind in der Lage, 80 bis 90% der pathogenen Keime wie Coli-Bakterien zu töten. Als besonders resistent gegen verunreinigte Fließgewässer erweisen sich die Wassersternarten *(Callitriche)*.

Eutrophe Gewässer

Eutrophe Sumpf- und Wasserpflanzen gedeihen nur in Feuchtgebieten mit einem reichen Gehalt an Nährstoffen. Im Sinne der Ökologie sollten hier bevorzugt solche Pflanzen Verwendung finden, die eine hohe Wuchsleistung erbringen. Das Bestreben einer Art, sich rasch zu vermehren, stößt auf die Konkurrenz anderer Arten. Die Eutrophen Gewässer sind einfach strukturierte Pflanzengesellschaften mit einem hohen Regenerierungsvermögen. Sie zeichnen sich durch ein relativ flaches Becken und eine breite Uferbank aus. Die Pflanzen erzeugen große Mengen organischer Substanz und die Ufer verlanden. Es sinken große Mengen organischer Sedimente ab, so daß die Grundwasserböden ausreichend mit Nährstoffen versorgt sind. Wenn durch Mähen und Krauten die eutrophierten Gewässer nicht regelmäßig ausrasiert werden, entstehen durch Verlandung Flachmoore mit überwiegend Sauergräsern *(Cyperaceae)*, Binsengewächsen *(Juncaceae)* und Süßgräsern *(Poaceae)*.

Jedes Gewässer ist ein empfindliches Ökosystem. Vor allem Teiche mit stehendem Wasser neigen zur Eutrophierung. Wenn in der Umgebung der Feuchtbiotope etwa der Rasen gedüngt wird, wächst die Produktionskraft der Gewässer. Die Ursache der zunehmenden Nährstoffanreicherung sind Stickstoff- und Phosphor-Verbindungen. Wenn durch eine Nährstoffanreicherung die Massenentwicklung von Plankton und Algen eingeleitet wird, kann die Überproduktion organischer Substanz die Gewässer gefährden. Die schmutziggraue bis blaugrüne Wasserfarbe ermöglicht eine geringe Sichttiefe. Durch die Eliminationsleistungen der Sumpf- und Wasserpflanzen werden vor allem Stickstoff- und Phosphorverbindungen aufgenommen. Als gut wasserreinigend ist das Rauhe Hornblatt *(Ceratophyllum demersum)* und das Durchwachsene Laichkraut *(Potamogeton perfoliatus)* zu bezeichnen. Sämtliche

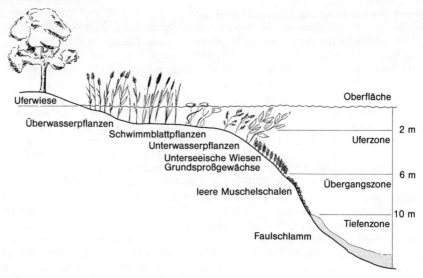

Abb. 14. Seeprofil eines eutrophen Gewässers.

Sproßteile dieser Pflanzen liegen unter Wasser. Sie machen den Algen die Ernährungsgrundlage streitig und tragen zur Anreicherung des Wassers mit Sauerstoff bei. In eutrophierten Gewässern und Temperaturen über 20 °C ist eine üppige Plankton-Entwicklung zu erwarten. Beim Absterben der Schwebeflora sinkt das Plankton langsam in tieferes Wasser, wo sie von Fäulnisbakterien abgebaut werden. Bereits während des Absinkens wird der vorhandene Sauerstoff aufgebraucht. Hier leisten unter Wasser lebende Pflanzen als Wasserreiniger gute Dienste.

Alkalische Gewässer
Ceratophyllum demersum, Ceratophyllaceae (Hornblattgewächse)
Rauhes Hornblatt
Submerse, wurzellose Wasserpflanze
mit quirlig angeordneten, brüchigen
Blättern

Eingeschlechtliche Blüten,
untergetaucht mit einfacher grüner
Blütenhülle.
Bestäubung an das Wasser angepaßt.

Für eutrophe Standorte ist das Rauhe Hornblatt vortrefflich geeignet. In nährstoffbelasteten Gewässern wächst die Pflanze üppig und zeichnet sich durch eine dunkelgrüne Färbung aus. In mesotrophen Seen bildet sie dagegen Kümmerformen mit hellgrünen und durchscheinenden Trieben. Ihre Haltung in tiefen Gewässern ist nicht schwierig. *C. demersum* stellt keinerlei Ansprüche an den Bodengrund, denn das Rauhe Hornblatt braucht man nicht zu pflanzen. Man läßt es einfach im Wasser treiben. Untergetaucht, frei schwimmend bildet es eine ausgedehnte Unterwasservegetation. Seine rauhen Blattquirle kommen am schönsten zur Geltung, wenn man mehrere Stengel zu Büscheln zusammenfaßt und mit einer U-förmigen Nadel am Boden festheftet. Durch geophile Sprosse, sogenannte Rhizoide, verankert sich diese wurzellose Wasserpflanze im Bodengrund. Vor der Winterruhe bildet *C. demersum* sehr dichte Quirle. Sie sinken nach unten und überdauern die kalte Jahreszeit auf dem Grund der Teiche.

In stehenden Gewässern läßt sich das Rauhe Hornblatt in der Schwimmblattgesellschaft von der Seekanne *(Nymphoides peltata)*, der Unterwasservegetation mit dem Durchwachsenen Laichkraut *(Potamogeton perfoliatus)* oder von Sumpfpflanzen wie dem Tannenwedel *(Hippuris vulgaris)*, dem Wasserfenchel *(Oenanthe aquatica)* und der Zweischneidigen Sumpfkresse *(Rorippa x anceps)* verwenden.

Hippuris vulgaris, Hippuridaceae (Tannenwedelgewächse)

Tannenwedel	Blüten auf die Luftsprosse beschränkt.
Staude mit kriechendem Rhizom.	Blattwinkelständig, klein, grün.
Laubblätter 6 bis 12 quirlig angeordnet	V–VIII, Windbestäubung.

Zu den auffallendsten Gewächsen des Wassergartens gehört der Tannenwedel. In eutrophierten Gewässern erreichen die schachtelhalmähnlichen Pflanzen eine Wuchshöhe von 30 bis 50 cm. Bei der Wasserform ragen die tannenartigen Wedel noch aus einer Wassertiefe von 2 m empor. Bei niederem Wasserstand bildet sich im Uferbereich eine Landform. Die waagrecht im Boden kriechenden Rhizome entwickeln an den Knoten büschelweise Adventivwurzeln. Der Tannenwedel liebt viel Kalk. In einem harten Wasser bildet er aufrechte Stengel mit Blattquirlen, die einen Durchmesser von 8 bis 15 cm erreichen. Bei Kalkmangel hängen die Pflanzen weich und schlapp im Gartenteich. Dem Bodengrund sollte deshalb gegebenenfalls etwas Kalk oder einige Kalksteine zugesetzt werden. Die Landformen sterben im Winter bis auf die Rhizome ab. Im seichten Wasser werden im Herbst hibernakelartige Überwinterungsknospen gebildet. Die untergetauchten Formen überwintern in Fließgewässern vollkommen grün.

Die getrockneten Stengel von *Hippuris vulgaris* wurden früher getrocknet zum Polieren von Holz und zum Scheuern von Zinngeschirr benutzt.

Nymphoides peltata Gentianaceae (Enziangewächse)

Seekanne	Doldenrispe, Krone tief geteilt, goldgelb. VII–IX, Honigbiene, Hummeln, Röhren-Fransenflügler und Blumenfliegen.
Staude mit langkriechender Grundachse, Laubblätter fast kreisrund, schwimmend	

Die Seekanne erinnert in ihrer Tracht an Seerosen und an den Froschbiß. Unter dem Einfluß der Wärme werden im Sommer Langtriebe gebildet. In Abhängigkeit von den klimatischen Verhältnissen entwickelt *Nymphoides peltata* im Herbst zur Überwinterung Kurztriebe. Die Pflanze bildet untergetauchte Wasserblätter und Schwimmblätter, die auf der Unterseite mit kleinen Pünktchen (Hydropoten) bedeckt sind. Diese »Wassertrinker« nehmen aus dem Wasser gelöste Nährstoffe auf und leiten sie ins Innere der Pflanzen weiter. In ausgetrockneten Teichen bildet sich die Landform *N. peltata* f. *terrestris* mit durchschnittlich um die Hälfte kleineren Laubblättern und unfruchtbaren Blüten.

Oenanthe aquatica, Apiaceae (Doldengewächse)

Wasserfenchel, Roßkümmel	Blütendolden, weiß, VI–VIII, Insektenbestäubung.
Ein- bis zweijährig mit möhrenförmiger Wurzel	
Giftverdächtig!	

Der Wasserfenchel wird vorzugsweise im seichten, 20 bis 50 cm tiefen Wasser angesiedelt. Die Wasserform *Oenanthe aquatica* f. *submersa* kommt bis in 100 cm tiefem Wasser vor. Nach einmaliger Fruchtreife beginnt die Pflanze abzusterben. Ihr Wurzelstock kann unter Umständen Ausläufer treibend überdauern. Während die Wasserform den ganzen Winter ihr Wachstum fortsetzt, überwintert die Landform außerhalb des Wassers mit ihrem Wurzelstock.

Potamogeton perfoliatus, Potamogetonaceae (Laichkrautgewächse)
Durchwachsenes Laichkraut VI–VIII, Windbestäubung.
Staude, untergetaucht,
Blätter rundlich bis länglich-eiförmig
Wer in eutrophierten Gewässern mit Algen zu kämpfen hat, sollte das Durchwachsene Laichkraut verwenden. *P. perfoliatus* verlangt einen Wasserstand zwischen 50 Zentimeter und sechs Meter. In großen Tiefen bildet er aus seinen vielfach verzweigten Trieben eine dichte Unterwasserlandschaft. In einem Bodengrund aus sandiglehmiger Erde wird das Durchwachsene Laichkraut von einem unbezähmbaren Wachstum erfaßt. Ein gelegentliches Auslichten schafft genügend Schwimmraum für die Fische. Die Laichkräuter sind stets frei von Algen. Wenn die Pflanzen das volle Sonnenlicht erhalten, zeigen die Fische keine Atemnot. Das Wasser in den eutrophierten Gewässern wird klar und so sauerstoffhaltig, daß unter den Pflanzen und Tieren keine Ausfälle zu befürchten sind.

Rorippa × anceps (R .prostrata), Brassicaceae (Kreuzblütler)
Zweischneidige Sumpfkresse Kronblätter 4 mm lang, gelb. V–IX,
Staude, hybridogen zwischen *R.,* Insektenbestäubung.
amphibia und *R. sylvestris*
Die 30 bis 90 cm hohe Zweischneidige Sumpfkresse läßt sich im Bereich mit stark schwankendem Wasserstand verwenden. Auf der Uferlinie wird sie mit dem Tannenwedel und dem Wasserfenchel angesiedelt.

Neutrale Gewässer
Hydrocharis morsus-ranae, Hydrocharitaceae (Froschbißgewächse)
Froschbiß Einhäusig, männliche Blüten weiß, an
Staude, seerosenblattartig schwim- der Basis gelb, weibliche kleiner, weiß,
mend. Schwimmblattrosetten sind am Grunde gelb..V–VIII, Insektenbe-
durch dünne Ausläufer miteinander stäubung.
verkettet. Winterknospen
Der Froschbiß leistet als Wasserreiniger gute Dienste. Mit seinem kleinen, seerosenartigen Blattwerk trägt er zur Schwimmblattvegetation bei. Im Herbst bilden sich dünne, feste Winterknospen. Nach dem Absterben der Pflanzen sinken sie zu Boden und überwintern auf dem Grund. Sie lassen sich auch einsammeln und im kalten Wasser überwintern. Im Frühjahr werden sie in die eutrophierten Gewässer ausgebracht. Sie beginnen bald auszuwachsen, sich am Bodengrund zu verankern und durch Ausläufer zu vermehren. Am Ende der Triebe bilden sich stets neue Rosetten mit schwimmenden Blättern. Sie werden gern von Schnecken, Würmern und Käfern befallen. Frösche suchen die Pflanzen nach den kleinen Wassertieren ab, was ihnen den Namen »Froschbiß« eingetragen hat.

Oben links: Die Fliegen-Ragwurz *(Ophrys insectifera),* eine Pflanze des Kalk-Magerrasens, läßt sich auch im Halbtrockenrasen ansiedeln.
Oben rechts: Wo Leguminosen wie der Wundklee *(Anthyllis vulneraria)* mit dem Gelben Enzian vergesellschaftet ist, wird *Gentiana lutea* mit Stickstoff versorgt.
Unten: Fettwiese: In einem Bestand von Wiesenkerbel *(Anthriscus sylvestris)* dominiert der Wiesenstorchschnabel *(Geranium pratense).*

Lemna gibba, Lemnaceae (Wasserlinsengewächse)
Bucklige Wasserlinse Relativ oft blühend, in Sproßtaschen.
Schwimmpflanze mit 2 bis 6 mm VI–VIII
langen Sproßgliedern
Lemna minor, Lemnaceae (Wasserlinsengewächse)
Kleine Wasserlinse Selten blühend, in Sproßtaschen.
Schwimmpflanze mit 2 bis 6 mm VI–VIII
langen Sproßgliedern
Lemna triscula, Lemnaceae (Wasserlinsengewächse)
Dreifurchige Wasserlinse Selten blühend, in Sproßtaschen.
Vegetative Pflanze untergetaucht, VI–VII.
3 bis 10 mm lang
Blühende Pflanze schwimmend

Die freischwimmenden Wasserlinsen vermehren sich in eutrophierten Gewässern erstaunlich schnell. Mit abnehmendem Kalkgehalt und zunehmendem Humusanteil überziehen sie in kurzer Zeit den Wasserspiegel mit einem grünen Schleier. In nährstoffreichem Wasser breiten sie sich unabhängig von der Qualität des Wassers aus. In Stillwassern gilt *Lemna minor* als Verschmutzungsanzeiger. *L. gibba* kommt in phosphat- und ammoniumreichen Gewässern vor. Die 2 bis 10 mm großen Pflanzenkörper stellen ein umgebildetes Stammgebilde (Phyllokladium) dar und zeigen die Gestalt einer Linse. Auf der Unterseite des Phyllokladiums sitzen eine oder mehrere Wurzelfasern, durch die Wasser und Nährstoffe von den Pflanzen aufgenommen werden. In abwasserbelasteten Gewässern wird durch den Entzug anorganischer Stoffe zur Reinigung des Wassers beigetragen.

Die Blüten der Wasserlinsen sind winzig und treten nur selten hervor. Am Rande der Linse bildet die Pflanze eine Tasche, welche ein bis zwei Staubgefäße und zwei weibliche Blüten umschließt. Die Ausbreitung auf den Teichen erfolgt durch Abgliederung von Tochtersprossen. Die abgespalteten Knospen bleiben noch einige Zeit mit dem Mutterorganismus durch einen stielartigen Fortsatz in Verbindung.

Die Überwinterung der Wasserlinsen erfolgt auf dem Grunde des Wassers. Im Herbst bilden sie Wintersprosse. Während die Pflanzen zerfallen, sinken die Wintersprosse zu Boden. Sie überdauern die kalte Jahreszeit auf dem Grund der Gewässer. Im Frühjahr erscheinen sie wieder an der Wasseroberfläche. Aus den Wintersprossen entwickeln sich neue Pflanzen, die sich frei schwimmend als »Entengrütze« über die Wasserfläche ausbreiten. In kurzer Zeit überziehen sie den Wasserspiegel mit einem grünen Teppich. Den Unterwasserpflanzen wird dadurch das Licht entzogen. Es ist streng darauf zu achten, daß nicht mehr als ein Drittel der Teichfläche von Wasserlinsen eingenommen wird.

Oben links: Wenn die Kuckucksblume *(Lychnis flos-cuculi)* nicht zu früh gemäht wird, vermehrt sie sich in nassen Wiesen durch Selbstaussaat.
Oben rechts: Für viele Menschen sind die Blüten und Insekten das Urbild einer intakten Umwelt. Ästhetisch befriedigende Blumenwiesen setzen voraus, daß sich gelegentlich auch Halbschmarotzer, wie der Klappertopf *(Rhinanthus),* ansiedeln.
Unten: Die Bertramsgarbe *(Achillea ptarmica)* läßt sich in einer Feuchtwiese mit dem Blutweiderich *(Lythrum salicaria)* vergesellschaften. In naturnahen Pflanzungen ist die Verwendung von gefüllten Formen allerdings etwas problematisch.

Nymphaea alba, Nymphaeaceae (Seerosengewächse)
Weiße Seerose
Schwimmblattpflanze mit kräftigem Rhizom

Blüten weiß. VI–IX, Fliegen, Käfer, Bienen und Hummeln. Bei gutem Wetter sind die Blüten von 7.00 bis gegen 17.00 Uhr geöffnet.

Die Seerosen setzen sehr früh mit dem Wachstum ein. Anfang April beginnt die Pflanzzeit und dauert bis Mitte Juni. Vor der Pflanzung der Seerosen-Rhizome werden sämtliche gequetschten und geknickten Pflanzenteile mit einem scharfen Messer entfernt. Die Wurzelstöcke müssen vor den Spätfrösten geschützt werden. Selbst wenn sie der Eistod nur streift, dauert es viele Jahre, ehe Blüten erscheinen. Angefrorene Rhizome entwickeln im Frühjahr nur ganz kleine Blätter. Bei ausreichendem Wasserstand ist ein Anfrieren der Wurzelstöcke nicht zu befürchten. Die Seerosen-Rhizome haben blühwillige und blühunwillige Stellen. Die jungen Spitzen sind am blühwilligsten, während die alten Wurzelstöcke nur Blattriebe hervorbringen. Beim Teilen von Seerosen-Rhizomen sind also die jungen Spitzen wertvoller als die alten Rhizom-Mittelstücke. Je geringer der Wasserstand ist, um so früher erscheinen die Seerosenblüten. Meist wachsen sie aus einer Tiefe von 50 bis 150 cm. Die Pflanzen werden dagegen kräftiger und die Blumen größer, wenn sie bei einer maximalen Tiefe von 1,5 bis 3,0 m stehen. Für die Seerosen ist, im Gegensatz zu den gelben Teichrosen, eine sonnige Wasserfläche lebensnotwendig. Das Wasser darf nicht zu kalt sein. Bei sehr kühlen Temperaturen bleibt bei den Seerosen die Blütenentwicklung aus. Auch das Geplätscher von Wassergeflügel wird von den Pflanzen schlecht vertragen. Bei Tropfenfall, Strömung und Wellenschlag zerreißen die weichen Schwimmblätter der Seerosen sehr leicht. Die Seerosenteiche dürfen nicht im Schatten liegen. Von einem zwölfstündigen Sommertag müssen die Seerosen mindestens fünf Stunden Sonne haben. Bei Lichtmangel liegen die Blätter mehr unter als auf dem Wasser. Auch das Abfaulen der Blütenknospen ist auf Lichtmangel zurückzuführen. Wenn die Gewässer gegen Nordwesten, Norden und Osten eine Windschutzpflanzung erhalten, blühen die Seerosen reicher, länger und schöner. Als Windschutz ist an den wasserüberfluteten Ufern die Seebinse sehr zu empfehlen.

Schoenoplectus lacustris, Cyperaceae (Sauergräser)
(Scirpus lacustris)
Seebinse, Flechtbinse, Teichbinse
Staude mit kriechendem Wurzelstock
1 bis 2 m hoch

Traubiger Blütenstand mit zahlreichen Ährchen. VI–VIII, Windbestäubung.

Bei der Bepflanzung von Verlandungszonen läßt sich mit der Seebinse an sumpfigen Stellen ein natürlich entstandenes Gewässer vortäuschen. Bei tiefem Wasserstand, der zwischen 60 und 600 cm betragen kann, kommt es zur Ausbildung bandförmiger Unterwasserblätter. Eine Überflutung erträgt die Seebinse wegen des schwammigen Aerenchyms sehr schlecht. Die grünen Stengel sind nicht sehr knickfest. Am üppigsten entwickelt sie sich, wenn bei abwasserbedingter Düngung der Teich eutrophiert ist. Eine weitere Folge zunehmender Schadstoffbelastung ist die Hypertrophierung. Für die biologische Reinigung der Gewässer ist *Schoenoplectus lacustris* besonders geeignet. Bei zunehmender Verschlammung zeigt die Seebinse durch Wurzelsprossung einen starken Ausdehnungsdrang. Sie überwuchert bald die ganze Fläche und erdrückt benachbarte Pflanzen. Das Bedürfnis, sich nach allen Seiten zu verbreitern, läßt sich durch ein laufendes Abtrennen von Rhizomen eindämmen.

Sium latifolium, Apiaceae (Doldengewächse)
Großer Merk
Staude, zuweilen Knospen auf den

Blütendolden, blaßgelb. VII–VIII, Käfer, Zweiflügler, Schnabelkerfen und

Wurzeln. Wurzelkriecher. Hautflügler.
60 bis 180 cm hoch.
Giftigverdächtig!
Die untergetauchten Blätter des Großen Merk, die nur im Frühjahr im 30 bis 60 cm tiefen Wasser gebildet werden, sind häufig fein zerschlitzt. Im Uferbereich mit stark wechselndem Wasserstand bilden sich im humosen Schlammboden auf den Wurzeln Adventivknospen, die der vegetativen Vermehrung dienen. *Sium latifolium* teilt mit dem Froschbiß, der Weißen Seerose und den Teichlinsen seine Vorliebe für nährstoffreiche Gewässer. Die Wasserform vermag grün zu überwintern. Die Seichtwasserform stirbt dagegen im Herbst bis auf den Wurzelstock ab.

Vorsicht, die Pflanze ist giftverdächtig. Die untergetauchten Blätter nicht mit der Brunnenkresse verwechseln! Dr. Ferdinand Müller schreibt 1873 in seinem Kräuterbuch »Das Vieh frißt das Kraut, allein die Wurzel, nach Johannis ausgegraben, für Menschen und Thiere schädlich, indem sie Raserei verursacht und selbst der Tod herbeizieht«.

Spirodela polyrrhiza, Lemnaceae (Wasserlinsengewächse)
Vielwurzelige Teichlinse   Selten blühend, in einer Sproßtasche.
Schwimmpflanze mit 4 bis 7 mm   VII–VIII
großem Sproßglied
Die Vielwurzelige Teichlinse ist in nährstoffreichen Gewässern sehr leicht zu halten. Gemeinsam mit den Wasserlinsen füllen sie die Lücken zwischen der Schwimmblattflora. Die rundlichen Sproßglieder besitzen zwei seitliche Taschen, aus denen die Tochtersprosse hervorgehen. Anstelle der Tochtersprosse können auch Dauersprosse (Turionen) gebildet werden.

Saure Gewässer
Ranunculus aquatilis, Ranunculaceae (Hahnenfußgewächse)
Wasserhahnenfuß   Blüten weiß. V–VIII, Käfer, Fliegen,
Einjährig oder ausdauernd   Bienen.
Wasserform: rundlich-nierenförmig
oder in haarfeine Segmente
untergliedert
Landform: rasig
In den Schwimmblattbeständen von *Trapa natans* läßt sich über humosem Schlamm in 0,5 bis 2 m Tiefe die Wasserform des Wasserhahnenfußes ansiedeln. Seine feingefiederten Unterwasserblätter sind borstenartig, die schwimmenden Blätter dagegen herz- oder nierenförmig. In Freilandkultur bei vollem Sonnenlicht und in dauernd stehendem oder fließendem Wasser bleibt der Wasserhahnenfuß auch im Winter saftig grün. In Tümpeln, die jeden Sommer austrocknen, tritt sie terrestrisch als Winter- und Frühlings-Annuelle auf.

Trapa natans, Trapaceae (Wassernußgewächse)
Wassernuß   Blüten einzeln in den Achseln der
Einjährig, wurzelnde Wasserpflanze Schwimmblätter, weiß. VI–IX, Selbst-
mit mosaikbildenden Schwimm-   bestäubung.
blättern
Die Wassernuß läßt sich nur in klimatisch begünstigten Gebieten ansiedeln. In den stark erwärmten Humusschlammböden bilden sich im Juni die Schwimmblattrosetten an der Wasserfläche. In nicht zu seichten Gewässern bei 50 bis 200 cm Wassertiefe bilden sich rautenförmige Schwimmblätter. Im Spätherbst sterben die Rosetten ab, und die zwei- bis vierdornigen Früchte der Wassernuß sinken auf den Grund,

wobei die Widerhaken an den Hörnern als Anker dienen. Die Trapagewässer sind reich an Humus- und Nährstoffen, aber arm an Kalk. Die Keimung der Früchte wird durch tiefe Temperaturen im Frühling begünstigt. Zur Blütenentwicklung sind dagegen Wassertemperaturen über 20 °C erforderlich. Nach der autogamen Bestäubung der achselständigen Blüten reifen im Herbst die Wassernüsse.

Die süßlichen Samenkerne von *Trapa natans* schmecken fast maronenartig. Schon in der Jungsteinzeit wurden von den Neolithikern die zwei- und vierhörnigen Nußfrüchte gesammelt. Als »Wasserkastanien« kamen sie später auf den Markt. Die 50 bis 60% Stärke enthaltenden Samenkerne werden roh oder gekocht gegessen. Die Samen lassen sich in Salzwasser kochen, backen oder wie Edelkastanien rösten.

Typha angustifolia, Typhaceae (Rohrkolbengewächse)

Schmalblättriger Rohrkolben	Blütenstengel 140 bis 180 cm hoch.
Staude mit unterirdischen Ausläufern 1 bis 2 m hoch	Männliche und weibliche Kolbenabschnitte 12 bis 20 cm lang. Dazwischen Abstand von 1 bis 4 cm. VI–VII, Windbestäubung.

An den wasserüberfluteten Seeufern läßt sich in 20 bis 200 cm Wassertiefe der Schmalblättrige Rohrkolben zur Anpflanzung bringen. Typha beginnt bei Temperaturen von 8 bis 10 °C mit dem vegetativen Wachstum. Durch Wurzelsprossung zeigt die Pflanze einen starken Ausdehnungsdrang. Als Verlandungskriech-Pionier trägt sie zum mechanischen Uferschutz bei. Mit Erfolg kann *T. angustifolia* zusammen mit *Schoenoplectus lacustris* zur Gesunderhaltung der Gewässer beitragen. Für das Fisch- und Vogelleben und zur Selbstreinigung des Wassers läßt sich *T. angustifolia* in stark eutrophierten Gewässern einsetzen.

Tiere

In Flachseen, die leicht eutrophieren, ist keine intensive Fischhaltung möglich. Ein Überbesatz von Wasservögeln und Einwaschungen von Düngemitteln aus gärtnerischen Anlagen tragen zu einer starken Verschmutzung der Gewässer bei. Mit der Zunahme der Biomasse nimmt der Reichtum der Feind-Beute-Arten zu. Die Fauna zeichnet sich durch einen charakteristischen Artenbestand aus, der von den benachbarten Biotopen kaum abweicht. Die Besiedlung der Feuchtgebiete erfolgt sehr schnell durch die semiterrestrischen Libellen. Sie verbringen bestimmte Lebensphasen im Wasser, andere auf dem Land. Typische Bewohner sind auch die Stechmücken. Ihre Larven treten als Filtrierer auf, die suspendierte Nahrungspartikel aus dem Wasser herausseihen. Die Larven bestimmter Stechmücken und Schilfkäfer bohren zur Atmung mit den Stacheln ihres Hinterleibes die luftführenden Kanäle von Röhricht- und Schwimmpflanzen an. Auf den Seerosenblättern und -blüten, aber auch am Froschlöffel *(Alisma)* und Pfeilkraut *(Sagittaria)* tritt bei beständig warmem Wetter die wirtswechselnde Blattlausart *Rhopalosiphum nymphaeae* auf. Das Tier überwintert auf verschiedenen Pflaumen-, Kirschen-, Pfirsich-, Mandel- oder Aprikosen-Bäumen. Auf den Seerosenblättern werden auch die weißen Larven des Seerosenzünslers angetroffen, die vom Blattrand aus fingerkuppengroße, ovale Blattstücke herausschneiden. Durch Lochfraß an Blättern und Blüten schaden auch die gelbbraunen Seerosenblattkäfer und ihre Larven. Meisen und Sperlinge sind eifrig dabei, im Freiflug Insekten von den Seerosenblättern abzusammeln. Die Amseln bringen es sogar fertig, die Seerosenblätter umzudrehen, um an die Wasserschnecken heranzukommen. In stehenden und pflanzenreichen Gewässern kommen Sumpfdeckelschnecken vor. Ebenso wie die Tellerschnecken helfen sie bei der Entfernung fäulniserregender Abfallstoffe. Es sind äußerst anpassungsfähige Wasserbewohner, von denen sich die bekannten Posthornschnecken besonders gut an schlechte Wasserbedingungen angepaßt haben. Verheerende Fraßschäden verursachen die Spitzhorn- oder Spitze Schlammschnecke und die Quellen-Blasenschnecke. Die eine hat ein spitz zulaufendes Gewinde und ist mit 45 bis 60 mm Länge unsere größte einheimische Schnecke. Die andere hat ein linkswindendes Gehäuse und erreicht nur 9 bis 12 mm Länge. Plötze nehmen als Zusatznahrung sehr gern Schneckenlaich auf. Sie bevorzugen zusammen mit den Barschen und Aalen krautige Aufenthaltsorte. Schleie und Hechte stehen gern im Kraut und in der Schwimmblattzone. Der Kaulbarsch ist mehr in den *Chara*wiesen zu Hause. Die Rotfeder bewohnt fast ausschließlich stehende, gut bewachsene Gewässer, in denen sie sich von Wasserpflanzen und gelegentlich von wirbellosen Tieren ernährt. Die Gewöhnliche Karausche liebt stehende, schlammige und sogar sumpfige Gewässer mit dichter Bepflanzung. Beim Austrocknen des Wassers vergräbt sich und überdauert oft einige Wochen im Schlamm. Den Teichfischen sind die *Ceratophyllum*-, *Potamogeton*- und *Trapa*-Bestände sehr willkommen. Sie laichen in der schützenden Unterwasser- und Schwimmblattflora. Aus ökologischer Sicht ist eine Faunenverfälschung, etwa durch den Einsatz von Graskarpfen, abzulehnen. Ausgesetzte Fische erweisen sich für Frösche, Kröten, Unken oder Molche und deren Nachwuchs als tödliche Gefahr. Zur Fortpflanzungszeit suchen die Amphibien instinktiv und unablenkbar ihre alten Laichplätze auf. Die Kröten legen in langen Gallertschnüren, die Frösche in mehr oder weniger kompakten Ballen oder Fladen ihre Eier ins Wasser. Ein Teil der Frösche kommt schon im Herbst zurück und überwintert im Schlamm der Gewässer. Auch der Berg- und der Teichmolch suchen manchmal schon im Februar das Wasser zur Paarung und Eiablage auf. Stark veralgte Seebereiche werden in wenigen Wochen von Kaulquappen gereinigt. Mit ihren Hornzähnen weiden diese in den Uferbereichen und von Wasserpflanzen die Algenpolster ab.

Häufige Bewohner von verschilften Seen und Tümpeln sind auch die Krickenten und die Schnatterenten. Sie leben von pflanzlicher Nahrung oder schnabeln kleinste Nahrungsteilchen aus dem Wasser heraus. In unseren Feuchtgebieten vermögen sich selbst die Wanderratten dem Wasser anzupassen, die Teiche abzufischen und gelegentlich auch Pflanzenkost zu sich zu nehmen.

Mesotrophe Gewässer

Wasserflächen, die einem geringen Druck durch Abwässer und Dünger unterliegen, kommen als mesotropher Lebensraum in Betracht. Die ökologischen Bedingungen für Pflanzen von mittlerer Produktivität sind in einem nährstoffarmen Gewässer am besten. Aus aufgelassenen Kiesgruben oder Steinbrüchen mit einem Wasserstand bis 3 m Tiefe lassen sich nach Rekultivierungsmaßnahmen neue Biotope bilden. Aus einem ursprünglich schädlichen Eingriff in Natur und Landschaft entstehen Oasen für bedrängte Pflanzen und Tiere. Ausschlaggebend für deren Funktionstüchtigkeit ist eine große aktive Pflanzenmasse, die zur Reinhaltung des Wassers beiträgt. Wenn wir in Zukunft Natur erleben wollen, darf die Entstehung mesotropher Biotope nicht sich selbst überlassen werden. Die Pflege artenreicher Pflanzengesellschaften erfordert eingehende Kenntnisse über ihre Entwicklung und Vergesellschaftung. Durch gezielte Eingriffe lassen sich Gewässer mit einer neuen Natürlichkeit schaffen. Ein ökologisches System aufzubauen, hängt in hohem Maße von der Pflanzenauswahl ab. In nährstoffärmeren flachen Seen kann zusammen mit der Zwergseerose *(Nymphaea alba* var. *minor)* das Schwimmende Laichkraut *(Potamogeton natans)* angesiedelt werden. Die Ufer dieses kalkreichen, jedoch stickstoff- und phosphorarmen Gewässers werden vom Froschlöffel *(Alisma plantago-aquatica)*, dem Straußgelbweiderich *(Lysimachia thyrsiflora)*, dem Zungenhahnenfuß *(Ranunculus lingua)* und dem Pfeilkraut *(Sagittaria sagittifolia)* gesäumt. Die Gelbe Teichrose *(Nuphar lutea)* findet sich in ammoniumarmer Gesellschaft der Bachbunge *(Veronica beccabunga)*. *Hottonia palustris* (Wasserfeder) und *Cicuta virosa* (Wasserschierling) lieben die kohlendioxidreichen, stickstoff- und phosphorarmen Gewässer ohne überhöhte pH-Werte.

Alkalische Gewässer
Alisma plantago-aquatica, Alismataceae (Froschlöffelgewächse)
Froschlöffel
Staude mit knolliger Grundachse.
Unterste Blätter langflutend, lineal,
die übrigen eiförmig bis lanzettlich,
zugespitzt.
20 bis 90 cm hoch
Giftig!

Blüten auf langen, schlanken Stielen, weiß oder rötlich. VI–VIII, Schwebfliegen.

Der Froschlöffel ist ein unverwüstlicher Teichbewohner. In einem humosen Bodengrund entwickelt er sich zu einer mächtigen Pflanze. Um zierliche Pflanzen zu erzielen, sollte man sie nur in mesotrophen Gewässern verwenden. Der Froschlöffel ist im übrigen eine unverwüstliche Pflanze, die sich durch unterirdische Wurzelstöcke sehr stark ausbreitet und jeden schwachen Nachbarn unterdrückt. Ein guter Gesellschafter ist deshalb der Zungenhahnenfuß *(Ranunculus lingua)*, der in seinem Ausdehnungsdrang dem Froschlöffel in nichts nachsteht. Zur Uferbepflanzung und an Stellen, die mehr oder weniger tief vom Wasser überflutet werden, beträgt die geeignete Wassertiefe für die Anfangsentwicklung nach dem Auspflanzen 0 bis 20 cm.

Elodea canadensis, Hydrocharitaceae (Frochbißgewächse)
Wasserpest
Staude mit flutendem Stengel. Blätter
zu 3 in einem Quirl

Blüten zweihäusig oder zweigeschlechtig, aus einer zweilappigen Hülle hervorbrechend. Männliche Blüten in Europa nicht beobachtet. Weibliche Blüten mit fadenförmigem Halsteil die Oberfläche des Wassers erreichend, weißlich. V–VIII

Die Wasserpest ist ein vorzüglicher Sauerstoffspender. Jedes ins Wasser geworfene Stengelstück entwickelt sich zu einer neuen Pflanze. Wenn mehrere Triebe in den Bodengrund gesteckt werden, bildet sich ein dichter Unterwassergarten. Die Wasserpest erzeugt viel Sauerstoff und wirkt somit wasserreinigend. Für die Gesunderhaltung der Fische erfüllt *Elodea canadensis* für das Wasserleben eine biologisch wichtige Aufgabe. Sie beherbergt eine große Anzahl von Fischnährtieren. Durch eine Kalkung wird die Wasserpest zu starkem Wachstum angeregt. Gegen *E. canadensis* kommt man nur an, wenn die Pflanzen systematisch herausgefischt werden. Die Verbreitung erfolgt durch abgerissene Triebe und Knospen. Winterknospen werden höchst selten beobachtet. Die Pflanzen bleiben nicht selten den ganzen Winter grün.

Lysimachia thyrsiflora, Primulaceae (Primelgewächse)
Straußgelbweiderich
Staude mit unterirdischen Ausläufern
30 bis 65 cm hoch

Blüten 6zählig in stehenden Trauben, goldgelb. V–VII, Insektenbestäubung.

Man verwendet den Straußgelbweiderich in nicht zu tiefem Wasser. Vorzüglich geeignet sind feuchte Wiesen, Fluß- und Teichufer. Die Seichtwasserformen verhalten sich ähnlich wie die Landformen. Die Erneuerungsknospen am Ende der unterirdischen Ausläufer entwickeln sich außerordentlich stark. Sie können in kurzer Zeit benachbarte Pflanzen überwuchern.

Nymphaea alba var. *minor,* Nymphaeaceae (Seerosengewächse)
Zwergseerose
Schwimmblattpflanze mit Rhizom
Blüten weiß. VI–IX, Fliegen, Käfer, Bienen und Hummeln. Bei gutem Wetter sind die Blüten von 7.00 bis gegen 17.00 Uhr geöffnet.

Die Zwergseerosen sind die Favoriten mesotropher Gewässer. *Nymphaea alba* var. *minor* ist als Zwergform nur ½- bis ⅓ mal so groß wie *Nymphaea alba*. In künstlich hergestellten Stickstoffmangelkulturen erzielt man Kümmerformen. Ein zu nährstoffreicher Boden hat dagegen Normalformen zur Folge. Den Zwergseerosen genügt eine Wassertiefe von 10 bis 30 cm. Am häufigsten kommt ein mittlerer Wasserstand von 40 bis 80 cm in Frage. Sollte sich das Wachstum der Zwergseerosen stärker erweisen, dann bricht man auf dem Teichboden ganze Rhizomspitzen heraus.

Potamogeton natans, Potamogetonaceae (Laichkrautgewächse)
Schwimmendes Laichkraut
Staude mit lang kriechender Grundachse. Schwimmblätter ledrig, oval, untergetauchte Blätter binsenartig
Blütenähren, reichlich blühend. V–VIII, Windbestäubung.

Potamogeton natans läßt sich als Schwimmblattpflanze bereits bei einer Wassertiefe von 20 cm verwenden. In der Schwimmblattgesellschaft wird sie mit der Zwergseerose in mäßig tiefem, stehendem oder langsam fließendem Wasser vergesellschaftet. Auf humosen Schlammböden (Muddeböden) kommt das Schwimmende Laichkraut zusammen mit dem untergetauchten *Potamogeton praelongus* in 50 bis 300 cm Wassertiefe vor.

Potamogeton praelongus, Potamogetonaceae (Laichkrautgewächse)
Langblättriges Laichkraut
Staude, Blätter länglich-lanzettlich
Blütenähre. VI–VII, Windbestäubung.

Beim Langblättrigen Laichkraut ist es sehr auffallend, daß sein Laubwerk nicht von Algen befallen wird. In den sehr hellen, mesotrophen Gewässern bei 50 bis 300 cm Tiefe entwickeln sie so viel Sauerstoff, daß unter den Pflanzen und Tieren keine Ausfälle zu befürchten sind.

Ranunculus lingua, Ranunculaceae (Hahnenfußgewächse)
Zungenhahnenfuß
Staude, bis 80 cm lange Ausläufer treibend
60 bis 120 cm hoch
Giftig!
Blüten goldgelb. Nektar wird am Grunde der Kronblätter (»Honigblätter«) abgesondert. VI–VIII, Käfer, Fliegen und Bienen.

Ranunculus lingua läßt sich im Uferbereich bis in eine Wassertiefe von 30 cm verwenden. In den Straußgelbweiderich- und Froschlöffelbeständen werden die Pflanzen vor einer starken Ausbreitung zurückgehalten.

Ranunculus peltatus, Ranunculaceae (Hahnenfußgewächse)
Schildwasserhahnenfuß
Einjährig oder ausdauernd
Wasserform: aufrecht-spreizend, Blattform nierenförmig bis kreisrund
Landform: rasig
Blüten weiß. IV–VIII, Käfer, Fliegen, Bienen.

In neu angelegten mesotrophen Gewässern läßt sich die Land- und Wasserform von *Ranunculus peltatus* als Pionierpflanze ansiedeln. In den 50 cm tiefen Schwimmblattbeständen von *Potamogeton natans* und *Nymphaea alba* var. *minor* gleicht *Ranunculus peltatus* unter geringen Lichtverhältnissen, niederen Temperaturen und Nährstoffmangel *Ranunculus aquatilis*. Die Landform, die sich rasig vom Rande der Gewässer ausbreitet, wird später durch die Rhizomsumpfpflanzen *Ranunculus lingua*, *Lysimachia thyrsiflora* und *Alisma plantago-aquatica* überwachsen.

Sagittaria sagittifolia, Alismataceae (Froschlöffelgewächse)
Pfeilkraut
Staude mit grundständigen Blättern, länglich oder lanzettlich, bis 10 cm lange Pfeillappen. Die unteren flutend, riemenförmig
20 bis 100 cm hoch

Blüten eingeschlechtlich, die unteren weiblich, die oberen männlich. Weiß, am Grunde mit purpurrotem Fleck.
VI–VIII, Insektenbestäubung.

Die Blattformen der Pfeilkräuter bringen einen ganz besonderen Akzent in die mesotrophen Gewässer. Die Pflanzen überwintern mit ihren walnußgroßen Knollen, die sich im Herbst an der Spitze von Ausläufern bilden. Mit zunehmender Erwärmung des Wassers rühren sich im Frühjahr die unterirdischen Knollen. Sie treiben entweder wiederum Ausläufer oder sie schicken im Frühjahr ungezählte Blätter aus der Tiefe empor. Bei einer Wassertiefe von 20 bis 70 cm zeigen die Blätter wunderschöne Pfeilformen, wobei nicht übersehen werden darf, daß sie in eutrophierten Gewässern sehr breit und blattlausanfällig werden. Ihre Knollen läßt man im Winter im Bodengrund stecken. Wenn sie im Herbst herausgenommen werden, überwintert man sie kühl in einem leicht angefeuchteten Sand. Im zeitigen Frühjahr steckt man sie dann wieder in die Erde.

Neutrale Gewässer

Nuphar lutea, Nymphaeaceae (Seerosengewächse)
Gelbe Teichrose, Mummel
Staude, Schwimmblattpflanze mit langem und dickem Rhizom

Blüten gelb. VI–IX, Käfer und Fliegen, gelegentlich auch Bienen.

Die Gelbe Teichrose ist in eutrophen Gewässern von einer kaum zu bändigenden Wuchskraft. In der mesotrophen Schwimmblattgesellschaft kann ihr Wuchern nicht sehr lästig werden, und alle Teile der Pflanze bleiben klein. Die Wassertiefe kann bis zu drei Meter betragen. Neben den Schwimmblättern werden im Frühjahr und Herbst Unterwasserblätter entwickelt. Die untergetauchten Blätter sind noch im Winter zu beobachten. Das kraus gefaltete, hellgrüne Laub wird als »Salatblätter« bezeichnet. In sehr flachem Wasser fehlen häufig die untergetauchten Blätter und die Schwimmblätter werden hoch über den Wasserspiegel gehoben. Zwischen ihren Blatthorsten kommen die Blüten kaum zur Wirkung. Bei einer Wassertiefe von über 3 m, in schattigen Teichpartien und bei Temperaturen unter 10 °C bleibt die Bildung von Schwimmblättern aus.

Veronica beccabunga, Scrophulariaceae (Braunwurzgewächse)
Bachbunge, Quellenehrenpreis
Staude mit unterirdischen oder oberirdischen Ausläufern
20 bis 60 cm hoch

Floreszenz 15- bis 20blütig, sattblau bis dunkelviolett. V–IX, Insekten- und Selbstbestäubung.

In Verbindung mit der Gelben Teichrose läßt sich im Uferbereich eine hygrophile Pflanzengesellschaft darstellen. Die Bachbunge benötigt zu ihrem Fortkommen viel Bodenfeuchtigkeit, ohne jedoch eine Wasserpflanze zu sein. Der fleischige, runde

Stengel ist niederliegend, an den Knoten wurzelnd, dann aufsteigend und sich verzweigend. Als Kriechpionier dringt *Veronica beccabunga* bis in den Wasserbereich vor. Bei günstiger Witterung überwintert die Bachbunge und beginnt im Frühjahr zeitig auszutreiben. Vegetativ verbreitet sich *V. beccabunga* durch basale Achselsprosse. Die Samen gehen bei günstiger Witterung in einem Jahr aus den Blattachseln aus zwei bis drei Blühzonen hervor.

Die Bachbunge läßt sich im Frühjahr als Wildgemüse ähnlich wie die Brunnenkresse oder Kopfsalat und gemischt mit anderen Salaten verwenden. In der Volksmedizin findet die Bachbunge als harntreibendes und abführendes Mittel, zur Anregung des Stoffwechsels und der Leberfunktion Verwendung.

Saure Gewässer

Cicuta virosa, Apiaceae (Doldengewächse)
Wasserschierling
Staude mit knollenartig verdicktem Stengelgrund, mit sellerieartig riechendem und petersilienartig schmeckendem Kraut
60 bis 130 cm hoch
Giftpflanze!

Blütendöldchen weiß. VII–IX, Fliegen, Grabwespen und Hummeln.

Meist im Wasser stehend, läßt sich *Cicuta virosa* bis 1,5 m Wassertiefe untergetaucht als submerse Form verwenden. Ohne Verankerung im Untergrund schwimmend, gibt ihr der knollenartig verdickte Wurzelstock, der von zahlreichen übereinanderliegenden Luftkammern durchzogen ist, den nötigen Auftrieb. Die Uferbereiche lassen sich in den Verlandungszonen mit einem riesigen Saum von *Cicuta*-Pflanzen einfassen.

Für Menschen und Tiere sind die Wurzeln und das Kraut des Wasserschierlings ein tödliches Gift. Wird leicht mit der Pastinakwurzel, der Petersilie, dem Gartenkerbel, der Möhre und der Engelwurz verwechselt. Die giftigen Inhaltsstoffe Cicutoxin und Cicutol verursachen ein Brennen im Mund und Rachen, Übelkeit, Somnolenz, Krämpfe und Atemstörungen. Vorsicht ist dringend geboten!

Hottonia palustris, Primulaceae (Primelgewächse)
Wasserfeder
Staude, Hauptachse meist im Wasser untergetaucht und am Grunde verzweigt. Blätter kammförmig-fiederteilig, in Rosetten.
15 bis 30 cm hoch

Über dem Wasser 3- bis 6blütige Quirle, weiß oder rötlich mit gelbem Schlund. V–VI, Fliegen, Bienen und Falter

Die Wasserfeder gehört zu unseren schönsten Teichbewohnern. Wenn sie im Mai–Juni ihre rötlichen Blütenquirlen über die Wasserfläche hebt, erinnert sie uns an so manche Etagenprimel. Durch eine enge Pflanzung lassen sich ganze Wassergärten gestalten. Wo Hottonien Verwendung finden, darf nicht zu viel hantiert werden. Bei jeder unzarten Berührung brechen die spröden Blätter ab und die Stengel knicken um. In feuchtem bis nassem Boden, der auch zeitweise überflutet, bildet die Wasserfeder einen dunkelgrünen, weichen Rasen. In der Verlandungszone mit 10 cm bis in 50 cm tiefem Wasser wurzeln sie im Untergrund. In tieferem Wasser bilden sie 50 bis 150 cm lange Triebe, die nur noch selten zur Blüte gelangen. Im Herbst stirbt die blühende Hauptachse ab, die Seitensprosse sinken zu Boden, bewurzeln sich und überwintern.

Tiere

In den mesotrophen Gewässern lassen sich neue Lebensräume für Pflanzen und Tiere schaffen. Im Vordergrund steht der Natur- und Biotopschutz. In den Teichen besteht eine enge Beziehung zwischen dem Nährstoffgehalt des Wassers, den Temperaturverhältnissen und den Fisch-, Amphibien- und Vogelpopulationen. Die Tiergemeinschaft eines mesotrophen Lebensbereiches ist wesentlich artenreicher als die der Pflanzengruppen. Wenn die Bodenwanne durch eine Unterwasserflora hinreichend mit Sauerstoff versorgt ist, lassen sich auch Fische einsetzen. Die Früchte der Seerosen und der Gelben Teichrose werden von pflanzenfressenden Fischen als Nahrung aufgenommen. Nach dem Passieren des Verdauungskanals tragen die unversehrten Samen zur Verbreitung der Arten bei. Die schwimmfähigen Früchte der Laichkräuter, vieler Hahnenfußarten, der Bachbunge, des Wasserschierlings und der Wasserfeder bleiben leicht im Gefieder von Vögeln hängen. Die Samen werden so über größere Entfernungen transportiert und verbreitet.

Die Stockenten nehmen gar nicht so ungern unsere Nesthilfe an. Aufgehängt oder auf Pfählen befestigt, lassen sich direkt über dem Wasserspiegel mit dürrem Gras gepolsterte Röhren oder röhrenförmige Körbe anbringen. Wenige Tiere genügen jedoch, um ein Feuchtbiotop von Fisch-, Frosch-, Kröten und Unkenlaich zu leeren. Die Knollen des Pfeilkrautes werden von den Stockenten »gründelnd« an die Wasseroberfläche geholt. Das heißt, sie weiden den Boden ab und rotten ganze Pfeilkrautbestände aus.

In Wassernähe stellt sich in naturbelassenen, weitgehend ungestörten Grundstükken die sehr scheue Ringelnatter ein. Diese ungiftige, unter Naturschutz stehende Schlange schwimmt und taucht gut und ernährt sich vorwiegend von Lurchen und Fischen. Als Krötentümpel bieten sich flache Gewässer von der Größe von 5 bis 10 m^2 an. Die Kreuzkröte laicht nur in flachen, möglichst bewuchsfreien Teichen. Sie meidet beschattete Gewässer die tiefer als 15 cm sind. Für die Ansprüche der Kreuzkröte müssen sie jedes Jahr »ausrasiert« werden.

Damit die Frösche nicht gefährdet sind, müssen ihnen sehr tiefe Gewässer angeboten werden. Für eine frostfreie Überwinterung sind Wassertiefen von mindestens 1 Meter erforderlich. Im Schlammgrund stehender Gewässer verbringt der Grasfrosch die kalte Jahreszeit. Als erster aller einheimischen Lurche beginnt er von Ende Februar bis Anfang März zu laichen. Dazu sucht er oft aus mehreren hundert Meter Entfernung seichte Uferbereiche auf. Die Rufe der Männchen sind nur ein mittellautes knurrendes Grunzen. Bald liegen zwischen den vorjährigen Pflanzenstengeln die großen, einige tausend Eier enthaltenden, gallertartigen Laichklumpen. Nach der Paarung und Laichablage wandert er weg vom Wasser in feuchte Wiesen und Wälder ab.

Der Wasserfrosch (Teichfrosch, Grüner Wasserfrosch) ist in seiner Färbung variabel graugrün bis bräunlich mit dunklen Flecken. In wasserpflanzenreichen Teichen und Tümpeln hat er eine besondere Vorliebe für das Schwimmende Laichkraut. In den *Potamogeton natans*-Beständen macht sich das Froschmännchen zur Paarungszeit – Ende Mai oder im Juni – durch lautes und ausdauerndes Quaken bemerkbar. Erst viel später als andere Lurche erwacht er im Schlamm aus seiner Winterruhe und wandert ins angewärmte Wasser.

Die Erdkröte sucht nur zur Laichzeit, in der zweiten Märzhälfte, Tümpel und kleinere seichte Teiche auf. Die Krötenweibchen legen die Eier in bis zu 5 m langen, gallertartigen Schnüren ab. Ihre Kaulquappen sind tiefschwarz. Die kleinen Kröten verlassen im Frühsommer das Wasser. Sie gehen vor allem bei Nacht auf Insektenjagd, vertilgen Schnecken und Würmer. Steht unter Naturschutz.

Die Gelbbauch-Unke lebt fast ständig im Wasser. Meist ragt nur der Kopf aus dem Wasser heraus. Die Männchen lassen ihre Rufe fast den ganzen Sommer, vor allem gegen Abend und nach Regenfällen hören. Diese Lurche besiedeln noch kleinste Gewässer. Bei drohender Gefahr finden sie sicheren Schutz zwischen den Wasserpflanzen und im Schlammgrund. In einem Gartenteich mit Unken sollte man keine Fische halten. Unken sondern aus den Hautdrüsen ein abschreckendes, stark schleimhautreizendes Sekret ab, das von anderen Tieren schlecht vertragen wird.

Oligotrophe Gewässer

Nährstoff- und humusarme Gewässer, die nur eine relativ geringe Produktivität aufweisen, haben in der Regel ein tiefes Becken und eine schmale Uferbank. Wo immer möglich, können für das Gefärbte Laichkraut *(Potamogeton coloratus)* und den Zwergigelkolben *(Sparganium minimum)* im kalkreichen, für die kleine Teichrose *(Nuphar pumila)* im kalkarmen Wasser, kleinflächige Ausgleichsräume geschaffen werden. An der geringen Primärproduktion sind in einem See mit hartem Wasser ganz unterschiedliche Algenarten beteiligt. Die oligotrophen Gewässer erzeugen nur wenig organische Substanz. Wenn mit den Zuflüssen Stickstoff- und Phosphorverbindungen ins Wasser gelangen, entwickelt sich ein nährstoffarmes Gewässer zu einem eutrophen See. Die Pflanzenproduktion wird dabei so gesteigert, daß die Ufer sichtlich verlanden. Kalkreiche Gewässer bleiben selbst bei beständiger Phosphatzufuhr lange Zeit oligotroph. Phosphor wird in Gegenwart von Calciumcarbonat als Tricalciumphosphat gebunden, das nur in Spuren von Pflanzen aufgenommen werden kann. Hingegen sind die nährstoffarmen Seen bis in größere Tiefen sauerstoffreich. Sie erlauben den Fischen ein nicht so reiches, dafür ausgeglichenes Nahrungsangebot. Im Vergleich zu den schmutziggrauen eutrophen Gewässern ist bei der blau bis grünlichen Wasserfarbe der oligotroph-kalkreichen und bei der grünlich bis bräunlichen Wasserfarbe der oliogotroph-kalkarmen Seen die Sichttiefe sehr groß.

Alkalische Gewässer
Potamogeton coloratus, Potamogetonaceae (Laichkrautgewächse)
Gefärbtes Laichkraut Blütenähren. VI–IX, Windbestäubung.
Staude. Schwimmblätter eiförmig,
durchscheinend rötlich gefärbt,
untergetauchte Blätter lanzettlich,
rötlich
Für den Bestand von Wasserbiotopen besitzt das Gefärbte Laichkraut überregionale Bedeutung. Die Ausbreitung in basenreichen, oligotrophen Gewässern von 20 bis 300 cm Tiefe ist ungeheuer groß. Sie drückt ihre Kampfkraft als Neubesiedler aus.
Sparganium minimum, Sparganiaceae (Igelkolbengewächse)
Zwergigelkolben Blütenstand unverzweigt. Fruchtköpf-
Staude mit kriechendem Wurzelstock. chen kurz geschnäbelt. VI–VIII, Wind-
Stengel und Blätter meist flutend und Selbstbestäubung.
In die relativ nährstoffarmen, aber sauerstoffreichen oligotrophen Gewässer pflanzt man in 20 bis 120 cm Tiefe den Zwergigelkolben. Obleich *Sparganium mimimum* im Freiland vorzüglich gedeiht, findet man ihn nur vereinzelt in unseren Wassergärten. Die ziemlich schmucklosen, kugeligen Blütenköpfe und stacheligen Fruchtkugeln finden das Gastrecht in basenreichen Gewässern.

Saure Gewässer
Nuphar pumila, Nymphaeaceae (Seerosengewächse)
Kleine Teichrose   Blüte gelb, kleiner und nicht so leuch-
Schwimmblattpflanze   tend wie von *Nuphar lutea.* VI - IX,
                                                Kleine Käfer und Fliegen.
Die Kleine Teichrose braucht die Konkurrenz der Seerosen nicht zu fürchten. Ihre dunkelolivgrünen Blätter und goldgelben Blüten sind von unvergleichlicher Schönheit. Der Pflanze genügt ein geringer Wasserstand. *Nuphar pumila* bildet bei einer Tiefe von 50 bis 150 cm Schwimmblätter und Blüten. Bei einem zu geringen Wasserstand besteht die Gefahr, daß ihre herzförmigen Blätter über den Wasserspiegel emporgehoben werden. *N. pumila,* die bei einer Wassertiefe von 150 bis 350 cm wurzelt, bringt meist keine Schwimmblätter hervor. Dafür entstehen im April Wasserblätter, die bis weit in den Winter erhalten bleiben.

Tiere
Die kalkarmen, oligotrophen Seen enthalten so wenig Calcium-Ionen, daß Mollusken weitgehend fehlen. Schleie und Hecht setzen gern ihren Laich an den Unterwasserblättern der Kleinen Teichrose *(Nuphar pumila)* ab. Ein zu hoher Fischbesatz kann die Ursache für einen zu hohen Nährstoffgehalt sein. Die Exkremente der Fische haben zur Folge, daß die Gewässer eutrophieren. Der Besatz darf einen mittelgroßen Fisch je 100 Liter nicht überschreiten. Zwischen den Unterwasserblättern des Gefärbten Laichkrautes *(Potamogeton coloratus)* finden in einem kalkreichen, oligotrophen See Fische wie der Felchen, die Seeforelle, die Äsche, der Saibling und die Quappe optimale Lebensbedingungen.

Dystrophe Gewässer (Moorseen)

Im Zentrum einer moorigen Umgebung lassen sich in einem tiefen oder flachen Becken Braunwasserseen anlegen. In den Torfstichen und Moorgräben bilden sich Wasseransammlungen mit dystrophem Charakter. An ihren Ufern wird eine Flach- oder Hochmoorvegetation angesiedelt. Die dystrophen Braunwasserseen in mooriger Umgebung sind arm an Nährstoffen, jedoch reich an gelösten Humusstoffen. Aus dem eingebrachten Laubmulm und den umgebenden Torfschichten werden saure Humusstoffe eingeschwemmt. Sie färben das Wasser gelblich bis tiefbraun und verlehen den Braunwässern Säurewerte unter pH 5.

Saure Gewässer
Nymphaea candida, Nymphaeaceae (Seerosengewächse)
Kleine Seerose, Glänzende Seerose   Blüte weiß, nur halb geöffnet. VII – IX,
Schwimmblattpflanze   Insektenbestäubung.
Dystrophe, braune Humusgewässer mit einem geringen Kalk- und hohen Humusgehalt ermöglichen nur eine geringe Pflanzenproduktion. Entscheidend für den Erfolg der Neuanpflanzung ist *Nymphaea candida.* Sie besitzt einen hohen Biotopwert. Sie ist ähnlich der *N. alba,* aber kleiner. In den anmoorigen und moorigen Schlammböden kommt sie bis in 150 cm Wassertiefe vor. Bei einem höheren Wasserstand werden keine Schwimmblätter mehr ausgebildet.

Tiere
Nach der Schaffung von Ruhebereichen und Rückzugsflächen ist nach Möglichkeit für eine entsprechende Fauna zu sorgen. Die Moorseen werden mit Fischen besetzt, Lurche und Libellen stellen sich von selbst ein, ebenso viele Vogel- und Schmetterlingsarten. In stehenden Gewässern mit schlammigem und torfigem Boden leben die Schleie und der Schlammpeitzger. Ihre Nahrung besteht hauptsächlich aus wirbellosen Tieren. Die Schleie ernährt sich auch von Pflanzen und Abfallstoffen. Im Winter und bei Wassermangel vergräbt sich der Schlammpeitzger im Schlamm. Die seerosenreichen Moorseen lassen sich auch mit dem Hecht besetzen. Als Grundlage für die Ernährung der reichhaltigen Tierwelt dienen Jungfische, Insekten und Pflanzenteile.

Teichrandbewohner

Abgrabungsflächen, die sich mit Wasser füllen, können durch eine Teichrandbepflanzung harmonisch in die Landschaft eingebunden werden. Bei der Rekultivierung von abgebauten Sand-, Kies- oder Lehmgruben lassen sich mit Pflanzen des Teichrandes naturnahe Ökosysteme gestalten. Der Lebendverbauung der Ufer mit Stauden wird besondere Rechnung getragen. Es wäre wünschenswert, wenn an geeigneten Gewässerrändern auch Anpflanzungen mit Gehölzen vorgenommen werden. Wasserbeschattende Erlen, Eschen oder Weiden können zur Eindämmung von üppigem Krautwachstum beitragen. Die Purpurweiden *(Salix purpurea)* bieten den Tieren Deckung. Durch ihren sehr hohen Salizyl- und Gerbstoffgehalt ist die Purpurweide wenig verbißgefährdet. Wenn das *Salix*-Gebüsch genügend dicht, hoch und breit ist, hält es unerwünschte Besucher vom Durchklettern ab. Die rhizombildende Sumpfbinse, das Schilfrohr, Laxmanns Rohrkolben, die Lanzettblättrige Aster, die Weidenaster, die Kleinblütige Aster und der Uferwolfstrapp breiten sich mit Hilfe von Ausläufern aus. Der Boden wird von diesen Kriechwurzelpionieren befestigt. Ihre Halme und Stengel können die Ufer sehr wirksam gegen den Wellenschlag schützen. In den dichten Beständen werden durch Sedimentation Schwebstoffe festgehalten.

In stark eutrophen Gewässern ist das Schilfrohr *(Phragmites australis)* dem Laxmanns Rohrkolben und der Sumpfbinse unterlegen. Durch Stickstoffüberschuß wird *Phragmites australis* zunächst im Wachstum zurückgehalten. Erst im zweiten Jahr beginnen die Halme des Schilfrohrs an nährstoffbelasteten Standorten bis in eine Höhe von 4 m auszuwachsen. Die Eutrophierung führt jedoch nur zunächst zu einer größeren Pflanzendichte mit dickeren und höheren Halmen. Da aber die Zerreiß- und Bruchfestigkeit durch erhöhte Stickstoff- und Phosphor-Gaben verringert wird, knicken die *Phragmites*-Halme gerne ab, und der Bestand wird so dezimiert. Das Luftgewebe beginnt sich mit Wasser zu füllen. Dadurch wird die Sauerstoffversorgung der Wurzeln und Rhizome unterbunden, sie sterben ab und gehen in Fäulnis über. Randständige, geknickte Halme werden in eutrophierten Gewässern durch das Gewicht von Algenmatten ins Wasser gezogen. Tote Halme des Schilfrohrs, einschließlich der Begleitflora, werden im Winter durch Abmähen entfernt. Dadurch bestockt sich *Phragmites australis* und bringt widerstandsfähige, dichte Bestände hervor.

Alkalische Böden

Butomus umbellatus, Butomaceae (Blumenbinsengewächse)
Schwanenblume
Staude mit grundständigen Blättern, lineal, unten dreikantig, selten flutend
50 bis 150 cm hoch

Blütenstand doldig, rötlich-weiß,
dunkler geadert. VI–VIII, Insekten-
oder Selbstbestäubung.

Die Schwanenblume verträgt jede Wassertiefe. Wenn auf Blüten Wert gelegt wird, darf der Wasserstand 20 bis 30 cm nicht übersteigen. In tieferem Wasser lebt sie untergetaucht und bildet keine Blüten. Im Schmuck der großen Blütendolden ist sie in der Sumpfpflanzengesellschaft eine recht auffallende Erscheinung, die sich in basen- und nährstoffreichen Gewässern verwenden läßt.

Ihr Wurzelstock wird in Asien geröstet gegessen. Aus den Blättern und Stengeln wurden Körbe und Matten geflochten.

Eleocharis palustris, Cyperaceae (Sauergräser)
Sumpfbinse
Staude mit langem, unterirdisch-krie-
chendem Wurzelstock
15 bis 50 cm hoch

Ährchen länglich eiförmig bis lanzettlich, 20- bis 70blütig. V–VIII,
Windbestäubung.

Die Sumpfbinse fühlt sich in der Verlandungsgesellschaft, im Röhricht und am Ufer recht wohl. Am üppigsten entwickelt sie sich, wenn ihre Wurzeln in Schlickböden von 0 bis 20 cm tiefem Wasser stehen. Als Wurzelkriech-Pionier zeigt *Eleocharis palustris* einen starken Ausdehnungsdrang. Sie überwuchert bald die ganze Fläche und nistet sich in den Röhricht-Beständen ein.

Phragmites australis, Poaceae (Süßgräser)
(P. communis)
Schilfrohr
Staude mit unterirdischen Ausläufern
und steif aufrechten Halmen
1 bis 4 m hoch

Blütenrispe 20 bis 40 cm lang, dunkel-
bräunlichviolett. VII–IX, Windblütler.

Das Schilfrohr teilt mit vielen Sumpf- und Wassergräsern seine Vorliebe für feuchte Ufer. Als Wurzelkriech- und Verlandungs-Pionier dringt *Phragmites australis* bis in 1 m tiefes Wasser vor. Bestandsbildend ist er als Windschutzpflanzung zu empfehlen. In Gewässern, die auf der nordwestlichen, nördlichen oder östlichen Seite von hohem Schilfrohr umgeben sind, blühen die Seerosen auf dem windgeschützten Wasser bedeutend länger und reicher. Bei starker Luftbewegung werden die drehbaren Blattflächen je nach der Windrichtung verschoben und alle Blätter stehen nach einer Seite.

Schilfrohrstengel werden als Rabitzgeflechte, Esterpanplatten und Gewebe, Kunstplatten für Möbel und als Papierzellulose verwendet.

Schilfrohrreste dienen als Nährboden für die Anzucht verschiedener Mikroorganismen. Mit den Halmen des Schilfs werden heute noch in Nordwestdeutschland Dächer eingedeckt. In Nordamerika benützt man den schleimigen Saft der jungen Halme zur Linderung von Insektenstichen. Die Blätter und Rhizome wurden in der Volksheilkunde als harntreibendes und schweißtreibendes Mittel verwendet.

Salix purpurea, Salicaceae (Weidengewächse)
Purpurweide
Strauch, selten baumartig,
schmalblättrig, obere Blätter rot
überlaufen
2 bis 6 m hoch

Kätzchen. IV–V, Insektenbestäubung.

Die Purpurweide hat ein recht langsames Wachstum. Als Bodenbefestiger gedeiht sie besonders gut auf humusreichen oder lehmigen Kies- und Sandböden. Die Pionierpflanze verträgt zeitweise Überschwemmungen und ist für den Lebendverbau von Böschungen im Wasser- und Trockenbereich geeignet.
Die äußerst elastischen Ruten werden bevorzugt in Weinbaugebieten verwendet. Als Bindeweide lassen sie sich knoten. Zum Korbflechten sind sie nicht so gut geeignet. Sie werden nicht geschält.

Typha laxmannii, Typhaceae (Rohrkolbengewächse)
Laxmanns Rohrkolben
Zierliche Sumpfstaude
Blütenstengel 80 bis 130 cm hoch
Weiblicher Kolbenabschnitt 3 bis 5 cm lang. Abstand zum männlichen Kolbenabschnitt 2 bis 4 cm. Männlicher Kolbenabschnitt 8 bis 10 cm lang. VI–VII, Windbestäubung.

Wo *Typha laxmannii* gepflanzt wird, sollte ihr Wachstum nicht durch versenkte Ton-, Beton- oder Metallbehälter eingedämmt werden. Im offenen Grund eines Teiches angesiedelt, bei 0 bis 20 cm Wassertiefe, reagiert Laxmanns Rohrkolben mit einem auffallend hohen Wuchs und reicher Kolbenbildung. In einem Pflanzgefäß verbraucht diese wuchernde Art besonders schnell die Erde, die Pflanze erreicht nur noch knapp einen halben Meter Höhe und setzt nach wenigen Jahren mit dem Blühen aus.

Neutrale Böden

Aster lanceolatus, Asteraceae (Korbblütler)
Lanzettblättrige Aster
Staude mit kriechendem Wurzelstock.
Ausläufer treibend
60 bis 120 cm hoch
Blütenköpfchen in einer endständigen lockeren Rispe. Randblüten weiblich, zungenförmig, blaßlila. Scheibenblüten zwittrig, gelb. VIII–X, Insektenbestäubung.

Nordamerikanische Pflanze, die seit dem 19. Jahrhundert zerstreut und verwildert in mitteleuropäischen Ufersäumen vorkommt. In den Weidengebüschen des Hochwasserbettes läßt sie sich leicht einbürgern.

Aster salignus, Asteraceae (Korbblütler)
Weidenaster
Staude mit kriechendem Wurzelstock.
Ausläufer treibend
80 bis 150 cm hoch
Blütenköpfchen in einer endständigen Rispe oder Traube. Randblüten weiblich, zungenförmig, zuerst weiß, dann bläulich oder blauviolett. Scheibenblüten zwittrig, gelb. VIII–X, Insektenbestäubung.

Auch die Weidenaster ist eine eingewanderte Zierpflanze aus Nordamerika. Seit dem 18. Jahrhundert ist sie in den heimischen Staudenfluren verwildert. Als Wurzelkriech-Pionier läßt sich *Aster salignus* an den Ufern zwischen dem Weidengebüsch ansiedeln.

Aster tradescantii, Asteraceae (Korbblütler)
Kleinblütige Aster
Staude mit kriechendem Wurzelstock
Ausläufer treibend
50 bis 100 cm hoch
Blütenköpfchen in einer lockeren Rispe. Randblüten weiblich, zungenförmig, weiß, beim Verblühen rötlich. Scheibenblüten zwittrig, gelb. VIII–XI, Insektenbestäubung.

Aster tradescantii ist ein Wurzelkriech-Pionier aus Nordamerika. Seit dem 19. Jahrhundert ist sie ziemlich häufig verwildert. Im Weidengebüsch läßt sich die Kleinblütige Aster auf feuchtem, zeitweise überflutetem, humos-sandigem oder humos-lehmigem Boden anpflanzen.

Borago officinalis, Boraginaceae (Rauhblattgewächse)

Borretsch	Blüten in zu Doldenrispen zusammengesetzten Wickeln, himmelblau, selten weiß. V–IX, Bienen- und Selbstbestäubung.
Einjährig	
20 bis 50 cm hoch	

Der Borretsch ist eine mediterrane Pflanze, die in W-, M- und O-Europa eingebürgert ist. Durch Selbstaussaat hat sich *Borago officinalis* als bodenvage, aber feuchtigkeits- und düngerliebende Pflanze an den Seeufern angesiedelt. Die schnelle Verbreitung der Samen beruht auf der Myrmekochorie. An den Nüßchen befindet sich ein sehr fettreiches Anhängsel, das von den Ameisen aufgesucht und zusammen mit dem Samen verschleppt wird. Der Borretsch gehört zu den gesündesten Küchenkräutern; die jungen Blätter geben den Salaten einen angenehmen, gurkenähnlichen Geschmack. Sie lassen sich auch als Gemüse, ähnlich wie Spinat, zubereiten. Die frischen Blätter verwendet man zum Einlegen von Gurken. Die Blüten wurden ehedem zum Blaufärben des Essigs verwendet. Der ausgepreßte Saft leistete gute Dienste gegen Seitenstechen. In der Homöopathie wird Borretsch-Tee als blutreinigendes, entzündungshemmendes Mittel mit leicht harntreibender Wirkung angewendet.

Lycopus europaeus, Lamiaceae (Lippenblütler)

Uferwolfstrapp	Kugelige, 1 cm breite Scheinquirle.
Staude mit über einen Meter langen Bodenausläufern	Blüten mit weißer Oberlippe und weißrot punktierter Unterlippe. VII–IX, Fliegenblume.
20 bis 60 cm hoch	

Die weitkriechenden Bodenausläufer des Uferwolfstrapp lösen sich frühzeitig von der Mutterpflanze. Sie dringen häufig in die Röhricht- und Seggenbestände vor, wachsen im nassen, zeitweise überschwemmten und nährstoffreichen Boden. Bei hohem Wasserstand bildet die normale Landform eine Standortmodifikation mit tief zerteilten Laubblättern, die nicht blüht.

Solidago graminifolia, Asteraceae (Korbblütler)

Grasblättrige Goldrute	Blütenköpfchen in zusammengesetzten Doldentrauben, goldgelb. VII–X, Insektenbestäubung.
Staude mit kriechendem Wurzelstock	
50 bis 80 cm hoch	

Die Grasblättrige Goldrute ist ein nordamerikanischer Wurzelkriech-Pionier, der in feuchten Lehm- oder Tonböden verwildert ist. In den Uferbereichen fühlt sich *Solidago graminifolia* sehr wohl. Am üppigsten entwickelt sich die Goldrute in einer nährstoffreichen Erde. Durch Wurzelsprossung zeigt sie einen starken Ausbreitungsdrang. Die Pflanzen überwuchern bald die ganze Fläche und bilden geschlossene Bestände.

Oben: In die birkendurchpflanzte bodensaure Heide lassen sich in einen geschlossenen Bestand der Bergwohlverleih *(Arnica montana)* mit der Buschnelke *(Dianthus seguieri)* einbringen.
Unten: Der tiefwurzelnde Wundklee *(Anthyllis vulneraria)* schließt im trockenen und ungedüngten Magerrasen den Boden auf und reichert ihn mit dem fehlenden Stickstoff an.

Gnaphalium uliginosum, Asteraceae (Korbblütler)
Sumpfruhrkraut
Einjährig
5 bis 15 cm hoch

Blütenköpfchen klein, Hüllblätter bräunlich, Blüten gelblich. Weibliche Randblüten, in der Mitte Zwitterblüten. VI–X, Insekten- und Selbstbestäubung.

Wo in kalkarmen Böden Uferpflanzen fehlen, kann mit *Gnaphalium uliginosum* ein Teil einer Sumpflandschaft nachgestaltet werden. Das Sumpfruhrkraut kommt auch mit basenreichen, neutralen oder mäßig sauren Lehm- und Tonböden zurecht. Mit der einjährigen Krötenbinse *(Juncus bufonis)* und dem Kleinen Wegerich *(Plantago intermedia)* teilt es die Vorliebe für feuchte Standorte. Bei der Bepflanzung von nassen, zeitweise überschwemmten Ufern kann man mit dem Sumpfruhrkraut, der Krötenbinse und dem Kleinen Wegerich einen Verlandungsgürtel anlegen.

Tiere

In den künstlich entstandenen Wasserflächen leben etliche Tierarten, wie Insekten, Muscheln, Frösche, Kröten, Unken, Fische und Säugetiere. In den Rhizomen von *Phragmites australis* leben die Larven des Rohr- oder Schilfkäfers. Durch Anbohren der lufterfüllten Hohlräume versorgen sich die Tiere mit Sauerstoff. An den Gewässerrändern lebt auf Sumpf- und Wasserpflanzen die Gemeine Bernsteinschnecke. Als Zwischenwirt des Saugwurms *Leucochloridium macrostomum* ist sie ein gefährlicher Vogelparasit. Unsere heimischen Schlammschnecken sind Allesesser, die sowohl tierische als auch pflanzliche Stoffe zu sich nehmen. Die bekannte Kleine Schlammschnecke ist Zwischenwirt des Großen Leberegels. Auch der Europäische Laubfrosch gehört zu den Bewohnern der Teichrand-Gesellschaft. Das Wohlbefinden von Hecht, Schleie, Rotfeder, Aland und Rapfen hängt vom Zustand des Röhrichtareals und der Schwimmblattzone ab.

An Bächen, Tümpeln und Teichen hält sich die schützenswerte Ringelnatter auf. Sie ist für den Menschen ungefährlich. Wegen ihres hohen Nahrungsbedarfs sind die Ringelnattern gezwungen, ein großes Areal zu durchstreifen. Große Tiere können ohne Mühe in einem Sommer kleine Feuchtbiotope leerfischen. Als gutem Schwimmer fallen ihnen Frösche, Kröten und Unken – bei Nahrungsmangel auch Wühlmäuse – leicht zum Opfer. Junge Ringelnattern verzehren dagegen Kaulquappen, Larven von Wassermolchen, Jungfrösche und kleine Fische. Bevorzugt legen die Weibchen in Komposthaufen ihre Eier ab. In unmittelbarer Wassernähe wählen sie als Winterquartiere neben dem Komposthaufen Felsspalten oder suchen den Mulm alter Baumstubben auf.

An und in den Teichen leben auch die Wasserspitzmäuse. In den Uferböschungen bauen sie ihre Nester mit Ein- und Ausgängen über und unter Wasser. Durch den Verzehr von Fisch- und Amphibienlaich, Kaulquappen, kleinen Vögeln und Säugern

---

Oben: Im Schneeheide-Alpenrosen-Gebüsch des Ökologischen Alpinums läßt sich die Schneeheide *(Erica herbacea)* zusammen mit der Christrose *(Helleborus niger)* und Bergkiefern *(Pinus mugo)* verwenden.
Unten: Säuerlingsflur eines Ökologischen Alpinums mit dem vorherrschenden Säuerling *(Oxyria digyna)* und dem Prachtsteinbrech *(Saxifraga cotyledon).*

können sie einigen Schaden anrichten. Sie ernähren sich auch von Egeln, Würmern, Schnecken, Spinnen, Wasserkäfern und ihren Larven, Libellen und Mücken.

In den ausgedehnten Rohrdickichten und bewaldeten Ufern fischreicher Gewässer sollte man dem einheimischen Fischotter Wohnmöglichkeiten geben. Sein selbstgegrabener Bau weist unter dem Wasserspiegel liegende Eingänge auf. Er ist ein hervorragender Schwimmer und Taucher. Auf seinen nächtlichen Streifzügen jagt er wasserbewohnende Wirbeltiere oder erbeutet Schermäuse und Bisamratten. Der weitgehend ausgerottete Fischotter steht unter Naturschutz. Die Jungpflanzen des Schilfs können von Bisamratten, Nutrias und Wasserratten geschädigt werden.

Im Schilf der geschwungenen Ufer bauen Wasservögel ihre Brutplätze. Zwischen Ried und Gräsern versteckt, nisten die Tauchenten, die sowohl tierische als auch pflanzliche Nahrung aufnehmen. Die auffallendste Tauchente unserer Gewässer ist die Tafelente. Sie geht ungern an Land, ernährt sich vorwiegend von den Knospen und Blättern der Wasserpflanzen und brütet in einem Bodennest. In den verschilften Laichplätzen für Amphibien und den Brutstätten für wassergebundene Insekten kann es zur Ansiedlung von Stock- und Krickenten kommen. Einen dichten Schilfgürtel als Lebensraum benötigen auch Brutvogelarten wie Haubentaucher, Wasserrallen, Zwergrohrdommeln, Rohrammern und Drosselrohrsänger, der Zwergtaucher, das Tüpfelsumpfhuhn, die Teich- und Bläßhühner, der Rohrsänger und das Blaukehlchen. Die Bläßhühner brechen im Frühjahr die unter der Wasseroberfläche liegenden Triebspitzen ab und nehmen sie als Nahrung auf. Ein Bruterfolg der Wasservögel ist nur in einem Röhrichtgürtel von 5 bis 20 m Breite zu erwarten. In einem kleinen Schilfgürtel von 2 m stellen sich nur Singvögel ein. In der Röhrichtzone sucht die Beutelmeise vom Schilf und den Rohrkolben Kerbtiere und Spinnen ab. Im Winter nimmt sie Samen und Früchte auf. Der Drosselrohrsänger sammelt auf der Wasseroberfläche die Larven von Libellen, des Kolbenwasserkäfers und des Gelbrandkäfers. Ein gewandter Mückenjäger ist der Teichrohrsänger. In den Randzonen von Sumpfgebieten lebt der Schilfrohrsänger und in ausgedehnten Großseggenwiesen der Seggenrohrsänger.

Flußufervegetation

Naturnahe Pflanzungen im Uferbereich setzen einige Wildstauden- und Gehölzkenntnisse voraus. Die heimischen und eingebürgerten Tier- und Pflanzenarten tragen dazu bei, daß die neu geschaffenen Wuchsorte rasch besiedelt werden. Mitunter übertreffen sie in ihren Wuchsleistungen bei weitem die Arten am natürlichen Standort. An den Ufern schnellfließender Gewässer sind derartige Schutzpflanzungen zu Bestandteilen unserer Landschaft geworden.

Alkalische Böden

Barbarea vulgaris, Brassicaceae (Kreuzblütler)

Echtes Barbarakraut	Langgestreckter Blütenstand, goldgelb.
Winterkresse	IV–VII, Insektenbestäubung.
Einjährig bis staudig	
30 bis 80 cm hoch	

Das Echte Barbarakraut fühlt sich an den Ufern, in den Bach- und Flußauen recht wohl. Am üppigsten entwickelt es sich, wenn seine Wurzeln in einem nährstoff- und basenreichen Sand- oder Lehmboden stehen. Als Pionierpflanze läßt sich *Barbarea vulgaris* auch in aufgelassenen Kiesgruben ansiedeln.

Das bitterlich, etwas kresseartig schmeckende Barbarakraut trägt seinen Namen nach den Blättern, die im Winter (Barbaratag 4. Dezember) als »Winterkresse« gegessen werden.
Das Kraut Herba Barbarea wurde früher als Wunderbalsam bei Magenleiden und zum Reinigen und Trocknen der Wunden gebraucht.

Chaerophyllum bulbosum, Apiaceae (Doldengewächse)
Kerbelrübe, Knollenkerbel,   Blütendolde mittelgroß, weiß. VI–VIII,
Rübenkerbel   Insektenbestäubung.
Zwei- bis dreijährig, gelegentlich auch
mehrjährig mit knollig verdickten,
kirschpflaumengroßen Wurzeln
80 bis 180 cm hoch

Die Kerbelrübe ist als Kulturrelikt auf ein Verwildern aus den Klöstergärten zurückzuführen. Die Ansiedlung der vorkultivierten Pflanzen kann durch Auslegen von kleineren Rübchen im Oktober erfolgen. Wer sie anpflanzen will, kann sie im Spülsaum von Flußufern, zwischen dem Weidengebüsch und an Gräben verwenden. Um wüchsige Pflanzen zu erhalten, muß *Chaerophyllum bulbosum* in einem nassen, nährstoff- und basenreichen humosen Boden stehen.

Die rüben- und knollenförmigen, 1,5 bis 10 cm langen und 2,5 bis 6 cm dicken Hypokotylknollen wurden früher wie Kartoffeln gegessen. Ihre nährstoffreichen Rübchen können im Frühsommer ausgegraben und gekaut werden. Das weiß bis gelbliche Fleisch hat eine süßliche, aromatische, an Kastanien erinnernde Würze. Eine Wurzelknolle hat verschiedene Geschmacksvarianten. Nach dem Frost geerntet schmecken sie wie Haselnüsse. Die sauber geschrubbten Kerbelrüben können wie Kartoffeln abgekocht oder in Butter geröstet werden. Als Beilage zu Gemüse oder in Frühjahrskräutersuppen lassen sie sich vielseitig verwenden.

Eupatorium cannabinum, Asteraceae (Korbblütler)
Wasserdost   Köpfchen 4- bis 6blütig in zusammen-
Staude mit knotigem Wurzelstock   gesetzten Doldentrauben, rötlich.
50 bis 150 cm hoch   VII–IX, Falter.

Die Schönheit von See- und Flußufern kommt erst durch eine gute Randbepflanzung zur Wirkung. In einer feuchten, nährstoff- und basenreichen Erde fühlt sich der Wasserdost recht wohl. Als Nitrifizierungs- und Feuchtezeiger sucht *Eupatorium cannabinum* mit seinen Wurzeln das kühle und sauerstoffreiche Wasser und einen nährstoffreichen Bodengrund.

Potamogeton lucens, Potamogetonaceae (Laichkrautgewächse)
Glänzendes Laichkraut   Blütenähre. VI–VIII, Windbestäubung.
Staude, untergetaucht, Blätter sehr
groß, lebhaft glänzend grün,
lanzettlich,
am Rande oft gewellt
Pflanze 3 bis 4 m lang

Das Glänzende Laichkraut läßt sich in langsam fließenden Flüssen, Teichen und Gräben in einer Wassertiefe von 50 bis 600 cm ansiedeln. Als Eutrophierungs-Zeiger liebt *Potamogeton lucens* basen- und nährstoffreiche Gewässer auf humosen Schlammböden.

Potamogeton pectinatus, Potamogetonaceae (Laichkrautgewächse)
Kammlaichkraut   Ährenstiel fadenförmig, Ähre locker.
Staude reich verästelt, Blätter   VI–VIII, Windbestäubung.
schmallineal, Pflanze bis 2 m lang

Das Kammlaichkraut läßt sich in langsam fließenden Gewässern bei einer Tiefe von 20 bis 350 cm verwenden. Als Eutrophierungs-Zeiger erträgt *Potamogeton pectinatus* basenreiches, stark verschmutztes Wasser auf humosen Schlammböden.

Salix alba, Salicaceae (Weidengewächse)
Silberweide Kätzchen. IV–V, Insektenbestäubung.
Baum 15 bis 20 m hoch
Blätter seidig behaart, unterseits später
blaugrün

Die Silberweide ist ein Baum der ufernahen Fluß- und Bachbereiche, die periodisch überschwemmt werden. Nährstoff- und basenreiche, meist kalkhaltig sandig-kiesige Lehmböden sind geeignete Standorte. Als Pioniergehölz kommt *Salix alba* mit ihrem dichten und feinen Wurzelwerk auch für Anschwemmungsgebiete in Betracht. Sie ist als häufigste Kopfweide und für Windschutzpflanzungen bekannt.

Die biegsamen Silberweiden-Zweige lassen sich für Faschinen und Flechtwerk verwenden.

Die Rinde zwei- bis dreijähriger Zweige wird wegen ihres Salicingehaltes abgeschält und rasch getrocknet. Als Teeaufguß wirkt sie gegen Rheuma, gegen Grippe und Darmkatarrh, Gicht und Blasenleiden und ist fiebersenkend. Ein Teelöffel Weidenrinde wird auf eine Tasse heißes Wasser gegeben.

Salix viminalis, Salicaceae (Weidengewächse)
Korbweide, Hanfweide Kätzchen. III–IV, Insektenbestäubung.
Strauch- oder baumartig,
schmalblättrig, Rand grob gewellt
2 bis 6 m hoch,
baumartig bis 10 m hoch

An den Fluß- und Bachufern lassen sich mit der Korbweide durch Lebendverbau die Gewässerränder sichern. Bevorzugte Standorte sind nährstoff- und basenreiche, vorwiegend lehmige oder sandig-kiesige Humusböden. Gegen eine periodische Überschwemmung ist *Salix viminalis* nicht empfindlich. Sie verträgt jedoch keine Staunässe.

Als Korbweiden werden die einjährigen Triebe für Flechtwerk und die dreijährigen Ruten für Faßreifen verwendet.

Saponaria ocymoides, Caryophyllaceae (Nelkengewächse)
Rotes Seifenkraut Blüten rot, selten weiß. Wohlriechend.
Kriechstaude IV–X, Schmetterlinge, Hummeln und
10 bis 30 cm hoch pollenfressende Fliegen.

Mit *Saponaria ocymoides* lassen sich die trockenwarmen, meist humusarmen und feinerdereichen Kalkgeröll- oder Kiesböden steiler Uferwände befestigen. Mit seinem weitausladenden Sproßsystem breitet sich das Seifenkraut über das Ufergeröll aus. Als Kriechtriebstaude mit biegsamen Sprossen und einer kräftigen Primärwurzel wirkt die Pflanze auf den bewegten Kiesböden wie eine Klammer.

Sisymbrium strictissimum, Brassicaceae (Kreuzblütler)
Steife Rauke Doldentraubig, Blüten lebhaft gelb.
Staude mit dickem, meerrettichartig VI–VII, Insektenbestäubung.
scharfem Wurzelstock
50 bis 100 cm hoch

Jeder feuchte Ufersaum läßt sich mit der Steifen Rauke begrünen. Vorzüglich geeignet ist sie auch zur Bepflanzung von Flußufergebüschen. Auf nährstoffreichen, kalkhaltigen, sandigen oder tiefgründigen Lehm- und Tonböden trägt sie zur Saumgesellschaft der Flußufer bei.

Neutrale Böden
Cyperus longus, Cyperaceae (Sauergräser)

Langes Zypergras
Staude mit weit kriechendem
Wurzelstock
50 bis 120 cm hoch

Blütenstand 6- bis 10strahlig, Ährchen in Gruppen zu 3 bis 12. V–X, Windbestäubung.

Das Lange Zypergras teilt mit vielen Sumpf- und Wassergräsern seine Vorliebe für feuchte Fluß- und Seeufer. Es läßt sich gut in der Röhrichtzone in dauernassem Boden bei 0 bis 20 cm Wassertiefe ansiedeln. Für die Kultur von *Cyperus longus* ist ein nährstoff- und humusreicher Sand- oder Tonboden unerläßlich.

Helianthus tuberosus, Asteraceae (Korbblütler)

Topinambur
Staude mit unterirdischen Ausläufern, die in kartoffelähnlichen Knollen enden
1,5 bis 3 m hoch

Randblüten steril, zungenförmig, dunkelgelb. Scheibenblüten zwittrig, schmutzig gelb. VIII–XI, Insektenbestäubung (Bienenweide).

Als Wurzelkriechpionier erhält die Topinambur an den Ufern stark eutropher Gewässer genügend Nährstoffe. Der nordamerikanische *Helianthus tuberosus* wurde als Futter-, Gemüse- und Zierpflanze kultiviert. Auf nährstoffreichen Sand- oder Lehmböden ist er in den Staudengesellschaften an Flußufern nicht selten verwildert. Die rundlichen, kartoffelähnlichen Sproßknollen lassen sich in die verschiedenartigsten Böden auslegen. Ihren relativ hohen Wasseransprüchen kommen die Uferbereiche entgegen. Sie ertragen mehrwöchige Überflutungen, die Blüten- und Knollenbildung erfolgt relativ spät, und die kälteresistenten Knollen können über Winter im Boden bleiben.

Die Topinambur ist eine nordamerikanische Kulturpflanze aus vorkolumbianischer Zeit. Die Wurzel besitzt an Ausläufern rundliche Knollen in der Größe kleiner bis mittlerer Kartoffeln. Die außen rötlichen, innen weißen Knollen schmecken gekocht artischockenartig und werden wie Kartoffeln gegessen. Roh erinnert ihr Geschmack an unreife Haselnüsse. Wichtigster Inhaltsstoff ist das Inulin. Bei manchen Stoffwechselkrankheiten wie bei leichter Diabetes ist es ein nicht belastendes Kohlehydrat. Knolle und Blätter lassen sich auch als Viehfutter verwenden. Das Kraut kann an Kaninchen verfüttert werden. In Wildäckern holt sich das Wild die Knollen als Nahrung aus dem Boden.

Hemerocallis fulva, Liliaceae (Liliengewächse)

Gelbrote Taglilie
Staude mit Ausläufern
Bis 1 m hoch

6- bis 12blütig, glockig-trichterförmig, blaß-rötlich, ziegelrot, geruchlos.
VII–VIII, Insektenbestäubung.

Am Wasser hat sich die Gelbrote Taglilie als Gartenflüchtling angesiedelt. An den Flüssen gedeiht sie in jedem feuchten Boden. Mit ihren mehreren Dezimeter langen Ausläufern bildet sie nicht selten größere Kolonien. Wenn *Hemerocallis fulva* vorzeitig abgemäht wird, kann sie nicht zur Blüte gelangen. Die Einzelblüten der Taglilien halten selten länger als einen Tag. Dafür öffnet sich eine Knospe nach der anderen. Gemeinsam mit *H. fulva* lassen sich am Wasser so dekorative Stauden wie *Cyperus longus,* die Topinambur oder der Schlitzblättrige Sonnenhut verwenden.

Levisticum officinale, Apiaceae (Doldengewächse)

Maggikraut, Liebstöckel
Blätter 1- bis 2fach gefiedert
Staude mit Sellerieduft
80 bis 200 cm hoch

Blütendolden, blaßgelb. VII–VIII, Bienen.

In S-Persien beheimatet. Aus alten Bauerngärten verwildert und an Schuttplätzen und an Ufern angesiedelt. Ein Wasserlauf läßt sich mit den mächtigen Liebstöckel-Horsten recht abwechslungsreich beleben. In Gruppen oder als Solitär gehört der Liebstöckel als kräftige, hochwüchsige Staude mit starkem »Maggiduft« zu den schönsten Uferpflanzen. In einem nährstoffreichen und tiefgründigen Boden erscheinen sie im Juli–August mit ihren blaßgelben Doldenblüten; dagegen sind sie hinsichtlich des Schatten- und Wurzeldruckes von Bäumen sehr anspruchslos.

Die Liebstöckel-Blätter sind ein Hauptbestandteil der »Maggiwürze«. Frisch oder getrocknet werden sie meist gekocht und zu Saucen und Suppen verwendet.

Die Liebstöckel-Wurzel wirkt wassertreibend. Zwei gestrichene Teelöffel zerschnittener Wurzel mit einer Tasse Wasser übergießen, zum Sieden erhitzen und gleich abseihen.

Rudbeckia laciniata, Asteraceae (Korbblütler)
Schlitzblättriger Sonnenhut   Scheibenblüten olivfarben, Randblüten
Staude   goldgelb mit herabhängender Zunge.
1 bis 3 m hoch   VII–X, Insektenbestäubung.

Der Schlitzblättrige Sonnenhut ist seit 1830 eine verwilderte Gartenpflanze, die sich massenhaft an den Flußufern eingebürgert hat. Wenn die Pflanze genügend Feuchtigkeit hat, einen tiefgründigen, nährstoffreichen Boden vorfindet, kann *Rudbeckia laciniata* als Wurzelkriech-Pionier in den Staudengesellschaften der Flußufer angesiedelt werden.

Sorbus aucuparia var. *edulis,* Rosaceae (Rosengewächse)
(S. a. var. *dulcis,* S. a. var. *moravica)*   Blüten in Doldenripsen, weiß. V–VI,
Mährische Eberesche, Edeleberesche,   Bienen. Früchte 1 cm dick.
Süße Eberesche
Baum
5 bis 15 m hoch

Die Mährische Eberesche ist in der Jugend auf durchlässigen, feuchten Standorten ein raschwüchsiger Baum. Für die schottrigen Ufer raschfließender Gewässer ist *Sorbus aucuparia* var. *edulis* sehr zu empfehlen. Dagegen kümmert sie an trockenen und humusarmen Standorten sowie auf schweren und nassen Kalkböden. Die süßsauren Früchte der Mährischen Eberesche haben ein angenehmes Aroma. Sie enthalten als die »Zitrone des Nordens« mehr Vitamin C als Orangen und Zitronen. Die Beeren sind genießbar und deshalb zur Marmeladen- und Geleeherstellung sehr geeignet. Sie lassen sich zu Fruchtmark und einem herben Süßmost und Wein verarbeiten. Der Fruchtaromalikör von *Sorbus aucuparia* var. *edulis* riecht und schmeckt dezent nach Ebereschen mit leicht bitterlicher Note. Der Mindestalkoholgehalt beträgt 30 Vol.-%.

Verbena officinalis, Verbenaceae (Eiskrautgewächse)
Eisenkraut   Blüten in Ähren, blaßlila, selten weiß.
Einjährig bis mehrjährig   VII–VIII, Echte Bienen, Tagfalter,
30 bis 75 cm hoch   Fliegen und Selbstbestäubung.

Verbena officinalis ist als Kulturbegleiter seit der jüngeren Steinzeit aus dem Mittelmeergebiet eingebürgert. Auf nährstoffreichen, humosen Sand-, Ton- oder Lehmböden läßt sich das Eisenkraut an Flußufern ansiedeln. *Verbena officinalis* ist sehr wärme- und stickstoffbedürftig, erträgt den Tritt und Schnitt. Bis 60 cm tief wurzelnd und deshalb besonders trockenresistent.

In der Mischung mit Zimt, Nelken, Vanille und bittern Mandeln ist das Kraut von *Verbena officinalis* ein Ersatz für chinesischen Tee. Gurken werden beim Einmachen durch Zusatz von Eisenkrautwurzeln schmackhafter.

Während der Blütezeit werden von Juni-Oktober die oberirdischen Teile des Eisenkrautes gesammelt. Chemisch lassen sich in *Verbena officinalis* Glykoside, ätherische Öle, Gerb- und Bitterstoffe nachweisen. In der Volksmedizin wird der Tee vom Eisenkraut gegen Kopfschmerzen und Keuchhusten, Nieren- und Leberleiden, Wasser- und Gelbsucht, Stein- und Grießleiden eingesetzt. Zwei gehäufte Teelöffel mit einer Tasse kochendem Wasser übergießen und 5 Minuten ziehen lassen. Kompost, der mit dem Kraut von *Verbena officinalis* geimpft wird, fördert den Rotteprozeß der abgestorbenen Pflanzenteile.

Saure Böden

Mimulus guttatus, Scrophulariaceae (Braunwurzgewächse)
Gelbe Gauklerblume, Gefleckte Gauklerblume
Staude mit ausläuferartig kriechenden Trieben
20 bis 50 cm hoch
Floreszenz locker traubig, vielblütig. Blumenkrone zweilippig, hell- bis dottergelb, meist spärlich rot gepunktet bis gefleckt. VI-IX, Bienen.

Mimulus moschatus, Scrophulariaceae (Braunwurzgewächse)
Moschus Gauklerblume
Staude mit dünnem, mitunter perlschnurartigem Rhizom. Blühende Triebe niederliegend
15 bis 25 cm lang
Spitze aufsteigend
Floreszenz locker traubig, wenigblütig, gelb, Schlund weit geöffnet. VI-IX, Bienen.

Mimulus guttatus und *M. moschatus* stammen aus dem westlichen Nordamerika. Als Gartenflüchtlinge haben sie sich in den Fluß- und Bachufer-Gesellschaften kühler und sauerstoffreicher Gewässer eingebürgert. Als Pionierpflanzen lassen sich die Gelbe und die Moschus Gauklerblume an zeitweilig flach überfluteten, nährstoffreichen Standorten ansiedeln. Sie bilden an feuchten Stellen der Flußufer eine dichte Bodendecke, die unerwünschte Konkurrenten niederhält. Am Grunde der blühenden Sprosse bildet *Mimulus guttatus* Achselknospen, die zu oberirdischen oder unterirdischen Ausläufern auswachsen und im nächsten Jahr blühen. Generativ vermehrt sich *Mimulus guttatus* aus Samen, die durch kleine Streuöffnungen des aufgeblasenen Kelchs vom Winde im Umkreis von einem Meter ausgeschüttet werden.

Saponaria officinalis, Caryophyllaceae (Nelkengewächse)
Seifenkraut
Staude mit unterirdischen Ausläufern
30 bis 70 cm hoch
Blüten weiß bis rosa. VI-IX, Nachtdufter, Abend- und Nachtschwärmer.

Das Seifenkraut ist in unseren Wildgärten ein hervorragender Flußbegleiter. Seine Ausläuferrhizome gehen auf eine rübenartige Primärwurzel zurück, die eine größere Zahl blühender und vegetativer Sprosse hervorbringt. Auf nährstoffreichen Stein-, Sand- oder Kiesböden sorgt *Saponaria officinalis* mit seinen Ausläuferrhizomen für eine starke vegetative Ausbreitung. Die Wurzelauszüge der glucosidartigen Saponine schäumen im Wasser ohne waschaktiv zu sein.

Das Seifenkraut und die Seifenwurzel sind auswurffördernd und gelegentlich auch in Hustenmitteln enthalten. Sie sind ferner Bestandteil von Blutreinigungstees und für Umschläge bei Hautleiden geeignet. Zubereitung: 1 gehäufter Teelöffel mit ¼ Liter Wasser kalt ansetzen und einige Stunden ziehen lassen. Ansatz zum Sieden erhitzen und auspressen.

Tiere

Das Anpflanzen von Ufergehölzen führt zum Zuwandern zahlreicher Insekten- und Vogelarten. Als Kopfweiden sind *Salix alba* und *S. viminalis* bekannte Vogelschutzgehölze. Sie bieten im Uferbereich von Flußgewässern in faulenden Baumstämmen für Stockenten, Gänsesäger, Hohltauben, Wiedehopf und Steinkauz gute Brutplätze. Zur Ansiedlung der Wasseramsel, die im stark strömenden Wasser nach Insekten und deren Larven taucht, sind stille Uferböschungen zum Bau ihrer Kugelnester erforderlich. Wegen ihrer frühen Blüte im März–April ist *Salix viminalis* als »Bienenweide« (Pollenspender) wichtig. Ihre Kätzchen werden im Frühjahr von vielen Nachtfaltern und tagsüber vom Zitronenfalter, C-Falter und dem Trauermantel beflogen. Die Blüten der Mährischen Eberesche sind eine gute Bienenweide. Ihre Früchte werden von zahlreichen Vögeln als Nahrung aufgenommen. Radnetzspinnen bauen in der Kraut- und Strauchschicht große Fangnetze und lauern auf ihre Beute. Eulenarten der Gattung *Mamestra* legen mit ihren langen Legeröhren die Eier in die Fruchtknoten des Seifenkrautes. Als Brutstätten dieser Schmetterlingsraupen trägt *Saponaria* zur Aktivität der Fauna bei.

Fliegende Insekten, die im Sprung erhascht werden, stehen bei den Bachforellen auf dem Speiseplan. In den verbauten Wasserläufen muß man für die Bachforellen künstliche Verstecke einbauen. Von regulierten Flußläufen werden Buchten oder Kolken abgetrennt. An diesen bevorzugten Laichplätzen für Fische wird der Laich nicht von Strömungen fortgetrieben. Der größte Teil der Süßwasserfische legt in solchen vegetationsreichen Stillzonen seinen Laich, der zum Schutz gegen Vertriftung klebrig ist, an Wasserpflanzen ab. Die wenig bewachsenen Flußbänke werden vom Flußregenpfeifer und der Flußseeschwalbe aufgesucht. Sie brüten auf weitgehend vegetationsfreien Uferstrecken oder kleinen Inseln mit Kies- und Sandbänken.

Bachbegleiter

Im feuchten Saum still dahinfließender Wassergräben fühlen sich etliche Stauden und Gehölze recht wohl. Ihre Wurzeln suchen im Bodengrund das kühle und sauerstoffreiche Wasser. Solange sich das Wasser ausreichend schnell bewegt und viel absorbierte Luft enthält, können die Bachbegleiter gut gedeihen. Regulierten Bachläufen kann man nach Abschluß der Arbeiten wieder einen Vegetationsmantel geben. Für die Artenzusammenstellung müssen die Bachbegleiter im Zusammenhang mit Vertretern angrenzender Gebiete gesehen werden. Ein gutes Beispiel sind die Lebensgemeinschaften von Stauden mit einem hohen Wasserverbrauch. Diese extremen Bereiche stellen ein Standortoptimum für den Sumpfstorchschnabel *(Geranium palustre)*, das Pfennigkraut *(Lysimachia nummularia)*, die Echte Brunnenkresse *(Nasturtium officinale)*, den Kalmus *(Acorus calamus)*, die Grünerle *(Alnus viridis)*, die Sumpfdotterblume *(Caltha palustris)*, den Sternblütigen Steinbrech *(Saxifraga stellaris)* oder die Bruchweide *(Salix fragilis)* dar. Hierdurch erklärt sich die verhältnismäßig schnelle Entwicklung und die gegenseitige Beeinflußung der Bachbegleiter. Infolge ihrer geringen Durchsetzungsfähigkeit werden der Gescheckte Eisenhut *(Aconitum variegatum)* bei einer Vergesellschaftung mit dem Sanddorn *(Hippophae rhamnoides)* durch die weithin kriechenden Wurzelausläufer verdrängt, oder der Große Wegerich *(Plantago major)* von den Rhizomen des Geflügelten Johanniskrautes *(Hypericum tetrapterum)* erstickt.

Alkalische Böden
Aconitum variegatum, Ranunculaceae (Hahnenfußgewächse)
Gescheckter Eisenhut, Blüten hell oder dunkel violett, selten
Bunter Eisenhut blau, weiß oder gescheckt. VII–IX,
Staude mit kugelig verdickter Wurzel Hummeln, kurzrüsselige Bienen treten
60 bis 150 cm hoch. als Nektardiebe auf.
Giftig!
Der Gescheckte Eisenhut bevorzugt basenreiche Lehm- und Tonböden. Er gedeiht jedoch auch in unmittelbarer Nähe von Bächen in neutralen bis leicht sauren Erden. Im nitratreichen Grünerlengebüsch und in nährstoffreichen Böden bildet *Aconitum variegatum* mehrere Ersatzknollen, aus denen sich vielstengelige Horste entwickeln.

Geranium palustre, Geraniaceae (Storchschnabelgewächse)
Sumpfstorchschnabel Blüten lebhaft violettlich-karminrot.
Staude VI–IX, Fliegen, Echte Bienen und
30 bis 80 cm hoch Weißlinge.
Im Saum von Bächen und Gräben läßt sich in den sickernassen Böden der Sumpfstorchschnabel mit dem Geschecketen Eisenhut *(Aconitum variegatum),* dem Wiesenalant *(Inula britannica)* und dem Pfennigkraut *(Lysimachia nummularia)* ansiedeln. Durch seine Schleuderverbreitung vermehrt sich *Geranium palustre* auf jedem wechselnassen, nährstoff- und kalkreichen Kies- und Tonboden generativ durch Sämlinge.

Hippophae rhamnoides, Elaeagnaceae (Ölweidengewächse)
Sanddorn Zweihäusig. Männliche Blüten sitzen an
Strauch oder kleiner Baum mit weithin den Triebenden in kugeligen Blüten-
kriechenden Wurzelausläufern ständen. Weibliche Blüten in ährenför-
3 bis 5 m hoch migen lockeren Trauben. IV, Pollen-
 übertragung durch Wind und pollensu-
 chende Insekten. Frucht eine orange-
 rote Scheinbeere.
Der Sanddorn ist ein kalkliebender Strauch, der im Bereich von Bächen empfindlich gegen schlechte Bodendurchlüftung ist. Durch die Entwicklung eines tiefgehenden Wurzelgeflechtes wächst er am besten auf humus- und feinerdearmen Kies- und Sandböden. Das Grundwasser muß erreichbar sein. Durch das weit ausstreichende Wurzelwerk und die starke Wurzelbrutbildung können aus einer einzigen Pflanze im Abstand von 30 bis 100 cm 10 bis 20 Stockausschläge hervorgehen. Frisch geschlagene Holzteile lassen sich als Faschinen zur Befestigung von Bach- und Flußdämmen verwenden. Selbst alte und dicke Stämme besitzen die Fähigkeit, sich wieder zu bewurzeln. Im Bereich von Bächen sind die Lavendelweide *(Salix elaeagnos)* und die Schwarzweide *(Salix nigricans)* typische Sanddornbegleiter. Sie dringen mit ihren Wurzeln in die Knöllchenzone von *H. rhamnoides* ein und zehren von ihrer Actinomycetensymbiose. Kommt auch im Pionier-Gebüsch praealpiner Flußschotter-Auen, in Kiefern-Trockenwald-Verlichtungen vor.

Die Früchte des Sanddorns sind wegen ihres hohen Anteils an Provitamin A (Zeaxanthin), Vitamin A, E und Vitamine der B-Gruppe von besonderem Wert. Bei der Verarbeitung der Früchte zu Säften verliert der rohe, nicht pasteurisierte Saft von Sanddornbeeren über Nacht den größten Teil seines Gehaltes an Vitamin C. Ungefilterter Saft hat einen hohen Fettgehalt von 2,2 bis 2,9 g/100 ml. Er enthält nur wenig Pektinstoffe. Mit entsprechenden Mengen Zucker lassen sich die sehr sauren Sanddornbeeren zu Süßmost, Marmelade und Gelee verarbeiten. Sanddornbeerenlikör hat einen Alkoholgehalt von 30 Vol.-% und mehr.

Inula britannica, Asteraceae (Korbblütler)
Wiesenalant
Staude mit unterirdischen Ausläufern
20 bis 60 cm hoch

Blütenköpfchen in einer lockeren Doldentraube. Randblüten zungenförmig, weiblich. Scheibenblüten zwittrig. Blüten goldgelb. VII–IX, Insektenbestäubung.

Am Ufer fühlt sich der Wiesenalant recht wohl. Am üppigsten entwickelt er sich, wenn seine Wurzeln im Wasser baden oder die Ufer zeitweilig überschwemmt sind. Durch Wurzelsprossung zeigt *Inula britannica* einen starken Ausdehnungsdrang. Sie kommt mit jeder nährstoff- und basenreichen, humosen, sandigen oder lehmigen Erde zurecht.

Lysimachia nummularia, Primulaceae (Primelgewächse)
Pfennigkraut
Staude, niederliegend, an den untersten Knoten wurzelnd.
Laubblätter kreisrundlich
Stengel 10 bis 50 cm lang

Blüten einzeln, blattachselständig, sattgelb. V–VII, Fliegen und Selbstbestäubung.

Das Pfennigkraut ist als Uferpflanze hervorragend geeignet. Seine niederliegenden Stengel überspinnen den Boden nach allen Seiten, sie legen sich über Steine, tauchen in den Bach und verbinden so das Land mit dem Wasser. Dabei bilden die waagerecht ausgebreiteten Blättchen eine dichte Bodendecke. An den Stengelknoten wurzelt das Pfennigkraut im Boden. Die Sprosse sterben von hintenher langsam ab. Seine Triebe sind so hart, daß sie jeden Tritt und den Schnitt von Rasenmäher, Sense und Sicheln ertragen.

Nasturtium officinale, Brassicaceae (Kreuzblütler)
Echte Brunnenkresse
Staude, Stengel am Grunde kriechend und wurzelnd
30 bis 90 cm lang

Blüten weiß. V–VIII, Honigbienen, Zweiflügler, Blütenkäfer und Selbstbestäubung.

Im Saum von Bächen, in Gräben und an Quellen liebt die Brunnenkresse ein frischkühles, sauerstoffreiches Wasser. *Nasturtium officinale* lebt im allgemeinen nur in einem nährstoffreichen, jedoch nicht verschmutzten, vornehmlich schnellfließenden Wasser. Sonnige Standorte werden bevorzugt. Die Staude wurzelt in jedem Kies-, Sand- oder gleyartigen Schlammboden. Ihre Nahrung bezieht die Brunnenkresse nicht nur über die Wurzeln, sondern auch direkt aus dem Wasser. Im offenen Fließwasser kann sie dabei in der Form *submersa* bis in 1 m Tiefe angesiedelt werden. Im Uferbereich läßt sich *N. officinale* mit dem Aufrechten Merk *(Sium erectum),* die Wasserform mit dem Flutenden Hahnenfuß *(Ranunculus fluitans)* vergesellschaften.

Die wilden Brunnenkresseformen haben einen ausgeprägt pikanten Geschmack. Das rettichartige, beißende Aroma wird durch ätherische Öle und Schwefelverbindungen verursacht. Die Brunnenkresse enthält auch Jod und einen beachtlichen Gehalt an Vitamin A, C, D und E. Die Erntezeit der Brunnenkresse erstreckt sich von Oktober–Mai. Während der Blütezeit schmecken die Blätter ziemlich scharf. Geerntet werden die Spitzen der Pflanzen mit 6 bis 8 cm Länge. Die Blättchen und Stengel werden bevorzugt zu delikaten Rohsalaten und als Beigabe zu Gemüsen verwendet.

Potamogeton crispus, Potamogetonaceae (Laichkrautgewächse)
Krauses Laichkraut
Staude, untergetaucht, Blätter lanzett-

Blütenähren. VI–VIII, Windbestäubung.

lich bis lineal-lanzettlich,
wellig krausig.
Ende der Zweige oft knollig angeschwollen (Winterknospen)
30 bis 200 cm lang

Zur Bepflanzung von Bachläufen ist das Krause Laichkraut vorzüglich geeignet. In basen- und nährstoffreichen Gewässern, die mäßig verschmutzt sein können, zeigt *Potamogeton crispus* einen unbezähmbaren Ausbreitungsdrang. Von den untergetauchten Blättern wird in 30 bis 400 cm Wassertiefe jeder Lichtstrahl ausgenutzt. Das Krause Laichkraut trägt durch starke Sauerstoffproduktion wesentlich zur biologischen Reinigung der Gewässer bei.

Potamogeton densus (Groenlandia densa), Potamogetonaceae (Laichkrautgewächse)

Dichtes Laichkraut
Staude mit lang kriechender Grundachse, Blätter alle untergetaucht, nach der Spitze verschmälert
Bis 30 cm lang

Blütenähren kurz gestielt. VI–VIII, Windbestäubung.

Das Dichte Laichkraut läßt sich in Gräben und Bächen mit 20 bis 100 cm Wassertiefe ansiedeln. Es wurzelt in basenreichen, nur mäßig verschmutzten Gewässern in humosen Sand-, Kies- und Torfschlammböden. Bei geringer Wassertiefe beginnt *Potamogeton densus* im Winter zum Teil einzuziehen.

Ranunculus fluitans, Ranunculaceae (Hahnenfußgewächse)

Flutender Hahnenfuß
Wasserform: ausdauernd,
bis 6 m lang,
Blätter in haarfeine Segmente geteilt.
Landform: einjährig, bis 6 cm lang,
Blätter in haarfeine Segmente geteilt

Blüten weiß, Landform kleiner als bei Wasserform, immer steril. VI–VIII, Käfer, Fliegen, Bienen.

In Bächen und Flüssen mit schnellströmendem Wasser läßt sich der Flutende Hahnenfuß in einem sandig-schlammigen Grund bis 3 m Tiefe ansiedeln. *Ranunculus fluitans* gilt als Zeiger für Gewässer mit hohem Nitratgehalt. In nährstoff- und basenreichem, eutrophiertem Wasser trägt der Flutende Hahnenfuß zur Wasserreinigung bei.

Salix elaeagnos (S. incana), Salicaceae (Weidengewächse)

Lavendelweide, Grauweide, Uferweide
Strauch oder bis 10 m hoher Baum mit schmalen Blättern

Blütenkätzchen. IV–V, Insektenbestäubung.

An Bach- und Flußufern läßt sich die Lavendelweide auf Gesteins- und Geröllböden mit dem Sanddorn *(Hippophae rhamnoides)* vergesellschaften. Zur Befestigung von Böschungen hat sich das Stecken von Lavendelweidensteckholz bewährt.

Salix nigricans (S. myrsinifolia), Salicaceae (Weidengewächse)

Schwarzweide
Strauch, selten baumartig, fast kreisrunde bis eiförmige Blätter
2 bis 4 m hoch

Blütenkätzchen, färben sich beim Trocknen schwarz. V, Insektenbestäubung.

Auf nährstoff- und basenreichen, tonigen Sand- und Kiesböden findet die Schwarzweide zur Befestigung von Bachufern Verwendung. Die Standorte können sickernaß, zeitweilig auch überflutet sein. Zunächst sind es die Weiden und der Sanddorn, denen die Aufgabe zukommt, den Bachbereich zu begrünen. Die eigentliche Aufgabe fällt aber den Sumpfstauden zu. Von ihnen lassen sich am feuchten Saum still dahinfließender Wassergräben das Pfennigkraut *(Lysimachia nummularia)*, der Wiesenalant *(Inula britannica)*, der Sumpfstorchschnabel *(Geranium palustre)* und der Gescheckte Eisenhut *(Aconitum variegatum)* mit der Schwarzweide vergesellschaften.

Sium erectum, Apiaceae (Doldengewächse)
Aufrechter Merk
Staude, im Boden kriechend. Ausläufer mit wurzelnden Tochtersprossen.
Selleriegeruch
30 bis 100 cm hoch
Giftverdächtig!

Blütendolden, weiß. VI–VIII, Insektenbestäubung.

Der Aufrechte Merk sollte gesellig im Saum von Bächen und Gräben zur Anpflanzung kommen. Auf sandig-humosen Schlammböden dringt *Sium erectum* mit Hilfe seiner Ausläufer im oligo- bis eutrophen Wasser bis in eine Tiefe von 1,5 m vor und bildet untergetauchte Wasserformen. Die Vermehrung erfolgt hauptsächlich auf vegetativem Weg mit Hilfe von Ausläufern, aus denen sich über Tochtersprosse größere Bestände bilden. Das scharf schmeckende Kraut ist giftverdächtig. Für das Weidevieh kann *Sium erectum* gefährlich werden, während die Enten ohne Schaden die Blätter essen.

Neutrale Böden

Acorus calamus, Araceae (Aronstabgewächse)
Kalmus
Staude mit kriechendem Rhizom
60 bis 120 cm hoch

Blütenstand bis 8 cm langer Kolben.
Gelangt nicht jedes Jahr zur Blüte.
VI–VII, Insektenbestäubung.

Der Kalmus wurde im 16. Jahrhundert aus Indien eingeführt und in unseren Feuchtgebieten angesiedelt. An den wasserüberfluteten Ufern und in Gräben mit einer Wassertiefe von 10 bis 40 cm gedeiht *Acorus calamus* mühelos. Im Wasser und bei schlechter Durchlüftung des Bodens ist der Kalmus im Besitz eines Luftgewebes (Aerenchym), das die Wurzeln und Rhizome mit Sauerstoff versorgt. In einer nährstoffreichen Erde zeigen die Rhizome eine unbezähmbare Wuchskraft. Der Same des Kalmus kommt höchst selten zur Reife. Wer die Pflanze vermehren will, muß den Wurzelstock teilen.

Die 10 bis 20 cm langen und bis 3 cm dicken Kalmusrhizome enthalten ein stark aromatisches ätherisches Öl, Bitter- und Würzstoffe. Die Wurzelstöcke werden im Herbst gesammelt, von Faserwurzeln, Blattscheiden und Stengel gereinigt und in der Küche ähnlich wie Ingwer als Gewürz verwendet. Kalmus wirkt appetitanregend und verdauungsfördernd. Gelegentlich wird er als Rohkost oder gekocht als Kompott verwendet. Man stellt aus ihm Essenzen als Zusatz für Liköre und Bitterschnäpse her.

Alnus viridis, Betulaceae (Birkengewächse)
Grünerle
Strauchartig mit niederliegenden Stämmen und gutem Ausschlagvermögen
1 bis 2 m hoch
Blätter kurz zugespitzt, herb duftend

Männliche Kätzchen erst nach den Blättern erscheinend. IV–V, Windbestäubung.

An den Bachrändern läßt sich die Grünerle als Pioniergehölz und Bodenbefestiger verwenden. Sie liebt wasserzügige Geröllböden, mäßig saure lehmige Stein- und

Tonböden mit bewegtem Grundwasser. Die flach ausgebildeten Wurzeln verankern den Strauch fest im Boden und bilden durch Wurzelbrut dichte Bestände. Wenn die Grünerle auf den Stock gesetzt wird, zeigt sie ein gutes Ausschlagvermögen.

Artemisia vulgaris, Asteraceae (Korbblütler)
Beifuß
Staude ohne Ausläufer mit kantigen Stengeln und unterseits seidig-weiß-filzigen Blättern von würzigem Geruch
50 bis 140 cm hoch

Blüten in rispig angeordneten Ähren, gelblich oder rötlich. VII–IX, Windbestäubung.

Alter Kulturbegleiter, der sich auch an den Ufern in humosen, nährstoffreichen Böden ansiedeln läßt. Das Wasser darf die Wurzeln jedoch nicht überfluten. Wenn der Beifuß genügend Feuchtigkeit hat, kann er ziemlich sonnig stehen. Nur stehende Nässe verträgt er nicht. Wenn er einen tiefgründigen, gut gedüngten und humosen Boden vorfindet, erreicht er fast Mannshöhe.

Das Beifußkraut findet Anwendung als Tee bei Magen-, Gallen- und Darmerkrankungen. 1 gehäufter Teelöffel mit 1 Tasse kochendem Wasser übergießen und 2 Minuten ziehen lassen.

Caltha palustris, Ranunculaceae (Hahnenfußgewächse)
Sumpfdotterblume
Staude
15 bis 30 cm hoch

Blüten dottergelb, bis 5 cm Durchmesser. III–V, Zweiflügler, Hautflügler und Käfer.

Die Sumpfdotterblume ist an feuchte Standorte angepaßt. Sie läßt sich an Bächen und Gräben ansiedeln, wächst in Sumpfwiesen und erträgt als Uferpflanze einen Wasserstand bis 15 cm. Dabei sollten die humosen Lehm- oder Tonböden nährstoffreich sein. Die schwimmfähigen Samen werden zu den »Regenschwemmlingen« gerechnet. Bachabwärts werden sie durch das Wasser verbreitet.

Die noch grünen Blumenknospen von *Caltha palustris* kann man wie Kapern einmachen und essen. Wenn man den Saft der Blüten mit Alaun kocht, erhält man zum Färben eine schöne gelbe Farbe.

Hypericum tetrapterum, Hypericaceae (Johanniskrautgewächse)
(H. acutum)
Geflügeltes Johanniskraut
Staude mit langen, unterirdischen Ausläufern
20 bis 70 cm hoch

Blüten in Trugdolden, hellgelb. VII–VIII, Glanzkäfer, Fliegen, Schwebfliegen.

Das Geflügelte Johanniskraut läßt sich zusammen mit der Sumpfdotterblume *(Caltha palustris)* an den Ufern von Bächen und Gräben, an nassen, zeitweilig überschwemmten Standorten ansiedeln. Die Pflanzen wachsen besonders üppig, wenn sie mit ihren Wurzeln in einem nährstoffreichen, humosen Lehm- oder Tonboden stehen.

Plantago major, Plantaginaceae (Wegerichgewächse)
Großer Wegerich, Breiter Wegerich
Staude mit dicht grundständig rosettigen Blättern
10 bis 30 cm hoch

Ähren dichtblütig, gelblich-weiß. VI–X, Windbestäubung.

Der Große Wegerich ist im Tretrasen, ebenso wie an Grabenrändern und zeitweilig überschwemmten Ufern eine bis 80 cm tief wurzelnde Pionierpflanze. Er läßt sich in jedem nährstoffreichen, humosen Ton- und Lehmboden ansiedeln. Seine großen Blattrosetten liegen so dicht dem Boden auf, daß sie vom Schnitt nicht erfaßt werden.

Saxifraga stellaris, Saxifragaceae (Steinbrechgewächse)
Sternblütiger Steinbrech, Blütenrispe, weiß mit zwei gelben
Sternsteinbrech Punkten. VI–VIII, Fliegen.
Staude mit Ausläufern und
Brutknospen
20 bis 30 cm hoch

Der Sternblütige Steinbrech wächst gern im Grünerlengebüsch und an den Bachufern in Gesellschaft der Sumpfdotterblume *(Caltha palustris)*. In mäßig nährstoffreichen, steinig-sandigen Lehmböden breitet sich *Saxifraga stellaris* ausläufertreibend aus. Durch ihre Rosettenbildung bilden sich an den Ufern der Bachläufe dichte Pflanzenhorste.

Viburnum opulus, Caprifoliaceae (Geißblattgewächse)
Gemeiner Schneeball Schwach gewölbte, lockere Schirmrispe
Flach wurzelnder, ausschlagfähiger mit stark vergrößerten unfruchtbaren
Strauch mit Wurzelsprosse Randblüten, weiß oder rötlich-weiß.
 V–VI, Käfer, Schmetterlinge und
 Selbstbestäubung. Beerenartige scharlachrote Steinfrucht.

Der Gemeine Schneeball ist ein ausgesprochener Feuchte-Zeiger, der an zu trockenen Standorten stark von schwarzen Blattläusen befallen wird. Die Verwendung von *Viburnum opulus* erstreckt sich auf Bachufer, wo er als Flachwurzler mit seinem dichten Faserwurzelwerk längere Überschwemmungen erträgt. Bevorzugte Böden sind Anschwemmungen aus Humus, Sand und Lehm.

Bei *Viburnum opulus* sind nur bei Einnahme größerer Mengen von Beeren, von Rinde oder Blatt Durchfälle und Hämaturie (Blutharnen) zu beobachten. Das sehr harte und zähe Holz ist für Spazierstöcke geeignet. Gelegentlich wurde es auch für Schusternägel, Absätze, die langen Zweige zu Pfeifenröhren verarbeitet.

Saure Böden

Chrysosplenium oppositifolium, Saxifragaceae (Steinbrechgewächse)
Gegenblättriges Milzkraut, Blütenstand eine Trugdolde, leuchtend
Paarblättriges Milzkraut grünlichgelb bis gelb. IV–V, Insekten-
Staude, dichtrasig und Selbstbestäubung.
5 bis 10 cm hoch

An beschatteten Bachufern bildet das Gegenblättrige Milzkraut oft große Rasen. Es nimmt mit jedem mäßig sauren Boden vorlieb, vorausgesetzt daß er sickernaß ist. Selbst an überrieselten Felsen auf kalkarmem Substrat zeigt *Chrysosplenium oppositifolium* ein optimales Wachstum.

Chrysosplenium oppositifolium schmeckt ähnlich wie Kresse. In Frankreich kommt es als Salat auf den Tisch. Früher diente es als stärkendes Mittel bei Leber- und Milzkrankheiten, Harnleiden und chronischem Husten.

Salix fragilis, Salicaceae (Weidengewächse)
Bruchweide Blütenkätzchen. IV–V,
Baum, oft als Kopfweide, Insektenbestäubung.
schmalblättrig
8 bis 12 m hoch

Die Bruchweide tritt nur im kalkarmen Schotter hervor. Als Bodenbefestiger mit intensivem Wurzelwerk läßt sich *Salix fragilis* an den sickernassen, zeitweilig überschwemmten Ufern anpflanzen.

Tiere
Eine unserer häufigsten Urmotten ist die kleine, metallisch grüne *Micropteryx calthella*. Sie lebt im Frühjahr als Falter vom Blütenstaub der Sumpfdotterblume *(Caltha palustris)*. Ihre Raupen ernähren sich dagegen von Moosen. Im Herbst legen die Baldachinspinnen ihre einfachen Netze in der Strauchregion zwischen niederen Pflanzen an.

Die Stumpfe Sumpfdeckelschnecke bewohnt im Gegensatz zur Gemeinen Sumpfdeckelschnecke fast ausschließlich fließendes Gewässer. Beide Arten sind lebendgebärend. Auch die Gemeine Flußnapfschnecke lebt in Bächen, wo sie bevorzugt die Blätter und Stengel der Brunnenkresse annagt. Die schattigen Bachschluchten werden gern vom Feuersalamander besiedelt. Das Tier kommt nach ergiebigen Regenfällen zum Vorschein. Bei Erregung kann die Haut des Feuersalamanders ein stark ätzendes Drüsensekret ausscheiden. Der Feuersalamander steht unter Naturschutz. Viele Vögel errichten in den Dickichten von Kopfbäumen ihre Brutstätten. Wertvolle Vogelschutzgehölze an den Bachläufen sind die Weiden und der Sanddorn. Die Beeren von *Hippophae rhamnoides* dienen den Schwarzdrosseln, Krähen, dem Kolkraben, den Elstern und den Fasanen als Nahrung. Die Früchte des heimischen Schneeballs werden in milden Wintern von den Vögeln verschmäht. Wenn sie der Frost genießbar gemacht hat, nehmen der Seidenschwanz, verschiedene Drossel-Arten, das Hasel- und Birkhuhn, der Fasan und der Kirschkernbeißer die Beeren als Nahrung auf. Samen des Großen Wegerichs sind ein beliebtes Futter aller Finkenvögel. Die schwimmfähigen Samen der Wasserpflanzen wandern durch Wasservögel flußaufwärts. Die Wildenten ernähren sich gern von der Brunnenkresse und dem Kraut des Aufrechten Merk. Dagegen kann das giftverdächtige *Sium erectum* für das Weidevieh gefährlich sein. Auch das scharf schmeckende Kraut der Sumpfdotterblume wird gemieden. Nur Ziegen und Schafe essen gelegentlich von der Pflanze.

In den hochwachsenden Grasbeständen der Bachufer baut die Zwergmaus ihre kugelförmigen »Hochnester« aus Gras. Während der kalten Jahreszeit werden sie zur Überwinterung im Erdboden verlassen. Die Zwergmäuse ernähren sich von Gras-, Getreide- und Krautsamen, kleinen Insekten und deren Larven. An den Ufern von Gräben und Teichen lebt häufig die Schermaus. Unter der Bodenoberfläche legt sie ein weitverzweigtes Gangsystem an. Sie ist überwiegend tagaktiv, schwimmt und taucht sehr gut und lebt von pflanzlicher Nahrung. Auch die überwiegend dämmerungs- und nachtaktiven Bisamratten schwimmen und tauchen ausgezeichnet und ernähren sich unter Wasser von Wurzeln und Trieben, am Wasser von Blüten- und Fruchtständen, gelegentlich auch von Wasserschnecken. Durch das Graben von Erdhöhlen in den Uferwänden und Unterwühlen von Dämmen können die Bisamratten lästig werden.

Riedgraben

Die Riedgräben lassen sich standortsgemäß planen, bepflanzen und nutzen. Die Voraussetzungen für die Wiederbegrünung von Uferzonen sind nicht in jedem Fall an reine Torfböden gebunden. Die Riedgrabengesellschaft wächst auch bei entsprechendem pH-Wert in humushaltiger Mineralerde. Für die Bodenbildung ist Ton und Humus von besonderer Bedeutung. Die leicht ausspülbaren Nährstoffe vermag dieser Ton-Humus-Komplex gut festzuhalten. Was wir in diesen Verlandungssümpfen und Moorgewässern ansiedeln, wächst ebensogut als Teich- und Teichrandbewohner, in der Flußufervegetation, als Bachbegleiter, in Überschwemmungsgebieten und in Sumpfwiesen. Von Extremstandorten werden viele Arten auf die Riedgräben zurückgedrängt. Die Entwicklung der Pflanzen kann in eutrophierten Gewässern derart üppig verlaufen, daß die Abflußleistungen erheblich gemindert sind. Die »verschilften« Wassergräben sind deshalb bei Bedarf zu reinigen. An diesen Standorten entwickeln die Gewächse Überwinterungsknospen oder Rhizome, mit denen sie sich ausläufertreibend ausbreiten.

Alkalische Böden

Ceratophyllum submersum, Ceratophyllaceae (Hornblattgewächse)
Zartes Hornblatt
Submerse, wurzellose Wasserpflanze mit quirlig angeordneten weichen Blättern.
Wurzellos

Eingeschlechtliche Blüten, untergetaucht mit einfacher grüner Blütenhülle. Bestäubung an das Wasser angepaßt.

Ceratophyllum submersum ist in seinem Habitus ähnlich *C. demersum,* die Blätter sind jedoch weicher und weniger brüchig. Liebt eine geringe Wassertiefe, und als ausgesprochen wärmeliebende Wasserpflanze kommt die Beschränkung ihrer Verwendungsmöglichkeit zum Ausdruck. Ist ausdauernd, lebt untergetaucht frei schwimmend in stehendem oder langsam fließendem Wasser in Gräben und Teichen. In nährstoffreichen Gewässern über Schlammboden läßt sich *C. submersum* zusammen mit dem Ährigen Tausendblatt *(Myriophyllum spicatum)* und dem Flutenden Laichkraut *(Potamogeton nodosus)* ansiedeln.

Epilobium hirsutum, Onagraceae (Nachtkerzengewächse)
Zottiges Weidenröschen
Staude mit weitkriechendem Rhizom
60 bis 120 cm hoch

Blüten purpurrot. VII–VIII, Insektenbestäubung.

Pflanze, die an wasserreiche Böden gebunden ist. Mit seinen weitkriechenden Rhizomen wandert das Zottige Weidenröschen auch in den Bereich der Flachwasserzone ein. In der Wassergrenzlinie läßt es sich zusammen mit der Sumpfwolfsmilch *(Euphorbia palustris),* der Sumpfplatterbse *(Lathyrus palustris),* dem Knoblauchgamander *(Teucrium scordium)* und dem Zwergrohrkolben *(Typha minima)* vergesellschaften.

Euphorbia palustris, Euphorbiaceae (Wolfsmilchgewächse)
Sumpfwolfsmilch
Staude mit weitkriechenden Ausläufern. Im Herbst sind Stengel und Laubblätter rot überlaufen.
Weidenähnlich
50 bis 150 cm hoch

Blütenstand doldig. V–VI, zur Blütezeit an *Senecio palustre* erinnernde Pflanze. Insektenbestäubung.

Oben: Wo die Ufer naturhafter Seenbereiche begrünt werden, bietet sich den Pflanzenverwendern ein reiches Betätigungsfeld. Als Teichrandbewohner wurde neben der Gelben Schwertlilie *(Iris pseudacorus)* seewärts die Teichbinse *(Schoenoplectus lacustris)* eingebracht.
Unten links: In eutrophen Gewässern werden bevorzugt solche Pflanzen verwendet, die eine hohe Wuchsleistung wie die Weiße Seerose *(Nymphaea alba),* der Tannenwedel *(Hippuris vulgaris)* und der Schmalblättrige Rohrkolben *(Typha angustifolia)* erbringen.
Unten rechts: Die Bereiche Sumpfstauden und untergetauchte Pflanzen weisen eine reiche Mikrofauna auf. Solche kleinen Lebenseinheiten lassen sich in der entsprechenden Umgebung leicht schaffen.

Euphorbia palustris kommt in einer Zone sehr feuchten Bodens zur Anpflanzung. Als Sumpfstaude kann sie auch zeitweise am überfluteten Wasserrand stehen. In humosen oder torfigen Böden läßt sie sich sehr gut für Rekultivierungsmaßnahmen verwenden. Mitunter wandert sie von hier auch in die Flachwasserzone ein.

Lathyrus palustris, Fabaceae (Schmetterlingsblütler)
Sumpfplatterbse, Sumpfwicke Blütentrauben hell blauviolett bis lila.
Staude mit dünnen Bodenausläufern, VI–VIII, Insektenbestäubung.
kletternd
30 bis 100 cm hoch

Die Sumpfplatterbse läßt sich nur schwer kultivieren. Sie verlangt ein sommerwarmes Klima, tonige Sumpfhumus-Böden, die zeitweilig überschwemmt sein können. Benötigt zum Klettern im Uferbereich eine Begleitflora wie das Zottige Weidenröschen *(Epilobium hirsutum)*, die Sumpfwolfsmilch *(Euphorbia palustris)* oder den Knoblauchgamander *(Teucrium scordium)*.

Myriophyllum spicatum, Haloragaceae (Seebeerengewächse)
Ähriges Tausendblatt Ähren verlängert, vielblütig, rosa.
Staude, meist untergetaucht und im VI–IX, Windbestäubung.
Wasser flutend. Blattquirle meist
4zählig
20 bis 180 cm lang

Das Ährige Tausendblatt hat eine Vorliebe für sehr tiefe Gewässer. In der Regel lebt es untergetaucht und flutend in stehenden oder langsam fließenden Riedgräben in 1 bis 5 m Tiefe. Seine Vorliebe für nährstoffreiches Moorwasser, das z.T. stark belastet und sehr kalkreich sein kann, trägt zur Bildung eines dichten Unterwassergartens bei. Bildet keine Winterknospen. In tieferen Gewässern bereitet die Überwinterung keine Schwierigkeit. An den rhizomartig im Boden festgewurzelten Stengelteilen beginnen die Blätter im Herbst von unten nach oben abzusterben. Die reduzierten Laubtriebe überwintern grün.

Potamogeton nodosus, Potamogetonaceae (Laichkrautgewächse)
(P. fluitans) Blütenähren kastanienbraun, glänzend.
Flutendes Laichkraut VI–IX, Windbestäubung.
Staude, 1 bis 2 m lang
Schwimmblätter oval bis länglich-lanzettlich, untergetauchte Blätter schmallanzettlich

Das Flutende Laichkraut läßt sich in Ried- und Abzugsgräben, in Altwässern und Bächen zur Anpflanzung bringen. Die untergetauchten Blätter bilden eine dichte Unterwasserlandschaft, die schwimmenden Blätter sind lebhaft grün oder gerötet.

Teucrium scordium, Lamiaceae (Lippenblütler)
Knoblauchgamander, Lachenknob- 1- bis 4blütige Trugdolden. Hell kar-

---

Oben links: Im feuchten Saum still dahinfließender Wassergräben fühlt sich die Sumpfdotterblume *(Caltha palustris)* besonders wohl.
Oben rechts: Bach mit Steilufer und Begleitgehölzen.
Unten: Über dem humosen Schlamm eutropher Gewässer läßt sich der Wasserhahnenfuß *(Ranunculus aquatilis)* ansiedeln.

lauch, Wassergamander
Staude mit oberirdischen Ausläufern.
Knoblauchähnlich riechend
15 bis 40 cm hoch

minrot, selten weiß. VII–VIII, Bienen und Selbstbestäubung.

Der Knoblauchgamander ist in der Verlandungsgesellschaft, an Ufern und Gräben an dauernasse Ton- oder Torfböden gebunden. Als flachwurzelnder Kriechpionier wandert *T. scordium* vom Uferbereich auch in größere Wassertiefen ein, wo die Staude untergetaucht sterile Wasserformen bildet. Bei Rekultivierungsmaßnahmen wird der Knoblauchgamander vorzugsweise in der Wassergrenzlinie gepflanzt. Nach der Ausläuferbildung sterben die vorjährigen Sprosse ab. Benötigt dauernassen Boden, der nicht zu häufig austrocknen darf.

Typha minima, Typhaceae (Rohrkolbengewächse)
Zwergrohrkolben
Zierliche Staude mit unterirdischen Ausläufern
30 bis 70 cm hoch

Blütenstengel 15 bis 90 cm hoch. Weiblicher Kolbenabschnitt 2 bis 3 cm lang. Abstand zum männlichen Kolbenabschnitt 0 bis 2 cm. Männlicher Kolbenabschnitt 2,5 bis 4,5 cm. V–VI, Windbestäubung.

An den Ufern langsam fließender Gewässer, in Gräben und Teichen lassen sich mit dem Zwergrohrkolben in 0 bis 10 cm Wassertiefe dauernasse Böden bepflanzen. Die seltenen *T. minima* werden bei Rekultivierungsmaßnahmen vorzugsweise gesellig verwendet.

Neutrale Böden

Myriophyllum verticillatum, Haloragaceae (Seebeerengewächse)
Quirlblütiges Tausendblatt
Staude, meist untergetaucht im Wasser flutend
20 bis 200 cm lang
Blattquirle 5- bis 6zählig, ziemlich dicht beblättert

Blüten in den Achseln der Blätter rötlich. VI–IX, Windbestäubung.

Das Quirlblütige Tausendblatt entwickelt sich besonders schön in einem nährstoffreichen, nicht zu harten Wasser. Wenn die Pflanze rechtzeitig entspitzt wird, bildet sie einen dichten Unterwassergarten. Mit der Höhe des Wasserstandes steigert sich die Schönheit der Pflanzen. Wenn *M. verticillatum* im seichten Wasser steht oder gar als Sumpfpflanze gehalten wird, werden die Blätter dicker und breiter. Im Herbst bilden sich Hibernakeln, sie überwintern auf dem Boden der Gewässer und entwickeln sich im Frühjahr zu neuen Pflanzen.

Scutellaria galericulata, Lamiaceae (Lippenblütler)
Sumpfhelmkraut
Staude mit kriechenden Bodenausläufern
10 bis 30 cm hoch
Knoblauchartiger Geruch und salziger Geschmack

1 bis 4 Blüten in den Achseln der Laubblätter, blauviolett oder weiß. VI–IX, Insektenbestäubung.

Scutellaria galericulata läßt sich als Humuskriecher in der Verlandungsgesellschaft verwenden. In der Grenzlinie zwischen Wasser und Land treten bei längerer Überschwemmung submerse Wasserformen auf. Die unter Wasser lebenden Pflanzenteile zeichnen sich durch längere Stengelstücke und das vollständige Fehlen von Blättern aus.

Das blühende Kraut wurde früher als magenstärkender Tee, gegen Wechselfieber und Halsentzündungen verwendet.

Sparganium emersum, Sparganiaceae (Igelkolbengewächse)
Einfacher Igelkolben   Blütenstand unverzweigt, traubig-ährig,
Staude mit kriechendem Wurzelstock   Fruchtköpfchen geschnäbelt. VI–VII,
20 bis 50 cm hoch   Wind- oder Selbstbestäubung.

In den Riedgräben mit langsam fließendem Gewässer oder an Ufern findet der Einfache Igelkolben in nitratreichen Humusböden optimale Wachstumsbedingungen. Mit seinem kriechenden Wurzelstock wandert *S. emersum* bis in drei Meter tiefes Wasser ein, wo es als ssp. *fluitans* bis 1 m lange Unterwasserblätter ausbildet. Beim Einfachen Igelkolben, der außerhalb der Wassergrenzlinie gepflanzt wird, ist auf einen dauernassen Boden zu achten.

Stratiotes aloides, Hydrocharitaceae (Froschbißgewächse)
Wasseraloe, Krebsschere   Blüten zweihäusig, weiß. V–VII,
Staude mit trichterförmiger Rosette,   Insektenbestäubung.
stachelig gesägt, Ausläufer treibend,
meist unmittelbar unter der Wasseroberfläche schwebend

Über kalkarmen Moorböden und bis zu 2 m Tiefe läßt sich die Wasseraloe freischwimmend in Gräben mit stehendem oder langsam fließendem Wasser verwenden. Dabei ist keineswegs zu übersehen, daß *S. aloides* auch in Uferbuchten von Tümpeln und Altwässern vorkommt. Die Pflanzen wachsen recht gut in basen- und nährstoffreichen, kalkarmen Gewässern. Über humosen Schlammböden wurzeln sie im Verlandungsbereich im Bodengrund, leben als Schwimmpflanzen oder halb untergetaucht im tiefen Wasser. Stellenweise treten sie dann so zahlreich auf, daß die Riedgräben vollständig ausgefüllt sind. Die Winterknospen der Wasseraloen lassen sich im Spätherbst von den Mutterpflanzen ablösen und im kalten Wasser überwintern. Im zeitigen Frühjahr legt man sie in die Gräben, Tümpel und Teiche aus. *S. aloides* läßt sich auch durch Abtrennen von Ausläuferpflanzen vermehren. Sie wächst recht gut, wenn sie in windgeschützten Lagen viel Sonnenschein bekommt.

Typha shuttleworthii, Typhaceae (Rohrkolbengewächse)
Shuttleworths Rohrkolben, Grauer   Blütenstengel 90 bis 130 cm hoch.
Rohrkolben   Weiblicher Kolbenabschnitt 9 bis
Staude mit unterirdischen Ausläufern   11 cm. Abstand zum männlichen Kol-
80 bis 150 cm hoch   benabschnitt fehlend. Männlicher Kol-
                                             benabschnitt 4 bis 6 cm lang. VI–VII,
                                             Windbestäubung.

An den Ufern von Riedgräben zeigt *T. shuttleworthii* im dauernassen Boden eine günstige Anfangsentwicklung. Durch Wurzelsprossung beginnt sie zu wandern und von hier aus in Bereiche von 20 cm Wassertiefe einzudringen. Eine besondere Bedeutung kommt dem Shuttleworths Rohrkolben bei Rekultivierungsmaßnahmen im Bereich von Moorwiesen, Altwässern, Tümpeln und Gräben zu.

Saure Böden

Betula pubescens, Betulaceae (Birkengewächse)
Moorbirke   Kätzchen hängend. IV–V,
Baum, junge Zweige nie hängend,   Windbestäubung.
Rinde gelblich oder grau
5 bis 15 m hoch

Auf basenarmen Naßböden gedeihen außer der Moorbirke alle anderen Bäume sehr schlecht. Als frosthartes Pioniergehölz zeichnet sich *B. pubescens* als Bodenbefestiger aus. Das Wurzelwerk geht auf dauernassen, sauren Böden eher in die Breite als in die Tiefe. Bei genügender Feuchtigkeit kommt sie noch auf ärmsten Sandböden fort. Das Ausschlagvermögen der Moorbirke ist so groß, daß sie unter Umständen auch strauchartig wächst.

Birkenblätter sind harntreibend und desinfizierend. 1 bis 2 Eßlöffel Birkenblättertee werden mit 1 Liter kochendem Wasser übergossen.

Iris pseudacorus, Iridaceae (Schwertliliengewächse)
Gelbe Schwertlilie
Staude mit linealisch-schwertförmigen Laubblättern
50 bis 100 cm hoch

Blüte hellgelb, Mitte dunkelgelb mit purpurbraunem Adernetz, geruchlos.
V–VI, Hummeln, Schwebfliegen.

Die Gelbe Schwertlilie läßt sich an wasserüberfluteten Ufern vielseitig verwenden. Sie erträgt einen feuchten bis nassen Boden, der zeitweise überflutet bzw. abtrocknet sowie dauernasse Böden bis 20 cm Wassertiefe. Eine große Bedeutung hat *Iris pseudacorus* bei Rekultivierungsmaßnahmen. Sie gedeiht in jedem nährstoffreichen mäßig sauren Sumpfhumusboden von 15 cm Stärke. Der Wurzelstock darf höchstens 5 cm mit Erde bedeckt sein. In den Riedgräben ist sie auch gern in Gesellschaft von Pflanzen mit einem höheren Kalkanspruch wie *Epilobium hirsutum, Euphorbia palustris, Lythrum salicaria, Teucrium scordium, Typha minima* und *T. shuttleworthii.*

Der Wurzelstock der Gelben Schwertlilie wurde früher als Radix Acori palustris offizinell statt Kalmus gegen Nasenbluten und Blutharnen angewendet. Der reife Samen schmeckt angenehm und wurde anstelle von Kaffee wegen seiner magenstärkenden Eigenschaft benutzt. Aus den gelben Blumen läßt sich mit Essig eine dauerhafte gelbe Farbe ziehen, der Wurzelstock gibt mit Eisenvitriol eine schwarze Farbe.

Myriophyllum alterniflorum, Haloragaceae (Seebeerengewächse)
Wechselblütiges Tausendblatt
Staude, untergetaucht im Wasser flutend. Blattquirle 3- oder 4zählig
10 bis 80 cm lang

Ähren, Blüten in den Achseln von Tragblättern, gelblich. VII–IX, Windbestäubung.

In Anlehnung an den natürlichen Standort läßt sich das Wechselblütige Tausendblatt an seichten Ufern in 30 cm Tiefe oder in stehenden und langsam fließenden kalkarmen Gewässern bis 2 m Tiefe verwenden. Untergetaucht im Wasser flutend bleibt *M. alterniflorum* über Sand- oder Torfschlammböden den ganzen Winter grün. Es vermehrt sich vorwiegend vegetativ durch Sprossung. Winterknospen werden nicht gebildet.

Potamogeton polygonifolius, Potamogetonaceae (Laichkrautgewächse)
Knöterichlaichkraut
Staude
30 bis 60 cm lang
Schwimmblätter elliptisch-lanzettlich

Blüten in Ähren. VI–VIII, Windbestäubung.

Das Knöterichlaichkraut ist eine im Boden wurzelnde Schwimmblattpflanze, die in seichten Tümpeln, Moorschlenken und Gräben in Torfschlamm-Böden gepflanzt wird. Es ist oft in Gesellschaft von *Myriophyllum alterniflorum* zu finden.

Stachys palustris, Lamiaceae (Lippenblütler)
Sumpfziest
Staude mit Bodenausläufern, zum Teil knollig verdickt
30 bis 100 cm hoch

Blüten fast sitzend. Scheinquirle meist 6blütig zu 10 bis 20 übereinander stehend. Trüb rotviolett. VI–VIII, Echte Bienen und Selbstbestäubung.

In den modrigen Torfböden ist der Sumpfziest bis 60 cm tief wurzelnd. Als Kriechpionier breitet er sich auf kalkarmem Boden ausläufertreibend aus. Am Wasser-Rand kann der Standort zeitweise überflutet sein. Bei Rekultivierungsmaßnahmen hat *S. palustris* eine besondere Bedeutung.

Tiere
Von den Kleinbiotopen der Riedgräben profitieren in der Regel Insekten, Salamander, Molche und Froschlurche, Fische und Kleinsäuger. Die Prachtlibellen und die meisten Edellibellen versenken an den Stengeln der Sumpf- und Wasserpflanzen mit ihrer Legescheide die Eier einzeln unter der Oberhaut. Im Haushalt der Süßwasser-Lebensgemeinschaft bilden die pflanzenessenden Eintagsfliegen- und Fadentasterlarven als erste Verbraucherschicht ein Großteil der Fisch- und Lurchnahrung. Mit den Umsiedlungsversuchen von Fröschen, Kröten und Unken hat man nur Erfolg, wenn der Laich in die Gewässer eingesetzt wird. Die frei schwimmenden Kaulquappen nehmen mit dem Atemwasser schwebende Nahrungsteilchen auf, raspeln den Algenbelag von den Wasserpflanzen ab und ernähren sich von tierischen Resten. Der Feinddruck auf die Kaulquappen ist größer als auf die erwachsenen Tiere. Die Wasserkäfer- und Libellenlarven ernähren sich ebenso von Kaulquappen wie die Molche. Sie saugen die Eier aus den Hüllen und lesen die gerade schlüpfenden Larven ab. Der Laich wird auch von den Enten abgeschöpft. Bei den Riedgräben begegnet uns neben der Stockente das Teichhuhn und die Wasserralle. Die Gras- und Wasserfrösche essen am liebsten Schnecken. Durch Ringelnattern sind die Frösche besonders gefährdet.

In einem Riedgraben mit Tausendblättern dürfen keine gründelnden Fische eingesetzt werden. Sie wirbeln im Wasser befindliche Mulmteile auf und verschmutzen die feinen Fiederblättchen. Die Tausendblatt-Arten und die Laichkräuter bieten den Fischen willkommene Laichplätze. In pflanzenreichen Gewässern sind die Wassermolche gegeneinander abgeschirmt. Die Schwanzlurche und ihre Larven ernähren sich hauptsächlich von Gliederfüßlern und Würmern. In Riedgräben, die von Fischen bewohnt werden, halten sich allerdings keine Wassermolche.

Überschwemmungsgebiet

Durch den Verlust vieler Lebensräume ist eine Verarmung an wildwachsenden Pflanzenarten zu beklagen. Im »Ökosystem Stadt« müssen wir versuchen, für unsere geplanten Neuanlagen standortgerechte Pflanzengemeinschaften aus der Umgebung heranzuziehen. Kleine und kleinste Gewässer, deren Wasserführung starken Schwankungen unterliegt, lassen sich künstlich schaffen. Alle Tümpel sind flach und bedecken nur wenig Quadratmeter Fläche. Immer wieder wird von Kritikern die Vernachlässigung von standortgerechten Durchgrünungen beklagt. Die Tatsache, daß in Flußniederungen mit Überschwemmungen zu rechnen ist, führt uns immer wieder auf das Vorbild Natur zurück. Selbst in den Regenrückhaltebecken lassen sich Stauden wechselfeuchter Standorte ansiedeln. Ziel aller Rekultivierungsmaßnahmen sollte es sein, so natürlich wie möglich zu arbeiten. Zu solchen temporären Gewässern, die zeitweilig austrocknen, treten vorübergehende Wasseransammlungen nach Schneeschmelzen und Regenfällen auf. Die Pflanzen solcher Überschwemmungsgebiete haben die Fähigkeit, zeitweise im Wasser zu stehen. Wie bei den Sumpfpflanzen entwickeln die untergetauchten Teile ein kräftiges Aerenchym von locker-schwammigem Bau, das sich als luftführendes Gewebe wie ein Mantel am

Stengel hinaufzieht. Die Stauden der Überschwemmungsgebiete und Kleingewässer müssen auch Frost vertragen. Je länger sich ein Tümpel ungestört entwickeln kann, desto eher wird sich im Laufe der Jahre ein stabiles ökologisches Gleichgewicht einpendeln.

Alkalische Böden
Baldellia ranunculoides, Alismataceae (Froschlöffelgewächse)
(Echinodorus r.)   Dolde mit 3 bis 12 Blüten, weiß oder
Igelschlauch   schwach rosa. VII–X, Schwebfliegen.
Staude mit grundständigen Blättern,
lanzettlich
5 bis 30 cm hoch

Der Igelschlauch läßt sich auf dem Land oder in nur wenig tiefem Wasser anpflanzen. Im basenreichen Schlammboden flacher Ufer, in Überschwemmungsgebieten und in Gräben sind mehrere Formen bekannt. In feuchtem Boden bildet sich eine Landform (f. *terrestris*) mit kurz gestielten Luftblättern, in stehendem Wasser die Schwimmblattform f. *natans* und in fließendem Wasser die Wasserblattform f. *zosterifolius* mit langen, flutenden Blättern.

Brassica nigra, Brassicaceae (Kreuzblütler)
Schwarzer Senf   Blüten end- und achselständig, lebhaft
Einjährig   gelb. VI–X, Fliegen.
1 m hoch

Im Saum zwischen Hoch- und Niederwasser, auf sickernassen, zeitweilig überschwemmten, nährstoff- und kalkreichen Ton- und Schwemmböden läßt sich der Schwarze Senf gesellig ausbringen. Einmal angesiedelt, sät sich die Pflanze immer wieder aus. Der Senf ist eine alte Kulturpflanze. Die Samen werden zur Bereitung von Tafelsenf verwendet.

Lythrum salicaria, Lythraceae (Weiderichgewächse)
Blutweiderich   Blüten in den Achseln von Hochblät-
Staude   tern, bläulich purpurrot. VI–IX, Haut-
30 bis 200 cm hoch   flügler, Zweiflügler und Schmetterlinge
    (Weißlinge).

Der Blutweiderich ist als Sumpfpflanze an einen wasserreichen Boden gebunden. Er kann mit seinem »Fuß« in einem Rinnsal stehen. Je nach Höhe des Wasserstandes bildet sich um den Stengel bis über den Wasserspiegel ein locker schwammiges Durchlüftungsgewebe. Es kann bis 50 cm am Stengel hinaufreichen. In tiefem Wasser bilden sich ausgeprägte Wasserformen von 30 cm Länge. *Lythrum salicaria* kann deshalb in tiefem Wasser und an wechselfeuchten Ufern, an Gräben und in Naßwiesen zur Anpflanzung kommen.

In der Homöopathie kommt die Essenz aus dem frischen Kraut bei Durchfällen und Ruhr zur Anwendung. Als Hausmittel wird Blutweiderich-Tee bei inneren Blutungen und Durchfällen getrunken. Ein Teelöffel Kraut kommt auf eine Tasse Wasser. Die jungen Sprosse und die Laubblätter bereichern als Gemüse den Speiseplan.

Myricaria germanica, Tamaricaceae (Tamariskengewächse)
(Tamarix germanica)   Blütenstände an den 5 bis 6 mm dicken
Rispelstrauch, Deutsche Tamariske   Hauptästen, hellrosa oder weiß.
Strauch   VI–VIII, Insektenbestäubung.
60 bis 200 cm hoch

Ausschlagfähige Pionierpflanze, die an jedem periodisch überfluteten Standort stehen kann. Die schlickhaltigen Kies- und Sandböden können zeitweise austrocknen oder vom Hochwasser stark überströmt sein.

Veronica catenata, Scrophulariaceae (Braunwurzgewächse)
Wasserehrenpreis, Bleicher Gauchheilehrenpreis
Einjährig, meist Staude
20 bis 50 cm hoch
Floreszenz 10- bis 40blütig, blaßrosa bis weiß. V–IX, Insektenbestäubung.

Läßt sich in nasse, zeitweilig überflutete Schlammböden pflanzen. An ständig mit Wasser bedeckten Stellen bildet diese Veronica-Art bis in 2 m Tiefe submerse Formen. Die überschwemmten Pflanzen vermehren sich im Herbst durch leicht abbrechende Seitensprosse. In eutrophem Wasser und nährstoffreichem Boden gelangen die Pflanzen nicht nur einmal zur Blüten- und Fruchtbildung. Häufig verhalten sie sich wie Stauden.

Neutrale Böden
Ranunculus reptans, Ranunculaceae (Hahnenfußgewächse)
Uferhahnenfuß, Uferbrennhahnenfuß
Staude mit rasenförmigem Wuchs
5 bis 20 cm lang
Blüten einzeln, blaßgelb. VI–VIII, Käfer, Fliegen und Bienen.

An periodisch überschwemmten Stellen, auf kalkarmen wie -reichen Lehm- und Tonböden läßt sich der Uferhahnenfuß als Pionierpflanze ansiedeln. Bei einem konstanten Wasserstand bis 100 cm bildet sich eine sterile submerse Form.

Rorippa amphibia, Brassicaceae (Kreuzblütler)
Wasserkresse, Teichkresse
Staude, oft Ausläufer treibend,
Wasserform weitröhrig aufgeblasen
40 bis 100 cm hoch
Blütenstand doldentraubig, goldgelb. V–VIII, Rapsglanzkäfer, Tanzfliegen, Echte Fliegen, Schwebfliegen, Echte Bienen, Blattwespen.

Erträgt stark schwankendes, eutrophiertes Wasser. In den Überschwemmungsgebieten kann die Wasserkresse zeitweilig auch trocken in den nährstoffreichen schlammigen Böden stehen. Als Pionierpflanze dringt sie mit Hilfe von Ausläufern auch in den halbschattigen Gehölzbereich vor. Im Laufe des Sommers trennen sich die Blattrosetten von den Rhizomstücken. Beide überwintern unabhängig voneinander in den Schlammböden. Zuweilen treten auch untergetauchte Wasserformen auf.

Typha latifolia, Typhaceae (Rohrkolbengewächse)
Breitblättriger Rohrkolben
Staude mit unterirdischen Ausläufern
1 bis 2 m hoch
Blütenstengel 1 bis 2,5 m hoch. Weiblicher Kolbenabschnitt 10 bis 15 cm lang. Abstand zum männlichen Kolbenabschnitt fehlend, ausnahmsweise bis 3 cm lang. Männlicher Kolbenabschnitt 12 bis 16 cm. VI–VII, Windbestäubung.

Der Breitblättrige Rohrkolben dringt als Verlandungs-Pionier mit seinen Kriechsprossen bis in 1 m tiefes Wasser vor. In Überschwemmungsgebieten zeigt er eine große ökologische Toleranz. Er erträgt große Wasserstandsschwankungen. Deshalb läßt er sich an Ufern, in stehenden oder langsam fließenden Gewässern auf dauernassem Boden bis in 100 cm tiefem Wasser verwenden.

Die Blätter von *Typha latifolia* wurden von den Küfern zum Einlegen und Verstopfen der Dauben und Böden an den Fässern benutzt.

Der stärkemehlhaltige, zusammenziehende Wurzelstock fand früher bei Ruhr und bei Wundgeschwüren Anwendung, er wirkt blutreinigend und harntreibend.

Veronica anagallis-aquatica, Scrophulariaceae (Braunwurzgewächse)
Uferehrenpreis, Gauchheilehrenpreis
Einjährig, gelegentlich auch Staude
15 bis 50 cm hoch

Floreszenz 10- bis 60blütig, hellviolett bis blaß lila. V–IX, Insekten- oder Selbstbestäubung.

Der Uferehrenpreis zeigt in seichtem Wasser eine günstige Anfangsentwicklung. *Veronica anagallis-aquatica* sollte an der Wassergrenzlinie so gepflanzt werden, daß die »Füße« gerade noch überspült werden. In abtrocknendem Boden zeigen die Pflanzen einen Zwergwuchs. Der Uferehrenpreis wandert von hier aus auch in Bereiche größerer Wassertiefen ein und bildet schlaffe, reich verzweigte Stengel mit sehr dünnen und schmalen Blättern. Diese submersen (f. *submersa*) Pflanzen blühen nicht. Dafür vermehren sie sich vegetativ. Im Herbst bilden sie an den Spitzen der Muttersprosse und in den Achseln der Seitentriebe wintergrüne Brutknospen von 2 bis 8 cm Länge mit eigenen Wurzeln. Sie lösen sich von der Mutterpflanze und breiten sich auf dem Wasser treibend aus. Die Landformen vermehren sich vegetativ durch basale Ausläufer.

Saure Böden

Mentha pulegium, Lamiaceae (Lippenblütler)
Poleiminze
Staude mit unterirdischen und oberirdischen Ausläufern, Pflanze niederliegend-aufsteigend
10 bis 30 cm hoch

Blüten in kugeligen Scheinquirlen, violett, seltener weiß. VII–IX, Insektenbestäubung.

Die Poleiminze läßt sich als Kriechpionier vorzugsweise bei Rekultivierungsmaßnahmen einsetzen. Im Überschwemmungsbereich und in den Sumpfwiesen breitet sie sich ausläufertreibend aus. In wintermilden Klimalagen fühlt sie sich in den Flutmulden auf nährstoffreichen und kalkarmen Humusböden sehr wohl.

Der scharfe Geruch von *Mentha pulegium* rührt von dem Polei-Öl her. In der Homöopathie werden Essenzen bei Magen-Darm-Beschwerden und Blähungen verordnet.

Tiere

In den Lebensräumen von Überschwemmungsgebieten hat sich eine Fülle von Kleinst- und Kleinlebewesen angesiedelt, von denen viele auf ganz bestimmte einheimische Nahrungspflanzen angewiesen sind. Das Blaukehlchen und die Grasfrösche bevorzugen diese Feuchtgebiete, wo Kerbtiere und deren Larven, Weichtiere und Würmer optimale Lebensräume finden. Durch die Wasserstandssenkung im Winter sind die Grasfrösche besonders gefährdet. Durch Erfrieren kann es zum völligen Erlöschen ganzer Populationen kommen.

Sumpfwiesen

Durch die Agrar-Melioration werden Pflanzen der Feuchtgebiete immer mehr verdrängt. Die Anlage natürlicher Lebensbereiche ist bei ökologisch richtiger Anwendung eine der wichtigsten Voraussetzungen für die Gestaltung von Gartenbiotopen. Das Eingehen auf die jeweiligen Boden- und Feuchtigkeitsverhältnisse setzt die Verwendung einer standortgerechten Vegetation voraus. *Sparganium erectum, Iris sibirica* und *Gladiolus palustris* sind an nasse, zeitweise flach überschwemmte Standorte gebunden. Durch den regelmäßigen Hochwasserstand im Sommer geraten die

Pflanzen in eine Überschwemmungszone. Nach dem Sinken des Wasserstandes im Herbst können sie relativ trocken überwintern. Um ein Gleichgewicht darzustellen, muß im Sommer das künstliche Biotop durch Anstau des Wassers oder Einbau von Rieselschläuchen gut durchgefeuchtet werden.

Wenn ein Grundstück von Sickerwasser durchzogen wird und ein basenreicher, humoser Tonboden vorliegt, ist die Kultur von *Trollius europaeus, Scutellaria hastifolia* oder von *Carex vulpina* kein Problem. Die Natur gibt uns dabei Informationen über die richtige Zusammenstellung der Pflanzengruppen. Die Artenzahl reduziert sich in den kleinen Ersatzbiotopen auf einen Bruchteil ihrer ökologischen Vielfalt. Erst nach der Vorbereitung des anstehenden Bodens oder Aufbringen eines geeigneten Erdgemisches lassen sich im Spätsommer oder im zeitigen Frühjahr Sumpfwiesen bepflanzen, die Knollen und Zwiebeln auslegen. Günstige Voraussetzungen bietet ⅓ gut verrotteter Kompost oder humose Landerde. Mit ⅔ Lauberde, Rinden- oder Holzkompost wird dem Boden die notwendige Säure zugeführt. Das Gemisch wird in einer Substrathöhe von 30 bis 50 cm auf den gewachsenen Boden aufgebracht. Inwieweit es möglich ist, ein Ökosystem zu bilden und eine Lebensgemeinschaft nachzuvollziehen, hängt von der Wasserversorgung der Pflanzen ab. Sumpfwiesen, die im Sommer von einem vorbeifließenden Bach oder aus Rieselschläuchen gespeist werden, lassen sich im Winter trocken halten. Die feuchte, sumpfige Wiese kann nur betreten werden, wenn ein Bohlensteg gebaut wird. Die Blätter der Stauden sterben im Herbst ab. Ebenso schnell wie sie im April–Mai erschienen sind, ziehen sie ein und hinterlassen im Winter wertvollen Humus.

Alkalische Böden

Apium graveolens, Apiaceae (Doldengewächse)
Sellerie
Ein- bis zweijährig mit durchdringendem Selleriegeruch und rundlich-rübenförmigen Wurzeln
30 bis 80 cm hoch

Blütendolden weiß, oft ins Grünliche spielend. VI–X, Kotfliegen und Schwebfliegen.

Der Sellerie läßt sich in jedem kalk- und salzhaltigen Schlammboden ansiedeln. *Apium graveolens* ist in den Sumpfwiesen nicht auf NaCl angewiesen. Als licht- und wärmeliebende Pionierpflanze stellt es hohe Anforderungen. Der Boden soll nährstoffreich, humos und feucht sein.

Der Sellerie riecht stark aromatisch. Die wildwachsenden Herkünfte schmecken bitterlich-scharf. Die dünnen Wurzeln sind spindelförmig hart und nicht eßbar. Nur die Laubblätter werden als Kuchengewürz den Suppen und Kartoffelgerichten beigegeben. Vom Knollensellerie, der aus den Gärten verwildert auf Ödland vorkommt, lassen sich die Wurzelknollen zu Gemüsegerichten und Salaten verwenden.

Carex vulpina, Cyperaceae (Sauergräser)
Fuchssegge
Staude, dichte Rasen bildend
30 bis 70 cm hoch

Ährenartiger Blütenstand, aus 5 bis 8 Ährchen bestehend. V–VI, Windbestäubung.

Die Fuchssegge läßt sich bestandsbildend in Naßwiesen ansiedeln. Sie bildet dichte Rasen und ist bis 100 cm tief wurzelnd. *Carex vulpina* wächst auch in kalkarmen, mäßig sauren, humosen, sandigen und reinen Lehmböden.

Scutellaria hastifolia, Lamiaceae (Lippenblütler)
Spießblättriges Helmkraut
Staude
10 bis 40 cm hoch

Blüten in Scheinähren, am Stengelende gehäuft, blauviolett. VI–VIII, Insektenbestäubung.

Die Ansiedlung von *Scutellaria hastifolia* erfolgt häufig spontan durch Wasservögel. Sie wächst als Licht-Halbschattenpflanze zwischen Weidengebüsch, aber auch in der Verlandungsgesellschaft an Gräben und wechselnassen Sumpfwiesen.

Sparganium erectum, Sparganiaceae (Igelkolbengewächse)
Aufrechter Igelkolben, Verzweigter Igelkolben
Staude mit kriechendem Wurzelstock
30 bis 50 cm hoch
Blütenstand ästig-rispig. Fruchtköpfchen mit Schnäbeln. VI–VIII, Wind- und Selbstbestäubung.

Sparganium erectum läßt sich als Verlandungspionier in den kalkhaltigen Schlammböden langsam fließender Gewässer bis in 0,5 m Tiefe, pflanzen. Der Aufrechte Igelkolben wächst bevorzugt in nährstoffreichen Sumpfwiesen oder im Röhricht von Gräben und Tümpeln.

Trollius europaeus, Ranunculaceae (Hahnenfußgewächse)
Trollblume
Staude
10 bis 50 cm hoch
Blüten goldgelb bis grüngelb, fast kreisrund. V–VI, Bienen und Hummeln zwängen sich ins Blüteninnere. Kleinere Käfer, Fliegen und Hautflügler kriechen durch die Öffnung der Blütenhülle.

Die Trollblumen sind bodenvage Lichtpflanzen, die auf kalkreichen und kalkarmen, auf Sand- und Lehmböden gedeihen. Auf feuchtem und nahrhaftem Boden sind sie förmlich von ihren gelben Blütenbällen überladen.

Neutrale Böden

Allium schoenoprasum, Liliaceae (Liliengewächse)
Schnittlauch
Staude mit unvollkommener länglicher Zwiebel
10 bis 30 cm hoch
Scheindolde, kugelig bis halbkugelig, ohne Brutzwiebeln, bläulich-rosarot. V–VIII, Insektenbestäubung.

Auf den Sumpfwiesen läßt sich der Schnittlauch in größeren Beständen ansiedeln. Er wächst vorzugsweise auf nährstoffreichen Sand- und Kiesböden. Gelegentlich siedelt er sich auch an quelligen Stellen und an den Ufern von Bachläufen an.

Der wildwachsende Schnittlauch hat als Stammpflanze des Garten-Schnittlauchs einen gewürzhaften Geschmack. Die röhrigen Laubblätter riechen zwiebelartig. Sie enthalten neben Knoblauchöl Vitamine und Mineralstoffe.

Carex riparia, Cyperaceae (Sauergräser)
Ufersegge
Staude mit unterirdisch kriechenden Ausläufern
60 bis 150 cm hoch
Blütenstand 40 cm lang, 2 bis 6 männliche und 3 bis 4 weibliche Ährchen. V–VI, Windbestäubung.

Die Ufersegge ist die größte unter den einheimischen Seggen. Sie kann mit ihren langen unterirdisch kriechenden Ausläufern sehr lästig werden. Eignet sich gut für staunasse, zeitweilig überschwemmte, nährstoffreiche Lehm- oder Torfböden.

Fritillaria meleagris, Liliaceae (Liliengewächse)
Schachblume
Staude mit fast kugeligen Zwiebeln
15 bis 30 cm hoch
Giftig!
Blüten bauchig-glockig, überhängend, schachbrettartig gezeichnet, rotbraun, selten ganz weiß. IV–V, Erdhummeln, Bienen.

Die Schachbrettblume behauptet an einem sonnigen, nicht zu trockenen Standort ihren Platz im Garten. Die beste Legezeit für die Zwiebeln ist im September. In einer

Tiefe von 8 bis 10 cm finden sie eine zusagende Bodenkühle. Ein leicht saurer, humoser Boden wird von den Pflanzen bevorzugt. Wenn im Frühsommer mit einer leichten Stalldunggabe nachgeholfen wird, läßt sich das Wachstum, die Blühfreudigkeit und eine reiche Brutzwiebelbildung unterstützen. Die weißblühenden Exemplare beginnen gelegentlich zu dominieren.

Gladiolus palustris, Iridaceae (Schwertliliengewächse)
Sumpfsiegwurz
Staude mit eiförmiger Knolle, netzig gefaserte Knollenhülle
30 bis 60 cm hoch

3- bis 7blütig, purpurrot, mit stark gekrümmter Röhre. V–VI, Hummeln.

In den Überschwemmungszonen ist *Gladiolus palustris* vor der Konkurrenz der Landpflanzen geschützt. Wenn ein Grundstück von Sickerwasser durchzogen wird und ein basenreicher, humoser Tonboden vorliegt, ist die Kultur der Sumpfsiegwurz kein Problem. Die nußgroßen Knollen werden im Spätsommer oder im zeitigen Frühjahr in 15 bis 20 cm Tiefe ausgelegt. Durch den Hochwasserstand im Sommer geraten die Pflanzen in eine Überschwemmungszone. Nach dem Sinken des Wasserstandes im Herbst können sie relativ trocken überwintern.

Iris sibirica, Iridaceae (Schwertliliengewächse)
Sibirische Schwertlilie,
Blaue Schwertlilie
Staude, dichte Rasen bildend, Laubblätter grasartig
30 bis 60 cm hoch

1- bis 3blütig, blauviolett, wohlriechend. V–VI, Insektenbestäubung.

Die Sibirische Schwertlilie gedeiht prachtvoll auf wechselnassen Lehm- und Schlickböden. Die beste Pflanzzeit liegt in den Frühjahrswochen. Man wird sie immer etwas gesellig in den Sumpfwiesen verwenden. *Iris sibirica* entwickelt ihre Blätter und Blüten so frühzeitig, daß die Pflanze zur Zeit des Streuschnitts durch die Mahd nicht mehr geschwächt wird.

Mentha arvensis, Lamiaceae (Lippenblütler)
Ackerminze
Staude mit unterirdischen wie oberirdischen Ausläufern
5 bis 25 cm hoch
Aromatisch riechend

Gesamtblütenstand aus 8 bis 12 Scheinquirlen gebildet. Lila. VII–IX, Insektenbestäubung.

Die Ackerminze läßt sich in den Sumpfwiesen als Kriechpionier bestandsbildend verwenden. Sie liebt feuchte und nährstoffreiche sandige Lehmböden. Als Vernässungszeiger bis 40 cm tief wurzelnd.

Veronica longifolia, Scrophulariaceae (Braunwurzgewächse)
(Pseudolysimachion longifolium)
Langblättriger Ehrenpreis
Staude mit kurzem Rhizom
60 bis 100 cm hoch

Blühender Trieb bis 120 cm hoch, hellblau, selten weiß oder rötlich. VI–VIII, Insektenbestäubung.

Der Standort von *Veronica longifolia* kann naß bis wechselnaß, zeitweilig auch überflutet sein. Das kalkarme bis kalkreiche Substrat sollte nährstoffreich sein und aus einem humosen Lehm- oder Torfboden bestehen. Als Licht-Halbschattenpflanze läßt sich der Langblättrige Ehrenpreis in den Saum der Lorbeerweide *(Salix pentandra)* pflanzen.

Saure Böden
Ranunuclus flammula, Ranunculaceae (Hahnenfußgewächse)
Brennender Hahnenfuß
Staude, wurzelt an allen unteren Knoten. Stengel niederliegend-aufsteigend
10 bis 50 cm hoch
Giftig!
Blüten einzeln oder zu vielen, blaßgelbglänzend. V–IX, Käfer, Fliegen und Bienen.

Als Erstbesiedler und Kriechpionier läßt sich *Ranunculus flammula* auf den Sumpfwiesen, an Ufern und Gräben verwenden. Er wird vorzugsweise außerhalb der Wassergrenzlinie in einen feuchten bis nassen Sumpfhumusboden gepflanzt. Der Brennende Hahnenfuß wandert häufig in die Flachwasserzone ein.

Salix pentandra, Salicaceae (Weidengewächse)
Lorbeerweide
Strauch- oder baumartig mit eiförmigelliptischen, lorbeerähnlichen Blättern
4 bis 12 m hoch
Kätzchen. V–VI, Insektenbestäubung.

In Sumpfwiesen mit weichem, kalkfreiem Wasser läßt sich die Lorbeerweide in torfig-humose oder sandige Lehmböden pflanzen. *Salix pentandra* steht am besten an den Ufern von Bächen. Auf nährstoffreichen Substraten ist eine Vergesellschaftung mit Wurzelkriechern zu empfehlen.

Tiere
Die Sumpfwiesen enthalten eine charakteristische Tiergesellschaft. In derartigen Biotopen leben Heuschrecken, Würmer und Wanzen. Die Blüten werden von Kot- und Schwebfliegen, Bienen, Hummeln und Käfern beflogen. An den Stengeln der Trollblumen findet man verschiedentlich die Schaumzikade. Als Pollenspender ist die Lorbeerweide eine wertvolle Bienenweide. In den feuchten Wiesen machen sich die Erdkröten als natürliche Schädlingsvernichter nützlich. Sie stehen unter Naturschutz. Die Erdkröten vertilgen schädliche Kerbtiere und Schnecken. In einem Jagdbezirk von etwa 150 m Durchmesser ziehen sie in warmen Regennächten umher. Zu ihren Beutetieren gehören die Regenwürmer, Ameisen, Wespen und Bienen, Fliegen und Spinnen. Aus ihrem Winterquartier suchen sie in der zweiten Märzhälfte ihre Laichplätze auf. In einem stehenden Gewässer spannen die Erdkröten in rund zwei Meter langen Laichschnüren zwischen den Sumpf- und Wasserpflanzen ihr Gelege aus. Die tiefschwarzen Kaulquappen werden aufgrund ihrer Giftigkeit von manchen Feinden gemieden. Beim Aufnehmen von Erdkröten sollte man vorsichtig sein. Hinter den Augen scheiden sie bei starkem Druck aus langgezogenen Drüsen ein giftiges Sekret aus, das Augen, Nasen- und Mundschleimhäute reizt und, in Wunden gespritzt, als starkes Gift wirkt. Beim Berühren der Erdkröten bekommt man dagegen keine Warzen. Ende September, Anfang Oktober, graben sie sich im Waldsaum ein und überwintern in der Erde. Unter den Vögeln suchen die Sumpfmeisen, Sumpfrohrsänger, der Wachtelkönig und der Feldschwirl die abgemähten Sumpfwiesen auf. Die Vögel tragen zur Verbreitung der Samen des Brennenden Hahnenfußes, der Ufer- und Fuchssegge, des Helmkrautes und des Igelkolbens bei. Das Laub der Trollblume wird vom Weidevieh gemieden, die *Trollius*-Wurzeln aber bevorzugt von Wühlmäusen angenagt. Viele Sumpfwiesen verlieren dadurch ihren Trollblumen-Aspekt.

Quellmoore

Wasser und Moor ist nicht zu trennen. In kleinen Mulden, Schlenken und Sümpfen siedeln sich Teichfrösche, Ringelnattern und Wasserspitzmäuse an. Dort, wo ein feuchter Graben das Gelände durchfließt, läßt sich die Anlage eines Quellmoores nachvollziehen. Ob das Wasser basenreich oder durch Humusstoffe sauer ist, entscheidet über den Pflanzenbesatz der »Quellmoore«. An den Bachufern alkalireicher Böden lassen sich die Wasser- und Roßminze ansiedeln und die Ränder mit dem Breitblättrigen Wollgras bepflanzen. Um einen verlandeten Teich, der eine schmale Wasserrinne (Schlenke) enthält, können in einem sauren Rohhumusboden das Schmalblättrige Wollgras, der Moormauerpfeffer und der Sumpfehrenpreis angesiedelt werden. Im Quellsumpf wachsen ohne unser Zutun Simsen und die Ohrweide. Nach dem Ende der Vegetationsperiode bilden sich aus den weichen, schnell vergänglichen Pflanzenteilen in feuchten und nassen Lagen Moder und Torf. Die dichten Sumpfpflanzenbestände in den Quellmooren tragen durch die Wurzelausscheidungen von O_2, zu einer Sauerstoffanreicherung von Oberboden bis zum Grundwasser bei. Für ein Quellmoor von 50 Quadratmetern benötigt man zur Bodenverbesserung und Pflanzung zwei Kubikmeter Lauberde, Rinden- oder Holzkompost.

Alkalische Böden
Eriophorum latifolium, Cyperaceae (Sauergräser)
Breitblättriges Wollgras
Moorwollgras
Staude ohne Ausläufer
20 bis 50 cm hoch

Vier bis zwölf Ährchen. Vor dem Aufblühen aufrecht, später herabgebogen. IV–VI, Windbestäubung. Hypogyne Fäden bis 2,5 cm lang.

Auf kalkhaltigen Tuff- und Torfböden läßt sich mit dem Breitblättrigen Wollgras ein dichter Rasen bilden. In der Verlandungsgesellschaft von Quellmooren und in Binsenwiesen kann es auch eingestreut zwischen der Roß- und Wasserminze Verwendung finden.

Mentha aquatica, Lamiaceae (Lippenblütler)
Wasserminze, Bachminze
Staude mit unterirdischen, im Wasser
auch oberirdischen Ausläufern
20 bis 80 cm hoch
Aromatisch riechend

Blüten in halbkugeligen Scheinquirlen, Lebhaft hellviolett, lila, fleischfarben oder weiß. VII–X, Zweiflügler, Hautflügler, Käfer, Schmetterlinge, Netzflügler und Fransenflügler.

Die Wasserminze läßt sich im Röhricht, in Sumpfwiesen, an Ufern und Gräben sowie in Verbindung mit Auengehölzen anpflanzen. In den Quellbächen mit gleichmäßiger Temperatur von 7 bis 15 °C dringt *Mentha aquatica* als Kriechwurzel-Pionier bis in eine Wassertiefe von zwei Meter vor. Sie bildet dabei sterile Wasserformen mit langen Ausläufern.

In einem alten Kräuterbuch wird die harn- und windtreibende Eigenschaft der Wasserminze gelobt. »Von Kälte herrührende Kopfschmerzen werden behoben, wenn man die frischen Blätter zerquetscht und als Pflaster auf die Stirn legt; in gleicher Art werden Wespen- und Bienenstiche rasch geheilt.«

Vor der Blüte geschnittene Blätter sind eine beliebte Würzzugabe in Salaten. Das ätherische Öl der Wasserminze ist in Sommergetränken milder als die mentholhaltige Pfefferminze. Der Teeaufguß wird bei Magen-Darm-Beschwerden getrunken und ist ein gutes Mittel gegen Übelkeit und Erbrechen.

Mentha longifolia, Lamiaceae (Lippenblütler)
Roßminze
Staude mit unterirdischen Ausläufern.
Mild aromatisch duftend
30 bis 80 cm hoch

Blüten in rispig gehäuften Scheinähren, lila bis fleischfarben. VII–IX, Insektenbestäubung.

Die Roßminze läßt sich gesellig auf nassen und nährstoffreichen Humus-, Sand- und Tonböden ansiedeln. Als Wurzelkriech-Pionier kann *Mentha longifolia* unter Auengehölzen, in Naßweiden, an Riedgräben und Bächen stehen.

Neutrale Böden
Valeriana dioica, Valerianaceae (Baldriangewächse)
Sumpfbaldrian
Staude mit unterirdischen Ausläufern
10 bis 20 cm hoch

Zweihäusig, männliche Krone rosa, Krone der weiblichen Blüten weiß, wohlriechend. V–VI, Insektenbestäubung.

Den Sumpfbaldrian kann man in den Quellmooren auf stausicker- und wechselnassen Standorten als Humuskriecher pflanzen. In nährstoffreichen Sumpf-Humusböden breitet er sich Ausläufer treibend aus. Nach der Bildung einer Laubrosette beginnt *Valeriana dioica* nach erneutem ausläuferartigem Wachstum zu blühen.

Saure Böden
Eriophorum angustifolium, Cyperaceae (Sauergräser)
Schmalblättriges Wollgras,
Torfwollgras
Staude mit 5 bis 20 cm langen
Ausläufern
20 bis 50 cm hoch

3 bis 5 überhängende Ährchen. III–V, Windbestäubung. Hypogyne Fäden 4 bis 5 cm lang.

Das Schmalblättrige Wollgras wurzelt bis in 50 cm Tiefe. In feuchten Böden verlaufen die Ausläufer flach in der Erde. Als Wurzel-Kriechpionier erträgt *Eriophorum angustifolium* eine Abdeckung mit Torf. Nach einer Übererdung bestockt sich der Haupttrieb und aus den Niederblattachsen bilden sich Seitensprosse, die im nächsten Jahr in Blüte kommen und ihrerseits wieder Ausläufer bilden.

Salix aurita, Salicaceae (Weidengewächse)
Ohrweide
Strauch, bis 4 cm lange Blätter,
wellig gesägt
1,5 bis 3 m hoch

Kätzchen. IV–V, Insektenbestäubung.

Die Ohrweide ist ein sparrig wachsender Strauch mit großer Flächenausdehnung. Im Bereich von Flach- und Quellmooren, nassen Wiesen und feuchten Waldstellen, als Ufer- und Böschungsbefestiger läßt sich *Salix aurita* in humosen oder torfigen Sand- und Tonböden verwenden.

Sedum villosum, Crassulaceae (Dickblattgewächse)
Behaarter Mauerpfeffer
Moormauerpfeffer
Einjährig, zweijährig oder Staude
5 bis 15 cm hoch

Blüten in lockeren Doldentrauben, rosarot. VI–VII, Insektenbestäubung.

Der Behaarte Mauerpfeffer breitet sich vegetativ durch Adventivsprosse aus. In den Blattachseln bilden sich leicht abfallende Pflanzenorgane, die auf nassen Sumpfhumus- oder Torfböden weiterwachsen. In den Quellmooren kommt *Sedum villosum* zusammen mit dem Sumpfehrenpreis und dem Schmalblättrigen Wollgras in Gemeinschaft mit der Ohrweide zur Anpflanzung.

Veronica scutellata, Scrophulariaceae (Braunwurzgewächse)
Sumpfehrenpreis, Schildehrenpreis   Floreszenz locker traubenförmig 8- bis
Staude mit Ausläufern   14blütig, weiß, blaß violett oder blaß
5 bis 30 cm hoch   fleischfarben. VI–IX, Insektenbestäubung.

Der Sumpfehrenpreis breitet sich als Kriechpionier an zeitweise überschwemmten Stellen aus. Seine niederliegenden Triebe bewurzeln sich in gewissen Abständen. Ausläufertreibend vermögen einzelne Pflanzen große Flächen zu bedecken.

Tiere

Ohne unser Zutun stellen sich in den Quellmooren bereits im ersten Jahr zahlreiche Tierarten ein. Libellen und Wasserkäfer beziehen sehr schnell diese Lebensräume. Alte Baumstümpfe bieten im Uferbereich zusätzlichen Lebensraum für holzbewohnende Insektenarten. Die hohlen Stengel von Stauden sind begehrte Winterquartiere von Kleinlebewesen. Eine Mückenplage wird durch Frösche, Kröten und Molche verhindert.

Flachmoore

Die Flachmoore sind weitgehend aus dem Landschaftsbild verschwunden. Eine Wiedervernässung, ein Aufstau des Niederschlagswassers, ist der erste Schritt zur Wiederherstellung der natürlichen, torfbildenden Vegetation. Im Garten läßt sich aus der Verlandung von Gewässern heraus ein Flachmoor (Niederungs-, Grünlands- oder Wiesenmoor) aufbauen. Es bildet sich in mehr oder weniger gefülltem Gelände. Wo Quellwasser austritt, die Mulden vom Grundwasser oder von einem vorbeifließenden Bach gespeist werden, kommt es bei einem übermäßigen Anfall von Biomasse zu einer starken Anhäufung wenig zersetzter Pflanzenreste. Je nach Qualität des Wassers und eines mineralreichen oder mineralfreien Untergrundes setzt unter Sauerstoffmangel die Torfbildung ein. Ökologische Grenzen lassen sich in einem Grundwassermoor schwer festlegen. Es steht pflanzensoziologisch in enger Nachbarschaft zu den Hochmooren. Eine ökologische Mittelstellung nimmt das Übergangsmoor (Zwischenmoor) ein, das die Flachmoore räumlich von den Hochmooren trennt. Hoch- und Flachmoore unterscheiden sich durch den Gehalt an Nährstoffen und den leicht meßbaren pH-Wert des Rohhumus. Die Flachmoortorfe sind meist kalk- und stickstoffreich und schwach sauer. Die Wurzeln der Moorpflanzen dringen nicht weit nach unten. Für die Anlage eines Flachmoors genügt eine 20 bis 30 cm hohe Torfschicht. Es werden kalkreiche, oder zumindest nicht extrem saure Torfe verwendet. Auf abgetorften Flächen soll über dem mineralischen Untergrund eine gewachsene Torfschicht, möglichst Schwarztorf von mindestens 50 cm Mächtigkeit verbleiben, sowie eine 30 cm starke Bunkschicht. Die Bunkschicht enthält ein Samen- und Sporenpotential. Bei Wiedervernässung kann sie als Keimschicht aufschwimmen. Die humusreichen Böden haben höhere Stickstoffverluste als humusarme, was bei unseren nitratreichen Niederschlägen nicht unbedingt eine Stickstoffdüngung bedingt. Das eutrophe Flachmoor ist botanisch sehr formenreich. Etliche Arten kommen auf kalkhaltigen Böden so häufig wie auf kalkarmen Torfen vor. In diesem heterogenen Übergangsmoor, dessen Pflanzen teils dem Flachmoor und teils schon dem Hochmoor angehören, bildet sich eine Mischflora.

Moorpflanzen können als »Initialzündung« ausgepflanzt werden. Das Pflanzenmaterial sollte aus nächster Umgebung stammen. Vom Flachmoor über das Ufer bis zum tiefen Wasser wächst das Sumpfhelmkraut *(Scutellaria galericulata)* mit der Torfsegge *(Carex davalliana)*, dem Sumpfherzblatt *(Parnassia palustris)*, dem Tarant *(Swertia perennis)*, dem Weißen Germer *(Veratrum album)*, der Engelwurz *(Angelica archangelica)*, dem Gelbweiderich *(Lysimachia vulgaris)*, der Jakobsleiter *(Polemonium caeruleum)*, Scheuchzers Wollgras *(Eriophorum scheuchzeri)* oder dem Bitterklee *(Menyanthes trifoliata)*.

Alkalische Böden
Carex davalliana, Cyperaceae (Sauergräser)
Torfsegge   Endständiges Ährchen. Zweihäusig.
Staude, dichte Rasen bildend   IV–VI, Windbestäubung.
10 bis 50 cm hoch
Die Torfsegge zeichnet sich durch dunkelbraune Blattscheiden und dunkelgrüne Blätter aus. Sie bildet einen festen Rasen. Ihre aufrechten Stengel werden leicht vom Wind bewegt. In den Flach- und Quellmooren läßt sich *Carex davalliana* in jedem kalkreichen Tuff- oder Torfboden gesellig ansiedeln.

Coriandrum sativum, Apiaceae (Doldengewächse)
Koriander   Blütendolden, weiß oder rötlich.
Einjährig   VI–VII, Bienen.
30 bis 60 cm hoch
Der Koriander ist eine alte Gewürz- und Heilpflanze, die seit dem 16. Jahrhundert angebaut wird. Nicht selten ist er in Getreidefeldern, auf Gartenland, in Weinbergen und auf Brachen verwildert. Neuerdings trifft man *Coriandrum sativum* auch auf Flachmooren an. Auf Flächen, die nicht in Kulturland umgewandelt werden, läßt sich im April der Koriander aussäen. Nach der Samenreife sterben die Pflanzen ab. Durch die Früchte, die leicht abfallen, verbreitet sich *Coriandrum sativum* über das ganze Flachmoor.

Der Koriander ist als Geschmackskorrigens bekannt. Seine Spaltfrüchte werden bei der Herstellung von Backwaren verarbeitet.

Parnassia palustris, Saxifragaceae (Steinbrechgewächse)
Sumpfherzblatt   Blüten weiß, sehr selten blaß rosenrot.
Staude, rosettig beblättertes Rhizom   VII–X, Fliegen.
5 bis 30 cm hoch
Parnassia palustris kann in den Sumpf-Humusböden der Flachmoore und auf weniger humosen Löß- und Lehmböden versumpfter Wiesen gepflanzt werden. Als Tiefwurzler besiedelt das Sumpfherzblatt noch den Kalk-Magerrasen. Als Begleitpflanze in Kalkflachmooren läßt es sich zusammen mit dem Tarant oder dem Weißen Germer ausbringen.

Oben: Hauptbestandteil des Hochmoortorfes ist das Torfmoos *(Sphagnum)*.
Unten: Eine Schlenke, die mit Wasser gefüllt ist, wird von grasartigen Blütenpflanzen besiedelt. In den Vertiefungen können – oft im Wasser stehend – interessante Pflanzen angesiedelt werden.

Swertia perennis, Gentianaceae (Enziangewächse)
Tarant   Blüten in Trugdolde, Krone radförmig,
Staude   stahlblau bis schmutzig-violett, dunkel
15 bis 25 cm hoch   punktiert. VII–IX, Fliegen und Käfer.
Der Tarant hat eine Vorliebe für kalkreiche Flachmoore. Hinsichtlich der Erdansprüche ist *Swertia perennis* nicht sehr wählerisch. Sie läßt sich in jedem nährstoff- und basenreichen Sumpf-Humusboden gesellig ansiedeln.

Veratrum album, Liliaceae (Liliengewächse)
Weißer Germer   Blütenstand eine ährenartige Traube,
Staude   weiß oder gelblichgrün bis grünlich.
50 bis 150 cm hoch   Verbreiten bei Sonnenschein einen be-
Giftig!   täubenden Geruch. VI–VIII, Fliegen,
   Schlupfwespen, Falter.
Veratrum album läßt sich in den kalkhaltigen Flachmooren mit *Swertia perennis, Parnassia palustris, Coriandrum sativum* und *Carex davalliana* vergesellschaften. Ein Verbreitungsschwerpunkt des Weißen Germers sind auch die Alpenweiden und Hochstaudenfluren, wo er häufig gesellig vorkommt.

Neutrale Böden

Angelica archangelica, Apiaceae (Doldengewächse)
Engelwurz   Blütendolden, grün, grünlichweiß oder
Zwei- bis vierjährig   gelblich bis gelb. Honigduft. VII–VIII,
100 bis 250 cm hoch   Insektenbestäubung.
Grundachse rübenförmig

Die Engelwurz kommt in den Flachmooren, an Gräben und im Grauweidengebüsch als Solitärpflanze gut zur Wirkung. Sie erreicht nach zwei Jahren ihre volle Entwicklung und stirbt nach einmaligem Blühen und Fruchten ab. Aus der rübenförmig verdickten Pfahlwurzel läßt sich die Engelwurz durch Wurzeltriebe vermehren. Die Pflanze sät sich im Herbst selbst aus und verbreitet sich so über das Flachmoor.

Die scharf- und bitterschmeckende Wurzel sowie die Frucht riechen nach Benediktinerlikör. Durch Wasserdampfdestillation wird aus den Wurzeln und aus den Samen Angelikaöl gewonnen. Diese farblosen, balsamisch, pfefferartig schmeckenden Öle finden für Likör-Essenzen Verwendung.

Die Angelikawurzeln wirken als Magen-Darmmittel krampflösend. Zwei gehäufte Teelöffel mit einer Tasse kaltem Wasser übergießen, zum Sieden bringen, zwei Minuten lang kochen und kurz ziehen lassen.

Lysimachia vulgaris, Primulaceae (Primelgewächse)
Gelbweiderich, Goldgilbweiderich   Blüten in lang gestielten Trauben, gold-
Staude mit unterirdischen Ausläufern   gelb. VI–VIII, Fliegen, Hautflügler
50 bis 150 cm hoch   und Selbstbestäubung.

Oben: Eingrünung und Folgenutzung eines Baggersees. Dabei sind die Uferpartien und der Lebensraum Kiesinsel von besonderer Bedeutung.
Unten: Bei der Schaffung eines landschaftsgerecht eingebundenen Baggersees kommt der Uferbepflanzung eine besondere Bedeutung zu.

Lysimachia vulgaris kommt in den Verlandungszonen von Quellen und Bächen, im Ufergebüsch und zwischen feuchten Grauweidenbeständen zur Anpflanzung. Sie bildet am Ende ihrer langen, unterirdischen Ausläufer Erneuerungsknospen, mit denen sie im Mai an die Oberfläche kommt. Als Bodenbefestiger kommt ihr dabei eine wichtige Aufgabe zu. Die Sukzession ist nicht nur auf moorige Stauden- und Gehölzfluren beschränkt. Die Staude breitet sich mittels Ausläufer auch über Sand- und Lehmböden aus.

Polemonium caeruleum, Polemoniaceae (Sperrkrautgewächse)

Jakobsleiter, Himmelsleiter, Sperrkraut	Blüten in langer Rispe, Krone glockig, fast radförmig, himmelblau, am Grund weißlich. VI–IX, Bienen und Selbstbestäubung.
Staude	
30 bis 80 cm hoch	

Die Pflanze gehört seit dem Mittelalter als Zier- und Heilpflanze zur Flora des Bauerngartens. Wird vielfach als Kulturflüchtling angesehen, die neben *Angelica archangelica* und *Lysimachia vulgaris* zu den Besiedlern von Flachmooren gehört. In den feuchten und moorigen Wiesen läßt sich *Polemonium caeruleum* auch im Grauweidengebüsch als Halbschattenpflanze ansiedeln.

Salix cinerea, Salicaceae (Weidengewächse)

Grauweide	Kätzchen. III–IV, Insektenbestäubung.
Strauch, selten baumartig	
2 bis 5 m hoch	
Blätter bis 10 cm lang, Blattrand fein gesägt	

Die Grauweide läßt sich als Pioniergehölz der Flachmoore an sumpfigen Standorten verwenden. Sie gedeiht im Uferbereich, auf Moorwiesen, an Moorrändern und Gräben. Der Boden sollte neutral, torfhaltig sein oder aus humosen Sand- oder Tonerden bestehen.

Saure Böden

Eriophorum scheuchzeri, Cyperaceae (Sauergräser)

Scheuchzers Wollgras	Endständiges, aufrechtes Ährchen.
Staude mit unterirdischen Ausläufern	VI–IX, Windbestäubung. Hypogyne
10 bis 30 cm hoch	Fäden bis 3 cm lang.

Eriophorum scheuchzeri kommt gesellig in der Moorlandschaft vor. Mit seinen langen, rotbraunen Ausläufern bildet das Wollgras Rasen und dringt an den Ufern von Tümpeln und Sumpfrändern weit ins Wasser vor.

Menyanthes trifoliata, Gentianaceae (Enziangewächse)

Bitterklee, Fieberklee	Blüten in einer gedrungen-kegelförmigen Traube, zwitterig, Krone etwas fleischig, weiß mit rosafarbenen Anflügen. V–VI, Hummeln.
Staude mit kriechendem Wurzelstock, der in einen aufsteigenden Stengel übergeht	
15 bis 25 cm hoch	

Als Verlandungs-Kriechpionier läßt sich der Bitterklee in den verschiedensten Moortypen, besonders in den Flachmooren, verwenden. Seine bis 2 m langen, fingerdicken Rhizome, tragen in Teichen und Torfstichen zur Verlandung bei. Im offenen Wasser bildet die Pflanze eine submerse Wasserform. Auf zeitweise überschwemmten Böden treten Seichtwasserformen auf. Im Winter überdauert der Bitterklee mit seinen Rhizomen. Durch ihre Schwimmfrüchte zeigt *Menyanthes trifoliata* meist eine Wasserverbreitung.

Saxifraga hirculus, Saxifragaceae (Steinbrechgewächse)
Moorsteinbrech, Bocksteinbrech
Staude mit kurzen, beblätterten Ausläufern
10 bis 30 cm hoch

Blüten in Scheindolde, einzeln oder zu zweien bis fünf, gelb. VII–IX, Fliegen.

Auf zeitweilig überschwemmten Torfschlammböden und moosreichen Standorten läßt sich der Moorsteinbrech zusammen mit dem Sumpfveilchen, dem Bitterklee und *Eriophorum scheuchzeri* zur Anpflanzung bringen. In den Torfsümpfen, Zwischenmooren und *Sphagnum*-Polstern hat *Saxifraga hirculus* keine Mühe, sich mit ihren unterirdischen Ausläufern auszubreiten.

Viola palustris, Violaceae (Veilchengewächse)
Sumpfveilchen
Rosettenstaude mit kriechenden Bodenausläufern
3 bis 12 cm hoch

Blüten geruchlos, blaß-rötlich-lila bis fast weißlich. IV–VI, Insekten- und Selbstbestäubung.

Auf sickernassen Sumpf-Humusböden wurzelt das Sumpfveilchen bis 15 cm tief. Seine Grundachse kriecht in den Torfmooren und bedeckt oft große Flächen. Generativ breitet *Viola palustris* ihre Samen durch einen Schleudermechanismus aus. Im Uferbereich läßt sich das Sumpfveilchen in den Verlandungs-Beständen in Gemeinschaft mit dem Bitterklee verwenden.

Tiere

Salix cinerea bietet als Kopfweide gute Brutplätze für die Vogelwelt. In den Flachmooren kommen die Rohrammer, der Rohrsänger und Feldschwirl vor. Die zierliche Moorente siedelt sich auf den flachen und pflanzenreichen Moortümpeln an, wo sie sich im dichten Schilfgürtel verbirgt. Für die vielen Vögel, den Moorfrosch und die Kleinsänger bietet das weiche und fruchtbare Flachmoor zahlreiche Würmer- und Insektennahrung. Zwischen den Pflanzen gibt es eine Vielfalt an Heuschrecken, Schnabelkerfen, Fliegen, Hautflüglern und Spinnen. In den obersten fünf Zentimetern des Bodens halten sich Milben, Springschwänze und Zuckmücken auf.

Hochmoore

Die Regeneration von teilabgetorften Hochmooren ist das vorrangige Ziel des Naturschutzes. Sie entstanden aus der Verlandung oligotropher Seen. Bei vollständiger Sukzession bildet sich nach dem Stadium des Übergangsmoores das Hochmoor. Es gibt aber auch zahlreiche Hochmoore, die durch direkte Versumpfung von Bruchwäldern oder durch die Versumpfung von heidetragenden Mineralböden entstanden sind. Letztere werden als wurzelechte Hochmoore bezeichnet. Sie entstanden auf nährstoffarmen Geestböden. Etwa 5500 v. Chr. setzte in Deutschland die Hochmoorbildung ein. Die Torfmoosdecke bleibt in den jüngeren Teilen der Randbezirke niedriger. Die Torfmoose breiten sich über die gesamte Oberfläche aus. Allmählich überwuchern sie den Aufwuchs von Birken und Kiefern, bis sie schließlich auch die Bäume zum Absterben bringen. Oligotrophe Torfmoose verdrängen ihre mesotrophen Vorläufer. Die Oberfläche wölbt sich uhrglasförmig empor und führt zu dem Namen »Hochmoor«. Hauptbestandteil des Hochmoortorfs ist das Torfmoos *Sphagnum.* Durch das Zusammenwirken mehrerer Pilze und Bakterien wird unter Sauerstoffabschluß *Sphagnum*-Torf gebildet. Bei zeitweiligem oder ständigem Wasserüberschuß kann die absterbende Pflanzenmasse nicht vollständig mineralisiert werden. Sie vertorft unter Sauerstoffmangel. Die Torfe der Hochmoore sind kalk- und stickstoffarm. In den sauren, schlecht durchlüfteten Hochmoorböden bleibt die Mineralisation beim Ammoniak stehen. Die Torfmoospolster wachsen immer höher über den Untergrund hinaus, wobei die unteren Teile absterben und *Sphagnum*-Torf bilden.

Ohne gleichmäßig verteilte Niederschläge von 700 bis 800 mm oder zusätzliche Wassergaben sind Torfmoose im Flachland nicht lebensfähig.

Ausschlaggebende Bedeutung für das Wachstum der Torfmoose und ihrer Beglei- ter hat die Nährstoffarmut des Regenwassers. Die lichtbedürftigen Torfmoose wach- sen polsterartig. Die Triebe haben ein unbegrenztes Spitzenwachstum. Der Jahreszu- wachs ist sehr unterschiedlich. *Sphagnum cuspidatum*, frei in Schlenken flutend, erreicht 40 cm, während die Bultmoose *S. magellanicum* und *S. rubellum* ca. 3 bis 10 cm wachsen. Nach ca. 6 bis 10 cm Höhenwachstum knicken die Stämmchen um und lagern sich waagerecht. Die älteren Teile sterben schließlich ab und vertorfen. Die jährliche Torfbildung schwankt zwischen 0,5 und 4 mm. Torfmoose sind sehr unduldsam. Sie ertränken Bäume, überwuchern Latschen. *Scheuchzeria palustris* und *Eriophorum vaginatum* bilden Rhizomausläufer, die jährlich höher verlegt wer- den, um mit dem Wachstum der Torfmoose Schritt zu halten. Die Moosbeere *(Vaccinium oxycoccos)* wird jährlich überwachsen und muß im Frühjahr senkrechte Ausläufer treiben, bevor sie sich oberflächlich verbreitet.

In bestimmten Zellen ihrer Blätter, Äste und Stämmchen vermögen die Torf- moose das zehn- bis zwanzigfache ihres Volumens an Wasser zu speichern. Die Hochmoore sind auf Niederschläge angewiesen. Bei einem Wasserüberschuß und geringen Nährstoffen werden die wachsenden Köpfchen der Torfmoose kapillar mit Wasser versorgt. Dabei ist der Basengehalt des Grundwassers entscheidend für das Wachstum der säureliebenden Moorbeetpflanzen. Kalkreiches Grundwasser »düngt« das Substrat und verhindert jede *Sphagnum*-Kultur. Auf kleineren Moor- flächen begünstigen die Sphagnen das Wachstum der Begleitflora. Sie bringen eine höhere und gleichmäßigere Luftfeuchtigkeit mit sich. Dabei handelt es sich fast ausnahmslos um Blütenpflanzen (Phanerogamen), die mit Hilfe von Mykorrhizen in den nährstoffarmen Hochmooren den geringen Eiweißgehalt der toten Pflanzensub- stanzen nutzbar machen. Nur der Sonnentau *(Drosera)* und das Fettkraut *(Pinguicula vulgaris)* vermögen einen Teil ihres Stickstoffbedarfs aus gefangenen Tieren zu decken. Auf diesen extrem sauren Hochmooren sind die Lavendelheide *(Andromeda polifolia)*, die Torfgränke *(Chamaedaphne calyculata)*, die Moosbeere *(Vaccinium oxycoccos)* und die Rauschbeere *(Vaccinium uliginosum)*, das Rasenhaargras *(Scirpus cespitosus)* und das Kleine Helmkraut *(Scutellaria minor)* zu finden. Die Schwarze Krähenbeere *(Empetrum nigrum)* liebt etwas nährstoffreichere Standorte. Die Artenzusammenstellung ist regional sehr unterschiedlich. Ein- und zweijährige Pflanzen fehlen vollständig. Auch Zwiebel- und Knollengewächse sind nicht vorhan- den. Ihre Überdauerungsorgane könnten dem Zuwachs des Torfes nicht folgen. Bedeutend ist die Gruppe der langsam wachsenden Zwergsträucher. Daneben gibt es Pflanzen, die ihre Sproßknospen jährlich mittels Ausläufern oder Rhizomen höher verlegen.

In der Regel finden wir in den Hochmooren die folgenden Arten:
Zwergsträucher: *Andromeda polifolia* – Rosmarinheide
Betula nana – Zwergbirke
Calluna vulgaris – Heidekraut
Chamaedaphne calyculata – Torfgränke
Emeptrum nigrum – Schwarze Krähenbeere

	Ledum palustre – Sumpfporst
	Vaccinium myrtillus – Heidelbeere
	Vaccinium oxycoccos – Moosbeere
	Vaccinium uliginosum – Moorbeere
	Vaccinium vitis-idaea – Preiselbeere
Grasartige Pflanzen:	*Carex limosa* – Schlammsegge
	Eriophorum vaginatum – Moorwollgras
	Rhynchospora alba – Weiße Schnabelbinse
	Scheuchzeria palustris – Blasenbinse
	Trichophorum cespitosum – Rasenbinse
Krautige Pflanzen:	*Drosera anglica* – Langblättriger Sonnentau
	Drosera intermedia (selten) – Mittlerer Sonnentau
	Drosera obovata (D. anglica x D. rotundifolia) – Bastard-Sonnentau
	Drosera rotundifolia – Rundblättriger Sonnentau
	Lycopodium inundatum - Sumpfbärlapp
	Narthecium ossifragum – Beinbrech
	Rubus chamaemorus – Moltebeere
Bäume (Krüppelformen):	*Betula pubescens* – Moorbirke
	Picea abies – Fichte
	Pinus mugo - Bergkiefer
	Pinus sylvestris – Waldkiefer

Eine regelmäßige Mahd verhindert den Gehölzanflug und verjüngt überalterte *Calluna*-Flächen. Eventuell vorhandene Sphagnen werden zerkleinert und über die Fläche verstreut.

In großen *Calluna*beständen findet man selten Birken und Fichten. *Calluna* scheint Toxine auszuscheiden, die Pilze – ausgenommen die eigenen Symbionten – abtöten.

Regeneration

Die Regeneration hat eine Wiederbelebung des Hochmoorwachstums zum Ziel. Sie ist jedoch nur ein Teilbereich im gesamten Hochmoorschutz und verliert ohne ein umfassendes Gesamtkonzept ihren Sinn. Landwirtschaftlich genutzte Moore eignen sich nicht mehr für die Regeneration. Die Voraussetzungen für ein Hochmoorwachstum sind unwiderbringlich zerstört. Diese Gebiete können allenfalls in andersgestaltete, naturnahe Biotope überführt werden.

Wenn Wasser entzogen wird, reichert sich Sauerstoff im Oberboden an. Der Humus wird verstärkt mineralisiert. Der Moorkörper sackt ab und die Vegetation degeneriert. Bäuerliche Torfstiche können aus eigener Kraft regenerieren, weil häufig Abflüsse fehlen.

Unsere Hochmoore können außerordentlich mannigfaltig gestaltet werden. Es reicht ein geringer Wurzelraum. Um der Pflanzendecke optimale Lebensbedingungen zu bieten, genügen 60 bis 100 cm Torfauflage. Sphagnen sind kaum noch vorhanden. Als torfbildende Pflanze sollte sie geschont werden. Es läßt sich auch der nackte Torf besiedeln. Der Mittlere Sonnentau *(Drosera intermedia)* und das Gemeine Fettkraut *(Pinguicula vulgaris)* ziehen Standorte auf Hochmoortorf vor, keimen bei Nässe und ertragen häufige Feuchtwechsel. Um die Sukzession zu beschleunigen, wurden teilweise Parzellen mit lebenden, torfmoosreichen Hochmoorböden belegt. Es zeigte sich, daß die bepflanzten Parzellen eine höhere Artenzahl und bessere Deckungswerte der Kraut-und Moosschicht aufwiesen. Diesen Entwicklungsvorsprung holen die unbepflanzten Parzellen allmählich durch Samen- und Sporenvermehrung und Transport von Sproßteilen auf. Wenn man sekundäre Hochmooren mit *Sphagnum palustre* belegt, erhält man niedere und flache Polster, die auf den künstlich aufgefüllten Torfen mit weniger Wasser auskommen und das volle Licht ertragen. *Sphagnum palustre* besitzt nicht die Fähigkeit zur Hochmoorbildung. Es wäre jedoch falsch, sie gegen die echten Hochmoorsphagnen wie *Sphagnum cuspidatum, S. recurvum, S. magellanicum, S. rubellum* oder *S. fuscum* auszutauschen. Dank seines größeren Nährstoffbedarfs gedeiht *S. palustre* auch in aufgedüngten Torfen. Durch die Temperaturschwankungen im Herbst wird bei *S. palustre* eine besonders intensive Rotfärbung ausgelöst. Bereits im September hebt es sich durch seine Pigmentbildung von den übrigen Sphagnen ab.

Schlenken sind kleinflächige Dellen, die mehr oder weniger wassergefüllt sind. Sie werden besiedelt von zarteren Torfmoosen und von spärlichen, meist grasartigen Blütenpflanzen. In den wassergefüllten Vertiefungen können so interessante Pflanzen wie die Schlangenwurz *(Calla palustris)* oder der Langblättrige Sonnentau *(Drosera anglica)* – oft im Wasser stehend – angesiedelt werden. In die Moortümpel gehören *Aldrovanda vesiculosa, Utricularia minor* und *U. vulgaris*.

Saure Böden

Andromeda polifolia, Ericaceae (Heidekrautgewächse)
Lavendelheide, Rosmarinheide
Halbstrauch mit weitkriechender, sich bewurzelnder Grundachse, wintergrün
5 bis 20 cm hoch
Giftig!

Blütenstände doldentraubig, hellrosa, nickend. V–VI, Langrüsselige Hummeln, Bienen, Falter und Selbstbestäubung.

Die Lavendelheide ist eine Charakterpflanze der Hochmoore, die sich in künstlich geschaffenen Anlagen, auf saurem, nährstoffarmem Torf ansiedeln läßt. In Gemeinschaft mit der Torfgränke *(Chamaedaphne calyculata),* der Schwarzen Krähenbeere *(Empetrum nigrum),* der Moosbeere *(Vaccinium oxycoccos)* und der Rauschbeere *(Vaccinium uliginosum)* breitet sie sich dem Boden anliegend in großen Polstern aus.

Die Früchte sind giftverdächtig.

Calla palustris, Araceae (Aronstabgewächse)
Schlangenwurz, Drachenwurz
Staude mit kriechender Grundachse
10 bis 30 cm hoch
Giftig!

6 bis 7 cm langes, außen grünliches, innen weißes Hüllblatt und 2 bis 3 cm lange Ähren. Im Herbst rote Beerenkolben. V–VII, Zweiflügler, kleine Käfer, Schnecken.

Die Schlangenwurz läßt sich zusammen mit *Menyanthes trifoliata, Lysimachia thyrsiflora, Comarum palustre* und *Potentilla palustris* in dauernassen Böden verwenden. Sie dringt mit ihren Rhizomen in kalkarmen Moorböden bis in 10 cm Wassertiefe vor. Jeder Vegetationspunkt des Wurzelstockes erfüllt nur zwei Jahre seine Aufgaben. In der ersten Wuchsperiode entwickeln sich aus dem Vegetationspunkt nur Blätter, im folgenden Jahr zwei weitere Blätter und der Blütenstand. Im dritten Jahr bildet sich in den Achseln des vorletzten Blattes ein Seitensproß, der im selben Rhythmus die Blatt und Blütenbildung fortsetzt.

Alle Organe sind giftig. Sie üben eine starke Reizwirkung auf die Haut und die Schleimhäute bis zur Blasenbildung aus. Es treten Übelkeit, Erbrechen, Durchfälle, Hautausschlag und Blutungen auf.

Chamaedaphne calyculata, Ericaceae (Heidekrautgewächse)
Torfgränke
Strauch mit derb ledrigen
Laubblättern
Bis 1 m hoch
Giftig!

Blüten in Trauben, hängend, einseitswendig. Glockig, weiß. III–V, Hummeln.

Die Torfgränke ist ein sehr seltener Strauch unserer Hoch- und Übergangsmoore, die sich in Gesellschaft der Lavendelheide, der Moosbeere, der Rauschbeere, dem Rundblättrigen Sonnentau *(Drosera rotundifolia)* und dem Langblättrigen Sonnentau *(D. anglica)* auf sekundären Hochmooren ansiedeln läßt. Eine starke Austrocknung des Wurzelstockes und kalkhaltige Moorböden erträgt der Strauch nicht. Die »Hochmoore« müssen für die Torfgränke und ihre Begleitflora eine stark saure Reaktion von pH 4,5 bis 5,5 aufweisen.

Empetrum nigrum, Empetraceae (Krähenbeerengewächse)
Schwarze Krähenbeere
Zwergstrauch von heidekrautartigem Aussehen, weitkriechend und teppichbildend, Laubblätter nadelförmig
30 bis 50 cm hoch

Blüten unscheinbar an kleinen Seitentrieben in den Achseln der Laubblätter, blaßrot bis dunkelpurpurn. V–VI, Fliegen, Bienen, Ameisen, Falter und Windbestäubung. Schwarzglänzende, kugelige Steinbeeren von der Größe einer Heidelbeere.

Von der Mutterpflanze sendet die Schwarze Krähenbeere weitkriechende Ausläufer aus und bildet geschlossene Herden. Vegetativ breitet sie sich als Rohhumuswurzler rasch aus und taucht dort auf, wo sie einen kalkarmen, sauren Boden findet. In einem nicht zu nährstoffarmen Torfsubstrat können die Empetrum-Sträucher ein beträchtliches Alter erreichen.

Den bitterlich schmeckenden Beeren werden, in größeren Mengen genossen, ähnliche Eigenschaften wie der Rauschbeere nachgesagt. Wenn bis zu den ersten starken Nachtfrösten mit der Beerenernte gewartet wird, werden die gefrorenen Beeren besonders wohlschmeckend.

Ledum palustre, Ericaceae (Heidekrautgewächse)
Sumpfporst
Strauch mit immergrünen, lineal-lanzettlichen, derbledrigen Laubblättern
60 bis 150 cm hoch
Giftig!

Doldentraubige Blütenstände, weiß, sternförmig. Duften besonders nachts sehr aromatisch. V–VI, Fliegen, Hummeln, Wespen und Käfer.

Der Sumpfporst findet nur in kalkfreien, feuchten, sandig-moorigen Lagen optimale Wachstumsbedingungen. Wie bei den verwandten *Rhododendron*-Arten senken sich die schmalen Laubblätter im Winter nach unten. Diese Art ist durch die Trockenlegung der Moore vom Aussterben bedroht. Seine Vermehrung und Ansiedlung in sekundären Lebensräumen ist deshalb sehr zu empfehlen.

Ledum palustre enthält ätherische Öle, die beim Menschen zu verschiedenen Krankheiten führen können.

Scirpus cespitosus, Cyperaceae (Sauergräser)
(Trichophorum cespitosum)
Rasenhaargras, Rasensimse
Staude ohne Ausläufer

Endständige Ährchen. V–VII, Windbestäubung.

In den künstlichen Hochmooren mit mehr oder weniger nährstoff- und basenarmen sauren Torfböden bildet das Rasenhaargras sehr dichte Horste. Die Pflanze bildet keine Ausläufer.

Scutellaria minor, Lamiaceae (Lippenblütler)

Kleines Helmkraut	6 bis 7 mm lange Blüten in einseitwendiger Scheintraube. Schmutzig violett. VII–VIII, Insektenbestäubung. Nektar auch kurzrüsseligen Bienen zugänglich.
Staude mit kriechender Grundachse	
5 bis 20 cm hoch	

Das Kleine Helmkraut liebt nasse, mäßig nährstoffreiche, kalkarme Torfböden. Als Humuskriecher breitet sich *S. minor* zwischen den *Sphagnum*-Beständen aus.

Vaccinium oxycoccos, Ericaceae (Heidekrautgewächse)

(Oxycoccos palustris) Moosbeere Halbstrauch, niederliegend, mit weit kriechendem verholzendem Stengel. Laubblätter wintergrün, derblederig 10 bis 30 cm hoch	Blüten zu 1 bis 4 seitenständig, nickend, Krone turbanartig, Kronblätter zusammengekrümmt, karminrosa. V–VI, Fliegen, Bienen, Hummeln und Selbstbestäubung. Beere kugelig oder birnenförmig, saftig, meist tiefrot.

Die Moosbeere schmiegt sich mit ihren Kriechsprossen ganz dem Boden an. Ihre Neigung zur Ausläuferbildung bietet der Pflanze einen vorzüglichen Schutz vor Winden und Austrocknung. In den *Sphagnum*-Polstern und als Begleiter von *Drosera rotundifolia, Andromeda polifolia, Ledum palustre, Vaccinium uliginosum, Empetrum nigrum* und *Chamaedaphne calyculata* findet *Vaccinium oxycoccos* das erforderliche Kleinklima.

Die säuerlich schmeckenden Moosbeeren munden erst richtig, wenn sie in strengen Wintern durchgefroren sind.

Vaccinium uliginosum, Ericaceae (Heidekrautgewächse)

Rauschbeere, Moosbeere, Moorbeere Strauch mit weitkriechendem Wurzelstock und stielrunden, graubraunen Zweigen. Laubblätter sommergrün, derb Bis 80 cm hoch	Blütenstände traubig an den Enden seitenständiger Zweige, weiß oder rötlich, eikrugförmig. V–VI, Hummeln, Bienen, Schwebfliegen, Falter und Selbstbestäubung. Beere kugelig oder birnenförmig, blaubereift mit farblosem Saft.

Die Neigung zur Ausläuferbildung ist bei der Rauschbeere sehr verbreitet. Sie bietet der Pflanze die Möglichkeit, mit ihrem unteriridischen Stammteil mehrere Meter weit zu kriechen und oft dichte Bestände zu bilden. Ehe die Blätter abfallen, nehmen sie eine rötliche Färbung an.

Mit dem Namen Rauschbeere verbindet sich die leicht narkotische Wirkung der kugeligen, 7 bis 10 mm großen Beeren von *Vaccinium uliginosum.* Im bayrisch-österreichischen Raum wird *Vaccinium u.* deshalb »Rauschbeere«, im niederdeutschen »Trunkelbeere« und in Niederösterreich und der Schweiz »Schwindelbeere« genannt. Die schwarzblauen Beeren sind ohne besonderes Aroma und enthalten einen farblosen Saft. In größeren Mengen genossen führen sie zu »rauschartigen Zuständen«, Schwindel, Kopfschmerzen, Übelkeit und Erbrechen.

Tiere

In den Hochmooren leben Pflanzen und Tiere, die sich den extremen Bedingungen angepaßt haben. An anderen Standorten sind sie nicht konkurrenzfähig. Mit jeder Pflanze verschwinden 20 bis 30 Tierarten, meist Wirbellose. Auch für einige bedrohte Arten anderer Lebensräume, beispielsweise für das Birkhuhn, ist das Hochmoor zum Rückzugsgebiet geworden.

Die Arealgröße ist von entscheidender Bedeutung für das Überleben der Fauna. Das Birkhuhn benötigt dabei ein Gebiet von mindestens 10 bis 15 km^2.

Das nährstoffarme Hochmoor mit seinem niederen pH-Wert ist im Gegensatz zu den Flachmooren nicht sehr artenreich. Im Hochmoor finden die Zweiflügler-Larven, Springschwänze, Milben, Nematoden und Torfwürmer günstige Lebensbedingungen. Von ihnen ernähren sich Kurzflügler und Spinnen. Wenn geeignete Lebensräume zur Verfügung stehen, stellen sich im Moor, aber auch in der Heide, an den Waldrändern oder Gebirgsfluren die Berg-, Wald- oder Mooreidechsen ein. Sie machen Jagd nach kleinen und kleinsten Bodeninsekten und deren Larven, nach Spinnen und anderen wirbellosen Tieren. Die Mooreidechse bringt im Gegensatz zu ihren Verwandten lebende Junge zur Welt. Die Tiere sind oberseits braun mit schwarzen Punkten und Flecken, wobei die Männchen rotbäuchig mit schwarzen Flecken, die Weibchen dagegen gelbbäuchig sind. Moorameisen bauen auf *Sphagnum*-Bulten ihre Nesthügel. Bulte sind kleinflächige, polsterartige Erhebungen aus Torfmoosen und ihren Begleitern. Bei mächtigen Torflagen trifft man gelegentlich auf die Erdmaus, die im Gegensatz zur Feldmaus Feuchtigkeit bevorzugt. Durch ihre Freßtätigkeit richten sie unter den Hochmoorgehölzen großen Schaden an. Zahlreiche beerenessende Vögel vermitteln die Samenverbreitung. Über größere Entfernungen werden die Steinkerne durch Krähenvögel, Tannenhäher, den Seidenschwanz, Gänse und Möwen, Kohlamseln, Wacholderdrosseln, Singdrosseln, den Brachvogel, Heidepieper, Schnee- und Steinhuhn verschleppt.

Mobiler Sumpf- und Wassergarten

Auf dem eng begrenzten Raum von Dachgärten und Terrassen lassen sich ausgefallene Hobbys pflegen. Wo nur wenige Quadratmeter zur Verfügung stehen, empfiehlt sich der mobile Sumpf- und Wassergarten. Pflanzengesellschaften, die sich in Steintrögen, Plastikgefäßen, Beton- oder Asbestzement-Becken zusammenfinden, erhalten so große Wasserreserven, daß an heißen Sommertagen nicht ständig nachgefüllt werden muß. Allen Sumpf- und Wasserpflanzen, einschließlich des Tannenwedels, der Pfeilkräuter und Rohrkolben, genügen Becken von 1 m^2 und 70 bis 110 cm Tiefe. Bei den Wasserpflanzen mit Luftblättern, den »Verlandern«, Flach- und Hochmoorpflanzen genügt ein Bodengrund von 20 bis 30 cm. Der verbleibende Raum unter dem Erdgemisch dient der Wasserspeicherung. Die Becken werden 20 oder 30 cm hoch mit kalkfreiem Kies gefüllt, darüber wird der Bodenauftrag gegeben. Die Pflanzen beginnen die Erd- und Kiesschicht sehr schnell zu durchwurzeln. Ein Durchlüftungsgewebe (Aerenchym) versorgt die Rhizome und Wurzeln der Sumpf- und Wasserpflanze mit Sauerstoff. Die Wurzeln dringen ins Wasser vor und decken wochenlang aus diesem Reservoir ihren Feuchtigkeitsbedarf. Selbst wenn dieser Wasservorrat aufgebraucht ist, schadet etlichen Flachwasserpflanzen und Verlandern eine vorübergehende Trockenheit nicht. Nach erneuter Wasserauffüllung lassen sich ausgetrocknete Becken wieder besiedeln.

Pflanzsubstrate und Gemische
Bei der Trogkultur von Sumpf- und Wasserpflanzen übernehmen die Erdgemische eine wesentliche Rolle. Im allgemeinen beschränken wir uns auf Sand, Komposterde oder sandigen Lehm und Torfmull. Anstelle von Sand oder Torfmull lassen sich auch Rindenkompost, Kunststoffschaum, Perlite, Vermiculite, Bimskies oder Lavalit verwenden. Man sollte jedoch beachten, daß viele dieser Kunststoffe aufschwimmen und nicht zur Senkung des Säuregrades von Substrat und Wasser beitragen. Ein

tiefer pH-Wert wirkt aber auf viele Sumpf- und Wasserpflanzen wie ein Stimulans und hemmt die Algenbildung.

In einem Bodengrund aus ⅔ Torf oder Rindenkompost und ⅓ Komposterde oder sandigem Lehm wachsen viele kalkempfindliche Pflanzen. Es gibt auch eine ganze Reihe von Sumpf- und Wasserpflanzen, die sich in Bezug auf die Erdzusammensetzung indifferent verhalten. Das heißt, sie wachsen sowohl in sandigem Lehm als auch in Komposterde, die jeweils zur Hälfte mit Torf oder Rindenkompost vermischt werden. Zu diesen sehr anpassungsfähigen hydrophilen Pflanzen gehören viele unserer bekannten Sumpf- und Wasserpflanzen. Dabei entwickelt sich der Froschlöffel in einem humosen Bodengrund zu einer mächtigen Pflanze, die Rhizome des Kalmus zeigen in einer nährstoffreichen Erde eine unbezähmbare Wuchskraft, und die Blätter des Pfeilkrautes werden bei einer Stickstoffüberdüngung sehr breit und blattlausanfällig. Um zierliche Pflanzen zu erzielen, empfiehlt sich eine sandige Erde.

Die floristische Zusammensetzung einer ganzen Reihe von Becken wird durch den Kalkgehalt des Bodens bestimmt. Der Haarblättrige Hahnenfuß *(Ranunculus trichophyllus)* wächst nur in nährstoffreichem Wasser, in dem der Kalk nicht fehlen darf. Auch der Tannenwedel *(Hippuris vulgaris)* liebt keine Bodensäure. Dem Bodengrund wird deshalb etwas Kalk oder Kalkstein zugesetzt. Im harten Wasser bildet er aufrechte Stengel mit Blattquirlen, die einen Durchmesser von 8 bis 15 cm erreichen, während sie bei Kalkmangel weich und schlapp im Trog hängen. Selbst die Pfeilkräuter zählen zu den kalkfreundlichen Pflanzen. Nach dem Einfüllen der Erde decken wir das Substrat mit einer zwei Zentimeter hohen Sandschicht ab. Dadurch wird einer Auswaschung von Humusstoffen und der Trübung des Wassers vorgebeugt. Um jedoch zu verhindern, daß nach dem Einfüllen des Wassers die lehmige Erde zur tiefsten Stelle abfließt, wird nach dem Modellieren des Bodens die Erde mit Wurzelstücken und grobborkigen Stämmen abgestützt. Ein Ab- oder Überlauf kann bei anhaltenden Regenfällen sehr nützlich sein. Zur Kontrolle des Wasserstandes wird ein armdickes Standrohr bis auf den Grund des Beckens gestellt. Es dient dem Entleeren der Tröge sowie dem Ein- und Nachfüllen des Wassers.

Pflanzen	Wassertiefe (cm)	Bodengrund (cm)	Erdgemische
Untergetauchte Wasserpflanzen, wurzellos			
Hornkräuter *Ceratophyllum submersum* *C. demersum*	30–50	10	kalkfreier Grobsand
Wasserlinse *Lemna trisulca*	10–50	10	kalkfreier Grobsand
Wasser-Lebermoos *Riccia fluitans*	10–20	5	⅔ Torf ⅓ Lehm
Wasserschlauch *Utricularia vulgaris*	30–50	10	⅔ Torf ⅓ kalkfreier Grobsand
Untergetauchte Wasserpflanzen, wurzelnd			
Wasserpest *Elodea canadensis*	30–50	10	½ Komposterde ½ Sand
Wasserfeder *Hottonia palustris*	20–40	10	½ Komposterde ½ Torf

Pflanzen	Wassertiefe (cm)	Bodengrund (cm)	Erdgemische
Tausenblatt *Myriophyllum spicatum*	30–50	10	ungewaschener Sand mittelgrober Körnung
Laichkräuter *Potamogeton crispus* u.a.	40	10	½ Komposterde ½ Sand
Schwimmpflanzen			
Feenmoose *Azolla filiculoides* u.a.	20–40	2–5	Landerde
Wasserlinsen *Lemna minor* u.a.	20–40	10	kalkfreier Grobsand
Schwimmfarn *Salvinia natans*	20–40	10	kalkfreier Grobsand
Wurzelnde Wasserpflanzen mit Schwimmblättern	10–20	20	⅔ Torf
Froschbiß *Hydrocharis morsus-ranae*			⅓ Komposterde
Seekanne *Nymphoides peltata*	20–30	20	½ Torf ½ Komposterde
Wasserknöterich *Polygonum amphibium*	30–60	20	⅔ Torf ⅓ Komposterde
Laichkraut *Potamogeton natans*	30–60	20	½ Komposterde ½ Sand
Wasserhahnenfuß *Ranunculus aquatilis*	30–60	20	½ Torf ½ Komposterde
Wassernuß *Trapa natans*	20–30	20	⅔ Torf ⅓ Komposterde
Wasserpflanzen mit Luftblättern	0–30	20	½ Torf
Froschlöffel *Alisma plantago-aquatica*			½ Komposterde
Tannenwedel *Hippuris vulgaris*	0–40	20	⅓ Sand ⅔ Komposterde
Hahnenfuß *Ranunculus lingua*	10–30	20	½ Torf ½ Komposterde
Pfeilkraut *Sagittaria sagittifolia*	20–50	20	⅔ Komposterde ⅓ Sand
Seebinse *Schoenoplectus lacustris*	20–40	20	½ Torf ½ Komposterde
Graue Seebinse *Schoenoplectus tabernaemontani*	10–40	20	½ Torf ½ Komposterde
Igelkolben *Sparganium emersum* u.a.	0–15	20	½ Torf ½ Komposterde
Flachmoorpflanzen und Verlander			
Kalmus *Acorus calamus*	0–20	20–30	½ Torf ½ Komposterde
Schwanenblume *Butomus umbellatus*	0–20	20	½ Torf ½ Komposterde
Schlangenwurz *Calla palustris*	0–5	20–30	⅔ Torf ⅓ Komposterde
Sumpfdotterblume *Caltha palustris*	0–10	20	½ Torf ½ Komposterde

Pflanzen	Wassertiefe (cm)	Bodengrund (cm)	Erdgemische
Knabenkraut	0	20–30	⅔ Torf
Dactylorhiza majalis			⅓ Komposterde
Sumpfstendelwurz	0–5	20–30	⅔ Torf
Epipactis palustris			⅓ Komposterde
Wollgräser	0–2	20–30	¾ Torf
Eriophorum latifolium u. a.			¼ Komposterde
Gnadenkraut	0–5	20–30	½ Torf
Gratiola officinalis			½ Komposterde
Wassernabel	0–3	20–30	¾ Torf
Hydrocotyle vulgaris			¼ Komposterde
Wasserschwertlilie	0–20	20–30	½ Torf
Iris pseudacorus			½ Komposterde
Blutweiderich	0–20	20–30	⅔ Torf
Lythrum salicaria			⅓ Komposterde
Bitterklee	0–30	10–30	⅔ Torf
Menyanthes trifoliata			⅓ Komposterde
Sumpfherzblatt	0–2	10–30	¾ Torf
Parnassia palustris			¼ Komposterde
Fettkraut	0	10–30	⅔ Torf
Piniguicula vulgaris			⅓ Komposterde
Wasserknöterich	0–10	30–40	⅔ Torf
Polygonum amphibium (Landform)			⅓ Komposterde
Blutauge	0–5	25–30	⅔ Torf
Potentilla palustris			⅓ Komposterde
Sumpf-Helmkraut	0–2	20–30	⅔ Torf
Scutellaria galericulata			⅓ Komposterde
Sumpf-Wurmfarn	0–5	20–30	¾ Torf
Thelypteris palustris			¼ Komposterde
Zwergrohrkolben	0–20	20–30	½ Torf
Typha gracilis			½ Komposterde
Typha minima			
Baldrian	0–3	20–25	½ Torf
Valeriana dioica			½ Komposterde
Bachbunge	5–20	10–30	½ Torf
Veronica beccabunga			½ Komposterde
Sumpfveilchen	0–1	20–30	⅔ Torf
Viola palustris			⅓ Komposterde

Hochmoorpflanzen in Trögen

Bei der Verwendung von sauren Torfen mit einem pH-Wert von 3,5 bis 4,5 ist es nicht schwierig, kleine Biotope von Hochmooren darzustellen. Der Beginn des Hochmoorwachstums ist in den Becken nicht wie in der Natur an ein abgeschlossenes Niedermoor gebunden. Kalkfreier Kies kann unmittelbar Hochmoore tragen. Diese Rohhumusböden werden hauptsächlich von oligotrophen Pflanzen mit geringen Nährstoffansprüchen bewohnt. Mit Hilfe von symbiotischen Mykorrhiza-Pilzen gedeihen Sphagnen und Moorgehölze. Dabei zeigen Pflanzen, die zu ökologischen Gruppen zusammengefaßt werden, einen ziemlich stabilen Charakter. Häufig genügt es schon, wenn in einem kleinen Becken nur zwei oder drei Pflanzenarten vorhanden sind. Eine ausreichende Torfauflage, mineralstoffarmes Wasser und Feuchtigkeit sind zur Darstellung eines Hochmoores zweifellos notwendig. Entscheidend für den Beginn der Hochmoorbildung ist ein Belegen mit *Sphagnum*. Die Torfmoose reagieren empfindlich auf eine Veränderung des Wasser- und Nährstoffgehaltes. Als wachstumshemmende Faktoren kommen hohe Temperaturen und geringe Luftfeuchtigkeit hinzu. Die Sphagnen können sich umso mehr ausbreiten, je spezifischer sie auf das Ersatzbiotop abgestimmt sind. Die Torfmoosarten *Sphagnum palustre, S. compactum* und *S. squarrosum,* die im allgemeinen weniger empfindlich auf Milieuveränderungen reagieren, sind imstande, wie ein Schwamm Wasser zu speichern. Sie schaffen dabei ein Kleinklima, das den Sonnentau-Arten *Drosera rotundifolia, D. anglica* und *D. intermedia* ermöglicht, zwischen diesen Torfmoospolstern zu wachsen.

In den mobilen Sumpf- und Wassergärten bleiben die wassergefüllten Torfe relativ lange gefroren. Wenn nach dem Ablassen des Wassers im Herbst die zahlreichen Hohlräume von Luft erfüllt sind, gefriert der Torf wegen der geringen Wärmeleitfähigkeit nicht durch.

Durch die Benachbarung von *Primula farinosa*, der Rauschbeere *(Vaccinium uliginosum),* den Moosbeeren *(Vaccinium oxycoccos)* und der Krähenbeere *(Empetrum nigrum),* von Rosmarinheide *(Andromeda polifolia),* der Glockenheide *(Erica tetralix)* und der Besenheide *(Calluna vulgaris),* der Zwergbirke *(Betula nana)* und dem Porst *(Ledum palustre)* lassen sich in jedem Steintrog und Becken Zwergstrauchgesellschaften darstellen.

Tiere im Wassergarten
Durch die hohen Wassertemperaturen im Sommer um 30 °C und den beträchtlichen Gehalt an Nährstoffen sind in den Becken alle Voraussetzungen für ein üppiges Pflanzenwachstum gegeben. Die Anpassung an das Leben im Wasser hat etlichen Tieren Lebensstätten eröffnet. Das ökologische Spektrum an Wassertieren ist in Trögen sehr groß. Von den niederen Pflanzen wird so reichlich Nahrung erzeugt, daß die Wasserzikaden mit ihren paddelförmigen Vorderbeinen die Algen ihrem Mund zuschaufeln. Sie ernähren sich durch Anstechen und Aussaugen von Algenfäden. In dem von Grünalgen gefärbten Wasser filtert eine einzige Mückenlarve einen ganzen Liter Wasser am Tag. Durch das Strudeln schluckt sie Grünalgen und trägt so zur Klärung des Wassers bei. In diesen ökologischen Nischen haben sich der Wassertretkäfer und seine Larven auf Grünalgennahrung eingestellt. In den eutrophierten Becken wird es den Konsumenten kaum gelingen, die Flora nennenswert zu dezimieren. Springschwänze, Kleine Kugelspringer, die wie gelbe Kügelchen auf der Wasseroberfläche von Teichen, Tümpeln und Becken leben, ernähren sich von den Wasserlinsen. Manche Larven der Zuckmückenarten graben Längsgänge in die Blätter der Krebsschere und des Igelkolbens. In diesen Lebensbereichen haben die untergetauchten Stelzschnakenlarven von *Trichosticha flavescens*, die Larven der Schilfkäfer der Gattung *Donacia* und der Stechmückenlarven der Gattung *Mansonia* die besondere Fähigkeit sich anzupassen. Sie stechen das Durchlüftungsgewebe (Aerenchym) von Sumpf- und Wasserpflanzen an und beziehen über die luftführenden Pflanzenteile ihre Atemluft.

Die Taumelkäfer sammeln sich in Scharen auf der Wasseroberfläche, auf der sie im Zickzack durcheinanderschwimmen und von der Jagd leben. Rückenschwimmer jagen Wasserinsekten, fallen Kaulquappen, Molchlarven und Fischbrut an und saugen sie aus.

Frösche und Unken lassen sich in kleinen Trögen und Becken mit natürlich auslaufenden Ufern ansiedeln. Die Frösche kehren zur Fortpflanzung immer wieder in jene Gewässer zurück, die sie als junger Frosch verlassen haben. Der Wasserfrosch kann dabei stundenlang auf einem Seerosenblatt sitzen und auf Beutetiere lauern. Auch die Unken lassen sich an kleine Weiher gewöhnen. Sie halten sich während des ganzen Lebens bevorzugt im Wasser auf. Bei der Gelbbauchunke ist die Unterseite zitronengelb bis orange, bei der Rotbauchunke zinnoberrot. Das leise Flöten der Gelbbauchunke gehört zur typischen Geräuschkulisse eines Feuchtbiotops. Das laute Rufen der Rotbauchunken ist auf ihre Schallblasen zurückzuführen. Den Laich legen die Unken in kleinen Klümpchen an senkrechten Pflanzenstengeln im Wasser ab.

Gehölz- und Bodenflora

Der Lebensbereich »Gehölz« setzt größere Anlagen voraus. Unter dem Einfluß eines gewandelten Verhältnisses zur Natur gehen viele Landschaftsgestalter dazu über, ökologische Waldformationen nachzugestalten. Die Einflußsphäre von Bäumen und Sträuchern ist durch wechselnde Belichtung und einen starken Laub- und Tropfenfall gekennzeichnet. Die Blätter tragen zum Humushaushalt bei, der Wanderschatten kommt der Krautflora zugute, Kleinorganismen und Vögel finden im Laubmulm ihre Nahrung. Leider wird es in den kultivierten Wäldern immer schwieriger, noch »lebende« Pflanzengesellschaften anzutreffen. Ein Blick in die Garten- und Parkanlagen läßt erkennen, daß die Baum- und Strauchvegetation keine natürlichen Gemeinschaften, sondern völlig verschiedene Arten enthält. In die »kultivierte Landschaft« wurden standortsfremde Laub- und Nadelgehölze eingebracht. Sie bewirken eine so tiefgreifende Veränderung, daß in Bezug auf die Bodenflora alle Übergänge möglich sind. Im Artengefüge entstehen Gesellschaften, die mit den floristischen Mitteln unserer heimischen Flora kaum noch abzudecken sind. Es besteht also kein Zusammenhang mehr zwischen einer bestimmten Baumart und der Bodenflora.

Eine sorgfältige Bodenvorbereitung sichert ein besseres Anwachsen und vermindert den späteren Pflegeaufwand.

Der Pflanzzeitpunkt richtet sich nach den zu pflanzenden Holzarten, dem örtlichen Klima und dem Witterungsverlauf.

Grundsätzlich kann im Herbst nach dem Blattfall oder im Frühjahr nach den letzten Frösten, kurz vor dem Blattaustrieb, gepflanzt werden. Die Pflanzung sollte nur bei frostfreiem Wetter und auf abgetrockneten Böden vorgenommen werden.

Um ein optimales Anwachsen zu erreichen, sollte nur Ware mit ausgeprägtem Wurzelwerk verwendet werden. Die Pflanzlöcher müssen groß genug sein, damit die Wurzeln nicht geknickt werden. Es empfiehlt sich, dem Aushub etwas Komposterde beizumischen. Die Pflanzen werden i.d.R. so tief gepflanzt, wie sie in der Baumschule standen. Direkt nach dem Pflanzen sollte eine Mulchschicht ausgebracht werden, um das Austrocknen und unerwünschte Kräuter zu unterdrücken; vorher wird noch kräftig angegossen.

Künstliche Waldbereiche
Der Versuch, die Waldentwicklung nachzuvollziehen, kann zu einer interessanten Gestaltungsaufgabe werden. Böden mit einem sehr hohen Ton- oder Sandanteil sind im allgemeinen nur als Wald zu nutzen. Nach der Aufforstung von nährstoffreichen Garten- und Ackerböden wirkt sich ein erhöhter Phosphor-, Kali- und Kalkgehalt

über Jahre aus. Von welcher Größe an bilden die Bäume einen Wald? Schon eine Dreiergruppe schirmt das Licht ab. Zur Schaffung eines Eigenklimas ist eine Vielzahl von Bäumen auf einer Fläche von über 100 m^2 erforderlich. Einheimische Gehölze sind Teil unseres Lebensraumes, die an unser Klima angepaßt sind. Wo sie wachsen, lassen sich selbst zwischen Autostraßen und Industrieanlagen sensible Ökosysteme aufbauen. Die Rekultivierungspläne können bis hin zur Wiederaufforstung von Laubwaldbeständen führen. Bei der Anlage von künstlichen Waldbereichen wachsen erfahrungsgemäß kleinere Gehölze leichter an und behalten von Anfang an ihren artspezifischen Habitus. Bei großen Solitärs kommt es vor, daß z.B. die Mittel- oder Haupttriebe zurücktrocknen oder daß man ganze Pflanzen stark zurückschneiden muß. Dadurch büßen die Pflanzen sehr viel von ihrem natürlichen Erscheinungsbild ein. Bei der Darstellung von Waldformationen kommt es darauf an, daß ein möglichst naturnahes Bild entsteht. In engem Zusammenhang mit den Größen der einzelnen Arten steht auch die Anzahl der Pflanzen. Erfahrungsgemäß ist es vorteilhafter, anstelle eines großen Solitärs mehrere Gehölze derselben Art in lockeren Gruppen zusammenzupflanzen. Je nach Wachstum und Entwicklung der einzelnen Gehölzarten hat man die Möglichkeit, die schönsten Exemplare im Laufe der Zeit freizustellen, d.h. überzählige Pflanzen zu entfernen. Die Rotbuche kann alle übrigen Baumarten ganz oder fast ganz verdrängen, wenn sie nicht auf den Stock gesetzt wird. Im Kalkbuchenwald werden von der dominierenden Rotbuche neben einigen stärkeren Pflanzen in der Größe 250 bis 300 cm kleinere Heister von 100 bis 150 cm und sogar Forstpflanzen von 60 bis 80 cm Höhe eingebracht. Dadurch erhält man einen gestuften Pflanzenbestand. Eine von Anfang an dichte Bepflanzung der Waldformation bringt den Vorteil, daß durch Beschattung, Laub- und Nadelfall für die später einzubringende Krautschicht optimale Bedingungen geschaffen werden. Nicht erwünschte Pflanzen, wie standortfremde Gräser und Kräuter, verschwinden von selbst. Die Pflegeeingriffe sind sehr zielgerichtet, indem bestehende Gehölze erhalten und neue Lebensräume herausgearbeitet werden. Zum ökologischen Bild eines künstlichen Waldbereiches tragen auch Bruchstücke von Stämmen, vermorschte Äste und angemoderte Baumstümpfe bei. Die Reifezeit der Birken liegt bei 8 bis 12 Jahren, während die Buchen und Eichen erst nach 30 bis 40 Jahren fruchten. Eine isoliert im Garten stehende Fichte zeigt einen Tierbesatz, der einem Fichtenforst entspricht. Diese Minibiozönose dient verirrten und vom Wind abgetrifteten Tieren als Rettungsinsel. Solche gehölzarmen Fragmente werden im wesentlichen immer Kunstforste bleiben. Inmitten von »Waldresten«, die in der Garten- und Kulturlandschaft erhalten geblieben sind, lassen sich der Wildpflanzenbestand aufstocken und die Schattenbereiche bepflanzen.

Pfahl-, Herz- und Senkrechtwurzler
Je tiefer die Gehölze wurzeln, desto eher ist es ihnen möglich, Nährstoffe zu aktivieren. Bei den wurzelaktiven Bäumen ist der Sauerstoffbedarf im Boden sehr hoch. Die Pfahlwurzelbildner Stiel- und Traubeneiche, Tanne und Wacholder bewahren ihre Grundform nur auf durchlüfteten Böden. Typische Pfahl- und Herzwurzler wie die Fichte und Esche bilden auf verdichteten Böden flach streichende Hauptwurzeln aus. Die Eindringungstiefe von Kiefer, Fichte, Eiche, Bergahorn und Linde wird durch das Bodenskelett beeinträchtigt. Bei anstehendem Schotter liegt die Wurzeltiefe maximal bei 1,0 bis 1,5 m. Im Auwald durchwurzelt der Feldahorn nur den Oberboden. Die Wurzeln der Schwarzerlen werden auf grundwasserbeeinflußten Böden durch ein besonderes Leitungssystem (Aerenchym) mit Sauerstoff versorgt. Auf lockeren, tiefgründigen Sandböden entwickeln die Europäische Lärche, die Rot-

und Hainbuche, Linde und der Bergahorn mehrere starke Herzwurzeln, die schräg nach unten wachsen. Die Stieleiche zeigt eine Pfahlwurzelbildung, die später in kräftige Herzwurzeln übergeht.

Pilzsymbiosen
Viele höhere Pflanzen gehen in der freien Natur eine Lebensgemeinschaft mit Pilzen ein. Diese symbiotischen Pilze, die als Mykorrhiza bezeichnet werden, wachsen entweder außerhalb der Wurzeln oder im Inneren der Wurzelzellen. Die Pflanzen werden von den Pilzen mit Wasser, Salzen, Aminosäuren und Wuchsstoffen versorgt. Andererseits erhält der Pilz Kohlenhydrate von seinem Wirt.

Die Pilzfäden der ektotrophen Mykorrhiza (ektos = außen) wachsen zwischen den Zellen der Wurzelrinde. Sie umspinnen die kurz und dick bleibenden Saugwurzeln mit einem so dichten Geflecht, daß sie keine Wurzelhaare mehr ausbilden und die Wasser- und Nährstoffaufnahme nur über den Pilzmantel erfolgen kann. Diese Ektomykorrhiza ist eine obligatorische Symbiose mit einem günstigen Einfluß auf das Wachstum von *Abies*, Tanne, *Carpinus*, Hainbuche, *Fagus*, Buche, *Larix*, Lärche, *Picea*, Fichte, *Pinus*, Kiefer, *Taxus*, Eibe.

Für *Betula*, Birke, *Carya*, Hickorynuß, *Juglans*, Walnußbaum und *Ostrya*, Hopfenbuche ist die Ektomykorrhiza eine fakultative Symbiose, d. h. die Bäume sind auf diese Pilzwurzeln nicht angewiesen.

Symbiotische Pilze, die in das Innere der Rindenzellen eindringen und intrazellular leben, werden als Endomykorrhiza (endon = innen) bezeichnet. Pflanzen mit endotropher Mykorrhiza finden sich unter den *Orchidaceae*, Orchideen, *Gramineae*, Süßgräsern, *Fabaceae*, Hülsenfrüchtlern und *Solanaceae*, Nachtschattengewächsen. Die Samen der Orchideen können nur in Anwesenheit spezifischer Mykorrhiza-Pilzen keimen und sich weiterentwickeln. Der Pilz führt den jungen Keimlingen Nährstoffe und bestimmte Vitamine zu.

Eine endotrophe Mykorrhiza zeigen auch die Gehölzgattungen *Acer*, Ahorn, *Alnus*, Erle, *Calluna*, Besenheide, *Clematis*, Waldrebe, *Corylus*, Haselnuß, *Crateagus*, Weißdorn, *Erica*, Glockenheide, *Populus*, Pappel, *Prunus*, Pflaume, Kirsche, Pfirsich, Mandel, Aprikose, *Pyrus*, Birnbaum, *Rhododendron*, Alpenrose, *Salix*, Weide, *Sorbus*, Eberesche, *Tilia*, Linde, *Ulmus*, Ulme, Rüster und *Vaccinium*, Heidelbeere.

Übergänge zu endotrophen Mykorrhiza bestehen, wenn einzelne Pilzfäden (Hyphen) wie bei den Birken oder Eschen in die Zellen eindringen.

Celtis, Zürgelbaum, *Fraxinus*, Esche, *Gleditsia*, Lederhülsenbaum, *Morus*, Maulbeerbaum, *Platanus*, Platane, *Sophora*, Schnurbaum und *Thuja*, Lebensbaum leben mit einer Endomykorrhiza in Symbiose oder sind frei von Wurzelpilzen.

Oben: Der Geißfuß *(Aegopodium podagraria)* ist eine feuchtigkeitsliebende Pflanze, die sich hier in der Gesellschaft eines Erlenbruchs ausbreitet.
Unten links: Der Gedenkemein *(Omphalodes verna)* läßt sich in enger Beziehung zu den Grauerlen *(Alnus incana)* im Auenwald ansiedeln.
Unten rechts: Durch gute Verwurzelung ist im Bereich eines Erlenbruchs kein Uferanriß möglich.

Ein Leben im Humus ist für die Bodenflora aus *Chimaphila umbellata*, Winterlieb, *Euphorbia cyparissias*, Zypressenwolfsmilch, *Moneses (Pyrola) uniflora*, Einblütiges Wintergrün und *Oxalis acetosella*, Waldsauerklee in Symbiose mit Pilzen eine sehr zweckmäßige Lebensgemeinschaft.

Auf schlecht durchlüfteten Standorten, wo die Mykorrhizen keine optimalen Lebensbedingungen finden, geht das Wachstum der Pflanzen zurück. Die Pioniergehölze können mit einer Mykorrhiza in Symbiose leben oder in direktem Kontakt mit dem Boden die Wasser- und Nährstoffaufnahme übernehmen. Die Mykorrhiza führt zu einer wesentlich besseren Entwicklung der Wirtspflanzen. Zwischen einigen Baumgattungen und ihren Mykorrhizapilzen hat sich eine chemisch begründete Abhängigkeit herausgebildet. Unter den Hut- und Speisepilzen aus den Gattungen *Boletus*, *Amanita* und *Lactarius* gibt es etliche Arten, die nur dann Fruchtkörper bilden, wenn sie mit Baumwurzeln in Symbiose leben. Eine weit verbreitete Lebensgemeinschaft findet man zwischen der Kiefer und dem Steinpilz, der Fichte und dem Knollenblätterpilz, dem Fliegenpilz, dem Pfifferling und dem Täubling, der Tanne mit dem Knollenblätterpilz und dem Fliegenpilz, dem Birkenröhrling mit der Birke und der Rotkappe mit der Espe.

Wurzelwachstum und Wurzeldruck
Die Wurzeln der Gehölz- und Bodenflora sind zu einem mattenartigen Filter verflochten. Alle Bäume werden durch ihre Pilzsymbiosen in die Lage versetzt, mit ihrem feinen Wurzelwerk in den Auflagenhumus einzudringen und als Konkurrenten der Bodenflora aufzutreten. Von den Gehölzen entfallen 1 bis 2% des Gewichts auf die Laubmasse. Die Gesamt-Streuproduktion in Laubwald-Beständen liegt bei 3 bis 4 t/ha im Jahr. Der jährliche Nadelfall in einem Fichtenforst beträgt 0,1 t/ha und Jahr. Unter den flach wurzelnden Gehölzen haben die Schattenstauden wenig Überlebenschancen. Welche Schwierigkeiten unter vergleichsweise gut kontrollierbaren ökologischen Bedingungen auftreten, zeigt sich, wenn die Bäume nicht genügend Fallaub liefern. Unter den flach wurzelnden Baumschichten wird deshalb die Moderdecke durch Aufstreuen von halbverotteter Lauberde, Rinden- oder Holzkompost erhöht. Auch Laubstreu, die von Wegen und Rasenflächen zusammengerecht wird, läßt sich zur Humusanreicherung des »Waldbodens« einstreuen. Von dieser organischen Decke und dem Mineralboden werden an die Gehölz- und Krautvegetation Nährstoffe abgegeben.

Bei den verschiedensten Waldpflanzen wie dem Sauerklee *(Oxalis acetosella)* spielt die Wurzelkonkurrenz der Bäume keine so große Rolle. Der Wurzelraum der Buche ist nur 20 bis 30 cm mächtig, während einzelne Wurzeln bis 2 m in den Untergrund eindringen. Die Zitterpappel bildet durch unterirdische Ausläufer ganze Sproßkolonien. Auf Lehmböden wird die Ausbreitung der Fichtenwurzeln nicht gebremst. Dagegen ist auf Sandböden darauf zu achten, daß unter *Picea abies* keine Waldzwenken *(Brachypodium sylvaticum)* und Drahtschmielen *(Deschampsia fle-*

Oben links und rechts: Zum ökologischen Bild eines künstlichen Waldbereiches tragen Bruchstücke von Stämmen, vermorschte Äste und angemoderte Baumstümpfe bei.
Unten links: Durch den Einbau von Baumstubben entstehen Waldbilder, die sich harmonisch in jede Gehölzpflanzung einfügen.
Unten rechts: Bei der Anlage künstlicher Schlagflächen lassen sich in den gewaltsam geschaffenen Entblößungen hochwüchsige Stauden wie der Waldgeißbart *(Aruncus dioicus)* einbringen.

xuosa) eingebracht werden. Die Ausbreitungsfähigkeit der Fichtenwurzeln wird dadurch stark gehemmt. In Gesellschaft mit dem Schwarzen Holunder *(Sambus nigra)* und dem Waldsanikel *(Sanicula europaea)* wird ihr Wachstum dagegen begünstigt.

Tiere im Laubstreu
Unter dem schützenden Schirm der Bäume und Sträucher zeigt die Laubstreu eine hohe biologische Aktivität. Im Humushorizont des Waldbodens leben Milben, Asseln, Nackt- und Gehäuseschnecken, die sich von der Streu und den darin befindlichen Mikroben ernähren. Gleichzeitig schützen sich Seidelbast, Efeu, Windröschen, Haselwurz, Aronstab, Schneeglöckchen, Maiblume, Weißwurz und Fingerhut durch giftige Zellinhalte vor Tierfraß. Der bittere Milchsaft der Wolfsmilch, die Oxalsäure im Sauerklee, das Kumarin des Waldmeisters und das Knoblauchöl im Bärlauch erfüllen den gleichen Zweck. Die Tätigkeit der Regenwürmer wird nach der sauren Seite hin immer geringer. Zwergspinnen und räuberische Milben fallen den carnivoren Spinnen und Laufkäfern zum Opfer, die wiederum von Spitzmäusen, Dachs und Vögeln gefressen werden. Unter den verrottenden Pflanzenresten leben die Blumenkäfer, im moderigen Laub kommt auch der Schimmelkäfer und im Moos und Baummulm der 1 bis 2 mm kleine Ameisenkäfer vor. Faulendes Laub und verrottendes Holz sind der Lebensraum der Larven unserer Fenstermücken, denen wir im Frühjahr und Sommer in unseren Wohnräumen begegnen. Unter der Laubdecke und in verrottendem Holz leben auch die Trauermückenlarven. In den Mulm- und Moderschichten ernähren sich die meisten Doppelfüßler von abgestorbenen Pflanzenteilen. Die xylophagen Holzwespen gehören, wie schon ihr Name verrät, zu den holzessenden Tieren. Von den verwesenden Pflanzenstoffen leben auch die Larven der Winterschnaken, von denen an kalten und sonnigen Wintertagen die Männchenschwärme auf Waldlichtungen tanzen.

Streuabbau
Bei höheren Temperaturen, einem günstigen Kalk- und Feuchtigkeitsgehalt verläuft der Streuabbau sehr schnell. Nicht zu vergessen der herabrieselnde Kot von Blattläusen, Zikaden, Wanzen, Käfern und Raupen, die die Pilz- und Bakterientätigkeit auf saurem Untergrund intensivieren. Die mechanische Zerkleinerung organischer Abfallstoffe erfolgt durch die Bodenfauna. Selbst Springschwänze sind an der Pulverisierung von Laub- und Nadelstreu beteiligt. Ihre Stoffumsatzleistung bei der Humusbildung ist auf ein großes Nahrungsbedürfnis zurückzuführen. Die Eiweiß zersetzenden Bakterien und Pilze mineralisieren die Blattstreu, wobei in dem sauren Waldboden eine relativ große Menge Stickstoff in Form von Ammonium frei wird. Die bakterielle Zersetzung der organischen Substanzen und die Regenwurmtätigkeit nehmen mit der Versauerung ab. Im Waldboden findet also eine gehemmte Humifikation statt. Wo die Bakterien wegen zu hohem Säuregehalt zurücktreten, wird die Laubstreu in erster Linie von Pilzen abgebaut. Sie sind in starksauren Waldböden ebenso aktiv, wie in schwachsaurer bis basischer Laubstreu. Teils sind sie an der Streuzersetzung beteiligt, teils gehen sie als Mykorrhizen eine Symbiose mit den Waldbäumen ein. Die Haupttätigkeit vieler Pilze besteht in der Mineralisierung organischer Substanzen. Für die Streuzersetzung sind neben den Lignin abbauenden Ständerpilzen (Basidiomycetes) die Actinomyceten besonders wichtig. Bei der Humifizierung pflanzlicher Stoffe wie Cellulose, Hemicellulose, Chitin und Tannin tritt der an frisches Brot vergleichbare Erdgeruch auf. Die Mineralisierung durch heterotrophe und saprophytische Organismen der Bodenflora und Mikrofauna erfolgt

durch mikrobielle Veratmung (Oxidation) organischer Verbindungen unter Freisetzung von Kohlendioxyd, Wasser, Mineralstoffen und Energie. Durch das natürliche »Recycling« stehen den Pflanzenwurzeln eines Eichen-Hainbuchen-Buchenmischwaldes pro Hektar und Jahr 50 kg Stickstoff, 2,4 kg Phosphor, 21 kg Kali, 110 kg Kalk, 5,6 kg Magnesium und 6,8 kg Schwefel zur Verfügung.

Mull- und Moderschicht
Was die Mull- und Moderschicht des Bodens betrifft, gibt es alle Übergänge. Die Tanne bildet nur geringe, lockere und leicht zersetzbare Rohhumusauflagen. Wo der Wind wie ein Streurechen wirkt und die toten Blätter fortwirbelt, kann sich keine Bodenflora halten. Humusauflagen sind für die Bodenflora sehr wichtig. Sie vermögen in geschlossenen Decken Regenwasser festzuhalten und an die Pflanzen abzugeben. Ein Abdecken des unbewachsenen Bodens mit Lauberde, Rinden- oder Holzkompost bietet für den Boden, die Mikroflora und die Pflanzen Schutz vor Austrocknung. Der Auflagenhumus stark saurer Böden wird nur von Gliederfüßlern (Arthropoden), die mit 850000 Arten rund ¾ aller Tierarten darstellen, zerkleinert. Wenn die so wichtigen Regenwürmer fehlen, kann die Laubstreu nicht mit den mineralischen Bestandteilen tieferer Schichten vermischt und zu Mull verarbeitet werden. Viele Käfer spielen im Kreislauf der Natur eine hervorragende Rolle. Der Stutzkäfer lebt als Bewohner von faulenden Stoffen im Dung, Kompost und im Baummulm. Im Baummulm, in Moos und unter Fallaub befindet sich auch der Palpenkäfer. Der Schwarzkäfer verzehrt totes, verrottetes Pflanzgut und lebt in morschem Holz. Interessante Kleinstandorte bilden die modernden Baumstubben für Asseln und Mollusken. Jagd auf diese Schnecken machen die Schnabelkäfer. In modrigem Holz und unter der Rinde leben die Runzelkäfer, die Schnellkäfer, die Larven der Schienenkäfer, der Rindenkäfer und die Kapuzinerkäfer. Die Larven und Vollkerfe der Klopfkäfer bohren in meist trockenen Baumstämmen. Auch die Larvenentwicklung des Hirschkäfers erfolgt in morschem Holz. Manche Diebskäfer-Arten sind Holzkäfer. In morschem Holz und verrotteten Baumstubben leben die Scheinböcke, und im Mulm alter Bäume, an Baumschwämmen, unter verpilzter Rinde oder in pflanzlichen Abfällen befinden sich die Pflanzenkäfer.

Ansiedlung von Schattenstauden
Viele Zwiebel- und Knollengewächse zeigen als Geophyten ein Ruheverhalten, das sie gegen die Winterkälte und Sommertrockenheit schützt. Sie ziehen sich während des Sommer- und Winterschlafes völlig in den Boden zurück, während die oberirdischen Teile absterben. Die wichtigsten Standorte für Frühlingsgeophyten sind der Wald und der Gehölzrand. Ihre Vegetationszeit liegt in der laublosen Zeit der Bäume und Sträucher. Vom Schatten der sommergrünen Gehölze und dem herbstlichen Laubfall werden sie also kaum berührt. Die Zwiebeln, Knollen und Rhizome der Geophyten kommen während ihrer Ruhezeit in den Handel. Man bringt sie am besten noch vor dem Laubfall in den Boden. Sie gehen dann voll eingewurzelt in den Winter. An den Pflanzplätzen wird der Laub- oder Nadelmulm weggekratzt und gemäß der alten Faustregel dreimal so tief gepflanzt wie die Zwiebeln und Knollen hoch sind. Danach zieht man die Mulmschicht wieder über die Pflanzstelle. Überall, wo wir diese extremen Frühlings-Geophyten zur Anpflanzung bringen, müssen wir sehr nährstoffreiche und lockere Lauberden, Rinden- oder Holzkomposte einbringen. Eine zusätzliche Rohhumusschicht schützt zumindest im Frühjahr die Zwiebeln, Knollen und Rhizome vor einem Austrocknen. Die Geophyten müssen in zwei bis drei Monaten so viel Nährstoffe speichern, daß sie im nächsten Frühjahr wieder

270 Gehölz- und Bodenflora

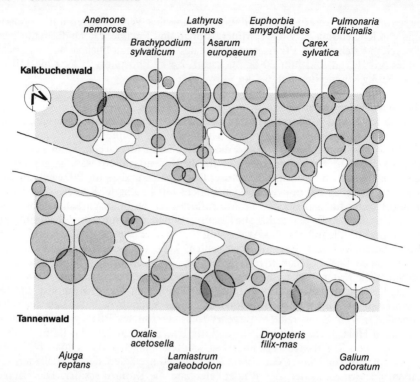

Abb. 15. Bei der Ansiedlung von Schattenstauden werden die Pflanzen in Gruppen bis zu 40 Stück ausgebracht. Mit Hilfe von Samen, Rhizomen, Zwiebeln und Knollen breiten sie sich in den Waldformationen aus.

blühen. Haupthindernis für das Aufkommen einer Bodenflora ist die Masse der abgefallenen, schwer zersetzbaren Eichen-, Ahorn- oder Pappelblätter, die bis in das Frühjahr hinein den Boden mit einem so dichten Filz überdecken, daß Pflanzen der ersten Blütezeitgruppe wie der Winterling *(Eranthis)*, das Schneeglöckchen *(Galanthus)* oder der Märzbecher *(Leucojum)* Mühe haben, hochzukommen. Die meisten Geophyten sind myrmekochor. Für die Verschleppung von Pflanzensamen mit einem Elaiosom sind die Ameisen verantwortlich. Diese fett- und eiweißreichen, vitaminhaltigen Gewebeanhängsel der Samen vom Lerchensporn *(Corydalis)*, dem Alpenveilchen *(Cyclamen purpurascens)*, dem Bärlauch *(Allium ursinum)*, Schneeglöckchen *(Galanthus nivalis)* oder dem Scharbockskraut *(Ficaria verna)* werden von Ameisen gern gegessen. Ihre Blüten erscheinen meist in den Farben weiß oder gelb. In die hängenden Glocken von Maiblume, Weißwurz, Schneeglöckchen, Glokkenblumen und Preiselbeere kriechen die Bienen und Hummeln von unten ein. Die Insekten haben bei der Blütenbestäubung im Wald oft ihre Schwierigkeiten. Deshalb vermögen sich die Geophyten auch mit Hilfe von Rhizomen, Nebenzwiebeln und -knollen in dichten Herden zu halten und konzentrisch auszubreiten. Die Sämlingspflanzen können sich nur dort behaupten, wo ihre Keimlinge nicht dem Frühjahrsputz zum Opfer fallen.

Wenn die Gehölzwurzeln die oberen Bodenschichten durchflechten, läßt sich die krautige Schattenflora nur in einer Humusdecke ziehen. Die unterwuchsfreien Stellen zeugen von der Kampfkraft der Baumwurzeln. Der Boden bleibt »nackt«, wenn wir über den Wurzeln keine Rohhumusschicht ausbringen. Eine 5 bis 10 cm hohe Substratauflage aus halbverrottetem Laub, Rinden- oder Holzkompost trägt dazu bei, daß die Bodenflora unter den Bäumen wurzelt. Mit Beginn der Ruhezeit, im September, ist der günstigste Pflanztermin. Die Stauden brauchen dann nicht mehr gegen die Baumwurzeln anzukämpfen, sie erhalten die Herbstniederschläge und haben Zeit, bis zum Frühsommer einzuwurzeln. Eine andere Methode besteht darin, die Pflanzen mit Topfballen oder nach dem Einwurzeln in Flachsteigen mit den Holzkistchen auszubringen. Sie brauchen sich dann nicht sofort mit der Wurzelkonkurrenz ihrer Nachbarn auseinanderzusetzen. Bei den Waldfarnen mit ihrem flachen Wurzelteller, dem rhizombildenden Waldmeister und Buschwindröschen ist diese Methode der Vorkultur in den Flachsteigen besonders erfolgreich. Eine flächige Bepflanzung der Bodenflora ist die beste Lösung. Alle Erdschürfpflanzen (Hemikryptophyten), deren oberirdische Sprosse in der ungünstigen Jahreszeit ganz absterben und mit ihren Überdauerungstrieben und -knospen unmittelbar auf der Höhe der Bodenoberfläche bleiben, sind sehr gut an die Gehölznachbarschaft angepaßt. Eine noch günstigere Einordnung in die Waldformationen zeigen die Erdpflanzen (Geophyten, Kryptophyten) mit kriechenden Ausläufern oder Rhizomen, Zwiebeln und Knollen, die Trocken- und Kälteperioden geschützt unter der Erdoberfläche überdauern und deren Organe ganz absterben.

Die Jungpflanzen entwickeln sich auf unbewachsenen Böden am besten, während sie in der Krautschicht von Waldgesellschaften zurückgedrängt werden. Häufig fällt es schwer, die Bodenflora auf kalkarmen und -reichen Böden gegeneinander abzugrenzen. Der Auflagenhumus wird von dem darunterliegenden Mineralboden kaum beeinflußt. Die mächtigen Moderpakete werden von dem feinen Wurzelwerk der Krautflora durchsponnen, ohne tiefer in den Mineralboden einzudringen. Sie lassen sich leicht vom Boden abheben. Durch den Blattfall im Herbst sammelt sich ein natürlicher Blattkompost an, in den die Bodenflora angesiedelt werden kann. Die Humusauflage ist nicht nur leicht sauer, sie enthält auch Nährstoffe und dient als Wasserspeicher den Pflanzen. Sobald sich das Laubdach schließt, breiten sich die lichtgenügsamen Buschwindröschen *(Anemone nemorosa)* und Waldmeister *(Galium odoratum)* teppichartig aus. Durch seitliche Verdrängung bilden das Bingelkraut *(Mercurialis perennis)*, das Maiglöckchen *(Convallaria majalis)*, der Waldmeister, das Buschwindröschen oder die Schattenblume *(Maianthemum bifolium)* anfangs kleine und dann immer größer werdende Horste.

In den Waldgesellschaften keimt nur eine gewisse Zahl der ausgefallenen Samen. Wo wir die Heidelbeere *(Vaccinium myrtillus)* in dichten Beständen ausgebracht haben, wird die Ansamung der Gemeinen Kiefer *(Pinus sylvestris)* und der Lärche *(Larix decidua)* verhindert. Laub- und Nadelwälder mit ausgedehnten Beständen an der Geschlängelten Schmiele *(Deschampsia flexuosa)* sind sehr artenarm. Allelopathisch wirkende Wurzelausscheidungen verhindern ein Aufkommen der Begleitflora. Eine gewisse Verminderung der Samenkeimung ist auch in geschlossenen Beständen der Waldhainsimse *(Luzula sylvatica)*, des Waldreitgrases *(Calamagrostis arundinacea)* und des Waldmeisters festzustellen. Die Ursache dürfte auf den Cumaringehalt zurückzuführen sein. Der Einfluß der Laubstreu auf die Entwicklung der Bodenflora hängt mit den starken Hemmstoffkonzentrationen in den Blättern zusammen. Laub, das längere Zeit der auswaschenden Wirkung des Regens ausgesetzt ist, zeigt fast keine Beeinträchtigung der Samenkeimung. Einen günstigen Einfluß haben die Eichen- und Kiefern-Streu. Dagegen zeigen die Samen in der Buchen- und Fichtenstreu einen weniger guten Keimerfolg. Nur bei einer stärkeren

272 Gehölz- und Bodenflora

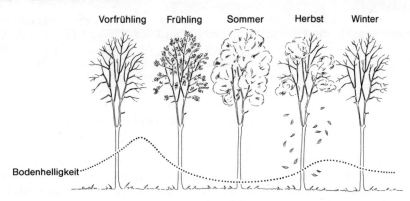

Abb. 16. Auf den »Lichtkomfort« müssen etliche Schattengewächse im Sommer verzichten.

Auswaschung der Hemmstoffe, ist ein dichter Bestand der Bodenflora zu erwarten. Unter den Schattenpflanzen ist die vegetative Vermehrung weit verbreitet, was ihr geselliges Auftreten in der Natur erklärt.

Lichtbedarf der Bodenflora und Lichtwuchsdurchforstung
Die Belichtungsstärke ist für die Bodenflora ein daseinsbegrenzender Faktor. Wenn der Kronenschluß etwa 70% beträgt, beginnen sich viele Schattengewächse optimal zu entwickeln. Auf den »Lichtkomfort« müssen etliche Pflanzen nach der Belaubung verzichten. Unter dem Grünschatten kommen die Haselwurz *(Asarum europaeum)* und der Waldmeister *(Galium odoratum)* mit 5 bis 10% der Lichtmenge aus. Der Efeu *(Hedera helix)* soll noch bei 2% Tageslicht wachsen. Die zarten, dünnen Laubblätter des Waldsauerklees *(Oxalis acetosella)* vertrocknen bei geringer Luftfeuchtigkeit. Sie sind schon deshalb auf den Schatten angewiesen, der mit 1% des vollen Freilandlichtes genügt. Die hochwüchsigen Farne gehören an die hellste Stelle. Sie entwickeln sich in lichten Gehölzen bis 25% Freilandhelligkeit. Auf basischen Böden sind die Schattenpflanzen leistungsfähiger. Auf sauren, stickstoffarmen Böden ist ihr Lichtanspruch dagegen größer. In den Waldlichtungen sind die Sonnenflecken gemildert. Die Schatten überwandern den Boden und treffen die Flora nicht so hart.

Im Dämmerlicht junger Bäume kommt keine Bodenflora auf. Wo die eine oder andere Holzart beginnt, die Lichtpflanzen durch ihren Schatten zurückzudrängen, wird sie geschlagen oder auf den Stock gesetzt. Nach einem wiederholten Aushieb sprießt es am Waldboden und der Kronenschluß wird dauerhaft durchbrochen. Schwache Stämme, die im Laufe der Entwicklung ohnehin absterben, werden herausgeschlagen. Dadurch kann das Wachstum der verhältnismäßig kräftigen Bäume beschleunigt werden. Auf zehn Jahre gerechnet, müssen etwa drei Durchforstungsmaßnahmen durchgeführt werden. Im Schnitt werden bei Durchforstungen 20 bis 30% der Bäume entnommen. Das anfallende Holz sollte über den Kompost dem Boden wieder zugeführt werden. Es kann auch liegen bleiben. In den vermodernden Baumleichen siedeln sich viele Insekten an und später geben die toten Stämme ihre Nährstoffe frei. Viele Laubbäume werden Stockausschläge bilden und einige Nadelhölzer, die überhaupt kein Ausschlagvermögen besitzen, können als geschonte Überhälter stehen bleiben. Die Pflegeeingriffe sollten im frühen Winter erfolgen. Dadurch werden Brut und Aufzucht verschiedener Tierarten nicht gestört.

Ernährung, Schädlingsbefall, Krankheiten

Auf kleinstem Raum lassen sich bei ausreichender Nährstoff- und Wasserversorgung modellhaft die Lebensgemeinschaften unserer Laub- und Nadelwälder darstellen. Die Bodenverbesserung und Düngung sollte langfristig angelegt sein. Auf jede Stickstoff-, Phosphor- und Kali-Gabe reagieren die Gehölze einschließlich der Bodenflora sehr rasch. Zwischen die jungen Gehölze können ausdauernde Schmetterlingsblütler wie Lupinen und Ginster als sogenannte »Ammen« gesät werden. Forstpflanzen im guten Ernährungszustand leiden im allgemeinen weniger unter einem Schädlingsbefall als disharmonisch versorgte Gehölze. Kiefernspanner, Nonne, Borkenkäfer sowie verschiedene Rüßler, Blattwespen und Triebwickler treten erfahrungsgemäß dort in geringster Zahl auf, wo der Standort optimal ist. Eine geringe Bodenverbesserung und einseitige Stickstoffdüngung unterstützen dagegen die Ausbreitung von Woll-, Schild- und Blattläusen. Kali- und Magnesiummangel verursachen an Kiefern im Herbst einen schütteähnlichen Nadelfall und Blattnekrosen. Durch verstärkte Kaligaben lassen sich Mangelkrankheiten und ein Schädlingsbefall verringern. In der Asche und in verrottendem Holz befinden sich hohe Kalimengen. Es gibt keinen triftigen Grund, heimische oder eingebürgerte Gehölzarten, die als Zwischenwirte und Wirtspflanzen für Schadinsekten und Krankheitserreger gelten, nur noch begrenzt oder gar nicht mehr anzupflanzen. Zu diesen Arten gehören *Berberis vulgaris, Crataegus monogyna, C. laevigata, Euonymus europaeus, Lonicera xylosteum, Prunus padus, P. spinosa, Rhamnus catharticus* und *Viburnum opulus*.

Das Element Schwefel gehört zu den unentbehrlichen Pflanzennährstoffen. In der Nachbarschaft industrieller Ballungsräume können aus der Atmosphäre bis zu 69 kg/ha Schwefelverbindungen ausgewaschen werden, was zu einem deutlichen Absinken des pH-Wertes führt. Die Pufferkapazität der Böden läßt sich durch Aufkalken auf pH 7 deutlich erhöhen. Immissionen von Schwefeldioxid, Fluor und Schwermetallen werden in diesem pH-Bereich als schwerlösliche Oxide, Hydroxide und Carbonate festgelegt.

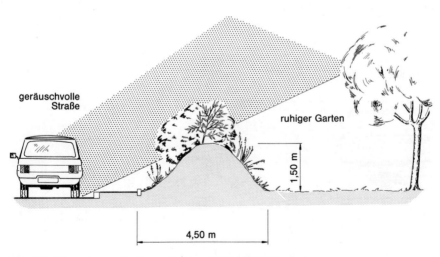

Abb. 17. Lärmschutzwall mit geschlossener und dichter Bepflanzung.

Schalldämpfende Gehölze mit Windschutzwirkung

Von den Bäumen wird der Schall unterschiedlich absorbiert. Wälder fangen besonders gut hohe und tiefe Töne ab. Gute Schalldämpfer sind Tanne und Fichte sowie die Eichen mit großen starken Blättern. Die Schutzpflanzung muß bis zur Erde reichen, geschlossen sein und dichte Laubwände bilden, wobei mehrere in die Tiefe gestaffelten Pflanzstreifen besonders wirksam sind. Junge Bestände wehren den Lärm also besser ab als ältere Baumgruppen. Durch eine Ergänzung mit Sträuchern läßt sich eine optimale Schalldämpfung erreichen. Die Pflanzstreifen haben gleichzeitig eine Windschutzwirkung, die sich auf das Zehnfache der Heckenhöhe erstreckt.

Hecken bilden einen besseren Windschutz als hohe, massive Betonmauern. Damit der Wind auch gleichmäßig ausgekämmt wird, sollte die Windschutzhecke keine großen Lücken aufweisen. Dort würde der Wind wie durch eine Düse gepreßt, was die Windgeschwindigkeit lokal um 30 % erhöhen kann.

Durch die Hecken werden auch Staub und Bleiverbindungen, die von Verkehrsstraßen ausgehen, zurückgehalten.

Hecken können also den Garten vor Schadstoffbelastungen schützen. Es sollte jedoch nicht vergessen werden, daß die Heckengehölze selbst durch die Schadstoffadsorption geschädigt werden. Die Art der Pflegemaßnahmen richtet sich nach der Heckenart. Niederhecken werden seitlich und oben ca. alle drei Jahre maschinell zurückgeschnitten. Baumhecken werden durchforstet, wobei man jedes Jahr einzelne Bäume und Büsche fällt oder zurückschneidet. Am weitesten verbreitet ist das »Auf den Stock« setzen. Es kommt vor allem bei Hochhecken zur Anwendung. Ein Kahlschlag, bei dem die ganze Hecke zurückgeschnitten wird, ist auf jeden Fall zu unterlassen. Eine radikale Verjüngung wäre ein gravierender Eingriff in die Lebensgemeinschaften von Pflanzen und Tieren. Die verschiedenen Biozönosen der Hecken können derart krasse Veränderungen nicht überstehen und das ökologische Gleichgewicht würde zusammenbrechen. Ein Pflegehieb im Abstand von 8 bis 10 Jahren reicht bei schnellwachsenden Gehölzen, 11 bis 15 Jahre bei langsamwachsenden Gehölzen aus. Zudem ist es ratsam, einige wenige Bäume als sogenannte »Überhälter« zu erhalten. Sie dienen zahlreichen Tierarten zur Brut und Nahrungssuche sowie als Sommer- bzw. Winterquartiere.

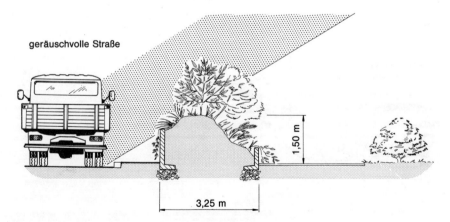

Abb. 18. Böschung mit schalldämpfenden Gehölzen bepflanzt.

Gehölze als Epiphytenträger

Die Kopfbaumbestände bieten sich als Rückzugsgebiete für Flora und Fauna an. Durch die »Scheitelwirtschaft« wurden früher vor allem Weiden, Pappeln, Eschen, Eichen, Buchen und Hainbuchen genutzt. Ein regelmäßiger Schnitt der sehr hoch und breit wachsenden Äste bewahrt die Bäume davor, daß sie unter ihrer Kopflast zusammenbrechen. Oftmals bilden sich auch in den Astgabeln, in den Vertiefungen von ausgebrochenen Ästen und durch Fäulnisvorgänge in Rinde und Holz kleine Baumhöhlen. Die Gabelungen und Höhlungen lassen sich durch Laubstreu, Rinden- oder Holzkompost füllen. In derartigen Humusansammlungen finden etliche Gelegenheitsepiphyten günstige Standorte. Auch auf den Stämmen geschwächter Bäume haben sich durch den Laubfall und Fäulnisvorgänge in Rinde und Holz günstige Standorte gebildet. In den Baumhöhlen leiten oftmals Landpflanzen, die durch den Wind, Vögel oder Ameisen als Samen an ihren luftigen Standort getragen wurden, den Abbau der Stämme ein. Mit dem Moos- und Flechtenbewuchs, der Ansiedlung von Bockkäfern, Prachtkäfern, Pochkäfern und Holzwespen werden die Fäulnisvorgänge beschleunigt.

Aus der Windverbreitung der Samen erklärt sich das gelegentliche Auftreten des Waldziests *(Stachys sylvatica)* als Gelegenheitsepiphyt, des Hirtentäschels *(Capsella bursa-pastoris)* auf Kopfweiden, des Waldweidenröschens *(Epilobium angustifolium)* auf der Silberweide *(Salix alba)* und des Bergweidenröschens auf Weiden, Rotbuchen und dem Bergahorn. Im Humus der Astwinkel und Borkenritzen des Bergahorns, der Erle, Robinie und Kopfweide läßt sich als Gelegenheitsepiphyt das Ruprechtskraut *(Geranium robertianum)* ansiedeln. Durch den Windtransport gelangen selbst die Flugfrüchte der Esche *(Fraxinus excelsior)* auf Weiden und Linden.

Auf eine Verbreitung durch Vögel ist das Vorkommen des Moschuskrautes *(Adoxa moschatellina)* auf der Kopfweide und dem Bergahorn zurückzuführen. Die Samen des Bittersüßen Nachtschattens *(Solanum dulcamara)* gelangen häufig durch Elstern auf alte Bäume. Als Epiphyt läßt er sich auf alten Kopfweiden und den modernden Stämmen von Pappeln und Eichen ansiedeln. Rotkehlchen, Elstern und Drosseln zeigen für die aufspringenden Früchte des Pfaffenkäppchens *(Euonymus europaeus)* eine gewisse Vorliebe. Ihr gelegentliches Vorkommen auf Weidenstümpfen ist auf die Verschleppung durch Vögel zurückzuführen. Auf Buchen und Ahorn läßt sich auch die Stachelbeere *(Ribes uva-crispa)* epiphytisch ansiedeln. Das häufige Vorkommen des Bergahorns *(Acer pseudoplatanus)* auf Nußbäumen, Weiden, Eichen und Robinien, des Spitzahorns *(A. platanoides)* auf Robinien und des Feldahorns *(A. campestre)* auf Eichen ist durch verschiedene Vogelarten wie Häher, Kreuzschnäbel und Kirschkernbeisser bedingt.

Durch Ameisen wird häufig die Ausbreitung von Pflanzensamen, die ein Elaiosom besitzen, verursacht. Die fett- und eiweißreichen sowie vitaminhaltigen Gewebeanhängsel der Samen werden besonders gern von den kleinen Ameisen, *Lasius niger* und *Messor barbarus*, sowie von größeren *Formica*-Arten gegessen. Durch diese Verbreitungsart trifft man häufig – wenn auch nicht immer durch Ameisen verursacht – die Rote Taubnessel *(Lamium purpureum)*, das Pfennigkraut *(Lysimachia nummularia)*, die Waldengelwurz *(Angelica sylvestris)* und das Schöllkraut *(Chelidonium majus)* als Gelegenheitsepiphyten auf Kopfweiden an. Zu den myrmekochoren Arten zählen auch der Giersch *(Aegopodium podagraria)*, der Waldgelbstern *(Gagea lutea)*, die Waldnabelmiere *(Moehringia trinervia)*, der Hohle Lerchensporn *(Corydalis cava)* und das Wohlriechende Veilchen *(Viola odorata)*. Sie kommen vorwiegend auf Kopfweiden und dem Bergahorn vor. Sehr häufig sind sie in Siedlungsnähe zu finden.

Die Schleuderfrüchte des Waldsauerklees *(Oxalis acetosella)* säen sich auf vermodernden Baumstümpfen aus. Sie erscheinen auch epiphytisch auf Weiden, dem Bergahorn und der Rotbuche. Überwiegend durch Tierverbreitung (Ameisen) stellt sich der Weißklee *(Trifolium repens)* auf Kopfweiden und Eschen ein. Das Vorkommen der Weißen Taubnessel *(Lamium album)* und der Gefleckten Taubnessel *(Lamium maculatum)* auf Kopfweiden und alten Pappeln beruht ebenfalls auf der Myrmekochorie. Auch die Nüßchen der Goldnessel *(Lamiastrum galeobdolon)* werden von Ameisen auf freistehende Kopfweiden und alte Pappeln verschleppt. Zuweilen wird als Gelegenheitsepiphyt auf Kopfweiden, Erlen und Robinien die Gundelrebe *(Glechoma hederacea)* durch Ameisen angesiedelt.

Als Gelegenheitsepiphyt finden wir das Weiße Fettkraut *(Sedum album)* in wenig mit Humus bedeckten Astnischen des Bergahorns. Gelegentlich kommt das Ausdauernde Bingelkraut *(Mercurialis perennis)* durch Ameisenverbreitung auf dem Bergahorn vor. Mit der Myrmekochorie hängt auch das Vorkommen des Kriechenden Günsels *(Ajuga reptans)* auf Robinien zusammen.

Auf Dächern und altem Mauerwerk lassen sich mitunter Gelegenheitsepiphyten beobachten. Durch den leichten Windtransport gelangt die Zypressenwolfsmilch *(Euphorbia cyparissias)* auf Dächer und das Waldweidenröschen *(Epilobium angustifolium)* auf altes Mauerwerk. Auf Ruinen ehemaliger Siedlungen findet man den Bittersüßen Nachtschatten *(Solanum dulcamara)* und die Stachelbeere *(Ribes uva-crispa)*. Durch Ameisen werden die Samen der Roten Taubnessel *(Lamium purpureum)* gern auf Felsen verschleppt. Die Lamium-Arten stimmen mit der myrmekochoren Gundelrebe *(Glechoma hederacea)* weitgehend überein. Mit manchen Taubnesseln tritt sie auf Felsblöcken und an Mauern auf.

Anzucht und Kultur von Misteln

Unserem modernen Obstbau ist es zuzuschreiben, daß alte Mistelträger ausgerottet werden. Die Misteln gefährden das Leben der Apfelbäume nur bei einem massenweisen Auftreten. Als baumbewohnende Pflanzen tragen sie alle Merkmale von Halbschmarotzern, die den Leitungsbahnen ihrer Wirtsbäume »nur« Wasser und Nährstoffe entnehmen. Trotz ihrer parasitären Lebensweise sind sie lange nicht so gefährlich wie der Teufelszwirn *(Cuscuta)* und die Sommerwurz *(Orobanche)*. Ihr eigenes Blattgrün vermag den Assimilationsbedarf selbst zu produzieren. Man sollte die alten Mistelträger nicht gedankenlos fällen und jeden alten Apfelbaum nur nach seinem Obstertrag messen. Die Technik des Impfens ist sehr einfach. Nach der Samenreife – von Oktober bis zum Frühling nächsten Jahres – werden frisch geerntete Mistelsamen auf den Wirtsbaum gebracht. Man zerdrückt die Beeren und klebt sie mit ihrem Schleim auf das junge Holz. Mit Hilfe dieser Impftechnik braucht man nicht auf die Wacholderdrossel zu warten, welche die unverdauten Kerne ausscheidet. Es wird allerdings bei unserer Impftechnik nie möglich sein, ein hundertprozentiges Keimergebnis zu erzielen. Unter optimalen Bedingungen werden es 90 % sein, und was am Ende als schmarotzender Baumbewohner überlebt, sind allenfalls 5 %.

Die Buschbäume stellen uns bei der Wirtswahl vor keine allzu großen Platzschwierigkeiten. Die Apfelbäumchen lassen sich in jedem Garten unterbringen, und die Ästen können ohne Mühe geimpft werden. Wer zwei oder drei Misteln in den Wipfeln der Pflanzen ansiedeln möchte, muß ein Vielfaches auf die Bäume impfen. Einmal ist es der Regen, durch den sie abgewaschen werden, und zum anderen sind es die unerwünschten Vogelbesucher, die unter den Beeren reiche Ernte halten. Wenn wir die naschhaften Wacholderdrosseln nicht durch Netze oder engmaschigen Draht von den Pflanzen fernhalten, ist kein Keimergebnis zu erwarten. Ende April ist es dann soweit. Aus den angeklebten Beeren erscheinen zunächst Haftscheiben, die bis ins Kambium des Holzes vordringen. Im zweiten Jahr richtet sich der Senker auf und zieht den Samen von der Rinde ab. Dabei erscheinen die Keimblätter. Im vierten und fünften Jahr geht das Wachstum der jungen Mistelsämlinge schnell voran. Wenn man Glück hat, künden sich im siebten Jahr die ersten Knospen an. Die unscheinbaren Blüten sind eingeschlechtlich, also entweder männlicher oder weiblicher Art. Die weiblichen Mistelzweige tragen nach einer Insektenbestäubung im Herbst weiße Beeren.

Die jungen Misteln werden auf den kleinen Apfelbäumen groß und größer. Wenn sich diese schönen Parasiten zu Baumtötern entwickeln, muß man früh genug zum Messer greifen. Die überzähligen Misteln werden vorsichtig von der Rinde gelöst. Zuweilen wird man den Eindruck nicht los, daß das ständige Schneiden von Mistelzweigen belebend auf die tieferliegenden Knospen wirkt. Die Selbstgenügsamkeit der Misteln reicht bis zur äußersten Grenze ihrer Anpassungsfähigkeit. Als Aufsitzer sind sie von der Gunst des Wirtes und des Wetters abhängig. Auf manchem überständigen Obstbaum oder hohen Pappel können sie sich ungehindert ausbreiten.

Die Laubholzmistel hat nicht nur Apfelbäume und Pappeln erobert. Unsere mitteleuropäische *Viscum album* kommt zuweilen auch auf Linden und Robinien, Birken und Ebereschen, Weiden, Ulmen und dem Ahorn vor. Höchst selten dagegen ist sie auf Birnen, Hainbuchen, Eßkastanien und den amerikanischen Eichen anzutreffen. Die Kiefernmistel hat einen Wirtspflanzenkreis aus gemeiner Kiefer, Schwarz- und Bergkiefer, während man von der Tannenmistel weiß, daß sie nicht nur auf der Weißtanne wächst, sondern auch auf der Japanischen Lärche gedeiht.

Waldformationen

Bei unseren gärtnerischen Bemühungen zur Erzielung eines naturnahen Vegetationsbildes muß von ökologischen Gesichtspunkten ausgegangen werden. Als Ergebnis planmäßiger Gehölzpflanzungen bilden sich regelrechte Waldgesellschaften. Durch das gemischte Vorkommen aller Altersstufen vom einjährigen bis zum fällbaren Baum entsteht ein »Plenterwald«. Als End- und Dauerstadium muß sich die Bepflanzung in Richtung »Hochwald« entwickeln, der in der Sprache der Pflanzensoziologie »Klimax« genannt wird.

In den »Waldformationen« ist es besser, die Bodenbepflanzung erst nach der Bildung einer genügend hohen Humusschicht einzubringen. Um den Bedarf an organischer Substanz zu decken, sollte alles Fallaub der »Waldformation« zugeführt werden. Im Anfangsstadium ist die Selbstversorgung an Herbstblättern noch so gering, daß für die Bodenflora auch Holz- oder Rindenkompost nachgeliefert werden muß. Diese Art der Substanzzufuhr ist eine Düngung auf Vorrat. Nur ein vielfältiges Bodenleben vermag die organischen Substanzen ab-, um- und aufzubauen. Die Bewohner der obersten Boden- und Streuschicht, also Bakterien, Pilze, Regenwürmer, Asseln und viele andere Tiere, sind auf kalkhaltigen Böden besonders zahlreich. Die freiwerdenden Nährstoffe stehen den Pflanzen laufend zur Verfügung. Die Waldbodenflora spricht auf eine Düngung oder jährliche Rindenkompostgabe sehr stark an. Dort, wo sich die Vegetation kräftig entwickelt, ist zu befürchten, daß sie von Insekten stärker aufgesucht wird. Andererseits verhalten sich viele säureliebenden Pflanzen bei optimaler Nährstoffversorgung gegenüber dem pH-Wert indifferent. Durch ihre Stickstoffanreicherung wirkt sich auch eine Lupinenanpflanzung sehr günstig auf den Baumwuchs aus. Lupinen lassen sich als Grün-

278 Gehölz- und Bodenflora

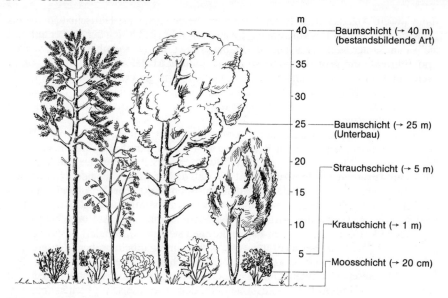

Abb. 19. Waldgesellschaft.

düngungs-, Futter- und Zierpflanzen in die »Waldformation« einbringen. Auf neutralen bis kalkhaltigen Böden gibt die ausdauernde Vielblättrige Lupine *(Lupinus polyphyllus)* 8 bis 10 Jahre gute Erträge. Auf leicht sauren Sandböden ist die Einjährige Gelbe Lupine *(Lupinus luteus)* ein wertvoller Stickstoffsammler und Bodenverbesserer. Weniger kalkempfindlich als *L. luteus* und für mittelschwere Böden geeignet ist die Einjährige Schmalblättrige Lupine *(L. angustifolius)*.

In den letzten Jahren hat sich der Saure Regen auf den pH-Wert des Bodens negativ ausgewirkt. Durch Verbrennung von Kohle, Erdöl und Erdgas gelangen beträchtliche Schwefelsäuremengen mit den Niederschlägen in den Boden. Der Einfluß des Regens, mit einem pH-Wert unter 4, kann auf sehr kalkreichen Böden ein

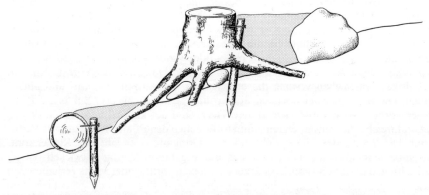

Abb. 20. Naturnahe Gartenmotive entstehen durch die Verbindung von Holz, Stein und Pflanzen. Einbau eines Baumstumpfes und Stammholzes.

recht guter Korrelator für die säureliebende Bodenflora sein. Auf tonreichen Böden aber gehen bei einem zu tiefen pH-Wert Aluminium-Ionen in Lösung und wirken auf die Pflanzen toxisch. Die alkalischen Puffersubstanzen sind umso höher, je mehr das eingestreute Rechlaub von den Wegen mit Mineralstoffen durchsetzt ist. Im Gegensatz zu einer echten Rohhumusbildung in den Mischwäldern mit saurer Reaktion zwischen pH 4,0 bis 5,5 ist ihr Charakter mit einem pH-Wert von 5,5 bis 6,5 deutlich milder.

In den künstlich geschaffenen Waldbereichen wachsen die naturnahen Staudenpflanzen zu stabilen Gemeinschaften heran. Während der Optimalphase der Gehölze ist es am Boden vielfach so dunkel, daß der Unterwuchs Mühe hat, gegen den Schatten aufzukommen. Es ist deshalb empfehlenswert, eine Verjüngungsphase einzulegen. Durch den Eingriff mit Säge und Axt werden die überzähligen Arten ausgemerzt. Nach dem Auslichten sprießt am Waldboden bald wieder ein frisches Grün und die gelben, blauen und roten Farbtöne treten bei den Unterwuchspflanzen hervor. Geschäftige Ameisen tragen dazu bei, daß die Samen myrmekochorer Arten ausgebreitet werden. Die Entwicklung der Bodenflora kann bei hohen Niederschlagsmengen sehr unterschiedlich sein. Die massenhafte Schleuderverbreitung des Rühr-mich-nicht-an *(Impatiens noli-tangere)* unter Nadel- und Laubgehölzen ist dem feuchten Laub- und Nadelmulm zuzuschreiben. Auch das Kleinblütige Springkraut *(Impatiens parviflora)* und das Indische Springkraut *(Impatiens glandulifera)* haben als Neubürger genügend Zeit, sich als Halbschattenpflanzen auszubreiten und mit *I. noli-tangere* in Wettbewerb zu treten. Die Gewöhnliche Waldrebe *(Clematis vitalba)* und das Waldgeißblatt *(Lonicera periclymenum)* ranken in Form von Lianen zwischen dem Geäst der Bäume und Sträucher. Eine »Lichtoase« schafft für Raupenfutterpflanzen stabile Standorte. Die Große Brennessel *(Urtica dioica)* wächst in den Schattenbereichen als Feuchtigkeitszeiger und in offenen Biotopen an stickstoffreichen Plätzen.

Alkalische Böden
Euphorbia epithymoides, Euphorbiaceae (Wolfsmilchgewächse)
(E. polychroma)   Hüllblätter zur Blütezeit orange
Vielfarbige Wolfsmilch   gefärbt. V–VI, Insektenbestäubung.
Staude
30 bis 50 cm hoch
Die Vielfarbige Wolfsmilch läßt sich am Waldsaum auf mäßig trockenem, meist kalkhaltigem Lehmboden ansiedeln. Als Licht-Halbschattenpflanze breitet sie sich auch über sonnige Hänge aus.

Rubus saxatilis, Rosaceae (Rosengewächse)
Felsenhimbeere, Steinbeere   2- bis 8blütige Doldentrauben, Blüten
Strauch mit bogig kriechenden Trieben   zwittrig, weiß. V–VII, Bienen, Fliegen
10 bis 30 cm hoch   und Selbstbestäubung. Frucht hellrot
     mit Johannisbeergeschmack.
Die Felsenhimbeere läßt sich als Moderhumuspflanze im Halbschatten von Nadelmischwäldern oder Laubwäldern anpflanzen. Auf kalkhaltigen Sand- und Lehmböden breitet sie ihre Kriechtriebe bogig über große Flächen aus.

Neutrale Böden
Fragaria vesca, Rosaceae (Rosengewächse)
Walderdbeere   Blüte weiß, zahlreiche Staubgefäße und
Staude mit grundständigen Blättern   Stempel. V–VI, Insektenbestäubung.

und langen Ausläufern
5 bis 20 cm hoch

Scheinbeere, rot, trägt zahlreiche Früchtchen.

Die Walderdbeere läßt sich im naturnahen Garten an Gehölzrändern und in »Waldwiesen«, an Böschungen und entlang der Wege verwenden. Als Licht-Halbschattenpflanze dringt sie mit ihren Ausläufern bis in die Waldbereiche vor. Als Humuszehrer und Nitrifizierungszeiger liebt sie einen nährstoffreichen humosen Sand- oder Lehmboden.

In den Waldformationen lassen sich Wildfrüchte und Kräuter in großer Vielfalt ansiedeln.

Saure Böden
Impatiens parviflora, Balsaminaceae (Springkrautgewächse)
Kleinblütiges Springkraut   4- bis 10blütige Trugdolde, hellgelb.
Einjährige Pflanze   IV–X, Schwebfliegen.
20 bis 60 cm hoch

Das Kleinblütige Springkraut wurde um die Mitte des 19. Jahrhunderts aus NO-Asien nach Europa gebracht und in den Botanischen Gärten von Berlin und Genf als Seltenheit gezeigt. Heute ist es überall eingebürgert. Es breitete sich als Gartenflüchtling in siedlungsnahen Eichen- und Buchenwäldern, in Waldrandnähe und in Parkanlagen aus. Innerhalb weniger Jahrzehnte hat *Impatiens parviflora* unser großes Rühr-mich-nicht-an *(Impatiens noli-tangere)* weitgehend verdrängt und an seiner Stelle nährstoffreiche, meist kalkarme, humose Lehmböden in halbschattiger Lage besiedelt.

Tiere
Auch die Waldbewohner erfüllen eine bestimmte ökologische Funktion. Die Nützlinge unter ihnen halten die Ausbreitung schädlicher Arten unter Kontrolle. Baumstämme bieten zahlreichen Insekten Ansiedlungsmöglichkeiten. Manche Arten halten sich tagsüber im Bereich der Borke auf, während sie nachts am Boden ihre Beute suchen. In dem moderigen Bodensatz von Baumhöhlen leben verschiedene Käfer. Auf den Linden findet man oft gesellig die Feuerwanze. Sie saugt deren Nüßchen an. Der zugefügte Schaden beeinträchtigt in der Regel den Wirt nicht. Nur ungünstige Kulturbedingungen mögen die Pflanzen so schwächen, daß ein Befall zum Tode führt. Einer Massenvermehrung von Forstschädlingen wirken die Jagdfliegen entgegen. Auf Baumstümpfen und auf den Stämmen lauern sie auf vorbeifliegende Opfer oder saugen Insektenlarven und -puppen aus.

Für die Verteilung der Vögel in den Waldformationen ist die Zusammensetzung und die Wuchshöhe der Vegetation von großer Bedeutung. Zur Brut und zur Nahrungssuche werden die Gehölze bevorzugt vom Buntspecht, dem Zaunkönig, der Heckenbraunelle, dem Sumpfrohrsänger, dem Gelbspötter, der Gartengrasmücke, der Mönchsgrasmücke, der Klappergrasmücke, dem Zilpzalp, dem Grauschnäpper, der Nachtigall, dem Rotkehlchen, der Amsel, der Blaumeise, der Kohlmeise, dem Gartenbaumläufer und dem Pirol aufgesucht. Der forstliche Vogelschutz erschöpft sich nicht im Aufhängen von Nistkästen. In großen Baumhöhlen nisten der Waldkauz und der Habichtskauz. Der Rauhfußkauz bewohnt in Althölzern Schwarzspechthöhlen und andere alte Bäume. Die Käuze jagen vor allem Kleinsäuger. Unser einheimischer Wespenbussard ist auf Kleintierbeute spezialisiert. Er hat eine Vorliebe für Wespen, Bienen und Hummeln. Auch Regenwürmer, Larven, Insekten, Spinnen, selbst Walderdbeeren werden verzehrt. Die kleinräumigen Areale bieten allerdings keine Voraussetzung für die Ansiedlung von Greifvögeln.

Viele Fledermäuse finden in Baumhöhlen Unterschlupf. Als Jäger lesen sie von den Stämmen Insekten ab, sammeln von den Blättern Raupen und nehmen Käfer und Grillen vom Boden auf.

Für die Bodentiere hat die Dicke der Streuschicht eine wesentliche Bedeutung. Die Brettkanker der Gattung *Trogulus* sind Nachttiere, die kleineren Schnecken nachstellen. Am Tag leben sie verborgen im Moder und unter Steinen. Gelegentlich findet man unter gefallenen Bäumen die stark gepanzerten Schneckenkanker der Gattung *Ischyropsalis*, die mit ihren kräftigen Cheliceren Schneckenschalen aufbrechen. Auf und unter der Rinde, an totem Holz, in moderndem Laub und in den Gängen holzbohrender Insekten finden viele Pilze einen Lebensraum. Die bis 6 mm großen Großthripse ernähren sich von Pilzsporen.

Laubwälder

Unsere »Laubwälder« sind reich strukturierte Biotope. Auf kleiner Fläche läßt sich keine sehr hohe Artendichte erreichen. Die Laubmischbestände unserer Garten- und Parkanlagen weichen vom Naturzustand der Hochwälder ab, was bedingt, daß jede Art von einheimischem Laubgehölz untergebracht werden kann. Auf dem Rohboden werden standortsgerechte Laubgehölze gepflanzt. In den Garten- und Parkanlagen entsteht dadurch ein Nebeneinander unterschiedlicher Bäume und Sträucher. In die »Laubwälder« werden neben einigen stärkeren Pflanzen in der Größe von 250 bis 300 cm kleinere Heister von 100 bis 150 cm und sogar Forstpflanzen von 60 bis 80 cm Höhe eingebracht.

Die Buche herrscht vielfach vor, duldet jedoch auch andere Baumarten. Auf dem Weißjura und dem Tertiärboden nimmt sie zwei Drittel der gesamten Waldfläche ein. Häufige Begleiter sind Bergahorn, Esche, Feldulme, Sommerlinde und seltener die kleinblütige Winterlinde. Bei Pflanzungen in der Landschaft, werden auf ein bis zwei Quadratmetern ein Gehölz gepflanzt.

Eine von Anfang an dichte Bepflanzung der Waldformationen bringt den Vorteil, daß durch Beschattung und Laubfall für die später einzubringende Krautschicht optimale Bedingungen geschaffen werden. Je nach Wachstum und Entwicklung der einzelnen Gehölzarten hat man die Möglichkeit, die schönsten Exemplare im Laufe der Zeit freizustellen.

Die Laubgehölze sorgen durch ihre gute Durchwurzelung für einen Nährstoffkreislauf. Aus tieferen Bodenschichten werden Mineralsalze aufgeschlossen und über die Blätter der Bodenflora zugeführt. Viele naturnahe Pflanzen werden durch das Entfernen des Fallaubes unter den Gehölzen regelrecht kaputtgepflegt. Bei Neuanlagen sollte man generell so lange warten, bis sich eine genügend hohe Mulmschicht gebildet hat. Der herbstliche Laubfall überstreut den Boden mit einer drei- bis achtfachen Blätterschicht. Auf diese Weise entsteht über einem kalkhaltigen Boden von zersetztem Buchenlaub ein milder, dunkelkrümeliger Mull mit einem pH-Wert von 6,2 bis 7,4.

In jungen Anlagen läßt sich nach dem Aufbringen von genügend Laub die Bodenflora einbringen. Als Bodenverbesserungsmittel, die den Humusgehalt direkt erhöhen, werden immer mehr Rinden- und Holzkomposte bevorzugt. In einer relativ nährstoffreichen Humusauflage besteht die Gefahr, daß die Wurzeln der Bäume und Zwerggehölze in der Humusauflage ein derart dichtes Geflecht bilden, daß sie für die Krautschicht zu gefährlichen Konkurrenten werden. Geschlossene Baumgruppen sind existenzbedrohend für die lichthungrige Bodenflora.

Im recht spärlichen Unterholz wachsen der Seidelbast und die Heckenkirsche. Die Heidelbeere vermag unter stark schattenden Baumkronen nicht mehr zu leben. In den Laubwäldern genießt der Unterwuchs einige Wochen vor der Belaubung der Bäume das Licht und die Wärme der Sonne. Die Bodenflora ist deshalb reich an Frühlingsblühern. Sie wird oft durch Ausläufertreibende Pflanzen gebildet. Das Buschwindröschen, die Goldnessel, der Waldmeister und das Immergrün gehören zu den vorherrschenden Arten, die bei dicht geschlossenen Kronen nur an den sonnigsten Stellen ausgebracht werden. Diese artenreichen Vergemeinschaftungen bilden dauerhafte Pflanzengesellschaften, die kaum Pflege erfordern. Nach reichlichem Regen kann sich eine besonders dichte Bodenflora bilden, die im wesentlichen aus dem Bärlauch, dem Gefleckten Aronstab, der Waldsegge und der Haselwurz besteht. In den Laubwäldern ist die Vegetationszeit für viele krautige Pflanzen recht kurz. Unter den Frühlingsgeophyten sind der Gefleckte Aronstab und das Schneeglöckchen. Sie gedeihen an nährstoff- und humusreichen, feuchten Standorten. Wenn die Lichtmenge im Sommer nicht mehr ausreicht, ziehen sie ein. Nachdem das Laubdach sommerdunkel geworden ist, beginnt auch das Buschwindröschen zu vergilben. Der Waldmeister ist fakultativ wintergrün. Lediglich die Goldnessel, die Haselwurz und das Immergrün überdauern den Winter mit grünen Blättern.

Alkalische Böden
Actaea spicata, Ranunculaceae (Hahnenfußgewächse)
Christophskraut
Staude, unangenehm riechend
30 bis 60 cm hoch
Giftverdächtig!
Blüten weiß, keine Nektarien. V–VII, Pollenblumen, die von Käfern und Gradflüglern bestäubt werden. Frucht: glänzend schwarze Beere.
Das Christophskraut wächst an schattigen Stellen, wo selbst Farne versagen. Als Unterpflanzung ist es in Wildgartenpartien gut geeignet. *Actaea spicata* läßt sich auch auf Lehmböden und als Mullbodenpflanze in reinen Humus auspflanzen.
Asarum europaeum, Aristolochiaceae (Osterluzeigewächse)
Haselwurz
Staude mit kriechender Grundachse.
Blätter breit-nierenförmig, glänzend, immergrün, von pfefferartigem Geruch und Geschmack
5 bis 10 cm hoch
Blüten einzeln, endständig, nickend, mit drei außen bräunlichen, innen dunkelpurpurnen Zipfeln. III–V, Selbst- und Fremdbestäubung.
Die Haselwurz sollte ausgesprochen flächig im Schatten eingewurzelter Gehölze zur Anpflanzung kommen. Pro Quadratmeter werden etwa 15 Pflanzen benötigt. Als Mullbodenkriecher dürfen die Wurzeln nur ganz schwach mit Erde bedeckt sein. *Asarum europaeum* ist eine sehr verträgliche Gruppenpflanze für artenreiche Pflanzungen. Lichtmangel vermag sie durch Feuchtigkeit und Wassermangel durch einen

---

Oben links: Die Beeren bzw. Samen der Mistel *(Viscum album)*, vielfach von Vögeln mitgeschleppt, haften mit ihrem klebrigen Fruchtfleisch sehr leicht fest und entwickeln sich auf den Ästen ihrer Nistbäume zu neuen Pflanzen.
Oben rechts: Die unscheinbaren Mistelblüten sind eingeschlechtig. Nach Insektenbestäubung bilden die weiblichen Mistelzweige Beeren.
Unten links: Baumruinen mit Astlöchern und vermoderndes Holz werden von vielen Tieren mit extremen Umweltansprüchen angenommen.
Unten rechts: In einem gut durchfeuchteten Boden bildet das Moosglöckchen *(Linnaea borealis)* einen undurchdringlichen Rasen.

kalkhaltigen Boden auszugleichen. Einem starken Wurzeldruck widersteht sie im Laubhumus oder bei der Verbesserung des Kalkgehaltes im Boden.

Galium odoratum, Rubiaceae (Krappgewächse)
(Asperula odorata)   Blüten in Trugdolden, weiß. IV–V,
Waldmeister   Fliegen, Bienen.
Staude, Blätter in 6- bis
10zähligen Quirlen
5 bis 25 cm hoch
Cumarinhaltige Gewürzpflanze

Der Waldmeister ist ein flachwurzelnder Mullbodenkriecher mit einer sehr engen Beziehung zu den Gehölzen. Er bevorzugt einen nährstoffreichen Moderboden. Im kühlen Schatten mit reichlicher Bodenfeuchtigkeit breitet er sich flächig aus. In größeren Gruppen wird er immer gesellig, etwa 5 Pflanzen pro Quadratmeter und nicht zu tief gepflanzt.

Das Waldmeisterkraut kann kurz vor der Blüte in frischer und in getrockneter Form zur Bereitung von Maibowle verwendet werden. Der charakteristische Aromastoff Cumarin riecht angenehm nach Waldmeister und nach Heu. Wegen gesundheitlicher Bedenken (blutgerinnungshemmend, krebsverdächtig) ist Waldmeister in Lebensmitteln verboten und darf nicht zur Herstellung von Essenzen verwendet werden.

Helianthemum nummularium, Cistaceae (Zistrosengewächse)
Gewöhnliches Sonnenröschen   Blüten in 2- bis 15blütigen Wickeln,
Halbstrauch mit niederliegenden und   gelb. V–IX, Insekten- und Selbstbe-
aufsteigenden Zweigen   stäubung.
10 bis 30 cm hoch

Als Licht-Halbschattenpflanze wird *Helianthemum nummularium* in der Saumgesellschaft von Laubgehölzen angepflanzt. An sommertrockenen Standorten werden sie in kleinen Trupps von etwa 3 bis 10 Pflanzen ausgebracht, wobei die Stückzahl bei 12 Sonnenröschen pro Quadratmeter liegt.

Helleborus viridis, Ranunculaceae (Hahnenfußgewächse)
Grüne Nieswurz   Blüten graugrün, wenig nickend. Nek-
Staude, blühende Sprosse krautig,   tarproduzierende Kronblätter. III–IV,
nicht überwinternd, sommergrün   Insektenbestäubung.
15 bis 30 cm hoch
Giftig!

Als Wildstaude steht die Grüne Nieswurz in enger Beziehung zu den Gehölzen. Sie erträgt Schatten und bevorzugt einen humusreichen Lehmboden.

Lilium martagon, Liliaceae (Liliengewächse)
Türkenbund   Blütenstand endständig, traubig, 3- bis

Oben: Die Sekundärvegetation der Randstreifen von Straßen ist eine wichtige Futterquelle für Bienen, Hummeln und Tagfalter.
Unten: Umwachsene Steinriegel im freien Feld bieten zahlreichen Tieren Versteck-, Brut- und Lebensräume.

Staude mit gelblicher Schuppenzwiebel
30 bis 100 cm hoch

10blütig, schmutzig-hellpurpurrot mit dunkleren Flecken. VII–VIII, Schwärmer und Selbstbestäubung.

In Verbindung mit den Wald- und Wunderveilchen, dem Waldmeister, der Haselwurz und dem Buschwindröschen kommt der Türkenbund einzeln oder in kleinen Tuffs von maximal 10 Pflanzen pro Quadratmeter zur Anpflanzung. In enger Beziehung zu den Gehölzen, an luft- und bodenfeuchten Plätzen, im wandernden Schatten lichter Baumbestände hält *Lilium martagon* im tiefgründigen, humosen Tonboden am besten aus. Sie ist dankbar für eine gute Bodenbedeckung mit Laubmulm.

Melittis melissophyllum, Lamiaceae (Lippenblütler)

Immenblatt
Staude
20 bis 40 cm hoch
Cumarinsäure enthaltend

Blüten 3 bis 4 cm lang, an 0,5 bis 1 cm langen Stielen, zu 1 bis 3 in den Achseln der 2 bis 5 oberen Laubblattpaare. Meist weiß mit rosa gefleckter Unterlippe, nicht selten auch ganz weiß oder pfirsich blütenrot. Angenehmer Honiggeruch. V–VI, Langrüsselige Hummeln, Käfer, Fliegen. Wird von kurzrüsseligen Hummeln auch angebissen.

Das Immenblatt ist ein wärmeliebender Mullbodenwurzler, der sich gesellig unter lichten Laubgehölzen einbringen läßt. *Melittis melissophyllum* eignet sich auch für den Waldsaum mit wechselnder Besonnung. Bei überwiegend diffusem Licht und an trockenen Standorten bevorzugt sie einen locker-humosen Lehmboden.

Sanicula europaea, Apiaceae (Doldengewächse)

Waldsanikel
Staude
20 bis 40 cm hoch

Blütendolde zusammengesetzt, weißlich oder rötlich. V–VII, Insekten- und Selbstbestäubung.

Der Waldsanikel ist ein verträglicher Flächendecker für artenreiche Pflanzungen. Auf mäßig feuchten Humusböden und in lockerem Lehm erweist sich *Sanicula eropaea* als anspruchslose Schatten-Halbschattenpflanze, die sich zur Bodenbegrünung unter eingewurzelten Gehölzen eignet.

Die Blätter werden zur Blütezeit gesammelt und in einem schattigen und luftigen Raum getrocknet. Sanikel wirkt schleimlösend.

Vinca minor, Apocynaceae (Hundsgiftgewächse)

Immergrün
Halbstrauch mit niederliegenden, lang kriechenden Sprossen, immergrün
30 bis 60 cm hoch

Blüten einzeln, aus den oberen Blattwinkeln entspringend, tellerförmig, blauviolett. III–VI, Langrüsselige Bienen und Schmetterlinge, Zweiflügler und Fransenflügler.

Vinca minor wird häufig als Siedlungszeiger betrachtet. Vielerorts ist sie eine Charakterpflanze verlassener Wohnstätten und Gartenflüchtling. Als Halbschatten-Schattenpflanze steht das Immergrün in enger Beziehung zu den Gehölzen. Es kommt vorwiegend großflächig zur Anpflanzung, wobei die Stückzahl bei 16 *Vinca minor* pro Quadratmeter liegt. Als sogenannter Flächendecker verträgt sie sich schlecht mit anderen Mullbodenpflanzen.

Das Immergrün-Kraut wird als Extrakt in Tablettenform verarbeitet; ist blutdrucksenkend und fördert die Gehirndurchblutung.

Viola mirabilis, Violaceae (Veilchengewächse)

Wunderveilchen
Rosettenstaude

Blüten hell-lila bis blaß-rötlich. Stark und angenehm duftend. Ansehnliche

10 bis 25 cm hoch

chasmogame, später kleine kleistogame Blüten tragend. IV–V, Selbstbestäubung (kleistogam).

In enger Beziehung zu *Viola reichenbachiana* bevorzugt das Wunderveilchen humose Böden. Man wird es deshalb auf nährstoffreichen und bodenfeuchten Plätzen im wandernden Schatten lichter Baumbestände zur Anpflanzung bringen.

Viola reichenbachiana, Violaceae (Veilchengewächse)
(V. sylvestris)
Waldveilchen
Halbrosettenstaude mit 5 bis 15 cm langen Wurzelsprossen
10 bis 20 cm hoch

Blüten geruchlos, hellviolett, das untere Kronblatt weiß und dunkelviolett gestreift. IV–VI, blüht oft nochmals von VIII–XII sowohl kleistogam als auch chasmogam. Selbstbestäubung (kleistogam).

An luft- und bodenfeuchten Plätzen, im Wanderschatten lichter Baumbestände breitet sich das Waldveilchen mit seinen Wurzelsprossen aus. Es ist jedoch kaum wuchernd und deshalb gesellig zu pflanzen. Auf nährstroffreichen, humosen Lehmböden findet es im Türkenbund, dem Waldmeister, der Haselwurz und dem Buschwindröschen passende Begleiter.

Neutrale Böden

Allium ursinum, Liliaceae (Liliengewächse)
Bärlauch
Staude mit länglicher Zwiebel
15 bis 30 cm hoch
Starker Knoblauchgeruch

Blüten in Scheindolden ohne Brutzwiebelchen, weiß. IV–VI, Insekten- und Selbstbestäubung.

Der Bärlauch läßt sich gesellig im Schatten der Gehölze verwenden. Er liebt einen nährstoffreichen, tiefgründigen und humosen Lehmboden.

Anemone nemorosa, Ranunculaceae (Hahnenfußgewächse)
Buschwindröschen
Staude mit unterirdisch kriechenden Rhizomen
6 bis 20 cm hoch

Blüten weiß bis rötlich-violett, Pollenblume. Nektarien fehlen. Schauapparat wird von den Perigonblättern gebildet. Führen nyktinastische Bewegungen durch: nachts oder infolge tiefer Temperaturen neigen sich die Blüten und falten sich ein. III–V, Pollenessende und pollensammelnde Käfer, Fliegen und Bienen.

Das Buschwindröschen liebt als Mullbodenpflanze eine nährstoffreiche Rohhumusdecke. Der Wurzelstock breitet sich waagerecht kriechend im Boden aus. Bei einem sandig-lehmigen Untergrund ist das Buschwindröschen bis 15 cm tief wurzelnd. Durch die Ameisenverbreitung der Früchte ist die Pflanze nicht nur auf eine vegetative Ausbreitung angewiesen.

Das Buschwindröschen enthält in allen Organen Protoanemonin

Arum maculatum, Araceae (Aronstabgewächse)
Gefleckter Aronstab
Staude mit kaum walnußgroßer Knolle
15 bis 30 cm hoch
Giftig!

Hüllblatt grünliche oder weißliche Färbung, innen violett-purpurn gefleckt. Kolben violettbraun oder rehbraun. III–V, Gleitfallenblume, die von kleinen Fliegen bestäubt wird. Frucht: scharlachrote Beeren.

Der Gefleckte Aronstab wird zwischen dem Buschwindröschen und der Goldnessel in größeren Horsten gepflanzt. Durch sein frühes Einziehen kann sich die Goldnessel ausbreiten. Als Mullbodenpflanze erträgt der Gefleckte Aronstab jeden humosen und tiefgründigen Lehmboden. Die Beeren, Blüten und Wurzeln enthalten an giftigen Inhaltsstoffen Aroin, Aronin, Aroidin und Arin. Sie besitzen eine starke Reizwirkung auf die Haut und können Übelkeit, Erbrechen, Durchfälle, sogar Bewußtlosigkeit verursachen.

Carex sylvatica, Cyperaceae (Sauergräser)
Waldsegge
Staude, rasenbildend, ohne Ausläufer
20 bis 60 cm hoch

Blütenstand lang und schlank, nickend bis bogenförmig überhängend. V–VI, Windblütig.

Die Waldsegge ist eine rasenbildende Mullbodenpflanze ohne Ausläufer. Sie kommt gesellig in etwas feuchten und nährstoffreichen Lehmböden zur Anpflanzung.

Galanthus nivalis, Amaryllidaceae (Narzissengewächse)
Schneeglöckchen
Staude mit kugelig bis
eiförmiger Zwiebel
10 bis 15 cm hoch

Blüten glockenförmig, nickend, die äußeren Perigonblätter weiß, die inneren kürzer, krönchenartig zusammengeneigt mit grünem Fleck. II–IV, Honigbiene und Selbstbestäubung.

Zu den ersten Zwiebelgewächsen, die im spätwinterlichen »Laubwald« ihre Blüten entfalten, gehören die Schneeglöckchen. Kaum ist das Schmelzwasser zu den haselnußgroßen Zwiebeln vorgedrungen, brechen die harten Spitzen der Laubblätter durch den Boden und schieben die Blütentriebe nach. Natürliche Vegetationsbilder lassen sich im »Laubwald« mit den Schneeglöckchen in Verbindung mit dem Buschwindröschen, dem Gefleckten Aronstab, der Waldsegge, der Goldnessel und dem Waldziest erzielen. Unter lockerem Baumbestand, wo der Boden die größte Humusdichte aufweist, gedeiht *Galanthus nivalis* am besten. Eine Laubauflage gibt den Pflanzen Schutz gegen starke Bodenaustrocknung im Sommer und Frost im Winter.

Lamiastrum galeobdolon, Lamiaceae (Lippenblütler)
(Lamium galeobdolon,
Galeobdolon luteum)
Goldnessel
Staude, die nach der Blüte wintergrüne Ausläufer bildet. Laubblätter im Winter meist unregelmäßig weiß gefleckt, unterseits zuweilen rotviolett
15 bis 45 cm hoch

Blüten in 2 bis 5 übereinanderstehenden Scheinquirlen mit je 6 bis 10 Blüten. Lebhaft hellgelb. V–VII, Echte Bienen. Samen werden von der Großen Roten Waldameise und der Schwarzen Wiesenameise verbreitet.

Als Mullbodenkriecher kommt *Lamiastrum galeobdolon* auf wenig sauren Standorten vor. Aus den Achselknospen der einjährigen Sprosse werden nur Blütenstengel gebildet. Nach dem Abblühen beginnen sie an den Knoten zu wurzeln, und aus den unteren Achselknospen gehen im Herbst meist wintergrüne Ausläufer hervor, die im folgenden Jahr neue Blütensprosse bilden. Bei starker Beschattung gelangt die Goldnessel oft nicht zur Blüte. Bei einer Stückzahl von neun Pflanzen pro Quadratmeter bildet sie eine geschlossene Bodendecke. Unter dichten Bäumen und im Unterholz versinken kahle Flächen unter ihren Blattranken. Bei großer Trockenheit ist mit Wachstumsschäden zu rechnen.

Stachys sylvatica, Lamiaceae (Lippenblütler)
Waldziest, Waldnessel
Staude mit Bodenausläufern
Blätter in Größe, From und Farbe wie

Blüten in 10 bis 15 übereinanderstehenden 6blütigen Scheinquirlen. Lebhaft braunrot. VI–VIII, Echte Bienen und

Urtica dioica   Schwebfliegen.
30 bis 100 cm hoch
Der Waldziest kommt als Mullbodenkriecher in feuchten und nährstoffreichen Lehmböden zur Anpflanzung. In halbschattigen Lagen läßt er sich sehr gut mit der Goldnessel und den Schneeglöckchen, dem Gefleckten Aronstab und den Buschwindröschen vergesellschaften.

Saure Böden

Moneses uniflora, Pyrolaceae (Wintergrüngewächse)

(Pyrola uniflora)   Blüten einzeln, nickend, radartig weiß,
Einblütiges Wintergrün   wohlriechend. V–VIII, Insekten- und
Staude mit grundständigen immer-   Selbstbestäubung.
grünen Laubblättern und kriechendem
Wurzelstock
3 bis 8 cm hoch

Das Einblütige Wintergrün ist eine Moder-Rohhumuspflanze mit Wurzelpilz. Man sollte es immer in Gruppen zur Anpflanzung bringen. In halbverrottetem Laub oder Nadeln, in einer Rinden- oder Holzkompostschicht findet es an jeder feuchtschattigen Stelle optimale Wachstumsbedingungen.

Rubus macrophyllus, Rosaceae (Rosengewächse)

Großblättrige Brombeere   Blüten blaß rosa oder weiß. VI–VII,
Strauch, liegend oder 3 bis 5 m hoch   Insektenbestäubung. Ziemlich große
kletternd   und süße Sammelfrucht.

Die Großblättrige Brombeere liebt nährstoffreiche, aber kalkarme humose Sand- und Lehmböden. Als Halbschattenpflanze läßt sie sich in Waldverlichtungen und in Schlägen zur Anpflanzung bringen.

Teucrium scorodonia, Lamiaceae (Lippenblütler)

Salbei-Gamander   Blüten in den Achseln von Hochblät-
Staude mit Bodenausläufern   tern in end- und seitenständigen
30 bis 50 cm hoch   Scheintrauben. Blaßgrünlichgelb. VII–
                                      IX, Echte Bienen, Schwebfliegen und
                                      Schmetterlinge.

Der Salbei-Gamander wird in einem modrig-humosen Waldboden auf kalkarmer Unterlage gepflanzt. Als Wurzelkriecher tritt er dann auf sandig-steinigen Lehmböden meist herdenweise auf.

Vaccinium myrtillus, Ericaceae (Heidekrautgewächse)

Heidelbeere, Blaubeere   Blüten einzeln in den Blattachseln,
Strauch mit weitkriechender Grund-   grünlich, blaßrosa angelaufen. V–VI,
achse und grünen, scharfkantigen   Hummeln, Bienen, Falter, Zweiflügler
Zweigen   und Selbstbestäubung. Beeren kugelig,
15 bis 50 cm hoch   blauschwarz, saftig vom Kelchring ge-
Laubblätter sommergrün   krönt.

Die Heidelbeere läßt sich über jeder kalkreichen Unterlage ziehen, wenn sie von einer 5 bis 10 cm hohen Rohhumusschicht überlagert ist. Sie hat eine Vorliebe für eine saure Decke mit einem pH-Wert von 4,5 bis 5,5. Mit ihren weithin kriechenden unterirdischen Ausläufern tritt sie an nicht zu schattigen Stellen herdenbildend auf. Bei zu geringem Lichteinfall bleibt die Heidelbeere steril und wächst sehr kümmerlich. Durch den Laubfall im Herbst ist *Vaccinium myrtillus* ein wichtiger Rohhumusbildner, der zur Erhöhung der Substrathöhe beiträgt.

Die dunkelblauen Beeren sind wertvoll durch ihre Fruchtsäure und Mineralstoffe. Sie werden gesammelt und zu Mus, Gelee und Marmelade verarbeitet. Durch Gärung entsteht Heidelbeerwein, durch Brennen bzw. Destillieren gewinnt man Heidelbeerlikör oder Fruchtlikör mit einem Mindestalkoholgehalt von 25 Vol.-%.

Tiere
Für eine dauerhafte Ansiedlung von Stammkletterern ist der Baumbestand in naturnahen Gärten vielfach zu gering. Eine gewisse Rolle spielen Kleiber und Gartenbaumläufer, die Kerbtiere und Spinnen aus Borkenritzen herausholen. Im Laubwald kommen der Grauspecht, der Schwarzspecht, der Buntspecht und der Mittelspecht vor. Anlagen, die von alten Bäumen durchstanden sind, werden vom sperlinggroßen Kleinspecht aufgesucht. Seine Bruthöhle zimmert er in weiche Laubhölzer. Zur Aufzucht der Jungen baut der Gartenschläfer aus Moos, Gras und Haaren kleine Nester in den Bäumen, Baumhöhlen und Nistkästen. In gesunden Beständen ist eine reiche Besiedlung durch Tiere zu erwarten. Baumschädlinge werden besonders von kranken Bäumen angelockt. Wichtig sind Baumstubben und umgestürzte Stämme. Auf den Laubblättern leben Schmetterlingsraupen; der blattrollende Rebenstecher zum Beispiel legt seine Eier in zigarettenförmige Lindenblätter. Durch die Schwarze Bohnenlaus werden die Blütentriebe des Christophkrautes mißgebildet. In den Baumkronen von Laubgehölzen und im Unterwuchs wohnen als Insekten- und Beerenesser die Laubsänger. Die Fliegenschnäpper nehmen bei ihren Fangflügen mittelgroße Kerbtiere vom Astwerk, vom Erdboden Raupen, Spinnen, Asseln, Tausendfüßer und kleine Schnecken auf. Der Pirol hält sich in älteren Baumbeständen unserer Gartenanlagen auf, wo er sich von Kerbtieren und Früchten ernährt. Einer der größten Insektenvertilger unserer Gartenanlagen ist die Blaumeise. Sie ernährt sich von Insekteneiern, Birken- und Erlensamen. Von Laubbäumen holt die Schwarzmeise Blut-, Blatt- und Schildläuse. In den Heidelbeerbeständen sind häufig beerenessende Wacholder-, Sing- und Misteldrosseln, Elster, Tannen- und Eichelhäher, Rotkehlchen, Rotschwanz, Mönchsgrasmücke und Seidenschwanz zu sehen. Gelegentlich ist unter den Buchen- und Eichenbeständen die Gelbhalsmaus zu finden, die sich von Bucheckern, Eicheln und tierischer Kost ernährt. In der Laubstreu trifft man auf die Waldgrille. Die nur wenige Millimeter großen Scheibenschnecken sind überall unter Fallaub, Holz und Steinen verborgen.

In den lichten Gehölzbeständen gibt es unter den Mullbodenpflanzen zahlreiche Myrmekochoren. Die Früchte des Buschwindröschens und Schneeglöckchens, der Goldnessel, der Haselwurz, des Immergrüns, des Wald- und Wunderveilchens besitzen einen Ölkörper (Elaiosom). Die Elaiosomen sind fett- und eiweißreiche, vitaminhaltige Gewebeanhängsel der Samen, die gern von Ameisen gegessen werden und so zur Samenverbreitung beitragen.

Nadelwälder

Die Koniferenbestände unserer Gärten setzen sich im wesentlichen aus Tannen, Fichten und Kiefern zusammen. Floristisch lassen sie sich wie unsere Nadelwälder gliedern. Mit seiner verhältnismäßig geringen Artenzahl gleicht der Unterwuchs dem natürlichen Pflanzenkleid. Die immergrünen Bäume bieten durch ihren ganzjährigen Lichtentzug der Bodenflora nur geringe Wachstumsmöglichkeiten. In Verlichtungen ist die Flora reich an Waldbrombeeren. Unter den Nadelgehölzen setzt sich der Unterwuchs fort, bis im tiefsten Schatten nur noch das Rundblättrige

Wintergrün gedeiht. Es kann in Vergesellschaftung mit anderen Pflanzen auch in Laubwäldern auftreten. In Jahren mit sehr geringen Regenfällen kommen viele Koniferenbegleiter nicht zur Entwicklung. Bei hohen Regenmengen können sich das Waldvergißmeinnicht und das Moosglöckchen besonders reichlich ausbreiten und dichte Bestände bilden. Die ganze Vielfalt des »Nadelwaldes« besteht aus einer begrenzten Zahl von Arten, von denen manche erheblich wandern und auf Plätze mit optimalen Licht- und Bodenverhältnissen ausweichen. Im allgemeinen ist die Menge organischen Materials, die auf dem Boden liegt, viel zu gering. Erst wenn der Krautschicht mehr Humus zugefügt wird, sind für die Bodenflora optimale Wachstumsbedingungen gegeben. Über kalkreichem Gestein bildet sich ein mullartiger Feinmoder. Auf kalkarmem Untergrund entsteht unter Koniferen Rohhumus und Grobmoder, die Farne, Moose und Bärlapparten beherbergen. Der jährliche Nadelfall ist bei den immergrünen Bäumen sehr gering. Bei der Durchforstung und dem Abtransport des Holzes werden den Flächen große Nährstoffmengen entzogen. Wo die Konkurrenzkraft der Koniferenwurzeln ein Ansiedeln der Begleitflora erschwert, wird eine lokale Bodenverbesserung vorgenommen und das dicht durchwurzelte Erdreich mit Rinden- oder Holzkompost bedeckt. In einer 5 bis 8 cm hohen Humusschicht wird das Pflanzen erleichtert und das Einwachsen gefördert.

Alkalische Böden
Cynoglossum germanicum, Boraginaceae (Rauhblattgewächse)
Waldhundszunge   Blüten nickend, in traubenähnlichen
Zweijährig   Wickeln, Krone mit violetter Röhre
30 bis 80 cm hoch   und hell-braunrotem Saum. V–VI,
                                      Insektenbestäubung.
Auf nährstoffreichen, locker-humosen Böden sät sich die Waldhundszunge nach der Blüte aus. Im ersten Jahr wird eine Laubrosette gebildet, im zweiten Jahr ein Blütensproß, der nach der Fruchtreife abstirbt. Als ausgesprochener Stickstoffzeiger läßt sich die Samenkeimung, das vegetative und generative Wachstum der Waldhundszunge durch Nitratgaben beeinflussen.
Myosotis sylvatica, Boraginaceae (Rauhblattgewächse)
Waldvergißmeinnicht   Blüten in traubenförmigen verlängerten
Halbrosettenstaude   Wickeln, blau. IV–IX, Zweiflügler, kleinere
15 bis 45 cm hoch   Bienen, Schmetterlinge.
Das Waldvergißmeinnicht wird in der Kultur zweijährig gezogen. Zur Fruchtzeit sät sich *Myosotis sylvatica* auf feuchten und nährstoffreichen, locker-humosen Lehmböden aus. Im Schatten von Nadelgehölzen kommt es vorwiegend großflächig zur Anpflanzung. Durch zusätzliche Humus- und Düngergabe ist mit einem geringen Pflegeaufwand und einer Stabilität der gesamten Pflanzung zu rechnen.

Saure Böden
Linnaea borealis, Caprifoliaceae (Geißblattgewächse)
Moosglöckchen   Blütentriebe mit hellrosaroten Doppel-
Zwergstrauch mit kriechender dünner   glöckchen, nickend und nach Vanille
Sproßachse   duftend. VI–VIII, Tanzfliegen, Fliegen,
15 bis 20 cm hoch   Schwebfliegen, Spanner, Hautflügler
                                      und Selbstbestäubung.
Die niederliegenden Triebe von *Linnaea borealis* können eine Länge von 4 m erreichen. Binnen kurzer Zeit überziehen sie mit einem mehr oder weniger dichten Netz große Flächen. In gut durchfeuchteten Böden und im Schutz von schattenspenden-

den Fichten, Tannen, Kiefern und Lärchen bilden sie einen undurchdringlichen Rasen. In Sonnenlagen verfärben sich die Blätter zwar rotbraun, das Wachstum läßt jedoch nicht nach. Wo eine Verbindung mit dem Substrat besteht, bilden die niederliegenden Triebe alle 2 bis 7 cm Wurzeln.

Polygonatum verticillatum, Liliaceae (Liliengewächse)
Quirlblättrige Weißwurz
Staude
30 bis 60 cm hoch
Giftig

1- bis 7blütige Trauben, ziemlich klein, weiß. V–VI, Hummeln, kurzrüsselige Bienen, kleine Falter und Selbstbestäubung. Beeren anfangs rot, später schwarzblau, erbsengroß.

In Anlehnung an den natürlichen Bestand krautreicher Koniferen sollte das Ausbringen von *Polygonatum verticillatum* in größeren Gruppen von 10 bis 20 Pflanzen erfolgen. Als Mullbodenkriecher ist ihre Wirkung erst sichtbar, wenn sie großflächig verwendet werden. Schon wegen ihrer auffallend hohen Gestalt werden sie gern in engem Bezug auf die Partner in größeren Trupps gepflanzt.

Pyrola rotundifolia, Pyrolaceae (Wintergrüngewächse)
Rundblättriges Wintergrün
Staude mit kriechendem Wurzelstock.
Lebensdauer der Laubblätter
2 bis 4 Jahre.
15 bis 25 cm hoch

Blüten in 8- bis 15blütigen Trauben, weitglockig, weiß bis schwach rosenrot. Angenehmer Maiglöckchenduft. VII–X, Hummeln, Bienen und Selbstbestäubung.

Pyrola rotundifolia ist ökologisch sehr anpassungsfähig. Mit ihren langen Ausläufern durchspinnt sie den modrig-humosen Boden und breitet sich flächig aus. Im Ökologischen Garten wird es zweckmäßig sein, kleinere Mengen zu pflanzen. Unter Kiefern läßt sich das Rundblättrige Wintergrün mit *Pyrola minor* und *P. uniflora*, dem Waldmeister und der Blutwurz *(Potentilla erecta)* vergesellschaften. Im Schatten von Fichten verträgt es sich sehr gut mit dem Leberblümchen, *Paris quadrifolia* und der Erdbeere.

Ribes petraeum, Saxifragaceae (Steinbrechgewächse)
Felsenjohannisbeere
Strauch
1 bis 2 m hoch

Blüten grünlich, in hängenden, vielblütigen Trauben. V–VI, Kurzrüsselige Insekten (Fliegen). Früchte kugelig rot, sehr sauer.

Auf nährstoffreichen und kalkarmen humosen Lehmböden erträgt *Ribes petraeum* sehr gut den Schatten. An feuchten Standorten wird sie gern von der Waldbrombeere begleitet.

Rubus sprengelii, Rosaceae (Rosengewächse)
Waldbrombeere
Strauch, niederliegend oder kletternd

Blüten leuchtend rosa. VI–VIII, Insektenbestäubung. Sammelfrucht ziemlich klein.

Auf mäßig sauren Humusböden und an kühlfeuchten Standorten ist die Waldbrombeere ein dankbarer Begleiter der Felsenjohannisbeere. Als sogenannter »Flächendecker« verträgt sie sich schlecht mit der Krautflora. *Rubus sprengelii* liebt nur eine leichte Beschattung.

Tiere

Die mangelhaften ökologischen Bedingungen von Koniferenbeständen sind die Ursache für das Fehlen der einen oder anderen Tierart. Eine besondere Vorliebe für die fruchtenden Nadelbäume haben die Eichhörnchen. Unter den Gehölzen sind an den abgerissenen Deckschuppen der Zapfen die Überreste ihrer Mahlzeiten zu erkennen.

Der Honigtau der Kienläuse auf den Fichten und Tannen ist eine geschätzte Trachtquelle der Honigbiene. Die Baumläuse liefern die Grundlage für den berühmten Tannenhonig. Wichtig für viele baumwohnenden Vögel ist die Nährzone im Splintholz von Baumstümpfen und umgestürzten Stämmen, in denen viele Larven leben. Sobald die Borke abgeplatzt ist, dienen sie den Spinnen und Käfern als Versteck. Die grünlich- bis weißbraunen Raupen der berüchtigten Nonnen können besonders an den Fichten sehr schädlich werden. Die Massenvermehrung von Schaderregern ist vielfach von lokaler Natur. Das biologische Gleichgewicht wird sich bei Schonung der Nützlinge sehr schnell einstellen. Die räuberischen Tiere sind für die Koniferen ein existenzbestimmender Faktor. Im Holz lebende Larven der Holzwespen und Borkenkäfer werden von den Weibchen einer Holzschlupfwespe zur Eiablage mit ihrem Hör- und Geruchssinn aufgespürt. Nach dem pfeifenputzerähnlichen Legebohrer werden sie Pfeifenräumer benannt. Um die im Holz bohrenden Larven mit Eiern zu belegen, müssen die überkörperlangen Legebohrer bis 6 cm tief in das Holz hineingetrieben werden. Die Larven entwickeln sich dann im Laufe eines Jahres als Außenschmarotzer.

In den Tannen- und Fichtenbeständen ernähren sich die Tannenmeisen von Raupen, Eiern und Sämereien. Für die sehr lebhaften Goldhähnchen bilden die Kerbtiere den Hauptteil ihrer Nahrung. In den Koniferenbeständen trifft man im Sommer auch den Erlenzeisig, wo er sich von Kerbtieren, Samen und jungen Pflanzen ernährt. Auch der Sperlingskauz zieht die Nadelbäume vor. Dieser starengroße Eulenvogel schlägt als tagaktives Tier besonders Kleinsäuger und Kleinvögel. Im Nadelwald kommt der Grauspecht selten, der Buntspecht regelmäßig und der Schwarzspecht häufig vor. Er entrindet kranke Bäume und lebt von holzbewohnenden Käferlarven.

Mischwälder

Die Raumwirkung eines Mischwaldes ist nur bei einer entsprechenden Grundstücksgröße gegeben. Um die ökologischen und gestalterischen Funktionen zu erfüllen, bedarf es einiger Vorarbeiten. In der Regel werden die Gehölzpflanzungen auf Standorten vorgenommen, die sich durch hohe Nährstoffangebote auszeichnen. In chemischer Hinsicht ist der Boden meist basisch, enthält viel Stickstoff und ausreichend Phosphor und Kali. Im Anfangsstadium ist zu berücksichtigen, daß die Feinerde mit 20 bis 40 cm Mächtigkeit biologisch so aktiv ist, daß eine Laubmulmschicht von wenigen Zentimetern genügt. Mischwälder, die wir auf nährstoffarmen Böden aufschulen, können durch Einarbeiten von Holz- und Rindenkompost aufgedüngt werden. Bei optimaler Nährstoffversorgung spielt der Säuregrad des Bodens für die Krautflora keine so große Rolle mehr.

In den Mischwäldern herrschen die Laubholzarten vor, die Nadelhölzer werden einzeln beigemischt. Es dominieren die Rotbuchen *(Fagus sylvatica)*, der Berg- *(Acer pseudoplatanus)* und Spitzahorn *(A. platanoides)*, die Sommerlinde *(Tilia platyphyllos)*, die Bergulme *(Ulmus glabra)* und die Esche *(Fraxinus excelsior)*. Manche der gepflanzten Gehölze sind als Füller gedacht und werden später bei der Durchforstung entfernt. Bei Mischbeständen ist immer damit zu rechnen, daß starkwüchsige Arten zur Vorherrschaft gelangen und andere verdrängen. Eine Höhenbegrenzung ist durch ein periodisches Auf-den-Stock-setzen möglich. Wenn sich der Gehölzbestand stabilisiert hat und die Bedingungen in der gewünschten Weise staudenfreundlich sind, kann man an die Ansiedlung der Bodenflora gehen. Die besten

Voraussetzungen für Schattenstaudenpflanzungen sind unter alten, eingewachsenen Gehölzbeständen gegeben. In Mischwäldern, in denen ein relativ artenreicher Bestand von Bodenbedeckern vorkommt, darf der Efeu von Natur aus dominieren. Er zählt zu den robusten und sicheren Unterwuchspflanzen, die dazu neigen, reine Bestände zu bilden. Um zu einer differenzierteren Pflanzung zu kommen, lassen sich unter Buchen als Efeu-Begleitpflanzen das Einblütige Perlgras *(Melica uniflora)*, die Waldgerste *(Elymus europaeus)*, die Waldhainsimse *(Luzula sylvatica)*, das Leberblümchen *(Hepatica nobilis)*, der Hohle Lerchensporn *(Corydalis cava)*, die Zwiebeltragende Zahnwurz *(Dentaria bulbifera)*, das Bergjohanniskraut *(Hypericum montanum)*, der Haingelbweiderich *(Lysimachia nemorum)*, der Bergehrenpreis *(Veronica montana)* und die Ährige Teufelskralle *(Phyteuma spicatum)* ansiedeln. Auf feuchter Unterlage, vorausgesetzt daß die Anlage noch jung und nicht von Baumwurzeln durchzogen ist, bildet der Efeu Adventivwurzeln, die der Nahrungsaufnahme dienen. In Mischbeständen ergreift er von älteren Laub- und Nadelbäumen Besitz. Beim Klettern kommt es zu einer Arbeitsteilung zwischen Nähr- und Luft- bzw. Haftwurzeln. Die Nährwurzeln dienen der Wasseraufnahme. Dabei hat die Efeubekleidung auf die Bäume keinen schädigenden Einfluß.

Mit einem relativ artenreichen Bestand an Hochstauden und Farnen erreicht man stark strukturierte Flächen. In dieser Waldgesellschaft kommen das Ausdauernde Silberblatt *(Lunaria rediviva)*, das Christophskraut *(Actaea spicata)*, der Gelappte Schildfarn *(Polystichum lobatum* syn. *P. aculeatum)* und die Hirschzunge *(Phyllitis scolopendrium)* zur Ansiedlung. Dort, wo innerhalb des Mischwaldes die Fichte *(Picea abies)* steht, lassen sich nach dem Einbringen von Fichten-Nadelstreu der Eichenfarn *(Gymnocarpium dryopteris)* und der Gewöhnliche Dornfarn *(Dryopteris carthusiana)* anpflanzen. Mischwälder, die von einem Rinnsal durchflossen werden, können wasserbegleitend die Winkelsegge *(Carex remota)* und die Hängesegge *(C. pendula)* aufnehmen. In der Quellnässe steht der Riesenschachtelhalm *(Equisetum telmateia* syn. *E. maximum)* und das Wechselblättrige Milzkraut *(Chrysosplenium alternifolium)*. Auf Standorten, die sich durch höhe Nährstoffgaben auszeichnen, entwickelt das Rühr-mich-nicht-an *(Impatiens noli-tangere)* geschlossene Bestände. In sehr fruchtbaren Humusansammlungen oder durch aufgedüngte Rinden- und Holzkomposte erfolgt eine Stickstoff-Freigabe. Wenn auf eine optimale Nitrat-Nachlieferung geachtet wird, ist eine üppig wuchernde Bodenflora zu erwarten. Im Vordergrund stehen die Großen Brennesseln *(Urtica dioica)*, das Zipperleinskraut *(Aegopodium podagraria)* und der Bärlauch *(Allium ursinum)*. Ihr Vermögen, mit dem Fallaub fertigzuwerden, spielt dabei eine große Rolle. Im wesentlichen verhalten sich auch der Männliche Wurmfarn *(Dryopteris filix-mas)*, der Spreuschuppige Wurmfarn *(Dryopteris pseudomas* syn. *D. borreri)*, der Straußfarn *(Matteuccia struthiopteris)* oder der Waldfrauenfarn *(Athyrium filix-femina)* laubschluckend. Die Humuseinschüttung erhöht ihre Stabilität, und im Frühjahr erheben sich die neuen Triebe über den Laubmulm. In ausgesprochenen Schattenlagen kommt der Sauerklee *(Oxalis acetosella)* noch mit den geringsten Lichtmengen zurecht. Als Moderpflanze breitet er sich mit seinem kriechenden Wurzelstock rasenartig aus und bildet dichte Pflanzenteppiche. Neben dem ausdauernden Bingelkraut *(Mercurialis perennis)*, dem Kleeblättrigen Schaumkraut *(Cardamine trifolia)* und der Quirlblättrigen Zahnwurz *(Dentaria enneaphyllos)* wird er in jedem krautreichen Mischwald seiner Aufgabe gerecht.

Alkalische Böden
Helleborus niger, Ranunculaceae (Hahnenfußgewächse)
Christrose, Schneerose
Staude
10 bis 30 cm hoch
Giftig!

Blüten weiß oder schwachrosa, später grün oder purpurrosa. Nektarhaltige Kronblätter. XII–III, Hautflügler.

Die Christrose liebt es, in Gemeinschaft mit anderen Schattenpflanzen unter Bäumen und Sträuchern zu stehen. In einem kalkhaltigen, lehmdurchsetzten Humusboden behaupten sich die Christrosen gegen den Wurzeldruck von Stauden und Gehölzen. Beste Pflanzzeit im August. Vor der Pflanzung müssen die tieferen Bodenschichten mit Lauberde, Rinden- oder Holzkompost versorgt werden.

Eine frische Christrosenwurzel ist braun und riecht wie ranziges Öl. Getrocknet verfärbt sie sich dunkelbraun. Pulverisiert wurde die Wurzel früher als Tabak geschnupft. Sie verursacht ein gefährliches Niesen. Alle Pflanzenteile der Christrose enthalten Hellebrin und Saponine. Die Krankheitsbilder äußern sich in Übelkeit, Durchfällen, zentraler Erregung, dann Lähmung.

Neutrale Böden
Cornus sanguinea, Cornaceae (Hartriegelgewächse)
Roter Hartriegel
Strauch
1 bis 4 m hoch

Flor in schirmförmigen Blütenständen, nach dem Laubausbruch erscheinend, weiß. V–VI, Insektenbestäubung.

Der Strauch besitzt eine große Ausschlagfähigkeit. Durch Wurzelausläufer vermehrt sich *Cornus sanguinea* in humosen Lehmböden sehr leicht. Er läßt sich als Licht-Halbschattenpflanze sehr gut im Unterholz an etwas feuchteren Stellen zur Anpflanzung bringen.

Hedera helix, Araliaceae (Efeugewächse)
Efeu
Kletterstrauch oder auf dem Boden kriechend
3 bis 20 m lange Triebe
Wintergrün

Blüten in halbkugeligen Dolden, außen braun, innen grün. IX–X, Bienen, Wespen, Hummeln, Hornissen und Fliegen.

Der Efeu erträgt den tiefen Schatten und die Sonnenwärme. Er läßt sich als immergrüner Bodenbedecker und zu Füßen alter Bäume pflanzen. Seine Luft- bzw. Haftwurzeln zwängen sich in jede Fuge der Borke und halten sich an der Pflanze fest. Auf einer feuchten Unterlage können diese Haftwurzeln zu Nährwurzeln auswachsen. Im Laufe der Jahre werden die Bäume bis in die Kronen vom Efeu umsponnen. Gefährlich kann ein Efeu nur werden, wenn die Triebe die Kronen überwachsen und den Bäumen das Licht und die Luft entziehen. Die grünen Efeumassen lassen sich etwas lichten. Das Entfernen der Blätter sollte man jedoch nicht im Winter vornehmen.

An Bäumen und alten Mauern kommt der Efeu nach einem Jahrzehnt zum Blühen. Sehr spät, im September–Oktober, öffnen sich die Knospen. An sonnigen Spätherbsttagen werden die Blütendolden noch im November beflogen. Erst im folgenden Frühjahr reifen die kugelig-schwarzen Früchte.

Das Efeukraut enthält ein Saponingemisch. Die Droge wird zu krampflösenden und auswurffördernden Tropfen verarbeitet. Die Extrakte finden in Mitteln gegen Bronchitis und Keuchhusten Verwendung. Das Fruchtfleisch der Beeren verursacht in größeren Mengen erhöhte Temperaturen und Hautausschläge.

Oxalis acetosella, Oxalidaceae (Sauerkleegewächse)
Waldsauerklee
Staude mit dreizähligen Blättern, weitkriechend. Hauptachse treibt Bodenausläufer
5 bis 15 cm hoch

Blüten weiß mit violetten Adern. IV–V, Käfer, Thrips, Fliegen und durch Selbstbestäubung (kleistogame Blüten, die Samen bilden, ohne daß sich die Blütenknospen öffnen).

Der Waldsauerklee zeigt eine spezielle Anpassung an schattige Standorte. Als Moder-Mullkriecher bildet er mit seinen unterirdischen Sprossen dichte Teppiche. Die zarten dünnen Laubblätter kommen mit sehr geringen Lichtmengen aus. An sonnigen Standorten, bei Regenwetter und bei Nacht senken sich die dreizähligen Blättchen. Nach entsprechenden Erdvorbereitungen läßt sich *Oxalis acetosella* an humosen Standorten, auf moderndem Holz und alten Baumstümpfen ansiedeln. Mit ihren Ausläufern und vielen Sämlingen breiten sie sich aus. Die reifen Früchte werden von den Kapseln bis zu einem Meter fortgeschleudert. Nach einer alten Bauernregel bringen viele Blüten ein nasses und wenige Blüten ein trockenes und heißes Jahr.

Die angenehm säuerlich schmeckenden Blätter lassen sich frisch wie Sauerampfer essen. Das junge Grün dient auch als Beigabe zu Spinat, Salat und Kräutersuppen. Wegen des hohen Oxalsäuregehaltes kann ein allzu reicher Genuß zu Nierenaffektionen führen.

Solidago virgaurea, Asteraceae (Korbblütler)
Goldrute
Staude mit knotigem Wurzelstock
15 bis 100 cm hoch

Blütenköpfchen in einfacher oder zusammengesetzter Traube, gelb. VII–X, Bienen, Hummeln und Selbstbestäubung.

Diese bis zu einem Meter tief wurzelnde Halbschattenpflanze steht gern in moderighumosen Böden. Sie erträgt mäßig feuchte bis trockene, kalkarme und kalkreiche Böden in den künstlich geschaffenen Mischwäldern.

Das Goldrutenkraut wird bei Blasen- und Nierenentzündungen, zur Entwässerung, zur Stoffwechselanregung und bei Hauterkrankungen verwendet. 1 bis 2 Teelöffel Goldrute mit ¼ Liter kaltem Wasser übergießen, zum Sieden erhitzen, zwei Minuten ziehen lassen und abseihen.

Saure Böden

Rubus hirtus, Rosaceae (Rosengewächse)
Drüsenborstige Brombeere
Strauch niederliegend und weithin kriechend
Wintergrün

Blüten in einem breit kegelförmigen Blütenstand, weiß. VI–VIII, Insektenbestäubung.

Die Drüsenborstige Brombeere läßt sich noch im tiefsten Schatten verwenden. Sie liebt humose und sandige Lehmböden in luftfeuchter Lage. Die ziemlich kleine, fast kugelige Sammelfrucht der Drüsenborstigen Brombeere setzt sich aus Steinfrüchten zusammen. Sie ist süß und würzig schmeckend.

Tiere

Die große Mannigfaltigkeit der Insektenarten führt zu einer erhöhten Individuenzahl an Vögeln. Im Mischwald erreichen der Buchfink, die Blaumeise, der Zilpzalp, der Fitis und der Waldlaubsänger, der Star und die Singdrossel eine hohe Besiedlungsdichte. Die Sumpfmeise und der Höhlenschnäpper treten als Schädlingsvertilger auf. In den Laub-, Misch- und Nadelwäldern jagen sie nach Insekten und

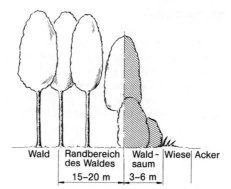

Abb. 21. Saumbiotop mit einer reichhaltigen Baum-, Strauch- und Krautvegetation.

Spinnen. Das Rotkehlchen ernährt sich von Kerbtieren, Larven und Würmern der Laub- und Nadelstreu. In den Eichenmischwäldern ist die Kohlmeise als Insektenvertilger sehr nützlich. Als Zukost nimmt sie ölhaltige Sämereien und Beeren auf. Im Unterholz sucht die Amsel nach Würmern, Kerbtieren, Insektenlarven und den Beeren des Efeus. Die Lieblingsnahrung des Kernbeißers sind die Steinfrüchte der Wildkirschen und Pflaumen. Von den Elstern, Seidenschwänzen und Drosseln werden die Früchte des Roten Hartriegels aufgenommen und verbreitet. Die Beeren des Efeus werden von der Mönchsgrasmücke und den Drosseln wegen des Harzgehaltes aufgesucht. Im Mischwald kommen der Grauspecht, der Schwarzspecht und der Buntspecht vor. In morschen Stämmen meißeln die Spechte ihre Bruthöhlen und erweitern bereits vorhandene Löcher durch hackendes Zimmern und bohrendes Graben. Auch Baumstümpfe und umgestürzte Stämme werden von den Spechten besucht. Sie ernähren sich in erster Linie von holzbewohnenden Käfern und deren Larven. Außerdem verzehren sie Ameisen, Wanzen, Raupen, Ohrwürmer und Spinnen. Mit Blattläusen füttern die Eltern anfangs ihre Jungen. Die nützlichen Waldameisen lassen sich durch Abdecken der Nester mit Maschendraht vor der Ausbeutung durch Spechte schützen. Grobrindige Bäume mit Höhlungen bieten auch dem Wendehals die nötige Nistgelegenheit. Die Roten Knotenameisen nisten in der Erde unter Steinen, gelegentlich in morschem Holz, in Fallaub oder in den Bäumen. Sie leben als Jäger von Röhrenläusen. Die Staubhafte sind sehr kleine Insekten. Ihre Körper und Flügel sind von weißen oder braunen, staubartigen Wachsausscheidungen bedeckt. Als Vollkerve halten sie sich auf Laub- und Nadelhölzern auf. Ihre Larven stechen mit den Mundwerkzeugen unter das Schild der Schildläuse und töten sie ab. Etwa ein halbes Dutzend kleiner Waldschaben und Kleinschaben lebt im und am Wald, im Gebüsch und im Fallaub.

Schäden durch Wildkaninchenfraß lassen sich in den Mischwäldern durch eine entsprechende Pflanzenauswahl verhindern. Stauden und Gehölze mit ätherischen Ölen und Bitterstoffen wie der Efeu oder die Wolfsmilcharten werden gemieden. Geschont werden auch die meisten Farne und Lilien, die Maiglöckchen, der Eisenhut, der Aronstab und die Christrosen.

Waldränder

Viele Gärten zeigen echte Waldrandsituationen. Die Natur gibt uns die richtige Information, wie wir die Pflanzengruppen einordnen können. In den Waldsäumen ist eine reichhaltige Baum-, Strauch- und Krautvegetation vertreten. Entsprechend zahlreich ist auch die Fauna.

Durch die schmalen Übergangszonen und durch die Standortvielfalt auf engstem Raum entstehen für viele Lebensformen optimale Lebensbedingungen. Nahezu die Hälfte aller Pflanzen- und Tierarten unserer Kulturlandschaft haben sich in diesen Saumbiotopen auf bestimmte Lebensräume spezialisiert.

Es ist nicht zu erwarten, daß das gesamte Arteninventar eines Ökosystems in einem Minimalareal vertreten ist. Ein- und mehrstufig geschlossene Waldränder, wie sie bei der Bepflanzung entstehen, können von ökologischer Vielfalt sein. Sie tragen zur Eingrünung der Grundstücke bei, liefern Nahrung für Vögel und Insekten, dienen als Lärmschutz und bewahren die Bodenflora vor Übersonnung. Für die zurückgedrängten Pflanzen lassen sich neue Lebensräume erschließen und für manche Tiere eine sehr spezielle Umwelt schaffen. Unsere Flora hält eine Fülle von Bäumen und Sträuchern bereit, welche im Garten die Funktion von Waldsäumen übernehmen. Die Stellung des Zweigwerkes bestimmt über den Unterwuchs. Hoch angesetzte Äste erlauben eine vielfältige Bodenflora. Unter Eichen, Zitterpappeln und Eschen entwickelt sich ein Mantelgebüsch, vor dem sich eine krautige Saumgesellschaft ansiedeln läßt. Fichte, Tanne und Buche sind bis auf den Erdboden beastet. Sie lassen einen Waldsaum aus Gebüschen kaum zu. Die Schleppenbildung vieler Gehölze schränkt jeden Unterwuchs ein. Im »Waldmantel« erträgt die strauchartige Vogelkirsche *(Prunus avium)* den Halbschatten. Der Feldahorn *(Acer campestre)* ist an der Grenze von der Strauch- zur Baumschicht anzutreffen, was durch seine geringe Wuchshöhe im Vergleich zu anderen Bäumen, zum Beispiel den Eichen, und durch seine hohe Schattentoleranz bedingt ist. Seine Ansiedlung ist jedoch nur im Schutz von bewehrten Arten am Heckenrand möglich, da er sonst durch Wildverbiß stark geschädigt würde. Bewehrte Arten wir Schlehen, Brombeeren, Weißdorn oder Wildrosen übernehmen sozusagen Pionierfunktion und haben gegenüber unbewehrten Arten einen Selektionsvorteil durch Verbißschutz.

Die Gebüsche aus dem Wolligen Schneeball *(Viburnum lantana)*, der Hundsrose *(Rosa canina)*, des Waldgeißblattes *(Lonicera periclymenum)* sowie zahlreichen Brombeerarten nehmen hier nur einen schmalen Streifen ein. Bei der Entwicklung des Lebensbereichs Gehölzrand ist es sinnvoll, durch Einbringen von Laub-, Rinden- oder Holzkompost eine Rohhumusschicht zu schaffen und dann am Rande von Gehölzen, im Halbschatten oder Wechsellicht die Stauden zu pflanzen. Für die Bodenflora spielt auch die zu erwartende Fallaubmenge eine große Rolle, die häufig schon im Herbst zu verrotten beginnt. In den künstlich geschaffenen Wald- und Heckenrändern nährstoffreicher Böden lassen sich Krautsäume aus der Waldplatterbse *(Lathyrus sylvestris)*, dem Gelben Fingerhut *(Digitalis lutea)*, der Großen Sterndolde *(Astrantia major)*, dem Roßlauch *(Allium oleraceum)*, der Zaunwicke *(Vicia sepium)*, der Feuerlilie *(Lilium bulbiferum)*, der Thüringer Strauchpappel *(Lavathera thuringiaca)* und der Gefleckten Taubnessel *(Lamium maculatum)* ansiedeln. In den frisch gepflanzten Gärten stehen die Stauden noch im lichten Gehölzrand. Mit dem Zuwachs der Gehölze verändern sich die Bedingungen für die Krautflora. Die Pflanzen wandern mit dem Licht und folgen der natürlichen Entwicklung der Gehölze an die offenen Ränder.

Alkalische Böden

Allium oleraceum, Liliaceae (Liliengewächse)
Roßlauch
Staude mit Zwiebel aus mehreren Niederblättern. Blätter 4 bis 5 mm breit
30 bis 70 cm hoch

Blüten in Scheindolde, kugelig bis länglich mit dunkelroten Brutzwiebelchen.
Zur Blütezeit nickend, weißlich-grün.
VI–VIII, Insektenbestäubung.

Der Roßlauch läßt sich in die Saumgesellschaft pflanzen. Er bevorzugt warme und sonnige Plätze mit nährstoffreichem Boden. *Allium oleraceum* sollte immer gesellig in kleinen Trupps von 3 bis 10 Pflanzen ausgebracht werden.

Astrantia major, Apiaceae (Doldengewächse)
Große Sterndolde
Staude mit grundständigen Blättern
30 bis 90 cm hoch

Blüten in Dolden, groß, rötlich oder weiß. VI–VIII, Insektenbestäubung.

In den Waldsäumen, unter schattenspendenden Bäumen, kommt die Große Sterndolde am besten zur Wirkung. Wenn sie in einem feuchten und nahrhaften Humusboden steht, behauptet sie sich gegen den Wurzeldruck der Gehölze. In größeren Gruppen von 10 bis 20 Pflanzen ausgebracht, liebt sie die Nachbarschaft des Gelben Fingerhutes, der Waldplatterbse und der Österreichischen Königskerze.

Digitalis lutea, Scrophulariaceae (Braunwurzgewächse)
Gelber Fingerhut, Kleinblütiger Fingerhut
Staude, Halbrosettenpflanze mit kurzem Rhizom
40 bis 80 cm hoch
Giftpflanze!

Blüten in einer langen Floreszenz.
Blumenkrone mehr röhrig als glockig, schwefelgelb. VI–VIII, Hummeln und Selbstbestäubung.

An zeitweise besonnten Waldrändern und auf nährstoffreichem Boden entwickelt sich *Digitalis lutea* als Charakterart der Saumgesellschaft. Ihre kurzen Rhizome bilden bereits im Herbst Blattrosetten. Eine Pflanze lebt selten länger als sieben Jahre. Durch ihre Erneuerungstriebe und das Ausstreuen von Samen breitet sich *Digitalis lutea* an den Waldrändern in großen Kolonien aus.

Lathyrus sylvestris, Fabaceae (Schmetterlingsblütler)
Waldplatterbse, Wilde Kicher
Staude mit bis 15 m langen Bodenausläufern. Stengel kletternd
0,5 bis 2 m hoch

Blütentrauben 3- bis 12blütig, rosa bis purpurn. VI–VIII, Insektenbestäubung.

Lathyrus sylvestris ist im Saum sonniger Hecken, Busch- und Waldränder als Pionier- und Ammenpflanze hervorragend geeignet. Die schlanken Stengel klettern bis 2 m hoch und ihre Bodenausläufer finden im nährstoffreichen Lehmboden eine erstaunliche Verbreitung. Nur für größere Flächen geeignet.

Prunus avium, Rosaceae (Rosengewächse)
Vogelkirsche
Baum mit starkem Stockausschlag
5 bis 20 m hoch

Blütenbüschel, weiß. IV–V, Insektenbestäubung. Frucht kugelig, dunkelrot mit Steinkern.

Die Vogelkirsche erträgt eine leichte Beschattung. In humosen Lehmböden werden von *Prunus avium* kräftige und weitstreichende Wurzeln gebildet. Im Waldsaum kommt ihr starker Stockausschlag besonders gut zur Geltung.

Neben einem großen Kern weisen die Wildkirschen nur einen geringen Fruchtfleischanteil auf. Man verwendet sie als Aromageber für die Kirschwasserbereitung, Saft, Limonade, Wein und Likör. Das Holz findet in der Möbelindustrie Verwendung.

Rubus vestitus, Rosaceae (Rosengewächse)
Samtbrombeere   Blüten weiß oder rosa. VI–VIII,
Strauch, kletternd   Insektenbestäubung. Ziemlich große
                                 Sammelfrucht.
In den Vorwaldgesellschaften legt sich die Samtbrombeere mit ihren meterlangen Trieben über die Hecken. Wegen ihrer zarten Blüten und ziemlich großen Sammelfrüchte ist sie eine empfehlenswerte Waldsaumpflanze. In jedem nahrhaften, humosen Sand- oder Lehmboden vollbringt die Pflanze erstaunliche Wuchsleistungen.

Viburnum lantana, Caprifoliaceae (Geißblattgewächse)
Wolliger Schneeball   Blüten in gewölbter Schirmrispe,
Strauch mit flachstreichendem dichtem   schmutzig weiß, vor dem Aufblühen et-
Wurzelsystem. Blätter graufilzig.   was rot überlaufen, wohlriechend. Pol-
1 bis 2,5 m hoch   lenblumen. IV–V, Bienen, Käfer und
                                 Selbstbestäubung. Beerenartige Steinfrucht, zuerst grün, dann korallenrot, zuletzt glänzend schwarz.
Viburnum lantana ist ein charakteristischer Bestandteil sonniger Waldränder. Am besten wächst es auf nährstoffreichen Sand- oder Lehmböden. Je höher der Kalkgehalt des Bodens ist, um so trockener kann der Standort sein. Auf Wassermangelböden besitzt der Strauch noch ein gutes Ausschlagvermögen. Hier werden sogar sonnig-heiße Standorte bevorzugt.

Das Holz ist hart, zäh und biegsam. Es eignet sich deshalb für Schlingen und zum Rutenbinden, bei der Herstellung von Rechen, für Spazierstöcke und türkische Pfeifenrohre.

Bei Mund- und Rachenentzündungen wird ein Aufguß der Blätter als Gurgelwasser empfohlen. Mit den in einer Lauge gekochten Blättern wurden früher die Haare schwarz gefärbt, mit den jungen Zweigen färbte man Tuch braun.

Neutrale Böden
Lamium maculatum, Lamiaceae (Lippenblütler)
Gefleckte Taubnessel   Blüten in 6- bis 14blütigen Scheinquir-
Staude. Blätter besonders im Winter   len. Karminrot, selten weiß. Blüten-
mit weißlichem Mittelstreif.   röhre gekrümmt. VI–VIII, Insektenbe-
Unterirdische Ausläufer   stäubung.
20 bis 60 cm hoch
Die Gefleckte Taubnessel liebt als Nitratzeiger nährstoffreiche Lehmböden. In enger Beziehung zu Gehölzen breitet sie sich als Kriechpionier mit ihren unterirdischen Ausläufern aus. In Verbindung mit Waldsaumstauden ist *Lamium maculatum* ein verträglicher Flächendecker für artenreiche Pflanzungen. Gesellig ausgebracht wird es in kleinen Trupps von etwa 3 bis 10 Pflanzen verwendet.

Lavatera thuringiaca, Malvaceae (Malvengewächse)
Thüringer Strauchpappel   Blüten in endständigen, lockeren Trau-
Staude   ben, blaßrosa mit dunkleren Adern.
50 bis 100 cm hoch   VII–X, Echte Bienen.
Die Thüringer Strauchpappel läßt sich als sommerwärmeliebende Licht-Halbschattenpflanze an buschigen Stellen der Waldränder ansiedeln. Auf nährstoffreichen Lehmböden breitet sie sich vielerorts auch an Rainen aus.

Lilium bulbiferum, Liliaceae (Liliengewächse)
Feuerlilie   Blütenstand flach doldig, geruchlos,
Staude mit eiförmig weißen Zwiebeln,   leuchtend rot oder gelbrot, innen dun-

bildet Bulben in den Blattachseln.
20 bis 80 cm hoch

kelbraun gefleckt, warzig mit Haarbüscheln. V–VII, Tagpfauenauge, Apollo, Kaisermantel, Perlmutterfalter.

Die heimische Feuerlilie hat ein Dauerrecht in den naturnahen Gärten. Für ihre Zwiebeln ist nichts schädlicher als ein langes Herumliegen in der trockenen Luft. Falls keine sofortige Pflanzmöglichkeit besteht, werden die Zwiebeln eingetopft oder in feuchtes Moos eingeschlagen. Die frühblühenden Feuerlilien kommen im August–September in den Boden. In der Regel bedeckt man die Zwiebeln 20 cm hoch mit Erde. Zwischen den Sträuchern fühlen sich die Feuerlilien besonders wohl. Wie alle Lilien haben sie den Fuß gern im Schatten. Die unteren Stengelteile werden deshalb mit halbverrottetem Herbstlaub abgedeckt. Es gibt den Zwiebeln Schutz gegen den Winterfrost und verhindert eine starke Bodenaustrocknung im Sommer.

Populus tremula, Salicaceae (Weidengewächse)
Zitterpappel, Espe
Baum mit geringem Stockausschlagvermögen. Jüngere Wurzeln starke Wurzelbrutbildung. Blätter an langen, dünnen Stielen leicht bewegt (Espenlaub).
5 bis 20 m hoch

Kätzchenschuppen am Rande stark behaart. II–IV, Bienen.

Die Zitterpappel ist ein bodenvages Gehölz, das auf kalkarmen wie -reichen Sand- und Moorböden gedeiht. Das leicht zersetzliche Laub wirkt bodenverbessernd. Als Waldpionier ist *Populus tremula* ein Rohbodenbesiedler, der durch Wurzelbrut herdenbildend auftritt und sich als Vorholz hervorragend eignet.

Rosa canina, Rosaceae (Rosengewächse)
Hundsrose, Heckenrose
Strauch
1 bis 3 m hoch

Blüten in Doldenrispen, hellrosa, Pollenblume. VI, Insektenbestäubung.

Die Hundsrose bevorzugt leichte bis mittelschwere, nährstoffreiche Böden. Trockene Standorte sind günstiger als Bodennässe. Als Licht-Halbschattenpflanze verträgt sie in Waldmantelpflanzungen auch etwas Schatten. Zum Befestigen von Steilböschungen ist *Rosa canina* ein vorzüglicher Pionierstrauch.

Die Hagebutten haben einen besonders hohen Vitamin-C-Gehalt von etwa 8 g in 1000 g eßbarem Anteil. Sie besitzen einen Ölgehalt von 2 bis 2,7 % und können, im Spätherbst gesammelt, zu Marmelade, Mark, Mus, Trockenfrüchten, Fruchtwein und Likör verarbeitet werden.

Hagebuttentee findet als Kernle's Tee Anwendung bei Vitamin-C-Mangel, bei Nierenerkrankungen und ist außerdem harntreibend. Zubereitung: 2 Eßlöffel getrocknete Kerne auf 1 Liter Wasser kalt ansetzen, 10 Minuten kochen.

Hagebuttenlikör mit einem Mindestalkoholgehalt von 30 Vol.-% ist hellrötlich mit fruchtigem Geschmack und leicht südweinähnlicher Note. Hagebuttenmark wird nach dem Entfernen der Samen und Härchen hergestellt. Rosenholz wird für Drechsler- und Kunsttischlerarbeiten verwendet.

Rubus discolor, Rosaceae (Rosengewächse)
Süßfrüchtige Brombeere
Strauch
1 bis 1,5 m hoch
Im Winter lang grün bleibend, Pflanze sehr kräftig

Blütenstand breit und locker, anfangs blaß rosa, später verblassend. VI–VII, Insektenbestäubung.

Rubus discolor ist eine sehr robuste Brombeerenart, die in Hecken und an Waldrändern angesiedelt werden kann.

Rubus koehleri, Rosaceae (Rosengewächse)
Köhlers Brombeere
Strauch, liegend oder im Gebüsch kletternd

Breiter Blütenstand, weiß, seltener blaß rosa. VI–VII, Insektenbestäubung.

An den Waldrändern werden von *Rubus koehleri* im Laufe von Jahren Sträucher und Baumstümpfe erklommen und breit überlagert. Im Unterholz wird der Boden überzogen. Diese Art der Begrünung sollte man sich an halbschattigen Plätzen nicht entgehen lassen. In schattigen Lagen erscheinen ihre Blütentriebe zwar spärlich, dafür bilden sie eine grüne Bodendecke.

Vicia sepium, Fabaceae (Schmetterlingsblütler)
Zaunwicke
Staude mit Bodenausläufern, kletternd
30 bis 60 cm hoch

Flor in 2- bis 4blütigen Trauben, rotviolett bis trübblau. V–VIII, Erdhummeln, Pelzbienen, Langhornbienen und Taubenschwänzchen.

Die Zaunwicke ist zur Beankerung von Gebüschen in den Waldsäumen hervorragend geeignet. Besondere Bodenansprüche stellt sie nicht. Für ein normales Wachstum verlang *Vicia sepium* lockere Lehmböden, in denen sie bis 100 cm tief wurzelt. Ihre eiförmigen Fiederblättchen halten oft den ganzen Winter an den dünnen Trieben. In den Mullböden breitet sich die Zaunwicke mit ihren Ausläufern aus und umspinnt Zwerggehölze und Stauden.

Saure Böden

Lonicera periclymenum, Caprifoliaceae (Geißblattgewächse)
Waldgeißblatt
Rechtswindender Strauch
5 bis 10 m hoch kletternd
Frucht giftverdächtig!

Blütenstand kopfig-quirlig gehäuft, gelblichweiß, oft purpurfarben überlaufen. Blüten strömen nachts einen starken, bei Tag einen kaum wahrnehmbaren Duft aus. V–VI, Taubenschwanz, Ligusterschwärmer, Fichtenschwärmer, Mittlerer Weinschwärmer, Kleiner Weinschwärmer und Abendpfauenauge. Beeren dunkelrot.

Das Waldgeißblatt ist ein hervorragendes Lianengehölz, das überall dort, wo starkwindende Schlinger benötigt werden, an den Waldsäumen, in Gebüschen und Hekken angesiedelt werden kann. Seine lianenartigen, rechtswindenden Sprosse klettern in die Kronen kleiner Bäume.

Rubus bifrons, Rosaceae (Rosengewächse)
Zweifarbige Brombeere
Strauch
0,5 bis 1,0 m hoch
Immergrün, flachbogig oder kletternd

Blütenstand lang, blaß bis kräftig rosa. VI–VIII, Insektenbestäubung.

Rubus bifrons verträgt an den Waldrändern etwas Schatten. Mit seinen immergrünen Ranken legt er sich über benachbarte Pflanzen oder breitet sich flachbogig aus.

Rubus pallidus, Rosaceae (Rosengewächse)
Bleiche Brombeere
Strauch, liegend

Breit kegeliger Blütenstand, weiß, selten rosa. VI–VII, Insektenbestäubung.

Die Bleiche Brombeere entwickelt sich in lehmigen Böden zu einem ansehnlichen Strauch. Wie die meisten *Rubus*-Arten verträgt *R. pallidus* etwas Schatten. Unter dichtkronigen Bäumen angepflanzt, werden die niederliegenden Ranken allerdings die Sonne suchen.

Rubus radula, Rosaceae (Rosengewächse)
Raspelbrombeere
Strauch, kletternd oder niederliegend, kräftig, im Winter lang grün bleibend

Länglich-kegeliger Blütenstand, blaß rosa oder weiß. VI–VIII, Insektenbestäubung.

In humosen Böden und in wärmeren Bereichen greift die Raspelbrombeere mit ihren Ranken nach allen Seiten und gefährdet benachbarte Pflanzen. Es ist deshalb zweckmäßig, *Rubus radula* ohne Benachbarung empfindlicher Pflanzen zu setzen.

Die Brombeerblätter enthalten 10% Gerbstoffe. Wirkt zusammenziehend und stopfend. Tee, Ersatz für Schwarztee. Früchte meist in Marmelade und Säften. *Rubus discolor* hat eine sehr große Sammelfrucht. *R. radula* und *R. pallidus* sind reich fruchtend.

Tiere
Insekten sind unerläßliche Bestäubungsvermittler. Auf der Unterseite der Nebenblätter der Zaunwicke befinden sich kleine Nektarien. Die austretenden Safttröpfchen werden von Waldameisen wie *Lasius niger*, den *Formica*-Arten und *Myrmica levinodes* abgeweidet. Auch den Raupenfutterpflanzen sollten wir eine besondere Aufmerksamkeit entgegenbringen. Das Geißblatt dient dem Kleinen Eisvogel und die Zitterpappel dem Großen Eisvogel als Nahrungspflanze. Mitunter kommt es zum Kahlfraß ganzer Sträucher und Bäume. Die Weibchen der Rosen-Bürsthornwespe legen 16 bis 18 Eier in einer Längsreihe in junge, vollsaftige Rosentriebe. Die Rosen verkümmern und bringen ihre Knospen nicht zur Entfaltung. Später beginnen die grünlichgrauen Larven an den Blättern vom Rand her zu zehren. Die fünf Zentimeter dicken Rosengallen werden durch die Gemeine Rosengallwespe verursacht. Die Weibchen legen ihre Eier in die Blattknospen, aus denen sich die rundlichen Gallen mit moosartiger Oberfläche entwickeln. Diese »Rosenkönige« oder »Schlafäpfel« enthalten mehrere Larvenkammern. Sie werden von einer Erzwespe heimgesucht. Nach dem Anstechen der Larven schmarotzen sie bei den »Einmietern«.

Rosa canina ist als Vogelschutzgehölz besonders gut geeignet. Die Hagebutten liefern ein gehaltvolles Körnerfutter und die Blüten sind eine begehrte Bienenweide. Wenn zwischen Waldrand und Waldinnerem auch keine ausgeprägte Grenze besteht, in den Saumgehölzen hält sich bevorzugt die Heckenbraunelle auf. Am Waldrand kommt auch der Feldsperling vor, der mehr Kerbtiere verzehrt als allgemein angenommen wird. Die Sträucher des Wolligen Schneeballs bieten gute Nistgelegenheiten, und ihre saftigen Steinfrüchte werden durch Drosseln, Mönchsgrasmücken, den Seidenschwanz, den Blutfink und den Kirschkernbeißer verbreitet. Die Beeren des Waldgeißblattes sind eine reiche Nahrungsquelle für Fasanen und Sumpfmeisen. Dabei darf nicht übersehen werden, daß die Ersatzfunktion eines solchen Vogelbiotops unzureichend ist. Es kann passieren, daß Nützlinge plötzlich zu Schädlingen werden. Der Gimpel, der Grünling und der Haussperling beißen die Knospen der Vogelkirsche ab, oder die reifenden Früchte werden durch Amseln, Drosseln und Stare, gelegentlich auch von Elstern und Eichelhähern, verzehrt. Man sollte aber nicht vergessen, daß viele Vögel in der übrigen Zeit des Jahres als »Schädlingsvertilger« von großem Nutzen sind. In Waldsäumen sollten hohle Baumstämme, Reisig- und Laubhaufen für die Igel bereitliegen. Sie werden als Tagesversteck angenommen, im Herbst dienen sie als Winterquartiere. Der Igel ist zur Schädlingsbekämpfung unentbehrlich. Während seiner nächtlichen Streifzüge ernährt er sich von Insekten und anderen Wirbellosen sowie kleinen Wirbeltieren. Seine Hauptnahrung besteht dabei aus Schnecken, Tausendfüßern, Asseln und Spinnen, Bienen, Hummeln und Wespen.

Von den Gehölzen, die in der Regel im Winterhalbjahr durch das Wild gefährdet sind, gehört eine ganze Reihe der Waldsaumgesellschaft an. Häufig wird die Rinde der Zitterpappel, der Vogelkirsche und des Feldahorns von Hasen und Kaninchen verbissen.

Schlagflächen

Am Rande von Strauch- und Baumpflanzungen finden wir im naturnahen Garten Situationen, die Waldlichtungen oder sogenannten Schlägen entsprechen. Gleichbleibend, ob die Lichtstellen der Axt oder dem Wirbelsturm ihr Dasein verdanken, in den gewaltsam geschaffenen Entblößungen lassen sich Schlagpflanzen ansiedeln. Durch Einbau von Baumstubben entstehen »Waldbilder«, die sich harmonisch in jede Gehölzpflanzung einfügen. Nach einem Kahlhieb können sofort hochwüchsige Stauden und Kräuter eingebracht werden. Es genügen Schlaggrößen von 50 bis 100 m^2. Bei der Anlage künstlicher Waldschläge spielt der pH-Wert des Bodens eine untergeordnete Rolle. Für eine Fläche von einem Ar sind fünf bis sechs Baumstubben zum Einbau in die Schlagflächen erforderlich.

Pflanzenbedarf für eine Fläche von 100 m^2:

Gehölze:
2 Salweiden *(Salix caprea)*
1 Schwarzer Holunder
  (Sambucus nigra)
2 Traubenholunder
  (Sambucus racemosa)
2 Rote Heckenkirschen
  (Lonicera xylosteum)
3 Rote Hartriegel *(Cornus sanguinea)*
3 Rainweiden *(Ligustrum vulgare)*
3 Zitterpappeln *(Populus tremula)*
1 Faulbaum *(Frangula alnus*
  syn. Rhamnus frangula)
2 Himbeeren *(Rubus idaeus)*
1 Echte Brombeere *(Rubus fruticosus)*
1 Aufrechte Brombeere *(Rubus nessensis)*

Begleitstauden:
Tollkirsche *(Atropa bella-donna)*
Waldweidenröschen *(Epilobium angustifolium)*
Walderdbeere *(Fragaria vesca)*
Pfennigkraut *(Lysimachia nummularia)*
Goldrute *(Solidago virgaurea)*
Pfirsichblättrige Glockenblume *(Campanula persicifolia)*
Roter Fingerhut *(Digitalis purpurea)*
Großblütiger Fingerhut *(Digitalis grandiflora)*
Männlicher Wurmfarn *(Dryopteris filix-mas)*
Gundelrebe *(Glechoma hederacea)*
Stinkende Nieswurz *(Helleborus foetidus)*
Echtes Johanniskraut *(Hypericum perforatum)*
Echtes Tausendgüldenkraut *(Centaurium erythraea)*
Süßdolde *(Myrrhis odorata)*
Immenblatt *(Melittis melissophyllum)*
Dunkle Königskerze *(Verbascum nigrum)*
Attich *(Sambucus ebulus)*
Waldgeißbart *(Aruncus dioicus)*

Alle Standorte, die keine natürliche Rohhumusauflage zeigen, erhalten grundsätzlich eine 5 bis 10 cm hohe Lauberden- Rinden- oder Holzkompostschicht. Beim

Aufbringen von reinem Laub oder Rinde muß zur Einleitung und Beschleunigung des Rotteprozesses ein Stickstoffausgleich erfolgen. Die Nährstoff-Freisetzung führt zu einem Angebot von pflanzenverfügbarem Stickstoff, Phosphor und Kali. Die mobilisierten Düngervorräte sind vielfach nach einem Jahr aufgebraucht. Durch weitere Nährstoff- und Laubgaben läßt sich die Konkurrenzkraft der Schlagpflanzen erhöhen. Es genügt ein Aufstreuen von 100 Gramm Hornspänen pro Quadratmeter. Eine große Bedeutung haben auch die Absonderungen der Wurzelknöllchen von Leguminosen. Zur Bodenverbesserung und als Stickstoffsammler wird die Blaue Lupine *(Lupinus polyphyllus)* gesät. Die Artenzusammenstellung auf den Schlagflächen verändert sich nach jeder Nitratanreicherung im Boden zugunsten nitrophiler Pflanzen wie des Schwarzen Holunders, der Himbeere und der Tollkirsche, des Waldweidenröschens, des Roten Fingerhuts, des Attichs oder des Waldgeißbartes. So gesehen wird nach Stickstoffgaben die gesamte Bodenflora, einschließlich der Farne, positiv beeinflußt. Das Höhenwachstum der Schlagpflanzen ist dabei besonders auffallend.

Die Pflanzen bestimmen selbst, wo der richtige Platz für sie ist. Sie wandern von den nährstoffarmen zu den nährstoffreichen Plätzen. Selbst die humosen Ameisennester werden vom Waldweidenröschen besiedelt. Überall, sowohl in der Natur als auch in der Schlagpflanzengesellschaft unserer Ökologischen Gärten, gibt es fließende Übergänge vom tiefsten Baumschatten bis zu sonnigen Flächen. Oft sind die »Waldränder« etwas feuchter und fruchtbarer, so daß sich die Schlagpflanzen üppiger entwickeln können. So harmonisch dieses Bild auch aussehen mag, man muß gelegentlich eingreifen, um zu verhindern, daß die Gehölze die Fläche wieder in einen »Wald« zurückverwandeln.

Alkalische Böden
Atropa bella-donna, Solanaceae (Nachtschattengewächse)
Tollkirsche
Staude 60 bis 150 cm hoch
Ganze Pflanze stark giftig!
Durch Stickstoffdüngung steigt
Alkaloidgehalt an

Blumenkrone glockig-röhrig, außen braunviolett, innen schmutzig-gelb und purpur geadert. VI–VIII, Hummeln. Frucht eine kirschgroße Beere, glänzend schwarz.

Die Tollkirsche bevorzugt einen gut gelockerten, kalkhaltigen Tonboden. Die Keimung der sehr kleinen Samen ist sehr stark vom Licht und dem Nährstoffgehalt des Bodens abhängig. Als Lichtkeimer und Nitrifizierungszeiger breitet sie sich gern auf stickstoffreichen Mullböden aus.

Die Tollkirschenblätter finden für Extrakte, Tinkturen und zur Gewinnung der Reinalkaloiden Verwendung. Anwendung in der Augenheilkunde zur Pupillenerweiterung, sowie zur Ruhigstellung der glatten Muskulatur des Magen- und Darmkanals sowie zur Hemmung der Speichelsekretion in pharmazeutischen Präparaten. Alle Pflanzenteile enthalten L-Hyoscyamin, Atropin, Scopolamin und Nebenalkaloide. Typische Atropinvergiftung: Haut rot und heiß, trockene Schleimhäute, Fieber, Mydriasis, Sehstörungen, Unruhe, Erregungszustände bis Tobsucht, Krämpfe.

Centaurium erythraea, Gentianaceae (Enziangewächse)
(C. umbellatum)
Tausendgüldenkraut
Ein- oder zweijährig
10 bis 50 cm hoch

Blütenstand doldenrispig, rosarot, nektarlos. VII–IX, Pollenessende Schwebfliegen, Fliegen, Bienen und Falter.

In sonnigen Waldschlägen und grasigen Waldlichtungen läßt sich das Tausendgüldenkraut auf jedem sommerwarmen, nährstoff- und basenreichen, humosen Lehmboden ansiedeln. Die Keimung der Samen ist ganz von der Sonne abhängig. Im Licht erscheinen bereits nach zwei Wochen die Sämlinge, während sie im Dunkeln jahrelang überliegen.

Die oberirdischen Teile des Tausendgüldenkrautes finden bei Magenschwäche, Appetitlosigkeit, Verdauungsschwierigkeiten und Blähungen Anwendung. Zubereitung: 1 Teelöffel mit ¼ Liter kaltem Wasser übergießen, 5 bis 10 Minuten ziehen lassen, danach abseihen und auf Trinktemperatur erwärmen. Das Entnehmen des Tausendgüldenkrautes hat in der Natur zu einer starken Reduzierung der Bestände geführt. Deshalb sollte man in der Volksmedizin hochgeschätzte Heilkräuter in Kultur halten.

Digitalis grandiflora, Scrophulariaceae (Braunwurzgewächse)
Großblütiger Fingerhut
Staude, Halbrosettenpflanzen
mit Rhizom
40 bis 120 cm hoch

Floreszenz 30 bis 40blütig, glockig, schwefel- oder ockergelb. VI–IX, Hummeln und Selbstbestäubung.

Der Großblütige Fingerhut hält auf einem mehr oder minder nährstoff- und basenreichen Boden bei ungestörtem Wachstum 10 bis 15 Jahre aus. Die Regenerationsfähigkeit der Pflanze ist unter einer Decke von Mull oder Moder beachtlich. Nach dem völligen Absterben der oberirdischen Pflanzenteile bilden sich im Winter an den verbleibenden Wurzeln Erneuerungsknospen, durch die sich Digitalis grandiflora vegetativ ausbreitet.

Myrrhis odorata, Apiaceae (Doldengewächse)
Süßdolde, Myrrhenkerbel, Aniskerbel
Staude, nach Anis duftend
50 bis 120 cm hoch

Blütendolde, weiß. V–VII, Käfer, Zweiflügler und Hautflügler.

Verwildert mit Vorliebe in kalkreichen »Waldschlägen«. Sie geht häufig in natürliche Assoziationen über und breitet sich in Baum- und Grasgärten, am Zaun, in Wiesen und Weiden aus. *Myrrhis odorata* kann als Halbschatten-Lichtpflanze in jedem nährstoffreichen, locker-humosen Lehmboden zur Anpflanzung kommen.

Das Myrrhenkraut hat einen angenehmen, an Anis erinnernden Geruch. Wurde früher vielfach als Gewürz- und Gemüsepflanze in den Kloster- und Bauerngärten gezogen. Seine robusten Blätter lassen sich in Gemüsen und Kartoffelspeisen mitkochen. In der Volksheilkunde fand das Kraut als Blutreinigungsmittel Anwendung.

Sambucus ebulus, Caprifoliaceae (Geißblattgewächse)
Zwergholunder, Attich
Staude mit tief im Boden kriechendem
Rhizom. Ganze Pflanze von unangenehm krautigem Geruch
50 bis 150 cm hoch
Giftverdächtig, z. B. für Pferde

Blüten in abgeflachter Schirmrispe, weiß bis rosa, nach bitteren Mandeln duftend. Pollenblumen. VI–VIII, Käfer, Bienen, Fliegen und Selbstbestäubung. Fruchtstand aufgerichtet, beerenartige, schwarz glänzende Steinfrucht.

Der Zwergholunder wird ausgesprochen flächig in sonnigen Waldlichtungen oder -schlägen angepflanzt. Als Wurzelkriech-Pionier wandert er von den nährstoffarmen Plätzen zu den stickstoffreichen Standorten. Dabei bevorzugt er mehr oder weniger humose, tiefgründige Lehmböden feuchter Waldblößen.

Neutrale Böden
Rubus idaeus, Rosaceae (Rosengewächse)
Himbeere
Strauch mit unterirdischen

Blüten nickend, weiß. V–VI, Echte Bienen. Sammelfrucht kugelig oder

Adventivsprossen eiförmig, rot.
1 bis 2 m hoch
Nach der Fruchtreife sterben die
Triebe ab

Als Stickstoffzeiger tritt die Himbeere als charakteristischer Bestandteil der Schlaggesellschaft truppweise an sonnigen Stellen auf. Bei starker Beschattung fruchtet die Pflanze schlecht. Mit ihren wenig unter der Oberfläche kriechenden Rhizomen erneuern sich die Pflanzen reichlich aus wurzelbürtigen Adventivknospen, breiten sich rasch aus und bilden ein dichtes Gebüsch. *Rubus idaeus* ist nicht sehr konkurrenzfähig. Wo unduldsame Nachbarn mit ihr in Wettbewerb treten, breitet sie sich nicht so rasch aus.

Junges Himbeerlaub wird hauptsächlich als Haustee gebraucht.Die Früchte sind wegen ihrem Gehalt an Vitaminen, Zucker, Zitronen- und Apfelsäure, Farbstoff und Aromastoffen für die Marmeladeherstellung wichtig. Es lassen sich auch Himbeerlikör mit 25 bis 30 Vol.-%, Fruchtwein und Branntwein herstellen.

Salix caprea, Salicaceae (Weidengewächse)
Salweide Kätzchen, Pollenblumen. III–IV, Erste
Strauch oder mittelgroßer Baum Bienenweide, Insektenbestäubung.
4 bis 10 m hoch
3 bis 10 cm lange Blätter

Die Salweide stellt an ihren Standort keine hohen Ansprüche. Der Boden kann humos, steinig, sandig oder lehmig sein. Sie wächst sowohl auf trockenen als auch auf vernäßten Böden. *Salix caprea* erschließt auch tonige Böden und tritt als Rohboden- und Wald-Pionier auf. Um ein vorzeitiges Altern der Salweide zu verhindern, muß sie öfter zurückgeschnitten oder auf den Stock gesetzt werden.

Das zähe, leichte Holz wird von Sieb- und Korbmachern genutzt, gibt gute Stiele und findet in der Drechslerei Verwendung. Die Holzkohle dient zum Zeichnen, der Rindenabsud liefert eine schwarze Farbe.

Verbascum nigrum, Scrophulariaceae (Braunwurzgewächse)
Dunkle Königskerze, Schwarze Blüten in einer Floreszenz, hellgelb und
Königskerze am Schlunde mit fünf rotbraunen
Staude, Halbrosettenpflanzen mit Flecken. V–IX, Insekten- und Selbst-
mehreren Erneuerungstrieben bestäubung.
50 bis 100 cm hoch

Die Dunkle Königskerze bevorzugt einen nährstoffreichen Boden. Sie ist sonne- und wärmeliebend. Läßt sich als charakteristische Schlagpflanze sehr gut mit dem Großblütigen Fingerhut vergemeinschaften.

Saure Böden

Aruncus dioicus, Rosaceae (Rosengewächse)
(A. sylvestris) Blüten in Rispen, zweihäusig. Es kom-
Waldgeißbart men auch Pflanzen mit männlichen und
Staude mit 0,5 bis 2 m hohen Stengel zwittrigen Blüten in einer Rispe oder
 auch mit Zwitterblüten vor. Männliche
 Rispen dichter, weibliche lockerer.
 Pollenblumen. VI–VII, Käfer

Der Waldgeißbart gehört zu unseren schönsten Schlagpflanzen. Die gelblichweißen Blütenrispen der männlichen Pflanze unterscheiden sich von den reinweißen, zarten und lockeren Blütenständen der Weibchen. Blüht im Schatten der Gehölze ebenso schön wie in der Sonne. Diese stattliche Staude wird zumeist einzeln oder in kleinen

Trupps von 3 bis 5 Pflanzen verwendet. Die Kultur ist in jedem kalkarmen Gartenboden möglich. Bei hinreichender Humusauflage gedeiht *Aruncus dioicus* auch in einer kalkhaltigen, etwas feuchten Erde.

Digitalis purpurea, Scrophulariaceae (Braunwurzgewächse)
Roter Fingerhut
Zweijährige bis staudige Halbrosettenpflanze (Hemikryptophyt)
50 bis 120 cm hoch
Giftpflanze!
Floreszenz 50- bis 120blütig, glockig, hellpurpurn, seltener rosa oder weiß, innen bärtig. VI–VII, Hummeln.

Der Rote Fingerhut ist ein ausgesprochener Nitrifizierungs-Zeiger, der gern auf stickstoffreichen, aber kalkarmem Boden steht. In der Regel stirbt *Digitalis purpurea* im zweiten oder dritten Jahr ab. Gut ernährte Pflanzen dehnen ihr Leben noch auf einige Jahre aus. Nach dem Streubüchsenprinzip werden die Samen über größere Entfernungen verbreitet oder durch den Wind verweht. Die Samen selbst keimen nur bei Dauerlicht. Für die Vermehrung des Roten Fingerhuts spielen der Nährstoffgehalt des Bodens und die Lichteinwirkung eine große Rolle. Die potentiellen *Digitalis*-Standorte sollten deshalb mit Hornspänen aufgedüngt und die lichtbedürftigen Samen nicht eingeharkt werden.

Die Fingerhutblätter enthalten als herzwirksame Glykoside (Cardenolide) 0,15 bis 0,4% sog. Purpureaglykoside. Anwendung zur Normalisierung der Schlagfrequenz des Herzens nur in Form von standardisierten Präparaten oder als chemisch isoliertes Reinglykosid.

Sehr giftig sind vor allem die Samen. Die Krankheitsbilder äußern sich in Übelkeit, Erbrechen, bei größeren Mengen Herzrhythmusstörungen entsprechend der Medikamentenvergiftungen.

Epilobium angustifolium, Onagraceae (Nachtkerzengewächse)
Weidenröschen
Staude mit weitkriechendem Wurzelstock
50 bis 150 cm hoch
Blüten in endständigen Trauben, purpurrot. VI–VIII, Honigbienen, Hummeln.

Das Weidenröschen ist eine typische Nitratpflanze, die in Kahlschlägen die Nitrifikation der aufgespeicherten Humusmasse anzeigt. In Kultur läßt sich durch eine Stickstoffdüngung mit Hornspänen das Weidenröschen in Schlagfluren halten. Als Rohbodenpionier und weitkriechender Humuszehrer breitet es sich dann ausgesprochen flächig aus. Die Samen werden durch den Wind verweht und durch Ameisen verschleppt. Als Lichtkeimer besitzen sie eine lang dauernde Keimfähigkeit.

Die jungen Triebe und die unterirdischen Sprosse lassen sich wie Spargel zubereiten. Sie schmecken etwas süßlich. Beliebt sind auch die jungen Laubblätter. Wie Salat oder Kohl angerichtet, geben sie mit ihrem säuerlichen Geschmack ein gutes Gemüse.

Rubus nessensis, Rosaceae (Rosengewächse)
Aufrechte Brombeere
Strauch, im Spätsommer nickend oder überhängend
0,5 bis 3 m hoch
Wenig bestachelt bis fast stachellos
Blütenstand traubig, fast den ganzen blühenden Ast einnehmend, weiß, oft außen rot überlaufen. V–VI, Insektenbestäubung. Sammelfrucht schwarzrot, nach Himbeeren schmeckend.

Eine Charakterpflanze der Waldgesellschaft. Der Boden sollte reich an Stickstoff, aber arm an Kalk sein. Durch seine wurzelbürtigen Erneuerungssprosse breitet sich *Rubus nessensis* vegetativ aus. Der oft mangelhafte Fruchtansatz spielt deshalb für die Vermehrung keine Rolle.

Sambucus racemosa, Caprifoliaceae (Geißblattgewächse)
Traubenholunder
Ästiger, selten baumartiger Strauch
mit Wurzelausschlag
1 bis 3 m hoch

Blütenstand rispenartig, ei- oder kegelförmige Infloreszenzen, grünlichgelb, Pollenblumen. III–V, Käfer, Bienen, Fliegen und Selbstbestäubung. Fruchtstand aufgerichtet, beerenartige, scharlachrote Steinfrucht.

Der Traubenholunder besitzt ein weitstreichendes Wurzelwerk mit starker Ausschlagfähigkeit. Als charakteristische Schlagpflanze zeigt er die Nitrifikation der aufgespeicherten Humusmasse an. In Kultur ist deshalb eine gelegentliche Stickstoffdüngung mit Hornspänen unumgänglich.

Der Traubenholunder wurde gelegentlich in der Volksmedizin verwendet. Die Samen enthalten einen schleimhautreizenden Wirkstoff. Früher dienten sie als Brech- und Abführmittel.

Die scharlachroten Früchte können wegen ihres hohen Vitamin-C-Gehaltes zur Marmelade und Saftherstellung verarbeitet werden. Die Kerne enthalten Stoffe, die Blausäure erzeugen. Wegen des toxischen Samenbestandteils sind die Steine aus dem Fruchtfleisch zu entfernen.

Tiere

Die Schlagflächen lassen eine artenreiche Lebensgemeinschaft von Tieren erwarten. Anbrüchige Einzelbäume, die Krautflora, Stubben, Reis- und Laubhaufen erfüllen ökologische Ausgleichsfunktionen. Für die gebüschreichen Schlagflächen läßt sich der Zaunkönig als Mieter gewinnen. Er liebt den Saum lichter Gehölze und nistet in den Wurzelballen umgestürzter Bäume, in Hecken, Holzstößen und Reisighaufen. Sträucher, wie der Traubenholunder, bieten zahlreichen Vögeln gute Nistgelegenheiten. Die Blindschleiche bevorzugt als Winterquartier Laubhaufen, wo sie in halbverrottetem Humus einen frostsicheren Schlafplatz hat. Als ergiebige Insektenweide bieten auf den Schlagflächen die Salweide den Bienen, der Waldgeißbart den Käfern, der Trauben- und Zwergholunder den Käfern, Bienen und Fliegen sowie das Tausendgüldenkraut den Schwebfliegen, Fliegen, Bienen und Faltern Pollennahrung. Als Kahlschlagpflanzen sind die Himbeeren und das Weidenröschen in der Haupttrachtzeit der Bienen wertvolle Nektarspender. Die Beeren der fruchttragenden Himbeeren und Brombeeren sind eine beliebte Vogelnahrung. Die schwarzglänzenden Steinfrüchte des Zwergholunders werden von der Mönchsgrasmücke, der Gartengrasmücke, dem Hausrotschwanz, dem Zwergschnäpper, der Amsel, der Misteldrossel, der Nachtigall und dem Gimpel verbreitet. Beim Traubenholunder treten als Konsumenten der kleinen scharlachroten Beeren etwa 30 Vogelarten auf, von denen der Hausrotschwanz sogar seine Jungen mit den Früchten von *Sambucus racemosa* füttert. Die Verbreitung der sehr kleinen Samen der glänzend schwarzen Tollkirschen erfolgt durch Drosseln, Amseln und Spatzen.

Auf den Schlagflächen stellt sich bei den entsprechenden Futterpflanzen eine abwechslungsreiche Schmetterlingsfauna ein. Auf der Himbeere finden sich die Raupen des Kaisermantels, des Perlmutterfalters und des Brombeerzipfelfalters. Die Weiden sind begehrt von den Raupen des Schillerfalters, des Trauermantels, des Großen Fuchses, des Abendpfauenauges und des Zickzackspinners. Auf der Tollkirsche finden wir einen Blattrandkäfer, zwei Erdflohkäfer und deren Larven und gelegentlich die Raupen von Eulen.

Haselgebüsch

Die Hasel *(Corylus avellana)* ist ein unverwechselbarer Großstrauch. Im Siedlungsbereich haben die Anpflanzungen von Haselnußhecken und -gesträuch das Gartenbild entscheidend beeinflußt. Der naturnahe Garten bietet der Hasel genügend Raum. Auf kalkarmen Böden mit saurer Reaktion läßt das Wachstum der Hasel nach. Sie fällt auch auf sterilem Sand- und Sumpfgelände aus. Durch Aufkalken, Nährstoffzufuhr und Drainage lassen sich optimale Wachstumsbedingungen schaffen. Unter den Haselnußsträuchern wird durch Lauberde, Rinden- oder Holzkompostgaben die Bodenstruktur auf Dauer positiv beeinflußt. Besser als jede Humuszufuhr ist die eigene Laubstreu. Sie bleibt wie im Wald liegen und wirkt bodenverbessernd. Während das Buchen- oder Eichenlaub eine stabile Streudecke bildet, ist das Haselnußlaub schnell verrottet.

Bei Sträuchern, die sich durch starken Stockausschlag vermehren, werden die ältesten, nicht mehr blühfähigen Triebe bis zum Erdboden zurückgenommen. Nur durch diesen regelmäßigen Schnitt läßt sich die Begleitflora unter den Haseln erhalten. Wer Haseln anpflanzen will, sollte die allergieverursachende Wirkung ihrer Pollen beachten. Von Februar bis April produzieren die männlichen Blüten leichte, trockene Pollen, die zu Pollinose-Erkrankungen führen können.

Die Haselnußhecken liefern in guten Mastjahren eine reiche Ernte. Mit 50 bis 60% Öl und den Vitaminen A und B enthalten die Haselnußkerne genügend Nährstoffe. Durch Auspressen wird Haselnußöl gewonnen. Haselnußmark ist eine pastenartige Masse, die durch Zerkleinern von geschälten und gerösteten Haselnüssen hergestellt wird. Als Nutzholz finden die Haselruten bei der Herstellung von Faßreifen und Holzkohle Verwendung.

Alkalische Böden

Hesperis sylvestris, Brassicaceae (Kreuzblütler)
Waldnachtviole   Blüten in lockeren Trauben, lila.
Staude   V–VII, Insektenbestäubung.
Bis 1 m hoch

Zu den Haselnußbegleitern auf alkalischen Böden gehört *Hesperis sylvestris*. In bezug auf den Standort ist sie etwas wählerisch. Die Waldnachtviole bevorzugt kalkhaltige Lehmböden. In Begleitung der Ährigen Teufelskralle *(Phyteuma spicatum)* und der Frühlingsplatterbse *(Lathyrus vernus)* gehört sie in die *Corylus-avellana*-Gesellschaft.

Muscari racemosum, Liliaceae (Liliengewächse)
Traubenhyazinthe   Trauben, 10- bis 30blütig, dunkelblau,
Staude mit eiförmiger Zwiebel selten weiß. Nach Pflaumen duftend.
10 bis 20 cm hoch   IV–V, Insekten- und Selbstbestäubung.

Unter Haselsträuchern, die an warmen Hügeln und Rasenböschungen, am Zaun und in den Gärten zur Anpflanzung kommen, läßt sich aus der mediterran- und pannonisch-pontischen Flora die Traubenhyanzinthe in Gruppen ansiedeln. An trockenen Standorten breitet sich zwischen den Traubenhyazinthen der Edelgamander *(Teucrium chamaedrys)* flächig aus. Mit seinen Bodenausläufern sucht er selbst dort, wo wir die Erde vorbereitet haben, seinen speziellen Standort. Nach der Blüte werden ausläuferartige Sprosse gebildet, die in geschützten Lagen mit ihren Laubblättern überwintern. Als *Muscari*-Begleiter unter Haselnußsträuchern kann man auch die Rote Taubnessel *(Lamium purpureum)* und die Gundelrebe *(Glechoma hederacea)* ansiedeln.

Origanum vulgare, Lamiaceae (Lippenblütler)
Gewöhnlicher Dost, Wilder Majoran
Staude mit rhizomartigen Bodenausläufern
30 bis 50 cm hoch

Blütenstand rispig, hell karminrot bis fleischfarben. VII–IX, Echte Bienen, Tagfalter, Schwebfliegen, Echte Fliegen, Zweiflügler.

Durch seine rhizomartigen Bodenausläufer tritt *Origanum vulgare* in größeren Gruppen auf. Es erträgt keinen Schnitt. Im Schutz von Haselnußgebüschen ist der Gewöhnliche Dost vor einer Beweidung und Mahd geschützt. An trockenen Standorten lassen sich in der Origanum-Formation der Haselnußsträucher die Heidenelke *(Dianthus deltoides)*, das Wunderveilchen *(Viola mirabilis)*, das Behaarte Johanniskraut *(Hypericum hirsutum)*, die Arzneischlüsselblume *(Primula veris)*, die Dunkle Königskerze *(Verbascum nigrum)* und die Kleinblütige Königskerze *(Verbasum thapsus)* sowie das Moschuskraut *(Adoxa moschatellina)* ansiedeln. Stickstoffsammelnde Leguminosen leisten als Ammenpflanzen einen guten Dienst. Der Mittlere Klee *(Trifolium medium)*, die Frühlingsplatterbsen *(Lathyrus vernus)* und die Waldplatterbse *(Lathyrus sylvestris)* geben von ihrem organisch gebundenen Luftstickstoff an die Nachbarn ab.

Die Blätter von *Origanum vulgare* dienen als Gewürz (»Origano«) für Pizza-Gerichte. Das blühende Kraut wird von Juli–Oktober gesammelt. Ein Aufguß von zwei Teelöffeln Kraut mit einer Tasse siedendem Wasser wirkt krampf- und schleimlösend, hilft bei Keuchhusten, Asthma, Bronchialkatarrh, Mund- und Rachenentzündungen.

Neutrale Böden
Astragalus glycyphyllos, Fabaceae (Schmetterlingsblütler)
Süßer Tarant, Bärenschote
Staude mit niederliegendem Stengel
40 bis 80 cm lang

Die unscheinbaren Blüten in blattachselständigen Trauben, bleich grünlichgelb. V–IX, Langrüsselige Bienen und Hummeln.

In direkter Umgebung von Haselgebüschen bewohnt der Süße Tarant die verschiedensten Bodenarten. Wo eine überlebenswichtige Humusdecke eingebracht wurde, bietet er sich der Hasel und einer reichen Begleitflora als Ammenpflanze an. Ohne an eine bestimmte Pflanzengesellschaft gebunden zu sein, treten neben dem Süßen Tarant die Waldzwenke *(Brachypodium sylvaticum)*, der Klebrige Salbei *(Salvia glutinosa)*, die Rapunzel-Glockenblume *(Campanula rapunculus)* und die Straußblütige Wucherblume *(Chrysanthemum corymbosum)* sowie als weitere Stickstoffsammler die Zaunwicke *(Vicia sepium)* und die Heckenwicke *(Vicia dumetorum)* auf.

Saure Böden
Rubus hebecaulis, Rosaceae (Rosengewächse)
Brombeere
Strauch, niederliegend

Langer und dichter Blütenstand mit rosa und weißen Blüten. VI–VII, Insektenbestäubung.

Wie unter Haselnußsträuchern silikatreicher, jedoch nicht zu saurer Böden eine sehr gute ökologische Nutzung zu erreichen ist, zeigt *Rubus hebecaulis*, der zusammen mit *Corylus avellana* in lockerem, kalkarmen Boden wächst.

Sedum telephium ssp. *maximum*, Crassulaceae (Dickblattgewächse)
(S. maximum)
Große Fetthenne, Großes Fettkraut

Blüten in dicht gedrängten Trugdolden, gelbgrün. VII–X, Zweiflügler und

312 Gehölz- und Bodenflora

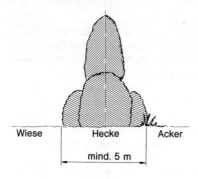

Abb. 22. Hecken ersetzen in waldarmer Umgebung die Bäume.

Staude, etwas sukkulent   Hautflügler.
30 bis 80 cm hoch
Im Felsen- und Gesteinsschutt, der als Lesesteinhaufen vor und unter den Haselnußsträuchern eingebracht wird, läßt sich für die Große Fetthenne ein optimales Pflanzbeet schaffen. Er bietet auch Eidechsen Liegeflächen und Unterschlupf. *Sedum telephium* ssp. *maximum* gilt als Besiedler von Kalk- und Silikatgestein und ist an keine bestimmte Pflanzengesellschaft gebunden. Man sollte berücksichtigen, daß die Große Fetthenne in höheren Lagen nicht mehr zur Blüte gelangt.

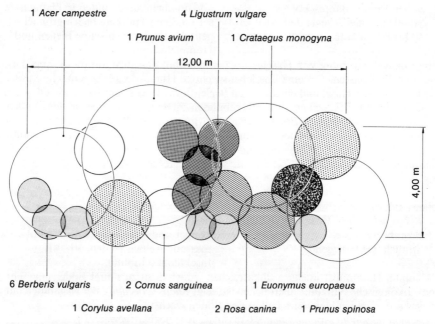

Abb. 23. Naturnahe Hecken stellen ökologische Ausgleichsräume dar, in denen eine Vielzahl von Tieren lebt.

Tiere
Von Februar bis April sind die Blütenkätzchen der Haselsträucher erste Pollenspender für die Bienen. Als Vogelschutzgehölz bietet der Haselstrauch dem Grünling Nistgelegenheiten. In großen Haselgebüschen zieht er zuweilen in seinem Nest bis zu drei Bruten auf. Am Fuß der Hecken verkriechen sich im Fallaub Igel, Spitzmäuse, Kröten und Weinbergschnecken. Eine besondere Vorliebe für die reifen Haselnüsse haben die Eichhörnchen. Sie legen durch Vergraben der Nüsse ihre Vorräte in der Erde an. Als Nesträuber verzehren sie Vogeleier und junge Vögel. Die Eichhörnchen nehmen auch andere tierische Kost wie Schnecken, Ameisenpuppen, Insekten und deren Larven auf. Die Haselsträucher tragen ferner zur Ernährung der Haselmaus bei. In den Vogelnistkästen und in kunstvoll aus Gras, Blättern und Moos erbauten kugelförmigen Nestern leben sie in 1 bis 2 m Höhe.

Häufig legt der Haselnußbohrer seine Eier in die jungen und noch weichen Haselnüsse. Der Rebenstecher benutzt zur Eiablage ein locker gewickeltes Haselnußblatt. Das Weibchen des Haselblattrollers dreht zur Eiablage und Brutpflege die Blätter des Haselstrauches ein. Freilebende Schildläuse treten als saftsaugende Insekten auf. Gelegentlich dient die Hasel auch den Raupen des Stachelbeerspanners und des Birkenzipfelfalters als Nahrungspflanze.

Trockengebüsch

Das breite Artenspektrum von Hecken und Gebüschen ersetzt in waldarmer Umgebung die Bäume. Als Gartenbesitzer sollten wir uns bemühen, eine strauchreiche Vegetation zu erhalten. Die Anpflanzung einer neuen, standortgerechten Hecke ist gar nicht schwer. Auch wenn wir aus Platzmangel nicht die Möglichkeit haben, eine naturgetreue Feldhecke zu pflanzen, können wir doch versuchen, den Garten ökologisch zu bereichern. Hecken setzen sich aus verschiedenen Stockwerken zusammen. Die höchste Schicht bilden bis über 5 Meter hohe Bäume. Ihre normale Höhe erreichen sie unter dem Konkurrenzdruck der anderen Schichten meist nicht. Nicht immer haben Hecken eine derartige Baumschicht. Ist sie jedoch vorhanden, so spricht man von einer »Baumhecke«.

Das nächste Stockwerk bilden vor allem höhere Sträucher, wie Hasel und Hagebuche. Auch kleinere Bäume, wie Feldahorn, Vogelkirsche und Vogelbeere, sind anzutreffen. Bildet eine derartige Strauchschicht mit einer Höhe von 3 bis 5 Metern die höchste Schicht, so bezeichnet man diese Hecken als »Hochhecken«.

»Niederhecken« bestehen aus einer niederen Strauch- und Krautschicht. Die Strauchschicht setzt sich aus niederen Büschen mit einer Höhe von 0,5 bis 3 Metern zusammen. Sie bilden den Schutz gegen außen und tragen oft Dornen oder Stacheln, wie der Weißdorn oder die Schlehe. Zwischen diesen lichtbedürftigen Arten stellen sich oft windende Arten wie Hopfen und Zaunwinde ein.

Eine naturnahe Hecke besteht somit aus einer Baum-, Strauch- und Krautschicht.

Hecken stellen ökologische Ausgleichsräume dar, in denen sich natürliche Lebensgemeinschaften regenerieren können.

Die Strukturfunktionen der Hecken ergeben sich aus ihrer charakteristischen Wuchsform. Sie bilden in dem weitgehend ausgeräumten Gelände markante Vegetationsstrukturen. Die Hauptgehölzarten Weißdorn, Schlehe und Wildrosen tragen infolge ihrer unterschiedlichen Wuchstypen zur räumlichen Strukturvielfalt innerhalb der Hecke bei. Eine Vielzahl der dort lebenden Tierarten findet so Überwinterungs-, Schlaf-, Balz- und Nistplätze, Deckung vor Fraßfeinden, Sing- und Aussichtswarten sowie Schutz vor Witterungseinflüssen.

In Substraten, die ton- und humusreich sind, einen beachtlichen Teil des gespeicherten Wassers den Pflanzen zur Verfügung stellen, die Wurzeln ungestört atmen lassen und wo die Nährstoffe pflanzenverfügbar sind, kann sich jede Gehölz- und Krautflora dem naturnahen Garten anpassen.

Während im Heckeninneren ein relativ konstantes Waldbodenklima herrscht, werden die klimatischen Schwankungen zum Rand hin immer stärker. Es geht keineswegs darum, eine undurchdringliche Wildnis ohne Blütenpflanzen zu schaffen. Mit ungeschnittenen Hecken lassen sich die Gartenflächen gegen die Straße und benachbarte Grundstücke abgrenzen. Blütenhecken dagegen beanspruchen mehr Platz. Auf den laufenden Meter kommen wir mit zwei bis fünf Pflanzen aus. Der Gehölzstreifen sollte ca. 5 bis 15 Meter breit sein und beidseitig einen ca. 3 Meter breiten Saum zur Ansiedlung einer Krautflora besitzen.

Es ist zweckmäßig, neue Hecken in Nord–Süd-Richtung anzulegen oder so, daß ihr Schatten auf einen Weg oder Bach fällt. Bei der Standortwahl sollte eine Distanz von 400 bis 800 Metern zu anderen Hecken gegeben sein. Diese Entfernung ergibt sich aus dem Aktionsradius der Heckenbewohner.

Die Anpflanzung sollte nach einem vorher entworfenen Pflanzplan erfolgen. Die Auswahl der Gehölzarten richtet sich nach den vielfältigen ökologischen Ansprüchen. Dabei sollten Nektar- und Pollenspender, beispielsweise Weiden- und Ahornarten, Schlehen und Kornelkirschen berücksichtigt werden. Deckungspflanzen für Vögel und Kleintiere sind Weißdorn- und Wildrosenarten sowie Schlehen. Fruchttragende Gehölze wie Hasel, Wildrose, Vogelkirsche, Liguster oder Pfaffenhütchen werden als Nahrungspflanzen für Vögel und Säugetiere eingesetzt. Blattnahrungspflanzen für Insekten sind Weiden- und Weißdornarten sowie der Schneeball. Wildäsungspflanzen wie Esche oder Weidenarten sollten ebenfalls enthalten sein.

Beim Entwurf des Pflanzplanes ist auf eine vollständige Struktur der Hecke zu achten. Sie muß vom Boden her sehr dicht sein. Die einzelnen Gehölzarten dürfen nicht wahllos gemischt werden, sondern sollten stets in Gruppen von 5 bis 10 Pflanzen derselben Art zusammengepflanzt werden. Dabei stellen die nord- bzw. südexponierten Seiten sehr unterschiedliche Pflanzenstandorte dar. An der Nordseite stehen vorzugsweise schatten- und feuchtigkeitsliebende, im »Süden« trockenheits- und lichtliebende Arten.

Die Kornelkirschen geben mit ihrem Frühjahrsflor den Auftakt. Der Eingrifflige Weißdorn wird als guter Heckenbildner bevorzugt für Windschutzpflanzungen verwendet. Solche stachelbewehrten Sträucher bieten an durchlaufgefährdeten Stellen einen vollkommenen Schutz gegen Eindringlinge. Als Hecken verwendet sind sie gesuchte Niststätten für Kleinsäuger und bieten den nützlichen Igeln und Spitzmäusen einen idealen Unterschlupf. Die Weißdornsträucher sind wegen der Übertragung der Feuerbrandkrankheit und der vielen Obstbaumschädlinge gefürchtet. Auch der Sauerdorn läßt sich als Bestandteil der lebenden Hecke verwenden. Seine scharfen Dornen bilden einen wirksamen Schutz gegen ungebetene Gäste. *Berberis vulgaris* läßt sich wie der Weißdorn für die Einzäumung des Gartens verwenden. Unser heimisches Pfaffenhütchen ist hervorragend als Deckstrauch geeignet. Dank seiner Schattenverträglichkeit läßt es sich noch unter benachbarten Gehölzen verwenden.

Die eine Art muß unter dem Druck der anderen Art weichen oder die eine Art kann nur im Schutz der anderen existieren. *Prunus* und *Rubus* meiden stark schattige Standorte. Sie sind deshalb in der äußeren Strauchschicht der Hecke anzutreffen.

Diese Beispiele zeigen, daß Hecken komplizierte, heterogen aufgebaute Vegetationseinheiten darstellen. Durch die vielfältigen Beziehungen und durch die ständigen Konkurrenzsituationen entsteht ein ausgeglichenes, stabiles Vegetationssystem. Von dieser strauchreichen Vegetation wird der Wind gebremst, der Lärm abgehalten sowie Vögeln und anderen Gartenbewohnern Unterschlupf gewährt.

Abgestorbene Baumstümpfe oder abgeschnittene Äste und Zweige sollen in der Hecke verbleiben, da sie sekundäre Nistplätze für Freibrüter sind. Sie bieten vielen Insektenarten Vermehrungs- bzw. Überwinterungsmöglichkeiten.

Wenn die Hecken nur gelegentlich geschnitten oder auf den Stock gesetzt werden, bleibt der Heckencharakter, verbunden mit faunistischer und floristischer Artenvielfalt, erhalten. Ohne Schnitt würden sie im Laufe der Zeit in einen niederwaldartigen Vegetationstyp übergehen. Der Schnitt sollte zwischen Oktober und März erfolgen, um die Pflanzen und Tiere möglichst wenig zu beeinflussen.

Alkalische Böden

Allium vineale, Liliaceae (Liliengewächse)
Weinbergslauch
Staude mit oberseits etwas rinnigen Blättern, blaugrün, Zwiebel
30 bis 50 cm hoch
Blüten in Scheindolden mit zahlreichen Brutzwiebeln. Hell- oder dunkelpurpurrot. VI–VIII, Insektenbestäubung.

Der Weinbergslauch ist ein wärmeliebender Gebüsch- und Wegbegleiter. Er bevorzugt sonnige Plätze und Sommertrockenheit auf nährstoffreichen Böden. *Allium vineale* ist immer gesellig zu pflanzen. Als wärmeliebende Begleiter eignen sich der Blutstorchschnabel, der Deutsche Alant, die Rote Fetthenne und die Wollige Königskerze.

Berberis vulgaris, Berberidaceae (Sauerdorngewächse)
Sauerdorn, Berberitze
Strauch
Bis 3 m hoch
Blüten in einfachen hängenden Trauben, gelb. IV–VI, Zweiflügler, Hautflügler und Käfer. Beeren länglich, bis 10 mm lang, scharlachrot, sauer.

Der Sauerdorn liebt die volle Sonne. In Schattenlagen wird er sehr blühfaul und die Herbstfärbung kommt nicht zur Wirkung. Berberitzen können noch als ausgewachsene Sträucher gesetzt werden. Sie halten mit ihren feinen Saugwurzeln den Erdballen recht gut. Als Zwischenwirt des Getreiderostes war der Sauerdorn früher nicht sehr beliebt.

Die länglichen, scharlachroten *Berberis*-Beeren sind genießbar. Im rohen Zustand säuerlich schmeckend. Nach den ersten Frösten wird die Säure gemildert. Sie enthalten reichlich Vitamin C und viele andere Stoffe, die fiebersenkend und verdauungsfördernd sind. Aus den durch den Frost weichgewordenen Beeren lassen sich Frischsaft und Marmelade herstellen. Aus Berberitzensaft wird Likör mit einem Alkoholgehalt von 30 Vol.-% hergestellt.

In allen Organen, besonders in der Wurzelrinde, enthält die Pflanze das schwach giftige Berberin.

Cornus mas, Cornaceae (Hartriegelgewächse)
Kornelkirsche, Dirlitze, Herlitze
Strauch oder kleiner Baum. Neigt zu starkem Wurzelausschlag
3 bis 8 m hoch
Blüten in kugeligen Trugdolden, vor den Laubblättern erscheinend, goldgelb. III–IV, Insektenbestäubung. Kirschrote Früchte.

Die Kornelkirsche ist im landschaftlichen Garten ein Gehölz von unschätzbarem Wert. Ihr flachstreichendes Wurzelsystem besitzt in kalkhaltigen Erden ein starkes

Ausschlagvermögen. Je trockener der Boden ist, um so größer ist ihr Anspruch an den Kalkgehalt des Bodens. Wenn die Kornelkirsche zu mächtig geworden ist und blühfaules, altes Holz hervorgebracht hat, kann mit der Säge an die Pflanze herangegangen werden. Nach der Blüte schneidet man das alte Holz heraus oder wirft die Sträucher bis auf 30 cm lange Stümpfe ab.

Die glänzend kirschroten Früchte schmecken im vollreifen Zustand angenehm süß-säuerlich, enthalten Vitamin C, verschiedene Zucker und organische Säuren. Wenn die Früchte vom ersten Frost gestreift und weich geworden sind, werden sie entweder roh oder kandiert genossen. Man kann auch Saft, Kompott, Marmelade, Gelee, Süßmost, Likör und Wein herstellen. Das harte und zähe Holz gibt dauerhafte Zähne in Kammrädern und Radspeichen. Es lassen sich Schuhstifte und Werkzeuge, Knotenstöcke, Instrumente und Messerhefte herstellen.

Crataegus monogyna, Rosaceae (Rosengewächse)
Eingriffliger Weißdorn   Blüten in Doldenrispen, weißlichgrün.
Dorniger Strauch, sehr ausschlagfähig   V–VI, Insektenbestäubung.
Bis 4 m hoch

Der Eingriffliche Weißdorn ist ein anspruchsloses Pioniergehölz, das sich zur Begrünung und zum Befestigen von Trümmerhalden, Sand- und Lehmböden verwenden läßt. Als guter Heckenbildner wird *Crataegus monogyna* bevorzugt für Windschutzpflanzungen verwendet. Der ausschlagfähige Strauch läßt sich durch einen starken Rückschnitt sehr gut verjüngen.

Das Fruchtfleisch von *Crataegus monogyna* kann wie vom Zweigrifflligen Weißdorn zur Herstellung von Wildfruchtmarmeladen verwendet werden.

Euonymus europaeus, Celastraceae (Spindelstrauchgewächse)
Pfaffenhütchen, Pfaffenkäppchen   Blüten in blattachselständigen Trug-
Strauch oder kleiner Baum,   dolden, grünlichweiß. V–VII, Haar-
sommergrün   mücken, Echte Fliegen, Schwebfliegen
Bis 6 m hoch   und Ameisen.
Giftpflanze!

Das Pfaffenhütchen läßt sich dank seiner Schattenverträglichkeit in dornigem Gebüsch mit *Crataegus monogyna* und *Berberis vulgaris* verwenden. Seine geringen Dimensionen sind auf kleinste Gartenräume abgestimmt. Dank seines großen Ausschlagvermögens lassen sich zu groß gewordene Pflanzen auf den Stock setzen. An den Boden stellt der Strauch geringe Ansprüche. Am besten gedeiht das Pfaffenhütchen in einer kalkreichen Erde. Es verträgt die Trockenheit ebensogut wie einen feuchten Standort. Das Pfaffenhütchen enthält in allen Organen einen Bitterstoff.

Geranium sanguineum, Geraniaceae (Storchschnabelgewächse)
Blutstorchschnabel   Blütenstand mit je einer Blüte. Kron-
Staude mit weit kriechendem Wurzel- blätter lebhaft karminrot. V–IX,
stock. Leuchtend rote Herbstfärbung Schwebfliegen, Hautflügler, Schmetter-
20 bis 40 cm hoch   linge, Käfer und Selbstbestäubung.

Der Blutstorchschnabel ist eine Staude für den offenen Gehölzrand in vorwiegend sonniger Lage. Auf überwiegend kalkhaltigen, oftmals trockenen Böden ist er ein verträglicher Flächendecker. *Geranium sanguineum* wird in großen Kolonien in einer Stückzahl von 16 Pflanzen pro Quadratmeter ausgebracht.

Inula germanica, Asteraceae (Korbblütler)
Deutscher Alant   Blütenköpfe in dichten Doldenrispen.
Staude mit unterirdischen Ausläufern Zungenblüten nur wenig länger als
30 bis 60 cm hoch   Scheibenblüten, goldgelb. VII–VIII,
Pflanze hat strengen Geruch   Insektenbestäubung.

In humosen Sand- oder Lehmböden breitet sich der Deutsche Alant als Wurzelkriecher aus. Die Pflanze behauptet sich mit ihren queckenartigen, unterirdischen Ausläufern im Saum sonniger Büsche. Selbst gegen stärksten Wurzeldruck kommt *Inula germanica* an und zeigt eine gute vegetative Ausbreitung, während es ihren Sämlingen kaum gelingt, in den Trockengebüschen zu überleben.

Prunus spinosa, Rosaceae (Rosengewächse)
Schlehe, Schwarzdorn   Blüten einzeln oder zu zweien, weiß.
Dorniger Strauch   III–IV, Bienen. Frucht kugelig,
1 bis 3 m hoch   schwarzbläulich bereift, Steinkern nicht vom Fleisch lösend.

Die Schlehe läßt sich als Rohbodenbesiedler und flachwurzelnder Wurzelkriech-Pionier mit dem Weißdorn verwenden. Die Wurzeln streichen sehr weit und bilden dabei Wurzelschößlinge. Überalterte Schlehen können auf den Stock gesetzt werden.

Die Schlehenfrüchte sind erst nach einer kräftigen Frosteinwirkung roh genießbar. Wenn sie weich und runzelig geworden sind, bekommen sie einen herbsüßen Geschmack. Nach dem Entkernen können sie zu Gelee, Marmelade, Süßmost oder Saft verarbeitet werden. Schlehensirup steigert die Abwehrkräfte bei Infektionen (Grippe). Schlehenlikör hat einen fruchtig-säuerlichen-bitteren Geschmack und einen Alkoholgehalt von 30 bis 35 Vol.-%.

Rhamnus catharticus, Rhamnaceae (Kreuzdorngewächse)
Kreuzdorn   Unscheinbare Blüten in Trugdolden.
Strauch   V–VI, Insektenbestäubung. Frucht
1 bis 3 m hoch   erbsengroß, schwarz, giftig.

Der Kreuzdorn bildet zusammen mit der Schlehe und dem Weißdorn undurchdringliche Trockengebüsche. Seine flachstreichenden Wurzeln lieben lockere Lehm- und Kiesböden. In bezug auf die Wasserverhältnisse erträgt *Rhamnus catharticus* keine stagnierende Feuchtigkeit. Der Kreuzdorn bildet Wurzelsprosse und nach einem Rückschnitt nur geringe Stockausschläge.

Die Kreuzdornbeeren enthalten Anthrachinonglykoside, die stark abführend wirken.

Das harte, gelbliche Holz läßt sich zu Stöcken und Pfeifenköpfen, die gemaserten Wurzelstöcke für Schmuckmöbel verarbeiten. Die schwarzen Beeren dienen zum Grünfärben und geben mit einem Zusatz von Alaun eine safrangelbe Farbe für Leder. Aus dem ausgepreßten Saft unreifer Beeren stellt man die Malerfarbe »Saftgrün« her. Die frische Rinde gibt eine gelbe und getrocknet eine braune Farbe.

Sedum telephium, Crassulaceae (Dickblattgewächse)
Rote Fetthenne, Purpurfetthenne   Blüten in dichten Trugdolden, hell bis
Staude, aufrecht, etwas sukkulent,   dunkel purpurn. VII–X, Zweiflügler
ohne wintergrüne rasenbildende Triebe   und Hautflügler.
20 bis 50 cm hoch

Als Pionierpflanze wird die Rote Fetthenne einzeln oder in kleinen Tuffs von fünf Pflanzen verwendet. Sie bevorzugt nährstoffreiche Lehmböden an warmen, sonnigen Plätzen und keine zu trockenen Standorte.

In den alten Bauerngärten wurde *Sedum telephium* als Gemüsepflanze gehalten. Die Blätter wurden als Zusatz von Suppen oder Salaten verwendet.

Neutrale Böden

Buglossoides purpurocaerulea, Boraginaceae (Rauhblattgewächse)
(Lithospermum purpurocaeruleum)   Blüten in Wickeln, zuerst rot, dann
Blauer Steinsame   blau. IV–V, Langrüsselige Bienen.

Staude mit aufrechten Blütensprossen
und blütenlosen, niederliegenden, an
der Spitze wurzelnden Trieben
10 bis 30 cm hoch

Der Blaue Steinsame ist eine Staude für den weniger offenen Saum von Trockengebüschen. Er wird zumeist vor den Gehölzen in vorwiegend sonniger Lage in den oftmals trockenen Boden gepflanzt. Als sogenannter Flächendecker wird *Buglossoides purpurocaerulea* großflächig verwendet. Dabei kommen 12 Pflanzen auf einen Quadratmeter. In der Regel bleiben die Kriechsprosse im Winter grün, wobei sie in ihrer Ausbreitung und vegetativen Vermehrung an die Goldnessel erinnert.

Lychnis coronaria, Caryophyllaceae (Nelkengewächse)
Vexiernelke, Kronenlichtnelke, Kranzlichtnelke
Blüten schmutzig purpurn, rosa oder weiß. VI–IX, Tagfalterblume.
Zweijährige Pflanze oder kurzlebige Staude
30 bis 100 cm hoch

Die Vexiernelke bevorzugt warme und sonnige Plätze mit nährstoffreichen Böden. Als Verlichtungspflanze hat sie den Charakter von Schlagpflanzen, mit denen sie sich auch vergesellschaften läßt. Die Vexiernelke ist sehr kurzlebig, sie versamt sich sehr reichlich und breitet sich ohne besondere Pflege in offenen Trockengebüschen aus. Ihr Wurzelwerk entwickelt sich besonders im Laubmulm, in dem sie sich zur Deckung ihres Stickstoffbedarfs mit Ammenpflanzen wie der Frühlingsplatterbse *(Lathyrus vernus)* und der Strauchwicke *(Coronilla emerus)* vergesellschaften läßt.

Saure Böden

Anchusa officinalis, Boraginaceae (Rauhblattgewächse)
Ochsenzunge
Zweijährig, Laubblätter zur Blütezeit oft schon vertrocknet
30 bis 80 cm hoch
Blüten fast sitzend, Rispen bildende Doppelwickel, anfangs karminrot, dann dunkelblau-violett. V–IX, Echte Bienen, einige Schmetterlinge und Selbstbestäubung.

Die Ochsenzunge wurde in prähistorischer Zeit auf Kulturland eingeschleppt. Auf durchlässigen Sandböden hat sie sich als Pionierpflanze in Hecken gut bewährt. Die Verbreitung der Pflanze erfolgt durch Ameisen. *Lasius niger* und *Formica*-Arten nehmen die Nüßchen auf und verschleppen die Samen.

Die Ochsenzunge hat viel Ähnlichkeit mit dem Boretsch. Ihre Blätter schmecken fad, süßlich-schleimig. Jung kann man sie wie Spinat kochen oder als Salat zubereiten.

Tiere

Im Innern der Trockengebüsche finden die Tiere auf kleinstem Raum gute Nistgelegenheiten, Überwinterungsquartiere und Unterschlupf. Vor allem Gehölzarten wie der Weißdorn, die Schlehe und die Wildrosen bieten den Vögeln durch ihren dichten Wuchs und durch ihre relativ frühe Belaubung Schutz und Nistmöglichkeiten. In jüngeren Sträuchern mit ca. 5 Jahren nisten vor allem die Goldammer und die Dorngrasmücke, wogegen die Heckenbraunelle, der Grünling, die Turtel- und Türkentaube sowie die Elstern Sträucher bevorzugen, die älter als 20 Jahre sind. Mönchs-, Garten- und Klappergrasmücken, der Neuntöter, die Amsel und der Bluthänfling verhalten sich indifferent. Die höchste Nestdichte findet man in Strauchgruppen mit einem Alter bis zu 10 Jahren. Die höchste Artenmannigfaltigkeit weist die Altersklasse zwischen 10 und 20 Jahren auf. Bei älteren Gehölzen nimmt sowohl die Nestdichte als auch die Artenzahl ab.

Hecken bieten nützlichen »Schädlings-Vertilgern« Lebensraum und üben bei der Ausbreitung von Parasiten eine Barrierefunktion aus. Durch die Buschpflanzungen werden für viele Heckenvögel Rückzugsgebiete in der kultivierten Landschaft geschaffen. Der Vielseitigkeit der Pflanzenwelt entspricht ein sehr reich entwickeltes Tierleben, das sich auf die Fülle ökologischer Nischen in der Hecke spezialisiert hat. So bietet sie ferner Unterschlupf für die verschiedenen Kleinsäugearten, Nahrungsplatz für wechselwarme Wirbeltiere und Lebensraum für weitere Kleintiere und Insekten wie Schmetterlinge, Blattläuse, Blattflöhe, Käferarten, Wanzen, Wespen, Bienen, Ameisen, Ohrwürmer und Spinnen, um nur eine Auswahl zu nennen. Es wurde festgestellt, daß in tierökologischer Hinsicht Gehölzaltersmischungen zwischen 6 und 20 Jahren besonders viele Tierarten beherbergen. So sind zum Beispiel fünf stark bedrohte Vogelarten der »Roten Liste«, das Rebhuhn, der Raubwürger, der Rotrückenwürger, das Schwarzkehlchen und der Gelbspötter unmittelbar auf Hecken angewiesen.

Das dichte Gezweig des Sauerdorns, der Kornelkirschen, des Weißdorns, des Pfaffenhütchens, der Schlehe und des Kreuzdorns übt eine unwiderstehliche Anziehungskraft auf Amseln, Hänflinge, Stieglitze und Grünfinken aus. Unter dem Laubwerk und zwischen den dichtstehenden Zweigen findet das Nestgeflecht des Hänflings, der Goldammer, des Gimpels und der Heckenbraunelle einen guten Halt. Die Trockengebüsche dienen vielen Singvögeln als Rastplatz und bieten Krähen und Feldsperlingen Sammelschlafplätze. Eine starke Bindung an die dornenreichen Sträucher zeigen die Würger. Sie spießen Insekten, gelegentlich auch Mäuse, Lurche, Eidechsen, Blindschleichen und kleine Vögel auf. Als ausgesprochene Insektenesser bevorzugen die Grasmücken die Weißdornhecken. In ihrem Gezweig wimmelt es in allen Formen und Lebensstadien von Gespinstmotten, Goldaftern und Schwammspinnern.

Die Raupen von Gespinstmotten überziehen im Sommer auch das Pfaffenhütchen mit dichten Gespinsten. Nicht selten verursachen die kleinen Raupen einen totalen Kahlfraß.

Im Trockengebüsch sind die Napfnester der Drosseln zu finden. Sie ernähren sich von den Früchten der Bäume und Sträucher, von Kerbtieren, Larven, Spinnen, Würmern und kleinen Schnecken. Die Schlehe und der Weißdorn sind ebenfalls gute Vogelschutzgehölze. Hasen und Kaninchen nagen gerne an ihrer Rinde.

Durch die frühe Blüte ist die Kornelkirsche eine wertvolle Bienenweide. Die Blüten der Schlehe liefern im April und Mai, die des Weißdorns im Mai und Juni Nektar und Pollen. Der Sauerdorn ist bei den Imkern als Bienenfutterpflanze sehr gefragt. Um seinen säulenförmigen Fruchtknoten sammelt sich der Nektar an. Wenn ein honigsuchendes Insekt am Grunde der Blüte den Nektar aufsucht, kommt es mit dem reizbaren Staubfaden in Berührung. Er schnellt einwärts gegen den Stempel und versetzt dem Tier einen Schlag auf den Rücken. Beladen mit Blütenstaub verläßt das Insekt die Blüte und überträgt die Pollen auf die nächste Narbe.

Es sind nicht nur die Honigbienen, die von den frühblühenden Heckengehölzen wie Weide, Hasel, Erle und Birke reichlich Nektar und Pollen sammeln können, sondern auch Wildbienen, Hummeln und Schmetterlinge. Befinden sich Hecken neben Obstkulturen, so wirkt sich das sicherlich in einem besseren Fruchtertrag aus.

Das Trockengebüsch enthält einige wichtige Futterpflanzen für Schmetterlinge und deren Raupen. Als Raupenfutterpflanzen dient *Sedum telephium* dem Apollo, die Schlehe ist die Futterpflanze der Raupe des Segelfalters, auf dem Weißdorn findet man die Raupen des Segelfalters und des Baumweißlings. Die Hecken beherbergen auch viele kleine Nützlinge wie Marienkäfer, Schwebfliegen, verschiedene Netzflügler und Wanzenarten. Sie können somit als Reservate für die biologische Schädlingsbekämpfung angesehen werden.

Hecken bieten den Vögeln zudem ausreichende Nahrungsmöglichkeiten. Eberesche, Schneeball, Schwarzer und Roter Holunder, Vogelkirsche und Liguster helfen den Vögeln mit ihren Früchten gut durch den Winter zu kommen.

Eine beliebte Vogelnahrung sind die Beeren des Weißdorns, des Sauerdorns und der Schlehe. Von den Saatkrähen werden die glänzend kirschroten Früchte der Kornelkirsche verschleppt. Die Rotkehlchen, Elstern und Drosseln zeigen für die Früchte des Pfaffenhütchens eine Vorliebe.

Von den Trockengebüschen dehnen manche Laufkäfer, Kurzflügler, Spinnen und Spitzmäuse ihre Streifzüge über den ganzen Garten aus. In selbstgegrabenen Höhlen, unter Steinen, im Laub, in Maulwurfs- und Mauslöchern bewohnt die Spitzmaus vegetationsreiche Flächen. Sie verzehrt an einem Tag oft mehr Nahrung, als ihr eigener Körper wiegt. Bei einem Massenauftreten von Insekten, Spinnen und andern Wirbellosen erweist sich die Spitzmaus als großer Nützling.

Das Umland erfährt also aus tierökologischer Sicht einen unmittelbaren Nutzen von den Hecken.

Von den Kleinsäugern profitieren zum Beispiel die Waldmaus, die Rötelmaus und die Erdmaus. Sie finden in den Hecken zahlreiche Verstecke und Nahrungsmöglichkeiten, wobei sie selbst wiederum Nahrungsgrundlage für viele Räuber sind. Auch das Hermelin, Mauswiesel, Wildkaninchen und gelegentlich auch der Marder zählen zu den Heckenbewohnern.

Eine sehr wichtige Rolle spielen die Hecken für die Igel. Im Laub finden diese ideale Überwinterungsplätze. Leider sind auch die Igel immer stärker bedroht. Als nachtaktive Tiere kommen sie auf der Suche nach Insekten häufig im Straßenverkehr um.

Amphibien finden in dem schattigen, feuchten Waldbodenklima der Hecken ideale Lebensbedingungen. Fast ein Drittel der heimischen Amphibienarten läßt sich in Hecken beobachten. Dazu zählen der gelbschwarze Feuersalamander, Erdkröten, Wechselkröten, Laub- und Grasfrösche. Neben Tagesverstecken und Überwinterungsplätzen dienen die Heckensäume im Frühjahr als schattige, feuchte Wanderwege zu den Laichplätzen im Teich oder Tümpel.

Der Stoffkreislauf wird durch Bodenorganismen geschlossen, welche tote und vermodernde Pflanzenteile und Tierleichen zersetzen und den Pflanzen in mineralisierter Form wieder zu Verfügung stellen. Durch diesen geschlossenen Stoffkreislauf innerhalb der Hecke entsteht ein eigenständiges, komplexes System.

Verpflanzen von Biozönosen

Wo durch Aufforstungen, Parkplatzerweiterungen oder den Straßenbau ganze Biozönosen gefährdet sind, lassen sich die Gehölze mit der Krautflora verpflanzen. Mit großen Maschinen werden sie aufgenommen und transportiert. Auf diese Weise ist es möglich, bei Flurbereinigungsmaßnahmen Windschutzstreifen zu versetzen. Die Biozönose wird in ihrer Zusammensetzung dabei kaum verändert. Diese Lebendverpflanzungen von Hecken sind keinesfalls teurer als Neupflanzungen. Sie stellen jedoch keine optimale Lösung dar. Es ist nicht möglich, alle Hecken zu versetzen. Nach bisherigen Erfahrungen wachsen reine Baumhecken nur schwer an. Mit derartigen Verfahren lassen sich nur Lebensgemeinschaften auf gleichartigen Flächen einbauen. Zu den Pflanzvorbereitungen gehört das Ausheben einer genügend tiefen Mulde als Pflanzbett. Mit Beginn der winterlichen Ruheperiode setzt man die Gehölze auf den Stock. Generell wird während der Vegetationsruhe versetzt. Beim Verpflanzen sollte der Boden nicht zu trocken sein. Dadurch fallen die Erdballen nicht so leicht auseinander. Ein gefrorener Boden hält bei der Entnahme die Wurzelballen.

Wo eine Mechanisierung des Abhebens, Aufnehmens und des Transportes möglich ist, werden die Pflanzen mit Maschinen am neuen Standort in die vorbereiteten Pflanzmulden gesetzt.

Bislang hat man bei den Pflanzarbeiten verschiedene Geräte ausprobiert, wobei sich ein kombinierter Einsatz von Rad- oder Kettenlader und Bagger bewährt. Der Lader dient zum Lösen, Transportieren und Einbauen der Hecke. Der Bagger wird zum Vorbereiten des neuen Standortes, zum Einsetzen größerer Gehölze, zum Andrücken des Wurzelballens und zum An- und Zufüllen der verpflanzten Kleinstrukturen eingesetzt. Die alte Hecke wird Schaufel um Schaufel gelöst und direkt an den neuen Standort gefahren. Die Gehölze werden dabei mit Ballen ausgehoben und mit viel Erdreich versetzt. Dadurch erhält das Gesamtökosystem einschließlich der Krautschicht eine Überlebenschance. Der Transport des Aushubs muß mit größtmöglicher Sorgfalt vorgenommen werden. Die Anwachsergebnisse verschlechtern sich sprunghaft, wenn die Transportstrecke zwischen Entnahme- und Verwendungsort so groß ist, daß das Bodengefüge durch Erschütterung zerstört wird. Die Biozönose bleibt nur intakt, wenn die relativ kleinflächigen Ökozellen mit ihren Gehölzen und der Krautflora ohne Umladen an die neuen Standorte gelangen. Aus Kostengründen sollte der neue Standort maximal 500 Meter vom alten entfernt sein. Bei größeren Entfernungen ist eine Schonung des Aushubs nicht mehr gewährleistet. Die Anwachsergebnisse sind mit 60 bis 100% zufriedenstellend. Bei den versetzten Gehölzen ist immer mit Abstrichen in der ökologischen Wertigkeit zu rechnen. Denn jeder Eingriff in ein Ökosystem beeinträchtigt dieses System.

Gebüschränder

Als Lebensraum genügen der Kraut- und Gehölzflora der Gebüschränder einige Feldhecken. Durch eine Anpflanzung von dornenbewehrten Sträuchern kann die Gefahr des Verbisses erheblich gemindert werden.

Das Artenspektrum der Bodenkräuter ist durch die natürlichen Standortbedingungen vorgegeben. An den Gebüschrändern lassen sich *Melittis melissophyllum*, der Gamander-Ehrenpreis, der Gartenkerbel, das Johanniskraut, der Nickende Milchstern, die Große Bibernelle, *Anemone narcissiflora* und *Anemone ranunculoides*, die Bergaster, der Steinsame und die Schwalbenwurz einbringen.

Je mehr Arten es sind, desto dichter ist das Netz der Wechselbeziehungen und um so haltbarer ist die Stabilität des Systems. Die Abhängigkeitsbeziehungen führen dazu, daß die einzelnen Arten sich gegenseitig im Bestand regulieren, wobei die Individuenzahl der Arten mehr oder weniger stark um einen Mittelwert schwanken.

Bei aufgeschütteten, kiesigen und sandigen Untergrundböden, die nahezu steril sind, besteht durch die Zufuhr von Lauberde, Rinden- oder Holzkompost die einzige Möglichkeit, die biologische Aktivität des Bodens in relativ kurzer Zeit zu beleben. Die Strukturverbesserung nimmt mit der Häufigkeit der Einstreu geeigneter organischer Stoffe zu. Die mikrobiell schwer angreifbaren Rinden- und Holzprodukte sind wegen ihrer Langzeitwirkung besonders günstig. Das Einbringen von Humus kommt allen Stauden entgegen, die sich aktiv auszubreiten vermögen. Zur Selbstaussaat neigen *Corydalis solida, Veronica chamaedrys, Ornithogalum nutans, Pimpinella major* und *Eranthis hyemalis.* Die Vermehrung kann aber auch durch ober- oder unterirdische Ausläufer wie bei *Hypericum perforatum, Anemone ranunculoides* oder *Tulipa sylvestris* erfolgen. Besonders stark werden die Nährstoffverhältnisse im Boden durch die Heckenwicke *(Vicia dumetorum)* beeinflußt. Aufgrund ihrer Symbiose mit Knöllchenbakterien gibt sie Stickstoff an ihre Nachbarn ab.

Ein Garten, der zunehmend von Gehölzen bestimmt wird, wo Laub und vermoderndes Holz liegenbleibt, erhält im Laufe der Jahre eine Patina in Form von kargem Rasen und Moosflecken. Nicht ohne Grund finden wir für den Winterling an den Gehölzrändern die besten Standorte. Die freiwachsenden Bäume und Sträucher sollten durch keinen übertriebenen Gehölzschnitt in ihrem Habitus verändert werden. Allenfalls werden ältere Stämme und Äste zurückgenommen. Eine laufend verjüngte Hecke wird immer dichter und ersetzt den Zaun.

Alkalische Böden

Anemone narcissiflora, Ranunculaceae (Hahnenfußgewächse)
Berghähnlein, Narzissenwindröschen
Staude mit kräftigem Wurzelstock
20 bis 40 cm hoch
Giftig!

Blüten 3 bis 8, doldig, weiß. V–VII, Pollenfressende und pollensammelnde Käfer, Fliegen und Bienen.

Das Berghähnlein liebt an den Gebüschrändern den wandernden Schatten lichter Gehölze. In lockeren, mäßig feuchten bis feuchten Böden hält es den Wurzeldruck der Gehölze aus.

Anemone ranunculoides, Ranunculaceae (Hahnenfußgewächse)
Gelbes Windröschen
Staude mit unterirdisch kriechenden Rhizomen
10 bis 20 cm hoch
Leicht giftig!

Blüten einzeln oder zu zweien, dotter- oder schwefelgelb. Pollenblumen, Nektarien fehlen. II–V, Pollenfressende und pollensammelnde Käfer, Fliegen und Bienen.

Das Gelbe Windröschen sollte gesellig an den Gebüschrändern eingebracht werden. Als Mullbodenpflanze liebt es einen nährstoff- und basenreichen, humosen Lehm- oder Sandboden.

Aster amellus, Asteraceae (Korbblütler)
Bergaster
Staude
15 bis 45 cm hoch

Blüten in Köpfchen, endständig, doldentraubig bis rispig angeordnet. Randblüten weiblich, zungenförmig, blaulila, Scheibenblüten zwittrig, gelb. VII–X, Fliegen, Falter.

Die Bergaster läßt sich in kleinen Trupps von etwa 3 bis 10 Pflanzen oder in größeren Gruppen bis 20 Pflanzen an den Gebüschrändern ansiedeln. Als Stückzahl pro Quadratmeter rechnet man mit etwa sieben *Aster amellus*. Bevorzugt sollten sonnige, warme Plätze an den Gebüschrändern ausgewählt werden. Ihr Beetstaudencharakter erfordert gute, humose Böden, die reichlich mit Nährstoff versorgt werden.

Eranthis hyemalis, Ranunculaceae (Hahnenfußgewächse)
Winterling
Staude mit knolligem Wurzelstock
5 bis 10 cm hoch

Gelbe Blütenhüllblätter (Kelchblätter) und nektarhaltige Kronblätter. I–III, vorwiegend Fliegenbestäubung, Honigbienen und Tagfalter.

Unter Sträuchern und im Magerrasen der Gebüschränder verwildert der Winterling sehr leicht. Es empfiehlt sich, immer eine größere Anzahl der kleinen Knöllchen großflächig in einer Stückzahl von 25 pro Quadratmeter zu pflanzen. Die beste Legezeit ist im September–Oktober. Schon im Winter schiebt *Eranthis hyemalis* seine gebeugten Blumenkelche durch den Boden. Ihr leuchtendes Frühlingsgelb ist von einer auffallenden Signalwirkung. Die Blüten des Winterlings schließen sich bei Kälte und an trüben Tagen. Mit dem Öffnen und Schließen wird ein Wachstumsprozeß der Blütenhüllblätter ausgelöst. Beim Öffnen verlängert sich die Oberseite und beim Schließen wächst die Unterseite. Im Verlauf einer Blühperiode verdoppelt sich durch das 5- bis 10malige Öffnen und Schließen die Größe der Blütenhüllblätter. Nach ihrer Bestäubung durch blütenbesuchende Insekten entstehen kleine Balgfrüchte, die nach der Reife im Mai–Juni ihre Samen nach allen Seiten streuen. Nach spätestens drei oder vier Jahren haben sich aus den Sämlingen blühfähige Pflanzen entwickelt. Man findet die jungen Winterlinge – verschleppt von den Ameisen – an vielen Plätzen, wobei sie den feuchten Boden schattiger und halbschattiger Gartenpartien bevorzugen. Nach der Blattentfaltung der Bäume und Sträucher ziehen die *Eranthis* ein und verschwinden bis zum kommenden Jahr von der Erdoberfläche.

Lithospermum officinale, Boraginaceae (Rauhblattgewächse)
Steinsame, Steinhirse   Blüten in Doppelwickeln, grünlichweiß.
Staude   V–VII, Insektenbestäubung.
30 bis 60 cm hoch

Der Steinsame ist ein weitverbreiteter Tiefwurzler der Gebüschsäume. Er läßt sich auf feuchten und ziemlich trockenen, nährstoff- und kalkreichen sandigen Lehmböden zur Anpflanzung bringen. *Lithospermum officinale* hat keine vegetativen Verbreitungsmittel. Er bildet harte Nüßchen, die zur Arterhaltung beitragen.

Früher dienten die harten Nüßchen als Meer- oder Sonnenhirse bei Steinbeschwerden, Darmkatarrhen und Gonorrhoen. Sie sollen auch harntreibend und wehenfördernd wirken. Man pulverisierte und kochte sie oder trank sie mit Weißwein. Die Blätter lassen sich wie Schwarztee als sogenannter Böhmischer oder Kroatischer Tee zubereiten.

Tulipa sylvestris, Liliaceae (Liliengewächse)
Wilde Tulpe   Vor dem Aufblühen nickend, wohl-
Staude mit eiförmiger Zwiebel,   riechend, innen dottergelb, außen grün.
Ausläufer treibend   IV–V, Kleine Bienen.
20 bis 40 cm hoch

Zusammen mit *Eranthis hyemalis* hat sich *Tulipa sylvestris* an den Gebüschrändern eingebürgert. Als Staude für den weniger offenen Gehölzrand und vor Gehölzen erträgt sie eine wechselnde Besonnung. Die Erde sollte nährstoffreich, tiefgründig, trocken bis mäßig feucht sein. Durch Wurzelausläufer werden die Tochterzwiebeln in großen Kolonien um die Mutterzwiebel ausgebracht. Durch die Ausläufer wird die Tiefe der Zwiebeln reguliert. Liegt die Mutterzwiebel zu tief, wächst der Ausläufer nach oben, liegt sie zu hoch, wird die Tochterzwiebel nach unten versenkt.

Vicia dumetorum, Fabaceae (Schmetterlingsblütler)
Heckenwicke   Blüten rot-violett, zuletzt schmutzig
Kletterstaude   gelblich. Blütentrauben 5- bis 10blütig.
1 bis 2 m hoch   VI–VIII, Bienen und Hummeln.

Im Saum von Büschen breitet sich die Heckenwicke mit ihren Kriechwurzeln aus. Sie bevorzugt nährstoff- und basenreiche sandige Lehmböden. Man findet diesen Schmetterlingsblütler auch auf Waldlichtungen, an Waldwegen und sonnigen, steinigen Waldhängen.

Vincetoxicum hirundinaria, Asclepiadaceae (Schwalbwurzgewächse)
(V. officinale)
Schwalbenwurz
Staude
30 bis 80 cm hoch
Giftig!

Blüten in blattachselständigen Trugdolden, gelblichweiß. Klemmfallenblume. V–VIII, Zweiflügler, Blumenfliegen, Fleischfliegen und Raupenfliegen, Bienen, Tanzfliegen, Schwebfliegen, Grabwespen, Faltenwespen, Falter, Käfer und Fliegen.

Die Schwalbenwurz wird in größeren Gruppen von 10 bis 20 Pflanzen im Saum sonniger Büsche ausgebracht. Als Pionierpflanze setzt man sie mit den Gehölzen. Als Intensiv- und Tiefwurzler ist zunächst keine Behinderung durch den Wurzeldruck der Sträucher zu befürchten. Sie tritt mit dem Aufwachsen der Gehölze immer mehr zurück und wird an die Gebüschränder gedrängt. Die Schwalbenwurz verträgt trockene Standorte auf Schutthängen und Sanddünen sowie humusarme Lehmböden.

Neutrale Böden

Anthriscus cerefolium, Apiaceae (Doldengewächse)
Gartenkerbel, Echter Kerbel, Kerbelkraut
Einjährig mit süßlich-aromatischem Geruch und Geschmack
30 bis 70 cm hoch

Blüten in Dolden, weiß, süßlich duftende Pollenblüten. V–VIII, Fliegen, Schlupfwespen, Ameisen und Käfer.

Der Gartenkerbel wird seit dem 16. Jahrhundert als Gewürz-und Heilpflanze angebaut. Als Gartenflüchtling ist er an den Gebüschrändern vollständig eingebürgert. Im März–April läßt sich *Anthriscus cerefolium* in jedem nährstoffreichen und humosen Boden aussäen. Die Pflanze kommt sehr rasch zum Blühen und Fruchten. In warmen Lagen sät sich der Gartenkerbel von selbst aus.

Sie dient in der Küche als beliebtes Gewürz. Vor der Blüte werden die Blätter geerntet und frisch oder getrocknet zum Würzen von Suppen oder als Zutat von Gemüse, Salaten und Fleischgerichten verwendet.

Hypericum perforatum, Hypericaceae (Johanniskrautgewächse)
Johanniskraut, Hartheu
Staude, oft ausläuferartige, bis 12 cm lange Adventivsprosse
30 bis 60 cm hoch

Trugdoldiger Blütenstand, goldgelb mit schwarzen Punkten. Pollenblume. VI–VIII, Hummeln, Schwebfliegen, Bienen und Selbstbestäubung.

Das Johanniskraut ist ein bis 50 cm tief wurzelnder Magerkeitszeiger, der als Pionierpflanze an trockenen Standorten angepflanzt wird. Auf durchlässigen, sandigen Böden bildet *Hypericum perforatum* an den Wurzeln Adventivsprossen, die sich in den Gebüschsäumen ausgesprochen flächig ausbreiten.

Das Kraut wird innerlich als Beruhigungsmittel und pflanzliches Antidepressivum sowie gegen Bettnässen angewendet. Äußerlich bei Durchblutungsstörungen und zur Wundbehandlung. Zubereitung: 2 gehäufte Teelöffel mit ¼ Liter Wasser übergießen und zum Sieden erhitzen, nach wenigen Minuten abseihen oder als Johanniskrautöl.

Ornithogalum nutans, Liliaceae (Liliengewächse)
Nickender Milchstern
Staude mit eiförmiger Zwiebel und zahlreichen Nebenzwiebeln
20 bis 40 cm hoch

Blütentraube, 3- bis 12blütig, glockig, weiß, außen mit grünem Mittelstreifen, nickend. IV–V, Insekten- und Selbstbestäubung.

Der Nickende Milchstern wurde bereits im Mittelalter in den Klostergärten als Zierpflanze gehalten. Hat sich von dort am Saum von Gebüschen angesiedelt. Als Staude des Gehölzrandes liebt *Ornithogalum nutans* eine wechselnde Besonnung. In kleinen Trupps werden zumeist 3 bis 10 Pflanzen ausgebracht. Aus den schnell vertrocknenden Kapseln fallen die Samen bald zu Boden und tragen so zur Bildung ausgesprochen großflächiger Milchsternbestände bei.

Rubus rhamnifolius, Rosaceae (Rosengewächse)
Kreuzdornblättrige Brombeere   Blüten weiß. VII, Insektenbestäubung.
Strauch, hochwüchsig, später bogig
1,5 bis 2 m hoch
Läßt sich an den Gebüschrändern auf kalkarmen und -reichen Lehmböden zur Anpflanzung bringen.

Rubus rudis, Rosaceae (Rosengewächse)
Rauhe Brombeere   Kurzer Blütenstand, blaß rosa. VI–VII,
Strauch   Insektenbestäubung. Sammelfrucht
0,5 m hoch, meist kletternd, im Winter klein.
lange grün bleibend
In Verbindung mit den Heckengehölzen liebt *Rubus rudis* nährstoffreiche und humose Sand- oder Lehmböden. Bei einem hohen Kalkgehalt werden die Pflanzen sehr leicht chlorotisch.

Pimpinella major, Apiaceae (Doldengewächse)
Große Bibernelle   Blüten in Dolden, vor dem Aufblühen
Staude mit kantig gefurchtem Stengel überhängend, weiß bis rosa. VI–IX,
40 bis 100 cm hoch   Bienen, Grabwespen und Bockkäfer.
Die Große Bibernelle läßt sich an den Gebüschrändern nur in einem nährstoffreichen und tiefgründigen Lehmboden ansiedeln. In Verbindung mit Gehölzen muß *Pimpinella major* reichlich mit Dünger versorgt werden.

Die Wurzeln werden bei leichter Bronchitis und Halsentzündungen verwendet. Zubereitung: 1 gehäufter Teelöffel wird mit 1 Tasse kaltem Wasser angesetzt, zum Sieden erhitzt und 1 Minute gekocht.

Saure Böden

Corydalis solida, Papaveraceae (Mohngewächse)
Fester Lerchensporn   Blüten in einer Traube, in der Regel
Staude, Knolle meist kugelig, massiv trübrot, selten weiß oder blaßrot.
5 bis 20 cm hoch   III–IV, Bienen.
Der Feste Lerchensporn steht in enger Beziehung zu den Gehölzen. Er bevorzugt eine humusreiche Bodenauflage und steht gern im Schatten eingewurzelter Gehölze. Bei reichlicher Bodenfeuchtigkeit ist mit der Samenverbreitung von *Corydalis solida* zu rechnen. Beim Pflanzen werden die Knollen immer in kleinen Trupps von etwa 3 bis 10 Pflanzen ausgebracht.

Rubus gratus, Rosaceae (Rosengewächse)
Waldbrombeere   Blütenstand kurz und locker, hell rosa
Strauch   oder weiß. VI–VII, Insektenbestäu-
1 m hoch, bogig wachsend   bung. Sammelfrucht groß und wohl-
                                schmeckend.
Die Waldbrombeere liebt einen sandigen, mäßig sauren Boden.

Rubus schleicheri, Rosaceae (Rosengewächse)
Schleichers Brombeere   Blüten weiß, seltener blaßrosa. VI–VII,
Strauch, niederliegend oder kletternd Insektenbestäubung.

In den Heckengebüschen behauptet sich *Rubus schleicheri* in jedem humosen Sand- oder Lehmboden gegen den Wurzeldruck der Gehölze.

Rubus villicaulis, Rosaceae (Rosengewächse)
Rauhstengelige Brombeere   Blüten blaß rosa, selten weiß. VII,
Strauch, hochbogig   Insektenbestäubung. Fruchtet sehr
  reich, Große Sammelfrucht.

Auf kalkarmen Lehm- und Sandböden läßt sich *Rubus villicaulis* an Gebüschrändern verwenden.

Zahlreiche Brombeerarten sind reich fruchtend. Besonders große Sammelfrüchte bilden *Rubus villicaulis* und *R. gratus*. Ihre wohlschmeckenden Früchte lassen sich als Rohkost und zu Marmelade verwerten.

Veronica chamaedrys, Scrophulariaceae (Braunwurzgewächse)
Gamander Ehrenpreis   Blüten in einer lockeren, trauben-
Staude mit Ausläufern   förmigen Floreszenz, 10- bis 20blütig,
10 bis 30 cm hoch   azurblau, selten rosa oder weiß. V-VI,
  Fliegen, Bienen.

Im besonnten und halbschattigen Saum von Hecken und Büschen läßt sich der Gamander-Ehrenpreis in jedem nährstoffreichen Boden ansiedeln. Als Flach- und Kriechwurzler breitet sich *Veronica chamaedrys* ausgesprochen flächig aus.

Tiere

Im Saum von Gehölzen finden zahlreiche Tiere optimale Lebensmöglichkeiten. Die Nachtigall bevorzugt als Aufenthaltsort dichte Gebüsche, wobei sie den Laubmulm nach Kerbtieren, Larven, Würmern und Spinnen durchsucht. Viele Gebüschbrüter, die aus der umgebenden Fläche ihre Nahrung beziehen, finden in den Gehölzen Unterschlupf. Es nisten dort Amseln, Singdrosseln, Kohlmeisen, Blaumeisen, der Buchfink, der Zilpzalp und der Fitis. An den Rändern brüten auch der Bluthänfling und der Girlitz. Sie ernähren sich in der Hauptsache von Sämereien. Offene Buschlandschaften werden von der Goldammer bewohnt. In den napfförmigen Nestern wird die junge Brut von Schmetterlingsraupen gefüttert. In der dichten Hecke finden wir das Nest des Dompfaffs. Wenn im Winter und Frühling die Sommernahrung fehlt, versorgen sich diese mit Obstbaumknospen.

Wenig beachtet ist die große Zahl von Bienen- und Fliegenarten, Schlupf- und Grabwespen, Hummeln, Käfer und Falter, die als Bestäuber eine wichtige Aufgabe besitzen. Durch den Honigduft der Schwalbenwurzblüten werden Zweiflügler, Blumenfliegen, Fleischfliegen, Raupenfliegen, Tanzfliegen und Schwebfliegen, Bienen, Grabwespen, Faltenwespen, Falter und Käfer angelockt. Sie führen ihre Rüssel in die Nektargruben ein. Beim Zurückziehen geraten sie in einen Klemmkörper. Durch das Ziehen des Insektes werden die Pollinien abgerissen und mitgenommen. Beim Besuch der nächsten Blüte wird die Bestäubung vollzogen. Nur größere Insekten eignen sich als Befruchtungsvermittler, während bei gewissen Bienen, Faltern, Fliegen, Käfern, Grab- und Faltenwespen der Rüsselbau eine Übertragung der Pollinien nicht zuläßt. Kleine Insekten kommen bei ihren Befreiungsversuchen in den Klemmfallenblüten ums Leben.

Die zahlreichen Brombeer-Arten sind als Nahrungspflanzen für die Raupen des Kaisermantels, des Brombeerzipfelfalters und des Perlmutterfalters an den Gebüschrändern unentbehrlich. Als Konsumenten erscheinen in den Blüten- und Fruchtdolden des Gartenkerbels gelegentlich die Raupen der Kälberkropfmotte, die Larven der Geselligen Birnblattwespe spinnen auf dem Weißdorn ein lockeres Nest. Die eingesponnenen Blätter werden dabei vom Rande her verzehrt. An den Sträuchern macht besonders die Grüne Blattwespe nach Insekten Jagd. Sie vertilgt auch zahlreiche Schädlinge. In den Hecken und Gebüschen baut die Feldspitzmaus unter Reisighaufen ihr Nest. Sie fängt hauptsächlich Regenwürmer und Insekten. Vom Gebüsch eingefaßte Flächen werden bevorzugt von der Waldmaus besiedelt. Sie ernährt sich von den Samen der Gräser und Kräuter, von Beeren und Obst. In den Buschdickichten stellt sich gelegentlich auch der Dachs ein. Er lebt hauptsächlich von Früchten, Samen, Pilzen und Wurzeln. Etwa ein Viertel seiner Nahrung besteht aus Regenwürmern, Engerlingen, Schnecken, Käfern, jungen Fröschen, Vogel- und Mäusebruten. Im Schatten lichter Gehölzbestände verbergen sich die Stammplätze der Blindschleichen. Frühmorgens von 6 bis 10 Uhr und spätnachmittags bis abends gehen sie auf Nahrungssuche. Als Nacktschneckenvertilger zählen sie zu unseren größten Nützlingen. Für die Aufzucht junger Blindschleichen sollte man vermodernde Baumstümpfe in den Gebüschrändern und den angrenzenden Wiesen unterbringen.

Zahlreiche Pflanzen der Gebüschränder besitzen an den Samen einen fett- und eiweißreichen Gewebeanhängsel (Elaiosomen). Die Früchte von *Corydalis solida, Veronica chamaedrys, Ornithogalum nutans, Anemone ranunculoides* und *Eranthis hyemalis* werden von Ameisen aufgesucht und dabei die Samen verbreitet.

Erlenbruch

Ein Erlenbruchwald entwickelt sich bei der Verlandung nährstoffreicher Gewässer. Auf das Stadium des Flachmoors folgen auf organischen Naßböden mit faulschlammartigen Humus auf vorzugsweise kalkarmen Böden die Schwarzerle *(Alnus glutinosa)* und auf kalkhaltigen Böden die Grauerle *(Alnus incana)* als vorherrschende Baumarten. Feuchtwiesen und abgetorfte Moore, die man mit Schwarzerlen aufforstet, lassen sich mit einer bruchwaldähnlichen Gesellschaft bepflanzen. Die Grundwasserböden bilden natürliche Standorte für nässeverträgliche Pflanzen. Der Erlenbruchwald kann auf einem recht sauren Untergrund nicht gedeihen. Durch die Basenzufuhr aus einem vorbeifließenden Bach, Leitungs- oder Grundwasser wird der Kalkbedarf gedeckt. Bei der Darstellung von »Echten Bruchwäldern« genügt eine 20 bis 30 cm hohe Rohhumusschicht. Über dem mineralischen Untergrund wird Rindenkompost und halbverrottetes Laub aufgebracht. In diesen »Bruchwaldtorf« werden dann zunächst die Schwarzerlen gepflanzt.

Unter reinen Erlenbeständen ist durch die symbiontischen Actinomyceten der Nitratgehalt des Bodens an leicht aufnehmbaren Stickstoffverbindungen mehr als doppelt so hoch. Die Actinomyceten werden in acht Gruppen mit unterschiedlichen Gattungen aufgeteilt. Der Wurzelendophyt *Frankia*, der den Bakterien zugeordnet wird, geht mit der Gattung *Alnus* eine Symbiose ein und verursacht an den Wurzeln ihrer Wirte Knöllchen mit stickstoffbindender Kapazität, die durchschnittlich 1 bis 1,5 mm dick und bis 3 mm lang werden können. Durch eine gabelartige Verzweigung, die sich laufend wiederholt, entstehen ganze Ballen, die sich aus enggedrängten Knöllchen zusammensetzen und die Größe eines Tennisballs erreichen können. Die Nährstoffanreicherung des Bodens durch die Erlen erfolgt auf mehreren Wegen. Durch die unterirdischen Nährstoffeintragungen wird dem Boden mindestens 60% des gesamten Stickstoffs zugeführt. Im wesentlichen handelt es sich um stickstoffhaltige Ausscheidungen der Wurzeln und um den Stickstoffanteil, der bei der Verrottung abgestorbener Knöllchen freigesetzt wird. Mit steigendem Alter nimmt die Knöllchenmasse und damit die Stickstoffquelle an Wichtigkeit zu. Mit einer jährlichen Fixierrate von 100 bis 400 kg Stickstoff pro Hektar ist sie in ihrer Leistung mit den Leguminosen vergleichbar. Die Mikroorganismen, die frei im Boden leben, bilden eine weitere wichtige Stickstoffquelle im durchwurzelten Teil des Bodens. Die großen Mengen an stickstoffreichem, leicht zersetzbarem organischem Material, das unter Erlen anfällt, sowie die schnellen Umsetzungsvorgänge bedingen und begünstigen eine hohe Mikroorganismenpopulation. Der jährliche Stickstoffeintrag durch freilebende Mikroorganismen beziffert man auf 70 bis 90 kg/ha. Die oberirdische Nährstoffzufuhr erfolgt hauptsächlich durch die Verrottung der anfallenden Streu und die Auswaschung aus den Blättern durch den Niederschlag. Der jährliche Streuanfall in den Erlenbeständen liegt zwischen 1300 und 5500 kg/ha. Der Stickstoffgehalt der Erlenblätter ist, verglichen mit anderen Laubgehölzen, überdurchschnittlich hoch. Aus diesem Grunde kann es sich die Erle erlauben, etwas verschwenderischer mit ihren Stickstoffreserven umzugehen als andere Bäume. Aufgrund der Symbiose besteht für die Erlen kein Anlaß, den Blattstickstoff als Reserve für den Neuaustrieb abzuziehen und im Holzkörper zu speichern. Die zunehmende Dicke der Streuschicht wirkt sich günstig auf die Entwicklung der Bodenflora und -fauna aus. Die organische Bodendecke ist dadurch so stark mit Bakterien belebt und das Streumaterial zersetzt sich so rasch, daß zusätzlich jedes Jahr eine 2 bis 3 cm starke Laub-Rindenkompost-Schicht aufgebracht werden kann. Aus hydrologischer Sicht stellt eine gesteigerte Wasserdurchlässigkeit eine bessere Kontrolle der Bodenfeuchtigkeit dar. Für alle Erlenstandorte ist eine hohe Bodenacidität und ein geringer Basenanteil charakteristisch. Eine der Ursachen für die pH-Wert-Absenkung liegt in der raschen Nährstoffzirkulation aufgrund des starken Wachstums der Erlen. Dadurch nimmt der Streuabbau an Umfang zu, und mit dieser Humifizierung gelangen saure bis stark saure Huminstoffe in den Boden, die abermals den pH-Wert drücken. Dazu kommt, daß es unter Erlen durch eine erhöhte Kalkaufnahme verbunden mit einer verstärkten Basenauswaschung zu einem Basendefizit kommt. Die Schwarzerle scheint mit der ansteigenden Bodenacidität fertigzuwerden. Sie wächst selbst noch bei einem pH-Wert von 2,8. Durch eine Kalkung läßt sich eine Nitrifikationszunahme in den Erlenbeständen erreichen, wobei Böden mit pH 4,5 bis 6,5 am besten für die N-Fixierung geeignet sind.

In den naturnahen Pflanzungen spielt vor allem *A. glutinosa* eine wichtige Rolle. Die Schwarzerle, die von allen Holzarten die meiste Bodenfeuchtigkeit erträgt, besitzt auffallend weiche Wurzeln mit einem guten Belüftungssystem, das über Poren nahe an der Stammbasis mit der Außenluft in Verbindung steht. Mit ihrem gewaltigen Feinwurzelanteil kann die Schwarzerle große Wassermengen aufnehmen und über ihre Blätter verdunsten. Als »biologische Pumpe« läßt sie sich dementsprechend zur natürlichen Drainage nasser Wiesen und bodenfeuchter Kahlflächen einsetzen.

Die hohe Artenzahl, mit der die Baum-, Strauch- und Krautschicht der Erlenbruchwälder ausgestattet ist, läßt eine reiche Bepflanzung zu. Nach dem Einwurzeln und Erstarken der Schwarzerlen kann, unabhängig vom pH-Wert des Bodens, unter *Alnus glutinosa* eingebracht werden:

Baumschicht
Traubenkirsche *(Prunus padus)*
Flatterulme *(Ulmus laevis)*
Strauchschicht
Grauweide *(Salix cinerea)*
Ohrweide *(Salix aurita)*
Lorbeerweide *(Salix pentandra)*
Faulbaum *(Rhamnus frangula* syn. *Frangula alnus)*

Hopfen *(Humulus lupulus)*
Schwarze Johannisbeere *(Ribes nigrum)*
Himbeere *(Rubus idaeus)*
Bittersüßer Nachtschatten *(Solanum dulcamara)*
Weidenspierstrauch *(Spiraea salicifolia)*
Krautschicht
Sumpflappenfarn *(Thelypteris palustris)*
Sumpfreitgras *(Calamagrostis canescens)*
Straußgelbweiderich *(Lysimachia thyrsiflora)*
Blausegge *(Carex vesicaria)*
Walzensegge *(Carex elongata)*
Glatte Segge *(Carex laevigata)*
Uferwolfstrapp *(Lycopus europaeus)*
Königsfarn *(Osmunda regalis)*
Kleines Helmkraut *(Scutellaria minor)*
Sumpfhaarstrang *(Peucedanum palustre)*
Bachnelkenwurz *(Geum rivale)*
Bitteres Schaumkraut *(Cardamine amara)*
Wassernabel *(Hydrocotyle vulgaris)*
Kräutlein-rühr-mich-nicht-an *(Impatiens noli-tangere)*
Blauer Eisenhut *(Aconitum napellus)*
Pestwurz *(Petasites hybridus)*
Durch die große Bodennässe bildet sich im Bestandsinneren eine so hohe Luftfeuchtigkeit, daß jede hygrophile Gesellschaft angesiedelt werden kann. Bei starker Grundwasserschwankung ragt das Wurzelwerk der Erlen stelzenartig aus der Erde. Durch die Verwurzelung ist kein Uferanriß möglich. Während der Ruhezeit im Winter und solange die Schneeschmelze andauert, schadet ein Anstieg des Wassers nicht. Im zeitigen Frühjahr läßt sich durch Anstau der Boden überschwemmen. Das Grundwasser darf die Bodenoberfläche niemals höher als 8 cm überfluten. Für den Rest des Jahres genügt eine gut durchfeuchtete Mulldecke. Wenn das Grundwasser nahe der Oberfläche steht, leiten die überfluteten Naßböden zu einem Quellsumpf über und führen die überschüssige Feuchtigkeit ab.

Wo das Grundwasser extrem sauer ist, kann sich auf einer flachen Rohhumusdecke nur ein Birkenbruch entwickeln. Eine Rindenkompostauflage von 20 bis 60 cm und basenarmes Grundwasser sagt der Moorbirke *(Betula pubescens)*, dem Faulbaum *(Rhamnus frangula)* und der Eberesche *(Sorbus aucuparia)* zu. Auf der gut durchfeuchteten Mulldecke entwickelt sich ein üppiger Bodenbewuchs aus der Moorbeere *(Vaccinium uliginosum)*, der Heidelbeere *(Vaccinium myrtillus)* und der Preiselbeere *(Vaccinium vitis-idaea)*, dem Gewöhnlichen Dornfarn *(Dryopteris carthusiana)*, dem Siebenstern *(Trientalis europaea)* und dem Waldsauerklee *(Oxalis acetosella)*.

Auf einer meterhohen Rohhumusauflage, die bis nahe an die Oberfläche von stagnierendem Grundwasser durchtränkt ist, läßt sich eine Kiefernbruch mit der Föhre *(Pinus sylvestris)*, dem Sumpfporst *(Ledum palustre)*, der Moorbeere *(Vaccinium uliginosum)*, dem Heidekraut *(Calluna vulgaris)*, der Rosmarinheide *(Andromeda polifolia)* und dem Moorwollgras *(Eriophorum vaginatum)* darstellen.

Alkalische Böden

Aconitum napellus, Ranunculaceae (Hahnenfußgewächse)
Blauer Eisenhut, Sturmhut
Staude mit rübenartig verdickten Wurzeln, die große Mengen Aconitin enthalten. Das Alkaloid Aconitin gehört zu den stärksten Pflanzengiften!
50 bis 150 cm hoch

Blüten tiefblau, selten rötlich-violett, hellblau, blauweißgescheckt oder reinweiß. Blütenstand einfach oder ästig. VI–IX, Hummeln, Kurzrüßlige Bienen beißen den Helm von außen an und rauben Nektar.

Der Blaue Eisenhut läßt sich in niederen Lagen an den Bächen und Quellen des Erlenbruchs verwenden. Er liebt die krautreiche Gesellschaft des Moschuskrautes und der Schaftdolde. Auf nährstoff- und basenreichen Böden kommt er als Licht- und Halbschattenpflanze solitär oder in kleinen Gruppen zur Anpflanzung.

Der Blaue Eisenhut enthält Aconitin in allen Organen. Die Krankheitsbilder äußern sich in Brennen und Kribbeln im Mund, anschließend Ausbreitung über die ganze Haut bis zur völligen Anaesthesie, Kreislauf- und Herzschädigung, zentrale Erregung, später Lähmung. Gelegentlich wird das Aconitin der Wurzelknollen bei starken Nervenschmerzen angewendet. In der Homöopathie bei fieberhaften Entzündungen.

Adoxa moschatellina, Adoxaceae (Moschuskrautgewächse)
Moschuskraut
Staude mit waagerecht kriechendem Rhizom.
Blätter duften schwach nach Moschus
7 bis 20 cm hoch

Blüten in endständigen Köpfchen, gelblich-grün, verbreitet einen Fäulnisgeruch. III–V, Zweiflügler, Ameisen, kleine Schnecken und Selbstbestäubung. Beerenähnliche Steinfrucht.

Das Moschuskraut ist ein Humus-Wurzelkriecher, der in den Erlenbrüchen halbschattig angesiedelt wird. Die Blätter erscheinen im zeitigen Frühjahr. Im Sommer beginnt die Pflanze bereits wieder einzuziehen. Nach dem Absterben der fadenförmigen Rhizome bilden sich wenige Millimeter lange Schuppenknollen, die den Winter überdauern. Dadurch wird eine vitale vegetative Ausbreitung erreicht, die bei weitem die generative Vermehrung übertrifft. In einem sickerfeuchten und nährstoffreichen Mullboden bereitet es sich mit seinen kriechenden Rhizomen aus.

Hacquetia epipactis, Apiaceae (Doldengewächse)
Schaftdolde
Staude
5 bis 10 cm hoch

Blütendolden von fünf blattartigen Hüllblättern umgeben, gelb. IV–V, Insektenbestäubung.

Die Schaftdolde steht in naturnahen Pflanzungen in enger Beziehung zu den Erlen. Sie beansprucht den Wanderschatten, humusreiche Böden, luft- und bodenfeuchte Plätze. Kommt in kleinen Gruppen von 3 bis 10 Pflanzen in den »Erlenbruch«.

Petasites hybridus, Asteraceae (Korbblütler)
(*P. officinalis*)
Pestwurz
Staude mit herzförmigen Blättern, bis 1 m lang und 60 cm breit. Unterseits nur in der Jugend wollig. Wurzelkriech Pionier
30 bis 100 cm hoch

Blüten erscheinen vor den Blättern, eiförmige, dicke Trauben, rötlich, unangenehm riechend. III–V, Insektenbestäubung.

An den Bachufern, im Halbschatten und an sumpfigen Stellen kann man der Pestwurz ein ungestörtes Ausleben erlauben. Der Erlenbruch muß immer genügend feucht sein. Mit dem Einziehen der Blätter verlieren die *Petasites* im August an Schönheit. Ihr grundständiges Laub wird leicht mit dem Huflattich verwechselt. Ihre Beharrlichkeit, im Garten auszudauern, kann zur Landplage werden. Wenn sie sich in einem feuchten und lockeren Boden mit ihren kriechenden Rhizomen zu sehr verbreitet, können wir sie nur noch mit Mühe aus dem »Erlenbruch« verbannen.

Neutrale Böden

Hydrocotyle vulgaris, Apiaceae (Doldengewächse)
Wassernabel
Staude mit schnurförmig kriechendem Stengel, 10 bis 40 cm lang, an den Knoten wurzelnd
5 bis 20 cm hoch

Blüten in Dolden, kopfig, 3- bis 5blütig blattachselständig, weiß oder rötlich. VII–VIII, Selbstbestäubung.

In den Erlenbrüchen läßt sich der Wassernabel auf nassen Böden ansiedeln. An den Gräben dringt er mit seinen schnurförmigen Stengeln bis ins Wasser vor und ist zuweilen flutend. *Hydrocotyle vulgaris* wächst auch gern auf offenen Humusböden und breitet sich ausläuferartig zwischen der Begleitflora aus.

Impatiens noli-tangere, Balsaminaceae (Springkrautgewächse)
Kräutlein-rühr-mich-nicht-an
Waldspringkraut
Einjährige Pflanze
30 bis 80 cm hoch

Blüten in Trauben, gelb mit gekrümmtem Sporn. VI–IX, Hummeln, auch Selbstbestäubung. Frucht eine aufspringende fleischige Kapsel, Schleuderverbreitung.

Impatiens noli-tangere ist eine flachwurzelnde Mullbodenpflanze, die auf kalkarmen wie kalkreichenStandorten angesiedelt werden kann. In den Erlenbeständen steht sie großflächig in Reinbeständen. Das Waldspringkraut keimt und entwickelt sich in regenreichen Jahren bei hoher Luftfeuchtigkeit auf sickernassen und nährstoffreichen Böden besonders gut.

Rhamnus frangula, Rhamnaceae (Kreuzdorngewächse)
(Frangula alnus)
Faulbaum
Baumartiger Strauch mit Stockausschlag
1 bis 4 m hoch

Blüten grünlichweiß. V–VI, Insekten- und Selbstbestäubung. Schwarzviolette Steinfrucht.

In den Erlenbrüchen erträgt der Faulbaum staufeuchte, sumpfige Böden. Der Strauch bildet als Humuszehrer mit Wurzelbrut viele Stockausschläge, die meist senkrecht in die Höhe wachsen. Der Boden kann sauer, humos, lehmig oder sandig sein. Der Faulbaum verträgt sonnige Standorte und eine starke Beschattung.

Die Faulbaumrinde enthält abführende Anthrachinonglykoside. Die Früchte sind giftig.

Das Holz ist weich und leicht. Es eignet sich zum Drechseln, für die Herstellung von Schirm- und Spazierstöcken. Gab die beste Kohle für Schießpulver. Die Rinde, Blätter und Früchte wurden zum Färben gebraucht.

Ribes nigrum, Saxifragaceae (Steinbrechgewächse)
Schwarze Johannisbeere, Ahlbeere
Strauch
Bis 2 m hoch

Blüten grünlich, in hängenden, meist vielblütigen Trauben. IV–V, Beeren kugelig, schwarz, mit Drüsenpunkten und eigenartigem, an Wanzen erinnerndem Geschmack. Insekten- und Selbstbestäubung.

In staunassen Erlenbrüchen erträgt die Schwarze Johannisbeere die volle Sonne. Wenn der Standort weniger feucht ist, liebt sie den Schatten. Der Standort kann zeitweilig auch überschwemmt sein. Das beste Wachstum erreicht man auf nährstoffreichen, humosen Lehm- oder Rohhumusböden.

Die Beeren sind wertvolle Vitaminträger. Sie haben einen hohen Vitamin-C-Gehalt. Finden wegen ihres typischen Aromas und des betont sauren Geschmacks für die Saft- und Marmeladenherstellung Verwendung.

Saure Böden

Alnus glutinosa, Betulaceae (Birkengewächse)
Schwarzerle
Baum, Blätter an der Spitze stumpf
oder ausgerandet, einfach gezähnt
10 bis 25 cm hoch

Vor Erscheinen der Blätter blühend,
weibliche Kätzchen, deutlich gestielt.
III–IV, Bienen.

Die Schwarzerle verträgt von allen Holzarten die meiste Bodenfeuchtigkeit. Auf flachgründigen Böden wird die Schwarzerle sehr leicht wipfeldürr. Sie liebt einen tiefgründigen, vorzugsweise kalkarmen Humusboden. An den Erlenwurzeln bilden sich bis tennisballgroße Knöllchen, in denen durch symbiontische Actinomyceten atmosphärischer Stickstoff gebunden wird. Die Schwarzerle ist in den ersten Vegetationsjahren sehr wüchsig und besitzt in der Jugend ein starkes Ausschlagvermögen. Das rotbraune Holz, das zuweilen sehr schön gemasert ist, wird zu Schnitzarbeiten, zum Drechseln und gebeizt für Möbel verwendet.

Cardamine amara, Brassicaceae (Kreuzblütler)
Bitteres Schaumkraut
Staude mit waagrecht kriechenden,
beblätterten Ausläufern
10 bis 30 cm hoch

Blütentraube 10- bis 20blütig, weiß,
selten rötlich oder lila. VI–VII,
Insektenbestäubung.

In den Erlenbruchwäldern läßt sich das Bittere Schaumkraut an Quellen, Gräben und Bächen anpflanzen. Es liebt einen nährstoffreichen und mäßig sauren, sickernassen Boden oder mäßig schnell fließendes Wasser. *Cardamine amara* ist in ihrem Aussehen und den Standortansprüchen der Brunnenkresse sehr ähnlich.

Läßt sich wie die Brunnenkresse als Salatpflanze verwenden.

Spiraea salicifolia, Rosaceae (Rosengewächse)
Weidenspierstrauch
Strauch
0,5 bis 1,5 m hoch

Blüten in Rispen, hell bis kräftig rosa.
VI–VII, Bienen.

Der Weidenspierstrauch ist ein Blütengehölz aus SO- und O-Europa bis Sibirien und O-Asien. Im westlichen Mitteleuropa eingebürgert. Tritt in Verbindung mit Erlen auf sickernassen, zeitweilig überschwemmten Böden auf. Mit Vorliebe wächst *Spiraea salicifolia* auf einer nährstoffreichen, meist kalkfreien Unterlagen. Mitunter friert der Weidenspierstrauch im Winter regelmäßig zurück. Er bildet dann im kommenden Jahr einen kräftigen Holztrieb und große Blüten.

Tiere

Die »Erlenbrüche« tragen in allerkürzester Zeit zur Erhaltung freilebender Tiere bei. Im Boden kommen vor allem Milben, Regenwürmer, Asseln, Doppelfüßer, Insektenlarven und Schnecken vor. Sehr artenreich sind auch Spinnen, Stechmücken und die Vogelfauna vertreten. Im Erlenbruch begegnet man der mitteleuropäischen Rötelmaus (Waldmühlmaus). Sie ist überwiegend nachtaktiv. Bei Massenvermehrung oder wenn die Rötelmäuse im Winter sehr hungrig sind, verursachen sie als Forstparasiten Rindenschäden. Sie ernähren sich auch gern von dem stärkereichen Rhizom der Moschuskrautes. In den verlassenen Mauslöchern der Erlenbrüche legt die Waldspitzmaus ihre Nester an. Wegen seiner nächtlichen Lebensweise ist es außerordentlich schwierig, den Feuersalamander zu sehen. Er lebt in den feuchten Wäldern unter Baumwurzeln und in Felsspalten und steht in der Bundesrepublik Deutschland unter Naturschutz. Die Pollen der Schwarzerlen-Kätzchen können von den Bienen nur bei günstiger Witterung eingetragen werden. Die Blüten des Faulbaums dienen im Mai und Juni als Bienenweide, und das Kräutlein-rühr-mich-nicht-an sowie der Blaue Eisenhut werden von Juni bis September von Hummeln besucht.

Das »Tränen« der Weiden ist auf den Flüssigkeitsschaum zurückzuführen, der mit Hilfe bestimmter Drüsen von den Larven unserer Weidenschaumzikaden produziert wird. Im Frühsommer sind oft massenhaft die Schaumnester von Zikadenlarven an den Stengeln des Blauen Eisenhutes zu beobachten. Auch die madenförmigen Larven eines Rüsselkäfers fressen im Stengelwerk von *Aconitum napellus*. Weitere Insekten haben sich auf einzelne Pflanzen spezialisiert. Die Raupen der Kohlmotte leben nicht nur auf den Kohlarten. Sie wählen auch die Kreuzblütler des Erlenbruchs als Futterpflanzen aus. In dem nitratreichen Mulm wachsen mitunter Brennesseln, auf denen die Raupen des Tagpfauenauges leben. Die Jugendstadien des Zitronenfalters ernähren sich vom Laub des Faulbaums. Die weltweit verbreiteten Stutzkäfer und ihre Larven kommen auf faulenden Pflanzen und unter der Rinde vor. Manche Arten ernähren sich auf den Erlen von den Larven des Blattkäfers. Selbst unter der Rinde werden die Borkenkäfer von einem Stutzkäfer, verschiedenen Buntkäfern und mehreren Rindenglanzkäfern verfolgt. Einige Rindenglanzkäfer leben räuberisch von holzbohrenden Rüsselkäfern.

Das Geäst der Schwarzerlen und des Faulbaumes bietet für die Vogelwelt gute Nistgelegenheiten. Der Grünspecht zieht im Bruchwald die Erlen zur Anlage seiner Bruthöhlen vor. Als Höhlenbrüter nistet auch der Trauerschnäpper in den Baumlöchern von Birken und Erlen. In den Bruchwaldflächen leben Blaumeisen, Kohlmeisen und Feldsperlinge als Brutvögel. Geschäftig fliegen die Erlenzeisige und Meisen von Zweig zu Zweig und holen aus den Erlenzapfen die Samen.

Die Beeren des Faulbaumes sind ein begehrtes Vogelfutter. Vom Star, von der Amsel und dem Gimpel werden die saftigen Steinfrüchte des Moschuskrautes gegessen.

Auenwald

Bereiche, die sehr starken Wasserschwankungen unterliegen, lassen sich mit einem Auenwald bepflanzen. Durch das Heben und Senken des Wasserspiegels ist die Auenvegetation einer zeitweiligen Überflutung ausgeliefert. Mindestens einmal im Jahr müssen die Flußauen überschwemmt sein. Bei Starkregen ist im Sommer ein wiederholter Wasseranstieg nicht auszuschließen. Die Auenböden beginnen schon wenige Tage oder Wochen nach ihrer Überflutung wieder zu trocknen. Nach dem Ablaufen des Wassers können längere Trockenperioden auftreten. Die Auengehölze senden ihre Wurzeln tief in den Grundwasserbereich. Typische Auenwälder sind an mineralische Böden gebunden. Wo ein Auenwald zur Anpflanzung kommt, braucht nicht zu viel Humus in den Boden eingearbeitet werden. Die Ufer von Rückhaltebecken und kleinen Teichen lassen sich mit Auengehölzen einfassen. Wo die Wasserläufe noch nicht begradigt und eingedämmt sind, kann die Auenwaldgesellschaft Fuß fassen. In den Uferbereichen der Bach- und Flußbetten passen sich die schlaffen

Halme des Rohrglanzgrases *(Phalaris arundinacea)* den schnell fließenden Gewässern an. In ein Auengehölz mit *Phalaris arundinacea* gehört auch die Wasserminze *(Mentha aquatica)*. In Verbindung mit den Grauerlen *(Alnus incana)* läßt sich zwischen Bach und Gehölzrand eine Pestwurz-Uferflur mit *Petasites hybridus* einbringen. Die Pestwurz-Pflanzen vermögen sich mit ihren kräftigen Wurzeln zu verankern und ihre weithin kriechenden Ausläufer halten den Boden fest. Wo der Standort tiefgründig ist, kann zu den Grauerlen die Esche, die Feld- und Flatterulme gepflanzt werden. Sie sind relativ widerstandsfähig gegen Überflutungen. Auf den Kies- und Sandbänken aufgelassener Kiesgruben und von Fließgewässern gehört die Reifweide zu den Pionieren des Auenwaldes. Man sollte sich nicht scheuen, auch die Mandelweide *(Salix triandra)*, die Purpurweide *(Salix purpurea)* sowie die Bruch- *(Salix fragilis)* und die Silberweide *(Salix alba)* und ihren wuchskräftigen Bastard *Salix x rubens* zu verwenden. Diese Kreuzung und zahlreiche hybride Weidenformen bilden in der Natur eine genetische Vielfalt von Arten, die meist sehr widerstandsfähig sind. Der Auenwald stellt wohl eines der artenreichsten Biotope mit einer ganzen Reihe dekorativer Blütenpflanzen dar. Die meisten Bodenkräuter behalten auch im Sommer ihre Blätter oder entfalten sich wie *Geum urbanum, Vicia cracca, Aconitum vulparia, Hesperis matronalis, Inula helvetica* oder *Thalictrum aquilegifolium* erst richtig in der Jahresmitte. Die Grauerle schattet allerdings so stark, daß man nur Farne oder Geophyten als Bodenflora auswählen sollte. Sowie sich das Blätterdach geschlossen hat, ziehen *Leucojum vernum* und *Scilla bifolia* ein und die sterbenden Blätter des Bärlauchs *(Allium ursinum)* verströmen ihren Zwiebelduft. *Allium ursinum* ist eine dankbare Schattenpflanze für feuchte Auwälder, die in Bachniederungen mit *Leucojum vernum, Geum urbanum* und *Aegopodium podagraria* eingebracht werden kann. Der Boden unter Grauerlen ist durch die knöllchentragenden Wurzeln so nitratreich, daß die Bodenflora auf den Stickstoff anspricht. Nach jeder Überflutung werden den Auenböden Nährstoffe zugeführt. Die natürliche Düngung ist dort am stärksten, wo Ablagerungen angeschwemmt und in den Spülsäumen abgelagert werden.

Alkalische Böden

Aconitum vulparia, Ranunculaceae (Hahnenfußgewächse)
(A. lycoctonum)
Gelber Eisenhut, Wolfseisenhut, Wolfssturmhut
Staude, Wurzeln nicht knollig verdickt
50 bis 150 cm hoch
Giftig!
Blüten blaßgelb, im Süden etwas leuchtender gelb. VI–VII, Hummeln.

Der Gelbe Eisenhut ist eine auffallende Blütenstaude, die in den Auenwäldern in enger Beziehung zu den Gehölzen steht. Er beansprucht den Schatten und bevorzugt humusreiche Böden. *Aconitum vulparia* ist dankbar für eine gute Nährstoffversorgung und eine gelegenliche Bewässerung. Gepflanzt wird immer in kleinen Trupps von etwa 3 bis 10 Pflanzen, wobei die Stückzahl pro Quadratmeter bei 7 Pflanzen liegt.

Aegopodium podagraria, Apiaceae (Doldengewächse)
Geißfuß, Giersch, Zipperleinskraut
Staude mit unterirdischen Ausläufern
50 bis 80 cm hoch
Blüten in Dolden, weiß, selten hell- oder dunkelrosa. V–IX, Käfer, Zweiflügler, Hautflügler, Schmetterlinge, Streifenwanzen und Skorpionsfliegen.

Der Geißfuß ist eine feuchtigkeitsliebende Pflanze, die bis 50 cm tief in der Erde Ausläufer treibt. Sie vermag sich in den Auenwäldern so stark auszubreiten, daß sie zu einem lästigen Wurzelkriecher wird. Am besten kommt man ihr vor der Fruchtreife durch Abernten der jungen Blätter bei. In den Auenwäldern bevorzugt sie nährstoffreiche, humose Tonböden in halbschattiger Lage.

Die jungen Blätter, Blattstiele und Stengel besitzen einen schwachen Möhrengeschmack. Sie werden ab April gesammelt und als schmackhaftes Wildgemüse wie Spinat zubereitet.

Bei rheumatischen Leiden und Ischias, bei Verdauungsbeschwerden und Blasenleiden wird der Geißfuß als Tee zubereitet.

Alnus incana, Betulaceae (Birkengewächse)
Grauerle
Strauchartig oder kleiner bis
mittelgroßer Baum
Blätter lang zugespitzt, doppelt gesägt
5 bis 25 m hoch
Rinde grau

Vor Erscheinen der Blätter blühend, weibliche Kätzchen sitzend oder kurz gestielt. III–IV, Windbestäubung.

Die Grauerle ist von der Schwarzerle sehr leicht durch ihre hellgraue Rinde zu unterscheiden. In der Jugend ist *Alnus incana* schnellwüchsiger als *Alnus glutinosa*. Sie ist auch anpassungsfähiger als die Schwarzerle und weniger an das Wasser gebunden. Selbst die Tiefgründigkeit des Bodens spielt bei ihr eine untergeordnete Rolle. Ein wesentliches Unterscheidungsmerkmal zu den alkalifeindlichen Schwarzerlen ist das Kalkbedürfnis der Grauerle. Die Gesamtstickstoffmengen, die die Gattung *Alnus* mit Hilfe ihrer Bakteriensymbiose festlegen kann, scheint bei der Grauerle ausgesprochen produktiv zu sein. Von *A. glutinosa* unterscheidet sich *A. incana* durch ihre Fähigkeit, auch auf trockenen Standorten zu gedeihen. Die Grauerle schätzt jedoch eine sommerliche Überschwemmungsperiode. Allerdings schattet *A. incana* so stark, daß keine lichtliebenden Arten unter ihr aufkommen können.

Chrysosplenium alternifolium, Saxifragaceae (Steinbrechgewächse)
Wechselblättriges Milzkraut
Staude, lockerrasig mit fadenförmigen
unterirdischen Ausläufern
5 bis 15 cm hoch

Blütenstand eine Trugdolde, grünlichgelb. III–V, Insektenbestäubung.

In den Auenwäldern wächst das Wechselblättrige Milzkraut zusammen mit der Feldulme und der Grauerle. Mit seinen unterirdischen Ausläufern bildet es lockere Rasen. Eine zeitweilige Überflutung schadet der Pflanze nicht. Sie hat kein so hohes Feuchtigkeitsbedürfnis. Es genügen ihr feuchte, nährstoff- und humusreiche Tonböden.

Clematis vitalba, Ranunculaceae (Hahnenfußgewächse)
Waldrebe
Lianenartiger Linkswinder, der auch
mit Hilfe seiner kontaktreizbaren
Blatt- und Blättchenstiele klettert
3 bis 20 m hoch

Blüten in blattachselständigen Rispen, milchigweiß. Pollenblume ohne Nektarabsonderung und mit weißdornähnlichem Duft. VII–IX, Pollensammelnde Bienen und pollenfressende Fliegen.

Die Waldrebe ist eine der auffallendsten Erscheinungen der Auenwälder. Sie bevorzugt einen nährstoffreichen, humosen Lehmboden. In der Jugend liebt *Clematis vitalba* feuchte Standorte im Schatten anderer Gehölze, die sie als Rankpflanze zum Klettern bis in die höchsten Wipfel der Bäume benutzt. Kommt auch in siedlungsnahen Gebüschen vor.

Hesperis matronalis, Brassicaceae (Kreuzblütler)
Nachtviole
Zweijährig bis ausdauernd
40 bis 80 cm hoch

Blüten in lockeren Trauben, purpurn oder violett, auch weiß. Öffnet sich zwischen 19.00 und 20.00 Uhr mit starkem Veilchenduft. V–VII, Nachtfalter.

Die Nachtviole war eine beliebte Bauerngartenpflanze. Ihren veilchenähnlichen Düften wurde große Aufmerksamkeit geschenkt. Heute kommt sie vielfach verwildert an Zäunen und Wegen vor. Als Erlenbegleiter läßt sie sich in den Auenwäldern auf nährstoffreichen, locker-humosen oder kiesig-sandigen Lehmböden ansiedeln. Die Nachtviole erträgt eine zeitweilige Überflutung zwischen den Gehölzen in vorwiegend halbschattiger Lage sehr gut. Sie sollte solitär oder in kleinen Gruppen von maximal 5 Pflanzen pro Quadratmeter ausgebracht werden.

Inula helvetica, Asteraceae (Korbblütler)
Schweizer Alant
Staude mit aromatischem Geruch
30 bis 60 cm hoch

Blütenköpfchen in einer lockeren Doldentraube oder Doldenrispe. Randblüten weiblich, zungenförmig, Scheibenblüten zwittrig. Blüten gelb. VII–VIII, Insektenbestäubung.

Der Schweizer Alant wächst sehr gern auf feuchten bis nassen, nährstoff- und kalkreichen Lehmböden. Im Saum von Auenwäldern erträgt er die zumeist wechselnde Besonnung. Hinsichtlich der Geselligkeit sollte man *Inula helvetica* nur in kleinen Gruppen von 3 bis 10 Pflanzen ausbringen.

Malus sylvestris, Rosaceae (Rosengewächse)
Holzapfel
Baum oder Strauch mit Wurzelbrutbildung
8 bis 10 m hoch

Blüten in Doldentrauben, weiß bis rosa. V–VI, Insektenbestäubung.

Als Licht–Halbschattenholz läßt sich *Malus sylvestris* in den Auenwäldern ansiedeln. Mit seinen flachstreichenden Wurzeln wächst der Holzapfel auf jedem nährstoffreichen Lehm-, Kies- oder Sandboden.

Die Früchte weisen einen hohen Vitamin-C-Gehalt und 12 bis 13% Zucker auf und sind zur Geleeherstellung geeignet.

Mercurialis perennis, Euphorbiaceae (Wolfsmilchgewächse)
Ausdauerndes Bingelkraut, Waldbingelkraut
Staude mit unterirdischen Ausläufern
15 bis 30 cm hoch
Giftverdächtig!

Männliche und weibliche Pflanzen verschieden. Scheinähren, weibliche Blüten meist größer. IV–V, Fliegen und Windbestäubung.

Das Ausdauernde Bingelkraut steht in den feuchten Auenwäldern in enger Beziehung zur Esche, der Feld- und Flatterulme, der Hainbuche und der Sommerlinde. Es breitet sich gern im Schatten seit Jahren eingewurzelter Gehölze als Mullbodenkriecher aus. *Mercurialis perennis* ist ein verträglicher Flächendecker für artenreiche Pflanzungen. Es läßt sich mit dem Bärlauch und dem Märzbecher vergesellschaften. An sonnenwarmen und feuchten Orten zeichnen sich die Blätter durch einen ausgeprägten Blauglanz aus.

Ihr Genuß ruft Betäubung, heftige Kopfschmerzen, Zittern in den Gliedern und Erbrechen hervor.

Ribes spicatum, Saxifragaceae (Steinbrechgewächse)
Wilde Rote Johannisbeere   Blüten grünlich in hängenden Trauben.

In Roter Garten-Johannisbeere ist Einkreuzung von *R. spicatum* zu erkennen.

Strauch IV–V, Insektenbestäubung. Beeren rot,
1 bis 2 m hoch selten rosa oder farblos, genießbar.
In den feuchten Auenwäldern läßt sich die Wilde Rote Johannisbeere gut mit der Grauerle vergesellschaften. Sie liebt einen humosen und nährstoffreichen Lehmboden an grundwasserbeeinflußten Bächen.

Ribes uva-crispa, Saxifragaceae (Steinbrechgewächse)
(R. grossularia) Blüten grünlich, zu 1 bis 3 in blattach-
Stachelbeere selständigen Büscheln. Riechen wie
Strauch *Berberis*. IV–V, Echte Fliegen,
60 bis 150 cm hoch Schwebfliegen, Echte Bienen, Erd-
  hummeln, Blattwespen, Faltenwespen.
  Frucht eine große hängende, grüne
  oder gelbe Beere.
Die Stachelbeere ist ein Schattengehölz, das sich zur Unterpflanzung eignet. In den Auenwäldern liebt sie einen humosen, stickstoffbeeinflußten, steinigen Lehmboden. Ist seit dem 16. Jahrhundert in vielen Formen und Einkreuzungen in Kultur und zum Teil im Umkreis alter Siedlungen verwildert.
Die Früchte werden zur Herstellung von Marmelade verwendet. Man kann aus ihnen auch einen wohlschmeckenden Wein zubereiten.

Rubus caesius, Rosaceae (Rosengewächse)
Kratzbeere Blüten in Rispen, weiß. V–VI, Insek-
Strauch, bogig niederliegend tenbestäubung. Sammelfrucht, zerfällt
Im Herbst frühzeitig entlaubt leicht in die einzelnen Steinfrüchtchen,
30 bis 80 cm hoch schwarz, bläulich bereift, saftreich,
  säuerlich, nicht schmackhaft.
Die Kratzbeere ist ein sehr verträgliches Auengehölz, das sich an zeitweise überschwemmten Standorten mit der Grauerle, der Waldrebe, der Silberpappel, den Weiden, der Feldulme und der Amstelraute vergesellschaften läßt. Mit Vorliebe wächst sie auf humosen, lehmigen Schlickböden. *Rubus caesius* ist bis 2 m tief wurzelnd und deshalb gut als Rohbodenpionier zu verwenden.

Salix daphnoides, Salicaceae (Weidengewächse)
Reifweide Kätzchen, erscheinen vor den Blättern.
Strauch oder bis 10 m hoher Baum, III–V, Insektenbestäubung.
junge Blätter hellgrau behaart.
Schönste Kätzchenweide, die von allen Weidenarten am frühesten blüht. Läßt sich im Auengebüsch auf tonigen Kies- und Sandböden ansiedeln. Liebt sickernasse Standorte, verträgt jedoch keine Überschwemmungen.

Solanum dulcamara, Solanaceae (Nachtschattengewächse)
Bittersüßer Nachtschatten Blüten in rispenartigen Wickeln,
Halbstrauch, Stengel kletternd oder Blütenkrone violett. VI–VIII. Echte
niederliegend Bienen, Hummeln, Zweiflügler, Glanz-
Bis 2 m lang und Rüsselkäfer, Frucht eiförmige
Giftpflanze! scharlachrote Beere.
Der Bittersüße Nachtschatten ist als Stickstoffzeiger ein typischer Grauerlenbegleiter. Mit seinen tiefgehenden Wurzeln trägt *Solanum dulcamara* zur Befestigung von Ufern bei. Als Kriechpionierpflanze wächst er auf nassen bis feuchten Lehmböden, auf Kies und moderigem Torf.
  Die Beeren bewirken heftiges Erbrechen und Durchfall. Stengel und Blätter wirken sehr erregend, verursachen Kopfschmerzen, Fieber, Seh- und Hörstörungen sowie Krämpfe.

338 Gehölz- und Bodenflora

Thalictrum aquilegifolium, Ranunculaceae (Hahnenfußgewächse)

Amstelraute, Akeleiblättrige Wiesenraute	Blüten hellviolett, selten weiß. Pollenblume mit auffällig gefärbten und verdickten Staubfäden. V–VII. Pollensammelnde Bienen und pollenfressende Fliegen und Käfer. Übergang zur Windblütigkeit.
Staude	
40 bis 150 cm hoch	

Die Amstelraute ist eine sich reichlich versamende Art, die zwischen und vor den Auengehölzen in vorwiegend halbschattiger Lage angesiedelt wird. Man bringt sie einzeln oder in kleinen Tuffs von drei Pflanzen pro Quadratmeter aus. Auf nährstoffreichen, vorwiegend feuchten Böden, die zeitweilig überschwemmt sein können, ist sie eine sehr langlebige Art.

Ulmus minor, Ulmaceae (Ulmengewächse)
(U. carpinifolia, U. campestris, U. foliaceae, U. glabra)

Feldulme, Rotrüster,	Blüten gebüschelt, vor den Blättern erscheinend. II–III, Bienen. Früchte elliptisch.
Großer Baum	
5 bis 35 m hoch, mit reichlichem Stockausschlag. Baumrinde gefeldert.	

Die Feldulme entwickelt ein tiefgehendes Wurzelwerk und zahlreiche flache Seitenwurzeln mit viel Wurzelbrut. An wechselfeuchten, gelegentlich auch überfluteten Standorten stellt der Baum hohe Ansprüche an einen lockeren, tiefgründigen, humosen Tonboden. Als Lichtholzart liebt *Ulmus minor* die volle Sonne. Ist durch das Ulmensterben bedroht.

Die sehr schweren und ziemlich harten Stämme werden als Bauholz und Stellmacherholz, in der Tischlerei und zum Drechseln verwendet. Hat einen hohen Brennwert.

Viola elatior, Violaceae (Veilchengewächse)

Hohes Veilchen	Blüten hellblau, gestreift, V–VI, Insektenbestäubung.
Staude	
20 bis 40 cm hoch	

Das Hohe Veilchen läßt sich zwischen dem Auengehölz mit zumeist wechselnder Besonnung ansiedeln. Es liebt wechselfeuchte, zeitweilig überflutete, wenig humose Lehmböden.

Neutrale Böden

Aster laevis, Asteraceae (Korbblütler)

Glatte Aster	Blütenköpfchen in einer lockeren Rispe oder Doldenrispe. Randblüten weiblich, zungenförmig, blau oder violett. Scheibenblüten zwittrig, gelb. VIII–XI, Insektenbestäubung.
Staude, blau bereift	
mit kriechendem Wurzelstock	
60 bis 120 cm hoch	

Die nordamerikanische Glatte Aster kommt als Beetstaude auf reichlich mit Nährstoffen versorgten Böden zur Anpflanzung. Stellenweise ist sie in den Staudengesellschaften der Auen verwildert. An den Ufern und im Saum von Gehölzen läßt sich *Aster laevis* auf feuchten und nährstoffreichen Lehmböden in kleinen Trupps von etwa 3 bis 10 Pflanzen einbringen.

Carpinus betulus, Betulaceae (Birkengewächse)

Hainbuche, Weißbuche, Hagebuche	Weibliche Blüten in verlängerten Ähren. IV–V, Windbestäubung. Frucht
Baum mit Stockausschlagvermögen	

5 bis 25 m hoch in locker hängenden Trauben mit dreizipfliger Fruchthülle.
Die Hainbuche wächst in Sonnen- und Schattenlagen. Das dichte Wurzelwerk breitet sich im Auenwald im Oberboden stark aus, verträgt hohen Grundwasserstand, aber keine Staunässe. Das Laub zersetzt sich sehr gut und schnell. Durch seine Mullbildung wirkt es bodenverbessernd.
Das weiße und sehr harte Holz der Hainbuche ist ein ausgezeichnetes Werkholz. Es wird zum Anfertigen von Rädern, Pressen und Schrauben verwendet. Es übertrifft als Brennholz die Buche und liefert viel Pottasche.

Isopyrum thalictroides, Ranunculaceae (Hahnenfußgewächse)
Wiesenrauten-Muschelblümchen Blüten mit kronenblattartig weißen
Staude, Grundachse kriechend Kelchblättern, Nektarblätter kurz röh-
10 bis 30 cm hoch renförmig. IV–V, Insektenbestäubung.
Giftig!
In den feuchten Auenwäldern breitet sich *Isopyrum thalictroides* mit seinem kriechenden Rhizom im Laubmulm aus. Diese hygrophil gebaute Waldpflanze liebt den Wanderschatten. Sie ist sehr empfindlich und verschwindet bei Standortveränderungen aus dem Bestand.

Leucojum vernum, Amaryllidaceae (Narzissengewächse)
Märzbecher, Frühlingsknotenblume 1- bis 2blütig, nickend, weiß, an der
Staude mit ziemlich großer Zwiebel Spitze mit gelbgrünem Flecken. Rie-
10 bis 35 cm hoch chen veilchenartig. II–IV, Honigbienen,
Geschützt, giftig! Tagfalter und Selbstbestäubung.
Der Märzbecher bewohnt in den Auenwäldern mit Vorliebe nährstoffreiche und feuchte Böden. Die optimale Pflanzzeit liegt in der Periode des Abblühens. Zwischen und vor den Gehölzen in vorwiegend halbschattiger Lage werden die Zwiebeln in einer Stückzahl von 25 pro Quadratmeter großflächig ausgebracht.

Omphalodes verna, Boraginaceae (Rauhblattgewächse)
Gedenkemein 2- bis 4blütige, lockere Trauben, dunkel
Kriechstaude, bis 40 cm himmelblau. IV–V, Insektenbestäu-
lange Ausläufer bung.
5 bis 25 cm hoch
Das Gedenkemein steht im Garten in enger Beziehung zu den Gehölzen. In den Auenwäldern ist es vielfach eingebürgert. Als sogenannter Flächendecker ist *Omphalodes verna* wenig verträglich mit anderen Arten. Mit seinen langen Ausläufern vermehrt es sich nur vegetativ. An luft- und bodenfeuchten Plätzen und im wandernden Schatten lichter Baumbestände werden pro Quadratmeter 16 Pflanzen ausgebracht. Man verwendet sie ausgesprochen flächig in größeren Gruppen von wenigstens 20 Pflanzen pro Quadratmeter.

Populus alba, Salicaceae (Weidengewächse)
Silberpappel Kätzchenschuppen weißzottig bewim-
Männliche und weibliche Bäume mit pert. III–IV, Windbestäubung.
weitstreichendem Wurzelwerk und
starker Wurzelbrutbildung
15 bis 30 cm hoch
In den Auenwäldern ist die Silberpappel unempfindlich gegen kurzzeitige Überschwemmungen. Sie kann in einem leicht sauren oder alkalischen Boden stehen. Die Pappelpflanzungen sind in den ersten Jahren dankbar für eine Bodenbedeckung mit Laub, Holz- oder Rindenkompost. Durch Wurzelbrut standortbeständige Pionierpflanze.

Hat als Brennholz einen geringen Wert; dagegen wird es für Drechsler- und Tischlerarbeiten gebraucht.

Scilla bifolia, Liliaceae (Liliengewächse)
Blaustern, Zweiblättrige Sternhyazinthe Staude mit eiförmiger bis kugeliger Zwiebel
10 bis 20 cm hoch

2- bis 5blütig, 20 mm breite Sterne, azurblau, selten rötlich oder weiß.
III–IV, Kleine Fliegen und Selbstbestäubung.

Der Blaustern läßt sich zusammen mit *Mercurialis perennis* vergesellschaften. Er wird vorwiegend großflächig zwischen und vor den Gehölzen in halbschattiger Lage ausgebracht. Auf nährstoffreichen und frischen bis feuchten Böden beginnt sich *Scilla bifolia* reichlich zu versamen. Die Samen, die ein deutliches Anhängsel zeigen, werden durch Ameisen verbreitet.

Ulmus laevis (U. effusa), Ulmaceae (Ulmengewächse)
Flatterulme
Baum, Äste überhängend
10 bis 35 m hoch

Blüten lang gestielt, hängend, gebüschelt, vor den Blättern erscheinend.
III–V, Bienen. Früchte rundlich bis eirund.

In den Auenwäldern erträgt die Flatterulme sickernasse, zeitweilig überschwemmte Böden. Als Tiefwurzler, zum Teil mit Ausläufern, liebt *Ulmus laevis* nährstoff- und basenreiche, auch kalkarme, sandige oder reine Lehmböden in sonnenwarmer Lage.

Saure Böden

Geum urbanum, Rosaceae (Rosengewächse)
Nelkenwurz
Halbrosettenstaude
20 bis 50 cm hoch

Blüten leuchtend gelb, rasch abfallend.
V–X, Echte Fliegen, Schwebfliegen und Selbstbestäubung.

Die Nelkenwurz findet auf nährstoffreichen, humosen Lehmböden optimale Lebensbedingungen. Bei mittlerer Feuchte und leichter Beschattung breitet sich *Geum urbanum* massenhaft aus. Das Einbringen in den Auenwald sollte deshalb immer in größeren Gruppen von über 20 Pflanzen erfolgen.

Die jungen Blätter der Nelkenwurz können als Salat zubereitet werden. Der getrocknete Wurzelstock wird wegen seines Würz- und Bitterstoffgehaltes für die Essenzen- und Spirituosenherstellung verwendet.

Zur Einsparung des Hopfens hängten früher die Bierbrauer die Wurzel in einem Säckchen in den siedenden Bierkessel. Das Bier bekam dann einen angenehm bitteren Geschmack.

Das blühende Kraut und der Wurzelstock wirken abführend und harntreibend, blutreinigend und nervenstärkend.

Veronica montana, Scrophulariaceae (Braunwurzgewächse)
Bergehrenpreis
Staude mit Ausläufern,
Stengel kriechend
10 bis 25 cm hoch

Floreszenz locker traubenförmig, 2- bis 7blütig, blaßlila bis fast weiß. V–VI, Fliegen, Bienen.

Der Bergehrenpreis sollte immer gesellig an schattigen und halbschattigen, auf sickerfeuchten und nährstoffreichen Lehmböden angepflanzt werden. Als Ausläuferstaude hält er sich genau an Flächen, die von moderndem Mull bedeckt sind.

Vicia cracca, Fabaceae (Schmetterlingsblütler)
Vogelwicke
Staude mit Bodenausläufern, meist

Blütentrauben 20- bis 50blütig, blauviolett bis rotviolett oder lila. VI–VIII,

kletternd
20 bis 150 cm hoch

Bienen- und Hummelarten, auch nektarsuchende Falter und Fliegen.

Die Vogelwicke wächst als Kulturbegleiter seit der jüngeren Steinzeit in den Auenwäldern. In den Flußufer- und Staudengesellschaften kommt sie als Tiefwurzler in humosen Lehmböden vor, wo sie zeitweilige Überschwemmungen verträgt.

Tiere

Der Auwald hat eine relativ hohe Siedlungsdichte von Amsel, Singdrossel, Kohlmeise, Blaumeise, Sumpfmeise, Weidenmeise, Buchfink, Zilpzalp und Fitis. Sie sind als Vertilger von Kerbtieren allgemein bekannt und nehmen Beerenfrüchte und vom feuchten Untergrund Schnecken als Nahrung auf. In den Auenwäldern sind auch Wendehals, Grauspecht, Grünspecht, Buntspecht, Blutspecht, Mittelspecht und Kleinspecht verbreitet. Am liebsten zimmern die Spechte ihre Höhlen in Weichholzstämme. Wenn nur Hartholz zur Verfügung steht, benützen sie innerlich angemorschte Stämme. Die kranken Bäume in den Auenwäldern werden bevorzugt vom Mittelspecht bewohnt. Kleine Kerbtiere werden von ihm aus den Ritzen und Spalten der rauhen Borke mit dem Schnabel abgelesen. An dem rings herabhängenden Bast armdicker Weidenzweige ist zu erkennen, daß die Spechte im Winter den Larven der Weidenholzgallmücken nachgestellt haben.

Die Früchte des Holzapfels sind eine beliebte Vogelnahrung. Solbad sie abgefallen sind, werden sie vorzugsweise von Amseln und Wacholderdrosseln zerhackt. Elstern verschleppen die Früchte des Bittersüßen Nachtschattens, auch die Samen der Hainbuche und die Kratzbeeren dienen vielen Vögeln als Nahrung.

Die Blüten des Holzapfels liefern den Bienen eine wertvolle Frühtracht. Auch die Johannis- und Stachelbeeren sind als Pollen-und Nektarspender gute Insektenweiden. Die Blütenpollen der Weiden und Ulmen gehören zur ersten Bienennahrung im März. Auf dem Bittersüßen Nachtschatten leben die Raupen des Totenkopfschwärmers, auf den Veilchen die Raupen des Perlmutterfalters. Zur Eiablage legt der blattrollende Rebenstecher seine Eier in Pappel- und Weidenblätter.

Zahlreiche Bodenkräuter des Auenwaldes sind myrmekochor. Die Samen des Bergehrenpreises, des Märzbechers, des Gedenkemeins, des Blausterns, des Hohen Veilchens und des Bärlauchs werden wegen der nährstoffreichen Anhängsel von Ameisen verbreitet. Von Hasen und Kaninchen werden die Silberpappel, der Holzapfel, die Hainbuche und die Weiden verbissen. Eine altbewährte Schutzmaßnahme ist das Liegenlassen von ausgelichteten Ästen und gefällten Bäumen. In Notzeiten kann das Wild an der Rinde seinen Hunger stillen.

Ansiedeln von Pflanzen unter Bäumen

Unter Buchen

Die Rotbuche *(Fagus sylvatica)* ist der beherrschende Baum unserer Anlagen und Gärten. Sie erträgt kalkreiche und kalkarme Böden. Gelichtete Altbestände und junger Aufwuchs wechseln miteinander ab. Durch das Auslichten von Dickungen und von Stangenhölzern werden die Chancen für den Unterwuchs erhöht. Die Rotbuche benötigt in der Jugend viel Schatten. Bei der Pflanzung liebt sie den Schirm großer Bäume. In den Kalkbuchenwäldern entsteht die günstige Humusform

Mull. Selbst im Moder oder gar Rohhumus wachsen noch Pflanzen. Durch den herbstlichen Laubfall wird der Boden in 3- bis 8facher Schicht mit Blättern überstreut. Bei einer zu mächtigen Laubauflage trocknet die Oberfläche sehr stark ab, die Samen haben keine Chance zu keimen und die Wurzeln der Baumkeimlinge verdorren, ehe sie den Mineralboden erreichen. Um einer zunehmenden Aushagerung durch die Baumwurzeln zu begegnen, läßt sich jede Art von Kompost einbringen. Die gleichzeitige Zufuhr eines Stickstoffdüngers in Form von 30 bis 50 g Hornspänen pro Quadratmeter und Jahr fördert den mikrobiotischen Abbau der Laubmassen. Nach einer Rinden- oder Holzkompost-Einstreu läßt sich bei genügend hoher Humusauflage eine anspruchsvolle Bodenflora ansiedeln. Begrenzte Flächen können auch mit Erde überfüllt und begrünt werden. Als ausgesprochener Buchenbegleiter tritt die Waldhainsimse *(Luzula sylvatica)* auf, gefolgt vom Wolligen Hahnenfuß, der Vielblütigen Weißwurz, der Alpenheckenkirsche, der Frühlingsplatterbse, der Stechpalme, dem Leberblümchen, der Fingerzahnwurz und der Zwiebeltragenden Zahnwurz, dem Seidelbast, dem Mittleren Lerchensporn, dem Mittleren Klee, dem Lungenkraut und der Schattenblume. Bei Neuanpflanzungen hat man es in der Hand, der einen oder anderen Art das Übergewicht zu geben. An nährstoffreichen und feuchten Standorten läßt sich in »Kalkbuchenwäldern« ein ungewöhnlicher Reichtum an Frühlings-Geophyten ansiedeln. In die Bestände kann der Hohle Lerchensporn *(Corydalis cava)*, das Gelbe Windröschen *(Anemone ranunculoides)*, der Märzenbecher *(Leucojum vernum)*, der Waldgelbstern *(Gagea lutea)*, das Moschuskraut *(Adoxa moschatellina)* und der Bärlauch *(Allium ursinum)* eingestreut werden. Das Scharbockskraut *(Ranunculus ficaria)*, der Aronstab *(Arum maculatum)* und das Buschwindröschen *(Anemone nemorosa)* vervollständigen das Mosaik der Frühblüher. Bei zunehmender Erwärmung der bodennahen Schichten und Schließen des schattigen Blätterdaches ziehen die Knollen-Geophyten, wie die Zwiebeltragende Zahnwurz, der Hohle Lerchensporn oder das Frühlingsscharbockskraut, und Zwiebel-Geophyten wie der Bärlauch, der Märzenbecher oder der Waldgelbstern ein. Nachdem sich die Frühlings-Geophyten nach kurzer Vegetationszeit zurückgezogen haben, treten Stauden wie der Wollige Hahnenfuß, die Vielblütige Weißwurz, der Mittlere Klee, das Lungenkraut oder die Schattenblume in Erscheinung. Unter den Rhizom-Geophyten finden sich stark zu vegetativer Ausbreitung befähigte Arten wie die Zwiebeltragende Zahnwurz, der Mittlere Klee, die Schattenblume, das Gelbe Windröschen und das Buschwindröschen.

In sehr schattigen und luftfeuchten Lagen lassen sich in einer Ansammlung von moderigem Auflagenhumus mit einem pH-Wert von 5,5 bis 6,0 Farne ansiedeln. In einem sauren und lockeren Moder wachsen als charakteristische Buchenbegleiter der Buchenfarn *(Thelypteris phegopteris)*, der Breitblättrige Dornfarn *(Dryopteris austriaca)*, der Männliche Wurmfarn *(Dryopteris filix-mas)*, der Waldfrauenfarn *(Athyrium filix-femina)* und der Eichenfarn *(Gymnocarpium dryopteris)*. Zu ihnen gesellen sich gerne die Schattenblume *(Maianthemum bifolium)* und der Kriechende Günsel *(Ajuga reptans)*, die unter Buchen eine ziemlich hohe Beschattung ertragen.

Auf basenarmem Silikatgestein ist die Bodenflora unter Rotbuchen sehr artenarm. In stark sauren Substraten sind die Voraussetzungen für die Ansiedlung anspruchsvoller Stauden und Gehölze nicht mehr gegeben. Je tiefer der pH-Wert des Auflagehumus ist, um so flacher streicht die Bodenflora mit ihrem Wurzelwerk durch die Moderböden. Bei starker Versauerung genügt eine 2 bis 5 cm hohe Rohhumusauflage. Ausgesprochene Säurezeiger sind der Adlerfarn *(Pteridium aquilinium)*, die Schattenblume *(Maianthemum bifolium)*, die Geschlängelte Schmiele

(Deschampsia flexuosa), die Pillensegge *(Carex pilulifera)*, der Waldehrenpreis *(Veronica officinalis)*, die Weiße Hainsimse *(Luzula luzuloides)* und das Waldreitgras *(Calamagrostis arundinacea)*. Nach einer 10 cm hohen Mulleinstreu ist es ohne weiteres möglich, in den Rohhumusböden lichter und bodensaurer Buchenstandorte die etwas anspruchsvollere Heidelbeere *(Vaccinium myrtillus)* anzusiedeln. Nahezu indifferent gegen die Bodensäure sind der Waldsauerklee *(Oxalis acetosella)*, der Gewöhnliche Dornfarn *(Dryopteris carthusiana)*, die Gewöhnliche Goldrute *(Solidago virgaurea)* und das Waldhabichtskraut *(Hieracium sylvaticum)*.

Die Rotbuchenstämme werden vielseitig als Nutzholz von Wagnern, Schreinern und Drechslern benutzt.

Aus den kleinen dreikantigen Nüßchen lassen sich durch Pressen und Extrahieren ca. 32% fettes Öl gewinnen. 50 kg Bucheckern liefern 10 l Öl. Es ist hellgelb, geruchlos und hat einen nußartigen, angenehmen Geschmack. Die Preßrückstände (Ölkuchen), die sich an Schweine verfüttern lassen, enthalten Fagin. Für andere Tiere, besonders Pferde, ist der Inhaltsstoff Fagin giftig.

Im Buchenwald wird sehr viel Wert auf die ökologische Zuordnung der Gehölze gelegt. Für eine Fläche von 100 m^2 werden folgende Pflanzen benötigt:

Heister
4 *Fagus sylvatica* – Rotbuche 150/175
1 *Fraxinus excelsior* – Esche 150/200
Jungpflanzen (Forstpflanzen)
40 *Fagus sylvatica* – Rotbuche 50/80
 4 *Acer platanoides* – Spitzahorn 60/100
 6 *Acer pseudoplatanus* – Bergahorn 60/100
 5 *Crataegus monogyna* – Weißdorn 50/80
 2 *Fraxinus excelsior* – Esche 50/80
12 *Lonicera xylosteum* – Rote Heckenkirsche 50/80
 1 *Tilia platyphyllos* – Sommerlinde 50/80
 2 *Tilia cordata* – Winterlinde 50/80

Wildstauden des kalkreichen und feuchten Buchenwaldes

	Stück pro m$_2$
Anemone nemorosa – Buschwindröschen	20
Asarum europaeum – Haselwurz	16
Brachypodium sylvaticum – Waldzwenke	16
Carex sylvatica – Waldsegge	12
Dentaria bulbifera – Zahnwurz	16
Euphorbia amygdaloides – Mandelbl. Wolfsmilch	5
Galium odoratum (Asperula o.) – Waldmeister	16
Hedera helix – Efeu	12
Helleborus foetidus – Nieswurz	7
Lathyrus vernus – Frühlingsplatterbse	9
Lilium martagon – Türkenbundlilie	9
Luzula pilosa – Hainsimse	16
Milium effusum – Flattergras	16
Oxalis acetosella – Waldsauerklee	25
Paris quadrifolia Einbeere	25
Polygonatum multiflorum – Salomonssiegel	12
Polygonatum verticillatum – Salomonssiegel	12

Pulmonaria officinalis – Lungenkraut   12
Viola reichenbachiana – Waldveilchen   16

Alkalische Böden
Corydalis intermedia, Papaveraceae (Mohngewächse)
(C. fabacea)   1 bis 8 Blüten in einer Traube, trübpur-
Mittlerer Lerchensporn   purn, selten weiß, mit hellerer ausge-
Staude. Wurzelknolle   schweifter Ober- und Unterlippe und
kugelig, massiv   mit geradem oder etwas gekrümmtem
5 bis 20 cm hoch   Sporn. III–IV, Bienen

Der Mittlere Lerchdensporn ist eine Waldstaude, die in enger Beziehung zu den Buchen steht. Er eignet sich für den Schatten und für Standorte mit reichlicher Bodenfeuchtigkeit. *Corydalis intermedia* versamt sich als Mullbodenpflanze gut. Als Anzeiger fruchtbarer Standorte sollte der Mittlere Lerchensporn auf nährstoffreichen, humosen Lehmböden angesiedelt werden.

Daphne mezereum, Thymelaeaceae (Seidenbastgewächse)
Seidelbast, Kellerhals   Meist drei Blüten in den Achseln der
Strauch, sommergrün   abgefallenen vorjährigen Laubblätter,
40 bis 120 cm hoch   rosenrot, stark duftend. II–IV, Bienen,
Giftpflanze!   Fliegen und Falter. Blüten werden auch
                               von Erdhummeln angebissen. An den
                               Öffnungen saugen Ameisen. Frucht
                               scharlachrot.

Wegen der frühen Blüte und dem süßen Nektarduft ist der Seidelbast für Insekten ein begehrter Buchenbegleiter. Liebt schattige, etwas feuchte Standorte. Läßt sich auch an Bachläufen in humosen Lehmböden ansiedeln. *Daphne mezereum* liebt einen feuchten, gut durchlüfteten Boden, der nicht austrocknet.

Alle Pflanzenteile enthalten das giftige Mezerein. Schon bei Einnahme kleinerer Mengen treten schwere Verätzungen in Mund, Rachen und Speiseröhre auf. Weitere Symptome sind Übelkeit, Erbrechen, Durchfälle, Herz- und Kreislaufstörungen sowie Krämpfe.

Sechs Seidelbastbeeren sollen einen Wolf töten. Für Schweine und Vögel ist ihr Genuß unschädlich. Die Blätter werden von Ziegen und Schafen gegessen.

Dentaria bulbifera, Brassicaceae (Kreuzblütler)
(Cardamine bulbifera)   Blütentraube hellviolett, rosa oder
Zwiebeltragende Zahnwurz   weißlich. IV–VI, Insektenbestäubung.
Staude, Grundachse waagrecht
kriechend
Blattachselständige, schwärzliche
Brutknöllchen
30 bis 50 cm hoch

Als Waldstaude steht *Dentaria bulbifera* in enger Beziehung zu den Buchen. Sie beansprucht Schatten, humusreiche Böden und reichlich Feuchtigkeit. Als Mullbodenkriecher breitet sich die Zwiebeltragende Zahnwurz flächendeckend bis 10 cm im Jahr aus. Läßt sich gut mit Geophyten vergesellschaften. Die braunvioletten Zwiebelchen (Bulbillen), die sich in den Achseln der Stengelblätter bilden, fallen leicht ab, bewurzeln sich am Boden und wachsen zu einem Rhizom aus, das nach 3 bis 4 Jahren einen aufrechten Sproß bildet. Wenn man die Bulbillen entfernt, setzen die Blüten unter besonders günstigen Wachstumsbedingungen auch Samen an.

Dentaria pentaphyllos, Brassicaceae (Kreuzblütler)
Fingerzahnwurz
Staude mit gefingerten Blättern
20 bis 40 cm hoch
Blüten rotviolett, selten weiß. IV–VI, Insektenbestäubung.

Die Fingerzahnwurz ist für luft- und bodenfeuchte Standorte mit wanderndem Schatten geeignet. Sie bevorzugt humus- und nährstoffreiche Lehmböden. Nicht oder kaum wuchernd. Gesellig zu pflanzen.

Hepatica nobilis, Ranunculaceae (Hahnenfußgewächse)
Leberblümchen
Staude mit dreilappigen Blättern in grundständiger Rosette
5 bis 15 cm hoch
Blüten himmelblau, außen heller. Während der Blütezeit verdoppelt sich die Länge der Blütenblätter. Nektarlose Pollenblume. III–IV, Pollenfressende und -sammelnde Käfer, Bienen, Schwebfliegen und Schmetterlinge.

In humosen, lockeren Lehmböden ist das Leberblümchen eine bis 50 cm tief wurzelnde Mullbodenpflanze. Es steht sicher im Schatten eingewurzelter Gehölze. Wird in kleinen Trupps von 3 bis 10 Pflanzen ausgebracht, dabei kommen 20 Stück auf einen Quadratmeter.

Ilex aquifolium, Aquifoliaceae (Stechpalmengewächse)
Stechpalme
Baum oder Strauch
Laubblätter lederartig, am Rand meist wellig und stachelspitzig gezähnt.
Bildet Wurzelausschläge
Bis 10 m hoch
Giftpflanze!
Blüten durch Verkümmern des einen Geschlechts männlich oder weiblich. Pflanzen zweihäusig. Blüten weiß oder rötlichweiß. V–VI, Bienen und Wespen. Bildet eine knallrote, kugelige bis eiförmige Steinfrucht.

Ilex aquifolium ist in Nordwestdeutschland ein ausgesprochener Buchenbegleiter. Die Stechpalme liebt den Halbschatten, verträgt die volle Sonne, verlangt luftfeuchte Lagen und einen nicht zu schweren Humusboden. Mißerfolge lassen sich nur vermeiden, wenn die Pflanzen genügend Bodenfeuchtigkeit erhalten, in windgeschützten Lagen stehen und, gegen die Wintersonne geschützt, in den Halbschatten locker gestellter Bäume gepflanzt werden.

Das harte, weiße und sehr schwere Holz läßt sich für feine Tischler- und Drechslerarbeiten, Peitschen und Spazierstöcke verwenden.

Die Beeren enthalten einen Giftstoff, der schwere Durchfälle verursacht.

Lathyrus vernus, Fabaceae (Schmetterlingsblütler)
Frühlingsplatterbse
Frühlingswalderbse
Staude
20 bis 40 cm hoch
Blütentraube mit 3 bis 5 Blüten, rotviolett. IV–V, Hummeln und Mauerbienen. Erdhummeln rauben durch Einbruch Nektar.

Die Frühlingsplatterbse steht in enger Beziehung zu den spätaustreibenden Buchen. Wie die frühblühenden Geophyten erträgt sie ihr dunkles Laubdach erst gegen Ende Mai. *Lathyrus vernus* liebt den lichten, warmen Schatten und lockere, humose Lehmböden. Als Mullbodenzeiger wurzelt die Staude bis 100 cm tief. In Verbindung mit Buchen wird die Frühlingsplatterbse einzeln oder in kleinen Tuffs von 9 Pflanzen pro Quadratmeter ausgebracht.

Lonicera alpigena, Caprifoliaceae (Geißblattgewächse)
Alpenheckenkirsche
Strauch mit kräftigen Ästen
Blätter 7–10 cm lang
2blütig in den Achseln von Laubblättern, trübrot. V–VII, Hummeln, Wespen. Kirschenartige Früchte, glänzend

50 bis 150 cm hoch   pen. Kirschenartige Früchte, glänzend
Beeren giftverdächtig   dunkelrote Doppelbeere.

Die Alpenheckenkirsche gehört zu den charakteristischen Buchenbegleitern. Sie läßt sich in Gesellschaft mit dem Seidelbast, der Stechpalme und dem Männlichen Wurmfarn ansiedeln. Auffallend ist die Doppelnatur der unscheinbaren Blüten. Der enge Kontakt, den die Fruchtknoten miteinander haben, ist die Ursache für die Zweizahl der fest miteinander verwachsenen Früchte.

Polygonatum multiflorum, Liliaceae (Liliengewächse)
Vielblütige Weißwurz   2- bis 5blütige Trauben, vorn trichterig
Staude   erweitert, weiß, geruchlos. V–VI,
30 bis 60 cm hoch   Hummeln und Selbstbestäubung.
Giftig   Beeren blauschwarz.

Die Vielblütige Weißwurz ist eine Waldstaude mit enger Beziehung zu Buchen. Sie beansprucht luft- und bodenfeuchte Standorte im Wanderschatten lichter Baumbestände. Ist nicht oder kaum wuchernd. Als Mullbodenkriecher ist sie gesellig auszubringen. Kleine Trupps von etwa 10 Pflanzen kommen auf einen Quadratmeter.

Ranunculus lanuginosus, Ranunculaceae (Hahnenfußgewächse)
Wolliger Hahnenfuß   Blüten ockergelb, glänzend. V–VII,
Staude   Käfer, Fliegen und Bienen. Frucht mit
30 bis 100 cm hoch   langem hakenförmig gerolltem
                         Schnabel.

Der Wollige Hahnenfuß ist dankbar für eine gute Nährstoffversorgung, luft- und bodenfeuchte Plätze im wandernden Schatten lichter Baumbestände. Als verträglicher Flächendecker wird er in artenreichen Pflanzungen in kleinen Trupps von 3 bis 10 Pflanzen ausgebracht.

Neutrale Böden

Pulmonaria officinalis, Boraginaceae (Rauhblattgewächse)
Lungenkraut   Doppelwickel, Blüten anfangs rosa,
Staude, Blätter oft hell gefleckt, zum dann violett. III–V, Kleinere Bienen
Teil wintergrün   und Hummeln, Tagfalter.
15 bis 30 cm hoch

Das Lungenkraut steht gern an Bachufern und im Schatten eingewurzelter Gehölze. Es bevorzugt humusreiche Böden. Als Mullbodenwurzler ist *Pulmonaria officinalis* nicht wuchernd. Sie wird einzeln oder in kleinen Tuffs von 12 Stück pro Quadratmeter gepflanzt.

Das Kraut ohne Wurzeln findet als schleimlösender Tee bei Husten Anwendung. 2 Teelöffel mit 1 Tasse kochendem Wasser übergießen und 10 Minuten ziehen lassen.

Trifolium medium, Fabaceae (Schmetterlingsblütler)
Mittlerer Klee   Kugelige bis eiförmige Blütenköpfe,
Staude mit weitkriechenden Boden- karminrot. VI–VIII, Langrüsselige
ausläufern   Hummeln, Schmarotzerhummeln und
10 bis 20 cm hoch   Tagfalter.

Der Mittlere Klee kommt mit sehr geringen Lichtmengen aus. Auf nährstoffarmen Böden ist er für die Begleitflora eine wertvolle Ammenpflanze. Mit seinen weitkriechenden Bodenausläufern tritt *Trifolium medium* ausgesprochen rasenbildend auf. Unter stark schattenden Buchen läßt es sich mit *Gymnocarpium dryopteris, Maianthemum bifolium* und *Ajuga reptans* gesellig einbringen.

Saure Böden
Maianthemum bifolium, Liliaceae (Liliengewächse)
Schattenblume
Staude, Ausläufer treibend
5 bis 15 cm hoch

Blütenstand ährig, aus 2- bis 3blütigen Dolden zusammengesetzt, sternförmig, weißlich, wohlriechend. IV–V, Kleine Fliegen und Selbstbestäubung, 1samige kirschrote Beeren.

Die Schattenblume ist eine bis 15 cm tief wurzelnde Mull- und Moderpflanze. Als Wurzelkriecher ist sie ausgesprochen herdenbildend. Ihre Ansiedlung erfolgt immer flächig in einer Stückzahl von 25 Pflanzen pro Quadratmeter. *Maianthemum bifolium* steht als Waldstaude in enger Beziehung zu Gehölzen. Sie braucht einen schattigen Standort, liebt eingewurzelte Bäume und ist ein verträglicher Flächendecker.

Tiere
Die Buchen bieten der Flora und Fauna genügend Lebensraum. Eine große Artenzahl von Lauf-, Blatt- und Rüsselkäfer, Langbeinfliegen, Schnellkäfer, Regenwürmer, Weichwanzen, Knotenameisen, Sichelwanzen, Geradflügler, Kurzflügler und Schnaken kommen in den Waldgesellschaften vor. Nach dem Einstich und der Eiablage der weiblichen Buchengallmücke in die Blatt- und Triebknospen entwickeln sich auf den Rotbuchenblättern nüßchenartige Gallen, in denen sich gelbe Gallmückenlarven befinden. Der Rebenstecher bildet zur Eiablage mit einem Sekret zusammengehaltene zigarettenförmige Gebilde der Buchenblätter. Auf den Buchen ist von Mai bis Juni gelegentlich ein Massenauftreten der knapp 2 cm langen grünen, schwarzköpfigen Raupen des Buchenforstspanners zu beobachten. Ein Befall durch den Buchenprachtkäfer kann zum Absterben der Bäume führen. Die fertig ausgebildeten Insekten fliegen von Mai bis September und ernähren sich von den Blättern. Die etwa 4 cm langen Raupen des Buchenrotschwanzes verursachen zuweilen im Herbst durch Kahlfraß an Rotbuchen großen Schaden. Vorzugsweise auf Buchen kommen auch die etwa 4 cm langen Raupen des Buchenspinners vor. Die Buchenzierlaus ist mit ihrer weißen Wachswolle nur im Frühjahr zu sehen. Die geflügelte zweite Generation fristet unbeachtet auf den Buchenkronen ihr Leben.

Die Samen des Stinkenden Storchschnabels *(Geranium robertianum)* werden von Ameisen ausgebreitet. Dadurch ist gewährleistet, daß sich diese einzige einjährige Pflanze, die sich im Kalkbuchenwald entwickelt, über große Flächen ausbreitet. Auch das Leberblümchen, das Lungenkraut und der Mittlere Lerchensporn gehören zu den Myrmekochoren, bei denen der fleischige Teil der Fruchtwand zu einem von Ameisen begehrten Elaiosom ausgebildet ist. Auch die Samen des Mittleren Klees werden gelegentlich von Ameisen verschleppt. Deshalb ihr Vorkommen auf Ameisennestern. Die auffallend schwarzvioletten Bulbillen der Zwiebeltragenden Zahnwurz werden ebenfalls von Ameisen aufgenommen und im Bereich der Buchen verteilt.

Kranke und umgebrochene Stämme sollten in naturnahen Pflanzungen nicht entfernt werden. Wo sich große Bäume befinden, brütet der Buchfink. Seine Nestlinge werden in erster Linie mit Raupen gefüttert. Im Winter ernährt sich der Buchfink von Wald- und Ackersämereien. In reinen Buchenbeständen erreichen auch die Kohlmeisen, die Blaumeisen, die Sumpfmeisen, der Star und der Waldlaubsäger eine hohe Besiedlungsdichte. Die knallroten Steinfrüchte der Stechpalmen werden von Drosseln und Wildtauben und die leuchtend scharlachroten Früchte des Seidelbastes von Bachstelzen, Drosseln, Hänflingen und Rotkehlchen gern gegessen. Die Grau-

und Schwarzspechte lieben die Rotbuche. In den verlassenen Spechthöhlen siedeln sich Wildtauben und Hornissen an.

Unter Eichen

Die Eichen spielen als Landschaftselemente eine wichtige Rolle. Auf überwiegend alkalischen Böden entwickelt sich die Stieleiche (*Quercus robur* syn. *Qu. pedunculata*) zu einer mächtigen Baumgestalt. Sie ist für fast alle Böden geeignet und verträgt Stauwasser und Überschwemmungen bis 6 Wochen. Die Trauben- oder Wintereiche *(Quercus petraea)* mag keinen Kalkboden und scheut Grundwasser und Staunässe. Sie ist licht- und wärmeliebend und für saure Sand- und Sandsteinböden geeignet. Die weitausgebreiteten Äste der Eichen beginnen sich sehr spät zu begrünen. Der Unterwuchs erhält so viel Licht, daß sich unter den lockeren Kronen die Bodenflora gut entwickeln kann. Nur auf fruchtbaren Böden kommt als Eichenbegleiter die Kraut- und Strauchschicht hoch. Auf sandigen Böden und im Fallaub der Eichen ist der Nährstoffgehalt außerordentlich gering. Das extrem weite Kohlenstoff–Stickstoff-Verhältnis von etwa 50:1 in Verbindung mit dem relativ hohen Tanningehalt verhindert eine rasche mikrobielle Umsetzung des Eichenlaubes. Eine jährliche Stickstoff-Ausgleichsdüngung in Höhe von 50 g Hornspänen aus 1 m² beschleunigt den biologischen Abbau und setzt für die Begleitflora Nährstoffe frei.

Unter reinen Eichenbeständen wird man sich mit den aufgeführten Arten begnügen. Die Baum- und Strauchkombination von Eichen mit Elsbeeren, Speierling, Mehlbeeren, Pimpernuß, Rainweide, Blasenstrauch und Rundstengeliger Brombeere bedingt, daß das natürliche Dominanz-Verhältnis eingehalten wird. Mehr als ¾ der Fläche sollten demnach von der Stiel- oder Traubeneiche bedeckt sein. Harthölzer müssen jung gepflanzt werden. Auf nicht zu feuchten und stark sauren sowie kalkhaltigen Böden läßt sich als »Amme« im Unterholz und zwischen den Eichensämlingen der Stechginster *(Ulex europaeus)* einbringen.

Die Vielfalt der Bodenflora zeigt alle denkbaren Übergänge von den Pflanzen basischer Böden bis zur bodensauren Waldgesellschaft. An anspruchslosen Stauden bieten sich für basenreiche und saure Böden der Waldsauerklee *(Oxalis acetosella)*, das Maiglöckchen *(Convallaria majalis)* und die Gewöhnliche Goldrute *(Solidago virgaurea)* an. Die Artenzahl der kalkarmen Waldgesellschaft ist nur annähernd so groß wie die der basischen Böden. Wenn die Wurzelräume außerordentlich sauer reagieren und pH-Werte von 4,5 bis 5,5 aufweisen, gedeihen nur Pflanzen, die sich mit der Kalkarmut des Bodens zurechtfinden. Als Moderwurzler werden dann die Preiselbeere *(Vaccinium vitis-idaea)*, das Grünliche Wintergrün *(Pyrola chlorantha)* oder die Einbeere *(Paris quadrifolia)* den Eichen zugeordnet. Die Zwergsträucher und die Krautflora sind gut laubschluckend. Gegen eine vorübergehende Trockenheit zeigen sich die Mehlbeere, die Rainweide, das Maiglöckchen und der Edelgamander unempfindlich.

Alkalische Böden

Aquilegia vulgaris, Ranunculaceae (Hahnenfußgewächse)

Akelei	Blüten dunkelblau-violett, nickend mit
Staude	kurzen Spornen. V–VII, Bienen und
30 bis 80 cm hoch	langrüsselige Hummeln. Kurzrüsselige
Giftig!	Bienen treten als Nektardiebe auf. Die
	Sporne werden angebissen.

Aquilegia vulgaris und ihre zahlreichen Gartenformen sind seit 1470 in Kultur. In enger Beziehung zu den Gehölzen beansprucht sie einen humusreichen, kaum durchwurzelten Boden. Die Akelei ist dankbar für eine gute Nährstoffversorgung; ist selten länger als 3 bis 5 Jahre ausdauernd, versamt sich jedoch sehr reichlich.

Colutea arborescens, Fabaceae (Schmetterlingsblütler)
Blasenstrauch
Strauch
1 bis 5 m hoch
Giftig!

Blütenstände blattachselständig mit 2 bis 8 nickenden Blüten, lebhaft hellgelb. V–VIII, Honigbienen und Erdhummeln. Bienen und Hummeln begehen durch seitlichen Einbruch Nektarraub. Blasig aufgetriebene Hülsen.

Der Blasenstrauch ist als Unterholz lichter Eichen-Trockenwälder geeignet. Als Ammenpflanze läßt sich dieser stickstoffsammelnde Schmetterlingsblütler zur Begrünung vegetationsarmer Kalkhänge und Ödflächen verwenden. Unter eingewurzelten Bäumen entwickelt er sich zu einem breitwachsenden Solitärgehölz. Sein interessanter Fruchtschmuck wirkt besonders schön im kahlen Geäst.

Die Samen und Blätter enthalten Coluteasäure und Bitterstoffe. Nur bei Einnahme größerer Mengen kann es zu Magen- und Darmstörungen kommen.

Lathyrus niger, Fabaceae (Schmetterlingsblütler)
Schwarzwerdende Platterbse
Dunkle Walderbse
Staude
30 bis 80 cm hoch

Blütentraube mit 3 bis 10 Blüten, trüb purpurn bis bräunlich. VI–VII, Hummeln und Mauerbienen.

Eine Staude, die zwischen und vor den Gehölzen in vorwiegend halbschattiger Lage Verwendung findet. Auf überwiegend kalkhaltigen, oftmals trockenen Böden ist die Schwarzwerdende Platterbse eine verträgliche Ammenpflanze für artenreiche Pflanzungen.

Ligustrum vulgare, Oleaceae (Ölbaumgewächse)
Rainweide
Strauch, selten kleiner Baum,
Ausläufer treibend
1 bis 5 m hoch

Endständige, pyramidenförmige Rispen, grünlichweiß oder weiß, stark duftend. VI–VII, Zweiflügler, Käfer, Hautflügler, Schmetterlinge, Echte Fliegen und Erdhummeln. Beeren kugelig, schwarz und glänzend, ungenießbar.

Im naturnahen Garten ist die Rainweide ein gutes Gehölz für die Unterpflanzung lichtkroniger Eichen. Als Ausläufer treibender Pionier und Bodenbefestiger tritt *Ligustrum vulgare* herdenweise auf. Ein dichtes Netz feiner Wurzeln läßt keine artenreiche Pflanzung zu. Die Rainweide ist sehr unduldsam und daher wenig verträglich mit der Krautflora.

Die Beeren, Blätter und die Rinde enthalten Bitterstoffe, Gerbstoffe und Harze. Sie können bei Einnahme größerer Mengen zu Übelkeit, Erbrechen und Durchfall führen.

Polygonatum odoratum, Liliaceae (Liliengewächse)
(P. officinale)
Salomonssiegel
Staude, Wurzelkriecher
15 bis 30 cm hoch
Giftig!

Blütenstand 1- bis 2blütig, etwas bauchig, weiß, nach bitteren Mandeln riechend. V–VI, Langrüsselige Hummeln. Perigonröhre wird oft angebissen und der Nektar auch anderen Insekten zugänglich gemacht. Frucht blauschwarz in der Größe einer Schlehenfrucht.

Staude für den sonnigen Saum warmer Eichengebüsche und lichter Wälder. Der Salomonssiegel ist nicht oder kaum wuchernd und gesellig zu pflanzen. In größeren Gruppen kommen etwa 12 Pflanzen auf einen Quadratmeter. *Polygonatum odoratum* ist von unseren drei *Polygonatum*-Arten am meisten xerophil und deshalb für überwiegend kalkhaltige, oftmals trockene Böden geeignet.

Der Wurzelstock diente früher als Salomonssiegelwurz als linderndes Heilmittel bei Wunden und Entzündungen. Die Beeren wirken abführend und verursachen Erbrechen.

Ranunculus nemorosus, Ranunculaceae (Hahnenfußgewächse)
Waldhahnenfuß, Hainhahnenfuß   Blüten leuchtend gelb. V–VII, Käfer,
Staude   Fliegen und Bienen.
10 bis 30 cm hoch

Der Waldhahnenfuß beansprucht einen nährstoffreichen Humusboden. Er kommt vorzugsweise im wandernden Schatten lichter Eichen zur Ansiedlung. Hinsichtlich der Pflanzweise wird *Ranunculus nemorosus* in kleinen Trupps von 3 bis 10 Pflanzen ausgebracht.

Sorbus aria, Rosaceae (Rosengewächse)
Mehlbeere   Blüten weiß. V–VI, Scheinfrucht kuge-
Großstrauch oder Baum, Blätter un-   lig, orange bis scharlachrot.
gleichmäßig gesägt, unterseits weißfilzig
2 bis 10 m hoch

Die Mehlbeere ist ein auffallender Eichenbegleiter, der bescheidene Ansprüche an seine Umgebung stellt. *Sorbus aria* läßt sich auf kalkhaltigen und trockenen Böden ansiedeln. Die Pflanze entwickelt sich zu einem baumartigen Strauch mit breitpyramidaler Krone.

Die Früchte sind erst nach einer Frosteinwirkung genießbar. Sie lassen sich dann zu Gelee, Marmelade oder Kompott verarbeiten. Man kann sie zu Wein vergären lassen und aus dem Saft ein schmackhaftes Getränk herstellen.

Sorbus domestica
Speierling   Doldenrispen 6 bis 12blütig, weiß. Nek-
Baum, Blätter gefiedert in 13 bis   tar- und Pollenspender. V, Bienen.
21 Paaren, eiförmig, gesägt   Scheinfrüchte birnenförmig, bis 3 cm
4 bis 20 m hoch   lang, gelbrot.

In den Eichen-Trockenwäldern bevorzugt der Speierling durchlässige und basenreiche Böden. Er sollte nur vereinzelt an den Waldrändern angepflanzt werden, wo *Sorbus domestica* verhältnismäßig wenig bedrängt wird. Der Baum bildet im Alter breite Kronen und seine Zweige neigen sich im Herbst unter der Last der pyramidalen Doldentrauben nach unten. Die Belaubung färbt sich im Spätsommer prachtvoll orange und braun. Früher waren die Früchte als Obst geschätzt. Sie enthalten 74% Gerbstoffe. Erst nach Frost und längerem Liegen werden sie weich und eßbar. Auf den hohen Gerbsäuregehalt der unreifen Früchte ist ihre heilende Wirkung gegen Ruhr und Durchfall zurückzuführen.

Zur Klärung von pektinreichen Preßsäften trägt der hohe Gerbstoffgehalt bei. Der Speierling verleiht dem Apfel- und Birnenmost einen kräftigen Geschmack, eine klare Farbe und eine bessere Haltbarkeit. Aus den Früchten läßt sich auch Branntwein herstellen, der an Birnenschnaps erinnert.

Sorbus torminalis, Rosaceae (Rosengewächse)
Elsbeere   Blüten in Doldentrauben, weiß. V–VI,
Baum mit fiederig eingeschnittenen   Bienen. Scheinfrucht anfangs rötlich,
Blättern   dann lederbraun.
5 bis 20 m hoch

Die Elsbeere ist eine charakteristische Kalkpflanze mit einem großen Lichtbedürfnis. Nach anfänglichem sehr langsamem Wachstum entwickelt sich die Pflanze zu einem stattlichen Baum. Seine ebereschenähnlichen Blüten, die braunen Früchte und eine auffallende Herbstfärbung bringen für mehrere Monate eine besondere Note in den naturnahen Garten.
Die braunen Beeren sind reich an Vitamin C. Überreif und teigig sind sie genießbar. Sie sind auch zur Marmeladen-, Essig- und Branntweinherstellung geeignet.
Die Stämme liefern ein wertvolles Möbelholz.

Staphylea pinnata, Staphyleaceae (Pimpernußgewächse)

Pimpernuß	Blüten in hängenden Trauben, gelblich-weiß. V–VI, Schwebfliegen, Echte Fliegen und Selbstbestäubung. Frucht eine kugelige aufgeblasene Kapsel.
Strauch oder kleiner Baum, sommergrün	
1 bis 3 m hoch	

Aus der Kultur entwichen, hat sich die Pimpernuß in den Eichenwäldern angesiedelt. An sonnigen, ziemlich trockenen Standorten und auf kalkreichem Boden bietet *Staphylea pinnata* durch das reiche Blühen einen hübschen Anblick.

Teucrium chamaedrys, Lamiaceae (Lippenblütler)

Edelgamander	1- bis 6blütige Scheintrauben, karminrot, selten weiß. VII–VIII, Hummeln.
Halbstrauch mit Bodenausläufern und niederliegenden Zweigen.	
Nur einjährige Sprosse beblättert.	
Geruch angenehm aromatisch	

Unter lichten Eichen und an vollbesonnten Hängen bevorzugt der Edelgamander einen mäßig trockenen Boden. Als Halbstrauch ist er ein wichtiger Gerüstbildner, der gesellig zu pflanzen ist. In kleinen Trupps werden neun Pflanzen pro Quadratmeter ausgebracht.

Neutrale Böden

Convallaria majalis, Liliaceae (Liliengewächse)

Maiglöckchen	5- bis 8blütige Trauben, kugelig-glockenförmig, schneeweiß, selten rosa gestreift, wohlriechend, nickend, Pollenblume. V–VI, Honigbienen und Selbstbestäubung. Beeren kugelig, scharlachrot.
Staude mit ausläuferartig kriechender Grundachse	
10 bis 20 cm hoch	
Giftig!	

Das Maiglöckchen steht gern im lichten Schatten eingewurzelter Gehölze. Als Mullbodenkriecher bevorzugt es humusreiche Böden. Wurzelt bis in 50 cm Tiefe. Mit seiner ausläuferartig kriechenden Grundachse durchzieht *Convallaria majalis* oft dichtgedrängt den Boden. Als sogenannter Flächendecker ist es wenig verträglich mit anderen Arten. Großflächig ausgebracht werden pro Quadratmeter etwa 20 Maiglöckchen gepflanzt.

Das Maiglöckchenkraut enthält herzwirksame Glykoside, besonders Convallatoxin. Gesamtglykoside in Herz- und Kreislaufmitteln. Nach dem Genuß von Beeren treten Übelkeit, Erbrechen, bei größeren Mengen Herzrhythmusstörungen auf.

Helleborus foetidus, Ranunculaceae (Hahnenfußgewächse)

Stinkende Nieswurz	Blüte grün, mehr oder weniger nickend. Nektarfertile Kronblätter. III–V, Bienen.
Staude bis Halbstrauch, die blühenden Sprosse zweijährig	
30 bis 60 cm hoch	
Giftig!	

Die Stinkende Nieswurz ist eine Mullbodenpflanze, die gern im Schatten eingewurzelter Gehölze steht. Sie ist dankbar für eine gute Nährstoffversorgung und einen humusreichen Lehmboden. *Helleborus foetidus* wird nur einzeln oder in kleinen Tuffs von etwa drei Pflanzen ausgebracht.

Alle Organe enthalten Hellebrin und Saponine. Bei Einnahme größerer Mengen treten digitalisartige Vergiftungserscheinungen, Übelkeit, Erbrechen, Kolik, Durchfälle und Lähmungen auf.

Saure Böden

Paris quadrifolia, Liliaceae (Liliengewächse)
Einbeere
Staude mit unterirdisch kriechender Grundachse
10 bis 30 cm hoch
Giftig!

Blüte endständig, in einem 4teiligen Blattquirl, hellgrün, nektar- und geruchlos, Insekten-Täuschblume. V, Insekten- und Selbstbestäubung. Frucht blaue Beere.

Die Einbeere ist ein bis 50 cm tief wurzelnder Mullbodenkriecher. Sie ist dankbar für eine gute Nährstoffversorgung, kühlen Schatten und eine hohe Bodenfeuchtigkeit. Als sogenannter Flächendecker ist *Paris quadrifolia* immer gesellig zu pflanzen.

Rubus tereticaulis, Rosaceae (Rosengewächse)
Rundstengelige Brombeere
Strauch, schwach wachsend, rotdrüsig und rotstachelig

Dichter und lockerer Blütenstand, weiß. VII, Insektenbestäubung.

Die Rundstengelige Brombeere steht in enger Beziehung zu den Eichen. Sie erträgt Schatten und bevorzugt humus- und nährstoffreiche Böden.

Tiere

Überall, wo sich Eichen befinden, siedeln sich in ihrem Schutz Tiere an. In den Kronen ernähren sich die Raupen des Eichenspinners von den Blättern. Der gelb und schwarz gezeichnete Eichenwidderbock lebt auf abgestorbenen Ästen und Stämmen. Durch die Anpflanzung von Eichen erhalten viele Insektenarten einen neuen Lebensraum. Ihre ökologische Dominanz ist bedingt durch eine hohe Vermehrungsrate. Kleinere Lebensräume unterscheiden sich hinsichtlich ihrer Artenvielfalt von der Insektenwelt eines Waldes.

Die Pollen der Stiel- und Traubeneichen sind im April–Mai eine begehrte Bienenweide. In der Haupttrachtzeit bis Ende Juni liefern sie Blatthonig. Auch die Blüten der Elsbeeren, des Speierlings und der Mehlbeere sind als Nektarspender begehrt. In den Ritzen der Eichenborke rufen die Eichenapfschildläuse durch Saugen starken Schleimfluß hervor. Von den Ameisen werden sie als »Melkkühe« besucht. Auch die Eichenrindenlaus sitzt in den Furchen der Eichen-Borke. Mit ihren Stechborsten dringt diese bis in die Leitbündel des Holzes vor. Der reichlich erzeugte Honigtau ist eine geschätzte Nahrungsquelle für die Holzameise. Die Eichenpockenschildlaus hinterläßt auf der Rinde junger Eichen pockennarbenähnliche Vertiefungen. Die Eichenschrecken aus der Familie der Laubheuschrecken, die in den Kronen von Eichen leben, jagen nächtlich Insekten. Das Weibchen legt seine Eier in das abgestorbene Rindengewebe und in die vertrockneten Schwammäpfel der Eichengallwespe. Die Raupen des Eichenwicklers fressen zuerst an den Knospen von Eichen, dann befallen sie die Laubblätter, die sie mit Hilfe von Gespinstfäden zusammenziehen. Sie können bei einer Massenvermehrung die Eichen regelrecht entlauben. Das Weibchen des Eichenblattrollers schneidet ein Eichenblatt ein und rollt es zu einem stabilen, geschlossenen Zylinder zusammen. Es betreibt Brutfürsorge und legt seine

Eier in die »Brutbüchsen«. Auf unseren Eichen sind etwa hundert verschiedene Gallwespenarten zu beobachten. Von der Gemeinen Eichengallwespe stammen die runden, zuerst gelben, im Herbst rötlich angehauchten, 3 bis 4 mm großen »Galläpfel«, in denen sich die Geschlechtstiere entwickeln, deren Larven die Knospengallen erzeugen. Die rötlichgelbe Eichenschwammgallwespe verursacht nach dem Belegen der Knospen faustgroße Knospengallen. Eine Blattwespenart erzeugt an Stengel und Blätter der Stinkenden Nieswurz kleine Gallen. Die Samen von *Helleborus foetidus* besitzen einen Ölkörper. Als Konsumenten dieser Elaiosomen und Verbreiter der Samen treten Ameisen und Schnecken auf. Die Raupe des Bläulings *Lycaena alcon* lebt auf dem Stechginster, vom Laub der Rainweide ernährt sich die Raupe des Ligusterschwärmers. Ruhelos suchen die Zaunkönige zwischen den Zweigen, in den Ritzen und Spalten der Baumstämme Kerbtiere und Spinnen als Nahrung. An den Eichen klettert der Kleiber kopfabwärts und holt mit seinem länglich spitzen Schnabel Insektennahrung aus den Ritzen und Spalten der Borke. Als Stammaufwärtskletterer sucht der Baumläufer mit seinem Pinzettenschnabel vom Baumfuß bis zur Krone hinauf Insekteneier und Spinnen aus den Borkenritzen älterer Eichenstämme. Durch die Vertilgung von Forstschadinsekten, insbesondere des Eichenwicklers, treten die Stare als große Nützlinge auf. Sie vertilgen auch die Larven von Wiesenschnaken, Kartoffelkäfer und andere Insekten, aber auch Schnecken, Regenwürmer, Spinnen, Zweiflügler, Libellen, Schmetterlinge und deren Larven, Ameisen, Frostspanner und Eidechsen. Auch Früchte und Sämereien werden nicht verschmäht. Die Elstern und Nebelkrähen verschleppen die glänzend schwarzen Beeren der Rainweide. Auch die Früchte der Mehlbeere und der Elsbeere sind eine begehrte Vogelnahrung.

Die Eichenbestände bieten dem Siebenschläfer genügend Nahrung und geeignete Schlupfwinkel in ausgefaulten Astlöchern, Specht- und Felshöhlen. Er baut seine Nester auch in Erdlöcher, in Vogelnistkästen und Speicher. Ausgefressene Eichel-, Kastanien- und Bucheckern-Hüllen weisen auf den Siebenschläfer hin. Auch junge Blätter, Früchte und Kleintiere werden nicht verschmäht. Die Triebspitzen der Gehölze leiden häufig unter Wildverbiß. Unter den Laubgehölzen werden die Eichen bevorzugt von Hasen, Kaninchen und Rehen angenommen.

Unter Eschen

Die Esche *(Fraxinus excelsior)* ist ein landschaftsbezogener Baum, der sich auf basenreichen Standorten, am fließenden Wasser und in anmoorigen Böden ansiedeln läßt. Auf durchlässigen und trockenen Standorten, die sich durch einen raschen Wasserabzug auszuzeichnen, wachsen die Eschen nur bei einem hohen Kalkgehalt des Bodens. Auf Kalkschutthalden und lockeren Kiesböden bilden die Eschen tiefgehende und außerordentlich stark verzweigte Wurzeln. Auf trockenen und kalkreichen Standorten läßt sich *Fraxinus excelsior* mit der Winterlinde *(Tilia cordata)* und der Bergulme *(Ulmus glabra)* vergesellschaften. Der Pioniercharakter trockenverträglicher Pflanzen wird für diesen begrenzten Lebensraum ausgenutzt. Im Unterwuchs wird das Silberblatt *(Lunaria rediviva)*, das Wimperperlgras *(Melica ciliata)* und das Behaarte Johanniskraut *(Hypericum hirsutum)* verwendet.

Auf kalkarmen, anmoorigen Böden läßt sich die Esche nur zur Anpflanzung bringen, wenn der Boden ausgiebig durchfeuchtet ist. Der Humushaushalt wird durch eine langjährige Rindenkompostgabe verbessert. In einem Rindensubstrat, das beachtliche Mengen an Phosphor, Kali und die meisten Spurenelemente mitbringt, wird auch die organische Substanz erhöht. Der Boden erhält jährlich 2 cm Mulchmaterial. An Organmasse eignen sich Fallaub, Holz- und Rindenkompost. In dauernassen Böden ist die Wurzelbildung der Esche ausgesprochen flach und weitstreichend. Der Boden muß gut durchlüftet sein. Eine längere Überschwemmung vertragen die Eschenwurzeln nicht. An fließendem Wasser ist die Esche ein guter Uferbefestiger und verhindert Auskolkungen. An feuchten Standorten entspricht die Strauch- und Krautschicht einer Vegetation, die sich auch in anderen Gesellschaften findet.

Strauchschicht
Gewöhnliches Pfaffenkäppchen *(Euonymus europaeus)*
Hopfen *(Humulus lupulus)*
Schwarze Johannisbeere *(Ribes nigrum)*
Rote Waldjohannisbeere (*Ribes rubrum* var. *sylvestre*)
Echte Brombeere *(Rubus fruticosus)*
Himbeere *(Rubus idaeus)*
Schwarzer Holunder *(Sambucus nigra)*
Gewöhnlicher Schneeball *(Viburnum opulus)*
Krautschicht
Buschwindröschen *(Anemone nemorosa)*
Echte Nelkenwurz *(Geum urbanum)*
Gundelrebe *(Glechoma hederacea)*
Gefleckte Taubnessel *(Lamium maculatum)*
Frühlings-Scharbockskraut *(Ranunculus ficaria)*
Waldziest *(Stachys sylvatica)*
Die bodenbedeckenden Stauden wachsen im Frühjahr durch das Laub. Im zweiten Jahr nach der Pflanzung haben sie die gesamte Fläche bereits so stark bedeckt, daß unerwünschte Eindringlinge unterdrückt werden.

Das Holz von *Fraxinus excelsior* ist zäh und fest. Es wird besonders zu Bau-, Tischler-, Wagner- und Drechslerarbeiten verwendet.

Die Eschenblätter haben eine mild abführende Wirkung. 1 Teelöffel auf 1 Tasse heißem Wasser überbrühen und 5 Minuten ziehen lassen.

Alkalische Böden
Lunaria rediviva, Brassicaceae (Kreuzblütler)
Silberblatt
Staude, Grundachse waagrecht
kriechend
30 bis 120 cm hoch
Blüten in Trauben, weißlich, hellila bis violett, selten weiß, wohlriechend.
V–VII, Nachtfalter und Bienen.

Im Schatten von *Fraxinus excelsior* bevorzugt das Silberblatt einen humusreichen Boden mit reichlicher Feuchtigkeit.

Prunus padus, Rosaceae (Rosengewächse)
Traubenkirsche
Großstrauch oder Baum mit starkem
Stockausschlagvermögen
5 bis 10 m hoch
Blüten in 10- bis 20blütigen Trauben, weiß. IV–VI, Insektenbestäubung.
Frucht kugelig, schwarz glänzend.

Als Eschenbegleiter liebt die Traubenkirsche feuchte, z.T. überschwemmte, nährstoffreiche und humose Lehmböden. *Prunus padus* läßt sich auch an schnellfließende Gewässer pflanzen. Halbschattenholz, stockausschlagfähig. Auch Wurzeln besitzen starkes Ausschlagvermögen.

Die glänzend schwarzen Früchte lassen sich mit reichlich Zucker versetzt in Rohkostform genießen. Auch zur Herstellung von Marmeladen und Erfrischungsgetränken geeignet.

Der Stockausschlag dient als Bindematerial, das biegsame Holz kam früher als Lucienholz zu feinen Arbeiten und als Peitschenstöcke in den Handel.

Neutrale Böden

Corydalis cava, Papaveraceae (Mohngewächse)
Hohler Lerchensporn
Staude, Knolle anfangs kugelig, bald hohl werdend
15 bis 25 cm hoch
Blüten trübrot oder weiß mit tief ausgerandeter Unter- und Oberlippe und langem, am Ende abwärtsgekrümmtem Sporn. III–V, Pelzbienen.

Waldstaude, die in enger Beziehung zu Eschen steht. Sie beansprucht humusreiche Böden, den kühlen Schatten und eine hohe Bodenfeuchtigkeit. In den nährstoffreichen Sand- und Sandlehmböden läßt sich der Hohle Lerchensporn mit dem Bärlauch, dem Frühlings-Scharbockskraut *(Ficaria verna)* und dem Waldgelbstern *(Gagea lutea)* vergesellschaften. Versamt sich sehr reich. Die Knollen werden immer in größeren Gruppen von 10 bis 20 Pflanzen ausgebracht. Pro Quadratmeter rechnet man mit 25 Pflanzen.

Ribes rubrum var. *sylvestre*, Rosaceae (Rosengewächse)
Rote Wald-Johannisbeere
Strauch
1 bis 2 m hoch
Blüten grünlich, in hängenden, vielblütigen Trauben. IV–V, Insektenbestäubung.

Wichtige Stammart der seit dem 15. Jahrhundert kultivierten Gartenjohannisbeere. Nicht zu verwechseln mit den verwilderten Kulturformen. Strauch, der an nassen Standorten in enger Beziehung zu den Eschen steht. Läßt sich an Gräben, auf feuchthumosen, nährstoffreichen Lehmböden ansiedeln.

Taxus baccata, Taxaceae (Eibengewächse)
Eibe
Baum
2 bis 5 m hoch mit Ausschlagvermögen. Nadeln bis 3 cm lang, Unterseite ohne weiße Streifen.
Alle Pflanzenteile, außer dem Fruchtfleisch, sind giftig!
Zweihäusig, endständige Samenanlagen. III–IV, Bienennährpflanze, Windbestäubung. Rote fleischige Beeren.

Die Eibe ist ein sehr schattenfestes Gehölz, das im Unterstand von Eschen zur Anpflanzung kommt. Ihr Ausschlagvermögen ist sehr groß. An den Boden stellt die Eibe keine großen Ansprüche. Sie liebt mäßig feuchte, locker-humose Lehmböden in luftfeuchtem und windgeschütztem Klima.

Schon in den Pfahlbausiedlungen finden sich Gerätschaften aus Eibenholz. Das harte, elastische und sehr schwere Holz wurde bis zur Einführung der Feuerwaffen zur Herstellung von Lanzen und Bogen verwendet. Als »Deutsches Ebenholz« ist es bei den Schreinern sehr begehrt. Das rot geaderte Holz läßt sich schwarz beizen, es wird vom Kunstgewerbe und Instrumentenbau verwendet. Alle Pflanzenteile, ausgenommen der rote Samenmantel, enthalten Taxine A und B. Bei Einnahme größerer Mengen sind Übelkeit, Erbrechen, Durchfall, Herz- und Kreislaufstörungen, Leber- und Nierenschäden zu beobachten.

Saure Böden

Carex pendula, Cyperaceae (Sauergräser)

Große Segge, Hängende Segge	Blütenstand sehr groß mit bogig über-
Staude, dichte Rasen bildend, ohne	hängenden Ährchen. V–VI, Windbe-
Ausläufer	stäubung.
50 bis 150 cm hoch	

Stattliche Staude für luft- und bodenfeuchte Standorte im wandernden Schatten lichter Baumbestände. *Carex pendula* bevorzugt humusreiche Böden. Sie läßt sich auch an quelligen und schattigen Stellen anpflanzen. Die Große Segge wird immer in kleinen Trupps von 3 bis 10 Pflanzen ausgebracht. Auf einen Quadratmeter kommen nicht mehr als drei Pflanzen.

Lysimachia nemorum, Primulaceae (Primelgewächse)

Haingelbweiderich, Waldgilbweiderich	Blüten einzeln, blattachselständig, gelb.
Staude mit niederliegenden Stengel-	V–VII, Insektenbestäubung.
teilen, an den Gelenken wurzelnd	
10 bis 30 cm lang	

Der Haingelbweiderich ist eine nährstoffbedürftige Schattenpflanze für sickerfeuchte, humose Lehmböden. Läßt sich auch in Verbindung mit Waldsaumstauden verwenden. Verträglicher Flächendecker, der sich vegetativ durch wurzelnde Laubsprosse ausbreitet. Auf einen Quadratmeter werden 20 Pflanzen ausgebracht.

Rubus chamaemorus, Rosaceae (Rosengewächse)

Moltebeere, Schellbeere	Endständiger Blütenstand, weiß, zwei-
Staude mit weithin unterirdisch krie-	häusig. V–VI, Insektenbestäubung.
chender Grundachse	Sammelfrucht kugelig mit angenehm
5 bis 20 cm hoch	säuerlichem Geschmack.

Die Moltebeere bevorzugt humusreiche, bodenfeuchte Plätze im wandernden Schatten lichter Baumbestände. Dankbar für gute Nährstoffversorgung. Stark wuchernde Art mit Wurzelausläufern.

Tiere

Im Haushalt der Natur übernehmen die natürlichen Feinde von Blatt- und Schildläusen, Schnecken und Raupen, Engerlingen und Drahtwürmern eine Ausgleichsfunktion. Unter den Schildwanzen gibt es einige Jäger, die als eifrige Vertilger von Raupen auf den Laubgehölzen zu finden sind. In Gebieten mit lockerem Baumbestand erjagt der Gartenrotschwanz fliegende Kerbtiere, Larven, Spinnen und Würmer.

Die Früchte der Traubenkirsche sind als Vogelfutter sehr begehrt. Von den Amseln, Drosseln und Rotkehlchen werden die fleischigen Beeren der Eiben angenommen. Im naturnahen Garten finden die Vögel manche Frucht. Die Gimpel (Dompfaff, Blutfink) lassen an den Fruchtgehölzen manchmal nur wenige Blütenknospen übrig.

Die Eibe ist eine begehrte Bienennährpflanze. Auch die Traubenkirsche wird von April bis Juni als wertvolle Bienenweide angenommen. Wichtige Raupenfutterpflanzen für die Weißlinge, Resedafalter und Aurorafalter finden wir unter den Kreuzblütlern wie dem Silberblatt. Als Samenverbreiter des Hohlen Lerchensporns treten Ameisen auf. Nahezu jeder Baumstamm beherbergt auf den Algenrasen eine Anzahl von Thripsen. Unter den Laubholzarten wird die Rinde junger Eschen besonders häufig vom Wild geschält.

Unter Ulmen

Als Park-, Allee- und Straßenbäume begegnet man häufig der Flatterulme (*Ulmus laevis* syn. *U. effusa*) und der Bergulme oder dem Weißrüster (*U. glabra* syn. *U. montana*). Die Feldulme (*U. minor* syn. *U. carpinifolia, U. campestris*) ist dagegen durch das Ulmensterben stark reduziert. In der mitteleuropäischen Flora leben die Flatter- und Feldulmen auf nährstoffreichen Böden mit guter Struktur. Bei günstiger Lichtversorgung vertragen sie eine gelegentliche Überflutung. Man kann als Halbschattenholzart in basenreichen und mäßig sauren Böden auch die Bergulme pflanzen. Der Untergrund muß für die tiefwurzelnden Ulmen gut gelockert und ausreichend feucht sein.

Die Feldulme ist eine der wertvollsten Nutzhölzer. Das gelbliche, im Kern bräunliche Holz zeigt im Längsschnitt ein schönes Moirémuster. Als Bauholz, Stellmacherholz, als Tischler- und Drechslerholz wird das harte, zähe und elastische Holz der Feldulme gern verwendet.

Die Rinde der Flatterulme enthält Bastfasern, die zu Binde- und Flechtmaterial verarbeitet werden.

Eine geplante und gepflanzte Vegetation kann ein Vielfaches an ökologischer Wirkung bringen. Die Abgrenzung zu den einzelnen Pflanzengesellschaften darf dabei nicht zu eng aufgefaßt werden. An natürlich vorkommenden Arten steht uns eine begrenzte Auswahl zur Verfügung. Man kommt nicht umhin, einige Konzessionen zu machen. Ein häufiges Unterholz in krautreichen Ulmenbeständen ist die Rote Heckenkirsche *(Lonicera xylosteum)*. Aus dem blaßgelben und sehr harten Holz von *Lonicera xylosteum* fertigte man früher Ladestöcke, stellte Tabaksröhren, Peitschenstöcke und Weberkämme her.

Die Beeren sind durch ihr Xylostein giftverdächtig. Nach dem Genuß der hellroten Beeren treten Übelkeit und Erbrechen auf.

In die Strauchschicht lassen sich auch die Traubenkirsche *(Prunus padus)*, das Gewöhnliche Pfaffenkäppchen *(Euonymus europaeus)* und der Rote Hartriegel *(Cornus sanguinea)* einbringen.

Wildstaudenpflanzungen unter Ulmen machen jede Rasenpflege überflüssig. Sie benötigen allerdings eine 10 bis 20 cm hohe Kompostauflage. Das Laub der umstehenden Bäume und Sträucher bleibt als Humusquelle für die Bodenflora liegen. Es wird von den Zwergsträuchern und vielen Kräutern aufgenommen und geschluckt. An Stauden lassen sich unter Ulmen einbringen:

Pflanzen	Pflanzenbedarf pro m^2	Stückzahl pro Gruppe	Standort	Konkurrenzkraft
Ajuga reptans Kriechender Günsel	16	10–20	wechselnde Besonnung	verträglich
Anemone nemorosa Buschwindröschen	20	20–40	erträgt Schatten	kaum wuchernd
Anemone ranunculoides Gelbes Windröschen	20	20–40	wechselnde Besonnung	kaum wuchernd
Angelica sylvestris Waldengelwurz	3	1–3	erträgt Schatten reichlich Bodenfeuchtigkeit	verträglich
Campanula trachelium Nesselblättrige Glockenblume	9	1–3	erträgt Schatten	verträglich

358 Ansiedeln von Pflanzen unter Bäumen

Pflanzen	Pflanzenbedarf pro m²	Stückzahl pro Gruppe	Standort	Konkurrenzkraft
Corydalis cava Hohler Lerchensporn	25	10–20	erträgt Schatten reichlich Bodenfeuchtigkeit	verträglich
Glechoma hederacea Gundelrebe	16	10–20	erträgt Schatten	verträglich
Lamium maculatum Gefleckte Taubnessel	12	3–10	gern im Schatten	verträglich
Lathyrus pratensis Wiesenplatterbse	5	1–3	erträgt Schatten	kaum wuchernd
Lathyrus vernus Frühlingsplatterbse	9	1–3	erträgt Schatten	verträglich
Lysimachia nummularia Pfennigkraut	20	20–30	wechselnde Besonnung	verträglich
Ornithogalum umbellatum Doldenmilchstern	20	10–20	wechselnde Besonnung	verträglich
Paris quadrifolia Einbeere	25	10–20	erträgt Schatten	verträglicher Flächendecker
Pulmonaria officinalis Geflecktes Lungenkraut	12	1–3	erträgt Schatten	kaum wuchernd
Ranunculus ficaria Scharbockskraut	25	10–20	erträgt Schatten	verträglich
Ranunculus repens Kriechender Hahnenfuß	16	3–10	erträgt Schatten	wenig verträglich
Symphytum officinale Arzneibeinwell	9	20–30	erträgt Schatten reichlich Bodenfeuchtigkeit	wenig verträglich
Veronica chamaedrys Gamanderehrenpreis	20	20–30	wechselnde Besonnung	verträglich
Veronica hederifolia Efeublättriger Ehrenpreis	20	20–30	wechselnde Besonnung	verträglich samt sich aus
Viola reichenbachiana Waldveilchen	16	3–10	wechselnde Besonnung Wanderschatten	verträglich

Tiere
Bei einer ungenügenden Berücksichtigung der Standortansprüche, insbesondere dem Absenken des Grundwassers, werden so anspruchsvolle Bäume wie die Feldulme vom Ulmensterben befallen. Die ersten Symptome sind eingerollte Blätter, abwärts gekrümmte Zweigspitzen und die Bildung von Wasserreisern. Verbreitet wird die Krankheit durch einen Borkenkäfer. Die Weibchen des 7 mm großen, schwarzen oder dunkelbraunen Großen Ulmensplintkäfers, *Scolytus scolytus*, legen unter der Borke geschwächter Ulmen Gänge an. Bei dünner Rinde dringen sie bis tief in den Splint. Der Ulmensplintkäfer überträgt dabei die Sporen des Schlauchpilzes *Ceratocystis ulmi*. Das Pilzmyzel dringt in die wasserführenden Gefäßbündel ein.

Unter der Einwirkung eines pilzeigenen Toxins werden sie verstopft und die Wasseraufnahme gestört.

Die im Holz bohrenden Insekten werden vom Langkopfkäfer gejagt. Von den Eigelegen und Larven des Ulmenblattkäfers lebt der Prunklaufkäfer. Manche Blumenwanzen stellen den Gallenläusen nach, die auf den Ulmen Blattrollen erzeugen. Die Ulmenblasenlaus verursacht durch ihre Saugtätigkeit auf der Oberseite der Ulmenblätter bohnenförmige Gallen, in denen die Larven heranwachsen.

In den Ulmenbeständen kommen Rotkehlchen, Zaunkönig, Kohlmeise, Mönchsgrasmücke, Buchfink und Star vor. Die Früchte der Roten Heckenkirsche werden vom Fasan, dem Haselhuhn, der Gartengrasmücke, der Mönchsgrasmücke, der Singdrossel und der Amsel als Nahrung angenommen. Zwischen Laub und Boden leben und überwintern viele Kleintiere. In dieser Humusschicht suchen die Amseln nach Nahrung. In den Kronen der Ulmen brüten die Saatkrähen. Ihre Hauptnahrung besteht aus Schnecken und Würmern, Raupen, Engerlingen, Drahtwürmern und Mäusen.

Unter Ahorn

Mit dem Feldahorn oder Maßholder *(Acer campestris)* kam eine anspruchslose Ahornart der freien Landschaft in unsere Gärten. Der bis 15 m hohe Baum wächst auf schlechten Böden eher strauchig mit starkem Stockausschlag. Der Feldahorn gedeiht in jeder Lage, wobei trockene, kalkhaltige Mineralböden bevorzugt werden. Er erträgt auch den Wurzeldruck und den Schatten benachbarter Gehölze. Sein flaches Wurzelgeflecht durchzieht trockene Südhänge und befestigt die Ufer schnellfließender Gewässer. Gut verwendbar ist der Maßholder auch zur Begrünung von Geröllhalden, als Unterholz und als kleinkroniger Straßenbaum. Seine Druckfestigkeit läßt ihn für Windschutzpflanzungen, als Blendschutz und Unterholz geeignet erscheinen. Kann in Schutzpflanzungen leicht auf den Stock gesetzt werden. Als Heckenbildner unterwirft er sich willig der Schere. Der ständige Kopfschnitt hat die gewünschte Quirlbildung der Triebe zur Folge. Dadurch erhält der Maßholder als Vogelschutzhecke, Deckpflanze und Windschutzgehölz eine große Bedeutung.

Das sehr zähe und feste Holz liefert die besten Axtstiele, es eignet sich zu Drechsler- und Holzschnitzarbeiten sowie als gutes Bauholz.

Der Spitzahorn *(Acer platanoides)* erreicht in nährstoffhaltigen, lehmigen und sandigen Böden eine Höhe von 20 Metern. Seine dichte Krone und der Wurzeldruck läßt selbst den Schattenrasen nur mühsam hochkommen. Der Spitzahorn hat in den Sommermonaten einen geringen Wasserbedarf und übersteht auch kürzere Überflutungen. Der Bergahorn *(Acer pseudoplatanus)* findet mit seinen 20 bis 40 Metern Höhe in kleinen Gartenräumen keinen Platz. In der freien Landschaft, zur Bepflanzung von Alleen und zur Begrünung von Flußufern und Halden ist er zu einem unentbehrlichen Gehölz geworden. Auf jedem feuchten, nährstoff- und basenreichen humosen Lehmboden verträgt sein tiefgreifendes Wurzelsystem fließendes Grundwasser, jedoch keine stagnierende Feuchtigkeit.

Das weiße, harte und schwere Holz wird von Tischlern, Instrumentenmachern und Drechslern verarbeitet. Kann wie Mahagoniholz gefärbt werden. Starke Stämme geben ausgezeichnete Bohlen und Bretter.

Im Unterwuchs von *Acer campestre, A. platanoides* und *A. pseudoplatanus* gibt es keinen obligaten Ahornbegleiter. Diese Unsicherheit läßt sich im Grunde nur durch eine Bodenflora lösen, die ohnehin an verschiedene Baumarten gebunden ist. Man sollte die Zusammenhänge kennen und sich mit den Örtlichkeiten und den Standortfaktoren vertraut machen. Unter Einzelbäumen lassen sich nur wenige Arten ansiedeln, ganze Ahorngruppen führen zu einer Vergrößerung der Pflanzenzahlen. In den offenen Baumscheiben frisch gepflanzter Gehölze bereitet es keine Schwierigkeiten, eine Waldbodenflora anzusiedeln. Im wandernden Schatten lichter Ahornbestände wachsen eine Menge üppig wuchernder Pflanzen. Humus in Form von Laub- oder Komposterde wird unter eingewurzelten Bäumen in 10 bis 20 cm Höhe aufgebracht. Entscheidend für die Konkurrenzkraft der Schattenstauden ist die Bodenfruchtbarkeit. Das Ahornlaub wirkt stark bodenverbessernd. Je höher es zwischen der Krautflora eingebracht wird, um so mehr Stickstoff muß für den Laubabbau zur Verfügung stehen. 20 bis 50 Gramm Hornspäne pro Quadratmeter und Jahr tragen zu einem schnellen und gleichmäßigen Umsetzungsprozeß bei.

Offene Grünräume werden von den aufeinanderfolgenden Pflanzensukzessionen ständig verwandelt. Der offene Boden wird mit einem Teppich aus Waldstauden überzogen. Diese tragen zur Wiederherstellung des biologischen Gleichgewichts bei. Am richtigen Platz sind sie in bezug auf die Standortfaktoren sehr anspruchslos. Die Absicht von großflächigen Wildstaudenpflanzungen ist eine pflegearme Lebensgemeinschaft von höheren und kleineren Arten. Bodenkräuter mit gleichartigen Bedürfnissen werden dabei zusammengefaßt. Sie können sich nur insoweit ausbreiten, wie es die Pflanzengemeinschaft, der Wurzeldruck der Gehölze und die Menge des aufgebrauchten Humus zulassen.

Als Ahornbegleiter eignen sich für den Unterwuchs:

Pflanzen	Pflanzenbedarf pro m²	Stückzahl pro Gruppe	Standort	Konkurrenzkraft
Actaea spicata Christophskraut	3	1–3	wechselnde Besonnung	verträglich
Allium ursinum Bärlauch	9	3–10	erträgt Schatten reichlich Bodenfeuchtigkeit	verträglich
Anemone nemorosa Buschwindröschen	20	20–40	erträgt Schatten	kaum wuchernd
Anemone ranunculoides Gelbes Windröschen	20	20–40	wechselnde Besonnung	kaum wuchernd
Arum maculatum Aronstab	9	10–20	erträgt Schatten feuchter Boden	kaum wuchernd
Asarum europaeum Haselwurz	16	10–40	erträgt Schatten	verträglicher Flächendecker
Carex montana Bergsegge	12	3–10	wechselnde Besonnung	verträglicher Flächendecker
Convallaria majalis Maiglöckchen	20	20–60	wechselnde Besonnung	stark wuchernd wenig verträglich
Hedera helix Efeu	12	12–120	erträgt Schatten	wenig verträglich
Hepatica nobilis Leberblümchen	20	3–10	erträgt Schatten	verträglich
Lamiastrum galeobdolon Goldnessel	9	45–90	erträgt Schatten	wenig verträglich
Luzula luzuloides Weiße Hainsimse	12	1–10	erträgt Schatten	verträglich

Pflanzen	Pflanzenbedarf pro m²	Stückzahl pro Gruppe	Standort	Konkurrenzkraft
Pulmonaria officinalis Geflecktes Lungenkraut	12	1–3	erträgt Schatten	kaum wuchernd
Viola reichenbachiana Waldveilchen	16	3–10	wechselnde Besonnung	verträglich

Tiere

Im Winter sind die Vögel eifrig bemüht, in den Rindenaufrissen die Überwinterungsstadien von Insekten und Milben zu suchen. Gegen ihre Feinde und die unterschiedlichsten Witterungsbedingungen schützen sich die Glieder- und Spinnentiere so gut, daß im Frühjahr Wanzen und viele Arten von Pflanzenläusen erscheinen. Die Langwanzen saugen in ihrer Mehrzahl Pflanzensäfte aus. Von den wenigen einheimischen Mottenschildläusen oder Fliegen findet man eine Art auf den Blättern des Spitzahorns. Die weißgelb und lang behaarten Raupen der Ahorneule, eines etwa 4 cm spannenden Eulenfalters, können bei massenhaftem Auftreten durch Fraß schädlich werden. Die Larven der Ahornminiermotte und der Ahornmotte fressen Gänge in Ahornblätter. Durch Saugen auf den Blättern ernährt sich die Ahornschmierlaus. Die Larven des Ahornwicklers, einer Schmetterlingsart, leben von Ahornblättern. Auf der Unterseite der Ahornblätter sitzt die Ahornspringlaus, eine hellgrüne Zierlaus mit Springbeinen. Bei der geringsten Störung springt sie nach unten ab und fliegt davon. Auf den Laubhölzern leben die großen, langbeinigen Rindenläuse. Die grünen Borstenläuse erkennt man besonders gut auf der roten Unterseite des Spitzahorns. Die großen Mordwanzen brechen in die »Schädlingskolonien« ein und saugen Insekten aus.

Die mehr als 800 mitteleuropäischen Blattlausarten sind vielfach wirtswechselnd. In der Generationsfolge saugen sie auf verschiedenen Pflanzen. Wenn im Frühjahr der Saftdruck in den Ahornblättern am stärksten ist, siedeln sich viele Blattläuse auf den Bäumen an. Wenn er im Laufe des Sommers nachläßt, wandern sie auf die Bodenkräuter über oder steigen zu den Wurzeln ab. Die Ameisen nehmen den Honigtau als Nahrung auf. Erst im Herbst kehren die Mütter zur Eiablage wieder auf die Bäume zurück. Eine starke Verlausung eines Baumes schwächt die Pflanze. Häufig genügen einige Gewittergüsse, um die Blattläuse auf den Boden zu schwemmen. Sie werden durch ein Heer von Feinden laufend dezimiert. Die Blaumeise sucht am häufigsten den Ahorn auf und liest auf der Unterseite der Blätter Blattläuse ab, die Ameisenwanze saugt die ausgebildeten Insekten aus.

Die aufrechten Doldentrauben des Feldahorns, die kurzen Doldentrauben des Spitzahorns und die hängenden Rispen des Bergahorns sind im April–Mai für die Bienen die besten Pollen- und Nektarspender. Bei heißem Wetter im Mai–Juni liefert der Honigtau auf den Blättern eine gute Sommertracht. Den Blüten folgt im Spätsommer ein auffallender Fruchtbehang. Die Samen werden von den Eichhörnchen und verschiedenen Vogelarten wie den Hähern, Kreuzschnäbeln und Kirschkernbeißern gegessen.

Unter Roßkastanien

Die Roßkastanie *(Aesculus hippocastanum)* ist ein 20 bis 30 m hoher, raschwüchsiger Baum. Die Ansiedlung von Solitärs und Roßkastaniengruppen hat der Mensch entscheidend beeinflußt. Diese Halbkulturlandschaften bilden im Siedlungsbereich kleinflächige Biotope.

Im Sommer sind die Roßkastanien begehrte Schattenspender. Die dichte Krone hält die gleißenden Sonnenstrahlen vom Fuß der Pflanze fern. Alle Bemühungen, den Boden mit einer Strauch- und Krautflora zu begrünen, müssen ohne entsprechende Pflanzvorbereitungen scheitern. Die Roßkastanien sind unverträgliche Gartenbäume, die in Wurzelkonkurrenz zu ihren Nachbarn treten. Das feuchte Herbstlaub ist um so problematischer, je plötzlicher es in großen Mengen anfällt. Die bisweilen geäußerte Vermutung, daß vom Fallaub und den Fruchtschalen der Roßkastanien Hemmstoffe freigesetzt werden, die sich toxisch auf die Pflanzenentwicklung auswirken, trifft zu. Selbst ein Graswuchs ist unter Kastanien nicht möglich. Der Aufguß von Roßkastanienblättern treibt Regenwürmer aus dem Boden. Das Fallaub und die Fruchtschalen sind deshalb im Herbst zu entfernen und den Müllhalden zuzuführen.

Das grobfaserige und weiche Holz wird von Tischlern, Drechslern und Holzschneidern verwendet. Seine Haltbarkeit ist gering.

Die Früchte geben wegen ihres Gehaltes von 60 bis 70% Stärke, 10% Saponinen, 5 bis 10% Zucker und 2 bis 3% Öl für das Rot- und Damwild, Pferde, Rindvieh, Schafe und mit Gerstenschrot vermengt auch für Schweine ein kräftiges Futter. Die gemahlenen Früchte waren ein bewährtes Heilmittel für Pferde. Wenn sie an Husten und schwerem Atem litten, wurden die gemahlenen Roßkastanienfrüchte unter das Futter gemischt. Schon früh nach ihrer Einführung im 16. Jahrhundert vom Zentral-Balkan und Bulgarien erhielt sie den Namen Roßkastanie.

Die Roßkastanie enthält in allen Organen, besonders im Samen Aesculussaponin. Nur bei Einnahme größerer Mengen verursacht der Genuß Leibschmerzen.

In einer Humusauflage von 10 bis 20 cm Höhe aus Kompost oder Lauberde findet die Schattenflora ein zusagendes Pflanzbett. Wenn die Roßkastanienwurzeln die Ausbreitungsdecke durchwachsen und die Streulage zurückgeht, muß im Winter etwas Erde nachgefüllt werden.

Das Märzen- oder Duftveilchen *(Viola odorata)* hat sich als Kulturbegleiter auf nährstoffhaltigen, kalkreichen und -armen, humosen, sandigen und lehmigen Böden in der Nähe menschlicher Siedlungen eingebürgert. Als Waldsaumpflanze findet das Duftveilchen nach der Laubentfaltung der Roßkastanie den nötigen Schutz. Seinem Ausbreitungswillen kann man im Schatten von Gehölzen freien Lauf lassen. Unter den Bäumen können die Veilchen in einem humosen und nicht zu trockenen Boden nach Belieben wuchern. Im März und April bilden sie einen dunkel purpurvioletten Blumenteppich. In den Lebensbereich des Duftveilchens gehören die Schlüsselblume *(Primula veris)*, der Lerchensporn *(Corydalis cava* und *C. solida)*, der Günsel *(Ajuga reptans)* und das Lungenkraut *(Pulmonaria angustifolia)*. In einem Biotop mit Myrmekochoren, deren Samen und Früchte durch Ameisen verbreitet werden, finden im Traufbereich der Roßkastanien das Scharbockskraut *(Ranunculus ficaria)* ein zusagendes Mikroklima. Die tetraploide Unterart *bulbifer* (Chrom. 2 n = 32) zeigt nach der Blüte kaum einen Samenansatz, während sich gleichzeitig in den Achseln der Stengelblätter Brutknöllchen bilden. Die Bulbillen fallen ab, keimen zu einer neuen Pflanze aus und tragen so zur vegetativen Vermehrung des Scharbockskrautes bei. Die diploide (Chrom. 2 n = 16) *Ranunculus ficaria* ssp. *calthifolius* bildet in den Blattachseln keine Brutknöllchen, während sie gleichzeitig reichlich Samen entwickelt.

Die Blätter wurden früher als Salat und Gemüse gegessen. Das Kraut stirbt sehr bald ab und in großen Mengen bleiben auf der Erde die Knöllchen liegen. Sie haben einen relativ hohen Vitamin-C-Gehalt. Der Name Scharbockskraut (Scharbock = Skorbut) weist auf die frühere Verwendung der Knöllchen bei Skorbuterkrankungen infolge Vitamin-C-Mangel hin.

Ebenso schnell wie das Scharbockskraut im März erschienen ist, verschwindet es im Mai mit dem Lerchensporn. Wenn die durchschnittliche Tagestemperatur etwa 12 °C beträgt, werden die Blätter gelb und sterben ab. Eine geophytenreiche Gesellschaft wie die Zweiblättrige Sternhyazinthe *(Scilla bifolia)*, das Schneeglöckchen *(Galanthus nivalis)*, die Traubenhyazinthe *(Muscari racemosum)* und der Winterling *(Eranthis hyemalis)* entwickeln sich unter den stark schattenden Roßkastanien. Zwischen den vielen Kleinblumenzwiebeln bilden die rhythmisch wiederkehrenden Gruppierungen mit dem Männlichen Wurmfarn *(Dryopteris filix-mas)* und dem Gewöhnlichen Tüpfelfarn *(Polypodium vulgare)* eine dauerhafte Pflanzung mit einem geringen Pflegeaufwand.

Tiere

Der verhältnismäßig geringe Flächenanteil eines Roßkastanienbiotops spielt als Nistplatz für Tiere eine große Rolle. Auf den Zweigquirlen oder in Astgabeln sitzen die Nester der Buchfinken. Hummeln sind die wichtigsten Besucher der Roßkastanienblüten. Dagegen gelten sie als mäßige Bienenweide. Sie liefern Pollen und die kleberigen Knospen Kittharz. Für das Rot- und Damwild sind die Früchte ein wertvolles Mastfutter.

Das herdenweise Auftreten der Bodenflora unter Roßkastanien ist durch die Myrmekochorie bedingt. Die Samen des Märzen- oder Duftveilchens, der Schlüsselblume, des Lerchensporns, des Günsels und des Lungenkrautes, des Frühlings-Scharbockskrautes, der Zweiblättrigen Sternhyazinthe, des Schneeglöckchens, der Traubenhyazinthe und des Winterlings besitzen Elaiosomen als Anhangsgebilde, die reichlich Fett- und Stärke enthalten. Die Ameisen verschleppen die Samen zu ihren Ameisenhaufen und verzehren dort die nährstoffreichen Anhangsgebilde, ohne dabei die Samen zu schädigen.

Unter Robinien

Im allgemeinen Sprachgebrauch kennt man die Robinie oder Scheinakazie *(Robinia pseudoacacia)* unter dem Namen Akazie. Die erste Robinie wurde 1601 von dem Pariser Hofgärtner Jean Robin in Europa eingeführt. Die Samen kamen aus dem Laubwaldgebiet des östlichen Nordamerika, wo die Robinie bestandsbildend ist und Bäume bis 25 m Höhe bildet. Robin wirkte im Jardin Royal in Paris als »Arboriste du Roy«, ab 1626 sein Sohn Vespasin als »Botanicus regis«. Seit dem 17. Jahrhundert ist sie über den größten Teil von Europa, Nordafrika, Vorder- und Ostasien sowie Neuseeland verbreitet. In den Alpenländern gedeiht sie nur bis zu Höhen von 1000 Meter. Pflanzen mit durchgehenden unverzweigten Stämmen sind identisch mit der Schiffsmastenrobinie. In Süddeutschland kommt die »Krumme Robinie« häufiger vor. Das Kernholz weist eine solche Härte auf, daß man für jeden Nagel und jede Schraube ein Loch vorbohren muß. Es wird nicht ohne Grund als Deutsches Eisenholz bezeichnet.

Die große Widerstandsfähigkeit der Robinien beruht auf der Bildung von Gerbstoffen und Harzen, die in die Zellwände eindringen und das Holz vor Zersetzung schützen. Vor allem aber sind es das giftige Proteid Robin und alkaloidhaltige Körper, darunter das Robinin, die den Stamm vor Fäulnis und Insektenfraß schützen. Die Robinie ist ein typischer Kernholzbaum, bei dem die lufterfüllten Gefäße im reifen Holz durch Ausstülpungen der Gefäßwandzellen (Thyllenbildung) ausgefüllt werden. Je dunkler sich das Kernholz dabei verfärbt, um so größer sind die imprägnierenden Einlagerungen. Durch die Verkernung wird das Holz nicht nur dichter, fester und schwerer, sondern auch haltbarer.

Wo es gilt, erosionsgefährdete Hänge, Fluß- und Bahndämme zu begrünen, sind die Robinien ideale Helfer. Als Erstbesiedler von Sand-, Kies- und Geröllböden, Steinbrüchen, Schutthalden und Trümmerflächen eignen sie sich gut zur Befestigung von Südhängen.

Bei der Gestaltung von Blumenfenstern, Wintergärten und Kleingewächshäusern finden die Lianen an der dicken, tief längsrissigen Borke der Robinie ideale Klettermöglichkeiten. Die Immunität des Holzes gegen Insektenfraß und Fäulnis läßt nach einem Jahrzehnt erkennen, daß es noch weitere 10 Jahre den extremen Klimaverhältnissen von 25 bis 35 °C und 65 bis 95% Luftfeuchtigkeit widersteht. Dieses Phänomen stellt jedes Imprägnierungsmittel in Frage. Die Robinien sind weitaus haltbarer als Eichenholz. Während Apfel- und Birnbäume, Zwetschgen und Birken unter diesen extremen Klimabedingungen nach einem Jahr in sich zusammenbrechen, ist bei den Robinien nach zehn Jahren lediglich der äußere Teil des Stammes (Splintholz), der heller, lockerer und wasserreicher ist, angemorscht.

Die enorme Haltbarkeit des Robinienholzes war schon lange vor der Einführung chemischer Imprägnierungsmittel bekannt. Man verwendete es als Baum- und Rebpfähle, für Pfosten und Schwellen, zum Pflastern von Treppen und Wegen, für Beeteinfassungen und als Palisaden.

Damit die dicke, tief längsrissige Borke nicht abgestoßen wird, werden die Robinien während der totalen Ruhe im Winter geschlagen. Dabei fällt auf, daß die Borke der langen, geraden Stämme tiefere Furchen bildet.

Die Blüten sind eine wertvolle Honigweide. Der wasserhelle bis goldgelbe Akazienhonig hat einen milden Geruch und Geschmack.

Die Rinde und Früchte (Samen) enthalten Robin und Phasin. Bei Einnahme größerer Mengen treten Leibschmerzen, Erbrechen, Schwindel, Müdigkeit und Temperaturanstieg auf. Rinde und Laub sind giftig für Pferde, dagegen für Kühe und Schafe als Futter geschätzt.

An dem feinen Wurzelwerk der Robinien leben in Wurzelknöllchen Bakterien, die zur Bindung des elementaren Stickstoffs der Atmosphäre befähigt sind. Das von den Bakterien assimilierte Eiweiß fließt nicht nur den Robinien zu, sondern ruft auch einen nitrophilen, ruderalartigen Unterwuchs hervor. Die Bodenflora legt große Mengen Laub fest. Ihr Vermögen, mit der Blattstreu fertigzuwerden, bereichert den Boden so sehr mit Stickstoff, daß in dem nährstoffangereicherten Boden der Holunder *(Sambucus nigra)*, die Brennessel *(Urtica dioica)*, das Labkraut *(Galium aparine)*, das Duftveilchen *(Viola odorata)*, der Gundermann *(Glechoma hederacea)*, der Efeublättrige Ehrenpreis *(Veronica hederaefolia)*, die Stachelbeere *(Ribes uva-crispa)*, die Fieder-Zwenke *(Brachypodium pinnatum)*, die Weiße Taubnessel *(Lamium album)* und das Lauchkraut *(Alliaria petiolata)* angesiedelt werden können.

Vor dem Schwarzen Holunder, der als die Apotheke des Einödbauern bezeichnet wird, muß man nach einem alten Bauernspruch den Hut abnehmen. In der Volksmedizin werden die Blüten als schweißtreibendes Mittel bei fiebrigen Erkrankungen verwendet. Zubereitung: 1 bis 2 Eßlöffel/1 Liter Wasser, kochend überbrühen. Die Früchte des Schwarzen Holunders enthalten Vitamin C, sowie Vitamine A und B, Fruchtsäuren und Gerbstoffe sowie Öl. Sie können zur Herstellung von Marmelade, Kompott, Suppen, Saft, Fruchtwein und Branntwein verwendet werden. Holunderlikör hat einen Mindestalkoholgehalt von 30 Vol.-%. Die weißen Blütendolden des Schwarzen Holunders sind in Pfannenkuchenteig getaucht und in Fett knusprig gebacken als sogenannte Hollerküchle sehr beliebt.

Der Fruchtsaft der Beeren läßt sich zum Färben von Leder verwenden. Die violetten und blauen Farbstoffe sind auch zum Färben von Speisen und Weinen zugelassen. Das Holundermark aus den Zweigen abgestorbener, etwas vertrockneter Wasserreiser, wird zum Einbetten mikroskopischer Schnitte benutzt.

Das zweijährige Lauchkraut kann durch Adventivsprosse aus den Wurzeln unter Robinien ausdauern. Es war früher eine Heil- und Salatpflanze.

Im Umkreis menschlicher Siedlungen läßt sich auf stickstoffbeeinflußten Standorten das Schöllkraut *(Chelidonium majus)* ansiedeln. Seine einfachen gelben Blüten sind in lockeren Dolden zusammengefaßt. Gelegentlich treten Ende Juni–Anfang Juli auch gefüllte Formen auf. Das Schöllkraut vermehrt sich aus Samen. Es breitet sich ebenso auf vegetativem Weg durch blattständige Knospen aus, die von der Pflanze abfallen und Wurzeln bilden. Den Milchsaft verwendet man als Mittel zum Vertreiben von Warzen. Das getrocknete Kraut wird in Mischung mit anderen Drogen als Gallenmittel verwendet.

Tiere
Die Robinie und der Schwarze Holunder bieten gute Nistgelegenheiten für Vögel. Die schwarzen Beeren des Schwarzen Holunders sind ein beliebtes Vogelfutter. Sie werden besonders gern von Amseln, Staren und Mönchsgrasmücken angenommen.

Unter den Robinien treten gelegentlich Brennesseln als Futterpflanzen des Tagpfauenauges auf. Veilchen dienen dem Kaisermantel und dem Perlmutterfalter als Raupenfutterpflanzen. Auf dem Lauchhederich findet man die Raupen der Weißlinge und auf den Wicken die des Heufalters und des Senfweißlings.

Die Blüten der Robinien, des Schwarzen Holunders, des Lauchhederichs und des Schöllkrautes und vieler Robinienbegleiter dienen als Bienenweide.

Unter Birken

In einem Birkenwäldchen heben sich die glänzendweißen Birkenstämme von den dunkelrindigen Begleithölzern unverkennbar ab. Die birkendurchpflanzte Bodensaure Heide bleibt ein beliebtes Gartenmotiv. Eine gute Entwicklung finden sie in einem sauren, anmoorigen oder auch gut durchlüfteten Sandboden mit gutem Wasserabzug. Auch dort, wo nur mit großem Aufwand die Bodenstruktur verändert werden kann, finden die Birken und ihre Begleiter noch ausreichende Lebensmöglichkeiten. Unsere Hängebirke *(Betula pendula* syn. *B. alba, B. verrucosa)* gedeiht auch in lehmigen Sandböden, in schwerer Tonerde und an steinig-felsigen Hängen. Nur sauer und kalkfrei sollte der Birkenboden sein. Feuchte Standorte verträgt sehr gut die Moorbirke *(Betula pubescens)*.

Die Umsetzung eines Heidemotivs im Garten wird nur gelingen, wenn den Birken und ihren Begleitern genügend Raum geboten wird. Sie müssen sehr locker gepflanzt und immer wieder aufgeastet werden, damit der Unterwuchs genügend Sonne bekommt. Eine Vielstämmigkeit kommt durch das Zusammenpflanzen mehrerer Birken zustande. Die weit ausgreifenden Wurzeln geben den Birken einen festen Halt. Am Fuße ihrer Stämme gedeihen nur Pflanzen, die einen starken Wurzeldruck vertragen. Bei beginnendem Austrieb ist für die Birken die beste Verpflanzzeit gekommen. Im August bilden sich die männlichen Blütenkätzchen an den Spitzen der überhängenden Zweige. Ihre dichtgeschlossenen Schuppen lockern sich im Frühjahr und überlassen den warmen Aufwinden ihren Blütenstaub. Im April–Mai sind die Birken für die häufigsten Pollinose-Erkrankungen verantwortlich. Erleichtert wird die Anlage einer Bodensauren Heide mit Birkenwäldchen, wenn schon ein alter Gehölzbestand vorhanden ist. Angelehnt an die Bäume und Sträucher werden bei gleichzeitiger Bodenverbesserung die fehlenden Arten eingebracht. Je sorgfältiger der Standort vorbereitet wird, um so besser werden die Pflanzen wachsen.

Auf einer Fläche von 300 m^2 werden zur Anlage einer Bodensauren Heide mit Birkenwäldchen an Pflanzen benötigt:

Gehölzbedarf
Heister;
5 Hängebirken *(Betula pendula)* m.B. 150/200
3 Moorbirken *(Betula pubescens)* m.B. 150/200
1 Zitterpappel *(Populus tremula)* 125/150
1 Stieleiche *(Quercus robur)* m.B. 100/125
1 Eberesche *(Sorbus aucuparia)* 150/200
Sträucher
3 Faulbäume *(Frangula alnus)* 80/100
5 Hainbuchen *(Carpinus betulus)* 60/100
Bodenbedecker;
Als geschlossener Bestand wird an Kleingehölzen und Stauden eingebracht:
Heidekraut *(Calluna vulgaris)*
Borstgras *(Nardus stricta)*
Bergwohlverleih *(Arnica montana)*
Buschnelke *(Dianthus seguieri)*
Ausdauernde Sandrawurzel *(Jasione laevis)*
Blutwurz *(Potentilla erecta)*
Sauerampfer *(Rumex acetosella)*
Hundsveilchen *(Viola canina)*
Heidelbeere *(Vaccinium myrtillus)*
Flügelginster *(Genista sagittalis)*
Färberginster *(Genista tinctoria)*
Niedrige Schwarzwurzel *(Scorzonera humilis)*
Sandthymian *(Thymus serpyllum)*
Siebenstern *(Trientalis europaea)*

Vor dem Einbringen der Bodenflora müssen die Pflanzflächen häufig den ökologischen Anforderungen der Pflanzen angepaßt werden. Für einen befriedigenden Unterwuchs ist eine gezielte Einstreu erforderlich. Im Kronenbereich der Bäume wird durch das Aufbringen einer 10 bis 15 cm hohen Lauberde-, Rinden- oder Holzkompostschicht Pflanzraum für die Zwerggehölz- und Staudenwurzeln geschaffen. Durch Zuschläge von Komposterde oder Tonmineralien lassen sich sehr sandige Böden verbessern. In der Bodensauren Heide des Birkenwäldchens bleiben die abgestorbenen Kräuter als Winterständer stehen. Zur Erhaltung kurzlebiger Stauden ist es sogar lebenswichtig, daß sich die Arten immer wieder aussäen. Sie tragen dadurch zur Erhaltung einer geschlossenen Vegetationsdecke bei, verhindern das Aufkommen unerwünschter Eindringlinge und schützen im hängigen Gelände den Boden vor Abschwemmungen.

Tiere

Das reiche Insektenleben in den Birken ist für viele Vögel eine begehrte Nahrungsquelle. Wenn die »Schädlinge« im Frühjahr eine große Population aufbauen, können der Haus- und Gartenrotschwanz, der Fitis, das Sommergoldhähnchen, die Blaumeisen und der Zilpzalp als Nahrungsgäste beobachtet werden. Die hohe Artenzahl der Besucher erklärt sich aus dem feinen strukturierten Astwerk der Birken.

Tütenförmig eingerollte Blattschnitte auf den Birken werden von dem Weibchen des Birkenstechers oder Birkenblattrollers verursacht. Der drei bis vier Millimeter große, schwarz bis blauschwarz glänzende Rüsselkäfer fliegt auch Buchen, Hainbuchen, Erlen und Hasel an. Er schneidet an der Basis der Blattspreite zu beiden Seiten der Mittelrippe eine s-förmige Linie. Mit Hilfe seiner Beine rollt er zur Eiablage die beiden Blatthälften trichterartig ein.

Von den Blättern der Birke lebt die Große Birkenblattwespe. Die Nahrungsaufnahme der großen, bis 4,5 cm langen Larven erfolgt überwiegend in der Abenddämmerung und nachts vom Blattrand her. Auch die Raupen des Birkenspanners können gelegentlich auf den Birken großen Schaden anrichten. Der Schmetterling hat eine Spannweite von etwa 4,5 cm und fliegt von Mai bis August.

Die kleinen, breitgeflügelten Samennüßchen der Birken können nur von besonders geformten Vogelschnäbeln geerntet und geknackt werden. Zur Herbstzeit werden sie von Zeisigen, Finken und Gimpeln (Dompfaffen) als Lieblingsfutter verzehrt. Der Schnee unter den Bäumen bräunt sich dann zunehmends von den herabrieselnden Samenflügelchen.

Unter Weißtannen

Relativ gut mit Wasser und Nährstoffen versorgte Standorte lassen sich mit der Weißtanne *(Abies alba)* bepflanzen. Sie gedeiht auf kalkarmen und -reichen, humosen und schweren Lehmböden. Bis zum 15. Jahr wächst die Weißtanne sehr langsam, und als ausgesprochene Schattenholzart verträgt sie in der Jugend viel Schatten.

Die weitgehend vom Menschen eingebrachten Nadelwaldpflanzungen bilden ein naturfernes Ökosystem. Aus den Monokulturen der tannenbeherrschten Gärten läßt sich erst nach einem Auslichtungshieb und Aufputzen der Äste eine stabile Lebensgemeinschaft bilden. Oft genügen geringe Eingriffe, um der Bodenflora eine Überlebenschance zu geben. Lokale Unterschiede eröffnen viele Möglichkeiten. In der sauren Nadelstreu breiten die Humusspezialisten ihr Wurzelwerk sehr flach aus. Die in großen oder kleinen Mengen anfallende Streudecke ist qualitativ unterschiedlich. An den schattigen Stellen ist die Moosschicht üppig und artenreich. Ausgesprochene Sauerhumus-Bewohner wie die Heidelbeere *(Vaccinium myrtillus)*, der Waldehrenpreis *(Veronica officinalis)* und die Geschlängelte Schmiele *(Deschampsia flexuosa)* bringt man an den sonnigsten Stellen ein. In unmittelbarer Nachbarschaft wachsen die Waldhainsimse *(Luzula sylvatica)* und das Schattenblümchen *(Maianthemum bifolium)*. Bei entsprechend hoher Humusauflage von 10 bis 15 cm läßt sich eine reiche Tannenwaldgesellschaft ansiedeln.
Kriechender Günsel *(Ajuga reptans)*
Waldfrauenfarn *(Athyrium filix-femina)*

Breitblättriger Dornfarn *(Dryopteris austriaca)*
Männlicher Wurmfarn *(Dryopteris filix-mas)*
Waldmeister *(Galium odoratum)*
Eichenfarn *(Gymnocarpium dryopteris)*
Goldnessel *(Lamiastrum galeobdolon)*
Waldsauerklee *(Oxalis acetosella)*
Einbeere *(Paris quadrifolia)*
Ährige Teufelskralle *(Phyteuma spicatum)*
Quirlblättrige Weißwurz *(Polygonatum verticillatum)*
Sanikel *(Sanicula europaea)*
Waldveilchen *(Viola reichenbachiana)*

Unter der Hand des Landschaftsgestalters ist es ohne weiteres möglich, die Nadelhölzer zur Dominanz zu bringen. Bei guter Wasser- und Nährstoffversorgung gelangt die Weißtanne in einem Tannenmischwald zur Vorherrschaft. Auf einer Fläche von 450 m² werden an Gehölzen gepflanzt:

Heister
5 *Fagus sylvatica* – Rotbuche 100/125
15 *Picea abies* – Rotfichte 100/125

Jungpflanzen (Forstpflanzen)
100 *Abies alba* – Weißtanne 25/50
 60 *Picea abies* – Rotfichte 25/50
  5 *Acer platanoides* – Spitzahorn 60/100
 15 *Acer pseudoplatanus* – Bergahorn 60/100
 20 *Corylus avellana* – Haselnuß 50/80
 20 *Fagus sylvatica* – Rotbuche 50/80
 10 *Fraxinus excelsior* – Esche 50/80
 30 *Lonicera xylosteum* – Rote Heckenkirsche 50/80
 10 *Sorbus aucuparia* – Eberesche 50/80
 10 *Quercus robur* – Stieleiche 50/80

Die Tannenmischwälder sind recht arm an Frühlingsblühern, dagegen reich an sommergrünen Arten. Die Krautschicht läßt sich als Schattenpflanzen-Parallele zu den Laubwäldern auffassen. Der Gehölzunterwuchs paßt sich den jeweils herrschenden Bedingungen an.

Wildstauden	Stückzahl pro m²
Actaea spicata – Christophskraut	2
Anemone nemorosa – Buschwindröschen	20
Carex sylvatica – Waldsegge	12
Dryopteris filix-mas – Wurmfarn	5
Equisetum sylvaticum – Waldschachtelhalm	12
Festuca gigantea – Schwingel	3
Galium odoratum – Waldmeister	16
Galium sylvaticum – Waldlabkraut	16
Lamiastrum galeobdolon – Goldnessel	9
Luzula nemorosa – Hainsimse	12
Oxalis acetosella – Waldsauerklee	25
Pyrola secunda – Nickendes Wintergrün	25
Prenanthes purpurea – Hasenlattich	12
Primula elatior – Hohe Schlüsselblume	20
Stachys sylvatica – Waldziest	12

Der pH-Wert der sauren Nadelstreu läßt sich durch das Aufbringen von 10 bis 15 cm Lauberde in wenigen Jahren erhöhen. Beim Einstreu von Laubmulm werden auch tiefere Bodenschichten erschlossen. Wenn nicht genügend Rohhumuserde zur Verfügung steht, wird die Lauberde unter den einzelnen Gehölzen nestweise eingebracht. Der Auflagenhumus kann auch aus vermoderndem Holz, Rindenkompost oder Nadelstreu bestehen. Wenn aufgedüngte Substrate eingebracht werden, schafft man bessere Ernährungsbedingungen für so anspruchsvolle Arten wie das Christophskraut oder die Hohe Schlüsselblume. Wer mit diesen Wildstauden arbeitet und die Gehölze regelmäßig auslichtet, kann davon ausgehen, daß sich nach Jahren eine stabile Pflanzengesellschaft bildet. Bei einer solchen Schattenstaudenauswahl kann dann auf standortfremde Arten verzichtet werden.

Das Holz der Weißtanne ist leicht, weich und ohne Harzgänge. Unter Feuchtigkeitseinflüssen ist es sehr formstabil. Findet als Bauholz und in der Möbeltischlerei für Innenausstattungen, beim Boots- und Brückenbau, für Böttcher-, Schnitz- und Drechslerarbeiten Verwendung.

Tiere

Die Tannenmeise zeigt als Höhlenbrüter und Standvogel in den naturnahen Gärten wenig Scheu vor den Menschen. Ihre Nahrung besteht aus den Nadelholzsamen und Insekten. Baumstämme und -stümpfe werden von vielerlei Kleingetier bewohnt. Die forstschädliche Weißtannentrieblaus lebt zwischen den Nadeln von Tannen. Die eierlegenden Tannenläuse gehören zu einer Familie sehr kleiner, ausschließlich auf Nadelbäumen lebender Blattläuse. In heißen Sommern bilden sie Nadelhonig, der von Juni bis zum Herbst von den Bienen abgeweidet wird. Der Rindenglanzkäfer stellt hinter der Borke den Bohr- und Bockkäfern nach.

Unter Fichten

Reine Fichtenaufforstungen sind von geringem ökologischen Wert. Im Vergleich zu den anderen Waldtypen sind es besonders artenarme Biotope. Wo die Fichten *(Picea abies)* in dichten Beständen wachsen, verändern sich die Lebensbedingungen der Krautschicht so entscheidend, daß sich die lichtbedürftige Bodenflora nicht lange zu halten vermag. Unter dem immergrünen Kronendach und in der schwer zersetzbaren Nadelstreu vermag sich nur der Waldsauerklee *(Oxalis acetosella)* auszubreiten.

Immergrüne Gärten wirken steril. Die Einseitigkeit einer solchen Pflanzenauswahl zerstört wertvollen Lebensraum für Pflanzen und Tiere. Auf basenarmen und -reichen Böden, im Humus und Lehm kommt die lichtbedürftige Fichte zur Vorherrschaft. Sie entwickelt unter der schlecht zersetzenden Nadelstreu, auf schweren, nassen oder dichten Böden ein flachstreichendes Wurzelsystem.

Die Fichtenbestände unserer Gärten lassen sich floristisch nur bedingt mit den bestandsbildenden *Picea abies* vergleichen. Aus diesen Gründen wird bei naturnahen Pflanzen die Artenvielfalt vermehrt. Wo sich die Rohhumuszeiger häufen, ist die Krautschicht artenärmer. Es müssen durch Aushiebe Waldverlichtungen geschaffen werden. Unter den dominierenden *Picea*-Arten können das Sandlabkraut *(Galium harcynicum)*, die Weiße Hainsimse *(Luzula luzuloides)*, das Bergweidenröschen *(Epilobium montanum)*, das Einblütige Wintergrün *(Pyrola uniflora)*, der Waldstorchschnabel *(Geranium sylvaticum)* und das Flattergras *(Milium effusum)* angesiedelt werden. In stark schattenden Fichtenbeständen läßt sich als Ammenpflanze die Waldwicke *(Vicia sylvatica)* einbringen.

Die durchschnittliche Mächtigkeit der Humusdecke beträgt unter eingewurzelten Fichten nur wenige Zentimeter. Nach Jahrzehnten steht ein Rohhumus mit einer sehr geringen Höhe zur Verfügung. In die Nadelstreu lassen sich entsprechend weniger anspruchsvolle Bodenbesiedler pflanzen. Eine geringe Nachhilfe mit aufgedüngter Lauberde, Rinden- oder Holzkompost genügt, um die Krautschicht zu unterstützen. Unter diesen Bedingungen spricht die Bodenflora auf die Stickstoffernährung an, die Bodenfauna beginnt unter lebhafter Beteiligung von Regenwürmern, Asseln und Bakterien mit der Humusbildung. Dadurch wird es möglich, nitrophile Pflanzen wie den Waldgeißbart *(Aruncus dioicus)* oder die Tollkirsche *(Atropa bella-donna)* in Waldverlichtungen einzubringen. Auf kalkhaltigen Böden läßt sich auch eine Bodenflora halten, die im Tannenmischwald beheimatet ist.

Die floristische Zusammensetzung eines Fichtenmischwaldes besteht aus flächendeckenden Gehölzen und einer ausgewählten Mischvegetation dauerhafter Wildstauden. Für eine Fläche von 250 m² ist folgender Pflanzenbedarf erforderlich:

Heister
15 *Picea abies* – Rotfichte 100/125
Sträucher
2 *Daphne mezereum* – Seidelbast 40/60
20 *Lonicera xylosteum* – Rote Heckenkirsche 80/125
10 *Rhamnus frangula* – Faulbaum 80/100
Jungpflanzen (Forstpflanzen)
120 *Picea abies* – Rotfichte 25/50
  2 *Acer platanoides* – Spitzahorn 60/100
 10 *Acer pseudoplatanus* – Bergahorn 60/100
 20 *Fagus sylvatica* – Rotbuche 50/80
 10 *Sorbus aucuparia* – Eberesche 50/80

Wildstauden	Stückzahl pro m²
Athyrium filix-femina – Wald-Frauenfarn	3
Circaea lutetiana – Hexenkraut	20
Dryopteris filix-mas – Wurmfarn	5
Festuca gigantea – Schwingel	3
Galium odoratum – Waldmeister	16
Maianthemum bifolium – Schattenblume	25
Milium effusum – Flattergras	16
Moneses uniflora – Einblütiges Wintergrün	25
Oxalis acetosella – Waldsauerklee	25
Phyteuma spicatum – Teufelskralle	12

Das leichte und weiche, meist gelblichweiße Holz der Fichte ist sehr tragfähig. Es findet vor allem im Hochbau, als Grubenholz und in der Zelluloseindustrie Verwendung. Die Tischler verarbeiten es gern für Möbel, Täfelungen und Furniere. Das astlose Fichtenholz mancher Gegenden besitzt ein gutes Klangvermögen. Für die Klavier- und Geigenbauer sowie Instrumentenmacher ist es vortrefflich für Resonanzböden.

Von den jungen Trieben, welche noch mit ihren rötlichbraunen Schuppen bedeckt sind, sich harzig anfühlen und bitter schmecken, wird ein eingedickter, wäßriger Fichtennadelextrakt gewonnen. Er findet wegen des würzigen Geruchs der ätherischen Öle, Terpene und Ester als Badezusatz Verwendung.

Tiere
In den naturfernen Ökosystemen der »Fichtenforste« hängt die ökologische Dominanz der Vögel von der Zahl der Bäume ab. In reinen Fichtenbeständen erreichen als Brutvögel die Tannenmeise, die Haubenmeise, der Buchfink sowie das Sommer- und Wintergoldhähnchen eine hohe Besiedlungsdichte. Der Fichtenkreuzschnabel ist ein holarktisch verbreiteter Finkenvogel, der hauptsächlich auf Fichten lebt. Er ist auf die Samen der Nadelbäume spezialisiert. Mit seinen gekreuzten Schnabelspitzen hat er die Fähigkeit, aus den Zapfen die Samen herauszuziehen.

Die Fichtenquirl-Schildläuse sind mit ihrem Honigtau an der Waldtracht beteiligt. In heißen Sommern erzeugen sie reichlich Nadelhonig und sind als Bienenweide sehr begehrt. Die »Ananasgallen« an den Zweigen von Fichten entstehen durch den Stich der Tannenlaus. Der Nadelgrund der jungen Fichtentriebe schwillt an und verbreitert sich. Aus den Gallen gehen geflügelte Jungfern hervor, die zu anderen Nadelbäumen zur Eiablage fliegen. Die grünlichen Larven der Fichtengespinstblattwespe lebt ab Juli gesellig in großen, kotdurchsetzten Gespinsten. Als Fichtenschädling gefährdet sie vor allem die Kronen älterer Bäume, wo sie durch Kahlfraß großen Schaden anrichtet. Die hellgrünen Larven der kleinen Fichtenblattwespe leben an den Jungtrieben. Sie verzehren nur diesjährige Nadeln. Dabei entstehen bei jungen Bäumen Zuwachsverluste und Wipfelmißbildungen. Die Namen Fichtenborkenkäfer und Fichtenrüsselkäfer sind die Bezeichnungen für mehrere Arten der Borkenkäfer bzw. Rüsselkäfer. Sie können vor allem an Fichten großen Schaden anrichten. Die Larve der Riesenholzwespe entwickelt sich hauptsächlich in Fichten. Das Weibchen versieht die abgelegten Eier mit Pilzen, die als zusätzliche Larvennahrung dienen. Die kleinen Larven der Kamelhalsfliegen leben vereinzelt unter der losen Borke und machen Jagd auf kleine Insekten und Spinnen.

Unter Kiefern

Im Schatten der Kiefern treffen sich die verschiedensten Vertreter von Wald- und Rasengesellschaften. Eine Rohhumusdecke, die unter alten Kiefernbeständen Zentimeterhöhe erreichen kann, verhindert eine natürliche Verjüngung der Krautschicht. In den lockeren, harzreichen Nadeln wächst nur eine Flora bodensaurer Wälder. Bei der schwer zersetzbaren Streu, in der sauren Humusauflage und zwischen den flachstreichenden Seitenwurzeln der Kiefern können nur Artenkombinationen entstehen, die sich kaum von unseren natürlichen Nadelwaldgesellschaften unterscheiden. Die Kiefer ist sehr duldsam gegen die Bodenflora und läßt genügend Sonne bis zum Unterwuchs vordringen. Sie zeigt eine große Widerstandsfähigkeit gegen die chronischen Einwirkungen von Rauchsäuren und Gasen. Die Kiefernpollen sind von einer Wachsschicht umgeben, die eine Freisetzung von allergieverursachenden Inhaltsstoffen hemmt.

Die Schwarzkiefer *(Pinus nigra)* bevorzugt in der Kultur wie in der Natur einen alkalischen Boden. Als Bodenflora werden ihr kalkverträgliche Pflanzen zugeordnet. Auf Sandböden herrscht die Föhre *(Pinus sylvestris)* vor. Sie gedeiht auch auf schwerem Lehm und an mageren Standorten und liebt neutrale bis mäßig saure Böden. Je ärmer der Standort an Humus und Nährstoffen ist, um so mehr empfiehlt es sich, »Ammen« als Hilfspflanzen einzubringen. Am Fuß der Kiefern können Schmetterlingsblütler stehen, die zahlreiche Bakterienknöllchen an ihren Wurzeln bilden. Durch ihre Stickstoffanreicherung im Boden werden die Nachbarpflanzen, einschließlich der Kiefern, im Wachstum günstig beeinflußt. Mit dem Heideginster

(Genista pilosa) wird auf nährstoff- und kalkarmen Böden eine solche Ammenpflanze eingebracht. Als bodenverbessernder Stickstoffsammler ist auch der Besenginster *(Cytisus scoparius,* syn. *Sarothamnus scoparius)* ein wichtiges Pioniergehölz, das zusammen mit dem Heideginster im Unterwuchs von Föhren wächst. Der Strauch transpiriert sehr stark. Er sollte deshalb nur in Gebieten mit hohen Niederschlägen angepflanzt werden. In kalten Wintern friert er stark zurück, treibt jedoch immer wieder aus. Trotz seiner scheinbaren Schwächen wird der Besenginster so unduldsam gegen die Begleitflora, daß die dichten Rutenbüsche gelegentlich zurückgeschnitten oder ausgelichtet werden müssen.

Alkalische Böden

Allium montanum, Liliaceae (Liliengewächse)
Berglauch
Staude mit Zwiebel
15 bis 30 cm hoch
Scheindolde, halbkugelig, hellrotlila oder rosafarbig. VII–VIII, Insektenbestäubung.

Der Berglauch begnügt sich mit einem flachgründigen, humosen Sandboden, der nicht immer kalkhaltig sein muß. Unter dem Schirm von lichten Kiefern und in der Sonne verhält sich *Allium montanum* wie ein Xerophyt, der sich noch in trockenen und warmen Lagen ansiedeln läßt. Als tiefwurzelnder Kriechstrauch kann gesellig mit dem Berglauch der Edelgamander *(Teucrium chamaedrys)* an einem mäßig trockenen Standort und im Unterwuchs von Kiefern eingebracht werden.

Anemone sylvestris, Ranunculaceae (Hahnenfußgewächse)
Großes Windröschen,
Waldwindröschen
Staude, Wurzelstock mit
Adventivknospen
15 bis 40 cm hoch
Blüten einzeln oder zu zweien, reinweiß. IV–VI, Pollenfressende und pollensammelnde Käfer, Fliegen und Bienen.

In Gemeinschaft mit der Bunten Kronwicke *(Coronilla varia)* breitet sich das Große Windröschen als Wurzelkriecher in sandig-humosen Löß- oder Lößlehmböden aus. Unter Kiefern kommt es immer gesellig zur Anpflanzung, wobei es gern mit der Fiederzwenke *(Brachypodium pinnatum)* zusammensteht.

Anthericum ramosum, Liliaceae (Liliengewächse)
Ästige Graslilie
Staude
30 bis 70 cm hoch
Blüten in Rispen angeordnete Trauben, weiß. VI–VIII, Bienen, Schwebfliegen, Schmetterlinge.

In einem lockeren Sand- oder Lößboden wird die Ästige Graslilie in Gruppen unter lichten Kiefern und auf dem angrenzenden Halbtrockenrasen angesiedelt. Als Tiefwurzler erträgt sie jeden trockenen Standort.

Chimaphila umbellata, Pyrolaceae (Wintergrüngewächse)
Winterlieb
Staude mit kriechendem weißen
Wurzelstock,
Laubblätter immergrün
5 bis 15 cm hoch
2- bis 7blütige Dolde oder Doldentraube, nickend, flach-glockenförmig, rosa. VI–VIII, Insektenbestäubung.

Das Winterlieb wird als ausgesprochener Kiefernbegleiter gesellig eingebracht. Es ist so empfindlich, daß man den Streurechen und unduldsame Nachbarn fernhalten muß. Als Halbschattenpflanze mit Wurzelpilz wächst das Winterlieb im moosigen, mäßig trockenen Humus.

Coronilla varia, Fabaceae (Schmetterlingsblütler)
Bunte Kronwicke   12- bis 15blütige Dolden, meist rosa,

Staude mit Wurzelbrut, im Gebüsch klimmend
30 bis 130 cm lang
Giftig!

selten weiß. V–IX, Saugende Hummeln und pollensammelnde Bienen.

Die Bunte Kronwicke ist ein stickstoffsammelnder Rohbodenpionier und Tiefwurzler. Sie läßt sich unter Kiefern und im Halbtrockenrasen, an Böschungen und Wegerändern anpflanzen.

Neutrale Böden

Arctostaphylos uva-ursi, Ericaceae (Heidekrautgewächse)
Bärentraube
Zwergstrauch mit dem Erdboden anliegenden, weitkriechenden Ästen
20 bis 60 cm lang
Laubblätter derbledrig, immergrün

Blüten 3 bis 12 in überhängenden Trauben, ei-krugförmig, weiß oder rötlich. III–VII, Hummeln, Falter und Blasenfußlarven (Thrips). Bildet eine kugelige, scharlachrote Beere.

Wie die Erlen ist Arctostaphylos uva-ursi in der Lage, mit Hilfe einer Actinomycetensymbiose atmosphärischen Stickstoff zu nutzen.

Mit der Bärentraube können unter den Föhren mehrere Quadratmeter große zusammenhängende Teppiche gebildet werden. Die chemische Bodenzusammensetzung spielt dabei keine Rolle. *Arctostaphylos uva-ursi* kann in einem basenreichen, neutralen, mäßig sauren oder moderig-humosen Boden stehen. Je nach Pflanzenbegleitern muß auf den pH-Wert geachtet werden. Eine ausgesprochen kalkfeindliche Flora läßt sich in Gesellschaft der Bärentraube mit dem Silbergras *(Corynephorus canescens)*, dem Dreizahn *(Danthonia decumbens*, syn. *Sieglingia decumbens)*, der Pillensegge *(Carex pilulifera)*, der Heidesegge *(Carex ericetorum)* und der Sandsegge *(Carex arenaria)* sowie dem Heidekraut *(Calluna vulgaris)* einbringen.

Völlig verschieden ist die Gesellschaft auf neutralen bis alkalischen Böden. Als Bärentrauben-Begleitflora lassen sich hier das Kalkblaugras *(Sesleria varia*, syn. *S. caerulea)*, die Weiße Segge *(Carex alba)* und die Erdsegge *(Carex humilis)*, die Brillenschote *(Biscutella laevigata)*, die Zwergvogelbeere *(Sorbus chamaemespilus)*, das Breitblättrige Laserkraut *(Laserpitium latifolium)* oder die Schneeheide *(Erica herbacea)* verwenden.

Cyisus nigricans, Fabaceae (Schmetterlingsblütler)
Schwarzer Geißklee
Strauch
50 bis 150 cm hoch

Blüten in Trauben, goldgelb, wohlriechend. VI–VIII, Hummeln und pollensammelnde Bienen.

Der Schwarze Geißklee ist völlig bodenvag. Er wächst ebensogut mit *Calluna vulgaris* in sauren Sandfluren wie in basenreichen, sandigen Lehmböden mit *Erica herbacea*. Als Ammenpflanze trägt er sehr viel zur Versorgung der Begleitflora mit Stickstoff bei.

Pulsatilla vernalis, Ranunculaceae (Hahnenfußgewächse)
Frühlingsküchenschelle
Staude, Blätter gefiedert, ledrig, wintergrün
5 bis 20 cm hoch

Blüten anfangs nickend, zuletzt aufrecht, glockenförmig, innen weiß, außen meist zart violett, rosarot oder türkisch-blau. IV–VII, Hummeln und Bienen, gelegentlich Falter und als Nektardiebe Ameisen und Thrips-Arten.

Die Frühlingsküchenschelle liebt einen mäßig basenreichen, humosen Lehmboden. Mit dem Gewöhnlichen Dost *(Origanum vulgare)* ist sie in bezug auf den Standort nicht so wählerisch; sie läßt sich sowohl auf Kalk als auf kalkarmen Lehm- und Lößböden ansiedeln. Als Licht–Halbschatten-Pflanze tritt sie unter Kiefern auf.

Saure Böden

Hypericum pulchrum, Hypericaceae (Johanniskrautgewächse)
Heidejohanniskraut
Schönes Johanniskraut
Staude
20 bis 50 cm hoch

Blüten in langgestreckter Rispe, goldgelb, oft rötlich überlaufen. VII–IX, Insektenbestäubung.

Im lichten Schatten von *Pinus sylvestris* läßt sich das Heidejohanniskraut ansiedeln. Auf ziemlich trockenem und sandigem Boden steht es auch gern mit der Besenheide *(Calluna vulgaris)*, dem Echten Johanniskraut *(Hypericum perforatum)* und dem Niederliegenden Johanniskraut *(Hypericum humifusum)*, dem Hügelweidenröschen *(Epilobium collinum)*, der Bergsandrapunzel *(Jasione montana)*, dem Deutschen Ginster *(Genista germanica)* und dem Färberginster *(Genista tinctoria)* sowie der Geschlängelten Schmiele *(Deschampsia flexuosa)* zusammen.

Vaccinium vitis-idaea, Ericaceae (Heidekrautgewächse)
Preiselbeere
Niedriger Halbstrauch mit unterirdischen Kriechtrieben, Laubblätter wintergrün, derb-ledrig
10 bis 15 cm hoch

Mehr- bis vielblütige hängende Trauben, weiß, rötlich angelaufen, glockig. V–VI, Hummeln, Bienen, Fliegen.
Beeren zuerst weiß, dann scharlachrot, kugelig, etwas bitter schmeckend.

Die Preiselbeere wird gern in Begleitung der Föhre auf sandigen, humusreichen, nährsalzarmen und sauren Böden mit einem pH-Wert von 4,5 bis 5,5 verwendet. In klimatisch günstigen Lagen blüht und fruchtet die Preiselbeere zweimal im Jahr. Die Herbstfrüchte sind von besserer Qualität als die Früchte der ersten Generation. Mit modernden Baumstubben und -stämmen lassen sich naturnahe Vegetationsbilder gestalten. Die schuppig beblätterten Kriechtriebe der Preiselbeere überwachsen und durchwachsen nicht selten die morschen Baumstrunke und -stämme.

Die roten, innen weißen Preiselbeerfrüchte werden im Spätsommer oder Frühherbst gesammelt. Die organischen Zitronen-, Benzoe-, China-, Salicyl- und Bernsteinsäuren sowie Gerbstoffe bedingen den herbsauren Geschmack. Sie enthalten reichlich Pektin, Provitamin A, Vitamin B_1, B_2, C und Mineralstoffe. Verwendet werden sie zur Herstellung von Kompotten, von Preiselbeerlikör, Fruchtaromalikör mit einem Alkoholgehalt von 30 bis 35 Vol.-%, Saft und Obstwein.

Tiere

Die Samen der Kiefernzapfen sind ein begehrtes Vogelfutter. Als Wintergast aus den Kiefernwäldern Nordeuropas stellt sich der Kiefernkreuzschnabel ein, der sich vorwiegend von Kiefernsamen ernährt. Vom Frühjahr bis zum Frühsommer folgen als Konsumenten die Kohlmeisen, Sumpfmeisen, Tannenmeisen, Blaumeisen, der Gimpel, der Grünling, der Stieglitz, der Zeisig, der Buchfink und der Fichtenkreuzschnabel.

In den Kiefern lebt die Haubenmeise von Gliederfüßlern aller Entwicklungsstufen sowie von Sämereien. Auffallend ist die hohe Besiedlungsdichte an Kohlmeisen, Tannenmeisen und Haubenmeisen, dem Buchfink, dem Zilpzalp und dem Fitis.

Eine besondere Vorliebe für Kiefern haben die Hasen und Kaninchen. Die Rinde der Triebspitzen junger Pflanzen werden verbissen. In leichten Böden bewohnen die Kaninchen ihre selbstgegrabenen Erdbauten und weiden die Bodenflora ab. Auch Ginsterarten werden vom Wild häufig verbissen.

In größeren Kiefernbeständen neigen die Larven der Blattwespen und der Kieferngespinstblattwespen zur Massenvermehrung. Durch ihren Fraß an Kiefernnadeln können sie sehr schädlich werden. Die Raupen des Kieferntriebwicklers spinnen die Triebspitzen zusammen und fressen im Frühjahr an jungen Kieferntrieben.

Auch die grünen Raupen des Kiefernspanners und der Kieferneule mit ihren weißlichen Längsstreifen gehören zu den Kiefernschädlingen. Zur Massenvermehrung neigt auch die Kiefernbuschhornblattwespe. Ihre gelbgrünen Afterraupen verzehren die Kiefernnadeln.

Das biologische Gleichgewicht wird durch zahlreiche Vögel, Mäuse und schmarotzende Insekten hergestellt. Für eine ausgewogene Lebensgemeinschaft sorgen die Raupenfliegen und Schlupfwespen. Sie greifen bei einer Massenvermehrung des Goldafters, des Schwammspinners, der Kieferneulenraupen und Nonnenraupen oder der Ringelspinner regulierend ein. Die Insekten werden angestochen, und nach der Eiablage entwickeln sich Larven, die als Raubschmarotzer in den Schmetterlingsraupen leben. Die Larven des Trauerschwebers und der Hottentottenfliege schmarotzen in den Raupen der Kieferneule.

Zahlreiche Vögel, wie die Wacholderdrossel, die Singdrossel, die Misteldrossel, die Nebelkrähe, die Elster oder der Eichelhäher naschen von der Preiselbeere.

Unter Lärchen

Die Europäische Lärche *(Larix decidua)* wurde in vielen Anlagen und Gärten als Lichtholz-Art eingebracht. Man braucht sich nur die Krone eines Baumes anzusehen und mit den Fichten zu vergleichen. Während die Lärche genug Licht für den Unterwuchs durchläßt, bietet die Fichte nur begrenzte Möglichkeiten. Die Lärchen bilden ein Refugium für sonnenbedürftige Pflanzen. Unter Einzelbäumen und ganzen Gruppen läßt sich ein mehr oder weniger dichtes Netz von Ökozellen bilden.

Die Lärche bevorzugt weder Kalk noch Urgestein. Sie gedeiht auf Sand- und Lehmböden. Die besten Wuchsleistungen werden an tiefgründigen, lockeren, gleichmäßig feuchten und nährstoffreichen Standorten erreicht. Zwischen frischen Lärchennadeln, die im Herbst abfallen, ist der Luftraum sehr groß und die aufnehmbare Wassermenge relativ klein. Das bedeutet, daß sich in der nur wenige Millimeter starken Rohhumusauflage kaum eine Bodenflora ansiedeln läßt. Geeignete Kleinstandorte findet der sauerhumusbewohnende Unterwuchs nur in einer 20 bis 30 cm hohen Substratschicht aus Lauberde, Rinden- oder Holzkompost. Unter einem parkartig lockeren Lärchenbestand läßt sich die lichthungrige Rostblättrige Alpenrose *(Rhododendron ferrugineum)* ansiedeln. Bei einem dichten Kronenschluß kann die weniger sonnenbedürftige Heidelbeere *(Vaccinium myrtillus)* im Rohhumus stehen. Die Lärchenbestände auf Kalkböden müssen locker sein, daß die Bewimperte Alpenrose *(Rhododendron hirsutum)* zur Blüte gelangt.

Eine zusammenhängende Moderauflage ermöglicht auch einen Unterwuchs mit geeigneten Gehölzen und Stauden.

Sträucher
Blaue Heckenkirsche *(Lonicera caerulea)*
Schwarze Heckenkirsche *(Lonicera nigra)*
Alpenheckenrose *(Rosa pendulina)*
Zwergsträucher
Preiselbeere *(Vaccinium vitis-idaea)*

Moosglöckchen *(Linnaea borealis)*
Moorbeere *(Vaccinium uliginosum)*
Stauden
Wolliges Reitgras *(Calamagrostis villosa)*
Geschlängelte Schmiele *(Deschampsia flexuosa)*
Waldhainsimse (*Luzula sylvatica* ssp. *sieberi*)
Gelbliche Hainsimse *(Luzula luzulina)*
Grüner Alpenlattich *(Homogyne alpina)*
Waldsauerklee *(Oxalis acetosella)*
Waldhabichtskraut *(Hieracium sylvaticum)*
Alpenhabichtskraut *(Hieracium alpinum)*
Gewöhnliche Goldrute (*Solidago virgaurea* ssp. *minuta*)
Scheuchzer's Glockenblume *(Campanula scheuchzeri)*
Bergwohlverleih *(Arnica montana)*
Resedenblättriges Schaumkraut *(Cardamine resedifolia)*
Jupiter-Lichtnelke *(Lychnis flos-jovis)*

Die Biotopbindung der Lärchenbegleiter hat meist nur eine regionale Gültigkeit. Manche in Verbindung mit Lärchen weitverbreitete Arten lassen sich in der Krautschicht von Kalk- und Silikatböden ansiedeln.

Tiere

Die Lärchen bilden ein artenreiches Insektenbiotop. Für die Bienen liefern die Lärchenläuse den hervorragenden Nadelhonig. Die Rote und Grüne Fichtengallenlaus findet man den Sommer über auf den Zweigen von Wachsflöckchen umgeben, wobei ein Wirtswechsel mit der Fichte besteht. Die Larven der Großen, der Kleinen und der Gelben Lärchenblattwespe können durch ihren Fraß an den Nadeln der Lärchen schwere Schäden hervorrufen. Bei den Lärchen besteht auch die Gefahr, daß sie nach dem Befall durch den Lärchenwickler vorzeitig ihre Nadeln verlieren. Die Raupen der Lärchenminiermotte minieren in den Nadeln. Mitunter kann es vorkommen, daß jüngere Bäume absterben. Junge Lärchen sind auch durch den Lerchenbock gefährdet. Seine Larven entwickeln sich zwischen der Rinde und dem Holz. Sie dringen bis in den Splint lebender und gefällter Stämme vor.

Ökologisches Alpinum

Die Größe eines Ökologischen Alpinums hängt vom Variationsspielraum des Gartens ab. Es kann sich über eine Fläche von 20 bis 2000 Quadratmeter erstrecken. Für die Nivalbiotope der Hochgebirge, die unter einer langen Schneeabdeckung liegen und daher eine kurze Vegetationszeit besitzen, ist es unmöglich, alle Faktoren wie Niederschlagsmenge, Verdunstung, Wind, Licht, Temperatur, physikalische und chemische Bodenbeschaffenheit und deren Auswirkungen auf die Pflanzen zu berücksichtigen. Ein Inlandalpinum mit einem Jahresniederschlag von 700 mm erhält nur die Hälfte der anfallenden Regenmenge der Alpen. Durch Sprühanlagen ist es möglich, die Flächen zusätzlich zu beregnen, bei trockener Luft und extrem hohen Sommertemperaturen einen »Bergnebel« auszubringen und ein entsprechendes Kleinklima zu schaffen. Es fällt also nicht leicht, Pflanzen der Hochgebirge im Flachland zu kultivieren. Aus der Vogelperspektive erhält man vom höchsten Gebirge Europas, den Alpen, einen Vegetationsquerschnitt durch die Pflanzengesellschaften der sauren Böden unserer Zentralalpen, der neutralen Böden unserer Schieferalpen und der basischen Böden der Kalkalpen.

Jeder Boden muß bei der Darstellung natürlicher Lebensbereiche verändert werden, wobei Pflanzwannen zur Aufnahme diverser Substrate erforderlich sind. Sie werden bis zu einer Tiefe von 150 cm ausgehoben. Unten in die Wannen füllt man zur Drainage 10 bis 30 cm Geröll. Damit kein Substrat in den Kies eingespült wird, kommen als Zwischenschicht 15 cm Rindenkompost oder der Kies wird mit Filtervlies, Glasfaser oder Hygromullplatten abgedeckt. Darüber füllt man als Pflanzsubstrat in einer Stärke von 10 bis 110 cm die entsprechenden Erdgemische.

Erdgemische
So verschieden wie die Biotope sind die Erdansprüche unserer Pflanzen. Dabei ist es fraglich, ob die natürlichen Bodenverhältnisse, wie wir sie von unseren Hochgebirgen kennen, den Alpenpflanzen in unseren Gärten optimale Wachstumsbedingungen bieten. Aus Kompost- und Rasenerde, Acker- und Gartenboden, Sand, Torf, Lauberde und Rindenkompost ist es möglich, für jedes dieser Biotope ein brauchbares Erdgemisch zusammenzustellen. Praktische Erfahrungen räumen mit den herkömmlichen Vorstellungen über die Erdansprüche vieler Pflanzen auf. Zwischen den Besiedlern alkalischer und saurer Böden stehen die Pflanzen der Schieferalpen, die weder dem einen noch dem anderen Gestein zugeordnet werden.

Der Anspruch auf stark durchlüftete Substrate ist ein Merkmal aller Pflanzen alkalischer Böden. Bei einer guten Luft- und Wasserführung der Erdsubstrate sind die Pflanzen in bezug auf dern Boden indifferent, das heißt, der Kalk-Säure-Wert des Bodens kann sowohl leicht über pH 7 ansteigen als auch absinken. Daraus folgt, daß beim Gebrauch von gut durchlüfteten Substraten alle Alpinen wachsen.

Unter solchen Voraussetzungen können Hochgebirgspflanzen neutraler, saurer oder kalkhaltiger Böden im selben Standardgemisch stehen. Viele Urgesteinspflanzen verhalten sich in bezug auf den Boden neutral. Solange die Konkurrenz benachbarter Pflanzen ausgeschaltet ist, spielt für sie ein gewisser Kalkgehalt im Boden keine so große Rolle. Andererseits ist es in jedem Fall besser, die Pflanzen alkalischer Böden in einem leicht sauren als in einem überkalkten Boden zu halten. Viele Urgesteinspflanzen aus der Säuerlingsflur wie der Säuerling *(Oxyria digyna)*, der Prachtsteinbrech *(Saxifraga cotyledon)* oder die Zottige Gemswurz *(Doronicum clusii)* verhalten sich in bezug auf den Boden neutral. Solange die Konkurrenz benachbarter Pflanzen ausgeschaltet ist, spielt für sie ein gewisser Kalkgehalt im Boden keine so große Rolle. Die Bergnelkenwurz *(Geum montanum)*, die im bodensauren Krummseggenrasen des Zentralalpenbereichs vorkommt, keimt im Ökologischen Alpinum noch auf kalkreichen Substraten. Umgekehrt zeigt das Alpenleinkraut *(Linaria alpina)* von den Steinschuttfluren der Kalkalpen in den Pflanzengesellschaften saurer Böden relativ gute Keimergebnisse.

In der leichtgewichtigen Lava-Naturschlacke oder im groben Sand haben wir zwei zuverlässige Stabilisatoren, die in Standardgemischen zusammen mit einem Drittel Kompost- oder Landerde und einem Drittel Lauberde oder Rindenkompost verwendet wird. Die hochalpinen Pflanzen sind an ihren Wildstandorten gemeinhin frosthärter und ausdauernder als in Gartenkultur und somit für neue Lebensräume besser gerüstet.

Steinaufbau und Bepflanzung

Wer ein Ökologisches Alpinum aufbauen will, muß sich an die Naturstandorte begeben. Nur so wird es möglich sein, die drei großen Hauptformationen unserer Alpen aufzubauen. Die Bereiche der Zentralalpen, die vorwiegend aus Urgestein bestehen, werden mit Granit oder Gneis dargestellt. Die Pflanzengesellschaften neutraler Böden lassen sich aus Schiefer oder Sandstein aufbauen und die Pflanzengesellschaften basischer Böden werden mit Kalksteinen gestaltet.

Viele hochalpine Arten lassen sich ohne menschliches Zutun im Ökologischen Alpinum nicht halten. Sie sind so sehr an das Höhenleben gebunden, daß es nicht möglich ist, sie für längere Zeit zu kultivieren. Dies gilt für einige Leitpflanzen und

Abb. 24a. Bei tonigen, wasserstauenden Böden verhindert eine Dränschicht aus grobem, schottrigem Kies stehende Nässe.

der ihnen zugeordneten Pflanzengesellschaften wie dem Krummseggenrasen mit *Carex curvula*, dem Polsterseggenrasen mit *Carex firma* oder der Alpenazaleen-Heide mit *Loiseleuria procumbens*. Auch der Himmelsherold *(Eritrichum nanum)* oder der Gletscher-Hahnenfuß *(Ranunculus glacialis)* sind unter den Klimabedingungen des Flachlandes nicht existenzfähig. Deshalb erscheinen derartige Hochalpine vielfach nicht in den Pflanzenangeboten unserer Staudengärtnereien.

Zwischen den Pflanzengesellschaften gibt es zahlreiche Übergangsformen. Vielfach entwickeln sich durch Windflug der Samen Lebensgemeinschaften heraus, die wenig mit unseren Planungskonzepten gemeinsam haben. Eine spontane Vegetation, die sich einen neuen Standort sucht, sollten wir in Lebensbereichen belassen, die ihnen zuträglicher als die zugewiesenen Standorte sind.

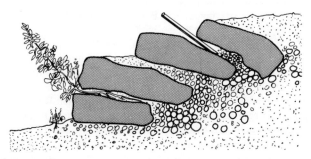

Abb. 24b. Steine sollten stets nach hinten geneigt und etwas in das Erdreich eingebettet gelegt werden.

Alpenpflanzen-Düngung

Die natürliche Wuchsform hochalpiner Pflanzen läßt sich bis zu einem gewissen Grad durch das Nährstoff- und Wasserangebot beibehalten; gegen die verminderte UV-Strahlung, die langen Sommer und den fehlenden Schnee gibt es keine Hilfsmittel.

Obwohl die Anpassungsfähigkeit gewisser Alpenpflanzen groß ist, erschöpfen sich viele Arten in unseren langen Sommern. Deshalb erhalten alle Alpinen, die in Erdkultur stehen, im Herbst einen Düngevorschuß für das nächste Jahr. Was das Strahlungsklima der Alpen für die CO_2-Assimilation (Überproduktion von Zucker) den Pflanzen bringt, versuchen wir auf dem Weg erhöhter Kaligaben auszugleichen. Sofern durch niedere Nachttemperaturen ein Umwandlungsprozeß in Stärke verhindert wird, erhöht der Zucker die Frostresistenz der Pflanzen. Ein Abdecken des Bodens mit aufgedüngtem Erd-, Rinden- oder Holzkompost schafft einen Zustand, wie er in der Natur durch die Humifizierung von Pflanzenresten eintritt. Auf 1 m³ Kompost gibt man 1 kg Hornspäne und 1 kg Knochenmehl. Das Kali wird durch 2 kg Laubholzasche oder 20 kg Lava-Urgesteinsmehl in den Boden gebracht. Nach dem Einmischen des Düngers wird der Kompost etwa in Zentimeterstärke zwischen die Alpinen und unter die Pflanzenpolster gestreut.

Bei der geringsten Verschiebung des Nährstoffverhältnisses zugunsten von Stickstoff wird der Wuchs sehr üppig und die Blätter beginnen zu vergrünen, die Blüten verlieren an Leuchtkraft und werden langstielig. Eine Abneigung gegen den Stickstoff besteht dagegen nicht bei den nitrophilen Arten, die in der Umgebung von Almhütten auf überdüngtem Boden (Läger) wachsen.

Winterschutz

Vor den zerstörenden Kräften des Winters werden die Pflanzen der Bergregionen durch meterhohen Schnee geschützt. In extremen Höhenlagen überstehen die Felsbesiedler Steinschlag und Lawinen, lebensfeindliche Stürme und Eis, Trockenperioden und sintflutartige Regenfälle. Die Gebirgsflora kennt nur einen kurzen, aber intensiven Alpensommer. Wie überleben die Steinbesiedler am natürlichen Standort, während wir mit der Pflege von Alpenpflanzen immer Schwierigkeiten haben?

Für viele hochalpine Pflanzen, die wir aus großen Höhen heruntergeholt haben, sind unsere Winter zu kurz. Die Enttäuschungen, welche wir häufig erleben, sind nicht so sehr durch falsche Pflege bedingt, sondern auf die extrem lange Vegetationsdauer und auf das Fehlen der schützenden Schneedecke zurückzuführen. Die immergrünen Enziane *Gentiana verna, G. clusii*, die *Rumex*- oder *Saxifraga*-Arten sind ohne weiteres in der Lage, in schneefreien Lagen und an warmen Wintertagen zu assimilieren. So gesehen tritt bei vielen Bewohnern von Bergkämmen gar keine Winterruhe ein.

Der Schnee ist ein wichtiger Klimafaktor für die Pflanzen. Selbst bei extremen Minusgraden ist der Boden unter einer Schneedecke selten gefroren. Diese ist ein schlechter Wärmeleiter und ein hervorragender Verdunstungsschutz. Die hochalpinen Pflanzen haben ihre Knospen bereits im Herbst auf den Frühling vorbereitet. Selbst eine hohe Schneedecke läßt noch soviel Licht bis auf den Boden durchdringen, daß etliche alpine Pflanzen imstande sind, mit ihren Blütenknospen eine beachtliche Schneedecke zu durchwachsen. Die dunkelfarbigen Stengel und Blätter kommen mit der absorbierten Strahlungswärme aus, um den Schnee zu schmelzen.

Die Winterkälte ist auch für die Fortpflanzung alpiner Pflanzen unentbehrlich. Oft säen sich die Enzian-Arten und Primeln, *Anemone sylvestris* oder *Draba lasiocarpa* selbst aus und überwintern in einem keimauslösenden Temperaturbereich zwischen 0 und 5 Grad Wärme unter einer Schneedecke.

Nach schneereichen Wintern sollte man im Frühjahr auf Sämlinge achten. Um die Anlage gut zu überwintern, ist das Aufbringen von Schnee eine Möglichkeit. Bei sehr warmem Vorfrühlingswetter läßt sich die Winterruhe der Alpinen nur unwesentlich verlängern.

In den Felsspalten des Alpinums bilden die Steinbesiedler erstaunlich lange Pfahlwurzeln. Den Temperaturunterschieden zwischen Tag und Nacht sowie der austrocknenden Wirkung des Windes können sie dadurch besser widerstehen. Um die Alpinen in dem gefrorenen Boden vor Trockenschäden zu bewahren, kommt man nicht umhin, die Pflanzen durch Auflagen von Nadelholzzweigen vor der Wintersonne zu schützen. Mit dem Ansteigen der Frühjahrssonne beginnen sich die Nadeln zu bräunen, sie fallen ab und die Pflanzen können sich langsam an das volle Licht gewöhnen. In den meisten Alpengartenanlagen treffen wir auf Arten, die imstande sind, extreme Temperatur- und Lichtunterschiede, Nässe und Trockenheit zu ertragen. Alpine Pflanzen, die mit ihren Wurzelstöcken, Zwiebeln oder Knollen im Boden überwintern, benötigen keinen Winterschutz.

Bei außergewöhnlich warmen und feuchten Witterungsbedingungen beginnen die Primeln und etliche Lungenkräuter ein zweites Mal auszutreiben und im November zu blühen. Die Winterruhe läßt sich durch Trockenhalten und Schutz vor starken Regengüssen erhalten. Meist genügt die Auflage von Glasscheiben, ein Plexiglasschutz oder das Überspannen mit Folie. Bei einer gut funktionierenden Drainage kann unter Umständen auf einen Winterschutz verzichtet werden. In einem mit Lavaschlacke, Sand, Ziegelgrus oder feinem Kies durchsetzten Boden wird das Wasser rasch abgeleitet. Die Struktur des Bodens hat einen wesentlichen Einfluß auf die Winterhärte der Pflanzen. Gewisse kristalline Gesteine können dabei beträchtliche Mengen von Phosphor und Kali enthalten. Untersuchungen haben ergeben, daß sie fast unerschöpflich an Spurenelementen sind. Die winterharten *Sempervivum-* und *Sedum*-Arten sowie ausgesprochene Felsbesiedler zeigen in einem basaltischen Lockergestein eine vorzügliche Frosthärte. In niederschlagsreichen Wintern ist keine Vernässung zu befürchten. Überschüssiges Wasser fließt sehr schnell nach unten ab und wird über eine Drainage weggeführt.

Pflanzengesellschaften saurer Böden (Zentralalpen-Bereich)

Die Pflanzengesellschaften saurer Böden wachsen am besten bei einem pH-Optimum von 5,0 bis 6,0. Wenn die zur Verfügung stehende Land- oder Gartenerde jedoch einen so hohen Kalkgehalt aufweist, daß es trotz Beimischen von sehr saurem Holz- oder Rindenkompost nicht gelingt, auf einen geeigneten pH-Wert zu kommen, ist es durch Zufuhr von Schwefelblume möglich, das unerwünschte Calciumcarbonat ($CaCO_3$) in eine neutrale Verbindung überzuführen. In den schwefelbehandelten Erden sind die alpinen Pflanzen auffallend wüchsig, was auf Kali, Magnesium, Eisen und die zahlreichen Spurenelemente zurückzuführen ist, die bei der Schwefelbehandlung freiwerden.

Silikat-Felsspaltenbewohner

In den verworfenen Felsbastionen des Urgesteins ziehen sich viele Urgesteinspflanzen an schattigen Wänden in Klammbildungen zurück, wo sie von der direkten Sonnenbestrahlung gar nicht oder nur selten erreicht werden. Im zunehmend warmen Klima pflanzt man die Drüsige Schlüsselblume *(Primula hirsuta)* in senkrechte Spalten, wo sie vor Vertrocknung geschützt ist. Unter Felsvorsprüngen und in waagrechten Spalten entfaltet der Nordische Strichfarn *(Asplenium septentrionale)* seine eigenwillige Gestalt. Am Fuß der silikatischen Gesteine wie Granit, Porphyr, Gneis oder Grauwacke wächst in dem kühlen, von Frischwasser durchfeuchteten Boden ohne Mühe die Zottige Gemswurze *(Doronicum clusii)*. Auf den Felsgraten werden die Dreiblatt-Binse *(Juncus trifidus)* und der große polsterbildende Moschus-Steinbrech *(Saxifraga exarata)* so gepflanzt, daß sie mit ihren Wurzeln weit in die Spalten eindringen können. Die trockenen Lebensräume der Felsspalten werden von der

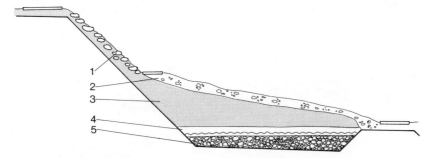

Abb. 25. Geröllhaldenbesiedler 70 m². **1** = Silikatfelsen für die Fetthenne-Hauswurzgruppe, **2** = 10 m³ Granit- oder Gneisschutt 2–25 cm ⌀, **3** = 10–80 cm, 30 m³ Rasen- oder Landerde, 20 m³ Torf oder Rindenkompost, 10 m³ Quarzsand oder Lavaschlacke, **4** = 10 cm Rindenkompost oder Filtervlies, **5** = 15–30 cm Geröll.

Zauneidechse besiedelt. Im Frühjahr tragen die Männchen grüne Flanken, während die Weibchen in schlichtem Braun gezeichnet sind. Durchweg ernähren sich die Eidechsen von kleinen Kerbtieren und deren Larven, Spinnen und Schnecken.
Gut zu kultivieren:
Asplenium septentrionale, Saxifraga exarata, Primula hirsuta, Doronicum clusii
Schwierig zu kultivieren:
Cardamine resedifolia
Halten nur 1 bis 2 Jahre:
Saxifrage aspera var. *bryoides*
Nicht zu kultivieren:
Androsace multiflora, Eritrichum nanum

Geröllhaldenbesiedler

Die Geröllhaldenbesiedler sind eine interessante Lebensgemeinschaft, die keine zusammenhängende Gruppe bildet. Als Bewohner des Silikatgrob- und Silikatfeinschutts untergliedern sie sich in drei Abschnitte.

a) Säuerlingsflur
mit dem vorherrschenden Säuerlich *(Oxyria digyna)* und dem Prachtsteinbrech *(Saxifraga cotyledon)*. Bei der Gestaltung dieser ökologischen Gruppe spielt die Steinverwendung eine große Rolle. Assoziationsfremde Arten keimen überall dort, wo sie eine Erdauflage vorfinden, während sie in den Geröllhalden kaum Fuß fassen. Die Felsflora mit dem Prachtsteinbrech findet in den Spalten der Schuttblöcke gute Lebensbedingungen.
Gut zu kultivieren:
Oxyria digyna, Saxifraga cotyledon
Schwierig zu kultivieren:
Festuca pumila, Poa laxa, Geum reptans, Androsace alpina, Androsace carnea
Halten nur 1 bis 2 Jahre:
Cerastium pedunculatum, Cerastium uniflorum
Nicht zu kultivieren:
Ranunculus glacialis, Saxifraga seguieri
b) Rollfarnflur
mit dem Krausen Rollfarn (*Cryptogramma crispa* syn. *Allosorus crispus*). Er läßt sich nicht in einem Schutthang ansiedeln. Diese Lebensgemeinschaft reagiert empfindlich auf eine plötzliche und starke pH-Änderung durch Düngung oder Kalkung. Wo kühle Wasserströmungen den Boden durchrieseln, findet der Rollfarn zwischen Grobblöcken Schutz vor der Sonne.

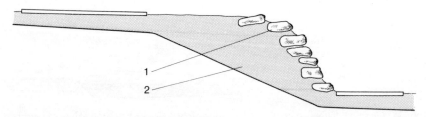

Abb. 26. Silikat-Felsspaltenbewohner 10 m². **1** = Gneis- oder Granitsteine, trocken aufgesetzt, 15 flache Blöcke, 150 cm lang, 10–15 cm breit, 20–30 cm hoch, **2** = 15–50 cm Rasen- oder Landerde 9 m³, Torf oder Rindenkompost 9 m³, Quarzsand oder Lavaschlacke 9 m³.

Gut zu kultivieren:
Cryptogramma crispa
Schwierig zu kultivieren:
Sedum alpestre
c) Fetthenne–Hauswurzgruppe
mit der dominierenden Spinnwebigen Hauswurz *(Sempervivum arachnoideum)*, die sich mit ihrem wolligen Überzug vor Austrocknung schützt, wird an sonnigen, trockenen Silikatfelsen und auf steinigen Matten angesiedelt. Eine *Sempervivum-arachnoideum*-Gruppe macht sich auf den plattigen Gneisfelsen als eine stark hervortretende Pflanzengesellschaft mit rotem Blütenschmuck bemerkbar. Zwischen der vorherrschenden Spinnwebigen Hauswurz läßt sich im trockenen Ruhschutt die Echte Hauswurz *(Sempervivum tectorum)* in größeren Beständen ansiedeln. Zwischen diesen beiden Arten kommt es häufig zu Kreuzungen. Die Bastardnatur ist besonders häufig unter den Sämlingen zu beobachten. Für die feuchtigkeitsempfindliche Alpen-Fetthenne *(Sedum alpestre)* ist die Feinerde, die von den Steinen nur hand- bis fußhoch überdeckt wird, zu feucht. Deshalb kann sie bei uns kaum dauerhaft angesiedelt werden.
Gut zu kultivieren:
Sempervivum arachnoideum, Sempervivum tectorum

Krummseggenrasen
Die Pflanzen des Krummseggenrasens wachsen in der Regel in tiefgründigen, humusreichen Böden von pH 3,5 bis 4,5. Der Bedeckungsgrad ist ziemlich gering, denn bei schlechten ökologischen Bedingungen gibt es zwischen den einzelnen Horsten immer noch bloßliegende Felspartien, die nur von Felspflanzen wie *Sempervivum montanum* besiedelt werden können.

In der alpinen Stufe und auf saurem Gestein werden die Rasen von den absterbenden Blattspitzen der Krummsegge *(Carex curvula)* gebildet, in der sich stark säureliebende Pflanzen ansiedeln. In Kultur, wo sie sogar von konkurrenzkräftigen Nachbarn geschützt ist, läßt sich diese Krummsegge kaum über einen längeren Zeitraum kultivieren. Auf den herbstlich gefärbten Teppich großer *Carex-curvula*-Bestände muß deshalb in Kultur verzichtet werden. Wenn auf andere Pflanzen des Krummseggenrasens ausgewichen wird, erhält diese Gruppe ein völlig untypisches Aussehen. Es lohnt sich dennoch, entsprechend dieser Pflanzengemeinschaft am Natur-

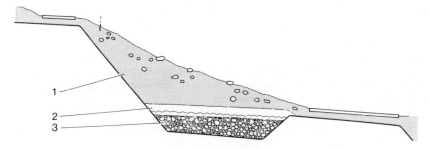

Abb. 27. Krummseggenrasen 35 m². **1** = 20–80 cm grober Gneis- oder Granitschutt, 50 große Blöcke 50 × 50 × 80 cm, 30 mittlere Blöcke 20 × 20 × 50 cm, 3 m³ Schutt 2–25 cm ⌀, 20 m³ Rasen- oder Landerde, 10 m³ Torf oder Rindenkompost, 5 m³ Quarzsand oder Lavaschlacke, **2** = 15 cm Rindenkompost oder Filtervlies, **3** = 15–30 cm Geröll.

standort, den folgenden Vertretern des Curvuletums im Ökologischen Alpinum einen Lebensraum zu geben:
Gut zu kultivieren:
Minuartia recurva, Sempervivum montanum, Hieracium glanduliferum, Minuartia sedoides, Geum montanum, Hieracium piliferum
Schwierig zu kultivieren:
Agrostis rupestris, Viscaria alpina, Veronica bellidioides, Avena versicolor, Androsace obtusifolia, Senecio incanus ssp. *carniolicus*
Halten nur 1 bis 2 Jahre:
Sesleria disticha, Luzula spicata, Phyteuma hemisphaericum, Juncus jaquinii, Primula glutinosa, Phyteuma pedemontanum, Luzula lutea, Phyteuma globulariifolium, Chrysanthemum alpinum
Nicht zu kultivieren:
Carex curvula, Potentilla frigida, Valeriana celtica, Saponaria pumila, Gentiana brachyphylla

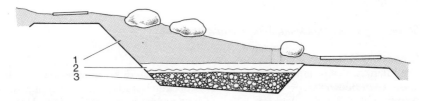

Abb. 28. Borstgrasmatte 40 m². **1** = 15–80 cm, 20 m³ nährstoffarme Rasen- oder Landerde, 15 m³ Torf oder Rindenkompost, 10 m³ Quarzsand oder Lavaschlacke, 15 große Blöcke 50 × 50 × 80 cm, 3 m³ Schutt 2–25 cm ⌀, **2** = 15 cm Rindenkompost oder Filtervlies, **3** = 15–30 cm Geröll.

Borstgrasmatte

Das Borstgras *(Nardus stricta)* bildet in der Borstgrasmatte eine Dominante, die als ausgesprochene Magerpflanze keinen Dünger verträgt. Es sollte nicht zu sehr zur Vorherrschaft gelangen, sondern mit der Begleitflora durchsetzt werden. Aus dem grau gefärbten Teppich leuchtet im Mai–Juni zaghaft das Blau von Kochs Enzian *(Gentiana acaulis* syn. *G. kochiana)* und der Bärtigen Glockenblume *(Campanula barbata)* zusammen mit dem Gelb des Goldfingerkrautes *(Potentilla aurea)* und einigen Habichtskräutern *(Hieracium)* sowie den silbrigblättrigen Gemeinen Katzenpfötchen *(Antennaria dioica)*.
Gut zu kultivieren.
Nardus stricta, Potentilla aurea, Crepis conyzifolia, Deschampsia flexuosa, Gentiana acaulis, Hieracium alpinum, Festuca rubra, Campanula scheuchzeri, Hieracium aurantiacum, Sieglingia decumbens, Antennaria dioica, Hieracium auricula, Carex pallescens, Solidago alpestris, Ajuga pyramidalis
Schwierig zu kultivieren:
Phyteuma betonicifolium, Hypochaeris uniflora, Campanula barbata, Gnaphalium norvegicum
Halten nur 1 bis 2 Jahre:
Pulsatilla vernalis, Achillea moschata, Arnica montana
Nicht zu kultivieren:
Alchemilla fallax

Säureliebende Schneebodenbewohner

Ein typisches »Schneetälchen« mit seiner Vegetation darzustellen, ist nicht möglich. Das ökologische Optimum ist für die meisten Schneeboden-Bewohner von unseren Möglichkeiten sehr weit entfernt. Eine Annäherung an ihre natürlichen Standortverhältnisse ist nur möglich, wenn flache, von Felsen umgebene Mulden angelegt werden, die stets vom Wasser getränkt sind. Die Erde in den Schneetälchen muß schwarz und humusreich sein. Fast unerfüllbar ist die Forderung, die Pflanzen ein dreiviertel Jahr unter einer meterdicken Schneedecke zu halten. Nach der Schneeschmelze im Juli stehen der natürlichen Schneeboden-Vegetation nur drei Monate Vegetationszeit zur Verfügung. Durch entsprechende Kulturbedingungen, wie verkürzte Vegetationsperiode, Feuchtigkeitsüberschuß und hoher Humusgehalt des Bodens, ist es möglich, ein verbessertes Wachstum zu erzielen. Von den säureliebenden Schneebodenbewohnern können nur wenige Vertreter gezeigt werden, wie die Krautweide *(Salix herbacea)* und der Alpengelbling *(Sibbaldia procumbens)*, wogegen die Zwergtroddelblume *(Soldanella pusilla)* nicht kultivierbar ist.

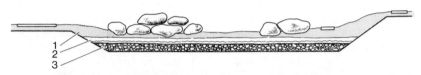

Abb. 29. Säureliebende Schneebodenbewohner 40 m². **1** = 10–60 cm, 5 m³ Rasen- oder Landerde, 5 m³ Torf oder Rindenkompost, 2 m³ Quarzsand oder Lavaschlacke, 50 große Blöcke 50 × 50 × 80 cm, 50 mittlere Blöcke 20 × 20 × 50 cm, **2** = 15 cm Rindenkompost oder Filtervlies, **3** = 15–30 cm Geröll.

a) Krautweideschneeboden
Gut zu kultivieren:
Salix herbacea, Sibbaldia procumbens
Schwierig zu kultivieren:
Cardamine alpina
Halten nur 1 bis 2 Jahre:
Primula integrifolia, Primula minima, Gentiana bavarica ssp. *subcaulis*
Nicht zu kultivieren:
Ranunculus pygmaeus, Alchemilla pentaphylla, Soldanella pusilla

Abb. 30. Säureliebende Quellflur 45 m³. **1** = 10–100 cm, 15 m³ Rasen- oder Landerde, 10 m³ Torf oder Rindenkompost, 5 m³ Quarzsand oder Lavaschlacke, 20 große Blöcke 50 × 50 × 80 cm, 3 m³ Bachschotter, **2** = 15 cm Rindenkompost oder Filtervlies, **3** = 15–30 cm Geröll.

b) Braunsimsenrasen
Halten nur 1 bis 2 Jahre:
Luzula spadicea, Cerastium trigynum
c) Borstgrasschneeboden
Gut zu kultivieren:
Nardus stricta, Sagina saginoides
Schwierig zu kultivieren:
Gnaphalium supinum, Veronica alpina

Säureliebende Quellflur
Die Quellfluren sind an fließendes Wasser gebunden. Sie werden von einer Brunnenstube, einem vorbeifließenden Bach oder aus der Wasserleitung gespeist. Mit dieser »Quelle« läßt sich nach dem Durchfließen des Bachuferrasens auch ein Teich mit Teichrandbewohnern, einem Verlandungsgürtel und Heidemoor verbinden. Die Pflanzen des feuchten Uferrandes sind nicht an ein sauerstoffreiches, klares und eiskaltes Wasser gebunden. Oft lassen sich mitten im »Wildbach«, im Quellbereich der Silikatgesteine, eine Reihe von Pflanzen ansiedeln, die in den natürlichen Kalk-Quellfluren zu finden sind. In den feuchten Quelluferrasen gedeihen prächtig das Bittere Schaumkraut *(Cardamine amara)*, die Alpen-Gänsekresse *(Arabis alpina)* und der Bachsteinbrech *(Saxifraga aizoides)*, die sich durch ihren geselligen Wuchs auszeichnen. An den Ufern stellt sich vielfach auch die Trollblume *(Trollius europaeus)* ein.

An seichten Stellen der Quellsümpfe kann man Großlibellen beobachten. Die Weibchen stoßen ihre Legescheiden in den weichen Bodengrund und legen ihre Eier ab.

a) Bitterschaumkrautflur
Gut zu kultivieren:
Cardamine amara, Saxifraga aizoides, Epilobium palustre, Arabis alpina, Chrysosplenium oppositifolium
Halten nur 1 bis 2 Jahre:
Montia revularis, Stellaria uliginosa, Epilobium alpinum, Campanula pulla
b) Sternsteinbrechflur
Schwierig zu kultivieren:
Saxifraga stellaris
Halten nur 1 bis 2 Jahre:
Viola palustris
Nicht zu kultivieren:
Alchemilla coriacea, Epilobium alsinifolium, Epilobium nutans

Teich- und Teichrandbewohner
Tonreiche Böden sind für die Teich- und Teichrandbewohner die besten Pflanzenstandorte. Vorherrschend sind hier das wasserflächendeckende Schwimmende Laichkraut *(Potamogeton natans)*, als Teichrandbewohner der Tannenwedel *(Hippuris vulgaris* var. *rhaetica)*, der Igelkolben *(Sparganium)* und als Gartenflüchtling die chilenische Gauklerblume *(Mimulus luteus)*.

Im Wasser tummeln sich die Elritzen. Die zur Familie der Karpfenfische zählende Art wird bis 12 cm lang. Die Elritze ist noch hoch oben in den Alpenseen, in Bächen, Flüssen und in den Ufergebieten mit klarem kühlem und fließendem Wasser zu finden. Die Elritzen leben in Schwärmen, wobei sie sich bevorzugt von Würmern, kleinen Krebsen und Insektenlarven ernähren. Die nährstoffarmen und kalten Al-

pengartenteiche lassen sich auch mit Bachforellen besetzen. Das fließende und sauerstoffreiche Wasser hat im Sommer eine Temperatur von 10 bis 18 °C.
a) Alpenlaichkrautgruppe
Gut zu kultivieren:
Potamogeton natans, Myriophyllum spicatum, Hippuris vulgaris var. *rhaetica*
Halten nur 1 bis 2 Jahre:
Potamogeton alpinus, Potamogeton praelongus, Ranunculus flaccidus, Potamogeton filiformis, Potamogeton pusillus
b) Schmalblattigelkolbengruppe
Gut zu kultivieren:
Sparganium angustifolium, Sparganium minimum, Sparganium simplex
Halten nur 1 bis 2 Jahre:
Callitriche verna

Verlandungsgürtel
Die Stillwasser der Alpenteiche werden an ihrem Naturstandort von Scheuchzers Wollgras *(Eriophorum scheuchzeri)* gesäumt. Es ist im Ökologischen Alpinum schwer kultivierbar. Dafür tritt das Schmalblättrige Wollgras *(Eriophorum angustifolium)* in Begleitung des Blutauges *(Potentilla palustris)*, des Fieberklees *(Menyanthes trifoliata)*, des Schnittlauchs *(Allium schoenoprasum)*, verschiedener *Carex-* und *Juncus*-Arten in mehr oder minder großer Zahl hervor.
a) Großseggenzone (Schnabelseggensumpf)
Gut zu kultivieren:
Carex inflata, Eriophorum angustifolium, Menyanthes trifoliata, Carex vesicaria, Potentilla palustris
b) Kleinseggenzone (Braunseggenrasen)
Gut zu kultivieren:
Carex vusca, Eriophorum latifolium, Allium schoenoprasum var. *foliosum, Carex canescens, Juncus alpinus, Carex stellulata, Tofieldia calyculata*
Halten nur 1 bis 2 Jahre:
Carex limosa, Juncus filiformis, Juncus triglumis
c) Kopfwollgrassumpf
Gut zu kultivieren:
Triglochin palustre, Tofieldia borealis
Halten nur 1 bis 2 Jahre:
Eriophorum scheuchzeri

Heidemoor
Mit dem Moorwollgras *(Eriophorum vaginatum)* läßt sich das Heidemoor in großen Flächen überziehen. In reinem Bestand ist es eine dichte rasenbildende Pflanze ohne Ausläufer. Der Blütenstand ist ein einziges endständiges, aufrechtes Ährchen. Wenn die Wollgrasflächen vor dem Aufsprießen der jungen Blätter mit einem Rechen oder von Hand ausgeputzt werden, besteht immer die Gefahr, daß die Blütenknospen abbrechen. Die kugeligen Samenhaarschöpfe bilden sich nur, wenn die Blüten von Insekten bestäubt werden.

Je geringer der Zersetzungsgrad der sauren Torfböden mit einem pH-Wert von 4,0 bis 5,0 ist, um so günstiger ist er für die Kultur der Heidemoorpflanzen. Die zu Boden sinkenden Blatt- und Stengelreste tragen zur Humusbildung bei. Mit mineralsalzreichen Böden lassen sich keine Wollgrasflächen aufbauen. Viele Moorpflanzen verlangen nur wenig Dünger.

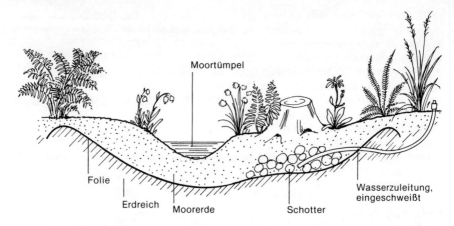

Abb. 31. Kleines Heidemoor im Querschnitt mit Wollgras, Sumpffarn, Pfeifengras, Rosmarinheide, Lungenenzian, Bergwohlverleih und Königsfarn. An den Rändern schließt sich das Heidekraut an.

Auf den basen- und nährstoffarmen Hochmoorbulten werden anspruchslose Arten wie die Gewöhnliche Moosbeere *(Vaccinium oxycoccos)* und die Rosmarinheide *(Andromeda polifolia)* gefördert. Die feuchtigkeitsempfindliche Zwergstrauch-Vegetation verlangt einen erhöhten Standort. Sie sollte deshalb mit dem Heidekraut *(Calluna vulgaris)* an austrocknenden Stellen angepflanzt werden.
Gut zu kultivieren:
Eriophorum vaginatum, Andromeda polyfolia, Vaccinium oxycoccos, Calluna vulgaris
Halten nur 1 bis 2 Jahre:
Trichophorum cespitosum

Ericaceenheide und -gesträuch
Bei ungünstigen Bodenverhältnissen ist das Aufbringen eines sauren Substrates unumgänglich. Die Wurzeln der Ericaceen sind nur in den oberen Bodenschichten zu finden. Eine Humusauflage von 50 cm erscheint deshalb ausreichend. Als Substrat läßt sich Rindenkompost mit einem tiefen pH-Wert verwenden. Eine häufige Ursache für Wachstumsstörungen in den Humussubstraten ist ein zu geringer Luftgehalt im Wurzelbereich. Die Sackungsverdichtung tendiert zur Stau- und Haftnässe, die bei der Rhododendronkultur eine Substratlockerung erforderlich macht. Eine gute Durchlüftung läßt sich mit zerkleinertem Nadelholzreisig oder Lavaschlacke erreichen. Es ist deshalb zu empfehlen, die Sauerstoffversorgung der Wurzeln durch ⅓ zerkleinertes Nadelholzreisig oder grobe Lava bis 16 mm Körnung zu sichern.

Etwa ein halbes Jahr vor der geplanten Pflanzung streut man über 10 m³ Rindenkompost 100 kg Oscorna-Animalin und mischt es durch mehrmaliges Umschaufeln ein. Wenn der erforderliche Kali- und Spurenelement-Düngeranteil nicht mit der Lava-Schlacke eingebracht wird, gibt man auf 10 m³ Rindenkompost 200 kg Lava-Urgesteinsmehl. Es besteht immer die Gefahr einer zu starken Kalkanreicherung mit hartem Gießwasser oder eines pH-Anstiegs durch Substratschwund. Der Stickstoff wird teilweise im Humifizierungsprozeß verbraucht und in nassen Jahren muß mit hohen Auswaschverlusten gerechnet werden. Um den Humus- und Nährstoffverlust beim Abbau der organischen Substanzen auszugleichen, wird im Herbst von dem aufgedüngten Rindenkompost eine fingerstarke Schicht zwischen die Gehölze und Stauden gestreut. Stark zehrende *Rhododendron*, die im Spätsommer Nährstoffmangelerscheinungen durch ein Gelbwerden der unteren Blätter anzeigen, erhalten vor dem Einwintern eine organische Düngung. Auf den Fuß der Pflanzen bringt man eine 5 bis 10 cm hohe Schicht aus halbverrottetem Kuhdung auf. Die organische Substanz der Ericaceenheide und -gesträuch ist schwer abbaubar. Als Rohhumuslieferanten tragen sie zum Humusaufbau bei.

a) Rostalpenrosengebüsch

Die Rostblättrige Alpenrose *(Rhododendron ferrugineum)* wird als Leitpflanze sehr dicht gepflanzt. Als Begleitflora bringt man unter einem lockeren Bestand und in der Nachbarschaft von *Rh. ferrugineum* die Heidelbeere *(Vaccinium myrtillus)*, die Moosbeere *(Vaccinium uliginosum)*, die Preiselbeere *(Vaccinium vitis-idaea)* sowie das Heidekraut *(Calluna vulgaris)* ein.

Gut zu kultivieren:

Rhododendron ferrugineum, Clematis alpina, Lonicera caerulea, Aquilegia atrata, Wulfenia carinthiaca

b) Krähenbeer-Heidelbeergestrüpp

Unter sehr locker gestellten Fichten *(Picea abies)* werden halbschattenertragende Rohhumuspflanzen angesiedelt. In Verbindung mit einer Wasserfläche oder durch einen Bachlauf entstehen quellige Gebiete. An den Ufern dieser Gewässer findet das Moosglöckchen *(Linnaea borealis)* jene Bodenkühle, die eine Kultur unter den schwierigen Tieflandbedingungen erst möglich macht.

Gut zu kultivieren:

Empetrum nigrum, Vaccinium uliginosum, Linnaea borealis, Vaccinium myrtillus, Vaccinium vitis-idaea

c) Zwergwacholdergesträuch

Der Zwergwacholder (*Juniperus sibirica* syn. *J. communis* ssp. *nana*) hält sich in der Nähe von kalkarmem Blockgeröll auf. Zusammen mit der Arznei-Bärentraube *(Arctostaphylos uva-ursi)* bildet er dichte Bestände.

Gut zu kultivieren:

Juniperus sibirica, Arctostaphylos uva-ursi

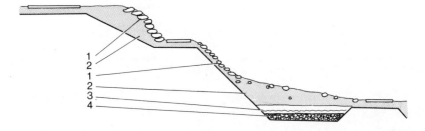

Abb. 32. Felsspaltenbewohner neutraler Böden 15 m². Oben: **1** = Schiefer- oder Sandstein, trocken aufgesetzt, 5 große Blöcke 30 × 80 × 100 cm, **2** = 15–50 cm, 3 m³ Rasen- oder Landerde, 1 m³ Torf oder Rindenkompost, 3 m³ Sand oder Lavaschlacke, Buntschwingeltreppe 30 m³. Unten: **1** = Schiefer- oder Sandsteinwand, 10 große bis mittlere Blöcke 30 × 80 × 100 cm bis 20 × 30 × 20 cm, **2** = 15–60 cm, 3 m³ grobblockiger Sandsteinschutt, 8 m³ Rasen- oder Landerde, 5 m³ Torf oder Rindenkompost, **3** = 15 cm Rindenkompost oder Filtervlies, **4** = 15–30 cm Geröll.

Pflanzengesellschaften neutraler Böden (Schiefer-Sandstein-Bereich)

Die Alpenpflanzen aus dem Schiefer–Sandstein-Bereich sind in bezug auf den Boden indifferent, das heißt, der Kalk-Säure-Wert des Bodens kann sowohl leicht über pH 7 ansteigen, als auch absinken. Unter solchen Voraussetzungen ist es leicht, Alpenpflanzen neutraler Böden zu ziehen.

Felsspaltenbewohner
Die Felsspaltenbewohner gehören zu den frühsten Blühern des Ökologischen Alpinums. An sonnigen Felsen und in den alpinen Steinrasen erscheint das Immergrüne Felsenblümchen *(Draba aizoides)* bereits im April. Im Steinschutt und in den Felsfugen blüht im April der Rote Steinbrech *(Saxifraga oppositifolia)*. Etwas später erscheinen die Blüten des Kriechenden Gipskrautes *(Gypsophila repens)*, die sich an 10 bis 25 cm langen überhängenden blaugrünen Stengeln befinden.
Gut zu kultivieren:
Draba aizoides, Draba fladnizensis, Saxifraga aizoon, Draba dubia, Erysimum helveticum, Gypsophila repens
Schwierig zu kultivieren:
Artemisia genipi, Artemisia laxa
Halten nur 1 bis 2 Jahre:
Saxifraga oppositifolia
Nicht zu kultivieren:
Lloydia serotina

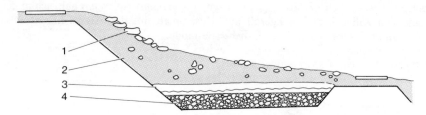

Abb. 33. Nacktriedrasen 45 m². **1** = Schiefer- oder Sandsteinwand, 5 große Blöcke 30 × 80 × 100 cm, 10 mittlere Blöcke 20 × 30 × 60 cm, 3 m³ grober Schutt 10–25 cm ⌀, **2** = 15–70 cm, 20 m³ Rasen- oder Landerde, 10 m³ Torf oder Rindenkompost, 5 m³ Sand oder Lavaschlacke, **3** = 15 cm Rindenkompost oder Filtervlies, **4** = 15–30 cm Geröll.

Buntschwingeltreppe
Die Buntschwingeltreppe ist halb Rasen und halb Gesteinsvegetation. Bei ihrer Anlage werden steil geneigte Flächen ausgewählt. In warmen und sonnigen Lagen bildet der Buntschwingel *(Festuca varia)* breite Horste. In dem sehr artenarmen Buntschwingelrasen fallen besonders die Steinnelke *(Dianthus sylvestris)*, das Großblütige Fingerkraut *(Potentilla grandiflora)* und die Echte Hauswurz *(Sempervivum tectorum)* auf.

Gut zu kultivieren:
Festuca varia, Dianthus sylvestris, Potentilla grandiflora, Juncus trifidus, Sempervivum tectorum, Veronica fruticans
Halten nur 1 bis 2 Jahre:
Pulsatilla apiifolia

Nacktriedrasen

Durch die lange Schneefreiheit, die windausgesetzten Grate und starke Austrocknung erhält der Nacktriedrasen seine leuchtend braune Farbe. In der Tieflandkultur ist das Nacktried *(Elyna myosuroides)* wegen den Klima- und Feuchtigkeitsverhältnissen nur schwer zu halten. Bei der Anlage eines Nacktriedes muß man deshalb auf die Leitpflanze verzichten und sich auf Charakterarten wie *Cerastium alpinum, Thalictrum alpinum,. Potentilla crantzii* und *Anthyllis alpestris* beschränken.
Gut zu kultivieren:
Cerastium alpinum, Thalictrum alpinum, Potentilla crantzii, Anthyllis alpestris
Schwierig zu kultivieren:
Minuartia verna, Androsace chamaejasme, Phyteuma orbiculare, Dianthus glacialis, Campanula alpina, Erigeron uniflorus
Halten nur 1 bis 2 Jahre:
Elyna myosuroides, Astragalus australis, Gentiana campestris, Carex atrata, Astragalus frigidus, Saussurea alpina, Ranunculus alpestris, Hedysarum hedysaroides, Antennaria carpatica, Astragalus alpinus, Oxytropis montana
Nicht zu kultivieren:
Saxifraga adscendens, Gentiana favratii, Gentiana nana, Lomatogonium carinthiacum

Fettmatte

Die Beziehung zwischen dem Boden und seinen Besiedlern erfordert größte Aufmerksamkeit. Jede Erde hat andere Nährkräfte. Die eine braucht hohe Stickstoffmengen, die andere bevorzugt eine bescheidene Düngung. Viele Gräser reagieren bei stickstoffreichen Mineraldüngergaben durch starkes Wachstum. Ein Grund mehr, die Fettmatte im Winter nur mit einer mäßigen Stalldunggabe zu versorgen. Die Milchkrautweide trägt dann die Merkmale einer Dauergesellschaft. Die Schönheit des Alpenrispengrases *(Poa alpina)*, des Alpenwegerichs *(Plantago alpina)* und des Goldpippau *(Crepis aurea)* wird durch die Formen- und Farbenfülle der Nachbarn gesteigert. Die Alpentroddelblume *(Soldanella alpina)* zusammen mit dem Weißen Safran (*Crocus albiflorus* syn. *C. vernus*), über die Bergwiese ausgebracht, eröffnen den farbenfrohen Blütenreigen der Alpenflora.

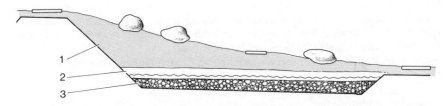

Abb. 34. Fettmatte 80 m². **1** = 5 große Blöcke 30 × 80 × 100 cm, 10 mittlere Blöcke 20 × 30 × 60 cm, 30 m³ Landerde, 30 m³ Stalldung, **2** = 15 cm Rindenkompost oder Filtervlies, **3** = 15–30 cm Geröll.

392 Ökologisches Alpinum

a) Urfettweide (Violettschwingelrasen)
Gut zu kultivieren:
Festuca violacea
Halten nur 1 bis 2 Jahre:
Ranunculus pyrenaeus
b) Milchkrautweide (Alpenrispengrasweide)
Gut zu kultivieren:
Phleum alpinum, Plantago alpina, Leontodon pyrenaicus, Ranunculus montanus, Leontodon autumnale, Crepis aurea, Trollius europaeus, Leontodon hispidus
Schwierig zu kultivieren:
Poa alpina, Dianthus alpinus, Trifolium badium
Halten nur 1 bis 2 Jahre:
Crocus albiflorus, Ligusticum mutellina, Crepis montana, Trifolium pratense ssp. *nivale, Trifolium thalii, Soldanella alpina, Crepis incarnata*
c) Goldhaferwiese
Gut zu kultivieren:
Lilium bulbiferum, Lilium martagon, Trisetum flavescens, Polygonum bistorta, Polygonum viviparum

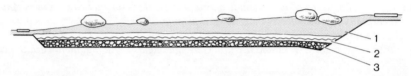

Abb. 35. Läger (Alpenampferflur) 35 m². **1** = 15–80 cm, 15 m³ Landerde, 15 m³ Stalldung, 5 große Blöcke 30 × 80 × 100 cm, **2** = Rindenkompost oder Filtervlies, **3** = 15–30 cm Geröll.

Läger (Alpenampferflur)
Die oft sehr eintönigen Lägerfluren treten in der Umgebung von Almhütten auf. Sie verdanken ihr Dasein der Jauche, die aus den Viehställen ins Freie läuft, oder der Lagerung von Stalldung. Der Boden ist an den Lagerplätzen = »Läger« von Viehexkrementen überdüngt. Solche nitrophile Verhältnisse lassen sich durch Organdünger künstlich herbeiführen. Die Anlage von Läger zwingt zu relativ hohen Stickstoffgaben in Form von halbverrottetem Rinderdung. Mit Beginn der Vegetationsperiode lassen sich auch 150 bis 200 Gramm Oscorna-Animalin, Blutmehl, Hornspäne oder Guano pro Quadratmeter ausbringen. Den mastigen Alpenampfer *(Rumex alpinus)* wird man dabei etwas zurückdrängen und in erster Linie die prächtige Alpenkratzdistel *(Cirsium spinosissimum)* ansiedeln. Sie gedeiht vortrefflich neben dem Alpengreiskraut *(Senecio alpinus)* und der Klettendistel *(Carduus personata)*. Die Samen der Alpenkratzdistel werden bevorzugt von Stiglitzen abgeweidet, die zimtbraune Randwanze besaugt die unreifen und reifen Nüßchen des Alpenampfers.
Gut zu kultivieren:
Rumex alpinus, Rumex obtusifolius
Schwierig zu kultivieren:
Senecio alpinus, Cirsium spinosissimum, Senecio alpinus

Hochstaudenflur

Die nitrophilen Hochstauden aus dem Schiefer-Sandstein-Bereich wachsen auf den ungewöhnlich fruchtbaren Böden der Alpen. In der Regel stehen sie im humusreichen Boden der Hangfüße und Hangmulden. Zur Deckung des Stickstoffbedarfs wird die Hochstaudenflur wie die Läger gedüngt. In ihrer floristischen Zusammensetzung zeichnet sie sich durch einen mastigen Wuchs und eine üppige Blütenbildung aus. Dieses Dickicht aus Stengeln und Blättern ist nur bei sehr günstigen Ernährungsbedingungen zu erwarten.

Gut zu kultivieren:
Adenostyles glabra, Thalictrum aquilegifolium, Gentiana asclepiadea, Allium victorialis, Aconitum vulparia, Gentiana lutea, Veratrum album, Aconitum napellus, Mulgedium alpinum, Ranunculus platanifolius, Geranium sylvaticum, Leuzea rhapontica, Anemone narcissiflora, Chaerophyllum villarsii, Crepis blattarioides
Halten nur 1 bis 2 Jahre: *Cortusa matthiolii*
Nicht zu kultivieren:
Cicerbita alpina, Gentiana pannonica, G. purpurea, G. punctata, Tozzia alpina

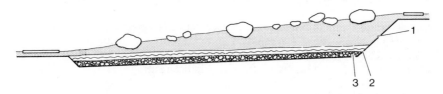

Abb. 36. Hochstaudenflur 100 m². **1** = 15–120 cm, 60 m³ Landerde, 60 m³ Stalldung, 15 besonders große Blöcke 50 × 100 × 150 cm, **2** = 15 cm Rindenkompost oder Filtervlies, **3** = 15–30 cm Geröll.

Alpenerlengebüsch

Die Grünerle *(Alnus viridis)* ist verhältnismäßig feuchtigkeitsbedürftig. Sie gedeiht am besten an den Ufern eines Rinnsals, das den Tonboden durchfeuchtet. Das abgefallene Laub bildet zusammen mit der Begleitflora einen schwarzen Humus. Die stickstoffbindenden Symbionten an den Wurzeln von *Alnus viridis* machen den Boden so nitratreich, daß die Grünerlengebüsche mit Stauden und Gehölzen besetzt werden können.

Der Rundblättrige Steinbrech *(Saxifraga rotundifolia)* hat eine Vorliebe für die Ufer von Wasserläufen und im Schutz der Sträucher erhält er den notwendigen Schatten. An den Rändern der Grünerlengebüsche lassen sich konstante Begleiter ansiedeln. In Gesellschaft von *Alnus viridis* wachsen viele langlebige Stauden und Gehölze, von denen, bis auf den Grauen Alpendost *(Adenostyles alliariae)*, gut zu kultivieren sind:
Alnus viridis, Rumex arifolius, Eryngium alpinum, Athyrium alpestre, Saxifraga rotundifolia, Heracleum montanum, Salix appendiculata, Rosa pendulina, Peucedanum ostruthium, Salix arbuscula, Ribes petraeum, Hieracium prenanthoides

Schwemmboden- und Bachschotterbewohner

Rinnsale, die sich bei wolkenbruchartigen Regenfällen und bei der Schneeschmelze in reißende Bäche verwandeln, lassen sich mit wasserbegleitenden Gehölzen bepflanzen. Der Sanddorn *(Hippophae rhamnoides)* und die Deutsche Tamariske *(Myricaria germanica)* vertragen es gut, wenn ihr sehr weitreichendes Wurzelwerk von Wassermassen, Geröll und Schwemmboden überrollt wird. Die Fähigkeit des Sanddorns, mit den Actinomyceten eine Symbiose einzugehen und Stickstoff zu fixieren, macht die Gattung zu einem hervorragenden Pionier.

In den beruhigten Uferzonen und im Schwemmboden läßt sich eine sehr bunte und freundliche Begleitflora mit der Großen Schlüsselblume *(Primula elatior)*, dem Fleischers Weidenröschen *(Epilobium fleischeri)* und dem Florentiner Habichtskraut *(Hieracium pilosoides)* ansiedeln.

Gut zu kultivieren:
Epilobium fleischeri, Salix elaeagnos, Hieracium pilosoides, Myricaria germanica, Hippophae rhamnoides, Hieracium staticifolium, Chondrilla chondrilloides, Primula elatior

Schwierig zu kultivieren:
Erigeron acer ssp. *angulosus*

Pflanzengesellschaften basischer Böden (Kalkalpen-Bereich)

Unsere Hochgebirgspflanzen aus dem Bereich der Kalkalpen wachsen am besten bei einem pH-Optimum von 7,5. Wenn die Land-, Garten- oder Komposterde kalkhaltig ist, braucht nicht aufgekalkt zu werden, zumal das verwendete Gießwasser oft mehr Kalk in den Boden bringt, als für viele Pflanzen zuträglich ist. Nur bei akutem Kalkmangel empfiehlt es sich, pro Kubikmeter Erde 3 kg Düngekalk zu verabreichen. Das Bodengefüge aus dem Kalkalpen-Bereich weist ökologisch wichtige Standorteigenschaften auf. Für den Wasserabzug sorgt der Sand. Er vermag in dem Erdgemisch die Durchlüftung und Drainage nur dann zu regeln, wenn er zu einem Viertel den Erdgemischen beigegeben wird und eine Korngröße von 0,5 bis 2,0 mm hat.

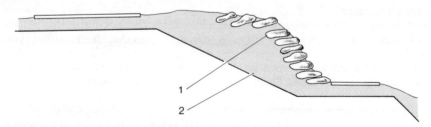

Abb. 37. Kalk-Felsspaltenbewohner 15 m². **1** = Kalksteine, trocken aufgesetzt, 15 große Blöcke 40 × 50 × 70 cm, **2** = 15–50 cm, 2 m³ Rasen- oder Landerde, 0,5 m³ Torf oder Rindenkompost, 2 m³ Sand oder Lavaschlacke.

Kalk-Felsspaltenbewohner

Große Steinflächen, die vorwiegend aus Carbonatgestein wie Kalk, Mergel oder Dolomit bestehen, lassen sich durch ein Pflanzenkleid mildern. Viele Felsbesiedler besitzen die Fähigkeit, mit ihren Wurzeln in die feinsten Öffnungen einzudringen. Die kleinen Polster des Schweizer Mannsschild *(Androsace helvetica)* und des Blaugrund Steinbrechs *(Saxifraga caesia)* nisten in Gesteinsfugen. Sie lassen sich bei uns allerdings kaum dauerhaft ansiedeln. Pflanzen der unteren Felsbereiche umgeben wie Girlanden die Steinblöcke und hängen ihre blütenreichen Triebe nach unten. Spaliersträucher wie der Zwergkreuzdorn *(Rhamnus pumilus)* oder die Herzblättrige Kugelblume *(Globularia cordifolia)* gedeihen im Ökologischen Alpinum recht gut. Die halbsukkulente Alpen-Aurikel *(Primula auricula)* kann mit dem gespeicherten Wasser haushalten. Ihre optischen Reize, ein starker Duft und das Nektarangebot der Blüten haben einen sehr reichen Insektenbesuch zur Folge.

Gut zu kultivieren:
Potentilla caulescens, Biscutella laevigata, Veronica fruticulosa, Festuca alpina, Saxifraga burseriana, Globularia cordifolia, Salix serpyllifolia, Rhamnus pumilus, Campanula cochleariifolia, Minuartia rupestris, Primula auricula

Schwierig zu kultivieren:
Androsace lacta, Draba hoppeana, Saxifraga muscoides, Draba tomentosa, Arabis pumila

Halten nur 1 bis 2 Jahre:
Kernera saxatilis, Rhodothamnus chamaecistus, Achillea clavenae, Petrocallis pyrenaica, Valeriana saxatilis, Saxifraga androsacea, Valeriana tripteris

Nicht zu kultivieren:
Androsace helvetica, Gentiana orbicularis, Campanula zoyeri

Bewohner von Kalkgrob- und Kalkfeinschutt, Geröllhaldenbesiedler
a) Täschelkrauthalde

Die Geröllhaldenbesiedler sind eine interessante Lebensgemeinschaft, die keine zusammenhängende Decke, sondern nestartige Gruppen bildet. Eine gut durchfeuchtete Feinerde wird hand- bis fußhoch mit flachen Kalksteinen überdeckt. Die großen Steinflächen lassen sich durch das Pflanzenkleid begrünen. In kleinen Polstern nisten die Pflanzen im Geröll und breiten sich als Schuttkriecher vegetativ aus. Das vorherrschende Rundblättrige Hellerkraut *(Thlaspi rotundifolium)* unterkriecht die Schuttmassen und kommt immer wieder an die Oberfläche. Wenn es mit flachen Kalksteinen behäufelt wird, werden die »beweglichen Schutthalden« wie in der Natur durchwandert. Andere Geröllhaldenbesiedler, wie das Stengellose Leimkraut *(Silene acaulis)*, sind imstande, ihre Polster durch eine tiefgreifende Verwurzelung in Steinböden zu verankern. Ihre dichten, rasig ausgebreiteten Teppiche sind im Tiefland meist blühfaul.

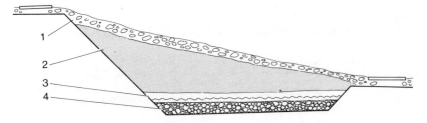

Abb. 38. Kalkgrob- und Kalkfeinschuttbewohner, Geröllhaldenbesiedler 60 m². **1** = 10–20 cm, 10 große Blöcke 40 × 50 × 70 cm, 5 mittlere Blöcke 20 × 30 × 50 cm, 6 m³ flache Steine (Kalkgeröll) in Spielkartengröße, **2** = 10–110 cm, 15 m³ Rasen- oder Landerde, 5 m³ Torf oder Rindenkompost, 5 m³ Sand oder Lavaschlacke, **3** = 15 cm Rindenkompost oder Filtervlies, **4** = 15–30 cm Geröll.

Nach der Schneeschmelze gleicht die Geröllflur einem wohlbewässerten Garten. Bis zum Hochsommer sollte man mit dem Gießen nicht sparen. An trocken-heißen Tagen fühlen sich die Alpenpflanzen besonders wohl, wenn ihnen die heimatliche Nebelfeuchtigkeit durch Sprühen mit Wasser ersetzt wird.

Gut zu kultivieren:
Poa minor, Dianthus sternbergii, Hutchinsia alpina, Linaria alpina
Schwierig zu kultivieren:
Thlaspi rotundifolium, Myosotis alpestris, Achillea atrata, Papaver alpinum var. *sendtneri, Silene acaulis*
Halten nur 1 bis 2 Jahre:
Moehringia ciliata, Silene alpina, Galium helveticum, Cerastium latifolium, Saxifraga aphylla, Valeriana supina, Doronicum grandiflorum

b) Schneepestwurzhalde

Die Alpenpestwurz (*Petasites paradoxus* syn. *P. niveus*) läßt als Schuttkriecher kleinere Arten kaum aufkommen. Mit ihrem üppigen Wuchs tritt sie als Rohbodenpionier und -festiger auf. Sie bevorzugt sickerfeuchte, humusarme und tonreiche Böden. Ob der Kalkschutt genügend Nährstoffe enthält, die atmosphärischen Niederschläge und der Schnee eine zusätzliche Düngung bewirken, läßt sich am Zuwachs ablesen. In der sehr artenarmen Schneepestwurzhalde treten als wichtigste Begleiter in den Kalkschutt-Fluren der Bergbaldrian *(Valeriana montana)* und die Augenwurz *(Athamanta cretensis)* auf.

Gut zu kultivieren:
Petasites paradoxus, Poa cenisia, Athamantha cretensis, Valeriana montana
Schwierig zu kultivieren:
Aethionema saxatile, Chrysanthemum atratum
Halten nur 1 bis 2 Jahre:
Ranunculus oreophilus
Nicht zu kultivieren:
Saxifraga biflora

c) Berglöwenzahnhalde

In Abwitterungshalden läßt sich als Leitpflanze der Berglöwenzahn *(Leontodon montanus)* in feinerdereichen Steinschutt pflanzen. Man kann ihn sehr gut mit dem Herzblättrigen Hahnenfuß *(Ranunculus parnassifolius)* vergesellschaften. Wenn eine Unterrieselung der Schuttflächen mit Frischwasser geboten wird, ist bei dieser schwierigen Gruppe mit einem befriedigenden Wachstum zu rechnen.

Schwierig zu kultivieren:
Sedum atratum var. *carinthiacum*
Halten nur 1 bis 2 Jahre:
Leontodon montanum, Ranunculus parnassifolius, Viola calcarata, Crepis terglouensis

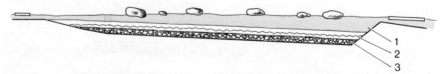

Abb. 39. Polsterseggenrasen 45 m². **1** = 10–80 cm, 5 große Blöcke 40 × 50 × 70 cm, 10 mittlere Blöcke 20 × 30 × 50 cm, 5 m³ Schutt bis zu Spielkartengröße, 10 m³ Rasen- oder Landerde, 5 m³ Torf oder Rindenkompost, 5 m³ Sand oder Lavaschlacke, **2** = 15 cm Rindenkompost oder Filtervlies, **3** = 15–30 cm Geröll.

Polsterseggenrasen

In den wenig beweglichen Kalkschutthalden tritt ziemlich häufig und bestandsbildend die Polstersegge *(Carex firma)* auf. Sie ist in tieferen Lagen sehr schwer kultivierbar. Meist kann sie nur in wenigen Exemplaren gezeigt werden. Auf den ruhenden Steinschuttböden herrscht die Silberwurz *(Dryas octopetala)* als Leitpflanze vor. Als Spalierstrauch bildet sie eine auffällig niedere Pflanzendecke. Durch die Symbiose der Silberwurz mit den Actinomyceten wird genügend Stickstoff zur Verfügung gestellt, um in Nitratmangelböden zu gedeihen. Auf den künstlich freigehaltenen Flächen läßt sich in den Steinrasen der auffällige Clusius' Enzian *(Gentiana clusii)* ansiedeln.

Gut zu kultivieren:
Dryas octopetala, Androsace villosa, Erigeron polymorphus, Helianthemum alpestre, Gentiana clusii
Schwierig zu kultivieren:
Carex firma, Saxifraga caesia
Halten nur 1 bis 2 Jahre:
Ranunculus hybridus, Gentiana verna, Crepis jaquinii

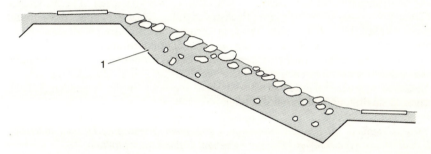

Abb. 40. Blaugras-Horstseggenhalde 80 m². **1** = 50 cm, 30 m³ Rasen- oder Landerde, 20 m³ Torf oder Rindenkompost, 10 m³ Sand oder Lavaschlacke, darüber und zum Teil mit der Erde vermischt 2 m³ Kalksteine 5–25 cm ⌀.

Blaugras-Horstseggenhalde

Das Kalkblaugras *(Sesleria varia)* kommt gesellig im alpinen Steinrasen vor. In sonnigen und trockenen Kalkschutthängen läßt es sich in großen Beständen ansiedeln. Die konkurrenzstarken Kalkblaugrasbegleiter wie Edelweiß *(Leontopodium alpinum)*, Berghasenohr *(Bupleurum ranunculoides)*, Nacktstenglige Kugelblume *(Globularia nudicaulis)* oder Alpenaster *(Aster alpinus)* werden auf den etwas treppigen, kalkblaugrasfreien Kleinterrassen angesiedelt. Zwischen den einzelnen Horsten schaut der nackte Fels hervor. Die stark geneigten Schutthänge trocknen nach der Schneeschmelze bald aus.

Gut zu kultivieren:
Sesleria varia, Oxytropis campestris, Leontopodium alpinum, Carex sempervirens, Bupleurum ranunculoides, Aster alpinus, Ranunculus thora, Globularia nudicaulis, Hieracium villosum, Pulsatilla alpina ssp. *alpina, Scabiosa lucida*

Schwierig zu kultivieren:
Minuartia verna
Halten nur 1 bis 2 Jahre:
Astragalus penduliflorus, Veronica aphylla, Senecio doronicum
Nicht zu kultivieren:
Thesium alpinum

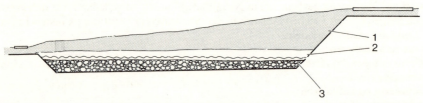

Abb. 41. Rostseggenhalde 45 m². **1** = 10–80 cm, 15 m³ Rasen- oder Landerde, 10 m³ Torf oder Rindenkompost, 5 m³ Sand oder Lavaschlacke, **2** = 15 cm Rindenkompost oder Filtervlies, **3** = 15–30 cm Geröll.

Rostseggenhalde
Eine Rostseggenhalde läßt sich nur sehr schwer verwirklichen. Die Rostsegge *(Carex ferruginea)* bildet mit ihren flachstreichenden Rhizomen einen dichten und üppigen Rasen. Die konkurrenzschwachen Vertreter wie Süßklee *(Hedysarum hedysaroides)*, Alpentragant *(Astragalus alpinus)* und Gletschertragant *(Astragalus frigidus)*, Gelbe Platterbse *(Lathyrus laevigatus)*, Bergflockenblume *(Centaurea montana)*, Narzissenwindröschen *(Anemone narcissiflora)* und Zwerg-Alpenscharte *(Saussurea pygmaea)* werden dabei sehr leicht erdrückt. In der folgenden Aufstellung sind sie deshalb nicht berücksichtigt.
Gut zu kultivieren:
Carex ferruginea, Alchemilla hoppeana, Campanula thyrsoidea, Festuca pulchella, Helianthemum grandiflorum, Phleum hirsutum, Galium anisophyllum

Kalkschneebodenbewohner
Die Schneetälchen sind nur einen halben bis höchstens drei Monate schneefrei. Zahlreiche Schneebodenbewohner wie der Schneeampfer *(Rumex nivalis)* oder die Blaue Gänsekresse *(Arabis caerulea)* sind im Tiefland nicht lebensfähig. Lediglich einige Spalierweiden wie die Netzweide *(Salix reticulata)* und die Stumpfblättrige Weide *(Salix retusa)* halten unsere langen Sommer aus. Sie machen mitunter zwei Vegetationsperioden durch. *Salix reticulata* blüht im Frühjahr und im Herbst. Im Gegensatz zu der säureliebenden *Soldanella pusilla* ist mit viel Geduld die Winzige Troddelblume *(Soldanella minima)* als Schneetälchenpflanze in einer Mulde bedingt kultivierbar. Die Miniaturschneegruben müssen so angelegt sein, daß die Winter- und Frühjahrssonne nicht und die späte Frühjahrs- und Sommersonne voll einstrahlen kann. Die Schneetälchenpflanzen benötigen in Kultur einen feuchten, jedoch keinen nassen Boden. An heißen Sommertagen werden sie überrieselt, später jedoch trocken gehalten.
Gut zu kultivieren:
Carex nigra, Salix reticulata, Primula clusiana, Plantago atrata, Salix retusa
Halten nur 1 bis 2 Jahre:
Ranunculus alpestris, Potentilla dubia, Soldanella minima, Gnaphalium hoppeanum

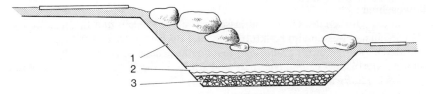

Abb. 42. Kalkschneebodenbewohner 60 m². **1** = 10–70 cm, 7 m³ Rasen- oder Landerde, 7 m³ Torf oder Rindenkompost, 2 m³ Sand oder Lavaschlacke, 10 mittlere Blöcke 20 × 30 × 50 cm, **2** = 15 cm Rindenkompost oder Filtervlies, **3** = 15–30 cm Geröll.

Nicht zu kultivieren:
Rumex nivalis, Gentiana bavarica ssp. *bavarica, Arabis coerulea*

Schneeheide-Alpenrosengebüsch
Einzelbäume und Sträucher treten in der Schneeheide als raumformendes Element in den Hintergrund. Gebäude und Wege lassen sich mit der Arve *(Pinus cembra)* verdecken. Die Bewimperte Alpenrose *(Rhododendron hirsutum)* bildet zusammen mit der Zwergmehlbeere *(Sorbus chamaemespilus)*, dem Zwergwacholder *(Juniperus sibirica)* und dem Seidelbast *(Daphne mezereum)* dichte Gebüsche. Dazwischen stehen Bergkiefern *(Pinus mugo)* mit der Alpenwaldrebe *(Clematis alpina)*. Bodendeckend ist die Schneeheide *(Erica herbacea)*. Man kann sie nur erhalten, wenn sie nach der Blüte auf 10 bis 20 cm zurückgeschnitten wird. Als Begleitvegetation lassen sich die Christrose *(Helleborus niger)* und die Bergtroddelblume *(Soldanella montana)* einstreuen. Soweit eine natürliche Hochmoordecke vorliegt, bereitet die Kultur keine Schwierigkeiten. Mit Lauberde und Rindenkompost läßt sich ein 50 cm hohes Rhododendron-Substrat aufbringen. Die Nährstoffe sind sehr leicht auswaschbar und durch Zersetzung, Mineralisierung und Humifizierung ist ein Substratschwund von 2 cm/Jahr festzustellen. Der Nährstoff- und Höhenverlust wird im Herbst durch Einstreu von Rindenkompost ausgeglichen.
Gut zu kultivieren:
Erica herbacea, Pinus cembra, Clematis alpina, Rhododendron hirsutum, Juniperus sibiria, Helleborus niger, Sorbus chamaemespilus, Daphne mezereum, Soldanella montana, Homogyne alpina, Pinus mugo

Abb. 43. Kalkquellflur 30 m². **1** = 10–40 cm, 6 m³ Rasen- oder Landerde, 2 m³ Torf oder Rindenkompost, 2 m³ Sand oder Lavaschlacke, 10 große Blöcke 40 × 50 × 70 cm, 15 mittlere Blöcke 20 × 30 × 50 cm, 5 m³ Bachkies 5–15 cm ⌀, **2** = 15 cm Rindenkompost oder Filtervlies, **3** = 15–30 cm Geröll.

Kalkquellflur

Wie an den Quellen des Urgesteins lassen sich an den Quell- und Bachrändern, auf überrieselten Felsen und im Kalktuffgestein der Bachsteinbrech *(Saxifraga aizoides)* und der Kieselsteinbrech *(Saxifraga mutata)* ansiedeln. An den Gräben steht die Sumpfdotterblume *(Caltha palustris)* und am Rand die 50 bis 150 cm hohe Bäumchenweide *(Salix waldsteiniana)*.

Gut zu kultivieren:
Arabis bellidifolia, Caltha palustris, Salix waldensteiniana, Heliosperma quadridentatum, Saxifraga aizoides, Saxifraga mutata

Ökologische Heide

Durch Rodung von Wäldern und eine laufende Verjüngung der Besenheide *(Calluna vulgaris)* mittels Plaggenhieb, Brand und Schafbeweidung entstand ein Heidetyp, der im atlantischen Klimabereich auf sandigen und sauren Böden vorkommt. Als bekanntestes Beispiel gelten die ausgedehnten Reinbestände der Lüneburger Heide. Eindrücke, die man dort sammeln kann, vermitteln Anregungen, die im Heidegarten umgesetzt werden können. Eine Anlage mit Heidecharakter kann so zu einem nachempfundenen Bild dieser Landschaft werden. Die daraus ersichtlichen Gesetzmäßigkeiten können eine Richtlinie bei der Pflanzenauswahl für die Ökologische Heide sein. Um die eindrucksvolle Wirkung einer natürlichen Heidelandschaft auf den Garten zu übertragen, muß dieser eine Mindestgröße von 50 m^2 aufweisen. Die ausgedehnten Zwergstrauchheidegebiete sind nicht zufällig in Meeresnähe zu finden. Diese Gebiete stehen nahezu das ganze Jahr unter dem Einfluß von Seewinden mit einem hohen Wasserdampfgehalt. Nebel und Wolken schlagen sich als Regen nieder. In der meeresnahen Lüneburger Heide beträgt die mittlere jährliche Niederschlagshöhe 700 bis 800 mm. Gebiete mit ozeanischem Klima, kühlen Sommern und milden Wintern bieten ideale Lebensbedingungen für die Ökologische Heide. Die Besenheide bedeckt in den niederschlagsreichen atlantischen Gebieten weite offene Flächen, im mitteleuropäischen Trockengebiet ist sie nur auf den Nordhängen der Hügel und in den Gebieten mit kontinentalem Klima nur in lichten Wäldern zu finden. Es ist sehr wohl möglich, Heidegärten auch außerhalb der natürlichen Gebiete mit Erfolg anzulegen. In bereits bestehende Gartenteile läßt sich die Neuanlage so harmonisch eingliedern, daß ein organischer Übergang erreicht wird. Der Höhenunterschied zwischen Gelände und Weg wird durch Baumstämme wirkungsvoll überbrückt. Das Gelände für eine Ökologische Heide muß nicht unbedingt eben sein. Auf leicht geneigten Süd-, Südost- oder Südwesthängen strahlt die Sonne ihre volle Wärme ein. Die Planung wird erleichtert, wo die Heide landschaftstypisch ist. Wenn das Grundstück ohnehin einen natürlichen Besenheidebestand aufweist, der Boden sehr rohhumusreich oder kalkarm ist, kann man ohne große Mühe eine Heide anlegen. Schwieriger wird es dagegen auf normalem Gartenland. Wo kalkhaltige und schwere Böden anstehen, muß man auf die saure *Calluna*-Heide verzichten oder eine aufwendige Bodenverbesserung vornehmen. Durch Beimischen von kalkfreiem Quarzsand in einer Korngröße von 0,5 bis 2,0 mm, Rinden- oder Holzkompost, Laub- oder Moorerde in den oberen 20 cm der Krume, gelingt es meist, auf ein pH-Optimum von 4,5 bis 5,5 zu kommen. pH-Werte von 3,5 werden selten erreicht und sind in Mineralböden auch gar nicht erwünscht. Sie müssen wegen der Aluminium-Toxität möglichst Werte über pH 4,5 aufweisen. Die *Calluna*-Böden sind im allgemeinen weniger sauer. Sie schwanken zwischen 5,0 und 6,5 pH. In industrienahen Gebieten waschen die Regenfälle das in der Luft befindliche Schwefeldioxid als Schwefelsäure in den Boden ein und halten die saure Bodenreaktion. Tiefe pH-Werte sind für die Ansiedlung unerwünschter Konkurrenten von primärer Bedeutung. Bei pH-Werten von 6,5 stellen sich anspruchsvolle Pflanzen ein und verdrängen *Calluna vulgaris*. Von der Vegetation entblößte Flächen können durch Schaffung eines sandigen Rohhumus den heimatlichen Bodenverhältnissen einer Heide angepaßt werden. Der kahle Boden wird 20 bis 30 cm hoch überdeckt und als Heidefläche gestaltet. Gut vegetationsfähige Substrate sind die Rindenkompost-Sandmischungen. Bei einem Mischungsverhältnis von 80 bis 90% Quarzsand und 10 bis 20% Rindenkompost bildet die Rinde Rohhumus, der in der Krume sehr schnell abgebaut wird. Trotz des humusarmen Sandes sind die Profile tief durchwurzelbar, die Sanddecke bewirkt eine gute kapillare Durchfeuchtung und ist zudem nährstoffarm. Zur Bodenaufbereitung läßt sich auch eine Substratmischung aus ⅓ Torf, ⅓ Rindenkompost und ⅓ grobem Quarzsand verwenden.

Eine sandige Rohhumusdecke bildet die Lebensgrundlage des Besenheidebestandes. Sie ist schwer zersetzbar und von nährstoffarmer Substanz. Der Rohhumus saugt das Niederschlagswasser wie ein Schwamm auf und bildet optimale Lebensbedingungen für Pilzhyphen. Diese Mykorrhiza wiederum schließt den sauren Humus für die Heidekrautgewächse auf. Ohne diesen Wurzelpilz können die Ericaceen nicht gedeihen. Es ist darauf zu achten, ausreichend günstige Lebensbedingungen für die Symbiose zwischen den Heidekrautgewächsen und der Mykorrhiza zu schaffen.

In stark kalkhaltigen Böden kann eine Schwefelbehandlung der Erde durchgeführt werden. Mit der Bodenvorbereitung sollte bereits im Herbst begonnen werden. Die gesamte Fläche wird im Spätherbst umgegraben und von sämtlichen Rhizomen befreit. Der tief bearbeitete Boden nimmt die Winterfeuchtigkeit auf. Durch die Frosteinwirkung nimmt er eine feine Krümelstruktur an.

Bei stark alkalischem, schwerem Gartenboden wird der Mutterboden ca. 25 cm tief ausgehoben und die gesamte Fläche mit einem sauren Pflanzensubstrat aufgefüllt. Dabei können Modellierungsarbeiten vorgenommen werden. Bei der flächenhaften Bodenvorbereitung sind besondere Pflanzstellen zu berücksichtigen. Für größere Gehölze hebt man Pflanzlöcher aus und reserviert Stellen für begleitende Stauden, Gräser und Sträucher. In den Pflanzlöchern für Gehölze kann auf das saure Substrat verzichtet und normaler Mutterboden verwendet werden. Für die trockenheitsliebenden Stauden läßt sich der Standort mit einer zusätzlichen Sandgabe verbessern.

Vor der Bepflanzung der Heide werden Wege und Sitzplätze angelegt. Für die Wege verwendet man am besten Sand, Kies oder flächige Natursteine. Ein gerader Weg wird durch einen Findlingsblock unterbrochen, zu dem sich – je nach Größe des Gartens – weitere vier bis sechs große Steine gesellen. Auch Baumwurzeln können Verwendung finden. Um den Charakter der Heidelandschaft nicht zu verfälschen, kommen nur Findlinge in Betracht, wobei man bewußt auf eine Anhäufung von Steinen verzichtet. Diese scheinbare Natürlichkeit, die auch in sanften Hügeln und Mulden zum Ausdruck kommt, sorgt dafür, daß die Heide keinen eintönigen Eindruck macht. Wege sind auch erforderlich, um Pflanz- und spätere Pflegearbeiten ausführen zu können. Die bereits eingewachsenen Bestände müssen dann nicht betreten werden.

Größere Gehölze werden im Herbst gepflanzt. Kleingehölze und Stauden wachsen erfahrungsgemäß im Frühjahr besser an. Die Pflanzenbeschaffung bereitet keine Schwierigkeiten. Das Angebot unserer Baumschulen und Staudengärtnereien ist groß genug, um das gesamte Sortiment abzudecken.

Eine gründliche und regelmäßige Bewässerung ist solange wichtig, bis ein beginnender Durchtrieb zeigt, daß die Pflanzen angewachsen sind. Die Ballen und das Pflanzsubstrat müssen ausreichend feucht sein. Nach der Bildung eines weitreichenden Wurzelwerkes überstehen sie auch zeitweilige Trockenperioden.

In extrem heißen Sommern ist von Zeit zu Zeit eine gründliche Bewässerung erforderlich.

Für alle immergrünen Gehölze, Zwergsträucher und Stauden ist es äußerst wichtig, daß der Boden vor Eintritt strengerer Fröste mit Wasser vollgesogen ist. Diese Pflanzen verdunsten auch während der winterlichen Wachstumsruhe über ihre Blätter Wasser. Die Besenheide oder das Heidekraut *(Calluna vulgaris)* ist ein Musterbeispiel für das gesellige Auftreten von Pflanzen. In der Ökologischen Heide werden von ihr 15 bis 20 Pflanzen pro Quadratmeter in großen zusammenhängenden Flächen gepflanzt. Die höchste Wuchsleistung zeigt sie im vollen Licht. Als Rohhumuswurzler entwickelt die Besenheide ein kräftiges Wurzelsystem. Der saure Humus wird von den Mykorrhiza-Pilzen aufgeschlossen. Ohne diesen Wurzelpilz können die *Calluna* nicht gedeihen. Er bestimmt weitgehend das Wachstum auf den armen und sauren Standorten. In den mineralstoffarmen Heideböden wird bevorzugt Stickstoff aufgeschlossen und der Besenheide zugeführt. Die Lebensdauer der Pflanzen hängt von den Standortbedingungen ab. Im Alter von 10 bis 15 Jahren blühen sie nur noch spärlich und sterben nach 25 bis 30 Jahren ab.

Jeder Rückschnitt wirkt auf die Besenheide verjüngend. Das Ausschlagvermögen ist so groß, daß die Pflanzen einen dichten Rasen entwickeln. Mitte März werden mit der Heckenschere die Triebspitzen von *Calluna vulgaris* bis zum verholzten Teil zurückgeschnitten. In der Natur sorgen die Heidschnucken für eine Verjüngung. Ein frühzeitiger Schnitt ist nötig, weil sonst die Knospen (Blütezeit Juli bis Oktober) nicht mehr gebildet werden. Durch den Rückschnitt bleiben die Pflanzen gedrungen, werden buschig, verkahlen nicht, und die Triebspitzen tragen zur Rohhumusbildung bei. Eine ungeschnittene Besenheide wird lang und hoch, die Triebe verkahlen und die Blühwilligkeit läßt nach. Die Schnittechnik sollte uneben und wellig sein, manche Triebe können dabei etwas länger sein, damit die Pflanzen ihr natürliches Aussehen nach dem Durchtrieb beibehalten.

Die Regenerationsfähigkeit der *Calluna* wird durch eine ungewöhnlich reiche Samenbildung unterstützt. Zur Aussaat wird der samenhaltige Fruchtstand von Ende Oktober bis Dezember abgeschnitten und die Begrünungsfläche damit leicht abgedeckt. Die Samen keimen ohne Erdabdeckung innerhalb von 8 Monaten im vollen

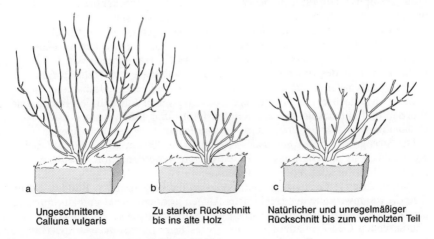

a Ungeschnittene Calluna vulgaris
b Zu starker Rückschnitt bis ins alte Holz
c Natürlicher und unregelmäßiger Rückschnitt bis zum verholzten Teil

Abb. 44. Richtiger Schnitt von *Calluna* und *Erica*.

Licht. Solche Beispiele sprechen dafür, daß die Flächen rasch regenerieren und auf geeigneten Standorten reine Bestände bilden. Zur Blütezeit, ab Juli, ist die Besenheide eine vortreffliche Bienenweide. Sie wird auch von Hummeln, Fliegen und Faltern beflogen. Der Heidehonig aus dem Nektar von *Calluna vulgaris* ist gelb bis rotbraun, dickflüssig, kristallisiert langsam und ist hocharomatisch. Er enthält jedoch mehr Wasser (bis 23%) als andere Honigarten.

Das acidophile, dichthorstige, 10 bis 40 cm hohe Borstgras *(Nardus stricta)* gedeiht bei reichlicher Nährstoffversorgung noch bei pH 6,5. In natürlicher Vergesellschaftung werden auf stark sauren, relativ armen Böden unerwünschte Konkurrenten ausgeschlossen. In den dichten Borstgrasbeständen ist eine Ansamung von Stauden- und Gehölzsämlingen kaum zu erwarten. Pro Quadratmeter werden 20 Stück gepflanzt. Die Arnika *(Arnica montana)* entwickelt sich in einem Borstgras-Rasen und auf saurem Rohhumusboden mit einem pH-Wert von 3,5 bis 4,0 besser als im Reinbestand. Auf schwach sauren Böden erweist sich *Arnica montana* in Monokultur am wüchsigsten. Die Arnikablüten lassen sich als Tinktur oder als Salbe bei Gewebeverletzungen und als Gurgelmittel anwenden. 2 Teelöffel Tinktur auf 1 Tasse Wasser für Umschläge oder 1 Eßlöffel Arnikablüten mit 1 Tasse kochendem Wasser überbrühen. Das Katzenpfötchen *(Antennaria dioica)* steht oft im Kontakt mit den *Calluna*-Beständen. Blütezeit Mai bis Juni, silbergraue Belaubung, Krone der männlichen Blüten weißlichgelb oder rötlich, der weiblichen Blüten rosenrot bis tief purpurrot, der Zwitterblüten meist weiß. An lückigen Stellen bildet es Ausläufer treibend oft kleine Herden. Ausgesprochen flächig gepflanzt, verwendet man 20 *Antennaria dioica* pro Quadratmeter. Die Bergplatterbse *(Lathyrus montanus)* bildet weitkriechende Bodenausläufer, die an den Verzweigungsstellen walnußgroße Wurzelknollen hervorbringen. Dabei zeigt sich, daß sie herdenweise in *Calluna*-, *Nardus*- und *Arnica*-Bestände eindringt und als Ammenpflanze zu einem Wachstumsvorsprung beiträgt. Unter dem Einfluß der *Rhizobium*-Symbiose ist die Stickstoffversorgung der Begleitflora günstiger.

Der Besenginster *(Cytisus scoparius)* wird 0,5 bis 2 m hoch. Als Bodenbereiter trägt er in den *Calluna*-Heiden zur Stickstoffanreicherung bei. Je ärmer der Boden an Humus- und Nährstoffen ist, um so mehr Bakterienknöllchen werden an den Wurzeln gebildet. Friert in rauhen Wintern bis auf den Stock zurück und ist als Pseudoxerophyt empfindlich gegen langandauernde Trockenheit. Seine Blütenpracht entfaltet sich im Mai–Juni mit unzähligen gelben Blüten.

Der Heideginster *(Genista pilosa)* ist ein niederliegender Zwergstrauch von 5 bis 30 cm Höhe. Kommt in den Heidesäumen mit *Calluna vulgaris* zur Anpflanzung.

Der Deutsche Ginster *(Genista germanica)* ist ein Halbstrauch von 20 bis 50 cm Höhe. In den Heidesäumen steht er gerne in Gesellschaft von *Nardus stricta*.

Der Flügelginster *(Genista sagittalis)* ist ein rasenbildender Halbstrauch mit kriechender Grundachse. Die Stengel legen sich im zweiten Jahr auf den Boden, bilden Wurzeln und entwickeln aus den Knoten Laub- und Blütenstengel. Läßt sich mit *Calluna vulgaris*, *Nardus stricta* und *Antennaria dioica* vergesellschaften.

Der Stechginster *(Ulex europaeus)* ist ein 60 bis 200 cm hoher Dornstrauch, der als »Amme« in die Ökologische Heide gepflanzt werden kann. Transpiriert sehr stark und friert in strengen Wintern zurück.

Starkwachsende Großgehölze setzt man an die begrenzenden Ränder. Dadurch wird die Raumwirkung der Heidegartenflächen nicht eingeengt und zusammenhängende Heidepflanzungen unterbrochen. Die halbschattigen Übergangszonen zu den angrenzenden Gehölzpflanzungen aus Ebereschen *(Sorbus aucuparia)*, Hängebirken *(Betula pendula)*, Föhren *(Pinus sylvestris)*, Espen *(Populus tremula)* und Wacholder *(Juniperus communis)* können mit der Heidelbeere *(Vaccinium myrtillus)*, der Preiselbeere *(Vaccinium vitis-idaea)*, der Bärentraube *(Arctostaphylos uva-ursi)* und der Schwarzen Krähenbeere *(Empetrum nigrum)* bepflanzt werden. Die Eberesche ist ein bekanntes Zier- und Fruchtschmuckgehölz, das als Baum oder baumartiger Strauch eine Höhe zwischen 5 und 15 m erreichen kann. Im Mai erscheinen die orangegelben Doldentrauben und dienen als Bienenweide. Bereits ab August beginnen sich die scharlachroten, erbsengroßen Früchte auszufärben. Die auffälligen Früchte dienen den Vögeln als Herbst- und Winternahrung. In der Ökologischen Heide bilden die Beeren der Eberesche einen zusätzlichen Farbakzent zur lila blühenden Besenheide und dem grünen Wacholder. *Betula pendula* ist der bekannteste heimische Baum mit weißrindigem Stamm. Er ist ein unentbehrliches Element in der natürlichen Heidelandschaft. Die Birke ist in nahezu allen Jahreszeiten reizvoll: im Frühjahr der frischgrüne Austrieb, im Herbst die gelbe Herbstfärbung des Laubes und sogar im Winter, wenn die herabhängenden filigranen Zweige und die weiße Rinde besonders zur Geltung kommen. Die Kiefer ist für unsere Heidegebiete eine charakteristische Pflanze. Sie begegnet uns in allen Altersstufen – vom Sämling bis zum alten Baumriesen. *Pinus sylvestris* kommt häufig auf sauren Sandböden vor, erreicht stattliche Höhen bis zu 35 m und bildet im freien Stand mächtige, schirmartige Kronen. Für einen normalen Heidegarten ist sie daher nicht geeignet. Der Wacholder ist eine weitverbreitete Holzpflanze der Nordhalbkugel. *Juniperus communis* kommt im Gebirge wie im Tiefland, vom hohen Norden bis ins Mittelmeergebiet und von Kanada bis Japan vor. Das für die Heidegebiete charakteristische und oft sehr malerisch wirkende Nadelgehölz wächst – je nach Standort – breitbuschig oder steif, säulenförmig und nimmt im Alter vielfach eine baumartige Form an. Seine Nadeln sind scharf zugespitzt, bläulichgrün und starr abstehend. Die Pflanze ist zweihäusig, wobei die männlichen Blüten gelb und unscheinbar, die weiblichen Blüten noch kleiner und grünlich sind. Die Beerenzapfen reifen im zweiten, bzw. dritten Jahr zu den aromatischen Wacholderbeeren heran. Seinen stacheligen Nadeln hat es der Wacholder zu verdanken, daß ihn die gefräßigen Heidschnucken verschmähen und er somit das dominierende Gehölz in der Ökologischen Heide darstellt. Die Preiselbeere ist ein niedriger, immergrüner Zwergstrauch mit lederartigen, dunkelgrünen, glänzenden Blättern. Die glockigen weißen oder rosa Blüten erscheinen im Mai und oft noch im August, wenn sich bereits die ersten Beeren scharlachrot färben. Die Preiselbeere kann zur Flächenbegrünung in schattigen bis halbschattigen Lagen Verwendung finden. Sie beansprucht – ebenso wie die Heidelbeere – einen rohhumusreichen Boden.

Die Heidelbeere verliert, im Gegensatz zur Preiselbeere, ihre kleinen eiförmigen Blätter über den Winter und zeigt dafür eine leuchtendrote Herbstfärbung. Ihre rötlichgrünen unauffälligen Blüten erscheinen im April–Juni. Sie bilden köstliche blauschwarze Beeren. Die Bärentraube ist ein immergrüner Zwergstrauch. Sie bildet mit ihren bis 1 m langen niederliegenden Zweigen dichte Teppiche. Die krugförmigen, wachsartigen weißen bis rosaroten Blüten sind in endständigen Trauben vereinigt. Im Spätsommer färben sich die kugeligen, erbsengroßen, beerenartigen Steinfrüchte. Die Schwarze Krähenbeere ist ein erikaähnlicher immergrüner Zwergstrauch. Er wird 15 bis 40 cm hoch und bildet bei freiem Stand dichte Büsche oder kriecht auf dem Boden. Die zweihäusigen Pflanzen blühen unscheinbar. Im Herbst reifen die auffälligen, glänzend schwarzen Steinfrüchte. In der Ökologischen Heide sollte der Zwergstrauch mit seiner immergrünen Belaubung nicht fehlen.

Durch Samenflug siedeln sich in der Heide auch Bäume an, namentlich Birken, Kiefern und Weiden, die von Zeit zu Zeit ausgejätet werden müssen. Das Bedecken der Heide im April mit einer fingerstarken Rindenkompostschicht verhindert das Auflaufen unerwünschter Eindringlinge, gleicht den Humusschwund aus und schützt vor Austrocknung. Um einer eventuellen Stickstoffixierung durch eine unkompostierte Rinde vorzubeugen, gibt man pro Quadratmeter 50 g Hornspäne.

Die Heide ist eine Vegetationsform nährstoffarmer Böden. Die Sandheiden enthalten ausreichend Nährstoffe und Spurenelemente für die Besenheide. Daraus ist zu schließen, daß die Heidepflanzen in unseren Gärten keine Nährstoffzufuhr von außen benötigen. In den mineralstoffarmen Heideböden besteht bei zusätzlicher Düngung die Gefahr, daß unerwünschte Eindringlinge als Konkurrenten auftreten. Bei Pflanzen mit unterirdischen Rhizomen kommt es zu einer Durchwachsung von Pflanzen. Auf diese Weise werden die ursprünglich vorherrschenden Arten von den dicht stehenden Trieben verdrängt und der Wurzelraum ausgefüllt. Auf eventuell vorhandene Wurzelunkräuter ist streng zu achten. Nur bei der Anlage von Heidegärten genügt das Einbringen eines langsam wirkenden organischen Volldüngers. Pro Quadratmeter werden 500 g Corfuna, 250 g California, 150 g Nettolin, 125 g Terragon-Humuskorn, 125 g Lützel-Gartendünger, 125 g Schäfer-Humuskorn I, 100 g Oscorna-Animalin, 75 g Peru-Guano oder 70 g Engelharts ausgebracht. Eine zusätzliche Gabe von Spurenelementdüngern ist vor allem bei kalkreichen Böden sinnvoll, um Chlorosen durch Eisen- und Manganmangel vorzubeugen. Beim Auftreten eines akuten Eisenmangels kann Fetrilon als Gießlösung in einer 0,01 bis 0,04 %igen Konzentration verabreicht werden. Keinesfalls darf in irgendeiner Form überdüngt werden. Überdüngte Pflanzen zeigen ein üppiges Wachstum und wintern leicht aus. In den Heidegärten werden besonders gern die Besenheide und Süßgräser, junge Laub- und Nadelgehölze von Kaninchen verbissen. An natürlichen Feinden haben diese Hermeline, Iltisse, Dachse und Greifvögel.

Blütenkalender der bodensauren Heide

April
Bärentraube, *Arctostaphylos uva-ursi*

Mai
Katzenpfötchen, *Antennaria dioica*
Bärentraube, *Arctostaphylos uva-ursi*
Besenginster, *Cytisus scoparius*
Sandginster, *Genista pilosa*
Flügelginster, *Genista sagittalis*
Borstgras, *Nardus stricta*
Stechginster, *Ulex europaeus*

Juni
Katzenpfötchen, *Antennaria dioica*
Besenginster, *Cytisus scoparius*
Heidenelke, *Dianthus deltoides*
Roter Fingerhut, *Digitalis purpurea*
Moor-Glockenheide, *Erica tetralix*
Stechginster, *Genista anglica*
Sandginster, *Genista pilosa*
Flügelginster, *Genista sagittalis*

Färberginster, *Genista tinctoria*
Borstgras, *Nardus stricta*

Juli
Heidekraut, *Calluna vulgaris*
Silbergras, *Corynephorus canescens*
Heidenelke, *Dianthus deltoides*
Roter Fingerhut, *Digitalis purpurea*
Grauheide, *Erica cinerea*
Moor-Glockenheide, *Erica tetralix*
Ährenheide, *Erica vagans*
Stechginster, *Genista anglica*
Sandginster, *Genista pilosa*
Färberginster, *Genista tinctoria*

August
Heidekraut, *Calluna vulgaris*
Silbergras, *Corynephorus canescens*
Heidenelke, *Dianthus deltoides*
Grauheide, *Erica cinerea*
Moor-Glockenheide, *Erica tetralix*
Ährenheide, *Erica vagans*
Färberginster, *Genista tinctoria*

September
Heidekraut, *Calluna vulgaris*
Heidenelke, *Dianthus deltoides*
Moor-Glockenheide, *Erica tetralix*
Ährenheide, *Erica vagans*

Oktober
Heidekraut, *Calluna vulgaris*

Kulturfolger

Zu den jüngsten Ökosystemen gehören die Siedlungs- und Agrarbereiche des Menschen. Die nitrophilen »Dorfpflanzen« und verwilderten Heilpflanzen, die Lesesteinhaufen mit Ruderalflora, die Feldstein- und Weinbergmauern, die Segetalflora oder die Neophyten bieten als Kulturfolger mit ihren unterschiedlichen Pflanzen- und Tiergesellschaften ein Mosaik von Lebensgemeinschaften.

Die Archaeophyten sind vor Beginn der Neuzeit bei uns eingewandert. Von der vorgeschichtlichen Zeit bis zum Ausgang des Mittelalters kamen sie vorwiegend von den gemäßigten Zonen nach Mitteleuropa.

Als Neophyten bezeichnet man Pflanzen, die erst ab 1500, nach der Entdeckung Amerikas, eingewandert sind.

Unter den Archaeophyten und Neophyten finden sich viele Arten, die sich durch heilkräftige Eigenschaften, als Gewürz- und Nahrungspflanzen, Bienen- und Raupenfutterpflanzen auszeichnen. Die Naturnahen Gärten bieten Lebensraum für Pflanzen, die von den vorrückenden Agrar-Monokulturen verdrängt wurden. Frei von Konkurrenzdruck läßt sich ein Gartenmilieu mit Archaeophyten und Neophyten schaffen. Die außerordentlich leichte Anpassungsfähigkeit an die Umwelt, ihre Zähigkeit und leichte Vermehrung ermöglicht diesen Kulturfolgern, Neuland in kürzester Zeit zu besiedeln. Jede Art ist erhaltungswürdig. Wer sich an der Fauna erfreuen will, kann nicht die Wirtspflanzen von Schmetterlingen und Käfern ausrotten. Unter den Adventivpflanzen befinden sich viele Einwanderer aus anderen Erdteilen. Zur Veränderung unserer Flora haben Pflanzen aus Nordamerika und Vorderasien mit dem angrenzenden Mittelmeerraum beigetragen. Vergleichsweise sind afrikanische, australische und neuseeländische Arten so gut wie gar nicht vertreten. Die Einwanderung kontinentaler Pflanzen ist noch nicht abgeschlossen. Eine artenreiche Ruderalflora hat sich um die Parkplätze und entlang der Straßen, auf Güterbahnhöfen und in den Hafenanlagen angesiedelt. Auf den Gemüse- und Blumenbeeten finden sich das Behaarte Schaumkraut *(Cardamine hirsuta)* und der Kubaspinat *(Claytonia perfoliata)* mit seinen tellerförmig zusammengewachsenen Hochblättern. Sie werden von Baumschulen und Gärtnereien in unsere Gärten verbreitet. Überall, wo an Umschlagplätzen landwirtschaftliche und gärtnerische Erzeugnisse verladen werden, siedeln sich in der Umgebung Fremdlinge unserer heimischen Flora an. Wohin der Mensch bei der Besiedlung der Erde seinen Fuß setzte und Ackerbau betrieb, traten neue Pflanzen auf. Den weißen Ansiedlern folgten in Amerika der Wegerich *(Plantago)*, der Natternkopf *(Echium vulgare)* und der Gelbe Frauenflachs *(Linaria vulgaris)*.

In den Wohnvierteln spiegelt sich die Flora unserer Städte und Dörfer wider. Unter dem Balkon und den Futterhäuschen findet man häufig Vogelfutterpflanzen wie Hanf *(Cannabis sativa)*, Sonnenblume *(Helianthus annuus)*, Lein *(Linum usitatissimum)* und Kanariengras *(Phalaris canariensis)*.

In unseren Wohnquartieren hat sich eine Trittpflanzengesellschaft breitgemacht. Die Wegränder, Baumscheiben und selbst die Pflasterritzen sind von der Strahlenlosen Kamille *(Matricaria discoidea)*, dem Einjährigen Rispengras *(Poa annua)*, dem Breitwegerich *(Plantago major)* und dem Vogelknöterich *(Polygonum aviculare)* bewachsen. Als Bodenindikatoren weisen sie auf die von Hundekot eutrophierten Standorte hin.

Die Vermehrungsart durch Samen, Zwiebeln, Knollen, ober- und unterirdische Ausläufer ist von den jeweiligen Standortbedingungen abhängig. Interessant ist die Zahl der produzierten Samen. Im Durchschnitt liegt sie bei

Wegrauke *(Sisymbrium officinale)*	2700
Weißer Gänsefuß *(Chenopodium album)*	3100
Strahlenlose Kamille *(Matricaria discoidea)*	5300
Schwarzes Bilsenkraut *(Hyoscyamus niger)*	8000
Klatschmohn *(Papaver rhoeas)*	20 000
Knopf- oder Franzosenkraut *(Galinsoga parviflora)*	150 000

»Dorfpflanzen« mit nitrophilen Ansprüchen

Die menschlichen Ansiedlungen waren von jeher Standorte einer nitrophilen Flora. Im Bereich von Gehöften, Dörfern und an den Stadträndern hat sich eine urbane Ökologie entwickelt. Wo in der Nähe menschlicher Siedlungen pflanzliche und tierische Abfallstoffe aufgeschüttet werden oder durch Jauchegruben und Stalldünger eine starke Stickstoffanreicherung stattgefunden hat, kommt es zu einer Humus- und Nährstoffspeicherung. Bei frisch geschüttetem Müll sind an der Bodenbildung der Ruderalstellen Springschwänze, Regenwürmer, Doppelfüßer und Asseln beteiligt. Einige bemerkenswerte und wenig beachtete Wuchs- und Zufluchtsstätten stellen alte Burgruinen dar, die von allen möglichen Dung- und Rottestoffen angereichert sind. An Straßenrändern, neben Hecken und Zäunen, an Böschungen, vergessenen Ecken und den Ufern von Gräben sind wichtige Rückzugsflächen für selten gewordene Pflanzenarten. Diese Ruderalflora ist besonders an kalkhaltigen, lockeren und gut durchlüfteten Stellen zu finden, wie sie Geröll und Humus den Pflanzen bieten. Die meisten Ruderalstandorte sind reich an Mineralsalzen. Der Stickstoff-, Phosphor- und Kaligehalt ist sehr hoch. Die Exkremente von Tieren tragen nur noch selten zur Anreicherung des Ammoniumgehaltes bei. Soweit nicht durch anthropogene Maßnahmen wie zusätzliche Düngung das Wachstum unterstützt wird, sinkt das Wachstum der nitrophilen Pflanzen ab. In vielen Fällen handelt es sich um Heilpflanzen. Die reichhaltige Ruderalflora ist eine ökologische Nische für zahlreiche Vögel, Kleinsäuger und Insekten. Durch den zunehmenden Einsatz von Herbiziden, den Bau geteerter Wege und durch die Beseitigung offener Stalldunglagerstätten ist diese Ruderalflora weitgehend bedroht.

Capsella bursa-pastoris, Brassicaceae (Kreuzblütler)
Hirtentäschel   Blüten weiß. III–X, Insekten- und
Einjährig   Selbstbestäubung.
Capsella bursa-pastoris ist als Kulturbegleiter auf nährstoffreichen Standorten verbreitet. Exemplare, die im Frühling keimen, sterben im August–September ab. Die noch jungen und zarten Blattrosetten ergeben in Verbindung mit anderen Wildkräutern besonders köstliche Salate.

Conium maculatum, Apiaceae (Doldengewächse)
Fleckenschierling   Blüten in Dolden, weiß. VI–IX

Ein- bis zweijährig zartduftend, Zweiflügler, Hautflügler,
Mit Mäusegeruch Käfer, Streifenwanze und Netzflügler.
Giftig!

Das *Conium maculatum* wurde gelegentlich als Arzneipflanze angebaut. Vielerorts ist es an stickstoffreichen Wegrändern und auf Schutt eine »Dorfpflanze«. Der Fleckenschierling ist giftig, vor allem die Früchte. Die giftigen Alkaloide haben auf den Boden einen günstigen Einfluß. Sie führen eine rasche Humifizierung der organischen Pflanzenreste herbei.

Cynoglossum officinale, Boraginaceae (Rauhblattgewächse)
Hundszunge Blüten in Wickel, braunrot. V–VI,
Zweijährig Insektenbestäubung.
Mit starkem Mäusegruch

Cynoglossum officinale ist eine Pflanze stickstoffüberdüngter Böden. An den Wegrändern zeigt die Hundszunge ruderalen Charakter.

Trotz des seltsamen Geruchs werden die jungen Blätter gleich dem Boretsch als Salat oder Gemüse zubereitet. Frisch zerrieben vertreiben sie Ratten und Parasiten der Haustiere. In den Samen befindet sich ein giftiges Alkaloid.

Datura stramonium, Solanaceae (Nachtschattengewächse)
Gemeiner Stechapfel Blüten einzeln, aufrecht, in den
Einjährig Astgabeln und an der Spitze der Äste.
Giftpflanze! Blumenkrone weiß, in der Knospenlage
Blätter sind durch einen betäubenden gefaltet. Kronröhrer etwa 5,5 bis 7,5 cm
Geruch vor Tierfraß geschützt. lang. VI–X, am Abend werden durch
Durch Stickstoffdüngung Steigerung einen moschusartigen Geruch Nachtfal-
des Alkaligehaltes ter angelockt. Frucht eiförmig, mit
  derben Stacheln besetzt.

Datura stramonium kam gegen Ende des 16. Jahrhunderts über Südrußland und den Kaukasus aus Mexiko und dem östlichen Nordamerika nach Westeuropa. Noch im 17. Jahrhundert wurde der Stechapfel, der in allen Organen Hyoscyamin und Scopolamin enthält, von den Alchemisten und Ärzten als Gartenpflanze gezogen. *Datura stramonium* lieferte wichtige Bestandteile der »Hexensalbe«, mit der durch das giftige Alkaloid Hyoscyamin Halluzinationen hervorgerufen wurden.

In der Nähe menschlicher Siedlungen, auf Schutthalden und an Wegrändern ist *Datura stramonium* auf nitratreichen Boden verwildert. Durch eine Stickstoffdüngung wird der Alkaligehalt erhöht, und die Riesenpflanzen werden bis 180 cm hoch und 200 cm breit.

Lamium album, Lamiaceae (Lippenblütler)
Weiße Taubnessel Blüten 3 bis 6 in 6- bis 16blütigen
Staude Scheinquirlen, schmutzigweiß, im
  Herbst zuweilen rötlich überlaufen.
  V–VIII, langrüsselige Bienen und
  Hummeln. Die kurzrüsselige Erdhum-
  mel beißt Blütenknospen an.

Lamium album kommt als Stickstoffzeiger auf nährstoffreichen Standorten vor.

Die Taubnesselblüten finden bei Darmstörungen und Husten Anwendung. Ihre Zubereitung erfolgt in Teemischungen mit anderen Drogen.

Malva sylvestris, Malvaceae (Malvengewächse)
Wilde Malve, Algiermalve 2 bis 6 Blüten in den Blattachseln, rosa-
Zweijährige Pflanze bis ausdauernd violett. V–IX, Insektenbestäubung.
20–100 cm hoch

Malva sylvestris kommt als Kulturbegleiter auf stickstofffreien Gartenböden vor. Bisweilen wird die Wilde Malve als Gemüsepflanze gezogen.

In Hustentees verwendet man die Malvenblüten und Malvenblätter gegen Mund-Rachenentzündungen. 2 Teelöffel mit ¼ Liter lauwarmem Wasser übergießen und 5 bis 10 Minuten ziehen lassen.

Sisymbrium officinale, Brassicaceae (Kreuzblütler)
Wegrauke Blüten in Doldentrauben, blaßgelb.
Gelbes Eisenkraut V–VIII, Insektenbestäubung.
Einjährig

Im Umkreis menschlicher Siedlungen kommt auf stickstoffbeeinflußten Böden *Sisymbrium officinale* vor. Die Wegrauke bildet als einjährige Pflanzenart große Samenmengen, die im Durchschnitt bei 2700 Samen pro Pflanze liegen. Als Raupenfutterpflanze wird sie vom Weißling und Aurorafalter aufgesucht.

Solanum nigrum, Solanaceae (Nachtschattengewächse)
Schwarzer Nachtschatten Blüten in kurzgestielten, doldenartigen
Einjährig Wickeln. Blumenkrone weiß, radförmig
Giftpflanze! ausgebreitet. VI–X, Hummeln, Bienen
 und pollenfressende Schwebfliegen.
 Frucht: schwarzglänzende, kugelige
 Beere.

Solanum nigrum ist seit der jüngeren Steinzeit auf Kulturland eingeschleppt. An Schuttplätzen und an Wegrändern tritt die Art als Stickstoff- und Garezeiger auf. Alle Organe enthalten Solanin, Solacein und Solanein. Bei Einnahme größerer Mengen sind Kratzen im Mund, Übelkeit, Erbrechen und Herzrhythmusstörungen zu beobachten.

Urtica urens, Urticaceae (Brennesselgewächse)
Kleine Brennessel Rispen mit männlichen und weiblichen
Einjährig Blüten. VI–X, Windbestäubung.
Blätter gegenständig, gesägt,
mit Brennhaaren

Urtica dioica, Urticaceae (Brennesselgewächse)
Große Brennessel Zweihäusig, blattwinkelständige Rispen
Staude mit vierkantigen Stengeln, mit grünen Blättern. VII–IX, Windbe-
gegenständigen grobgesägten stäubung.
Blättern und langen Brennhaaren

Die Kleine und Große Brennessel kommen in der Nähe menschlicher Siedlungen vor. Wo pflanzliche und tierische Abfallstoffe aufgeschüttet werden oder durch Jauchegruben und Stalldunglager eine starke Stickstoffanreicherung stattgefunden hat, stellt sich eine nitrophile Flora ein.

Als Beigabe zu spinatartigen Gemüsen, Salaten und Suppen wird im zeitigen Frühjahr das junge Kraut gesammelt. Bekannte Inhaltsstoffe sind Histamin, Ameisen- und Essigsäure, Vitamin A und C, Gerbstoff, Kieselsäure und Eisen. Aus den Brennesselblättern, jungen Pflanzen und Wurzeln läßt sich Tee (1 Eßlöffel/1 Tasse mit kochendem Wasser übergießen) zubereiten, äußerlich zur Kopfwäsche (8 bis 10 Eßlöffel auf 5 Liter Wasser). Der Brennesseltee ist leicht harntreibend, verdauungsfördernd, äußerlich fördert er die Durchblutung der Haut. Übermäßiger Teegenuß führt zu Magen- und Darmreizungen samt Hautjucken. Die Brennesseln müssen auch als wichtige Pollenallergie verursachende Pflanzen angesehen werden.

Einige bekannte Schmetterlingsarten legen auf den Brennesseln ihre Eier ab. Als Raupenfutterpflanzen dienen sie zahlreichen Faltern.

Verwilderte Heilpflanzen

Unter der Ruderalflora befinden sich etwa 60 ehemals kultivierte und später verwilderte Heilpflanzen. Sie stellen ein wichtiges Gen-Reservoir dar, das erhalten werden muß. Durch ihr Aussterben würden bekannte und noch unentdeckte Wirkstoffe verlorengehen. Die meisten Ruderalpflanzen benötigen kot- oder uringetränkte Böden. Die einzige verläßliche Methode zur Erhaltung nitrophiler Arten besteht in der Verabreichung von Stickstoffdüngern. Man kann den Heilpflanzen in unseren Gärten ein Zuhause bieten. In dem artenreichen Gefüge der Ruderalflora steigt im Laufe der Zeit die Artenzahl immer mehr, sofern die Umweltverhältnisse optimal gestaltet werden. Die verwilderten Heilkräuter kommen als Kulturfolger durchweg aus sommerwärmeren Landstrichen des mediterranen Raumes, aus Südost- und Osteuropa oder Westasien.

Althaea officinalis, Malvaceae (Malvengewächse)
Eibisch, Samtpappel   Blüten bis 5 cm breit, weiß oder hell-
Staude   rosa. VII–IX, Echte Bienen, Hummeln.

Althaea officinalis wird seit dem 9. Jahrhundert aufgrund einer Verordnung Karls des Großen als Heilpflanze kultiviert. Vielfach ist sie aus den Gärten ausgebrochen und hat sich der Ruderalflora angeschlossen. Stellenweise kommt sie auf feuchten Wiesen, im Binsenröhricht, an Gräben und an der Küste in salzhaltigen Böden vor.

Die Eibischwurzeln, Eibischblätter und Eibischblüten werden ungesüßt in Aufgußgetränken bei Magen-Darmstörungen, gegen Husten, zu Umschlägen bei Wunden sowie als Gurgel- und Spülmittel angewendet.

Wurzel: 2 Teelöffel mit ¼ Liter Wasser übergießen, ½ Stunde stehen lassen, danach abseihen.

Blätter und Blüten: 1 Teelöffel mit ¼ Liter heißem Wasser überbrühen, 5 Minuten ziehen lassen und abseihen.

Ballota nigra, Lamiaceae (Lippenblütler)
Schwarzer Andron, Schwarznessel   Blüten rötlich-lila, selten weiß. IV–VII,
Staude mit kurzem, kriechendem   kurzrüsselige Bienen, Schwebfliegen,
Wurzelstock.   Wollschweber, Tagfalter, Eulen und
Unangenehm riechend   Taubenschwänzchen.

Ballota nigra ist zu einer Ruderalpflanze geworden. In den kot- und uringetränkten Böden der Schutt- und Misthaufen, an Zäunen, Hecken und an schattigen Mauern hat sich die Schwarznessel neue Standorte erobert. Ihr Geruch ist so stinkend, daß das Vieh sie kaum berührt.

Früher wurde sie innerlich gegen hysterische und hypochondrische Leiden, äußerlich gegen Gicht angewendet.

Hyoscyamus niger, Solanaceae (Nachtschattengewächse)
Schwarzes Bilsenkraut   Wickelständige Blütenstände. Krone
1- oder 2jährig   außen behaart, trichterförmig, der
Giftpflanze!   Saum schmutziggelb mit violettem,
   netzartigem Geäder, der Schlund rotviolett. VI–X, Hummeln.

Hyoscyamus niger ist eine typische Ruderalpflanze, die als »Vagant« zwischen Garten und Schutthalde hin und her pendelt. Durch starken Frost oder durch Dunkelheit wird nach drei Wochen die Keimung ausgelöst. Das Schwarze Bilsenkraut ist von den kontinentalen Regionen Südosteuropas und Vorderasiens in prähistorischer Zeit auf Kulturland eingeschleppt und als Arzneipflanze eingebürgert worden. Das Hyoscyamin und Scopolamin der Bilsenkrautblätter ist krampflösend. Hyoscyamus-Öl findet gegen Rheuma Anwendung. Schon bei Einnahme kleinerer Mengen sind, ähnlich der Tollkirsche, narkotische Wirkungen zu beobachten. Das Schwarze Bilsenkraut wurde deshalb in den Operationssälen des Mittelalters zur Betäubung verwendet.

Inula helenium, Asteraceae (Korbblütler)
Echter Alant
Staude

Blütenköpfchen traubig angeordnet, die oberen oft doldentraubig. Randblüten weiblich, Scheibenblüten zwittrig, Blüten kräftig gelb. VII–VIII, Insektenbestäubung.

Inula helenium stammt aus Südost-Europa, West- und Mittel-Asien. Sie wird seit altersher in den Bauerngärten kultiviert und ist gelegentlich an Ufern, Weg- und Waldrändern verwildert. Das kurze, gedrungene Rhizom wird als Radix Helenii ganz und geschnitten für Magenbitter verwendet. In der Schulmedizin wird die Droge heute nur noch selten bei Bronchialaffektionen sowie beim Reizhusten Tuberkulöser verwendet.

Malva alcea, Malvaceae (Malvengewächse)
Sigmarskraut, Rosenpappel
Staude

Blüten lebhaft rot bis blaßrosa. VI–IX, Insektenbestäubung.

Malva alcea kommt in Dorfnähe auf kalk-stickstoffreichen Lehm- und Sandböden vor. Unter dem Einfluß des Menschen hat sich das Sigmarskraut an Wegen und Böschungen, in Burgwällen, an Zäunen und Mauern ausgebreitet. Wurde früher wie *Malva neglecta* als Heilpflanze verwendet.

Malva neglecta, Malvaceae (Malvengewächse)
Wegmalve, Gänsemalve, Käsepappel
Einjährig bis ausdauernd
Stengel niederliegend oder aufsteigend

In den Achseln der Laubblätter eine oder mehrere Blüten, hellrosarot bis fast weiß. VI–XI, Insektenbestäubung.

Malva neglecta gehört der Europäischen, Vorderasiatischen, Mittelasiatischen, Indischen und Nordafrikanischen Flora an. Ihrer Vorliebe für Ammoniak entsprechend, siedelt sie sich gern als Kulturbegleiter in der Ruderalgesellschaft an.

Die Pflanze wurde bereits von dem römischen Schriftsteller Plinius d. Ä. als Gemüse empfohlen. In China werden die Blätter als Salat gegessen. Wenn man die Blätter abkocht, so erhält man auf Leinwand eine grüne, von den Blüten eine rötliche Farbe. Die Wurzeln können im Notfall zu Brot verbacken werden.

Die Inhaltsstoffe wirken reizmildernd. Die Malvenblüten und -blätter finden in Hustentees, zu Spülungen und für Umschläge Verwendung.

Marrubium vulgare, Lamiaceae (Lippenblütler)
Gewöhnlicher Andorn
Staude

Blüten in kugeligen, blattachselständigen Scheinquirlen, weiß. VI–VIII, Bienen.

Marrubium vulgare ist mit seinen nitrophilen Ansprüchen an stickstoffreiche Schuttstellen gebunden. Als Heilpflanze fand der Andorn »bei Brustverschleimungen und Verstopfungen des Unterleibs, der Leber und der Lunge Anwendung«.

Mentha spicata, Lamiaceae (Lippenblütler)
Ährenminze, Grüne Roßminze
Staude mit unterirdischen Ausläufern
Stark aromatisch duftend

Blüten in rispig gehäuften Scheinähren, lila bis fleischfarben. VII–IX, Insektenbestäubung.

Mentha spicata und die Krauseminze *Mentha spicata* var. *crispa* sind aus den Gärten gelegentlich in Schuttunkrautfluren verwildert. Das farblose bis hellgelbe ätherische Krauseminzöl hat einen Kümmel- und Poleigeruch.

Es wird als »Spearmint« zum Aromatisieren von Süßwaren (Kaugummi) und für Körperpflegemittel (Zahnpasta) verwendet. Die Blätter werden frisch und getrocknet als Salat- und Brotwürze und zu Minzenküchlein gebraucht. Früher wurde die Krauseminze zur »Beförderung der Verdauung und gegen Blähungen« verwendet.

Nepeta cataria, Lamiaceae (Lippenblütler)

Katzenmelisse, Katzenminze
Staude, herbaromatisch, zitronenartig riechend

Scheinquirle in Köpfchen, schmutzigweiß. VII–VIII, Hummeln und Bienen. Katzen zeigen für das herbaromatische Kraut eine besondere Vorliebe.

Nepeta cataria ist ein mehrjähriges Kraut, das meist nur 2 oder 3 Jahre alt wird. Durch einmaliges Verpflanzen im 2. Jahr wird es zu einer ausdauernden Pflanze. Ein Aufguß der herb-aromatisch, zitronenartig riechenden Blätter wurde früher bei hysterischen Beschwerden, Verschleimung der Brust und des Darmkanals angewendet. Wenn sie gekaut werden, sollen sie gegen Zahnweh gute Dienste leisten. Als Heilpflanze wird *Nepeta cataria* jetzt nur noch selten kultiviert. Zusammen mit anderen verwilderten Arten ist sie an Schuttplätzen, an Dorfwegen, Mauern und Flußufern völlig eingebürgert.

Nicandra physalodes, Solanaceae (Nachtschattengewächse)

Giftbeere
Einjährig
Giftpflanze!

Blüte mit aufgeblasenem Kelch, 5kantig und zur Fruchtzeit die Beere ganz einhüllend. Krone glockig-trichterig, Saum 5lappig, hellblau mit weißem Grund. VII–X, Echte Bienen.

Nicandra physalodes wurde gegen Ende des 17. Jahrhunderts aus Peru in Italien eingeführt. Durch die spontane Selbstbestäubung fruchten auch isoliert stehende Pflanzen und breiten sich durch Samen in der Schuttkraut-Gesellschaft aus. Die Giftbeere ist gegen Kälte ziemlich empfindlich; die Pflanzen erfrieren bereits bei 2 Grad Wärme.

Nicandra physalodes wurde früher als Diureticum und gegen Harngries verwendet. Durch das hyoscyaminähnliche Alkaloid (Tropinon) und Hygrin sind bei Einnahme größerer Mengen ernste Vergiftungen zu erwarten.

Nigella sativa, Ranunculaceae (Hahnenfußgewächse)

Schwarzkümmel
Einjährig

Blüten mit weißen Kelchblättern, an der Spitze grünlich oder bläulich. VII–IX, Bienen.

Nigella sativa muß als einjähriges Kraut auf nährstoff- und kalkreichen Lehmböden jedes Jahr zur Aussaat gebracht werden. Die Samen sind typische Dunkelkeimer, die bei höheren Temperaturen ein hohes Keimergebnis zeigen. Bereits im 16. Jahrhundert wurde der Schwarzkümmel aus dem Mittelmeerraum und dem westlichen Asien in unsere Gärten gebracht.

Die schwarzen Samen lassen sich wie Kümmel und Fenchel zum Würzen des Brotes verwenden. Früher wurde sie wegen der offizinellen Wirkung als blähungs- und harntreibendes Mittel angebaut. Die Schwarzkümmel kommt heute verwildert in Getreidefeldern und Brachäckern vor.

Papaver somniferum, Papaveraceae (Mohngewächse)

Schlafmohn, Gartenmohn
Einjährig
Blaugrün bereift

Blüten violett bis weiß oder rot. Am Grund mit einem dunkleren Fleck. VI–VIII, Insektenbestäubung.

Dieser weitverbreitete Gartenmohn aus dem Mittelmeergebiet, den Kanarischen Inseln, Madeira und dem Kaukasus wird seit der jüngeren Steinzeit angebaut. Aus unseren Gärten ist der Schlafmohn vorübergehend auf nährstoff- und basenreichen Lehmböden verwildert.

Die reifen Mohnsamen ergeben abgepreßt ein gutes Speiseöl. Ihre Körner werden für Mohnbrötchen, -strudel und -stollen sowie für Süßwaren verwendet.

Das Opium wird aus dem getrockneten Milchsaft unreifer Kapseln gewonnen. Es enthält die Alkaloide Morphin, Narcotin, Codein und einige mehr. Sie sind schmerzlindernd, einschläfernd und krampflösend.

Physalis alkekengi, Solanaceae (Nachtschattengewächse)

Lampionblume, Judenkirsche	Blüten einzeln auf kurzen nach unten
Staude mit kriechender Grundachse	gebogenen Stielen. Blütenkrone radförmig-glockig, schmutzig- oder grünlichweiß. Kelch zur Fruchtreife blasig aufgetrieben, mennigrot. Früchte orange- oder scharlachrote, kirschgroße Beeren. V–VIII, Insektenbestäubung.

Physalis alkekengi wurde mit dem Weinbau eingeführt. Als Wurzelkriecher lebt sie heute herdenweise im Weinberggebüsch, an Zäunen, Wegerändern und bei alten Burgen.

Die genießbaren Beeren fanden früher zur Bereitung von Arzneiwein Verwendung. »Die Frucht wirkt kühlend, treibt Harn und Gries ab, und ist daher besonders wirksam bei Nieren- und Blasenschmerzen.«

Lesesteinhaufen mit Ruderalflora

Der Lesesteinhaufen ist eine biologische Grenze für einige Wald- und Wiesenpflanzen. In dieser Minimalumwelt ist es zahlreichen Ruderalpflanzen möglich, zu überleben und sich fortzupflanzen. Bei derartigen Sekundärsukzessionen handelt es sich um ein bodenbiologisches Problem, das sich in den Lesesteinhaufen, auf Trümmergelände und Eisenbahndämmen einstellt. Die Kleinblättrigkeit vieler Arten und das Hervortreten von stickstoffsammelnden Schmetterlingsblütlern weist auf eine mesophile Ruderalflora hin.

Die wärmeliebenden und gegen Trockenheit relativ wenig empfindlichen Stauden besiedeln offene und durchlässige Böden:

Eselsdistel	*Onopordum acanthium*
Stolzer Heinrich	*Echium vulgare*
Steinklee	*Melilotus officinalis*
Nickende Distel	*Carduus nutans*

Auf den Lesesteinhaufen erscheint oft der Massholder *(Acer campestre)* und entwickelt einen ganzen Ahorn-»Wald«.

Ruinen und alte Burgen sind häufig die Zufluchtsstätten für kulturhistorisch bedeutsame Pflanzenarten. Diesem Umstand sollte auch auf Trümmergrundstücken Rechnung getragen werden, die von Pionierpflanzen mit einer hohen Samenproduktion besiedelt werden:

Kanadisches Berufkraut	*Conyza canadensis*
Kompaß-Lattich	*Lactuca serriola*
Klebriges Kreuzkraut	*Senecio viscosus*
Huflattich	*Tussilago farfara*
Hohe Rauke	*Sisymbrium altissimum*

Wärmekeimer südlicher Herkunft finden zwischen dem Schotter und Kies günstige Lebensbedingungen:

Quendel-Sandkraut	*Arenaria serpyllifolia*
Gemeiner Beifuß	*Artemisia vulgaris*
Tüpfel-Hartheu	*Hypericum perforatum*
Platthalm-Rispengras	*Poa compressa*

Zwischen den von der Sonne stark erwärmten Steinen werden Temperaturen von über 40 °C erreicht. In den Schotteraufschüttungen von Eisenbahndämmen und zwischen den Gleisen stehen den Pflanzen geringe Nährstoffmengen zur Verfügung. Im Felsschutt kommen nur anspruchslose Arten mit einem Minimum an Feuchtigkeit aus:

Kleine Orant	*Chaenarrhinum minus*
Klebrige Kreuzkraut	*Senecio viscosus*

An und unter den Steinen leben räuberische Laufkäfer, Kurzflügler und Spinnen. Die Felsenspringer aus der Familie der Urinsekten, mit etwa 120 meist bräunlichen, metallisch schillernden Arten, vermögen bei ihrer Flucht bis 10 cm weit zu springen. Sie ernähren sich von Algen, Flechten und Fallaub. Darüber hinaus ist die Existenz vieler Schmetterlinge und Vögel direkt oder indirekt von der Ruderalflora der Lesesteinhaufen abhängig.

Flora und Fauna von Feldstein- und Weinbergmauern

Vermutlich zur Zeit der Römer, als in größerem Umfang Weinbergmauern trocken aus Steinen aufgesetzt wurden, entwickelten sich Kleinbiotope. An alten Friedhofsmauern und Burgen, wo der Kalk des Mörtels vom Regen aus den Fugen herausgewaschen wurde, bieten sich weitere Lebensräume für Pflanzen und Tiere. Trotz mancher Wechselbeziehungen mit dem alten Gemäuer sind es vor allem die Lesesteinhaufen, die eine Barriere innerhalb des Gartens darstellen. An diesen Extrem-Biotopen weist der Temperaturwechsel im Tageslauf hohe Schwankungen auf. Nach Süden geben die Mauern folgenden wärmeliebenden Pflanzen Gelegenheit zur Ansiedlung:

Rauher Eibisch	*Althaea hirsuta*
Schriftfarn	*Ceterach officinarum*
Sonnenwende	*Heliotropium europaeum*
Ysop	*Hyssopus officinalis*
Gartenraute	*Ruta graveolens*

Der »Wildwuchs« in den Ritzen bleibt völlig unberührt. Unseren Ordnungssinn sollten wir nicht bis zur Putzsucht steigern und jede Fuge auszupfen. Solchen Säuberungsaktionen fallen Dutzende gefährdeter Arten zum Opfer.

Die ansonsten sehr seltenen Mauereidechsen finden in den Trockenmauern sehr günstige Umweltbedingungen. Sie ernähren sich durch schnelles Zupacken meist von Kerfen. Die recht heißen Mauern werden auch von Rollasseln besiedelt. Sie kommen selbst am Tag ins Freie, wo sie sich von pflanzlichen Abfallstoffen ernähren.

Althaea hirsuta, Malvaceae (Malvengewächse)

Rauher Eibisch	Blüten bleichlila. V–VIII, Insektenbe-
Einjährig	stäubung.
10 bis 45 cm hoch	

Wurde bereits in prähistorischer Zeit auf Kulturland eingeschleppt. Breitet sich an Mauern und auf Schuttunkrautfluren aus.

Antirrhinum majus, Scrophulariaceae (Braunwurzgewächse)
Großes Löwenmaul
Wintergrüner, aber frostempfindlicher Halbstrauch (Chamaephyt)
20 bis 60 cm hoch

Floreszenz 8- bis 30blütig, verschiedenfarbig, meist mit gelbem Unterlippenwulst. VI–IX, Große Hummeln.

An den Mauern und Burgruinen gehört das Große Löwenmaul zu einer nitrophilen Spaltengesellschaft, die einen feuchten, nährstoff- und basenreichen Boden liebt. Die krautigen Pflanzenteile sterben bei starkem Frost ab. Mit ihren unteren verholzenden Sproßteilen überwintern sie als Halbstrauch. Im nächsten Frühjahr beginnen sie zu sprossen und den ganzen Sommer zu blühen.

Cheiranthus cheiri, Brassicaceae (Kreuzblütler)
Goldlack
Halbstrauch
20 bis 40 cm hoch
Herzgift!

Blüten in dichten Trauben, goldgelb, Veilchenduft. V–VI, Bienen und Hummeln.

Wird seit dem Mittelalter als Zierpflanze kultiviert und ist in einer kleinen, gelbblühenden Form in den Fugen alter Stadt- und Burgmauern verwildert. Läßt sich durch Ausschmieren mit Kuhdung in nährstoffreichen und kalkhaltigen Mauerfugen ansiedeln. Übersteht in wärmeren Gebieten einen mäßig kalten Winter. Bei trockenkaltem Wetter büßt der Goldlack seine Blätter ein. Nur der Wipfelschopf nimmt im Winter durch den Tau oder Reif von außen Wasser auf.

Corydalis alba, Papaveraceae (Mohngewächse)
Weißer Lerchensporn
Staude
Bis 40 cm hoch

Blüten gelblichweiß, vorn gelb, mit langem Sporn. VI–VIII, Insektenbestäubung.

Der Weiße Lerchensporn kam um die Mitte des 18. Jahrhunderts aus Tibet, der Mongolei, Ost- und West-Sibirien nach Europa. Er ist vielfach an alten Mauern und auf Schutthaufen verwildert. Als Herbstkeimer ist *Corydalis alba* einjährig überwinternd.

Corydalis lutea, Papaveraceae (Mohngewächse)
Gelber Lerchensporn
Staude
10 bis 20 cm hoch mit knotigem Rhizom

Reichblütige Trauben, goldgelb, kurz gespornt. V–X, Insektenbestäubung.

In wintermilden Lagen ist der Gelbe Lerchensporn häufig im Kalkgestein feuchter und nährstoffreicher oder etwas beschatteter Mauerspalten verwildert. Läßt sich in Mörtelfugen mit dem Zymbelkraut *(Cymbalaria muralis)* und der Mauerraute *(Asplenium ruta-muraria)* vergesellschaften. In milden Gegenden ist *Corydalis lutea* auch im Winter blühend.

Cymbalaria muralis, Scrophulariaceae (Braunwurzgewächse)
(Linaria cymbalaria)
Zymbelkraut
Einjährig oder Staude mit Knospen auf der Höhe der Erdoberfläche (Hemikryptophyt)
Blühende Triebe schlaff, kriechend oder niederliegend
30 bis 60 cm lang

Floreszenz sehr lang. Blumenkrone mit kegelförmigem, stumpfem Sporn, weißlichviolett mit hellgelbem Fleck an den Spitzen des weißlichen Unterlippenwulstes. VI–IX, Bienen und Selbstbestäubung.

Das Zymbelkraut läßt sich als Spaltenkriecher an nicht zu stark besonnten, etwas luft- und sickerfeuchten Natursteinmauern ansiedeln. Die Samen sind Dunkelkeimer. Der Fruchtstiel wächst lichtabgewandt gegen die Unterlage und versenkt die Samen in den Spalten des Gesteins. Nach dem Fruchten sterben die einjährigen Triebe ab. Aus dem vorjährigen Sproßgerüst erneuern sich die Pflanzen. Mehr als vier Vegetationsperioden überdauert das Zymbelkraut nicht.

Fumaria schleicheri, Papaveraceae (Mohngewächse)
Schleichers Erdrauch
Dunkler Erdrauch
Einjährig
15 bis 30 cm hoch

Blüten in aufrechten Trauben. Äußere Kronblätter rosa, selten weiß, an der Spitze dunkelpurpurrot mit grünem Kiel. V–X, Insektenbestäubung.

In den Fugen nährstoff- und kalkreicher Weinbergmauern wächst *Fumaria schleicheri* an sonnenwarmen und trockenen Standorten.

Helianthus annuus, Asteraceae (Korbblütler)
Sonnenblume
Einjährig
Bis 200 cm hoch

Randblüten ungeschlechtlich, zungenförmig, goldgelb. Scheibenblüten zwittrig, rotbraun, purpurn oder gelb. VIII–X, Bienen, Hummeln, Fliegen und anderen Insekten.

Durch den Kleiber werden die Samen in Mauern und Felsritzen gelegt. Bei ausreichendem Bodenvolumen und Wasservorrat treten gelegentlich Kümmerpflanzen auf.

Hyssopus officinalis, Lamiaceae (Lippenblütler)
Ysop
Halbstrauch, scharf aromatisch riechend
30 bis 60 cm hoch

Blüten in 10 cm langen Scheinähren, violettblau, seltener rosa oder weiß. VI–IX, Bienen und Hummeln.

In Felsband- und Mauerspalten kommt der Ysop im trockenen, sich stark erwärmenden Kalkgestein vor. Als Burggartenflüchtling hat er sich an vielen Orten eingebürgert.

Matthiola incana, Brassicaceae (Kreuzblütler)
Levkoje
Einjährig bis halbstrauchig, graufilzig
20 bis 80 cm hoch

Blüten in lockeren Trauben, purpurviolett-rosa, karminrot oder weiß. IV–X, Insektenbestäubung.

Wird seit dem 16. Jahrhundert als Sommer-, Herbst- oder Winterlevkoje kultiviert. Gelegentlich trifft man sie verwildert an Mauern an.

Mentha suaveolens, Lamiaceae (Lippenblütler)
(M. rotundifolia)
Rundblättrige Minze
Staude mit Bodenausläufern und oberirdischen Ausläufern. Stark, aber wenig angenehm riechend
30 bis 60 cm hoch

Blüten klein, rispig gehäufte Scheinähren, weißlich bis schmutzigrosa. VII–IX, Insektenbestäubung.

Als Wurzelkriech-Pionier kommt die Rundblättrige Minze gelegentlich in Weinbergmauern vor. Sie verlangt mehr Wärme und erträgt größere Trockenheit als die übrigen *Mentha*-Arten. Wegen ihres unangenehmen Geruches nach Trimethylamin findet sie als Heilpflanze kaum mehr Verwendung.

Oxalis corniculata, Oxalidaceae (Sauerkleegewächse)
Hornsauerklee
Ein- oder zweijährige bis mehrjährige

Blüten in 2- bis 6blütigen Wickeln, goldgelb. VI–XI, meist Selbstbestäu-

Pflanze. Meist oberirdische Ausläufer treibend
10 bis 20 cm hoch

bung. Blüten bleiben bei schlechtem Wetter geschlossen.

Der Hornsauerklee wurde bereits vor 1576 mit Sämereien aus dem Mittelmeergebiet eingeschleppt. Die Blätter sind oft dunkelpurpurn bis purpurbraun (f. *atropurpurea*) gefärbt. Die massenhaft erscheinenden Samen werden durch die Schleuderfrüchte nach allen Richtungen verbreitet. Sie nisten sich dabei besonders häufig in den Mauerritzen ein.

Ruta graveolens, Rutaeae (Rautengewächse)
Gartenraute, Weinraute
Staude bis Halbstrauch
30 bis 60 cm hoch

Blüten in Trugdolden, grüngelb.
VI–VIII, durch den scharfen Geruch werden Zweiflügler, kleine Hautflügler und fäulnisliebende Fliegen angelockt.

Tritt gelegentlich in warm-trockenen, etwas stickstoffreichen Fels- und Mauerfugen auf. Die Samen keimen langsam. Die Keimung wird durch Dunkelheit und Frost begünstigt. Die Rautenblätter fanden als krampfstillendes und nervenberuhigendes Mittel Anwendung. Sie enthalten in Drüsen ein bitteraromatisches ätherisches Öl. In jungem Zustand wurden sie fein gewiegt und zu Salaten und Soßen gegeben. Für Katzen, Marder und Ratten haben sie einen widerlichen Geruch. Die Gartenraute ist eine der Hauptnährpflanzen der Schwalbenschwanzraupen.

Segetalflora

Die Wildkräuter unserer Feldfluren kamen in prähistorischer Zeit nach Europa. Als durch den Ackerbau ökologische Nischen entstanden, fand die Segetalflora in den Getreidefeldern die nötigen Freiplätze. Der Begriff »Segetalflora« ist vom Lateinischen seges, -etis = Saat, Saatfeld abgeleitet. Manche Getreidebegleiter sind, wie die Wildformen unserer Getreidearten, von den Steppen und Halbwüsten Vorderasiens und aus dem Mittelmeerraum eingewandert. Der Ackerbau hat sich in enger Verbindung mit der Viehwirtschaft vor mehr als 5000 Jahren entwickelt. Manche der mediterranen Wildkräuter lassen sich von der Jungsteinzeit bis zur Bronzezeit in den Siedlungen nachweisen. Der größte Teil wurde um Christi Geburt von den Römern nach Mitteleuropa verschleppt. Ursprüngliche Begleiter unserer Kulturpflanzen:

Somerblutströpfchen   *Adonis aestivalis*
Kornrade   *Agrostemma githago*
Acker-Gauchheil   *Anagallis arvensis*
Acker-Hundskamille   *Anthemis arvensis*
Stinkende Hundskamille   *Anthemis cotula*
Acker-Hasenohr   *Bupleurum rotundifolium*
Leindotter   *Camelina sativa*
Hirtentäschel   *Capsella bursa-pastoris*
Kornblume   *Centaurea cyanus*
Feld-Rittersporn   *Consolida regalis*
Sonnenwend-Wolfsmilch   *Euphorbia helioscopia*
Gemeiner Erdrauch   *Fumaria officinalis*
Kleinblütiger Erdrauch   *Fumaria parviflora*
Blasser Erdrauch   *Fumaria vaillantii*
Roter Hornmohn   *Glaucium corniculatum*

Bittere Schleifenblume	*Iberis amara*
Stengelumfassende Taubnessel	*Lamium amplexicaule*
Knollen-Platterbse	*Lathyrus tuberosus*
Kleinblütiger Frauenspiegel	*Legousia hybrida*
Echter Frauenspiegel	*Legousia speculum-veneris*
Acker-Steinsame	*Lithospermum arvense*
Echte Kamille	*Matricaria chamomilla*
Einjähriges Bingelkraut	*Mercurialis annua*
Acker-Vergißmeinnicht	*Myosotis arvensis*
Acker-Schwarzkümmel	*Nigella arvensis*
Sandmohn	*Papaver argemone*
Saatmohn	*Papaver dubium*
Klatschmohn	*Papaver rhoeas*
Hederich	*Raphanus raphanistrum*
Venuskamm	*Scandix pecten-veneris*
Gemeines Kreuzkraut	*Senecio vulgaris*
Ackerröte	*Sherardia arvensis*
Acker-Senf	*Sinapis arvensis*

Mit dem Ackerbau drang auch der Haussperling oder Spatz als Getreidebegleiter nach Westen vor, wo er sich vom milchreifen Weizen und Hafer, verschiedenen Kraut- und Baumsämereien, Früchten, zahlreichen Insekten und deren Larven ernährt. Die Wurzelknollen der Knollen-Platterbse werden von Saatkrähen aufgenommen und auf Kulturland verschleppt.

Die Lebensgemeinschaft der Kulturfelder weist weltweit etwa 8000 Ackerkräuter auf, von denen 250 bis 300 Arten in der Bundesrepublik Deutschland vorkommen. Durch die Intensivierung der Landwirtschaft und den Wegfall der Dreifelderwirtschaft sind viele Arten selten geworden oder gar ausgestorben. Auf der »Roten Liste« der gefährdeten Pflanzen der Bundesrepublik Deutschland stehen 73 Arten, das sind 25%. Weitere 9 Arten sind ausgestorben oder verschollen. Im Hinblick auf den starken Rückgang dieser Segetalflora stellt sich die Frage nach Schutzmaßnahmen in sogenannten Gartenreservaten. Ein möglicher Artenschutz ist ihre Ansiedlung in Ökologischen und Botanischen Gärten, Bauernhaus-Museen und Feldflora-Reservaten. Ihr Verschwinden ist in erster Linie auf den Einsatz von Herbiziden und die Saatgutreinigung zurückzuführen. Durch die intensive Bewirtschaftung schließen die besser gedüngten Getreidebestände so dicht, daß die lichtbedürftige Begleitflora erstickt.

Der Anteil der Einjährigen ist derart hoch, daß heute die annuellen Getreidebegleiter vorherrschen. Auf den offenen, häufig gestörten Standorten sind sie in der Lage, sich gegen die Konkurrenz der Ausdauernden zu behaupten.

Für den Mähdrusch läßt man heute das Getreide länger auf dem Halm stehen. Die Segetalflora kommt dadurch voll zur Reife und kann reicher aussamen. Kurz vor der Getreideernte werden sie daher gesammelt und bis zur Aussaat in Tüten aufbewahrt. Seit die Populationen großenteils der Saatgutreinigung oder dem Herbizideinsatz zum Opfer fallen, trägt das Sammeln in den Feldfluren kaum zu einer Gefährdung der Segetalflora bei. Die Beetflächen sind im Spätwinter oder Spätherbst durch eine regelmäßige Bodenbearbeitung und mäßige Düngergabe für die Aussaaten vorzubereiten. Das Minimumareal für eine Getreideart mit Begleitflora sollte bei einem Quadratmeter liegen. Die Freilandaussaat der zweijährigen Wintersorten erfolgt im Oktober. Die Sommersorten werden im März–April wie das Wintergetreide in Reihen ausgelegt. Um die lichtbedürftige Begleitflora nicht zu behindern und die Samenproduktion zu fördern, sollten die Aussaaten in nicht zu engem Abstand erfolgen. Gleichzeitig mit dem Getreide wird die Begleitflora ausgebracht. Solche »Saatunkräuter« wie die Kornrade, die im Erdboden ihre Keimfähigkeit nach wenigen Monaten verlieren, finden dabei ein ideales Keimbett vor. Der Samen, der bereits im Boden vorhanden ist, gelangt bei der Bearbeitung der Beete an die Oberfläche und zeigt als Lichtkeimer eine ungeahnte Entwicklung. Wenn das Getreide lange auf dem Halm steht, reifen die Früchte der Segetalflora zur selben Zeit und säen sich aus. Bei einer maximalen Samenproduktion des Klatschmohns von 50 000 Samen ist in der Ackerkrume ein beträchtlicher Vorrat an keimfähigen Samen vorhanden. Die Begleitflora des Wintergetreides ist darauf angewiesen, daß sie zusammen mit dem Getreide im Herbst ausgesät wird. Die Wildkräuter sind sogenannte Kaltkeimer, die unter 10 °C optimale Keimprozente aufweisen. Bei höheren Temperaturen oder nach starker Beschattung des Bodens durch die Getreidepflanzen ist der Boden so stark bedeckt, daß sie keine Chance mehr haben, hochzukommen.

Wenn die Getreidebeete nacheinander immer mit der gleichen Art bestellt werden, ist durch einseitigen Nährstoffentzug, Veränderung der Mikroflora des Bodens, Wurzelausscheidungen oder durch das Auftreten von Schaderregern ein allmähliches Absinken der Ernteerträge zu befürchten. Die Selbstverträglichkeit von Roggen und Weizen ist allerdings so groß, daß sie beliebig lange nacheinander angebaut werden können, ohne daß giftige Wurzelausscheidungen ihren Anbau auf dem gleichen Beet in Frage stellen.

Die gegenwärtige Segetalflora, die latent als Samen in der Erde ruht, ist ein guter Bioindikator. In den Getreideäckern auf Kalk- und Lößböden ist eine sehr bunte und artenreiche Krautflora zu finden:

Sommerblutströpfchen	*Adonis aestivalis*
Blauer Acker-Gauchheil	*Anagallis foemina*
Acker-Hasenohr	*Bupleurum rotundifolium*
Möhren-Haftdolde	*Caucalis platycarpos*
Leindotter	*Camelina sativa*
Feld-Rittersporn	*Consolida regalis*
Acker-Glockenblume	*Campanula rapunculoides*
Kleine Wolfsmilch	*Euphorbia exigua*
Roter Hornmohn	*Glaucium corniculatum*
Kleinblütiger Erdrauch	*Fumaria parviflora*
Blasser Erdrauch	*Fumaria vaillantii*
Knollen-Platterbse	*Lathyrus tuberosus*
Kleinblütiger Frauenspiegel	*Legousia hybrida*
Echter Frauenspiegel	*Legousia speculum-veneris*
Bittere Schleifenblume	*Iberis amara*
Acker-Vergißmeinnicht	*Myosotis arvensis*
Acker-Schwarzkümmel	*Nigella arvensis*
Klatschmohn	*Papaver rhoeas*
Acker-Senf	*Sinapis arvensis*
Venuskamm	*Scandix pecten-veneris*
Einjähriger Ziest	*Stachys annua*

Zu den säureliebenden und säuretoleranten Arten gehören:

Kornrade	*Agrostemma githago*
Acker-Gauchheil	*Anagallis arvensis*

Acker-Hundskamille	*Anthemis arvensis*
Gemeiner Windhalm	*Apera spica-venti*
Acker-Frauenmantel	*Aphanes arvensis*
Lammkraut	*Arnoseris minima*
Kornblume	*Centaurea cyanus*
Gemeiner Erdrauch	*Fumaria officinalis*
Acker-Hohlzahn	*Galeopsis segetum*
Acker-Steinsame	*Lithospermum arvense*
Sandmohn	*Papaver argemone*
Saatmohn	*Papaver dubium*
Hederich	*Raphanus raphanistrum*
Kleiner Sauerampfer	*Rumex acetosella*
Einjähriger Knäuel	*Scleranthus annuus*
Acker-Spörgel	*Spergula arvensis*

Wintergetreide

Die Wintersorten vom Saatweizen *(Triticum aestivum)*, der Vierzeiligen Gerste *(Hordeum vulgare* convar. *vulgare* var. *hybernum)* und Roggen *(Secale cereale)* werden im Oktober zusammen mit Winterannuellen ausgesät. Sie benötigen tiefe Keimtemperaturen, überwintern mit ihren Blattrosetten und sterben nach der Samenbildung im Sommer wieder ab:

Sommerblutströpfchen	*Adonis aestivalis*
Kornrade	*Agrostemma githago*
Leindotter	*Camelina sativa*
Kornblume	*Centaurea cyanus*
Feld-Rittersporn	*Consolida regalis*
Echter Frauenspiegel	*Legousia speculum-veneris*
Acker-Steinsame	*Lithospernum arvense*
Knollen-Platterbse	*Lathyrus tuberosus*
Echte Kamille	*Matricaria chamomilla*
Acker-Vergißmeinnicht	*Myosotis arvensis*
Klatschmohn	*Papaver rhoeas*

Sommergetreide

Die Sommersorten vom Saathafer *(Avena sativa)*, Saatweizen *(Triticum aestivum)* und Zweizeiliger Gerste (*Hordeum vulgare* convar. *distichon* var. *nutans*) werden im März–April zusammen mit den Sommerannuellen ausgesät:

Hunds-Petersilie	*Aethusa cynapium*
Melde	*Atriplex patula*
Weißer Gänsefuß	*Chenopodium album*
Saat-Wucherblume	*Chrysanthemum segetum*
Gemeiner Erdrauch	*Fumaria officinalis*
Knollen-Platterbse	*Lathyrus tuberosus*
Einjähriges Bingelkraut	*Mercurialis annua*
Acker-Senf	*Sinapis arvensis*

Auch die ältesten Weizensorten Einkorn *(Triticum monococcum)*, Dinkel *(Triticum spelta)* und der nicht winterharte Emmer *(Triticum dicoccum)*, die seit der Jungsteinzeit in Kultur sind und heute kaum mehr angebaut werden, lassen sich als Winter- und Sommergetreide in die Feldreservate bringen.

Bezugsquellen für Wildstauden

Gericke, Wolfgang, Schönefelder Straße 123/135, 1000 Berlin 47
Jelitto, Klaus R. – Staudensamen, Horandstieg 28, 2000 Hamburg 56
Walter, Staudenkulturen, Aschhooptwiete 21, 2080 Pinneberg
Wachter, Karl, 2081 Appen-Etz b. Pinneberg
Härlen, Günther – Inh. Helmut Härlen, Gartenkulturen, Postfach 1146, 2093 Stelle
Kohls, Gerd – Botanische Spezialitäten-Versand, Sylter Bogen 23, 2300 Kiel 1
Schwermer, Peter, Schüttenredder 5, 2300 Quarnbek-Flemhude
Schwermer, Ulrich, Gartenbau und Staudenkulturen, Heischhof, 2371 Krummwisch
Lienau, Maren – Staudenkulturen, 2333 Damendorf
Hagemann, Heinrich – Staudenkulturen, Krähenwinkel, 3012 Langenhagen 6
Baltin – Stauden, Inh. Christian Baltin, Mörserstraße 29, 3184 Wolfsburg 13
Tangermann, Willi, Staudenkulturen, Rauhe Wiese 17, 3204 Nordstemmen
Junge, Heinrich – Inh. Gisela Großmann-Junge, Stauden- und Wasserpflanzenkulturen, Seeangerweg 1, 3250 Hameln 15
Niederstadt, Erich und Maria, Westfälisch-Lippische Staudenkulturen, Rüscherstraße 5, 4972 Löhne 3
Jürgl KG – Baumschulen – Staudenkulturen, Sürther Str. 300, 5000 Köln 50
Behrens, Reinhard – Gartenpflanzen, Soerser Weg 27, 5100 Aachen
Schweiss – Staudenkulturen, Rheinbacher Str. 169, 5481 Grafschaft-Bölling
Arends, Georg – Inh. Ursula Maubach-Arends, Monschaustr. 76, 5600 Wuppertal 21
Wetzel, Gabriele – Botanische Raritäten, Oberkohlfurth, 5600 Wuppertal 12
Nungesser, L.C. – Samen von Wildpflanzen, Bismarckstr. 59, 6100 Darmstadt
Kayser & Seibert, Inh. Klaus Seibert, Odenwälder Pflanzenkulturen, Postfach 28, 6101 Roßdorf 1
Lintner, Johann jun., Nieder-Ofleidener Staudenkulturen, 6313 Homberg-Ohm 3
Bornträger & Schlemmer, Heil- und Gewürzpflanzen, 6521 Offstein
Wagner, Julius, Samenzucht, Eppelheimer Str. 20, 6900 Heidelberg 1
Häussermann – Stauden, Inh. F. Häussermann, Lindental 44, 7000 Stuttgart-Weilimdorf
Schoell, Wilhelm – Saaten, Mönchhof 2, 7000 Stuttgart 72-Plieningen
Schönemann – Baum- und Rosenschulen, Fellbacher Str. 142–148, 7012 Fellbach
Denz, Josef – Inh. Hans Denz, Staudengärtnerei, Rottweiler Str. 137, 7220 Schwenningen-Villingen
Schöllkopf, Werner – Staudengärtnerei, Postfach 113, 7410 Reutlingen
Carl, Joachim – Alpengarten Pforzheim, Auf dem Berg, 7530 Pforzheim-Würm
Götz, Hans – Staudengärtnerei, Schramberger Str. 65, 7622 Schiltach
von Damaros, Rüdiger, Unterer Mühlenweg 43, 7800 Freiburg i. Br.
Theobold – Staudengärtnerei, Auf der Scheibe 2, 7960 Aulendorf
Köhler, Dieter – Wildpflanzen-Samen, Kurt-Eisner-Str. 46, 8000 München 83

Peine, Rolf – Staudengärtnerei, Mariabrunner Str. 71, 8000 München
Plogstedt, M. – Wildstauden, Am Anger 6, 8050 Freising-Attaching
Reuther, Staudengärtnerei, Gärtnerstraße 11, 8077 Baar
Demmel, Wilhelm – Baumschulen-Stauden, Baumschulenstr. 3, 8124 Seeshaupt
Marx, Karl Heinz, Bahnhofstraße 36, 8602 Pettstadt
Simon, Dr. Hans und Helga – Gärtnerischer Pflanzenbau, Georg-Mayr-Str. 70, 8772 Marktheidenfeld
Näpfel, Herrmann – Staudengärtnerei, Nürnberger Str. 99, 8820 Gunzenhausen
Heim – Baumschulen – Staudengärtnerei, Kalterer Str. 10, 8900 Augsburg

Bildquellen

Farbfotos
Bechtel, H., Düsseldorf: Seite 193 unten.
Dittrich, W., Tübingen: Seite 193 oben links, 211 oben, 229 (oben), 230 oben (2), 247 unten, 248 unten, 265 (3), 283 (4).
Feßler, A., Weihenstephan: Seite 193 oben rechts, 212 (2)
Kaule, G., Stuttgart: Seite 284 unten.
Reinhard, H., Heiligkreuzsteinach: Seite 194 oben rechts, 29 unten (2), 266 (4), 284 oben.
Schrempp, H., Breisach: Seite 211 unten, 230 unten, 247 oben, 248 oben.
Seidl, S., München: Titelfoto.
Stehling, W., Hamburg: Seite 194 oben links und unten.
Zeichnungen von Helmuth Flubacher nach Vorlagen des Verfassers bzw. aus der Fachliteratur.

Register

Abies alba 21, 124, 367
Acer campestre 21, 125, 298, 359
– *negundo* 125
– *platanoides* 21, 343, 359, 368, 370
– *pseudoplatanus* 21, 343, 359, 368, 370
Achillea millefolium 22, 160
– *ptarmica* 22, 173
Acinos alpinus 22
Ackergauchheil 26
Ackerhasenohr 32
Ackerhornkraut 36
Ackerhundskamille 27
Ackerminze 61, 241
Ackerritterspron 41
Ackerschöterich 45
Ackersenf 81, 130
Ackersteinsame 58
Ackervergißmeinnicht 62
Ackerwinde 39, 175
Aconitum napellus 22, 130, 330, 393
– *paniculatum* 22
– *variegatum* 22, 187, 221
– *vulparia* 22, 334, 393
Acorus calamus 22, 181, 183, 186, 224, 259
Actaea spicata 22, 282, 294, 360, 368
Actinomyceten 122, 327
Adenophora liliifolia 22
Adlerfarn 342
Adonis aestivalis 23
– *annua* 23
– *vernalis* 23, 162
Adonisröschen 23, 162
Adoxa moschatellina 23, 330, 342
Aegopodium podagraria 24, 294, 334
Aerenchym 182, 257, 263
Aesculus hippocastanum 24, 109, 125, 362
Aethionema saxatile 24, 396
Aethusa cynapium 24
Affenknabenkraut 95
Agropyron repens 11, 104
Agrostis stolonifera 143
– *stricta* 96

Ahlbeere 331
Ährenminze 61
Ajuga genevensis 24, 163
– *pyramidalis* 24, 156, 384
– *reptans* 24, 155, 342, 357, 362, 367
Akelei 28, 148, 348
Alant, Behaarter 53
– Deutscher 53, 316
– Echter 53, 413
– Schweizer 53, 336
Alchemilla alpina 24
– *conjuncta* 24
– *vulgaris* 24, 173
– *xanthochlora* 24
Aldrovanda vesiculosa 99, 254
Alisma plantago-aquatica 24, 184, 189, 200, 259
Alleloparasitismus 122
Allelopathie 104
Allermannsharnisch 25
Alliaria officinalis 104
– *petiolata* 25, 364
Allium angulosum 25, 169
– *carinatum* 25
– *montanum* 25, 372
– *oleraceum* 25, 299
– *pulchellum* 25
– *rotundum* 25, 158
– *schoenoprasum* 25, 240, 387
– *scorodoprasum* 25, 169
– *sphaerocephalon* 25, 166
– *suaveolens* 25, 175
– *ursinum* 25, 287, 294, 342, 360
– *victorialis* 25, 393
– *vineale* 25, 315
Alnus glutinosa 25, 122, 123, 125, 185, 187, 332
– *incana* 26, 122, 125, 187, 335
– *viridis* 26, 122, 182, 185, 224, 393
Alopecurus pratensis 143
Alpenaster 30, 397
Alpenaurikel 70, 395
Alpenfahnenwicke 65
Alpenfettkraut 99
Alpenfrauenmantel 24

Alpengänsekresse 28, 386
Alpengelbling 81, 385
Alpenhabichtskraut 376
Alpenhahnenfuß 72
Alpenheckenkirsche 58, 345
Alpenheckenrose 375, 393
Alpenküchenschelle 71
– Gelbe 71
Alpenlattich, Grüner 376
Alpenleinkraut 57, 102, 378
Alpenmannstreu 44
Alpenrose, Bewimperte 74, 375, 399
– Rostblättrige 73, 375, 389
Alpensonnenröschen 50
Alpensteinquendel 22
Alpentragant 30, 398
Alpentroddelblume 82, 391
Alpenveilchen 40
Alpenziest 83
Alpinum, Ökologisches 377
Althaea hirsuta 26, 416
– *officinalis* 26, 412
Alyssum montanum 26
Amelanchier ovalis 26
Amstelraute 84, 131, 338
Anacamptis pyramidalis 92, 97
Anagallis arvensis 26
Anchusa officinalis 26, 318
Andorn, Gewöhnlicher 60, 413
– Schwarzer 31, 412
Andromeda polifolia 26, 187, 252, 254, 261, 329, 388
Androsace lactea 26
– *obtusifolia* 26
Anemone narcissiflora 26, 322, 393, 398
– *nemorosa* 26, 102, 130, 287, 342, 354, 357, 360, 368
– *ranunculoides* 27, 322, 342, 357, 360
– *sylvestris* 27, 372
Anethum graveolens 27
Angelica archangelica 27, 249
– *sylvestris* 27, 171, 357
Anis 67
Aniskerbel 306

Register

Antennaria dioica 27, 384, 404
Anthemis arvensis 27
– *cotula* 27
– *ruthenica* 27
– *tinctoria* 27, 163
Anthericum liliago 27, 166
– *ramosum* 28, 372
Anthriscus cerefolium 28, 324
– *sylvestris* 28, 136, 144
Anthyllis vulneraria 28, 150
Antirrhinum majus 28, 417
Apenninensonnenröschen 50
Apium graveolens 28, 239
Aquilegia vulgaris 28, 148, 348
Arabis alpina 28, 386
Archaeophyten 408
Arctium lappa 11
– *minus* 11
Arctostaphylos uva-ursi 28, 122, 373, 389, 405
Arenaria serpyllifolia 28
Aristolochia clematitis 28
Armeria maritima 29
Arnica montana 29, 130, 366, 376, 384, 404
Arnika 29, 130, 366, 376, 384, 404
Aronstab, Gefleckter 29, 132, 287, 342, 360
Arrhenatherum elatius 143
Artemisia absinthium 104
– *vulgaris* 29, 225
Arum maculatum 29, 132, 287, 342, 360
Aruncus dioicus 29, 131, 307, 370
– *sylvestris* 307
Asarum europaeum 29, 102, 132, 282, 343, 360
Asche 117, 118, 119
Asperula odorata 285
– *tinctoria* 29
Asplenium ruta-muraria 29
Aster alpinus 30, 397
– *amellus* 30, 148, 322
– Glatte 30, 338
– Kleinblütige 30, 209
– *laevis* 30, 338
– *lanceolatus* 30, 209
– Lanzettblättrige 30, 209
– *linosyris* 30, 163
– *novae-angliae* 30
– *novi-belgii* 30
– *salignus* 30, 209
– *tradescantii* 30, 209
Astragalus alpinus 30, 398
– *danicus* 30
– *excapus* 30

– *frigidus* 30, 398
– *glycyphyllos* 31, 311
– *onobrychis* 31
Astrantia major 31, 299
Athyrium filix-femina 294, 342, 367, 370
Atropa bella-donna 31, 305, 370
Attich 306
Auenwald 333
Ausläufer, Oberirdische 20
Avena pratensis 148
Azetobacter-Arten 122
Azolla filiculoides 259

Bachbegleiter 220
Bachbunge 89, 187, 202, 260
Bachlauf 178
Bachminze 243
Bachnelkenwurz 49, 169, 329
Bacterium radicicola 121
Baggersee 185
Baldellia ranunculoides 31, 236
Baldrian, Gemeiner 87, 176
Ballota nigra 11, 31, 412
Barbarakraut, Echtes 31, 214
– Frühes 31
Barbarea verna 31
– *vulgaris* 31, 214
Bärenschote 311
Bärentraube 28, 122, 405
Bärlauch 25, 287, 294, 342, 360
Bärwurz 61
Bastardplatane 125
Bastardschwertlilie 54
Baumhecke 313
Becherglocke 22
Beifuß 29, 225
Beinbrech 63, 253
Beinwell 84, 170, 358
Bellis perennis 31, 138
Berberis vulgaris 31, 124, 315
Berberitze 124, 315
Bergahorn 21, 343, 359, 368, 370
Bergaster 30, 148, 322
Bergehrenpreis 89, 294, 340
Bergfahnenwicke 65
Bergfingerkraut, Zottiges 69
Berggünsel 156
Berghahnenfuß 73
Berghähnlein 322
Bergjohanniskraut 294
Bergkälberkropf 36
Bergkiefer 125, 253, 399
Berglaserkraut 55
Berglauch 25, 372

Bergminze, Kleinblütige 32
Bergnelkenwurz 49, 102, 378
Bergplatterbse 56, 404
Bergsegge 360
Bergsteinkraut 26
Bergtroddelblume 82, 399
Bergulme 86, 353, 357
Bergweidenröschen 44, 369
Berteroa incana 31
Bertramsgarbe 22, 173
Berufkraut, Feinstrahl- 44, 139
Besenginster 40, 125, 372, 404
Besenheide 33, 261, 401
Betonie 83, 155
Betula nana 252, 261
– *pendula* 31, 125, 365, 404
– *pubescens* 31, 182, 185, 233, 253, 329, 365
Bibernelle, Große 67, 325
– Kleine 67, 164
Bibernellrose 75
Bienenragwurz 93
Bilsenkraut, Schwarzes 52, 412
Bimskies 20, 21
Bingelkraut, Ausdauerndes 61, 102, 294, 336
Birnbaum 72
Bisamhyazinthe 140
Bitterklee 61, 187, 250, 260
Bittersüß 81
Blähton 20
Blasenbinse 253
Blasenstrauch 38, 349
Blattstecklinge 19
Blaubeere 289
Blausegge 329
Blaustern 79
Blauweiderich, Ähriger 167
Blumenwiesen 135
Blutauge 69, 260, 387
Blütenbesucher 130
Blutstorchschnabel 49, 316
Blutströpfchen 169
Blutweiderich 60, 181, 184, 236, 260
Blutwurz 69, 366
Bocksdorn 59, 125
Bocksteinbrech 251
Bodenseevergißmeinnicht 62
Borago officinalis 32, 131, 210
Boretsch 32, 131, 210
Borstenmiere 61
Borstgras 366, 384, 386, 404
Brachypodium pinnatum 96, 104, 148, 158, 162, 364
– *sylvaticum* 267, 343
Brandknabenkraut 95, 98
Brandkraut 66

Brassica nigra 32, 236
Braunelle, Große 71, 153
– Kleine 71, 156
– Schlitzblättrige 154
– Weiße 71, 154
Braunwasserseen 206
Braunwurz, Knotige 79
Braut in Haaren 63
Brennessel, Große 86, 104, 294, 364, 411
– Kleine 87, 411
Briza media 148
Brombeere 76, 125, 187, 304, 311, 354
– Aufrechte 76, 308
– Bleiche 76, 302
– Drüsenborstige 76, 296
– Drüsige 76
– Großblättrige 76, 289
– Köhlers 76, 302
– Kreuzdornblättrige 76, 325
– Rauhe 76, 325
– Rauhstengelige 76, 326
– Rundstengelige 76, 352
– Schleichers 76, 325
– Süßfruchtige 75, 301
– Weißschimmernde 75
– Zweifarbige 75, 302
Bromus erectus 96, 148, 158, 168
Bruchweide 78, 124, 182, 226
Brunella grandiflora 153
– *laciniata* 154
– *vulgaris* 156
Brunnenkresse, Echte 63, 222
Brustwurz, Wilde 171
Brutbiotope 179
Bryonia alba 131
Buche 101, 125
Buchenfarn 342
Buchweizen 45
Buglossoides purpurocaerulea 32, 317
Bunias orientalis 32
Bunium bulbocastanum 32, 159
Buphthalmum salicifolium 32, 148, 151
Bupleurum rotundifolium 32
Burgen 416
Buschnelke 42, 156, 366
Buschwindröschen 26, 102, 130, 287, 342, 354, 357, 360, 368
Butomus umbellatus 32, 180, 183, 208, 259

Calamagrostis arundinacea 343

– *canescens* 329
– *villosa* 376
Calamintha nepeta ssp. *nepeta* 32
Calciumcarbonat (CaCO$_3$) 102
Calla palustris 32, 132, 184, 187, 254, 259
Callianthemum anemonoides 32
– *coriandrifolium* 32
Calluna vulgaris 33, 252, 261, 329, 366, 388, 389, 401
Caltha palustris 33, 136, 167, 184, 187, 225, 259, 400
Calystegia sepium 33, 132, 176
Camelina sativa 33
Campanula barbata 33, 384
– *cochleariifolia* 33, 395
– *glomerata* 33
– *latifolia* 33
– *persicifolia* 33, 304
– *rapunculoides* 34
– *rapunculus* 34
– *rotundifolia* 34, 136
– *thyrsoides* 34, 398
– *trachelium* 34, 357
Capsella bursa-pastoris 34, 409
Caragana arborescens 34, 125
Cardamine amara 34, 332, 386
– *pratensis* 34, 136, 171
– *resedifolia* 376
– *trifolia* 35, 294
Carex davalliana 35, 187, 246
– *elongata* 329
– *laevigata* 329
– *limosa* 253
– *montana* 360
– *pendula* 35, 184, 187, 294, 356
– *pilulifera* 343
– *remota* 294
– *riparia* 35, 186, 240
– *sylvatica* 35, 288, 343, 368
– *vesicaria* 329, 387
– *vulpina* 35, 239
Carlina acaulis 35
– *vulgaris* 35
Carpinus betulus 35, 366
Carum carvi 35, 143
Centaurea cyanus 35
– *jacea* 148
– *scabiosa* 36
Centaurium erythraea 36, 304, 305
Cephalanthera 97

– *damasonium* 92
Cerastium arvense 36
Ceratophyllum demersum 36, 190, 258
– *submersum* 36, 228, 258
Cerinthe glabra 36
Chaerophyllum bulbosum 36, 215
– *hirsutum* 36
– *temulum* 36
Chamaedaphne calyculata 36, 187, 252, 255
Chamomilla recutita 36
Cheiranthus cheiri 36, 417
Chelidonium majus 11, 36, 365
Chenopodium album 37
Chimaphila umbellata 37, 264, 372
Christophskraut 22, 282, 294, 360, 368
Christrose 51, 130, 295, 399
Chrysanthemum corymbosum 37, 148
– *leucanthemum* 37, 144
– *vulgare* 37
Chrysosplenium alternifolium 37, 335
– *oppositifolium* 37, 226, 386
Cichorium intybus 37
Cicuta virosa 37, 203
Circaea lutetiana 370
Cirsium acaule 37
Claylit 21
Clematis recta 37
– *vitalba* 37, 335
Cochlearia officinalis 38
Colchicum autumnale 38, 171
Colutea arborescens 38, 349
Conium maculatum 38, 409
Convallaria majalis 39, 102, 351, 360
Convolvulus arvensis 39, 175
– *sepium* 176
Conyza canadensis 39
Coriandrum sativum 39, 246
Cornus alba 125
– *mas* 39, 125, 315
– *sanguinea* 39, 125, 295, 304, 357
Coronilla varia 39, 372
Cortusa matthioli 39, 393
Corydalis alba 39, 417
– *cava* 39, 294, 342, 355, 358, 362
– *intermedia* 39, 344
– *lutea* 40, 417
– *solida* 40, 325, 362
Corylus avellana 40, 125, 132, 310, 368
Cotoneaster tomentosus 40

Crataegus laevigata 125
– *monogyna* 40, 316, 343
Cyclamen purpurascens 40
Cymbalaria muralis 40, 417
Cynoglossum germanicum 40, 291
– *officinale* 40, 410
Cynosurus cristatus 143
Cyperus longus 40, 181, 217
Cypripedium calceolus 92, 93, 96, 97
Cytisus nigricans 40, 373
– *scoparius* 40, 372, 404

Dactylis glomerata 143
Dactylorhiza incarnata 95, 97
– *maculata* 92, 95, 97, 98, 148
– *majalis* 92, 95, 97, 260
– *sambucina* 93, 95
– *traunsteineri* 95
Daphne cneorum 41
– *mezereum* 41, 125, 130, 344, 370, 399
Datura metel 132
– *stramonium* 41, 410
Daucus carota 41, 155
Delphinium consolida 41
Dentaria bulbifera 41, 294, 343
– *enneaphyllos* 294
– *pentaphyllos* 41, 345
Deschampsia flexuosa 267, 343, 376, 384
Dianthus arenarius 41
– *carthusianorum* 41, 159
– *deltoides* 41, 156
– *gratianopolitanus* 41
– *seguieri* 42, 156, 366
– *superbus* 42, 175
– *sylvestris* 42, 390
Dickblattmauerpfeffer 80
Dictamnus albus 42, 163
Digitalis grandiflora 42, 306
– *lanata* 42, 164
– *lutea* 42, 299
– *purpurea* 42, 130, 308
Dill 27
Dipsacus sylvestris 42
Diptam 42, 163
Dirlitze 315
Doldenmilchstern 140, 358
Dorant, Weißer 173
Dornfarn 294, 329, 343
– Breitblättriger 342, 368
Doronicum clusii 102, 378, 381
Dost, Gewöhnlicher 64, 311
Draba aizoides 42, 390
– *tomentosa* 43, 395
Drachenkopf 43, 151

Drachenwurz 184, 254
Dracocephalum ruyschiana 43, 151
Drahtschmiele 267
Drosera anglica 98, 253, 261
– *intermedia* 98, 253, 261
– × *obovata* 98, 253
– *rotundifolia* 98, 253, 261
Dryas octopetala 43, 123, 397
Dryopteris austriaca 342, 368
– *borreri* 294
– *carthusiana* 294, 329, 343
– *cristata* 187
– *filix-mas* 294, 304, 342, 363, 368, 370
– *pseudomas* 294
Duftveilchen 91, 104, 362, 364
Dünenrose 75
Durchforstungen 272
Dürrwurz 149
Dystrophe Gewässer 180, 206

Eberesche 82, 125, 329, 366, 368, 370, 404
– Mährische 82, 182, 185, 218
– Süße 218
Eberrautengreiskraut 80
Eberwurz 35
Echinodorus ranunculoides 236
Echium vulgare 43
Edeleberesche 218
Edelgamander 84, 351
Edelweiß 56, 397
Efeu 50, 125, 295, 343, 360
Ehrenpreis, Ähriger 89
– Blattloser 88
– Efeublättriger 104, 358, 364
– Gamander- 89, 130, 148, 326, 358
– Großer 89, 148, 160
– Langblättriger 89, 241
– Liegender 89, 165
– Nesselblättriger 90
– Österreichischer 88, 154
Eibe 84, 125, 355
Eibisch 26, 412
– Rauher 26, 416
Eichen 348
Eichenfarn 294, 342, 368
Einbeere 65, 102, 343, 352, 358, 368
Eisenhut, Blauer 22, 130, 330
– Bunter 221

– Gelber 22, 334
– Gescheckter 22, 187, 221
– Rispiger 22
Eisenkraut 88, 218
Elaiosom 270
Eleagnus angustifolia 43, 122
Eleocharis palustris 43, 180, 186, 208
Elodea canadensis 43, 183, 200, 258
Elsbeere 83, 350
Elymus europaeus 294
Empetrum nigrum 43, 187, 252, 255, 261, 389, 405
Engelwurz 27, 249
Enzian, Clusius' 48, 397
– Deutscher 48, 151
– Gelber 48, 148, 151
– Schwalbwurz- 47, 187
– Stengelloser 47
– Ungarischer 48
Epilobium angustifolium 43, 308
– *dodonaei* 43
– *hirsutum* 44, 228
– *montanum* 44, 369
Epipactis helleborine 97
– *palustris* 92, 97, 187, 260
Equisetum hyemale 187
– *maximum* 294
– *sylvaticum* 368
– *telmateia* 294
Eranthis hyemalis 44, 130, 322, 363
Erbsenstrauch 34, 125
Erbsenwicke 90
Erdbohrer 103
Erdeichel 159
Erdkastanie 32, 159
Erdnuß 159
Erdpflanzen 269
Erdrauch 46
– Blasser 46
– Kleinblütiger 46
– Schleichers 46, 418
Erdschürfpflanzen 271
Erica herbacea 44, 125, 131, 399
– *tetralix* 261
Erigeron annuus 44, 139
Eriophorum 106
– *angustifolium* 44, 186, 244, 387
– *latifolium* 44, 187, 243, 260, 387
– *scheuchzeri* 44, 187, 250, 387
– *vaginatum* 44, 187, 253, 329, 387
Erlenbruchwald 327
Eryngium alpinum 44, 393
– *campestre* 44, 151

– *planum* 44
Erysimum cheiranthoides 45
Esche 46, 125, 343, 353, 368
Eschenahorn 125
Esparsettentragant 31
Espe 301, 404
Euonymus europaeus 45, 125, 316, 354, 357
Eupatorium cannabinum 45, 181, 215
Euphorbia amygdaloides 45, 343
– *cyparissias* 45, 151, 267
– *epithymoides* 279
– *helioscopia* 45
– *lathyris* 45
– *palustris* 45, 187, 228
– *polychroma* 45, 279
Eutrophe Gewässer 180, 189

Fadenehrenpreis 89, 141
Fagopyrum esculentum 45
Fagus sylvatica 45, 101, 125, 341, 368, 370
Fahnenwicke, Zottige 65
Färberginster 47, 155, 366
Färberkamille 27, 163
Färbermeister 29
Färberreseda 73
Färberwaid 54, 152
Faulbaum 73, 328, 329, 331, 366, 370
Feenmoos 259
Feldahorn 21, 125, 298, 359
Feldmannstreu 44, 151
Feldthymian 148
Feldulme 86, 125, 338, 357
Felsenbirne 26
Felsenblümchen, Filziges 43
– Immergrünes 42, 390
Felsenehrenpreis 89
Felsenhimbeere 76, 279
Felsenjohannisbeere 74, 292
Fenchel 46, 104
Festuca gigantea 368, 370
– *ovina* 96, 162
– *ovina* ssp. *duriuscula* 148
– *pratensis* 143
Fetthenne, Große 311
– Rote 80, 317
Fettkraut 99, 187
– Gemeines 99, 253, 260
– Großes 311
– Weißes 128
Fettwiesen 142
Feuchtbiotop 178
Feuchtgebiete 104
Feuchtwiese 136, 174
Feuerlilie 57
Fichte, 67, 124, 253, 369
Fieberklee 250, 387

Fiederzwenke 104, 148, 158, 162, 364
Filipendula ulmaria 45, 176, 184
– *vulgaris* 45, 159
Fingerhut, Gelber 42, 299
– Großblütiger 42, 306
– Kleinblütiger 299
– Roter 42, 130, 308
– Wolliger 42, 164
Fingerkraut, Hohes 69
– Weißes 69
Fingerküchenschelle 72, 166
Fingerwurz, Holunder- 93
Fingerzahnwurz 41, 345
Flachmoor 245
Flachs 130
Flattergras 343, 369
Flatterulme 86, 328, 357
Flechtbinse 196
Fleckenschierling 38, 409
Flieder 84
Fliegenragwurz 93, 97, 98, 131, 148
Flockenblume 148
Flohkraut, Großes 71, 170
Flügelginster 47, 366, 404
Flußufervegetation 214
Foeniculum vulgare 46
Föhre 371
Fragaria vesca 46, 279, 304
Frangula alnus 328, 331, 366
Frankia 122, 327
Franzosenkraut 15
Frauenmantel 24, 173
– Gelbgrüner 24
Frauenschuh 92, 93, 97
Fraxinus excelsior 46, 125, 343, 353, 368
Fritillaria meleagris 46, 187, 240
Froschbiß 52, 183, 192, 259
Froschlöffel 24, 184, 189, 200, 259
Frostkeimer 16
Frühlingsenzian 48
Frühlingsfingerkraut 70
Frühlingsküchenschelle 72, 373
Frühlingsplatterbse 56, 343, 358
Fuchssegge 35, 239
Fumaria officinalis 46
– *parviflora* 46
– *schleicheri* 46, 418
– *vaillantii* 46

Gagelstrauch 62, 122
Galanthus nivalis 46, 288, 363
Galega officinalis 46
Galeobdolon luteum 288

Galeopsis speciosa 47
Galinsoga parviflora 15
Galium aparine 104, 364
– *harcynicum* 369
– *mollugo* 47
– *odoratum* 47, 102, 285, 343, 368, 370
– *sylvaticum* 368
– *verum* 47
Gamander Salbei- 84, 289
Gänseblümchen 31, 138
Gänsefuß, Weißer 37
Gartenjohannisbeere 74
Gartenkerbel 28, 324
Gartenpetersilie 66
Gartenraute 77, 419
Gauchheilehrenpreis 238
– Bleicher 237
Gauklerblume, Gefleckte 219
– Gelbe 61, 219
– Moschus 61, 219
Gebüsche 313
Gebüschränder 321
Gedenkemein 64, 339
Geißfuß 24, 334
Geißklee, Schwarzer 40, 373
Geißraute 46
Gelbe Rübe 155
Gelbklee 144
Gelbweiderich 59, 249
Gelegenheitsepiphyten 275
Gemswurz, Zottige 102, 378
Gemüselauch 25
Generative Anzuchtmethoden 17
Genista germanica 47, 404
– *pilosa* 47, 372, 404
– *sagittalis* 47, 366, 404
– *tinctoria* 47, 155, 366
Gen-Reservate 12
Gentiana acaulis 47, 384
– *asclepiadea* 47, 187, 393
– *clusii* 48, 397
– *cruciata* 48
– *germanica* 48, 151
– *lutea* 48, 148, 151, 393
– *pannonica* 48, 393
– *pneumonanthe* 48, 187
– *punctata* 48, 393
– *purpurea* 48, 393
– *verna* 48, 397
Geophyten 269
Geranium palustre 48, 221
– *phaeum* 48, 139
– *pratense* 48, 136, 145
– *sanguineum* 49, 316
– *sylvaticum* 49, 145, 369, 393
Germer, Weißer 87, 249
Geum montanum 49, 102, 378, 384

Geum reptans 49, 382
- *rivale* 49, 169, 329
- *urbanum* 49, 340, 354
Giftbeere 63, 414
Gilbweiderich, Punktierter 170
Ginster, Deutscher 47, 404
Gips (CaSO₄ · 2H₂O) 102
Gladiolus palustris 49, 241
Glattblattaster 30
Glatthafer 143
Glaucium corniculatum 49
- *flavum* 49
Glechoma hederacea 49, 104, 139, 304, 354, 358, 364
Gletschernelkenwurz 49
Gletschertragant 30, 398
Globularia cordifolia 49, 395
- *nudicaulis* 49, 397
- *punctata* 49
- *vulgaris* 148
Glockenblume, Acker- 34
- Bärtige 33, 384
- Breitblättrige 33
- Knäuel- 33
- Nessel- 34, 357
- Pfirsichblättrige 33, 304
- Rapunzel- 34
- Rundblättrige 34, 136
- Straußblütige 34
- Zwerg- 33
Glockenheide 261
Glyceria maxima 50
Glycyrrhiza glabra 50
Gnadenkraut 50, 171, 260
Gnaphalium uliginosum 50, 213
Goldaster 163
Goldgilbweiderich 249
Goldhaar 30, 163
Goldjohannisbeere 125
Goldlack 36, 417
Goldnessel 55, 288, 360, 368
Goldregen 55
Goldrute 82, 296, 304, 343
- Gewöhnliche 376
- Grasblättrige 82, 210
- Kanadische 82
Graslilie, Ästige 28, 372
- Traubige 27, 166
Grasschwertlilie 160
Gratiola officinalis 50, 171, 260
Grauerle 26, 122, 125, 335
Graukresse 31
Grauweide 77, 223, 250, 328
Groenlandia densa 223
Gründüngung 115
Gründüngungspflanzen 115, 121
Grünerle 26, 122, 182, 185, 224, 393

Güldengünsel 24, 155
Gundelrebe 304, 354, 358
Gundermann 49, 104, 139, 304, 364
Günsel, Genfer 24, 163
- Kriechender 155, 342, 357, 362, 367
Gymnadenia conopsea 97, 98, 148
Gymnocarpium dryopteris 294, 342, 368

Habichtskraut, Doldiges 52
- Kleines 52
- Orangerotes 52
- Zottiges 52
Hacquetia epipactis 50, 330
Hahnenfuß, Brennender 73, 186, 241
- Eisenhutblättriger 72
- Flutender 73, 223
- Knolliger 72
- Scharfer 72
- Schlaffer 73
- Wolliger 73, 346
Hainbuche 366
Haingelbweiderich 59, 294, 356
Hainsimse 187, 343, 368
- Weiße 343, 360, 369, 376
Halbtrockenrasen 158
Hanfweide 216
Hängebirke 125, 365, 404
Hängesegge 184, 294
Hartheu 324
Hartriegel, Roter 39, 125, 295, 304, 357
- Weißer 125
Hasel 40, 125, 132, 310, 368
Haselnußhecken 310
Haselwurz 29, 102, 132, 282, 343, 360
Hasenlattich 368
Hauhechel 64, 153
Hauptnährstoffe 117
Hauswurz, Echte 4, 80, 383, 390
- Spinnwebige 80, 383
Hechtrose 75
Hecken 274, 313
Heckenkälberkropf 36
Heckenkirsche, Blaue 58, 375
- Rote 58, 304, 343, 357, 368, 370
- Schwarze 58, 375
Heckenrose 301
Heckenwicke 90, 323
Hedera helix 50, 125, 295, 343, 360
Hederich 73
Heide, Ökologische 401

Heideginster 371
Heidegünsel 163
Heidejohanniskraut 53, 374
Heidekraut 252, 329, 366, 388, 389
Heidelbeere 87, 253, 289, 329, 343, 366, 375, 389, 405
Heidenelke 41, 156
Heilglöckchen 39
Heilziest 155
Helianthemum alpestre 50, 397
- *apenninum* 50
- *canum* 50
- *nummularium* 50, 148, 285
Helianthus annuus 50, 418
- *tuberosus* 51, 217
Helichrysum arenarium 51
Heliotropium europaeum 51
Helleborus foetidus 51, 304, 343, 351
- *niger* 51, 130, 295, 399
- *viridis* 51, 285
Hellerkraut, Rundblättriges 84, 395
Helmkraut, Kleines 80, 256, 329
- Spießblättriges 80, 239
Hemerocallis flava 172
- *fulva* 51, 217
- *lilioasphodelus* 51, 172
Hemikryptophyten 271
Hepatica nobilis 51, 102, 131, 294, 345, 360
Heracleum sphondylium 51
Herbstfeuerröschen 23
Herbstschraubenstendel 97
Herbstzeitlose 38, 171
Herlitze 315
Herzwurzler 263
Hesperis matronalis 51, 336
- *sylvestris* 51, 310
Heublumensaat 136
Hexenkraut 370
Hibernakeln 99
Hieracium alpinum 376
- *aurantiacum* 52, 384
- *pilosella* 52
- *sylvaticum* 343, 376
- *umbellatum* 52
- *villosum* 52, 397
Himantoglossum hircinum 92
Himbeere 76, 124, 306, 329, 354
Himmelsleiter 250
Hippocrepis comosa 52, 152
Hippophae rhamnoides 52, 122, 125, 182, 185, 187, 221, 394
Hippuris vulgaris 52, 183, 191, 259, 386

Register 431

Hirschhaarstrang 66
Hirschzunge 294
Hirtentäschel 34, 409
Hochhecken 313
Hochmoor 106, 251
Hohlzahn, Bunter 47
Holcus lanatus 143, 148
Holunder, Schwarzer 78, 104, 125, 130, 268, 304, 354, 364
Holzapfel 60, 336
Holzkompost 113, 115, 118
Homogyne alpina 376
Honiggras, Wolliges 143, 148
Hopfen 329, 354
Hopfenklee 60, 144
Hornblatt, Rauhes 36, 190
– Zartes 36, 228
Hornklee 58, 152
Hornmohn, Gelber 49
– Roter 49
Hornsauerklee 65, 418
Hornschotenklee 136
Hottonia palustris 52, 203, 258
Hufeisenklee 52
Huflattich 86
Hülsenfrüchtler 121
Hummelragwurz 93, 98
Humulus lupulus 329, 354
Hundskamille, Russische 27
– Stinkende 27
Hundspetersilie 24
Hundsrose 75, 125, 131, 301
Hundsveilchen 90, 157, 366
Hundswurz 97
Hundszunge 40, 410
Hydrocharis morsus-ranae 52, 183, 192, 259
Hydrocotyle vulgaris 52, 260, 331
Hyoscyamus niger 52, 412
Hypericum acutum 225
– *hirsutum* 353
– *montanum* 294
– *perforatum* 52, 304, 324
– *pulchrum* 53, 374
– *tetrapterum* 53, 225
Hyssopus officinalis 53, 418

Iberis amara 53
Igelkolben, Aufrechter 83, 184, 186, 187, 240
– Einfacher 83, 187, 233
– Verzweigter 240
Igelschlauch 31, 236
Ilex aquifolium 53, 125, 345
Immenblatt 60, 286, 304
Immergrün 90, 286
Immissionsschäden 123

Impatiens noli-tangere 53, 294, 331
– *parviflora* 53, 280
Insektivoren-Vermehrung 98
Inula britannica 53, 222
– *conyza* 149
– *germanica* 53, 316
– *helenium* 53, 413
– *helvetica* 53, 336
– *hirta* 53
– *salicina* 53, 149, 159
Iris aphylla 54
– *graminea* 54, 160
– *pseudacorus* 54, 181, 183, 186, 234, 260
– *sibirica* 54, 181, 187, 241
– *spuria* 54
– *variegata* 54
Isatis tinctoria 54, 152
Isopyrum thalictroides 54, 339

Jägerblume 32
Jakobsleiter 67, 250
Jasione laevis 54, 366
Johannisbeere, Rote Wald- 355
– Schwarze 74, 331, 354
– Wilde rote 74, 336
Johanniskraut 52, 304, 324
– Behaartes 353
– Geflügeltes 53, 225
Juglans regia 54
Juniperus communis 54, 152, 405
– *sabina* 125
Jupiterblume 59

Kalkmagerwiese 98
Kalmus 181, 183, 186, 224, 259
Kaltkeimer 16
Kalt-Naß-Vorbehandlung 16
Kaltsaat 16
Kaltstratifikation 16
Kamille, Echte 36
Kammlaichkraut 69, 215
Kantenlauch 25, 169
Karde 42
Karotte 155
Kartäusernelke 41, 159
Katzenmelisse 63, 414
Katzenpfötchen 27, 404
Katzenschweif, Kanadischer 39
Kaukasusfetthenne 80
Kerbel, Echter 324
Kerbelkraut 324
Kerbelrübe 36, 215
Kernera saxatilis 54, 395
Kernnährstoffe 117

Kicher, Wilde 299
Kiefer, Gemeine 67, 124, 253, 371
Kieselsäure 120
Kissenprimel 70
Klärschlämme 115, 123
Klatschmohn 65, 131
Klee, Mittlerer 85, 346
Klette, Große 11
– Kleine 11
Knabenkraut, Blasses 95
– Breitblättriges 92, 97, 260
– Geflecktes 92, 97, 98, 148
– Fleischrotes 97
– Helm- 92, 95, 97, 98, 148, 158
– Kleines 92, 95, 97, 98, 148, 158
– Purpur- 95
– Stattliches 95, 97, 98, 158
– Sumpf- 95
Knoblauchgamander 84, 231
Knoblauchsrauke 104
Knöllchenknöterich 68
Knollenkerbel 215
Knollenkümmel 159
Knollenplatterbse 56
Knopfkraut 15
Knöterichlaichkraut 69, 234
Koeleria cristata 148
Kompaßpflanze 55
Kompost 111
Königsfarn 187, 329
Königskerze, Dunkle 88, 307
– Flockige 88, 154
– Großblumige 88
– Kleinblütige 88
– Mehlige 88
– Österreichische 87
– Prächtige 88, 165
– Schwarze 307
– Wollige 88
Kopfstecklinge 19
Korbweide 78, 125, 182, 216
Koriander 39, 246
Kornblume 35
Kornelkirsche 39, 125, 315
Krähenbeere, Schwarze 43, 187, 252, 255, 261, 405
Kranzlichtnelke 318
Kratzbeere 75, 337
Kratzdistel, Stengellose 37
Kräutlein-rühr-mich-nicht-an 53, 294, 331
Krebsschere 83, 183, 233
Kreuzblume 68, 154
Kreuzdorn 73, 125, 317
Kreuzenzian 48
Kronenlichtnelke 318

Kronwicke, Bunte 39, 372
Kryptophyten 271
Küchenschelle 72, 130, 154
Kuckucksblume 59, 132, 173
- Zweiblättrige 148
Kuckuckslichtnelke 59, 132, 173
Kugelblume 49, 148
- Herzblättrige 49, 395
- Nacktstengelige 49, 397
Kugellauch 25, 166
Kugelorchis 98
Kugelrapunzel 67
Kugelschötchen 54
Kuhblume 145
Kuhschelle 154
Kulturfolger 408
Kümmel 35, 143
Kunstwiesen 138

Labkraut 47, 104, 364
- Echtes 47
Laburnum alpinum 55
Lachenknoblauch 232
Lactuca serriola 55
Laichkraut, Dichtes 69, 223
- Durchwachsenes 69, 192
- Flutendes 69, 231
- Gefärbtes 68, 205
- Glänzendes 69, 215
- Krauses 68, 222
- Langblättriges 69, 201
- Schwimmendes 69, 186, 201, 386
Lamiastrum galeobdolon 55, 288, 360, 368
Lamium album 55, 104, 364, 410
- *amplexicaule* 55, 139
- *galeobdolon* 288
- *maculatum* 55, 300, 354, 358
- *orvala* 55
- *purpureum* 55
Lampionblume 66, 415
Lapsana communis 55
Lärche 55, 124, 375
Larix decidua 55, 124, 375
Laserpitium siler 55
Lathyrus latifolius 55
- *montanus* 56, 404
- *niger* 56, 349
- *palustris* 56, 231
- *pratensis* 358
- *sylvestris* 56, 299
- *tuberosus* 56
- *vernus* 56, 343, 358
Lattich, Wilder 55
Lauberdenherstellung 109, 110
Laubstreu 268

Laubwälder 281
Lauch, Gekielter 25
- Runder 25, 158
- Wilder 25, 169
- Wohlriechender 25, 175
- Zierlicher 25
Lauchhederich 25
Lavaschlacke 113
Lavatera thuringiaca 56, 300
Lavendelheide 26, 187, 254
Lavendelweide 78, 182, 223
Lebensräume, Sekundäre 12
Leberblümchen 51, 102, 131, 294, 345, 360
Lecaton 20
Ledum palustre 56, 187, 253, 255, 261, 329
Legousia speculum-veneris 56
Leguminosen 121
Leimkraut 81, 141
- Nickendes 81, 154
- Stengelloses 81, 395
Lein, Österreichischer 58, 164
Leindotter 33
Leinkraut 58, 130
Lemna gibba 56, 185, 195
- *minor* 56, 185, 195, 259
- *trisulca* 56, 185, 195, 258
Leontopodium alpinum 14, 56, 397
Leonurus cardiaca 57
Lerchensporn, Fester 40, 325, 362
- Gelber 40, 417
- Hohler 39, 294, 342, 355, 358, 362
- Mittlerer 39, 344
- Weißer 39, 417
Lesesteinhaufen 415
Leucojum aestivum 57, 172
- *vernum* 57, 339
Levisticum officinale 57, 217
Levkoje 60, 418
Lichtnelke, Jupiter- 376
- Klebrige 161
- Weiße 81, 161
Liebstöckel 217
Ligustrum vulgare 57, 125, 304, 349
Lilium bulbiferum 57, 300, 392
- *martagon* 57, 132, 285, 343, 392
Limonium vulgare 57
Linaria alpina 57, 102, 130, 378, 396
- *vulgaris* 58, 408
Linnaea borealis 58, 291, 376, 389
Linum austriacum 58, 164

- *catharticum* 148
- *perenne* 58, 166
- *usitatissimum* 130
Liparis loeselii 92
Listra ovata 92, 97, 98
Lithospermum arvense 58
- *officinale* 58, 323
- *purpurocaeruleum* 317
Löffelkraut, Echtes 38
Lolch 143
Lolium perenne 143
Lonicera alpigena 58, 345
- *caerulea* 58, 375, 389
- *nigra* 58, 375
- *periclymenum* 58, 125, 302
- *xylosteum* 58, 304, 343, 357, 368, 370
Lorbeerweide 78, 124, 242, 328
Lotus corniculatus 58, 136, 152
- *siliquosus* 175
- *uliginosus* 58, 177
Löwenmaul, Großes 28, 417
Löwenschwanz, Echter 57
Löwenzahn, Wiesen- 84, 145
Lunaria annua 59
- *rediviva* 59, 294, 354
Lungenenzian 48, 187
Lungenkraut 71, 344, 358, 361
- Schmalblättriges 71, 155, 362
Lupine, Gelbe 278
- Schmalblättrige 278
- Vielblättrige 278, 305
Lupinus angustifolius 278
- *luteus* 278
- *polyphyllus* 278, 305
Luzerne 60, 144
Luzula luzuloides 343, 360, 369, 376
- *nemorosa* 368
- *pilosa* 343
- *sylvatica* 187, 294, 342
- *sylvatica* ssp. *sieberi* 376
Lychnis coronaria 59, 318
- *flos-cuculi* 59, 132, 173
- *flos-jovis* 59, 376
- *viscaria* 59, 161
Lycium barbarum 59, 125
Lycopodium inundatum 253
Lycopus europaeus 59, 210, 329
Lysimachia nemorum 59, 294, 356
- *nummularia* 59, 222, 304, 358
- *punctata* 59, 170
- *thyrsiflora* 59, 186, 200, 329
- *vulgaris* 59, 249

Register   433

Lythrum salicaria 60, 181, 184, 236, 260

Mäder 98
Mädesüß 45, 176
- Knolliges 159, 184
Magerrasen 98, 148
Maggikraut 57, 217
Mahonia aquifolium 125
Mahonie 125
Maianthemum bifolium 60, 102, 342, 347, 370
Maiglöckchen 39, 102, 351, 360
Majoran, Wilder 311
Malus sylvestris 60, 336
Malva alcea 60, 413
- *moschata* 60
- *neglecta* 60, 413
- *sylvestris* 60, 410
Malve, Wilde 60, 410
Mannsschild, Milchweißer 26
- Stumpfblättriger 26
Mannstreu, Flachblättriger 44
Margerite 37, 144
Marrubium vulgare 60, 413
Märzbecher 57, 339
Maßholder 21
Maßliebchen 138
Matteuccia struthiopteris 187, 294
Matthiola incana 60, 418
Mauern 416
Mauerpfeffer, Behaarter 80, 244
- Milder 80, 138, 140
- Scharfer 80, 165
- Weißer 80
Mauerraute 29
Medicago lupulina 60, 144
- *sativa* 60, 144
Mehlbeere 82, 125, 350
Mehlprimel 70
Meisterwurz 66
Melandrium album 161
Melica ciliata 96, 294, 353
Melittis melissophyllum 60, 286, 304, 321
Mentha aquatica 60, 186, 189, 243, 334
- *arvensis* 61, 241
- *longifolia* 61, 244
- *pulegium* 61, 238
- *spicata* 61, 413
- *suaveolens* 61, 418
Menyanthes trifoliata 61, 187, 250, 260, 387
Mercurialis perennis 61, 102, 294, 336
Merk, Aufrechter 81, 224

- Großer 81, 196
Mesotrophe Gewässer 180, 199
Meum athamanticum 61
Milchstern, Nickender 64, 324
Milium effusum 343, 369
Milzkraut, Gegenblättriges 37, 226
- Paarblättriges 226
- Wechselblättriges 37, 335
Mimulus guttatus 61, 219
- *moschatus* 61, 219
Mineraldüngung 118
Minuartia setacea 61
Minze, Rundblättrige 61, 418
Mischwälder 293
Misteln 276
Moder 106, 269
Moehringia muscosa 61
Möhre, Wilde 41, 155
Mohrrübe 155
Molinia caerulea 96, 174
Moltebeere 75, 253, 356
Moneses uniflora 61, 267, 289, 370
Moorbeere 253, 256, 329
Moorbirke 31, 182, 185, 233, 253, 329, 365
Moorfarn 187
Moormauerpfeffer 244
Moorseen 206
Moorsteinbrech 251
Moorweide 78, 177
Moorwollgras 243, 253, 329
Moosbeere 87, 128, 187, 253, 256, 261, 376, 388, 389
Moosglöckchen 58, 291, 376, 389
Moosnabelmiere 61
Moschuskraut 23, 330, 342
Moschusmalve 60
Mückenhandwurz 97, 98, 148
Mudden 180
Mull 106, 269
Müllkomposte 115
Mummel 202
Muscari botryoides 62, 140, 149
- *comosum* 62, 153
- *racemosum* 62, 310, 363
Muschelblümchen, Wiesenrauten- 54, 339
Mutterpflanzenhaltung 13
Mykorrhiza 92, 93, 252, 260, 264, 402
Myosotis arvensis 62
- *palustris* 62, 167, 172, 184, 186

- *rehsteineri* 62
- *scorpioides* 172
- *sylvatica* 62, 291
Myrica gale 62, 122
Myricaria germanica 62, 185, 236, 394
Myriophyllum alterniflorum 62, 234
- *spicatum* 62, 231, 259, 387
- *verticillatum* 62, 232
Myrrhenkerbel 306
Myrrhis odorata 62, 306

Nachtkerze, Gewöhnliche 64
Nachtnelke, Weiße 161
Nachtschatten, Bittersüßer 329, 337
- Schwarzer 81, 411
Nachtviole 51, 336
Nadelerde 109, 110
Nadelwälder 290
Nardus stricta 366, 384, 386, 404
Narthecium ossifragum 63, 253
Narzissenwindröschen 26, 322, 398
Nasturtium officinale 63, 222
Naßwiesen 167
Natterkopf 43
Nelkenwurz 49, 340, 354
Neophyten 408
Neottia nidus-avis 97
Nepeta cataria 63, 414
Nestwurz 97
Nicandra physalodes 63, 414
Niederhecken 313
Niedermoortorf 106
Nieswurz, Grüne 51, 285
- Stinkende 51, 304, 343, 351
Nigella arvensis 63
- *damascena* 63
- *sativa* 63, 414
Nuphar lutea 63, 186, 202
- *pumila* 63, 206
Nymphaea alba 63, 183, 184, 196
- - var. *minor* 63, 201
- *candida* 64, 187, 206
Nymphoides peltata 64, 184, 191, 259

Ochsenauge, Weidenblättriges 32, 148, 151
Ochsenzunge 26, 318
Oenanthe aquatica 64, 191
Oenothera biennis 64
Ohrweide 77, 244, 328
Oligotrophe Gewässer 180, 205

Ölweide, Schmalblättrige 43, 122
Omphalodes verna 64, 339
Onoclea sensibils 187
Ononis spinosa 64, 153
Ophrys apifera 93, 158
– fuciflora 93, 98, 148, 158
– holosericea 92
– insectifera 93, 97, 98, 131, 148, 158
– sphecodes 92, 93, 95, 158
Orchideen-Vermehrung 91
Orchis coriophora 95
– mascula 92, 95, 97, 98, 158
– militaris 92, 95, 97, 98, 148, 158
– morio 92, 95, 97, 98, 148, 158
– pallens 95
– palustris 95
– purpurea 95
– simia 95
– ustulata 95, 98
Organdünger 117
Origanum vulgare 64, 311
Ornithogalum nutans 64, 324
– umbellatum 64, 140, 358
Osmunda regalis 187, 329
Osterluzei 28
Oxalis acetosella 64, 267, 294, 295, 329, 343, 368, 370, 376
– corniculata 65, 418
– dillenii 65, 140
Oxycoccos palustris 256
Oxyria digyna 102, 378, 382
Oxytropis campestris 65, 397
– jacquinii 65
– pilosa 65

Paeonia officinalis 65
Papaver argemone 65
– dubium 65
– rhoeas 65, 131
– somniferum 65, 414
Paris quadrifolia 65, 102, 343, 352, 358, 368
Parnassia palustris 65, 187, 246, 260
Pastinaca sativa 65, 160
Pastinak 65, 160
Pechnelke 59, 161
Perlfarn 187
Perlgras 294, 353
Perlit 20
Pestwurz 65, 330
Petasites hybridus 65, 330
– officinalis 330
Petrocallis pyrenaica 66, 395
Petroselinum crispum 66
Peucedanum cervaria 66

– ostruthium 66, 393
– palustre 329
Pfaffenhütchen 45, 125, 316
Pfaffenkäppchen 316, 354, 357
Pfahlwurzelbildner 263
Pfeilkraut 77, 183, 186, 202, 259
Pfennigkraut 59, 222, 304, 358
Pfingstnelke 41
Pfingstrose 65
Pflanzmethoden 103
Pflaumeniris 54, 160
Phalaris arundinacea 179, 184, 186, 334
Phleum pratense 143
Phlomis tuberosa 66
Phragmites australis 66, 180, 181, 185, 186, 188, 208
– communis 208
Phyllitis scolopendrium 294
Physalis alkekengi 66, 415
Phyteuma betonicifolia 66, 384
– globulariifolium 66, 384
– hemisphaericum 67, 384
– nigrum 67
– orbiculare 67, 148, 391
– ovatum 67
– spicatum 67, 294, 368, 370
Picea abies 67, 124, 253, 267, 369
Pikieren 17
Pikiersubstrate 20, 21
Pillensegge 343
Pimpernuß 83, 125, 351
Pimpinella anisum 67
– major 67, 325
– saxifraga 67, 164
Pinguicula alpina 99
– vulgaris 99, 187, 253, 260
Pinus mugo 125, 253, 399
– nigra 125, 371
– sylvestris 67, 124, 253, 329, 371, 404
Plantago lanceolata 11, 67, 145
– major 67, 225
– media 67, 131, 160
Platanthera bifolia 95, 97, 98, 148
Platanus × hybrida 125
Platterbse, Schwarzwerdende 56, 349
Poa bulbosa 96
– pratensis 143
Poleiminze 61, 238
Polemonium caeruleum 67, 250
Pollinium 91
Polygala chamaebuxus 68, 154

Polygonatum multiflorum 68, 343, 346
– odoratum 68, 349
– officinale 349
– verticillatum 68, 292, 343, 368
Polygonum amphibium 68, 259, 260
– bistorta 68, 392
– viviparum 68, 392
Polypodium vulgare 363
Polystichum aculeatum 294
– lobatum 294
Populus alba 68, 339
– tremula 68, 301, 304, 366, 404
Potamogeton coloratus 68, 205
– crispus 68, 222, 259
– densus 69, 223
– fluitans 231
– lucens 69, 215
– natans 69, 186, 201, 259, 386
– nodosus 69, 231
– pectinatus 69, 215
– perfoliatus 69, 192
– polygonifolius 69, 234
– praelongus 69, 201, 387
Potentilla alba 69
– argentea 69
– crantzii 69, 391
– erecta 69, 366
– palustris 69, 260, 387
– recta 69
– rupestris 69
– verna 70
Prachtnelke 42, 175
Prachtsteinbrech 102, 378, 382
Preiselbeere 87, 253, 329, 374, 375, 389, 405
Prenanthes purpurea 368
Primula auricula 70, 395
– clusiana 70, 398
– elatior 70, 172, 187, 368, 394
– farinosa 70, 261
– glutinosa 70, 384
– hirsuta 70, 381
– integrifolia 70, 385
– officinalis 153
– veris 70, 153, 362
– vulgaris 70
Prunella grandiflora 71, 153
– laciniata 71, 154
– vulgaris 71, 156
Prunus avium 71, 125, 299
– padus 71, 125, 328, 354, 357
– serotina 125
– spinosa 71, 125, 317

Register 435

Pseudolysimachion longifolium 241
– *spicatum* 167
Pteridium aquilinum 342
Pulicaria dysenterica 71, 170
Pulmonaria angustifolia 71, 155, 362
– *officinalis* 71, 344, 358, 361
Pulsatilla alpina 71, 397
– *alpina* ssp. *apiifolia* 71
– *patens* 72, 166
– *pratensis* 72
– *vernalis* 72, 373, 384
– *vulgaris* 72, 130, 154
Purgierlein 148
Purpurenzian 48
Purpurfetthenne 317
Purpurstorchschnabel 48, 139
Purpurweide 78, 124, 182, 208
Pyramidengünsel 24, 156
Pyrola rotundifolia 72, 292
– *secunda* 368
– *uniflora* 289, 369
Pyrus communis 72

Quarzsand 20
Quecke 11, 104
Quellenehrenpreis 202
Quellmoore 243
Quendel 85
Quendelehrenpreis 89, 146
Quendelsandkraut 28
Quercus pedunculata 348
– *petraea* 72, 348
– *robur* 72, 348, 366, 368

Rainfarn 37
Rainkohl 55
Rainweide 57, 125, 304, 349
Ranunculus aconitifolius 72
– *acris* 72, 167
– *alpestris* 72, 398
– *aquatilis* 72, 197, 259
– *bulbosus* 72
– *ficaria* 72, 342, 354, 358, 362
– *flammula* 73, 186, 242
– *fluitans* 73, 223
– *lanuginosus* 73, 346
– *lingua* 73, 186, 187, 201, 259
– *montanus* 73, 392
– *nemorosus* 73, 350
– *peltatus* 73, 201
– *reptans* 73, 237
– *trichophyllus* 73
Raphanus raphanistrum 73
Rapunzel, Armblütige 66
Rasenbinse 253

Rasenhaargras 79, 255
Rasensimse 255
Raspelbrombeere 76, 303
Rauhblattaster 30
Rauke, Orientalische 81
– Österreichische 81
– Steife 81, 216
Raupenfutterpflanzen 133
Rauschbeere 87, 187, 256, 261
Regenwürmer 107, 118
Reifweide 77, 337
Reitgras, Wolliges 376
Reseda luteola 73
Rhamnus catharticus 73, 125, 317
– *frangula* 73, 328, 329, 331, 370
Rhizobium leguminosarum 121, 122
Rhizomschnittlinge 20
Rhododendron ferrugineum 73, 375, 389
– *hirsutum* 74, 375, 399
Rhynchospora alba 253
Ribes aureum 125
– *nigrum* 74, 331, 354
– *petraeum* 74, 292, 393
– *rubrum* 74
– *rubrum* var. *sylvestre* 355
– *spicatum* 74, 336
– *uva-crispa* 74, 104, 337, 364
Riccia fluitans 185, 258
Ricciocarpus natans 185
Riedgraben 227
Riedwiesen 174
Riesengoldrute 82
Riesenrauke 81
Riesenschachtelhalm 294
Rindenkompost 112
Rindenmulch 113
Rindensubstrate 112, 115
Rispelstrauch 62, 185, 236
Rißlinge 20
Robinia pseudoacacia 74, 104, 125, 363
Robinie 74, 104, 125, 363
Rohhumus 106
Rohrglanzgras 179, 184, 186, 334
Rohrkolben, Breitblättriger 86, 183, 187, 237
– Grauer 233
– Laxmanns 86, 209
– Schmalblättriger 86, 186, 198
– Shuttleworths 86, 233
Rorippa amphibia 75, 237
– × *anceps* 75, 192
– *prostrata* 192
– *sylvestris* 75

Rosa canina 75, 125, 131, 301
– *glauca* 75, 125
– *pendulina* 375, 393
– *pimpinellifolia* 75
– *rubiginosa* 75, 125
– *rubrifolia* 75
Rose, Rotblättrige 125
Rosenmalve 60
Rosettenstecklinge 19
Rosmarinheide 252, 254, 261, 329, 388
Rosmarinseidelbast 41
Rosmarinweidenröschen 43
Roßkastanie 24, 109, 125, 362
Roßlauch 299
Roßminze 61, 244
Rotbuche 45, 341, 368, 370
Rotklee 146
Rübenkerbel 215
Rubus bifrons 75, 302
– *caesius* 75, 337
– *candicans* 75
– *chamaemorus* 75, 253, 356
– *discolor* 75, 301
– *fruticosus* 125, 187, 304, 354
– *gratus* 75, 325
– *hebecaulis* 76, 311
– *hirtus* 76, 296
– *idaeus* 76, 124, 306, 329, 354
– *koehleri* 76, 302
– *macrophyllus* 76, 289
– *nessensis* 76, 308
– *pallidus* 76, 302
– *radula* 76, 303
– *rhamnifolius* 76, 325
– *rudis* 76, 325
– *saxatilis* 76, 279
– *schleicheri* 76, 325
– *sprengelii* 76, 292
– *tereticaulis* 76, 352
– *vestitus* 76, 300
– *villicaulis* 76, 326
Rudbeckia hirta 77
– *laciniata* 77, 218
Ruderalflora 409
Rumex acetosa 77
– *acetosella* 366
Ruta graveolens 77, 419

Saatgutgewinnung 14
Saatmohn 65
Sadebaum 125
Sagittaria sagittifolia 77, 183, 186, 202, 259
Salix alba 77, 125, 182, 216
– *aurita* 77, 244, 328
– *caprea* 77, 125, 307
– *cinerea* 77, 250, 328

Salix daphnoides 77, 337
- *elaeagnos* 78, 182, 223
- *fragilis* 78, 124, 182, 226
- *incana* 223
- *myrsinifolia* 223
- *nigricans* 78, 182, 223
- *pentandra* 78, 124, 242, 328
- *purpurea* 78, 124, 182, 208
- *repens* 78, 177
- *viminalis* 78, 125, 182, 216
Salomonssiegel 68, 349
Salvia pratensis 78, 165
Salvinia natans 259
Salweide 77, 125, 307
Sambucus ebulus 78, 306
- *nigra* 78, 104, 125, 130, 268, 304, 354, 364
- *racemosa* 78, 125, 309
Samen, Nachreife der 15
Samtbrombeere 76, 300
Samtpappel 26
Sandbirke 31
Sanddorn 52, 122, 125, 182, 185, 187, 221, 394
Sandginster 47
Sandglöckchen 54
Sandlabkraut 369
Sandmohn 65
Sandnelke 41
Sandstrohblume 51
Sanicula europaea 78, 268, 286, 368
Sanikel 78, 268, 286, 368
Saponaria ocymoides 78, - - 216
- *officinalis* 78, 130, 219
Sarothamnus scoparius 125, 372
Sauerampfer 366
Sauerdorn 31, 124, 315
Sauerklee 294
- Dillens 65, 140
- Steifer 140
Säuerling 102, 378, 382
Saumbiotope 298
Saxifraga aizoides 78, 386, 400
- *aizoon* 79
- *cotyledon* 102, 378, 382
- *hirculus* 79, 251
- *mutata* 79, 400
- *paniculata* 79
- *rotundifolia* 79, 393
- *stellaris* 79, 226, 386
Scandix pecten-veneris 79
Schabenkönigskerze 87
Schachblume 46, 187, 240
Schachtelhalm 187
Schafgarbe 22, 160
Schafschwingel 148, 162
Schaftdolde 50, 330

Scharbockskraut 72, 342, 354, 358, 362
Schattenblume 60, 102, 342, 347, 370
Schaumkraut, Bitteres 34, 332, 386
- Kleeblättriges 35, 294
- Resedenblättriges 376
Scheidenwollgras 44, 187
Scheinakazie 74, 104, 363
Scheuchzeria palustris 253
Schildehrenpreis 245
Schildfarn, Gelappter 294
Schildwasserhahnenfuß 73, 201
Schilfrohr 66, 180, 185, 186, 188, 208
Schillergras, Zartes 148
Schlafmohn 65, 414
Schlagflächen 304
Schlammsegge 253
Schlangenlauch 169
Schlangenwurz 32, 184, 187, 254, 259
Schlehe 71, 125, 317
Schleifenblume, Bittere 53
Schleppenbildung 298
Schlüsselblume, Clusius' 70, 398
- Drüsige 70
- Duftende 70, 153, 362
- Ganzblättrige 70
- Hohe 70, 172, 187, 368, 394
- Klebrige 70
Schmiele, Geschlängelte 342, 376
Schnabelbinse, Weiße 253
Schneeball, Gemeiner 90, 182, 185, 226
- Wolliger 90, 125, 300, 354
Schneeglöckchen 46, 288, 363
Schneeheide 44, 125, 131, 399
Schneerose 295
Schnittholzkompost 113, 115
Schnittlauch 25, 240
Schoenoplectus lacustris 79, 184, 186, 188, 196, 259
- *tabernaemontani* 259
Schöllkraut 11, 36, 365
Schwalbenwurz 90, 324
Schwanenblume 32, 180, 183, 208, 259
Schwarzdorn 317
Schwarzerle 25, 122, 123, 125, 185, 332
Schwarzkiefer 125, 371
Schwarzkümmel 63, 414
- Acker- 63

Schwarznessel 11
Schwarzweide 78, 182, 223
Schwarzwurzel 79
- Niedrige 79, 366
Schwefelblume 102
Schwermetallbelastung 123
Schwermetalle 115, 119
Schwertlilie, Blaue 241
- Bunte 54
- Gelbe 54, 181, 183, 186, 234
- Nacktstengelige 54
- Sibirische 54, 181, 187, 241
Schwimmfarn 259
Schwingel 368, 370
Scilla bifolia 79, 340, 363
Scirpus cespitosus 79, 255
- *sylvaticus* 96, 184
Scopolia carniolica 79
Scorzonera hispanica 79
- *humilis* 79, 366
Scrophularia nodosa 79
Scutellaria galericulata 79, 232, 260
- *hastifolia* 80, 239
- *minor* 80, 256, 329
Sedum acre 80, 165
- *album* 80, 128
- *boloniense* 140
- *dasyphyllum* 80
- *maximum* 311
- *mite* 140
- *reflexum* 80
- *sexangulare* 80, 138, 140
- *spurium* 80
- *telephium* 19, 80, 317
- *telephium* ssp. *maximum* 80, 311
- *villosum* 80, 244
Seebinse 79, 184, 186, 188, 196, 259
- Graue 259
Seekanne 64, 184, 191, 259
Seerose, Glänzende 206
- Kleine 64, 187, 206
- Weiße 63, 183, 184, 196
Segetalflora 419
Segge, Glatte 329
- Große 35, 187, 356
Seidelbast 41, 125, 130, 344, 370, 399
Seifenkraut 78, 130, 219
- Rotes 78, 216
Sellerie 28, 239
Sempervivum arachnoideum 14, 80, 383
- *tectorum* 14, 80, 383, 390
Senecio abrotanifolius 80
Senf, Schwarzer 32, 236
Sibbaldia procumbens 81, 385

Siebenstern 85, 366
Silberblatt 59, 294, 354
Silberdistel 35
Silberfingerkraut 69
Silberlinde 125
Silberling 59
Silberpappel 68, 339
Silberweide 77, 125, 182, 216
Silberwurz 43, 123, 397
Silene acaulis 81, 395
– *alba* 81, 161
– *nutans* 81, 154
– *vulgaris* 81, 141
Simsenlilie 85, 187
Sinapis arvensis 81, 130
Sisymbrium altissimum 81
– *austriacum* 81
– *officinale* 81, 411
– *orientale* 81
– *strictissimum* 81, 216
Sium erectum 81, 224
– *latifolium* 81, 196
– *sisarum* 81
Skabiosenflockenblume 36
SO_2-Immissionsbelastung 124
Solanum dulcamara 81, 329, 337
– *nigrum* 81, 411
Soldanella alpina 82, 391
– *minima* 82, 398
– *montana* 82, 399
– *pusilla* 82, 385, 398
Solidago canadensis 82
– *gigantea* 82
– *graminifolia* 82, 210
– *virgaurea* 82, 296, 304, 343
– *virgaurea* ssp. *minuta* 376
Sommerblutströpfchen 23
Sommerknotenblume 57, 172
Sommerlinde 85, 343
Sonnenblume 50, 418
Sonnenhut, Rauhhaariger 77
– Schlitzblättriger 77, 218
Sonnenröschen, Gewöhnliches 50, 148, 285
– Graufilziges 50
Sonnentau, Bastard 253
– Langblättriger 98, 253
– Mittlerer 98, 253
– Rundblättriger 98, 253
Sonnenwende 51
Sorbus aria 82, 125, 350
– *aucuparia* 82, 125, 329, 366, 368, 370, 404
– *aucuparia* var. *dulcis* 218
– *aucuparia* var. *edulis* 82, 182, 185, 218
– *aucuparia* var. *moravica* 218

– *domestica* 82, 350
– *torminalis* 83, 350
Sparganium emersum 83, 187, 233, 259
– *erectum* 83, 184, 186, 187, 240
– *minimum* 83, 205
Spargelklee 84, 175
Speierling 82, 350
Sperrkraut 250
Sphagnum 106, 251, 261
– *palustre* 254, 261
Spierstaude, Knollige 45, 159
Spinnenragwurz 93
Spinnweben-Hauswurz 14, 80, 383
Spiraea salicifolia 83, 332
Spiranthes spiralis 97
Spirodela polyrrhiza 83, 185, 197
Spitzahorn 21, 343, 359, 368, 370
Spitzwegerich 11, 67, 145
Springkraut, Kleinblütiges 53, 280
Spurenelemente 117, 119
Stachelbeere 74, 104, 337, 364
Stachelsalat 55
Stachys alpina 83
– *officinalis* 83, 155
– *palustris* 83, 234
– *recta* 83
– *sylvatica* 83, 288, 354, 368
Stalldünger 115
Staphylea pinnata 83, 125, 351
Staudenlein 58, 166
Staudenwicke 55
Stechapfel, Gemeiner 41, 410
Stechginster 86, 404
Stechpalme 53, 125, 345
Stecklinge, Grundständige 19
Steinbeere 279
Steinbrech, Bach- 78, 386, 400
– Kies- 79, 400
– Moor- 79
– Rundblättriger 79, 393
– Sternblütiger 79, 226
Steinfingerkraut 69
Steinhirse 323
Steinnelke 42, 156, 390
Steinsame 58, 323
– Blauer 32, 317
Steinschmückel 66
Steintäschel 24
Stellaria media 11
Stern von Bethlehem 64, 140

Sterndolde, Große 31, 299
Sternsteinbrech 226
Stiefmütterchen 91, 146
Stieleiche 72, 366, 368
Strandgrasnelke 29
Strandnelke 57
Stratifikation 15
Stratiotes aloides 14, 83, 183, 186, 233
Strauchpappel, Thüringer 56, 300
Straußfarn 187, 294
Straußgelbweiderich 59, 186, 200, 329
Straußgras, Weißes 143
Straußhyazinthe 62, 140
Streuabbau 268
Sturmhut 330
Succisa pratensis 83
Sumpfbaldrian 87, 244
Sumpfbärlapp 253
Sumpfbinse 43, 180, 186, 208
Sumpfblutströpfchen 69
Sumpfdotterblume 33, 136, 167, 184, 187, 225, 259, 400
Sumpfehrenpreis 89, 245
Sumpffarn 187, 329
Sumpfgarbe 173
Sumpfhaarstrang 329
Sumpfhelmkraut 79, 232
Sumpfherzblatt 65, 187, 246, 260
Sumpfhornklee 58, 177
Sumpfkresse, Zweischneidige 192
Sumpfplatterbse 56, 231
Sumpfporst 56, 187, 253, 255, 261, 329
Sumpfreitgras 329
Sumpfruhrkraut 50, 213
Sumpfsiegwurz 49, 241
Sumpfstauden 178
Sumpfstendelwurz 92, 97, 187, 260
Sumpfstorchschnabel 48, 221
Sumpf- und Wassergarten 257
Sumpfveilchen 91, 251, 260
Sumpfvergißmeinnicht 62, 167, 172, 184, 186
Sumpfwicke 231
Sumpfwiese 238
Sumpfwolfsmilch 45, 187, 228
Sumpfziest 83, 234
Süßdolde 62, 306
Süßgras, Großes 50
Süßholz 50
Swertia perennis 84, 187, 249

Symbiose 122
Symphytum officinale 84, 170, 358
Syringa vulgaris 84

Taglilie, Gelbe 51, 172
– Gelbrote 51, 217
Tamariske, Deutsche 236, 394
Tamarix germanica 236
Tannenklee 150
Tannenwedel 52, 183, 191, 259, 386
Tarant 84, 187, 249
– Süßer 311
Taraxacum officinale 84, 145
Taubenkropf 141
Taubnessel, Gefleckte 55, 300, 354, 358
– Großblütige 55
– Rote 55
– Stengelumfassende 55, 139
– Weiße 55, 104, 364, 410
Tausendblatt, Ähriges 62, 231
– Quirlblütiges 62, 232
– Wechselblütiges 62, 234
Tausendgüldenkraut 36, 304, 305
Tausendschön 138
Taxus baccata 84, 125, 355
Teichbinse 196
Teiche 178
Teichkresse 237
Teichlinse, Vielwurzelige 83, 185, 197
Teichrandbepflanzung 207
Teichrose, Gelbe 63, 186, 202
– Kleine 63, 206
Teilstecklinge 19
Telekia speciosa 86
Telekie 86
Tetragonolobus maritimus 84, 175
Teucrium chamaedrys 84, 351
– *scordium* 84, 231
– *scorodonia* 84, 289
Teufelsabbiß, Gewöhnlicher 83
Teufelskralle, Ährige 67, 294, 368, 370
– Halbkugelige 67, 148
– Hallers 67
– Schwarze 67
– Ziestblättrige 66
Thalictrum aquilegifolium 84, 131, 338, 393
– *flavum* 84, 177, 187
– *lucidum* 84

– *minus* 84
Thelypteris palustris 187, 260, 329
– *phegopteris* 342
Thlaspi rotundifolium 84, 395
Thymian 128
Thymus serpyllum 85, 148, 168, 366
– *vulgaris* 128
Tiere, Lebensräume 127
Tilia cordata 85, 124, 343, 353
– *platyphyllos* 85, 343
– *tomentosa* 125
Tofieldia calyculata 85, 187, 387
Tollkirsche 31, 305, 370
Tollkraut, Krainer 79
Ton-Humus-Komplexe 108
Topfsubstrate 20, 21
Topinambur 51, 217
Torfgränke 36, 187, 252, 255
Torfmoos 106, 251
Torfsegge 35, 187, 246
Torfwollgras 244
Tragant, Dänischer 30
– Stengelloser 30
– Süßer 31
Trapa natans 85, 197, 259
Traubeneiche 72
Traubenholunder 78, 125, 309
Traubenhyazinthe 62, 149, 310, 363
– Schopfige 62, 153
Traubenkirsche 71, 125, 328, 354, 357
– Späte 125
Traubensteinbrech 79
Traunsteinera globosa 98
Trespe, Aufrechte 148, 158, 168
Trichophorum cespitosum 253, 388
Trientalis europaea 85, 329, 366
Trifolium medium 85, 346
– *pratense* 85, 136, 146
– *repens* 85, 131, 136, 146, 168
Tripmadam 80
Trittpflanzengesellschaft 408
Trockenrasen 161
Troddelbume, Winzige 82, 398
Trollblume 86, 130, 167, 240, 386, 392
Trollius europaeus 86, 130, 167, 240, 386, 392
Tulipa sylvestris 86, 323
Tulpe, Wilde 86, 323

Tümpel 178
Tüpfelenzian 48
Tüpfelfarn, Gewöhnlicher 363
Tüpfelstern 59, 170
Türkenbund 57, 132, 285, 343
Tussilago farfara 86
Typha angustifolia 86, 186, 198
– *gracilis* 187, 260
– *latifolia* 86, 183, 187, 237
– *laxmannii* 86, 209
– *minima* 86, 187, 232, 260
– *shuttleworthii* 86, 233

Übergangsmoor 106
Überschwemmungsgebiet 235
Uferbrennhahnenfuß 237
Uferehrenpreis 88, 238
Uferhahnenfuß 73, 237
Ufersegge 35, 186, 240
Uferweide 223
Uferwolfstrapp 59, 210, 329
Ulex europaeus 86, 348, 404
Ulmus glabra 86, 338, 353, 357
– *laevis* 86, 328, 340, 357
– *minor* 86, 125, 338, 357
Unterwasserböden 180
Urtica dioica 86, 104, 294, 364, 411
– *urens* 87, 411
Utricularia 99
– *minor* 188, 254
– *vulgaris* 188, 254, 258

Vaccinium myrtillus 87, 253, 289, 329, 343, 366, 375, 389, 405
– *oxycoccos* 87, 128, 187, 253, 256, 261, 388
– *uliginosum* 87, 187, 253, 256, 261, 329, 376, 389
– *vitis-idaea* 87, 253, 329, 374, 375, 389, 405
Valeriana dioica 87, 244, 260
– *officinalis* 87, 176
Veilchen, Hohes 90, 338
– Rauhaariges 142
Venuskamm 79
Venusspiegel 56
Veratrum album 87, 249, 393
Verbascum blattaria 87
– *chaixii* 87
– *densiflorum* 88
– *lanatum* 88
– *lychnitis* 88
– *nigrum* 88, 307
– *phlomoides* 88
– *pulverulentum* 88, 154

Register 439

- *speciosum* 88, 165
- *thapsus* 88
Verbena officinalis 88, 218
Verbundfrauenmantel 24
Vermehrung, vegetative 18
Vermikulit 20
Veronica anagallis-aquatica 88, 238
- *aphylla* 88, 398
- *austriaca* 88, 154
- *austriaca* ssp. *teucrium* 89, 160
- *beccabunga* 89, 187, 202, 260
- *catenata* 89, 237
- *chamaedrys* 89, 148, 326, 358
- *filiformis* 89, 141
- *fruticans* 89, 391
- *hederaefolia* 104, 358, 364
- *longifolia* 89, 241
- *montana* 89, 294, 340
- *officinalis* 89, 343
- *prostrata* 89, 165
- *scutellata* 89, 245
- *serpyllifolia* 89, 146
- *spicata* 89, 167
- *teucrium* 89, 130, 148, 160
- *urticifolia* 90
Vexiernelke 59, 318
Viburnum lantana 90, 125, 300
- *opulus* 90, 182, 185, 226, 354
Vicia cracca 90, 340
- *dumetorum* 90, 323
- *pisiformis* 90
- *sepium* 90, 302
- *sylvatica* 90, 370
Vinca minor 90, 286
Vincetoxicum hirundinaria 90, 324
- *officinale* 324
Viola canina 90, 157, 366
- *elatior* 90, 338
- *hirta* 91, 142
- *mirabilis* 91, 286
- *odorata* 91, 104, 362, 364
- *palustris* 91, 251, 260, 386
- *reichenbachiana* 91, 287, 344, 358, 361, 368
- *sylvestris* 287
- *tricolor* 91, 146
Viscum album 277
Vogelfutterpflanzen 408
Vogelkirsche 71, 125, 299
Vogelmiere 11
Vogelwicke 90, 340
Vorkeimen 16

Wacholder 54, 152, 405
Wachsblume 36
Waldbinse 184
Waldbrombeere 75, 76, 292, 325
Waldehrenpreis 89, 343
Waldengelwurz 27, 171, 357
Walderdbeere 46, 279, 304
Waldformationen 262, 277
Waldfrauenfarn 294, 342, 367, 370
Waldgeißbart 29, 131, 307, 370
Waldgeißblatt 58, 125, 302
Waldgerste 294
Waldgesellschaften 277
Waldhabichtskraut 343, 376
Waldhahnenfuß 73, 350
Waldhainsimse 294, 342, 376
Waldhundszunge 40, 291
Waldhyazinthe, Weiße 95, 97, 98
Waldlabkraut 368
Waldmeister 47, 102, 285, 343, 368, 370
Waldnachtviole 51, 310
Waldnessel 288
Waldplatterbse 56, 299
Waldrand 298
Waldrebe 37, 335
- Aufrechte 37
Waldreitgras 343
Waldsauerklee 64, 267, 295, 329, 343, 368, 370, 376
Waldschachtelhalm 368
Waldsegge 35, 288, 343, 368
Waldspringkraut 331
Waldstorchschnabel 49, 145, 369
Waldveilchen 91, 287, 344, 358, 361, 368
Waldvergißmeinnicht 62, 291
Waldvöglein 97
Waldwicke 90, 370
Waldziest 83, 288, 354, 368
Waldzwenke 267, 343
Walnuß 54
Walzensegge 329
Wanzenknabenkraut 95
Warm-Naß-Vorbehandlung 16
Wasseraloe 83, 183, 186, 233
Wasserdost 45, 181, 215
Wasserehrenpreis 89, 237
Wasserfalle 99
Wasserfeder 52, 203, 258
Wasserfenchel 64, 191
Wassergamander 232
Wasserhahnenfuß 72, 197, 259

Wasserknöterich 68, 259, 260
Wasserkresse 75, 237
Wasserlinse, Bucklige 56, 185, 195
- Dreifurchige 56, 185, 195
- Kleine 56, 185, 195
Wasserminze 60, 186, 189, 243, 334
Wassernabel 52, 260, 331
Wassernuß 85, 197, 259
Wasserpest 43, 183, 200, 258
Wasserpflanzen 178
Wasserschierling 37, 203
Wasserschlauch 99
- Gemeiner 188
- Kleiner 188
Wegerich, Breiter 225
- Großer 67, 225
- Mittlerer 67, 131, 160
Wegmalve 60, 413
Wegrauke 81, 411
Wegwarte 37
Weidenalant 53, 149, 159
Weidenaster 30, 209
Weidenröschen 43, 308
- Zottiges 44, 228
Weidenspierstrauch 83, 332
Weiher 178
Weinbergmauern 416
Weinbergslauch 25, 315
Weinrose 75, 125
Weißbuche 35
Weißdorn, Eingriffliger 40, 316, 343
- Zweigriffliger 125
Weißklee 85, 131, 136, 146
Weißtanne 21, 124, 367
Weißwurz, Quirlblättrige 68, 292, 368
- Vielblütige 68, 346
Wermut 104
Wiesenalant 53, 222
Wiesenbärenklau 51
Wiesenfuchsschwanz 143
Wiesenhafer, Rauher 148
Wiesenkammgras 143
Wiesenkerbel 28, 136, 144
Wiesenklee 85, 136, 146
Wiesenknäuelgras 143
Wiesenknöterich 68
Wiesenküchenschelle 72
Wiesenlischgras 143
Wiesenplatterbse 358
Wiesenraute, Gelbe 84, 177, 187
- Glänzende 84
- Kleine 84
Wiesenrispengras 143
Wiesensalbei 78, 165
Wiesensauerampfer 77
Wiesenschaumkraut 34, 136, 171

Wiesenschwingel 143
Wiesenstorchschnabel 48, 136, 145
Wiesenveilchen 91, 142
Wildblumenwiesen 135
Wildgärten 133
Windblumenkönigskerze 88
Windröschen, Gelbes 27, 322, 342, 357, 360
– Großes 27, 372
Windschutzwirkung 274
Winkelsegge 294
Wintergrün, Einblütiges 61, 267, 289, 369
– Nickendes 368
– Rundblättriges 72, 292
Winterknospen 99
Winterkresse 214
Winterlieb 37, 264, 372
Winterlinde 85, 124, 343, 353
Winterling 44, 130, 322, 363
Wolfsmilch, Kreuzblättrige 45
– Mandelblättrige 45, 343
– Sonnenwend- 45

– Vielfarbige 45, 279
Wollgras, Breitblättriges 44, 187, 243
– Scheuchzers 44, 187, 250, 387
– Schmalblättriges 44, 186, 244, 387
Wollgräser 106, 187, 260
Wucherblume, Straußblütige 37, 148
Wunderveilchen 91, 286
Wundklee 28, 150
Wurmfarn, Männlicher 294, 304, 342, 363, 368, 370
– Spreuschuppiger 294
Wurzelschnittlinge 19

Ysop 53, 418

Zackenschötchen, Orientalisches 32
Zahnwurz, Quirlblättrige 294
– Zwiebeltragende 41, 294, 343
Zaunrübe 131

Zaunwicke 90, 302
Zaunwinde 33, 132, 176
Zichorie 37
Ziest, Aufrechter 83
Zipperleinskraut 294
Zittergras 148
Zitterpappel 68, 301, 304, 366
Zuckerwurzel 81
Zungenhahnenfuß 73, 186, 187, 201
Zweiblatt, Großes 97, 98
Zwergbirke 252, 261
Zwergbuchs 68, 154
Zwergholunder 78, 306
Zwergigelkolben 83, 205
Zwergmispel, Filzige 40
Zwergrohrkolben 86, 232
Zwergseerose 63, 201
Zwergtroddelblume 82, 385
Zymbelkraut 40, 417
Zypergras, Langes 40, 181, 217
Zypressenwolfsmilch 45, 151, 267